MÉMOIRES
DE LA
SOCIÉTÉ ARCHÉOLOGIQUE
DE TOURAINE

TOME XXV

HISTOIRE DE MARMOUTIER

Tome II

1104 — 1792

TOURS

GUILLAND-VERGER | GEORGET-JOUBERT
Rue Royale, 43. | Rue Royale, 13.

M D CCC LXXV

HISTOIRE DE L'ABBAYE
DE
MARMOUTIER

PAR

Dom Edmond MARTÈNE
Religieux bénédictin de la congrégation de Saint-Maur

PUBLIÉE POUR LA PREMIÈRE FOIS, ANNOTÉE ET COMPLÉTÉE

Par M. l'abbé C. CHEVALIER
Président de la Société archéologique
de Touraine.

Tome II
1104 — 1792

> Animos facile in eamdem vestræ fraternitatis unanimitatem conflavit fragans ubique odor suavissimus famosissimæ sanctitatis.
>
> S. BERNARDI *Epistola ad abbatem et monachos Majoris Monasterii.*

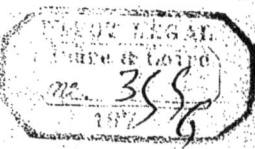

PRÉFACE

Nous achevons aujourd'hui, moins les *Preuves*, la publication de l'*Histoire de l'abbaye de Marmoutier* par dom Martène. Cet ouvrage, qui intéresse à un si haut degré l'histoire de la plupart des provinces de France, nous a valu de divers côtés les félicitations les plus encourageantes. Un des membres les plus éminents de l'Institut a bien voulu nous écrire à ce sujet une lettre flatteuse. Après quelques mots relatifs à notre *Inventaire analytique des Archives communales d'Amboise* (1), notre illustre correspondant ajoute : « En publiant l'*Histoire de Marmoutier* par dom Martène, vous rendez un service d'un autre genre, mais non moins digne de notre reconnoissance. Ce livre est certainement à la hauteur de la réputation du religieux bénédictin qui s'est complu à l'écrire, et nous nous expliquons difficilement qu'il n'ait pas été publié du vivant de l'auteur ou après sa mort, quand l'abbaye de Marmoutier étoit encore dans sa force et sa splendeur. Mais nous ne devons pas nous en plaindre, puisque, grâce à ces retards, l'ouvrage a trouvé un éditeur aussi savant que respectueux pour le travail de dom Martène. Vous mènerez certaine-

---

(1) Voici le passage de la lettre en question : « Le livre que vous avez consacré aux Archives municipales d'Amboise est l'un des plus curieux inventaires d'archives municipales qui aient encore été publiés. C'est une mine inépuisable de renseignements pour l'histoire du xv° et du xvi° siècle. On vous saura gré d'avoir ainsi mis à la portée de tous tant de documents qui font si bien connoître les institutions, les usages et la vie d'une petite ville, théâtre de tant d'événements intéressants sous les règnes de Louis XI et de ses successeurs. »

ment à bonne fin l'entreprise à laquelle vous vous êtes dévoué, et votre nom restera indissolublement uni au nom du disciple de Mabillon dont vous mettez en lumière la composition la plus originale. »

Le tome second de l'*Histoire de Marmoutier* n'est pas moins digne que le premier, de cette appréciation éclairée de l'œuvre du savant bénédictin. On y voit se dérouler avec ampleur les fastes et les vicissitudes du grand monastère. Pendant le XIIe et le XIIIe siècle, l'abbaye continue à développer au loin son action et son influence; mais déjà les comtes de Blois de la maison de Châtillon commencent à lui porter le premier coup, et il ne faut pas moins que la haute intervention de saint Louis, en 1254, pour défendre les religieux d'une persécution odieuse, qui, malgré la protection royale, se prolongera jusqu'en 1293. Mais il semble que ce soit déjà le signal de cette décadence qui va s'accentuer dans les siècles suivants. Bientôt les prieurés anglois tentent de secouer le joug; les propriétés monastiques sont données en commende; les abbés, devenus plus mondains, aspirent aux insignes épiscopaux et dissipent les biens du monastère; la guerre de cent ans met le désordre partout et réduit l'abbaye à une extrême détresse; sous l'effort de tant de causes réunies, l'austérité de la règle s'adoucit, et le désordre commence à pénétrer dans les cloîtres; enfin l'introduction des abbés commendataires met le sceau à ce déplorable état de choses, que les ravages des protestants aggraveront encore en 1562. Mais l'Église, plus heureuse que les institutions civiles, possède en elle-même une force divine qui lui permet de réformer les abus qui se glissent à la longue, par suite de la faiblesse humaine, dans les meilleures créations du génie catholique. Le saint concile de Trente inaugure l'œuvre importante de la réforme monastique en ordonnant aux abbayes de ne plus rester isolées et indépendantes, comme elles l'étoient auparavant, et soumises seulement à l'autorité lointaine du Saint-Siége, mais de se constituer en congrégations, sous peine d'être assujetties à la juridiction des ordinaires. Grâce à cette impulsion, divers groupes de monastères s'organisent sous une direction unique, et le retour à l'antique régularité est le fruit naturel de ces tentatives, non toutefois sans une résistance acharnée de la part des *anciens*. La congrégation de Saint-Maur, à laquelle l'abbaye de Marmoutier s'unit en 1637, est la plus brillante expression de la réforme monastique dans les temps modernes. Le nom de cette illustre société représente la régularité, la piété, le travail, la science, la gloire la plus pure et la plus incontestable de l'érudition françoise. L'abbaye de Marmoutier a été un des foyers les plus lumineux de cette activité religieuse et intellectuelle, et parmi ceux qui ont le plus honoré par leurs doctes labeurs l'antique monastère de saint Martin, figure au premier rang celui qui s'est imposé le pieux devoir d'en être l'historien.

Toutefois, il faut le reconnoître, l'œuvre de dom Martène, si intéressante et si puissante dans son ensemble, foiblit vers la fin. L'auteur, trop préoccupé des choses qu'il a vues et des hommes qu'il a connus, abonde en détails prolixes d'une importance et d'un intérêt contestables, et sa critique, ordinairement si judicieuse et si pénétrante, semble l'abandonner dans les derniers chapitres. Des notes d'une allure fort vive, insérées en marge du manuscrit de Paris, signalent ces longueurs, demandent la radiation de certains alinéas, et désirent une réduction de cette partie de l'ouvrage; le manuscrit de Tours, fidèle à ces recommandations, a supprimé les passages critiqués et analysé les autres, généralement étrangers à l'histoire de Marmoutier. Nous avions d'abord pensé à attribuer ces notes à Mabillon, qui juge l'ouvrage de son disciple à peu près dans les mêmes termes dans sa lettre du 16 novembre 1707; mais M. Léopold Delisle, consulté par nous à ce sujet, croit pouvoir les attribuer plutôt à l'abbé de Villiers, qui fut chargé en 1723 d'examiner le travail de dom Martène en vue d'une édition. Quoi qu'il en soit, nous avons suivi, pour les derniers chapitres, la rédaction abrégée du manuscrit de Tours, en nous conformant scrupuleusement pour tout le reste au manuscrit de Paris, que M. L. Delisle, avec une extrême obligeance, a bien voulu mettre à notre disposition.

L'ouvrage de dom Martène s'arrête au commencement du xviiie siècle. Nous l'avons complété par l'énumération chronologique des événements de Marmoutier jusqu'à la Révolution, et par la publication d'une série de pièces et de notes intéressantes sur les derniers jours de l'illustre abbaye. Le chapitre final fait connaître les divers propriétaires de Marmoutier depuis la Révolution jusqu'à nos jours.

Le présent volume se termine par quatre index, consacrés aux noms de personnes, aux noms de lieux, à la topographie du monastère et aux objets. Nous n'avons rien négligé pour faciliter le travail des érudits qui, dans cet immense dossier d'archives, voudraient rechercher la généalogie des familles seigneuriales des diverses provinces, ou l'histoire des nombreuses paroisses sur lesquelles Marmoutier a étendu son action.

Et maintenant, laissons ici la plume et reposons-nous, trop heureux, dans ce dernier travail, d'avoir pu glisser notre nom à l'ombre de celui du docte Martène. Cet honneur suffit à notre ambition.

Tours, juillet 1875.

L'abbé C. CHEVALIER.

HISTOIRE DE MARMOUTIER

CHAPITRE XVII.

DE GUILLAUME DE COMBOUR,
XII° ABBÉ DE MARMOUTIER.
(1104—1124)

Guillaume sortit d'une noble famille de Combour au diocèse de Saint-Malo, dont il retint le nom, mais il n'en étoit point seigneur. Son père se nommoit Arengrin et sa mère Aremburge, dont on faisoit autrefois l'anniversaire en l'abbaye de Marmoutier, le 3 de février. Il avoit une sœur nommée Adelesis, qui donna au prieuré de Combour la terre de la Bigotière, ses prés et ce qu'elle appelle *herbergiagium*, dont elle investit l'abbé Guillaume son frère comme il alloit prendre possession de l'église cathédrale de Saint-Malo située dans l'île d'Aaron, dont l'évêque Benoît avoit fait une donation à Marmoutier. Adelesis avoit deux fils, Guérin de Lanrigan, qui fut religieux de Marmoutier, et Tudual de Lanrigan, et une fille nommée Ivedete, lesquels confirmèrent la donation de leur mère. Adelesis ne se contenta pas d'avoir consacré son bien à Dieu, elle lui consacra encore sa propre personne en se faisant religieuse à Marmoutier, c'est-à-dire au monastère de Saint-Nicolas qui joignoit l'abbaye ; ce qui ne fut pas une petite consolation pour son illustre frère (1). Guillaume avoit encore une nièce qui se nommoit Lucie, et qui possédoit un fief sur la rivière de la Sise, de laquelle il est parlé dans un titre du prieuré de Chambon. Il avoit aussi un neveu appelé Nicolas, engagé dans la cléricature, qui disputa longtemps à Marmoutier la sixième partie de l'église de Combour, que son père Raoul, fils d'Hervé, avoit donnée au monastère en se faisant moine, et dont il fit une entière démission entre les mains de l'abbé Guillaume son oncle.

Il y a bien de l'apparence qu'il est le même que ce Guillaume, archidiacre de Nantes, qui s'étoit fait religieux à Marmoutier. Il semble même que nous ne puissions en douter après le témoignage d'Orderic Vital qui l'appelle *Guillelmus Nanticensis*, ce qu'il n'a pu dire du lieu de sa naissance, parce qu'il étoit de Combour, mais à cause de l'office d'archidiacre qu'il exerçoit dans l'église de Nantes lorsqu'il se fit moine. En ce temps heureux, il étoit assez ordinaire de voir les grandes lumières de l'Église s'éclipser dans l'obscurité d'un cloître afin de briller un jour dans le Ciel avec plus d'éclat. Alors la sainteté des religieux de Marmoutier avoit répandu une odeur si agréable dans tout le royaume, qu'elle y attiroit de tous côtés des sujets distingués dans le clergé aussi bien que dans le siècle, et presqu'en même temps on y voyoit deux évêques, Hilgodus de Soissons et Gervin d'Amiens, et trois archidiacres, Guillaume de Nantes, un autre Guillaume de Rennes, et celui de Clermont en Auvergne, qui étoit aussi prévôt de son église, sans parler de Milon, chanoine de Metz, lesquels quittèrent toutes leurs dignités et leurs bénéfices pour embrasser l'humilité de la croix dans l'abbaye de Marmoutier.

Guillaume de Combour le fit d'une manière si généreuse et en même temps si humble et si parfaite, qu'on ne doit pas

(1) Dans une île formée par la Cisse et la Loire, près de Marmoutier, s'élevoit une petite église de bois dédiée à saint Nicolas. Un petit monastère de femmes s'étoit établi autour de cette chapelle. (C. Ch.)

s'étonner si Orderic Vital l'a mis au nombre des abbés éminents en sainteté. Car Ives de Chartres, qui se trouva présent à Marmoutier lorsqu'il changea son vieil homme en un homme nouveau, nous apprend qu'il fit une confession publique de tous les déréglements, même les plus secrets de sa vie. Un si beau commencement ne pouvoit qu'être accompagné d'une suite de vertus héroïques, qui le firent choisir par l'abbé Hilgodus pour être prieur de Marmoutier.

Il faisoit alors son apprentissage dans le gouvernement du monastère, et il le fit avec tant de sagesse, qu'après la mort d'Hilgodus tout le monde le jugea digne d'être passé maître et de succéder à un si grand abbé; mais il ne fut pas plus tôt élu, qu'il se trouva dans le même embarras qu'on avoit appréhendé lorsqu'on avoit fait l'élection de son prédécesseur; car l'archevêque Raoul refusa absolument de le bénir s'il ne lui promettoit obéissance par écrit. Guillaume fit tout ce qu'il put et par lui-même et par ses amis pour fléchir ce prélat; mais il ne put jamais en venir à bout. Il y a même bien de l'apparence que pour le bien de la paix il s'offrit de promettre obéissance à l'archevêque verbalement, pourvu qu'on n'exigeât point cette promesse par écrit, puisque nous trouvons deux épîtres d'Ives de Chartres (1), l'une à l'abbé Guillaume, pour l'exhorter à donner satisfaction à cet archevêque, lui remontrant qu'il n'y a pas plus d'inconvénient à promettre obéissance par écrit que de la promettre de parole; et l'autre à Raoul, pour le porter à se contenter de l'obéissance verbale que l'abbé s'offroit de lui promettre. Je ne sais si la lettre d'Ives de Chartres, ne fit pas impression sur l'esprit de l'archevêque, car il est certain qu'on avoit tout disposé pour la cérémonie; mais comme les chanoines de l'Église de Tours n'étoient pas moins jaloux de cette promesse que leur archevêque, pour aller au-devant du bruit qu'ils auroient pu faire à ce sujet, on convint que la bénédiction se feroit au monastère de Saint-Julien, afin qu'étant absents ils ne causassent

(1) Ivon. Carnot. Epist. 234 et 235.

aucun trouble. Guillaume s'y trouva avec ses religieux, et l'archevêque y commença la messe avec bien de la joie ; mais lorsqu'après l'évangile on vint au scrutin, et qu'on en fût à l'article de l'obéissance, les religieux de Marmoutier, voyant qu'on vouloit l'exiger, et apparemment par écrit, ils enlevèrent leur abbé de l'église, et le menèrent à Rome, où il reçut la bénédiction du pape Paschal II, qui n'ignoroit point qu'il avoit lui-même accordé un privilége à l'abbé Hilgodus, qui défend aux archevêques de Tours d'exiger de semblables promesses des abbés de Marmoutier.

Si l'épître 108 d'Ives de Chartres au pape Paschal II en faveur de l'abbé de Marmoutier regarde l'abbé Guillaume, comme l'écrivent M. Maan et le P. Mabillon, et comme il semble vraisemblable, il faut dire que l'archevêque Raoul le traita de la même manière qu'il avoit traité l'abbé Hilgodus, et qu'il s'efforça de le décrier auprès du pape en le faisant passer pour un parjure et un traître. Mais de même qu'Hilgodus avoit trouvé un apologiste en la personne d'Ives de Chartres, de même aussi Guillaume de Combour trouva un puissant défenseur de son innocence en la personne de ce savant prélat. Ives écrivit au pape, et après lui avoir remontré qu'il est du devoir des évêques et surtout des souverains pontifes de conserver la paix dans les monastères, et de protéger les moines contre les vexations qu'on leur fait, il lui dit sans hésiter que suivant ce principe, dans l'affaire de l'abbé de Marmoutier, Sa Sainteté ne doit écouter ni son accusateur, ni les témoins qu'il produit contre lui : son accusateur, qui est l'archevêque de Tours, parce qu'il est un prélat dans l'ordination duquel presque tout s'est fait contre l'ordre ; que si les crimes dont il accuse l'abbé de Marmoutier étoient véritables, il auroit dû les publier lorsque cet abbé traitoit dans les assemblées d'évêques des affaires ecclésiastiques, c'est-à-dire lorsqu'il étoit archidiacre de Nantes ; qu'il auroit dû former contre lui ces accusations lorsqu'il prit le sacré caractère de la prêtrise plutôt que lorsqu'il s'est agi de l'ordonner abbé ; qu'il est évident que l'archevêque n'agit en cette affaire que par passion, et pour satisfaire sa jalousie ; que l'unique cause de son accusation vient de la défense que le Saint-Siége lui a faite de célébrer publiquement la messe dans Marmoutier, et parce qu'il ne lui étoit pas permis de traiter ces religieux avec empire, et d'usurper selon son caprice les biens du monastère ; qu'il a enfin assez fait connoître l'esprit qui l'animoit en renouvelant autant qu'il étoit en lui l'édit de Julien l'apostat, défendant dans son synode à ses diocésains de se faire religieux à Marmoutier. Que Sa Sainteté devoit encore moins écouter les témoins qu'il produisoit contre l'abbé, puisque les personnes qu'il avoit subornées étoient ou publiquement diffamées, ou corrompues par argent, ou ses propres parents, ou des gens à son service, aussi prêts à rendre témoignage au mensonge qu'à la vérité, et qu'ainsi il ne devoit pas laisser opprimer l'innocence par l'injustice.

Pendant que l'archevêque de Tours faisoit de la peine aux abbés et aux religieux de Marmoutier, les autres évêques s'efforçoient de leur donner des marques de leur estime et de leur bienveillance. A peine Guillaume fut-il élu abbé, que Pierre, évêque de Poitiers, confirma toutes les donations qui jusqu'alors avoient été faites aux religieux de Marmoutier dans son diocèse, et fit approuver cette confirmation par son chapitre. L'acte en fut passé l'an 1104 après le mois de septembre, auquel commençoit l'indiction XIII. Ce prélat ne fit que marcher sur les traces d'Isembert son prédécesseur, qui avoit accordé une semblable confirmation en des termes qui font voir jusqu'à quel point il portoit son estime pour nos religieux. Car il dit « qu'ayant été prié de confirmer les donations qui avoient été faites à Marmoutier, il auroit cru commettre un grand crime contre la religion s'il refusoit une si juste demande, qu'il craignoit avec beaucoup de fondement de mépriser l'humilité de ces saints moines, qui par leurs prières étoient capables d'apaiser ou d'irriter la colère de Dieu, que bien loin d'empêcher les offrandes que les peuples faisoient de leur plein gré aux serviteurs de Dieu, il étoit du devoir d'un évêque de les y exhorter. » Ensuite il dit qu'ayant pris conseil de son chapitre il confirme toutes les aumônes qui avoient été ou seroient faites à l'avenir dans son diocèse à saint Martin et à ses religieux de Marmoutier, espérant par là procurer un grand bien à son âme et à celle de ses successeurs; et afin que cette confirmation eût plus de force, il la fit signer avec lui par Arnoul, évêque de Saintes et doyen de Poitiers, par Isembert, abbé de Notre-Dame, et par les dignités et chanoines de son chapitre.

La confirmation d'Isembert est générale, au lieu que celle de Pierre descend dans le particulier, et confirme nommément tous les prieurés et églises dont l'abbaye de Marmoutier jouissoit alors. Dans ce dénombrement il n'est point parlé des églises de l'île d'Oye, qui avoient été données à notre monastère du temps de l'abbé Albert, ce qui nous fait juger qu'on nous les avoit déjà ôtées pour les donner aux religieux de Saint-Cyprien de Poitiers. Nous ignorons de quelle manière cela se fit, mais nous savons très-certainement que ce fut par une violence et par une injustice toute manifestes, que Dieu punit en la personne de deux faux témoins subornés par un méchant juge qui les donna à ces religieux. C'est ce que nous apprenons d'une lettre d'un certain Bérenger et de Pierre Tetmerius à l'abbé Guillaume et aux religieux de Marmoutier, conçue à peu près en ces termes: « Nous nous croyons obligés de vous avertir du droit que vous avez sur les églises de l'île d'Oye, et que c'est par une grande injustice qu'on vous les a fait perdre; car j'atteste devant Dieu et devant les hommes que jamais Bérenger mon père ni Remond mon frère n'en ont fait aucun don aux religieux de Saint-Cyprien; que si quelqu'un est assez téméraire pour le vouloir soutenir en jugement, je m'offre de défendre votre droit et de vous faire rendre justice. Et afin que vous ne doutiez pas de la bonté de votre cause, écoutez ce que Pierre Tetmerius va vous raconter. » Après que Bérenger a parlé de la sorte dans cette lettre, Pierre Tetmerius la poursuit ainsi: « Je suis extrêmement surpris que vous souffriez que d'injustes usurpateurs possèdent un bien qui vous appartient légitimement; car je suis obligé de vous dire que mon père étant à l'article de la mort me fit venir auprès de lui et me dit ce peu de paroles : « J'appréhende fort, mon fils, de perdre le royaume des cieux « pour avoir fait perdre aux religieux de Marmoutier les « églises de l'île d'Oye qui leur appartenoient très-légitime- « ment, corrompu par l'avarice qui m'a engagé à suborner « deux faux témoins en faveur des religieux de Saint-Cyprien, « l'un desquels est mort subitement, et l'autre est tombé « dans une furie qui lui a fait endurer jusqu'à la mort des « peines terribles. Je vous prie donc, mon fils, de délivrer « mon âme des supplices éternels, qu'elle ne peut éviter si « vous ne corrigez ce que j'ai mal fait, et si vous ne restituez « aux religieux de Tours ce que je leur ai ravi par un faux « témoignage, que Dieu a puni si sévèrement, etc. » Si l'on en croit les religieux de Saint-Cyprien, l'affaire fut agitée en plusieurs conciles, où les religieux de Marmoutier ne purent rien produire pour la défense de leur droit, et elle fut enfin définie sur le serment de trois témoins.

Dieu permettoit ces injustices pour éprouver et faire éclater la vertu des religieux de Marmoutier ; mais en même temps il les consoloit, et leur rendoit d'un autre côté avec usure ce qu'il souffroit qu'on leur ôtât par malice : c'est ce qu'il est aisé de remarquer dans la fondation de plusieurs prieurés. La même année que Guillaume fut béni à Rome, qui étoit l'an 1105, le vicomte Joscelin, appelé quelquefois Jostho, fils de l'illustrissime vicomte Eudes, en fonda un considérable en l'honneur de saint Martin dans son château de Joscelin, qu'il donna à Marmoutier. Trois ans après, à la prière de Girard d'Angoulême, légat du Saint-Siége, il lui donna la quatrième partie de l'église de Notre-Dame de Joscelin, lui permit d'acquérir s'il pouvoit les trois autres parties, et lui promit de les lui donner si jamais elles venoient en sa possession ; et deux ans après, Benoît, évêque de Saint-Malo, confirma cette donation. La même année 1110, l'abbé Guillaume, pour satisfaire à la demande et à la prière de ce seigneur, ouvrit les châsses des saints dont les précieuses reliques étoient conservées dans son abbaye, et en tira une portion du bois de la vraie croix, des ossements des corps de saint Corentin, évêque, de saint Flavien, martyr, de saint Fulgence et de saint Samson, évêques, et de saint Martin, abbé, les transporta avec beaucoup de dévotion en Bretagne, et les mit solennellement dans le prieuré de Joscelin. Peu de temps après, Jostho alla jouir de la récompense de ses bonnes œuvres dans le Ciel, et en mourant laissa aux religieux de Marmoutier tous ses biens meubles en or, en argent, en deniers, et de plus une aumône considérable qu'il leur avoit destinée lorsqu'il entreprit le voyage dans lequel il mourut. Une succession si considérable fit de la peine à ses trois frères, Geoffroi vicomte de Porrochet, Alain et Bernard, et ils voulurent s'y opposer. Mais comme on vint pour plaider cette cause au château de Lohodiac en présence de Rivallonius, évêque de Saint-Malo, de Marbodus, évêque de Rennes, de Bonoal, abbé de Saint-Mélaine, d'Hervé, abbé de Redon, de Guillaume, abbé de Saint-Meen, ces trois seigneurs, voyant bien qu'ils ne gagneroient rien à plaider, aimèrent mieux s'accommoder, et l'abbé Guillaume leur donna deux coupes d'or qu'il avoit reçues de leur frère Jostho pour aider à construire l'église du prieuré de Joscelin, mais à condition qu'ils ne le presseroient point de la faire bâtir, et qu'on la lui laisseroit faire comme les autres des prieurés de sa dépendance à son loisir. Geoffroi, vicomte de Porrochet, ne survécut pas longtemps à son frère Jostho ; étant tombé malade à l'extrémité, il envoya quérir Rivallonius, évêque de Saint-Malo, et son frère le vicomte Alain, et après s'être confessé à cet évêque et reçu le Saint-Viatique, en leur présence et devant plusieurs barons de ses sujets il demanda l'habit monastique et fit quelque donation au prieuré de Joscelin. Ceci arriva l'an 1118.

Je reviens à la première année de l'ordination de l'abbé Guillaume à Rome. Ives de Chartres nous apprend (1) que l'archevêque Raoul porta sa jalousie contre les religieux de

(1) *Epistol.* 108.

Marmoutier si loin, qu'il renouvela l'édit de Julien l'apostat contre les moines, défendant dans son diocèse qu'aucun se fît religieux à Marmoutier. Un commandement si passionné ne pouvoit que scandaliser les peuples soumis à la conduite de ce prélat; aussi le regardoient-ils avec l'indignation qu'il méritoit, et dans l'année où nous sommes, deux des principaux seigneurs de Touraine, Alexandre de Rochecorbon et Robert de Semblançay, embrassèrent la vie monastique dans notre abbaye. Alexandre avant que de prendre l'habit donna la moitié des dîmes de Négron au monastère de Marmoutier, qui possédoit déjà l'autre moitié. Il en réserva néanmoins la quatrième partie pour Mabile sa femme, à condition qu'elle n'en jouiroit que durant sa vie, et qu'après sa mort et qu'elle auroit été enterrée à Marmoutier, cette quatrième partie retourneroit au monastère. Il ajouta à cela une terre qu'il possédoit à Négron, des prés et deux serfs, au cas que son fils Robert, seigneur de Montlouis, mourût sans enfants. Lorsque Alexandre de Rochecorbon se fit religieux, il avoit quatre enfants, Robert, qui fut après lui seigneur des Roches, Robert, seigneur de Montlouis, et Pierre Tirel, et une fille appelée Nobila. Pour Robert de Semblançay, il étoit déjà âgé lorsqu'il se fit religieux. Il avoit passé sa vie dans le péché; il eut horreur de ses désordres; animé de l'esprit de pénitence, il obtint le consentement d'Ameline sa femme, et de son gré, et d'Adelelme son fils, il fit une donation au monastère et s'y consacra à Dieu pour y finir ses jours dans les exercices d'une vie aussi austère que celle qu'il avoit menée jusqu'alors étoit molle.

La même année Boamond, prince d'Antioche, étant passé en France pour y épouser une des filles du roi Philippe, signala sa piété en venant exprès à Marmoutier s'y recommander aux prières des religieux, et leur demander la participation à leurs bonnes œuvres, tant pour lui que pour les autres chrétiens qui avoient pris les armes pour le recouvrement de la Terre-Sainte. On peut juger par la piété de ce prince quelle étoit la sainteté de ceux qui vivoient alors à

Marmoutier. Il falloit sans doute qu'elle fût bien grande pour y attirer un si puissant prince, qui n'avoit point d'autres vues dans la visite qu'il leur rendoit, que de leur témoigner l'estime qu'il faisoit de leur vertu. Robert de Belesme et son fils Guillaume, accompagnés de plusieurs barons, s'y trouvèrent en même temps pour un semblable sujet, et confirmèrent tous les biens que le monastère possédoit dans les terres de leurs seigneuries, et lui accordèrent un droit de transport, dont ils investirent Guillaume, prieur de Marmoutier, et cydevant archidiacre de Rennes, qui présidoit alors au chapitre en l'absence de son abbé, qui n'étoit peut-être pas encore retourné de Rome, ou peut-être étoit-il en Bretagne pour y rececevoir la fondation du prieuré de Joscelin. C'étoit le dimanche de la mi-carême.

Au commencement de l'année suivante, le seigneur Nivelon et son épouse Élisabeth étant venus avec leurs fils Guérin et Achard au prieuré de Saint-Hilaire-sur-Hière, ils firent confirmer par leurs fils la donation de Ville-Belford, des grandes et des petites Sarmeses, *Sarmesias*, et de la rivière de la Ville-au-Prêtre, *et aquam de Villa presbyteri*. Ils firent cette confirmation qu'ils appellent aussi concession, à la prière de Dom Gausbert Louis, panetier de Marmoutier et grand économe. Ils la firent, dis-je, au commencement de l'année 1106, avant la fin de la première de l'ordination de l'abbé Guillaume, la même que Boamond épousa la fille du roi Philippe.

Au mois de mai l'abbé Guillaume assista au concile de Poitiers, auquel présidoit Bruno, évêque de Signi et légat du Saint-Siége, qui avoit été auparavant religieux et abbé du Mont-Cassin. Ce légat y rendit une sentence en faveur de l'abbaye de Marmoutier contre un certain Haimeri, à qui Geoffroi de Mayenne avoit donné l'église de Chahain, qui appartenoit légitimement aux religieux de Marmoutier qui desservoient le prieuré de Saint-Guingalois de Château-du-Loir, auxquels ce seigneur l'avoit ravie par violence pour la donner à cet homme qui étoit son serviteur. Ils en avoient porté leurs plaintes longtemps auparavant à l'évêque du

Mans ; mais ce prélat n'osa leur rendre justice à cause de la puissance de leur adversaire. Ils s'adressèrent ensuite au pape, qui ordonna à Hildebert, qui avoit succédé à Hoellus en l'évêché du Mans, de leur rendre justice ; mais comme il y alloit un peu lentement, heureusement le légat vint à Marmoutier, où Hildebert vint au-devant de lui. Les religieux, profitant d'une occasion si favorable, informèrent le légat de ce qui se passoit, et comme c'étoit un saint évêque, d'une grande droiture de cœur, il cita les parties au Mans où il vouloit aller, et s'étant informé soigneusement des choses, il porta un jugement en faveur des religieux de Marmoutier, et le confirma au concile de Poitiers.

Comme l'abbé Guillaume retournoit du concile de Poitiers, il passa au prieuré de Segournai, où Letard Rossel l'étant venu voir, il donna à son monastère, pour le salut de son âme, tout ce qu'il possédoit dans le bois *de Craciaco*.

La même année, le pape Paschal II étant venu en France, Guillaume, abbé de Marmoutier, crut qu'il étoit de son devoir d'aller au-devant de Sa Sainteté ; comme il revenoit en son monastère, il passa par la ville de Buzançais en Berry, où Robert, seigneur de cette ville, vint le trouver, et exempta son abbaye et tous ses officiers et domestiques de payer aucun droit sur ses terres, ce qu'il fit pour le salut de son âme, de son père, de sa mère et particulièrement d'Eudes son frère, qui étoit mort au voyage de Jérusalem. Le pape étant à Tours, célébra solennellement en l'église de Saint-Martin ; mais on ne sait pas s'il vint à Marmoutier, ce qui n'est pas hors d'apparence. L'année suivante, il tint un concile à Troyes, où se trouva l'abbé Guillaume avec quelques-uns de ses religieux.

Ce fut environ ce temps-là que Benoît, évêque d'Aleth, qu'on nomme aujourd'hui Saint-Malo, établit dans son église cathédrale, située dans l'île d'Aaron, les religieux de Marmoutier, qu'il appelle *prudentes et probatæ religionis viros*, ne croyant pas qu'elle pût être mieux desservie que par ces saints religieux. Il s'y retiroit avec eux, lorsque les fonctions de sa charge ne l'appeloient point ailleurs, et il y étoit lorsqu'un certain Guegonus, qui porte la qualité de vicaire, étant blessé à mort, l'envoya querir pour lui demander l'absolution des sacriléges qu'il avoit commis dans l'église de Saint-Pierre d'Aleth.

Comme l'église de Saint-Malo de Dinan étoit un membre de celle de l'île d'Aaron, et que le service divin y étoit entièrement négligé, Benoît, à qui ce désordre pesoit sur la conscience, craignant que Dieu ne lui fît rendre un compte fort exact, songea au moyen de le faire cesser. Le mal étoit grand, et après y avoir bien pensé, il crut que le plus prompt et le plus souverain remède qu'il pût y apporter, étoit d'y mettre des religieux de Marmoutier. L'édification que son diocèse retiroit déjà de ceux qu'il avoit mis en l'île d'Aaron, lui fit regarder cette pensée comme une inspiration du Saint-Esprit, et il sembloit assez naturel qu'ayant déjà la mère, il leur donnât aussi la fille. C'est ce qu'il fit l'an 1108, auquel il confirma de nouveau la donation de l'île d'Aaron, se réservant seulement un droit de repas pour lui ou pour ses successeurs et pour dix hommes trois fois l'année, et un pêcheur qui pût pêcher avec deux serviteurs en tous les endroits que les pêcheurs des religieux pêcheroient. Et comme il y avoit des paroisses dans ces deux églises et dans plusieurs autres qui en dépendoient, il ordonna que l'élection des curés se feroit par les religieux, qui les présenteroient à l'évêque pour recevoir de lui le soin des âmes. Néanmoins, comme ce droit de repas et de pêche pouvoit être à charge aux religieux dans la suite du temps, il le changea presque aussitôt, et fit dresser une nouvelle charte, dans laquelle, au lieu de ce droit il se réserva la cinquième partie des revenus de l'île d'Aaron seulement pendant sa vie. Geoffroi, seigneur de Dinan, confirma ces deux donations, et pour donner des marques sincères de sa piété et attirer sur lui et sur sa famille les grâces du Ciel, il donna lui-même aux religieux de Marmoutier tout ce qu'il possédoit dans ces deux églises et dans leurs dépendances, ce que Radégonde sa femme et ses fils Olivier, Guillaume, Rolland et Goscelin approuvèrent, et il porta le titre de la donation avec son fils Olivier sur l'autel du crucifix de Saint-Malo de Dinan, que l'abbé Guillaume reçut en présence de plusieurs personnes de qualité. L'année suivante, le pape Paschal confirma ces donations et menaça de peines très-sévères ceux qui s'y opposeroient.

Il faut joindre à la fondation du prieuré de Saint-Malo de Dinan celle du prieuré de Notre-Dame de Jugon au diocèse de Saint-Brieuc, dont on ne sait pas précisément l'année. Nous en sommes redevables au seigneur Olivier, fils aîné de Geoffroi, seigneur de Dinan. Un jour qu'Olivier étoit avec son père et son frère Guillaume, surnommé l'Abbé, au monastère de Saint-Malo de l'île d'Aaron, il donna une place dans sa ville de Jugon aux religieux de Marmoutier avec un fonds pour y bâtir un monastère et y entretenir un nombre de religieux. Guillaume, abbé de Marmoutier, qui se trouva présent, reçut la donation, que le seigneur Olivier porta ensuite sur l'autel de Saint-Malo, en présence de plusieurs témoins. Dans la même semaine, l'abbé Guillaume vint à Jugon, où Olivier ajouta de nouvelles donations à la première, et les fit confirmer par Gunnor son épouse et ses deux fils Geoffroi et Guillaume. Olivier, pour tant de bienfaits, ne demanda rien autre chose à l'abbé de Marmoutier que d'être admis à la participation des bonnes œuvres de son monastère, et qu'après sa mort on fît pour lui les mêmes suffrages que pour les religieux défunts. Un certain Bertrand ajouta à cette donation une chapelle de la Vierge au-delà de la rivière de Jugon, dans laquelle on avoit autrefois enterré les pèlerins et les étrangers, avec quelques terres. Geoffroi, seigneur de Dinan, souhaitoit avec passion d'avoir quelque part à la fondation de son fils. Il destinoit à cela quelques églises et des dîmes qui étoient dans le fief des Briens, *Briensensium*, lequel fief étoit sur ses terres ; mais comme il les leur avoit ôtées de force, il doutoit s'il pouvoit en faire un sacrifice à Dieu. Il consulta là-dessus quelques personnes de piété, qui lui répondirent que Dieu avoit en haine la rapine dans l'holocauste qu'on lui offre, et que s'il vouloit que son aumône lui fût agréable, il devoit avant toutes choses obtenir le consentement de la famille des Briens. Il le leur demanda, et le seigneur Brient, surnommé le Vieux, dont le fils aîné s'étoit fait religieux à Marmoutier, désirant procurer le salut de Geoffroi, aussi bien que de ses propres enfants G. le Vieux et Gautier Tasche, vint à Dinan où il le trouva dans le cloître de Saint-Malo avec les religieux et plusieurs de ses barons, et là, du consentement de toute sa famille, lui céda tout ce qu'il leur avoit ravi par violence ; mais à condition qu'il en feroit donation à Marmoutier, et non à d'autres religieux. Geoffroi exécuta aussitôt la condition. Evin, fils de Ramnulfe, désirant se faire religieux à Marmoutier, ajouta à cela la terre de Carmoith, et parce que le château de Jugon avoit appartenu autrefois aux aïeux du comte Étienne, avant qu'il vint sous la domination des seigneurs de Dinan, un jour que ce prince retournant de la cour du roi d'Angleterre passa par Jugon, les religieux le supplièrent de confirmer les donations qui leur avoient été faites, ce qu'il fit avec une bonté digne d'un grand prince. Il se fit encore quelques donations à ce prieuré par des particuliers qui en augmentèrent le revenu.

Lorsque nous avons parlé de la donation de l'île d'Aaron, nous avons dit que l'évêque Benoît y étant, un certain Guagoneus, qui prend la qualité de vicaire, l'y envoya quérir pour recevoir de lui l'absolution de ses crimes. Je ne sais si ce ne seroit point le même que le prêtre Gingoneus ou Ginguenoius, qui étant à l'extrémité donna à Marmoutier l'église d'*Aienciaci*, et la moitié de la cure de Martini, *dimidium presbyteratum Martiniaci*. Marbodus, évêque de Rennes, confirma cette donation et en investit l'abbé Guillaume l'an 1108. Il dit dans ses lettres que, désirant faire du bien à son âme, et reconnoissant qu'il avoit besoin des prières des saints, et ayant grande confiance en celles des religieux de Marmoutier, qu'il appelle les amis de son Église, *amici Ecclesiæ nostræ*, il leur cède ce que Ginguenoius leur avoit donné.

Environ ce temps-là Guntier, abbé de Torvée en Angleterre, introduisit dans son monastère les usages de Marmoutier. Il étoit natif du Mans ; il avoit été archidiacre de Salisberi, et s'étant fait moine au monastère *de Bello*, il en fut tiré pour succéder à Bouchard, abbé de Torvée, ancien monastère fondé dans une île d'Angleterre si déserte, qu'il n'y avoit point d'autre habitation que celle des moines (1). Les femmes n'y venoient que pour prier, encore ne leur permettoit-on pas d'approcher plus près du monastère que de neuf milles.

L'année suivante 1109, un seigneur d'Anjou nommé Geoffroi le Gros de Chollet, après avoir passé toute sa vie dans les exercices de la vie militaire et commis autant de péchés qu'on a coutume d'en commettre dans cette profession, rentrant en lui-même et faisant réflexion que s'il pratiquoit dans sa vieillesse une parfaite pénitence, il pourroit encore recevoir la récompense que Dieu a promise à ses fidèles serviteurs, résolut de quitter le siècle et se fit religieux à Marmoutier, où son frère Pierre Laidez, dont il est si souvent fait mention dans nos titres, l'étoit déjà depuis longtemps. Dans le même temps Pierre, seigneur de Montjean en Anjou, étant tombé malade, se fit apporter à Marmoutier, où il reçut aussi l'habit religieux avec une grande foi, regardant cet habit comme un gage de la vie bienheureuse à laquelle il aspiroit.

Cette même année, l'abbé Guillaume assista au concile de Loudun, auquel Gérard d'Angoulème, légat du Saint-Siège, rendit une sentence en faveur des religieux de Marmoutier contre les chanoines de Chemillé. Il y confirma aussi la donation que Benoît, évêque de Nantes, avoit faite aux mêmes religieux du monastère de Saint-Médard de Doulon. C'étoit un monastère que ce prélat, zélé pour l'honneur de l'Église, avoit fondé peu de temps auparavant pour des chanoines réguliers de l'ordre de Saint-Augustin. Mais en fort peu de temps ils étoient tombés dans un si grand relâchement, qu'ils n'avoient presque plus aucune forme de religion. Le bon évêque vit ce désordre avec bien de la douleur; il s'efforça d'y apporter

---

(1) ORDER. VITAL., lib. XI, p. 835.

quelque remède. Il voyoit souvent ces chanoines, leur faisoit des exhortations dans le chapitre, les avertissoit charitablement et les corrigeoit. Mais il parloit à des sourds, si bien que voyant tous ses soins inutiles, il les menaça de les expulser et de mettre en leur place d'autres religieux plus sages et plus réguliers. Ces pauvres chanoines, qui n'avoient guère d'envie de se corriger et qui voyoient bien qu'ils ne se pourroient maintenir à Doulon que par ce moyen, désespérant tout, furent trouver Lambert, abbé de Saint-Nicolas d'Angers, lui offrirent leur maison et lui demandèrent de les admettre au nombre de ses moines. Ils ne purent point faire cela si secrètement que l'évêque n'en eût connoissance; mais il voulut savoir la vérité d'eux-mêmes, et ils lui avouèrent de bonne foi qu'ils avoient fait cette démarche. « Puisque cela est ainsi, leur dit Benoît, laissez-moi faire et je pourvoirai à votre église, » et aussitôt il envoya un exprès à l'abbé de Marmoutier pour lui faire savoir le dessein qu'il avoit de lui donner le monastère de Saint-Médard de Doulon. L'abbé ne crut point qu'il dût refuser une offre si considérable, et envoya à Nantes deux de ses religieux pour en prendre possession, Guillaume, prieur de Marmoutier, ci-devant archidiacre de Rennes, et Milon, qui avoit été auparavant chanoine de Metz.

Peu de temps après, l'évêque Benoît étant venu au concile de Loudun qui se célébra au mois d'octobre de la même année, il y trouva l'abbé de Marmoutier, et pria Gérard, légat du pape, qui présidoit au concile, de confirmer ce qu'il avoit fait en faveur de ce monastère, ce que le légat fit de la meilleure grâce du monde, témoignant savoir bon gré à l'évêque de l'amitié qu'il avoit pour les religieux de Marmoutier. Après que le concile fût fini, Benoît mena avec lui l'abbé Guillaume à Nantes pour prendre possession lui-même de cette église. Lorsqu'ils y furent arrivés, l'évêque voulut expulser ces chanoines irréguliers; mais quatre de leur corps vinrent se jeter aux pieds de l'abbé de Marmoutier, et le supplièrent de ne point souffrir qu'on leur fît la confusion de les mettre honteusement hors de leur monastère. Guillaume, qui étoit bon, pria l'évêque de les y laisser pendant leur vie, pourvu qu'ils gardassent quelque honnêteté dans leurs mœurs, et qu'après leur mort leur monastère retourneroit à Marmoutier, ce que l'évêque agréa.

Mais peu de temps après, ayant consulté un reclus nommé Geoffroi, homme d'une probité reconnue et d'une très-sainte vie, il leur dit qu'ils avoient très-mal fait de ne s'être point donnés absolument eux et leur maison aux religieux de Marmoutier, qu'ils ne savoient pas ce que leur église deviendroit après leur mort, et qu'il étoit à craindre qu'elle ne tombât dans un état encore plus pitoyable que celui où ils l'avoient mise. Sur cela, ils députèrent deux de leurs chanoines à Marmoutier, Laurent leur prieur, et Fulcodius, lesquels étant entrés dans le chapitre, au nom de tous leurs confrères se soumirent eux et leur maison à l'abbé de Marmoutier, pour être gouvernés par lui comme il gouvernoit les autres prieurés de sa dépendance, lui donnèrent la liberté de changer leur prieur, comme il faisoit aux autres prieurés de Marmoutier, lui promirent de ne plus recevoir de novices sans son ordre ou permission, et que si quelqu'un de ceux que l'on reçoit à l'article de la mort leur faisoit quelque don, l'abbé de Marmoutier en disposeroit selon sa volonté. Après cela, Guillaume leur demanda si leur maison n'étoit point engagée ; ils lui répondirent qu'elle devoit vingt-deux livres et dix sols pour faire leurs vignes ; et aussitôt il les paya, et de plus il leur donna six serfs pour cultiver leurs terres, et deux muids de grain pour les ensemencer. On ne peut en cette occasion assez admirer le désintéressement de l'abbé Guillaume, qui auroit pu d'abord expulser ces pauvres chanoines et prendre leur monastère, ni sa charité à pourvoir à tous leurs besoins spirituels et corporels. Aujourd'hui l'église de Saint-Médard de Doulon n'est plus qu'une paroisse à une lieue de Nantes, dont une partie des dîmes appartiennent au prieuré de Sainte-Croix de Nantes, dont il nous faut maintenant parler.

Le prieuré de Sainte-Croix de Nantes reconnoît pour son

fondateur un certain Papin, qui ayant hérité cette église de son père et de son aïeul, crut qu'il ne pouvoit en faire un meilleur usage et qui lui fût plus utile et à ses parents, que d'en faire une donation pure et simple aux religieux de Marmoutier ; que c'étoit le plus sûr moyen d'effacer ses péchés et les leurs. Dans cette vue, il en investit l'abbé Guillaume en présence de plusieurs témoins. Alain, comte de Nantes, et la comtesse Ermengarde son épouse, qui dès l'an 1104 avoient déjà confirmé tout ce que l'abbaye de Marmoutier possédoit dans leurs États, confirmèrent encore cette donation, et à l'église de Sainte-Croix ajoutèrent celle de Saint-Saturnin. Conan leur fils la confirma aussi le samedi de la même semaine. Peu de temps après, ce jeune prince retournant des noces de sa sœur qui avoit épousé le comte de Flandre, avec la comtesse Ermengarde sa mère, passa par Marmoutier, entra dans le chapitre, confirma de nouveau la donation des églises de Sainte-Croix et de Saint-Saturnin et de la forêt de Pusarles, et généralement toutes les donations que son père et sa mère avoient faites auparavant ; ce qu'il fit en présence de Lambert, abbé de Saint-Nicolas, d'Étienne, abbé de Noyers, et d'un grand nombre de ses barons, et en particulier de Guillaume son sénéchal, qui avoit fait le don de la forêt de Pusarles.

Benoît, évêque de Nantes, étant venu à Marmoutier avec Gérard d'Angoulême, confirma la même donation, et investit de l'église de Sainte-Croix l'abbé Guillaume avec l'anneau du légat, qui l'avoit prié de faire cette confirmation qu'il voulut lui-même signer de sa propre main. L'acte de cette confirmation, qu'il appelle aussi donation selon le style de ce temps-là, est de l'an 1110, et fut passé dans une salle de la cour de Marmoutier en présence du légat, de Mainard chantre d'Angoulême, de Guérin chancelier, de Rivallonius et Geoffroi, archidiacres de Nantes, et il est scellé du sceau de l'évêque.

Quoique la donation de l'église de Sainte-Croix eût été faite dans toutes les formes, qu'elle eût été confirmée par Alain comte de Nantes, par la comtesse Ermengarde et Conan leur fils, qu'elle eût été approuvée par l'évêque Benoît et par le légat du Saint-Siége, Léon, frère de Papin le fondateur, ne laissa pas d'y former opposition. Lorsque l'abbé Guillaume fut à Nantes pour en prendre possession, il refusa la justice que l'abbé s'offrit de lui faire rendre devant le comte et l'évêque de Nantes, et lorsque cet abbé prenant possession, après avoir pris les cordes des cloches les voulut donner à Pierre Laidez son religieux, il les lui arracha des mains violemment, et eut même l'impudence de frapper ce religieux. Guillaume ne put souffrir une injure si atroce; il en fit ses plaintes au comte, qui ne put de son côté retenir sa juste colère, et lorsque les parties comparurent en sa présence, tous les barons de sa cour condamnèrent Léon, non-seulement à cause de son emportement, mais encore parce que son frère et lui avoient fait leurs partages de telle sorte que l'un pouvoit disposer de son bien sans le consentement de l'autre. Léon le reconnut lui-même, il leva son opposition, et se jetant aux pieds du comte et de l'abbé, leur demanda pardon de son emportement en présence de plusieurs personnes de qualité.

Deux ans après, Hugues, évêque de Laon, considérant qu'il est du devoir d'un évêque de pourvoir à tous les besoins des différents ordres de l'Église, que si les clercs, qui ont succédé aux apôtres, méritent d'être nourris du lait de leurs brebis, les moines, qui, dépouillés du soin des choses de la terre, reposent amoureusement entre les bras de l'époux par l'exercice de la contemplation, étant devenus si nécessaires au salut des hommes, sont dignes d'être plus considérés, et qu'entre ceux-là les religieux de Marmoutier se distinguoient par leur piété et la sainteté de leur observance, désirant avoir quelque part aux suffrages de leurs prières, à l'exemple de ses prédécesseurs Elinand, Engelran et Waudri, confirma toutes les donations qui avoient été faites à leur prieuré de Saint-Nicolas de Roussi, particulièrement celles du comte Ebolus et de la comtesse Sibille, et frappa d'anathème tous ceux qui auroient la témérité d'en usurper quelque chose où d'y faire quelque tort. Les lettres de cet évêque sont signées de lui, d'Adalbéron, abbé de Saint-Vincent, de Guibert, abbé de Nogent, de Mainard, abbé de Saint-Nicolas, de Wirede, prieur de Notre-Dame, de deux archidiacres, d'un archiprêtre, de trois prêtres, trois diacres et trois sous-diacres, et d'Anselme, chancelier de l'Église de Laon. La date est de l'an 1112, indiction v, épacte xx, concurrent r, l'an 5 du règne de Louis le Gros roi de France.

La même année, le pape Pashal confirma à l'abbaye de Marmoutier quelques églises et prieurés de Bretagne par une bulle adressée à l'abbé Guillaume, donnée à Latran le xvi des calendes de mai, indiction v, l'an de l'Incarnation 1112, et de son pontificat le xiiie. Il confirme particulièrement les églises de Louvigni, de Notre-Dame de Fougères au diocèse de Rennes, celles de Saint-Médard de Doulon, de Sainte-Radégonde, de Sainte-Croix, et de Sainte-Marie-de-la-Forêt au diocèse de Nantes.

On ne sait pas précisément en quelle année les religieux de Marmoutier furent établis dans l'église de Saint-Denys d'Amiens. Cette église, qu'on nommoit autrefois Saint-Denys-du-Pré parce qu'elle étoit hors de la ville, est fort ancienne. Comme elle étoit presque tombée en ruine et toute déserte, un saint prêtre appelé Ingution, du consentement de l'évêque et des chanoines de Saint-Nicolas, dont elle étoit membre, entreprit de la rétablir dans l'onzième siècle, et comme il joignoit à une grande piété un très-rare mérite, on ne se contenta pas de lui donner le soin de la remettre en état, on lui donna encore celui de faire l'office divin, à condition que lui et ceux qu'il s'associeroit iroient tous les ans en procession à Saint-Nicolas le jour de la fête du saint, offriroient sur l'autel deux cierges de douze deniers et autant d'encens qu'on en auroit besoin ce jour-là ; que ceux qui desserviroient cette église seroient élus par les chanoines de Saint-Nicolas, qu'ils s'aideroient les uns les autres dans les offices solennels ; qu'ils feroient tous les ans l'anniversaire de Drogon, évêque de Therouanne, etc. Mais fort peu de temps après, elle fut donnée aux religieux de Marmoutier, dont la piété se répandoit partout. Saint Godefroi, qui la leur confirma l'an 1113, dit qu'elle leur fut donnée par ses prédécesseurs, ce qui se doit entendre au moins des évêques Gervin et Roricon, et peut-être de Raoul, qui semble être celui qui permit à Ingution de la rétablir. Ce saint prélat, après avoir dit des choses admirables du soin que les évêques sont obligés de prendre des églises et de ce qui leur appartient, déclare que l'on doit trouver dans les biens ecclésiastiques le patrimoine des pauvres, l'entretien des serviteurs de Dieu, la réception des pèlerins et des hôtes, la réparation des temples, la rédemption des captifs et la délivrance des prisonniers, et anathématise tous ceux qui auront la témérité de prendre et d'usurper aucun des biens de cette église, que ses prédécesseurs ont donnée aux religieux frères de l'abbaye de Marmoutier, dont il fait un grand dénombrement dont le détail pourroit être ennuyeux aux lecteurs. Ses lettres sont signées de lui, de deux archidiacres, du doyen, du trésorier, du chancelier, de deux prêtres, deux diacres, deux sous-diacres, et deux simples chanoines de son Église, et de cinq chanoines de Saint-Nicolas. Aujourd'hui, l'église de Saint-Denys est dans un des plus beaux endroits de la ville, et elle est possédée par les Pères de la Société de Jésus, aussi bien que celle de Saint-Maurice de Reims, qui étoit autrefois un des plus beaux prieurés de Marmoutier.

Il faut joindre au prieuré de Saint-Denys la fondation de celui de Mentenai au diocèse d'Amiens, consacré à Dieu sous l'invocation de la Sainte Vierge. Nous en sommes redevables au seigneur Ingelran, qui du temps de l'abbé Guillaume donna à Dieu, à saint Martin et à ses religieux de Marmoutier, près de son château de Mentenai, un lieu pour y bâtir une église et des lieux réguliers pour les religieux qu'on y enverroit, avec un fonds suffisant pour leur entretien. Il leur donna encore l'église de son château de Mentenai, et parce qu'elle appartenoit aux religieux de Forestmoutier, il obtint le consentement de l'abbé et des religieux de ce monastère, qui cédèrent de bonne grâce leur église, mais à condition que Marmoutier leur payeroit tous les ans un marc d'argent, ou trente sols monnoie du pays. Afin d'entretenir dans ce prieuré un nombre suffisant de religieux, on y unit le prieuré de Saint-Remi-au-Bois, en sorte que celui qui seroit prieur de Mentenai le fût aussi de Saint-Remi, à condition néanmoins que du revenu du prieuré de Saint-Remi on donneroit tous les ans à Marmoutier un marc d'argent, et que du reste le prieur de Mentenai en disposeroit selon les ordres qu'il recevroit de l'abbé de Marmoutier.

Ives de Chartres doit sans doute passer pour un des meilleurs amis et des principaux bienfaiteurs de notre monastère. Nous en avons déjà vu plusieurs preuves dans cette histoire ; en voici encore une nouvelle. L'église de Hanches, *de Hanchis*, étoit possédée par un chanoine de sa cathédrale, nommé Payen. Ce chanoine étant de bonne volonté, l'abbé Guillaume pria Ives de Chartres de donner cette église à Marmoutier. Ives y consentit aussitôt, et Payen l'ayant remise entre ses mains, il en fit un don à l'abbé Guillaume l'an 1114. Il paroît qu'il y avoit autrefois des religieux dans l'église de Hanches, et c'étoit là que l'on enterroit tous les bourgeois d'Epernon ; aujourd'hui ce n'est plus qu'une paroisse qui dépend du prieuré de Saint-Thomas.

Comme l'abbé Guillaume recevoit tous les jours des témoignages de la bonté d'Ives de Chartres, il avoit une grande confiance en lui, et dans ses difficultés il s'adressoit à lui pour avoir la résolution de ses doutes. Guillaume avoit reçu à la profession un prêtre qui, étant encore dans le siècle, avoit mis le feu dans sa propre maison, comme pour donner de la terreur à ses ennemis, et comme tout le monde s'empressoit de fuir, un enfant qui suivoit sa mère périt dans l'incendie. Sur cela il écrivit à cet évêque, pour savoir s'il devoit permettre à ce prêtre de dire la messe. Ives lui répondit que lorsqu'un prêtre fait une bonne œuvre et que contre sa volonté il en arrive quelque accident, il est exempt de faute ; mais que la passion s'étant mêlée dans la conduite de celui-ci, on ne devoit point lui permettre d'exercer les fonctions de son ordre qu'après avoir fait une longue pénitence dans le cloître, et s'être rendu digne par une suite de bonnes œuvres d'être rétabli dans ses premières fonctions (1).

Puisque nous sommes tombés sur Ives de Chartres, nous ne devons pas différer davantage de parler de la fondation du prieuré de Saint-Martin de Bètencour, parce qu'encore qu'on ne sache pas précisément l'année de son origine, on sait pourtant très-certainement qu'il y avoit des moines du temps que cet évêque gouvernoit le diocèse de Chartres dans lequel il est situé. Gui, comte de Rochefort, et la comtesse Adelide son épouse, en doivent être considérés comme les principaux fondateurs. Car ce fut eux qui, par un principe de conscience, donnèrent à Marmoutier l'église avec ses revenus, qu'ils retirèrent de leurs soldats à qui ils les avoient distribués; et parce que l'abbaye de Saint-Maur-des-Fossés avoit quelque droit sur cette église, ils la dédommagèrent et obtinrent le consentement de l'abbé Gulferius et de ses religieux.

Le revenu de ce prieuré s'accrut par la libéralité de Gui, fils de Giroard, qui y donna la quatrième partie des villages de Piret et d'Anville, lorsqu'il se fit religieux à Marmoutier, sous le règne de Louis le Gros roi de France et d'Henri Ier roi d'Angleterre et sous le pontificat d'Ives de Chartres.

Gautier, seigneur d'Aulnet, et Milesinde son épouse, dont le père nommé Teudon Tête-de-Fer s'étoit fait religieux à Marmoutier, ajoutèrent à cela le village de Verville, avec l'église, la dîme, les sépultures, une terre de deux charrues avec ses dîmes et ses champars, etc. Ils firent cette donation à Saint-Avit dans la maison du seigneur Gautier, du consentement de tous les intéressés, en présence de deux religieux de Marmoutier, Teudon Tête-de-Fer, père de Milesinde, et Robert de Vierzon, qui apparemment étoit petit-fils de quelques-uns de ces trois illustres seigneurs de Vierzon qui se firent religieux à Marmoutier sous l'abbé Albert ou Ebrard

(1) Ivon. Carnot. Epist. 197.

son prédécesseur. La notice de cette donation n'a aucune date; mais le nom de Robert, prieur claustral de Marmoutier, me fait juger qu'elle est du temps de l'abbé Bernard, et que l'on pourroit rapporter la fondation de ce prieuré vers l'an 1093, auquel Robert, prieur claustral de Marmoutier, se trouva présent à la réformation de l'abbaye de Magloire de Paris.

Je reviens à l'an 1144, qui fut celui de la fondation du prieuré de Villers-Charlemagne au diocèse du Mans, entre Laval et Château-Gontier. Nous en sommes redevables à l'illustre évêque Hildebert, qui, pour cimenter l'union étroite qui étoit entre son église du Mans et l'abbaye de Marmoutier, du consentement de Foucher son archidiacre, nous donna l'église de ce lieu avec tous ses revenus, étant dans le cloître de Marmoutier devant l'appartement de l'abbé Guillaume. Peu de temps après, un puissant seigneur nommé Raoul Chotard et son épouse Théoquise, pour expier leurs péchés et attirer sur eux les grâces du Ciel, donnèrent à Marmoutier la moitié de cette église qu'ils prétendoient leur appartenir, avec toute la dîme et quelques autres biens. Aujourd'hui le prieuré de Villers-Charlemagne est uni à l'office de sacristain.

Le désir de la perfection ayant porté le pieux évêque de Nantes Benoist à quitter son évêché pour vaquer aux exercices de la contemplation, Brice, qui lui succéda, marchant sur ses traces, ne fut pas moins le successeur de ses bonnes inclinations à faire du bien aux religieux de Marmoutier, que de sa dignité, et pour leur en donner des marques, l'an 1145, à la prière de l'abbé Guillaume et de sa sainte congrégation, il confirma quelques-unes des donations qui leur avoient été faites de son temps et sous ses prédécesseurs, et en particulier ce qu'ils possédoient à Beré, Sion, Pont-Château, Donge, Provenquer, Pellerin, Machecou, Saint-Médard de Doulon, la Chapelle-Bassamere, la Forest, Enord et Varède; et parce qu'il y avoit quelque difficulté sur les cens que devoient à son église Beré et Pellerin, il déclare que pour Beré et Sion il suffira de donner tous les ans le jour de saint Pierre, patron de sa cathédrale, deux deniers de bon or pesant deux deniers du Mans, et un pour Pellerin ; ce qu'il fit aussi confirmer par ses chanoines, et dans ses lettres de confirmation il appelle les religieux de Marmoutier ses amis et très-intimement unis en la charité de Jésus-Christ.

La même année, la reine Bertrade, mère du jeune Foulques, comte d'Anjou, donna à l'abbaye de Marmoutier une partie du bois de Fontcher appelé la Belle-Forêt, *forestis quæ dicitur Splendida*, joignant celui que Foulques son fils lui avoit donné un peu auparavant. Elle l'avoit reçu en dot du roi Philippe, et afin qu'on ne lui contestât point, elle l'avoit depuis acheté du roi Louis le Gros.

Il n'y a guère eu d'union plus étroite que celle qui a été de tout temps entre l'église de Saint-Martin de Tours et l'abbaye de Marmoutier ; mais comme elle étoit sujette à plusieurs devoirs réciproques de part et d'autre, qui étoient fort à charge, elle fut interrompue pendant quelque temps jusqu'en l'an 1115, qu'elle fut renouvelée du consentement des deux églises en cette façon. L'abbé Guillaume s'étant rendu au chapitre de Saint-Martin avec quelques-uns de ses religieux, le dimanche dans l'octave de l'Ascension, Eudes doyen de Saint-Martin, du consentement de tous les chanoines, l'investit du canonicat que son monastère avoit anciennement possédé. Ensuite ils convinrent que tous les ans le douzième de mai, auquel jour on célèbre la fête de la Subvention de saint Martin, la communauté de Marmoutier iroit en procession à Saint-Martin, que l'abbé y célébreroit la messe solennelle, que les religieux lui serviroient d'officiers à l'autel, et que le côté gauche du chœur seroit occupé par la communauté de Marmoutier, excepté la place du trésorier dans laquelle il resteroit. Que le jour de Saint-Marc, qu'ils nomment les Rogations noires, l'abbé enverroit au moins trente de ses religieux en procession à Saint-Martin, lesquels occuperoient le chœur. Que lorsque le doyen, le trésorier, le chantre, le maître d'école, le cellerier et le sous-doyen viendroient à mourir, l'abbé et ses religieux assisteroient à leurs funérailles, qu'à celles des autres chanoines ils en enverroient seulement dix qui ne porteroient avec eux qu'un livre et chacun une étole, apparemment pour absoudre le défunt, et recevroient les autres ornements nécessaires à la cérémonie des chanoines. Qu'à la mort de chaque chanoine on feroit pour lui un service solennel à Marmoutier, et on écriroit son nom dans le nécrologe. Que tous les ans on y feroit un trentain pour tous en général, et qu'à la messe matutinale, lorsqu'on la diroit pour les défunts, on y ajouteroit une collecte pour tous les chanoines ; enfin qu'à la fin de toutes les heures de l'office divin, excepté de complies, excepté aussi les jours de douze leçons et les octaves, ils diroient un psaume pour eux. Les chanoines, de leur côté, s'engagèrent à venir tous en corps aux obsèques des abbés et des grands-prieurs de Marmoutier, et d'autant que le nombre des religieux excédoit de beaucoup celui des chanoines, ils promirent seulement de faire pour tous les religieux en général, lorsqu'ils recevroient leur bref, ce que les religieux faisoient pour chaque chanoine en particulier. Ils promirent encore de dire une collecte pour les religieux de Marmoutier défunts à toutes les messes qu'ils célébreroient en public pour les morts, et de dire tous les jours un psaume pour eux dans leur chapitre. Les choses ayant été réglées de la sorte dans le chapitre de Saint-Martin, le jour suivant, le doyen et quelques autres dignités et chanoines au nom de leurs confrères, vinrent au chapitre de Marmoutier, où l'on confirma ce que l'on avoit réglé le jour précédent en celui de Saint-Martin.

Quelque ennemi des religieux de Marmoutier que fût l'archevêque Raoul, il ne put s'empêcher de leur rendre une petite justice en ordonnant que l'église de Rivière, située sur la rivière de Vienne, et dont les laïques, par la négligence de ses prédécesseurs, s'étoient rendus maîtres, leur appartiendroit, et que ni Guillaume de Rivière, qui avoit usurpé les offrandes de l'autel, ni aucun autre ne présumeroit à l'avenir de porter leurs mains impures sur l'autel. Il fulmina ensuite un anathème contre ceux qui violeroient l'ordonnance qu'il avoit faite par l'autorité du pape Paschal et de Gérard, légat du Saint-Siége, le v des ides d'août, l'an 1115. Quatre ans après, Gilbert son neveu, qui lui avoit succédé en l'archevêché de Tours, confirma cette ordonnance, blâma la négligence de ses prédécesseurs qui avoient laissé tomber cette église en mains laïques qui se donnoient la liberté de changer les prêtres qui la desservoient, selon leur caprice, ordonna que ceux qui la desserviroient à l'avenir seroient présentés par le prieur de Tavent aux archevêques de Tours, dont ils recevroient la conduite des âmes, répondant aux religieux pour le temporel, pourvut à leur subsistance, et régla que lorsqu'ils assisteroient les jours solennels aux matines des religieux de Rivière, ils dîneroient ce jour-là avec eux (1).

Passons maintenant de Touraine en Bretagne, où Morvan, évêque de Vannes, donna aux religieux de Marmoutier qui desservoient le prieuré de Saint-Martin de Joscelin, l'église de Saint-Pierre de Querdin. Cette donation se fit l'an 1116, et elle fut confirmée l'an 1129 par Jacques, successeur de Morvan dans l'évêché de Vannes, qui confirma aussi en même temps le don de la chapelle de Rohan fait par le vicomte Alain. L'on croit que ce fut aussi l'an 1116 que Donoald, évêque de Saint-Malo, l'un des principaux bienfaiteurs de Marmoutier, donna au prieuré de Joscelin la chapelle de Saint-Nicolas, mais il y a plus d'apparence que ce fut quelques années après, et qu'il n'étoit pas encore évêque.

La même année, deux prêtres de Bretagne, Guihumare et Jean, étant venus à Marmoutier, et après avoir été reçus à la participation des bonnes œuvres des religieux, poussés par l'inspiration du Saint-Esprit, y donnèrent l'église de Sainte-Julitte et de Saint-Cyrice de Moloch dans le diocèse de Vannes avec tous ses revenus. Quelque temps après, Guihumare embrassa la vie monastique à Marmoutier, et Jean, qui

---

(1) On peut consulter une excellente *Notice historique sur Rivière*, d'A. SALMON, insérée dans le tome XVII, p. 185, des *Mémoires de la Société archéologique de Touraine*. (C. Ch.)

desservoit déjà l'église de Parçay, promit de se faire religieux dans dix ans. Jacques, évêque de Vannes, confirma cette donation.

Il semble que l'on doit rapporter à peu près à ce temps la fondation du prieuré de Sainte-Marie-Magdelaine de Maletroit, dont l'année n'est pas bien certaine. Jacques, évêque de Vannes, nous apprend dans une lettre qu'il écrivit à l'abbé Odon, que Payen seigneur de Maletroit et ses barons en furent les fondateurs, et que ce fut eux qui, du consentement de l'archidiacre Raoul, donnèrent à Marmoutier l'église de Sainte-Magdelaine située dans la paroisse de Mieriac avec le cimetière et les bienfaits des paroissiens, et qu'ils firent cette donation lorsque Louis régnoit en France et que Conan étoit comte de Bretagne.

Le prieuré de Saint-Tutuarne de l'île Tristand au diocèse de Quimper reconnoît pour son fondateur Robert, évêque de Quimper, qui pour accomplir le précepte de l'Écriture qui dit : *Honorez le Seigneur de votre substance*, et mériter les grâces que Dieu a promises à l'aumône, vint à Marmoutier l'an 1448 et donna à l'abbé Guillaume en présence de tout son chapitre l'église de Saint-Tutuarne et l'île Tristand, qui lui appartenoient. Il ajouta à cela les dîmes de plusieurs églises, et fit confirmer cette donation par tous les chanoines de sa cathédrale, par Conan duc de Bretagne, et par tous les barons de Cornouailles.

La même année Philippe, évêque de Troyes, accorda aux religieux de Marmoutier un privilége par lequel il confirma tous les biens et prieurés qu'ils possédoient en son diocèse, et fulmina anathème contre ceux qui auront la témérité de les usurper.

Hugues, comte de Troyes, qui savoit que tous ses ancêtres avoient infiniment honoré les religieux de Marmoutier, qui les regardoit comme les plus saints moines et comme ses alliés, *religiosiores et affiniores*, les prit la même année sous sa protection, et confirma tout ce qu'ils possédoient et qu'ils pourroient acquérir à l'avenir dans ses États, sans qu'il fût besoin d'une nouvelle confirmation.

Entre les biens qui étoient dans ses États et que l'évêque Philippe avoit confirmés, il faut mettre le prieuré de Dampierre qui reconnoît pour son fondateur Thibaud, seigneur de Dampierre. On ne sait pas précisément l'année de cette fondation, mais il y a de l'apparence que c'est vers l'an 1100. Thibaud la fit confirmer par Philippe, évêque de Troyes, en plein synode, en présence de Gosmerus, abbé de Moutier-la-Celle, de Lambert, abbé de Poutières, et de Hugues, abbé du Saint-Sépulcre. Après la mort du fondateur, Elisabeth son épouse et Gui de Dampierre son fils ajoutèrent à la fondation un four banal, ce qui fit un si grand plaisir aux religieux, qu'ils abandonnèrent à cette dame six bœufs que Thibaud leur avoit laissés en mourant.

Ce fut aussi la même année qu'Hildebert, évêque du Mans, à la prière de l'abbé Guillaume, qu'il appelle son confrère, fonda ou confirma la fondation du prieuré de Louvigné, à laquelle il semble que Foulques *de Marboeto* eût bonne part. Il fit la donation de ce prieuré à l'abbaye de Marmoutier dans le chapitre du monastère d'Evron, en présence et du consentement de Foucher son archidiacre, et de Foulques de Marboet. Ce prieuré est devenu considérable par l'union de celui de Montigné, dont nous ignorons le nom des fondateurs et le temps de la fondation.

Comme Hildebert joignoit un grand zèle à une haute piété, il fit rétablir l'abbaye de Saint-Georges-au-Bois à une lieue de Montoire (1), qui avoit été entièrement ruinée, et y mit des chanoines réguliers, espérant qu'ils y feroient revivre la piété des anciens moines pour lesquels elle avoit été fondée; mais il lui arriva ce qui étoit arrivé au bon évêque de Nantes Benoît dans la fondation du monastère de Saint-Médard de Doulon; car à peine ces chanoines furent-ils établis dans l'abbaye de

---

(1) Saint-Georges-au-Bois n'est pas éloigné du château de Lavardin, lieu d'origine de l'évêque Hildebert. (C. Ch.)

Saint-Georges, qu'ils tombèrent dans un tel relâchement que Mathieu leur abbé, qui auroit dû donner l'exemple aux autres, renonçant à sa profession, abandonna et son monastère et ses vœux. Un scandale si public perça le cœur d'Hildebert, qui désespérant de pouvoir ramener ces chanoines déréglés à leur devoir, donna leur monastère à Guillaume, abbé de Marmoutier, pour y mettre de ses religieux et écarter par une bonne réforme le désordre qui s'y étoit glissé. L'on a encore les lettres de cet évêque pour une si bonne œuvre ; mais nous ne voyons pas qu'elles aient eu leur effet, car cette abbaye est encore aujourd'hui possédée par des chanoines réguliers.

L'an 1119 fut funeste à l'Église par la mort du pape Gélase II, qui mourut à Cluny le 29 janvier. Trois jours après, Gui, archevêque de Vienne, qui joignoit à une illustre naissance une science humble et modeste et une piété solide, fut élu souverain pontife dans Cluny même. Il résista longtemps à son élection, et n'y donna son consentement qu'après qu'elle eût été confirmée à Rome, et prit le nom de Calixte II. La même année il vint à Tours, et à l'exemple d'Urbain II il honora l'abbaye de Marmoutier de sa demeure et y consacra l'autel matutinal. Il y étoit le 15 septembre, et y fit expédier ce jour-là un privilége fort honorable pour l'abbaye de Fontevrault, où il nous apprend qu'en passant par Poitiers il avoit été invité par l'évêque Guillaume de visiter cet illustre abbaye, qu'il avoit eu la consolation d'y trouver une bonne observance, et qu'il avoit fait la dédicace de l'église. Le même jour, il donna encore un bref à la même abbaye pour y confirmer une fraternité établie par l'évêque Guillaume. Il est daté de Tours, en l'abbaye de Marmoutier, mais nous ne savons pas combien de temps le pape resta dans cette abbaye. M. Maan dit qu'il sacra aussi l'autel matutinal de l'église cathédrale, et il est certain qu'il étoit encore à Tours le 24 de septembre, puisque nous avons de lui deux bulles de ce jour données à Tours en faveur de l'abbaye de Marmoutier. Dans la première, adressée aux évêques de France, il dit que le pape Urbain II son prédécesseur ayant condamné au concile de Clermont les évêques qui obligeoient les monastères à racheter par argent les églises, et ayant défendu qu'à l'avenir il ne se fît rien de semblable, il avoit néanmoins ordonné que les églises et les dîmes dont les monastères jouissoient depuis trente ans, leur restâssent paisiblement; en conséquence de ce décret qu'il confirme de nouveau, il prie et défend en même temps à tous les archevêques et évêques de troubler là-dessus les religieux de Marmoutier, dont le monastère, dit-il, appartient particulièrement au Saint-Siége. Dans la seconde, il déclare qu'étant venu à l'abbaye de Marmoutier avec Lambert évêque d'Ostie, Boson, Dieudonné et Jean, prêtres cardinaux, Pierre, Grégoire, Chrysogon son bibliothécaire, et Pierre, diacres cardinaux, et Galon évêque de Léon, les religieux de ce monastère l'avoient prié de les absoudre des fautes et négligences qu'ils pourroient avoir faites en l'acquisition des églises, des dîmes et autres biens ecclésiastiques, confirmant l'absolution que le pape Urbain II leur avoit donnée, lorsqu'après le concile de Clermont il vint à Marmoutier, ce qu'il leur avoit accordé avec plaisir.

Nous avons déjà dit ailleurs que dans l'onzième siècle la simonie étoit si commune, qu'on ne la regardoit presque pas comme une chose mauvaise, et que les plus saints évêques et religieux croyoient que pourvu qu'ils n'exigeâssent et ne donnâssent rien pour les ordres sacrés, tout le reste leur étoit permis. Les choses ayant été depuis éclaircies en quelques conciles, et surtout en celui de Clermont, les religieux de Marmoutier prièrent le pape Urbain II, qui assistoit avec eux familièrement dans leur chapitre, de les absoudre des fautes qu'ils pourroient avoir commises en cela, et d'étendre son absolution sur les morts aussi bien que sur les vivants. Le pape leur accorda cette grâce, et Calixte la confirma. Ce fut peut-être aussi la même raison qui les obligea à demander aux évêques la confirmation des églises et des biens ecclésiastiques qu'ils possédoient dans leurs diocèses, et les évêques à la leur accorder dans les mêmes termes qu'ils auroient employés s'ils les leur avoient donnés. Nous en avons déjà vu des exemples dans Pierre et Isembert, évêques de Poitiers, Brice de Nantes, et Philippe de Troyes. L'année 1119, où nous sommes, nous en fournit encore un dans Geoffroi, archevêque de Rouen, qui, au nom de la Très-Sainte Trinité, dans l'espérance de recevoir la rémission de ses péchés par l'intercession de saint Martin et par les prières des dévots religieux de Marmoutier, pour aller au-devant des vexations qu'on pourroit leur faire, leur accorde et leur permet de jouir en pleine liberté des églises, dîmes et autres biens qu'ils possédoient dans son diocèse, à quoi il fit consentir son chapitre.

L'année suivante, Turgisus, évêque d'Avranches, fit une semblable confirmation de tout ce que l'abbaye de Marmoutier possédoit dans son diocèse.

Ce fut environ ce temps-là que Robert Pavon, ecclésiastique dans le diocèse du Mans, homme sage et d'une conscience fort timorée, craignant que l'église de Notre-Dame de Mayenne, dont il étoit en possession, ne tombât en main laïque après sa mort, et voulant mettre en sûreté sa conscience et celle de ses successeurs, résolut de la donner à de saints religieux qui édifiâssent les peuples par la pureté de leurs mœurs et par l'exemple d'une vie réglée. Il jeta les yeux sur ceux de Marmoutier, qui répandoient partout l'odeur de leur vertu. Mais pour faire les choses solidement, il fut trouver Hildebert son évêque, et après lui avoir déclaré le vœu qu'il avoit fait à Dieu de donner cette église à Marmoutier, il la lui remit entre les mains en présence de ses archidiacres Payen et Foucher, et Hildebert la donna en même temps à Marmoutier, et en investit Fremond qui en étoit prieur, avec un petit bâton qu'il lui mit en la main.

Il y avoit déjà longtemps que l'abbaye de Marmoutier avoit un petit prieuré à Mayenne, situé au-delà de la rivière, et consacré à saint Martin. Du temps de l'abbé Albert il étoit desservi par deux religieux qui, par leur piété, s'acquirent l'estime et l'affection de tout le pays. Juhelle, fils de Gautier, seigneur de Mayenne, conçut pour eux une amitié si tendre, qu'il résolut de les établir dans la chapelle de son château, et de leur donner un revenu suffisant pour y entretenir un bon nombre de religieux. Comme il rouloit ce dessein dans son esprit, Guillaume, abbé de Marmoutier, arriva à Mayenne Sa venue causa une joie extrême à Juhelle. Il ne douta point que ce ne fût le Saint-Esprit qui l'avoit amené; et il lui ouvrit son dessein. L'abbé, qui étoit un homme prudent, et qui ne précipitoit rien, après l'avoir remercié du bien qu'il vouloit faire à son monastère, loué et approuvé sa bonne intention, lui répondit que pour exécuter ce dessein il falloit consulter l'évêque du Mans, et lui demander son consentement. La réponse de l'abbé ne fit qu'allumer le désir de ce seigneur. Il écrivit aussitôt à Hildebert, le pria de venir incessamment à Mayenne, lui déclara le dessein qu'il avoit conçu, lui demanda et obtint son consentement, l'investit de la chapelle de son château avec la corde de la cloche, et le pria d'en investir l'abbé Guillaume qui étoit là présent et ses religieux. Tout cela s'exécuta comme il l'avoit souhaité, avec l'agrément d'Adeline sa mère et de Felicie sa sœur. Il ajouta à cela de grands revenus, dont le détail seroit ennuyeux aux lecteurs; et comme l'abbé Guillaume se chargea de faire construire les lieux réguliers du nouveau monastère aux dépens de son abbaye, il lui permit d'appliquer à l'utilité de Marmoutier ce qu'il jugeroit à propos de ces revenus, pourvu qu'on entretînt toujours dans sa chapelle un nombre suffisant de religieux. Il demanda aussi que le prieuré qui étoit au-delà de la rivière fût transféré et soumis à celui-ci et en fût à l'avenir un appendice. Tout ceci se passa en présence de plusieurs témoins, tant du clergé que de la noblesse.

Comme Juhelle prenoit fort à cœur cette affaire, et qu'il espéroit par là procurer un grand bien à l'âme de Geoffroi de Mayenne son aïeul, de Gautier son père, d'Hamelin son frère, et de sa sœur, et encore plus à lui-même, il en pressoit l'exécution; et parce qu'il avoit besoin pour faire les édifices de deux places qui joignoient sa chapelle et appartenoient à deux de ses vassaux, il les fit venir en sa présence et les pria de coopérer de leur part à la bonne œuvre qu'il avoit entreprise, en donnant volontairement ou en vendant leurs places, dont on ne pouvoit se passer ; l'un des deux, nommé Renard Draulin, offrit la sienne de bonne grâce ; mais le second, qui s'appeloit Guérin Probus, lui répondit avec beaucoup de résolution qu'il ne donneroit ni ne vendroit jamais la sienne. Juhelle lui fit de nouvelles instances, mais l'autre tint toujours ferme. Choqué de la résistance de ce malhonnête homme, il s'emporta contre lui, et lui dit qu'il étoit son colibert, qu'il avoit droit de le vendre lui-même et le brûler, de prendre son bien et le donner à qui bon lui sembleroit, et il l'auroit percé de son épée, si Clémence sa femme, l'évêque Hildebert, l'abbé Guillaume, et quelques autres personnes ne l'avoient enlevé et fait passer dans une salle.

Après que ce premier mouvement fut passé, quelques gens de bien entreprirent de réconcilier ce pauvre misérable avec son seigneur, et représentèrent avec respect à Juhelle qu'il s'étoit mécompté en s'emportant de la sorte contre Guérin, qu'il ne pouvoit le traiter de son colibert, puisque le seigneur Gautier son père l'avoit affranchi, et qu'ainsi il n'avoit aucun droit sur son bien. Mais Juhelle leur répliqua qu'ils se mécomptoient eux-mêmes, que lorsque son père avoit affranchi Guérin, il étoit en âge de raison, qu'il montoit déjà à cheval, que cet affranchissement auroit dû se faire avec son consentement, qu'il ne l'avoit point donné, et qu'on ne lui avoit pas même demandé ; que ce défaut le rendant nul, il avoit droit de disposer de la personne et du bien de Guérin. Cette réponse fit juger qu'on ne gagneroit rien de ce côté-là, et il fallut que Clémence, épouse de Juhelle, et Chotard de Mayenne, homme très-prudent et son ami, s'interposassent pour obtenir grâce à Guérin. Chotard, pour l'y porter, lui donna un beau cheval blanc que le duc de Bourgogne lui avoit donné à Dijon ; il lui rendit encore une belle coupe qu'Henri roi d'Angleterre avoit donnée à Juhelle, et qu'il tenoit en gage pour cinq cents sols, et à sa considération Juhelle affranchit

Guérin et toute sa postérité, mais à condition qu'il céderoit la place qu'il avoit refusé de vendre, qu'il donneroit à Chotard un pré sur le bord de la rivière, qui lui appartenoit, et que si jamais aucun de ses parents venoit à réclamer cette place ou ce pré, dès là l'affranchissement seroit nul. Ainsi ce pauvre misérable, qui auroit pu gagner l'amitié de son seigneur en lui accordant de bonne grâce ou en lui vendant cette place, fut obligé de la céder à des conditions onéreuses.

Après cela Hildebert, évêque du Mans, fit expédier des lettres par lesquelles il déclare qu'ayant été prié par Juhelle, seigneur de Mayenne, par sa mère et sa sœur et par tous ses barons, de donner aux religieux de Marmoutier les chapelles du château de Mayenne et de Lacé, et de confirmer la donation qu'eux-mêmes leur en avoient faite, il avoit consenti à leurs justes demandes, et prononçoit anathème contre tous ceux qui auroient la témérité de violer cette donation. Les lettres sont datées de l'an 1120, indiction XIII, épacte XVIII, signées par Hildebert et ses archidiacres, et scellées de son sceau, où il est représenté en habits pontificaux, mais sans mitre.

Ce fut la même année que Foulques, comte d'Anjou, voulant entreprendre le voyage de Jérusalem, vint à Marmoutier, et qu'étant entré dans le chapitre des religieux leur demanda la participation à leurs prières et bonnes œuvres, pour l'heureux succès de ses pieux desseins. Il étoit accompagné d'un grand nombre de barons qui venoient se recommander à leurs prières, et entr'autres de Garcie de Buinon, qui confirma tout ce que lui et ses ancêtres avoient donné au monastère dans Torée, à Buinon, à Villers-Charlemagne, et dans les autres lieux de son fief.

Je reviens au prieuré de Mayenne. Parmi ses revenus, la terre d'Avalleis étoit considérable. Elle avoit été donnée par Fulcodius, frère d'Hamelin, seigneur de l'Ecluse, lorsque revenant d'un voyage de la Pouille, il se fit religieux à Marmoutier. Il avoit fait cette donation du consentement de son frère, et l'on en avoit joui longtemps. Mais après sa mort, Hamelin de l'Ecluse son neveu, appuyé de la faveur du roi d'Angleterre, la leur avoit prise de force, croyant que personne n'oseroit lui faire tête. Mais Hildebert, évêque du Mans, à qui les religieux avoient demandé justice, jeta un interdit sur ses terres, qui l'obligea de rentrer en lui-même. Il vint trouver ce prélat à Mayenne, reconnut sa faute, restitua la terre et en fit une nouvelle concession aux religieux, qui eurent la bonté de lui donner dix livres monnoie du Mans, et vingt sols à son fils et autant à sa femme.

Il y avoit déjà un an ou deux que Dieu avoit retiré du monde Raoul, archevêque de Tours, l'un des plus grands persécuteurs de Marmoutier. Gilbert son neveu, qui avoit été prévôt de Suèvre dans l'église de Saint-Martin, et ensuite chancelier et doyen de celle de Tours, lui ayant succédé et se montrant un peu plus raisonnable, et peut-être espérant tirer quelque secours des abbés de Marmoutier, dont l'autorité et le pouvoir étoient grands alors, on termina les différends entre l'Église de Tours et Marmoutier contre toutes apparences, aucun de ceux qui avoient voulu interposer leur crédit pour procurer la paix n'ayant pu y réussir. Mais tout est facile lorsque celui qui est le maître des cœurs s'en mêle. Il mit de telles dispositions dans celui de l'archevêque et de l'abbé, qu'ils convinrent tout à coup dans des entretiens familiers qu'ils eurent ensemble en présence de quelques-uns des principaux de leurs corps. L'archevêque accorda qu'il béniroit les nouveaux abbés de Marmoutier sans scrutin, sans écrit et sans profession. Et l'abbé consentit que les abbés élus, avant ou après leur bénédiction promettroient verbalement aux archevêques et à leur Église obéissance, sauf l'obéissance qu'ils devoient au pape et l'autorité que le Saint-Siége a sur leur personne et sur leur monastère comme lui étant immédiat. Ils se promirent encore de s'aider réciproquement dans les affaires qui surviendroient aux deux Églises, soit au-delà soit au-deça des Alpes, et de s'accompagner dans leurs voyages. L'archevêque promit d'ordonner les religieux lorsque l'abbé es lui présenteroit, et de ne faire aucune station dans le monastère ; et l'abbé promit à l'archevêque que quand il convoqueroit un concile il y assisteroit comme ses autres suffragants ; que lorsqu'il viendroit à mourir il assisteroit avec toute sa communauté à ses obsèques, et marqueroit son nom dans le nécrologe afin qu'on en fît tous les ans mémoire le jour de son anniversaire ; qu'il assisteroit de même aux obsèques des sept principales dignités de son Église ; que pour les autres chanoines, lorsqu'on apprendroit leur décès, l'on feroit ce jour-là à Marmoutier pour eux comme pour un religieux décédé, et l'on enverroit une partie de la communauté à leur enterrement. De même l'archevêque et son chapitre s'engagèrent de leur côté à venir aux enterrements des abbés de Marmoutier, des grands-prieurs et des prieurs claustraux ; qu'aux décès des autres religieux ils feroient sonner leurs cloches et feroient pour eux la recommandation. L'on convint encore que les deux églises feroient tous les ans l'une pour l'autre un trentain ; enfin qu'à la fête de Saint-Maurice les religieux de Marmoutier iroient chanter la messe avec les chanoines et occuperoient la moitié de leur chœur, et qu'en l'absence de l'archevêque, toutes les grandes fêtes, l'abbé de Marmoutier chanteroit la grand'messe s'il vouloit, lorsque les chanoines l'en prieroient. Après que l'on fût ainsi convenu de part et d'autre, l'on pria l'abbé Guillaume qui gouvernoit déjà depuis plusieurs années, de promettre obéissance à l'archevêque, et il le fit aussitôt sans résistance en la manière dont on étoit convenu, et l'archevêque s'en contenta.

Ce différend n'auroit pas duré si longtemps, si les religieux de Marmoutier eussent trouvé des personnes aussi raisonnables qu'eux. Ils ne demandoient rien qui ne leur fût dû, et pour le bien de la paix ils se relâchèrent même sur le droit que leurs privilèges leur donnoient de ne point promettre obéissance aux archevêques de Tours, promesse dont les évêques étoient si jaloux en ce temps-là. Ils étoient persuadés qu'il est très-messéant à des religieux de plaider et de contester, et pour éviter cet écueil ils sacrifioient souvent leurs intérêts. C'est ce que nous avons vu plusieurs fois dans le cours de cette histoire. Il seroit aisé d'en donner encore plusieurs exemples sous le gouvernement de l'abbé Guillaume. La manière dont il termina le différend avec les religieux de Redon pour le prieuré de Beré, marque un désintéressement qui ne peut être assez admiré. Nous avons vu ailleurs comme ces religieux avoient voulu se rendre les maîtres de ce prieuré, et comme ils avoient été déboutés par une sentence juridique sous l'abbé Albert ; comme sous Barthélemy son successeur, ayant voulu renouveler leurs prétentions, ils furent condamnés honteusement. Après ces jugements il n'y avoit plus à revenir ; cependant, ayant voulu faire revivre leurs prétentions lorsque Gérard d'Angoulème, légat du Saint-Siége, tenoit un concile à Nantes, sous l'administration d'Hervé, abbé de Redon, Guillaume abbé de Marmoutier leur sacrifia une terre et une chapelle dépendantes du prieuré de Donges, et ils renoncèrent pour jamais au prieuré de Beré. Un autre plus passionné pour les biens de la terre auroit blâmé cet abbé de ne s'être pas tenu aux sentences que ses prédécesseurs, qui étoient des saints, avoient fait rendre. Mais Guillaume s'en tint aux sentences prononcées par le souverain Juge, qui ordonne de donner à ceux qui nous prennent, et il crut avoir beaucoup gagné d'avoir acheté la paix. Voici une autre preuve de son désintéressement.

Guischer, seigneur de Château-Regnaud, s'étoit donné avec tous ses biens meubles à Marmoutier, et avec une grosse somme d'argent qui se conservoit dans les coffres de l'abbaye. A peine eut-il fait cette donation que Jean, seigneur de Châteaux (1), le fit prisonnier, et qu'il mourut peu après. Geoffroi son fils redemanda aux religieux de Marmoutier ce qu'il leur avoit donné, et les cita devant Adèle, comtesse de Blois. Il leur étoit facile d'obtenir toute sorte de justice de cette princesse, qui étoit plutôt leur mère que leur dame ; mais pour se délivrer des importunités de ce seigneur, ils aimèrent mieux lui rendre tout.

(1) Jean d'Aluye, seigneur de Saint-Christophe en Touraine et de Châteaux en Anjou, aujourd'hui Château-la-Vallière. (C. Ch.)

Robert Papebœuf, seigneur de Rillé, persécutoit depuis longtemps les religieux de Marmoutier qui desservoient le prieuré de Saint-Loup fondé par son père, et il leur avoit fait de si grands torts que le prieuré étoit presque désert. Les religieux, qui se sont toujours fait un point capital de suivre les conseils évangéliques, souffrirent avec patience toutes les injures que ce seigneur leur faisoit ; mais il semble que leur vertu ne faisoit qu'irriter sa brutalité, si bien qu'un jour de fête de saint Loup, patron du prieuré, il leur enleva encore deux serfs, disant qu'ils lui appartenoient avec toute leur postérité, quoique ces religieux en eussent joui depuis plus de trente ans, et qu'en sa présence ils eussent toujours été occupés à leur service. Enfin ne pouvant plus supporter les vexations de ce seigneur, ils furent obligés d'en porter leurs plaintes à Foulques, comte d'Anjou, et à la comtesse Aremburge son épouse, fille d'Élie comte du Mans ; et comme ils avoient la crainte de Dieu et de l'amour pour la justice, animés du zèle de la maison de Dieu, ils ordonnèrent aux parties de comparoître devant eux à Baugé, où ils vouloient juger cette affaire. Le comte, qui se trouva occupé à des affaires de conséquence, en laissa le jugement à la comtesse et à ses barons. Mais le pauvre seigneur de Rillé n'ayant pu apporter aucune bonne raison, fut obligé de rendre les deux serfs qu'il avoit ravis, et une chape précieuse qu'il avoit enlevée du prieuré, et l'abbé de Marmoutier et ses religieux lui pardonnèrent tous les torts qu'il leur avoit faits, et portant encore leur générosité plus loin, ils lui firent présent d'un cheval, rendant ainsi le bien pour le mal.

Jean, abbé de Saint-Nicolas d'Angers, ami intime du monastère, ayant demandé à l'abbé Guillaume et à ses religieux la chapelle de Genest, qui étoit un membre de l'église de Saint-Georges-du-Puy-de-Gord, ils la lui accordèrent de la meilleure grâce du monde, se contentant qu'en reconnoissance de ce bienfait, le monastère de Saint-Nicolas payât tous les ans trois sols de cens au prieuré de Chemillé.

Tandis que l'abbé Guillaume s'efforçoit de faire ainsi du

bien à ses amis et à ses ennemis, Dieu prenoit plaisir à le récompenser par des dons que des personnes de qualité faisoient à son monastère. Gauslin de Daumeré, craignant la justice de Dieu à cause des péchés qu'il avoit commis, et espérant en sa miséricorde s'il faisoit pénitence, prit le parti de se faire religieux à Marmoutier, y donna de grands biens en recevant l'habit, et engagea sa femme nommée Orield, après avoir pourvu honnêtement ses enfants, à laisser tous ses biens au monastère. Deux autres seigneurs, Renaud et Jacquelin de Daumeré, s'étant aussi faits religieux à Marmoutier, y laissèrent des marques de leur libéralité. L'an 1120, Pierre, seigneur de Chemillé, qui avoit assez inquiété les religieux de Marmoutier, étant tombé malade à l'extrémité, après s'être confessé à Renaud, prieur de Chemillé, et à plusieurs autres prêtres, car en ce temps-là on se confessoit quelquefois à plusieurs prêtres ensemble, il fit une donation au prieuré, et le jour suivant s'y étant fait transporter, il y prit l'habit religieux, et y mourut peu après avec des sentiments de piété. Après sa mort, Gauven son fils confirma ses donations, et même les augmenta de beaucoup.

Le pape Calixte II ayant assemblé un concile à Reims au mois d'octobre de l'an 1119, c'est-à-dire environ trois semaines après avoir été à Marmoutier, travailla avec beaucoup de zèle à extirper la mauvaise coutume de rendre héréditaires dans les familles les bénéfices ecclésiastiques, qui en ce temps-là étoient possédés par les laïques aussi communément que par les ecclésiastiques. Donoald, évêque de Saint-Malo, en conséquence des décrets de ce concile, donna aux religieux de Marmoutier l'église de Notre-Dame de Combour, qui depuis fort longtemps étoit passée de main en main à des injustes usurpateurs. Les religieux en possédoient déjà la meilleure partie comme nous avons vu ailleurs, mais le prêtre Hingaudus en possédoit encore un reste. Il le remit entre les mains de Donoald, qui le donna à Marmoutier préférablement à tous autres religieux. Ce même prélat confirma en même temps au monastère de Marmoutier les églises de Miniac, de

Podrohoit, de Saint-Martin et de Notre-Dame de Château-Joscelin, de la cathédrale de Saint-Malo et de Saint-Malo de Dinan, et des autres églises qui en dépendoient, de Talensac, et généralement tout ce qu'il possédoit dans son diocèse, fulminant anathème contre les usurpateurs de ses biens. L'acte de cette confirmation est daté de Châteaubriand, expédié dans le cloître de Béré l'an 1120, indiction xiv, le iv des ides de mai.

Deux ans après, l'abbé de Marmoutier faisant la visite de ses prieurés de Bretagne, l'évêque Donoald le vint voir au prieuré de Gahart, accompagné du prêtre Jacob, et de Raoul, fils de ce prêtre et doyen de Hilfindic, ou, comme l'on parle aujourd'hui, d'Infindic. Ce prêtre possédoit l'église de Saint-Pierre qu'il avoit héritée de ses parents, voie injuste et contraire aux canons. Raoul son fils, et qui apparemment étoit un homme de bien et éclairé, prenoit souvent la liberté de lui faire des remontrances là-dessus, lui représentant qu'il ne possédoit point légitimement cette église, qu'elle lui étoit venue par une voie qui n'étoit point catholique, qu'il ne pouvoit la retenir sans blesser sa conscience, et que s'il vouloit sauver son âme il ne pouvoit se dispenser de la remettre avec tous ses revenus entre les mains de son évêque, et le prier d'en gratifier les religieux de Marmoutier. Ces remontrances firent enfin impression sur l'esprit de Jacob. Il crut qu'il ne pouvoit rien faire de mieux que de quitter un bien dont la possession étoit si vicieuse. Il la remit entre les mains de Donoald, qui en investit l'abbé de Marmoutier en lui donnant un couteau, et fit dresser des lettres de cette donation qu'il scella de son sceau. Le lendemain, ils allèrent ensemble voir Raoul, seigneur de Montfort, qui eut une joie extrême d'apprendre ce nouvel établissement, car il avoit une si haute estime des religieux de Marmoutier, qu'il souhaitoit depuis longtemps d'en avoir auprès de lui, et il cherchoit même l'occasion de les y établir. Ainsi il approuva et confirma sans peine cette fondation, et promit d'y contribuer de son côté, non-seulement par son consentement, mais encore par l'augmentation du revenu. Le jour suivant, ils s'assemblèrent tous dans la chapelle de ce seigneur, où il se trouva une grande foule de monde, et là Raoul et son père Jacob remirent de nouveau l'église de Saint-Pierre d'Infindic entre les mains de l'évêque, et l'évêque et son archidiacre en investirent une seconde fois l'abbé de Marmoutier à la prière du doyen Raoul, qui ajouta à cette donation celle de sa propre maison, d'une vigne, de tout son patrimoine, et tous les biens qu'il avoit acquis et qu'il possédoit, son dessein étant de se faire religieux. Mais le seigneur de Montfort signala surtout sa piété et sa magnificence par les grands revenus qu'il donna à ce prieuré, qui peuvent sans contredit l'en faire regarder comme le principal fondateur. Avoise son épouse donna son consentement à tout.

Tandis que ceci se passoit en Bretagne, Barthélemy, fils de Geoffroi Payen de Vendôme, qui possédoit les églises de Cuscher et de Noyers, *Cuscherii et Nucharii*, sentoit de terribles troubles dans sa conscience, et songeant aux moyens d'expier les péchés que lui et ses ancêtres avoient commis dans la possession de ces églises, crut que le plus sûr seroit de les donner aux religieux de Marmoutier, du consentement de son évêque. Le vénérable abbé Guillaume ayant su cette résolution, fut avec quelqu'un de ses religieux trouver à Blois l'illustre Geoffroi, qui depuis six ans avoit succédé à Ives dans l'évêché de Chartres, pour obtenir son agrément. Non-seulement il le donna, il y ajouta encore du sien. Mais comme il étoit trop occupé, il envoya Hugues, archiprêtre de Vendôme, recevoir en son nom de Barthélemy ces deux églises et en investir les religieux de Marmoutier, à quoi consentirent les chanoines de son Église qui se trouvèrent à Blois avec lui. La semaine suivante, l'évêque Geoffroi vint à Marmoutier, où après avoir entendu dans le chapitre les discours d'édification qui se faisoient aux frères, et avoir été admis à la participation de leurs prières, lui et ses chanoines, il confirma et ratifia ce qu'avoit fait son archiprêtre en son nom. C'étoit en l'an 1122.

Ce fut presque dans le même temps que ce grand prélat étant venu au prieuré de Ville-Belford, y fut reçu avec l'honneur dû à son mérite. Lorsque l'heure de l'office sonna, il voulut y assister avec sa compagnie dans la chapelle de bois où ces religieux le chantoient ; mais il la trouva si petite et si simple qu'il en fut touché, et les religieux lui ayant demandé permission de se bâtir une église de pierre, il leur accorda cette grâce à l'instant et leur permit même d'y avoir des cloches, l'an 1122 ; ce que nous rapportons pour faire voir la discipline de ce temps-là, auquel il n'étoit pas permis aux religieux de détruire leurs églises et d'en bâtir de plus superbes sans l'agrément de l'évêque.

Nous devons rapporter en cette même année la restitution des dîmes des moulins de la Basoche, que Hugues, seigneur de la Basoche, fit à l'église des SS. Rufin et Valère, martyrs, qu'on dit avoir été fondée et consacrée par saint Remi, archevêque de Reims, et desservie par 72 chanoines. Il fit la restitution de ces dîmes, que ses ancêtres avoient usurpées, à l'instance de Manassès évêque de Soissons, et du consentement de Basilie son épouse et de ses enfants, Hugues étant mort avant qu'on eût dressé et rédigé par écrit l'acte de cette restitution, Basilie sa femme en fit dresser un, et ajouta quelques dons à cette restitution, pour fonder un anniversaire tant pour son mari que pour elle et pour ses enfants, ce qu'elle fit confirmer par Lisiard, qui succéda à Manassès dans l'évêché de Soissons. L'acte qui en fut dressé est de l'an 1122, indiction XIII, l'an XIII du règne du roi Louis, sous le pontificat de Lisiard. Nous verrons bientôt que cette fameuse église donnée à Marmoutier fut unie au prieuré de Saint-Thibaud.

Ce fut cette même année que Geoffroi, comte de Dinan, qui avoit déjà tant fait de bien à Marmoutier, pour expier ses péchés, se rendre Dieu propice et procurer le salut de ses parents, ajouta aux donations qu'il avoit faites, celle de deux manoirs en Angleterre, Helpefort et Noncelle, que le roi Henri lui avoit donnés. Il en porta lui-même le don sur l'autel de Saint-Malo de Dinan, accompagné d'Olivier son fils aîné et de ses autres enfants ; à quoi Orielde son épouse donna son consentement avec plaisir, croyant plus gagner dans les prières des religieux qu'elle ne perdoit en se dépossédant volontairement de deux riches manoirs. Geoffroi, par ses instantes prières, fit aussi consentir le roi à cette donation, et il la confirma par des lettres authentiques scellées de son sceau.

L'année suivante, Donoald, évêque de Saint-Malo et l'un des principaux bienfaiteurs de Marmoutier, se signala par de nouveaux bienfaits. L'église de Cursolt étoit pour la plus grande partie possédée par un clerc nommé Jean, qui en jouissoit par droit d'héritage et par la succession de ses parents; mais comme il avoit de la conscience, et qu'il craignoit la menace du prophète, qui défend de posséder par héritage le sanctuaire de Dieu, il la remit entre les mains de son évêque, le priant d'en faire un don aux religieux de Marmoutier. Il ne pouvoit faire un choix qui fût plus agréable à l'évêque. Donoald étoit alors à Marmoutier, où il célébroit avec les religieux la fête de la Translation de saint Martin. L'archevêque de Tours s'y trouva aussi, et comme il avoit des inclinations toutes différentes de celle de son oncle son prédécesseur, il approuva, appuya et confirma cette donation, et à sa sollicitation Donoald en investit l'abbé Guillaume et ses religieux, avec le même livre que Jean lui avoit mis entre les mains en faisant la cession de ce qu'il possédoit dans cette église.

Donoald, qui aimoit les religieux de Marmoutier à cause de leur vertu, des services qu'ils rendoient dans son diocèse, et de l'édification qu'ils donnoient à ses peuples, venoit souvent les voir à Marmoutier pour s'édifier lui-même et satisfaire à sa dévotion. Nous venons de voir que l'an 1123, il y célébroit avec les religieux la fête de la Saint-Martin d'été ; l'année suivante 1124 il y passa les fêtes de Noël et y donna un privilége pour leur confirmer l'église de Saint-Malo de Dinan. Elle leur avoit été donnée par Benoît, un de ses prédécesseurs; le pape Paschal II avoit confirmé cette donation ; lui-même l'avoit aussi confirmée ; mais parce qu'ils y avoient fait quelques nouvelles acquisitions, ils le prièrent de leur donner une nouvelle confirmation. Il la leur accorda avec sa bonté ordinaire, et afin qu'elle eût plus de vigueur, il la fit sceller du sceau de l'archevêque Gilbert et du sien. Elle est de l'an 1124, indiction 2, vii des calendes de janvier.

Nous avons encore une charte de ce prélat, mais sans date, qui nous apprend qu'à la prière de Geoffroi, évêque de Chartres et légat du Saint-Siége, il avoit donné aux religieux de Marmoutier l'église de Saint-Brieuc de *Ploasno* et plusieurs chapelles contenues dans le territoire de cette église; mais parce que dans la donation qu'il en avoit faite, il n'avoit pas exprimé en détail le nom de ces chapelles, ils le prièrent de leur en faire une seconde donation où elles fussent exprimées, et il le fit aussitôt. Ces chapelles sont Saint-Lubin du Longaunet, Saint-Paterne, Notre-Dame de Caihou, Notre-Dame de Becherel, qu'il leur donna à la prière de l'illustre Alain de Dinan, à qui le château de Becherel appartenoit. Il leur permit d'y établir des prêtres pour les desservir, qui devroient recevoir de l'évêque le soin des âmes, et qu'ils pourroient ôter et changer lorsqu'ils le jugeroient à propos.

Je reviens à l'année 1123, au commencement de laquelle l'abbé Guillaume obtint du pape Calixte un privilége conforme à ceux que le pape Urbain II avoit accordés à l'abbé Bernard, et Paschal II à Hilgodus, par lequel il prend sous sa protection l'abbaye de Marmoutier, défend aux archevêques de Tours et autres évêques d'y faire des stations et y célébrer publiquement les divins mystères, pour ne pas troubler par le concours des peuples le repos des religieux, de les obliger à assister malgré eux aux enterrements, donne aux religieux la liberté d'élire eux-mêmes leur abbé et de le faire bénir par le pape, ou par tel évêque qu'ils jugeront à propos, leur permet de recevoir le saint chrême et les saintes huiles, la consécration des autels et des églises et l'ordination des religieux des évêques ordinaires des lieux qu'ils habiteront, pourvu qu'ils aient la communion du Saint-Siége, autrement d'avoir recours à tel évêque qui leur plaira; se réserve toutes les causes majeures des religieux, défend à tous évêques et archevêques de les excommunier, leur permet de célébrer les portes de l'église fermées dans un temps d'interdit, enfin déclare leur monastère immédiat au Saint-Siége. Après quoi il confirme toutes les donations qui leur ont été faites, et les fondations des prieurés, dont il fait un assez long dénombrement.

Depuis qu'Alexandre, seigneur de Rochecorbon, eût pris l'habit religieux à Marmoutier sur la fin de ses jours, Robert son fils, qui avoit succédé à ses honneurs, conserva toute sa vie une affection particulière pour ce saint lieu. Il y venoit souvent et témoignoit aux religieux toute l'amitié et l'estime possible. En ce temps-là, la rivière de Cisse, qui prenoit son cours dans le jardin du monastère, et s'alloit jeter dans la Loire près des ponts de la ville (1), formoit une île assez agréable, qu'on appelloit *la Belle-Ile* ou *l'Ile de Marmoutier*. Comme elle appartenoit à ce seigneur, Guillaume, prieur de Marmoutier, et qui auparavant avoit été archidiacre de Rennes, lui représenta que ce lieu seroit fort propre pour y bâtir une maison commode pour les infirmes, et pour ceux qui voudroient entièrement se séparer du commerce des hommes pour ne vaquer qu'aux exercices de la contemplation, car il y avoit une grande forêt qui formoit dans l'île une solitude assez étendue. Robert goûta cette pensée, et comme il aimoit les religieux, il n'eut pas de peine à se déterminer de leur en faire une cession. Dans cette vue il vint un jour à Marmoutier, s'entretint de ce dessein avec l'abbé et le prieur, et tous ensemble s'étant allés promener dans l'île, ils en firent le tour, et après plusieurs discours sur le sujet qui les avoit amenés, il en fit une donation au monastère pour attirer sur sa personne et sur toute sa famille les grâces du Ciel, et en investit l'abbé Guillaume, en lui donnant des joncs qu'il tenoit en sa main. Quelques jours après, étant venu au chapitre de Marmoutier, il en fit une seconde donation entre les mains d'Odon, sous-prieur du monastère, qui y présidoit, en lui donnant un petit bâton qu'il reprit aussitôt, et qu'il porta ensuite sur le grand autel. Peu de jours après, ses fils confirmèrent successivement la donation de leur père. Après

(1) Aujourd'hui la Cisse se jette dans la Loire près de Vouvray, bien au dessus de Marmoutier; mais l'île subsiste encore en partie. (C. Ch.)

cela, l'abbé et les religieux prièrent l'archevêque Gilbert de venir bénir le lieu où ils avoient dessein de bâtir les officines et les lieux destinés pour les infirmes et pour ceux qui voudroient vaquer à la contemplation. Il se transporta aussitôt sur les lieux, bénit de l'eau avec les oraisons prescrites dans le pontifical, en aspergea les places où l'on devoit bâtir l'église et les officines, et parce qu'il y avoit déjà une chapelle de bois, en attendant qu'on en fît une de pierre, il bénit celle-là. Ceci se passa l'an 1123, un vendredi de l'Avent.

Deux ou trois mois après, l'abbé Guillaume assista au concile de Chartres célébré par les deux légats du Saint-Siège, Pierre de Léon, prêtre cardinal, et Grégoire, diacre cardinal, lesquels après la mort du pape Honoré disputèrent ensemble du souverain pontificat, et excitèrent un schisme dans l'Église. L'on n'a point les actes de ce concile; mais la *Chronique de Maillezais*, et Gérard prieur de Grandmont, dans la Vie de saint Étienne, fondateur de son ordre, en font mention. Dans ce concile, Geoffroi, archevêque de Rouen, confirma à l'abbé Guillaume la donation qu'il avoit faite à Rouen de l'église de Saint-Martin de Nogent sur la rivière d'Andeli, *Andelani*. Cette église étoit possédée par l'illustre Amauri de Montfort, comte d'Évreux, très-puissant selon le siècle. Elle avoit été bâtie par ses ancêtres, qui l'avoient donnée à des religieux, lesquels en avoient été expulsés à cause de leur vie peu réglée. Il en avoit hérité de ses parents ; mais parce qu'il étoit un pur laïque, il eut de la peine de jouir d'un bien ecclésiastique, et il crut ne pouvoir la mettre en meilleures mains qu'en celles des religieux de Marmoutier, qu'il jugeoit les plus propres pour la rétablir et y faire refleurir la vertu. Il communiqua ce dessein à l'archevêque Geoffroi, qui l'y confirma, et qui en fit une cession aux religieux de Marmoutier à cause de leur piété qui s'étoit fait connoître partout, *propter notam ubique ipsorum religionem*. Il fit cette cession premièrement à Rouen l'an 1123, et ensuite au concile de Chartres le IV des ides de mars de la même année, selon ceux qui la commençoient à Pâques, ou de 1124 selon ceux qui la commençoient au mois de janvier.

Environ le même temps Arnaud, archevêque de Bordeaux, étant venu à Marmoutier, fut charmé de la bonne observance qu'il y remarqua. La piété, l'exactitude et la régularité des religieux lui inspirèrent le dessein d'établir en son diocèse des personnes qui ravissoient son âme par l'éclat de leur vertu. Il crut que ce seroit le moyen d'attirer les bénédictions du Ciel sur le troupeau que Dieu avoit confié à sa garde, et que par leurs prières ils lui mériteroient toutes les grâces nécessaires pour ce temps et pour l'éternité. C'est pourquoi, ayant pris l'avis des ecclésiastiques de son clergé qu'il avoit amenés avec lui, il leur donna l'église de Saint-Denis-de-la-Pile située sur la rivière de Helle, *Helani*, au-delà de la Dordogne, et l'église de Saint-Georges de Guesle, dont il investit l'abbé Guillaume avant que de sortir du monastère. Étant ensuite retourné à Bordeaux, il fit confirmer cette donation par ses archidiacres et par son chapitre, et en fit expédier des lettres scellées de son sceau, données à Bordeaux l'an 1124, épacte 3, concurrent 2, indiction 2.

La même année, Raoul, archevêque de Reims, donna au prieuré de Saint-Maurice les dîmes que Hugues Coniard lui avoit remises entre les mains, en présence d'Albéric, abbé de Saint-Basle, et de quelques autres témoins. Il lui donna encore une partie de ses moulins de Neuvy, qu'un certain Foulques Panetier lui avoit remise en se faisant religieux, du consentement de sa femme Flandrine, soit à Marmoutier, soit au prieuré de Saint-Maurice. Les lettres de l'archevêque sont datées de l'an de l'Incarnation 1124, indiction 2, du règne de Louis le Gros 16, et de l'épiscopat de Raoul 17. Elles sont reconnues par le chancelier Fulcrade, qui les écrivit et les souscrivit.

Ce n'étoient pas seulement les évêques qui témoignoient aux religieux de Marmoutier et à l'abbé Guillaume leur estime, par les dons dont ils les combloient; les princes du siècle ne leur cédoient en rien en cela. La même année Foulques, comte d'Anjou, ayant pris Montreuil-Bellay, et voulant témoigner à Dieu sa reconnoissance pour la bénédiction qu'il donnoit à ses armes, et attirer de plus en plus ses grâces sur sa personne, sur la comtesse Aremburge son épouse, et sur ses deux fils, Geoffroi et Élie, prit résolution de fonder un prieuré dans son château de Troo qu'il faisoit alors bâtir, et d'y mettre des religieux de Marmoutier. Dans cette vue, Foulques et Aremburge vinrent exprès à Tours pour y voir l'abbé Guillaume, qui étoit malade d'une fièvre quarte, et pour traiter avec lui de cette affaire. Ils lui assignèrent une place pour y bâtir l'église et les lieux réguliers, et pour faire un jardin et un verger, avec un bon revenu pour l'entretien des religieux. Mais parce qu'ils désiroient que ce prieuré fût desservi par douze religieux selon les usages de l'abbaye de Marmoutier, et que le revenu qu'ils avoient assigné pour cela ne suffisoit pas, ils prièrent l'abbé Guillaume d'y ajouter et unir une partie de celui de Saint-Laurent-de-Gastine et du Sentier, lui promettant de dédommager ces deux prieurés par d'autres revenus qu'ils lui firent espérer, et de les prendre sous leur protection ; et dans le moment même Foulques ordonna à Hugues, seigneur d'Amboise, et à Pierre de Montoire, qui l'avoient accompagné, de les défendre contre toutes les vexations qu'on voudroit leur faire.

Il y a bien de l'apparence que cette fièvre quarte, dont l'abbé Guillaume étoit travaillé lorsque le comte Foulques l'honora de sa visite, mit fin à sa sainte vie ; je dis sa sainte vie, et je ne fais que parler après Orderic Vital, qui le met au nombre des abbés éminents en sainteté. On ne peut douter effectivement que ce ne fût un grand homme, qui eut l'honneur d'être béni par un pape et d'en recevoir un autre dans son monastère. Il s'acquit l'estime des évêques, surtout de ceux de Bretagne, à quoi son illustre naissance et son office d'archidiacre de Nantes avant son entrée en religion, joints à sa grande vertu, ne contribuèrent peut-être pas peu. Il assista à plusieurs conciles. Il conserva une grandeur d'âme dans une humilité profonde. Il étoit libéral et bienfaisant à tout le monde, mais sans tomber dans la prodigalité. Il étoit au contraire excellent économe. Il fit bâtir des officines dans son monastère, en rétablit d'autres, entoura l'abbaye de murailles, et en mourant la laissa sans aucune dette. Il étoit pacifique et évitoit les procès. Ce fut son amour pour la paix qui l'obligea de terminer les différends avec les archevêques de Tours en se relâchant sur le point de l'obéissance. En quoi l'on peut juger du peu de justice que lui rend un auteur normand que j'estime être religieux du Bec, qui dit que l'envie d'être abbé, et la crainte qu'on en élût un autre en sa place, parce qu'il étoit breton, le faisoient presser de recevoir la bénédiction de l'archevêque Raoul en se relâchant sur le point de l'obéissance, que les évêques demandoient en ce temps-là avec tant d'empressement, et que les abbés refusoient avec tant d'opiniâtreté, puisqu'après sa bénédiction, après avoir gouverné longtemps son abbaye, il promit volontairement l'obéissance aux archevêques de Tours, mais verbalement seulement, sans écrit et avec restriction. Le nécrologe de l'abbaye d'Évron marque sa mort au 23 de mai, et nous croyons que ce fut l'an 1124. Il fut enterré dans le chapitre. Son successeur obtint du pape Honoré II une bulle datée du mois d'avril 1125.

DE N..., PRÉVÔT ET ARCHIDIACRE
DE L'ÉGLISE DE CLERMONT EN AUVERGNE,
ET ENSUITE RELIGIEUX DE MARMOUTIER.

L'abbaye de Marmoutier s'étoit acquis une si haute réputation sous le gouvernement de l'abbé Guillaume et de ses prédécesseurs, qu'on y voyoit tous les jours des personnes distinguées par la noblesse de leur naissance et par l'éclat de leurs dignités venir des extrémités du royaume mourir à toutes les grandeurs du siècle, pour vivre plus heureusement à Jésus-Christ. Nous en avons un exemple assez singulier dans celui dont nous entreprenons de parler ici. Ses grandes richesses et cette grande suite qui l'accompagnoit nous font croire qu'il étoit sorti d'une maison illustre dans le siècle. Il occupoit dans l'Église de Clermont deux offices qui ne reconnoissent presqu'au-dessus d'eux que l'épiscopat, celui de prévôt et celui d'archidiacre. Il vivoit honorablement dans ces emplois, et sa piété l'obligeoit de venir tous les ans à Tours célébrer la fête de saint Martin. Après avoir satisfait à ses dévotions au tombeau du saint, il venoit visiter les religieux de son monastère, et comme il remarquoit en eux une piété solide, une ferveur constante, une régularité exacte, il se sentit enflammé du désir d'en accroître le nombre. Fortifié dans ce désir par les sérieuses réflexions qu'il faisoit sur le bonheur de la vie religieuse, il résolut de le mettre en exécution.

La fête de saint Martin arrivant, il vint à Tours selon sa coutume y célébrer sa fête. Mais il y vint vêtu d'habits de soie, suivi de domestiques nombreux, accompagné de plusieurs ecclésiastiques qui sembloient conduire cette victime au sacrifice, portant avec soi une grosse somme d'argent et tout ce qu'il avoit de plus précieux afin de consacrer tout ce qu'il avoit à Dieu en s'y consacrant lui-même. Après avoir assisté avec dévotion à tous les offices divins de la fête de saint Martin, tant de jour que de nuit, il dit à ses gens de se reposer quelque temps des fatigues du voyage, qu'il alloit seul quelque part, qu'on ne se mît pas en peine de lui, mais qu'on tînt seulement le dîner prêt pour la compagnie. Il sortit ensuite de grand matin, après s'être revêtu des habits d'un pauvre serf, s'en vint à Marmoutier, se présenta en cette posture à l'abbé Guillaume, et, prosterné à ses pieds, le pria très-instamment au nom de Jésus-Christ et de saint Martin de lui accorder l'entrée de la religion. Guillaume remarquant je ne sais quoi de grand dans l'extérieur négligé de son postulant, ne put refuser une prière si humble. Il lui promit de le recevoir sans même s'informer de sa qualité, ne croyant recevoir dans un riche archidiacre qu'un pauvre clerc. L'archidiacre étant retourné au logis, donna assez à penser à ses gens, qui le virent revenir dans un habit qui ne convenoit pas à sa condition et qu'ils ne lui avoient jamais vu porter soit aux champs soit à la ville. Il reprit ses habits de soie ordinaires, et fort content de la promesse que l'abbé lui avoit faite, il passa en joie le reste de la journée sans s'ouvrir davantage. Le lendemain, tout le monde se prépare pour retourner à Clermont, on se met en chemin, il donne secrètement le mot aux guides de la compagnie de conduire droit à Marmoutier. Là, ayant premièrement fait sa prière à Dieu et dit qui il étoit, il demande l'abbé qui le connoissoit déjà de réputation, mais qui ne savoit pas que c'étoit ce pauvre clerc à qui le jour précédent il avoit promis l'entrée de la religion. L'abbé le reçut avec sa charité ordinaire et l'invita à rester quelque temps en son monastère pour se délasser des fatigues du voyage. « J'accepte de grand cœur, répondit l'archidiacre, l'offre que vous me faites l'honneur de me faire, et je dois d'autant moins le refuser que vous m'avez déjà fait la grâce de me recevoir au nombre de vos religieux ; aussi est-ce le sujet qui m'amène présentement ici. » L'abbé, surpris de cette réponse, le pria de s'expliquer. « Quoi, mon père, répliqua l'archidiacre, ne vous souvenez-vous pas d'avoir promis hier l'entrée de la religion à un pauvre clerc habillé de telle façon ? — Oui sans doute, répondit l'abbé, je m'en souviens. — C'est moi, dit l'archidiacre, accomplissez présentement votre promesse et recevez-moi dans votre monastère avec le peu de bien que je vous apporte. Je vous demande pourtant encore une grâce, qui est d'accorder la même faveur à ceux de ma compagnie qui voudront renoncer au monde. » Je n'explique pas quelle fut la joie de l'abbé, mais si elle fut grande, la tristesse des ecclésiastiques qui étoient venus avec lui le fut encore davantage ; son exemple néanmoins en toucha deux de la bande, qui prirent l'habit monastique avec lui.

Lorsque ce grand homme se vit une fois revêtu des livrées de la pénitence, il oublia tout ce qu'il avoit été dans le siècle pour ne songer qu'à ce qu'il devoit être dans le cloître. Plus il avoit été élevé, et plus il devint humble, pratiquant les emplois les plus vils et les plus ravalés de la religion. Pour éviter la vaine gloire et l'estime des hommes, il déroboit la nuit des moments de son repos pour rendre en secret des services humiliants à ses frères. C'étoit dans l'obscurité des ténèbres qu'il puisoit en cachette de l'eau pour remplir les lavoirs et épargner cette peine à ceux qui étoient chargés de ce travail. Mais plus il se cachoit, plus sa vertu se faisoit connoître, et elle s'éleva à un si haut degré de perfection, qu'il mérita que Dieu le favorisât de visions et de révélations. On lui avoit donné l'office de sacristain : il s'en acquittoit avec tout le soin et l'édification possibles. Un jour de fête de la Toussaint, comme les frères reposoient après matines au dortoir, lui au contraire, après avoir mis les choses en état dans la sacristie, vaquoit à l'oraison dans l'église. Et voilà que tout à coup il entend une musique agréable chantée par les esprits bienheureux dans le Repos de saint Martin. Jetant les yeux de ce côté-là, il aperçut trois saints évêques revêtus de leurs habits pontificaux, dont celui qui tenoit le milieu avoit un port plus vénérable. Il vit aussi plusieurs abbés et une infinité de moines, qui chantoient des répons et des antiennes convenables au jour de la fête que l'on célébroit. Comme il regardoit avec attention et admiration cette sainte troupe, il y remarqua plusieurs moines de sa connoissance qui étoient morts quelque temps auparavant, et s'approchant d'eux il s'informa qui étoient les personnes qu'il voyoit, et ils lui répondirent que les trois évêques étoient saint Martin, qui tenoit le milieu, saint Fulgence et saint Corentin, deux saints évêques dont les reliques sont conservées dans le monastère, que les abbés étoient ceux qui avoient gouverné cette église, et que les moines étoient ceux qui par les mérites de saint Martin jouissoient du fruit de leurs travaux, et qu'ils marchoient tous selon l'ordre du temps qu'ils étoient sortis de ce monde pour aller jouir de Jésus-Christ. Ils ajoutèrent que saint Martin, accompagné de ses disciples, visitoit souvent ce saint lieu, et qu'il eût à avertir Eudes, son abbé et successeur de Guillaume, qu'avant un an il seroit de leur nombre.

Le pieux archidiacre fut bien consolé de cette vision, mais il ne voulut pas être le seul participant de la faveur. Il court aussitôt au dortoir avertir quelques-uns des plus fervents de ses frères, et entre autres Garnier, qui fut abbé après Eudes, lesquels entendirent encore un reste de la mélodie et virent une partie de cette sainte compagnie qui retournoit au Ciel. On peut juger par cette vision de l'éminente sainteté de celui qui en fut favorisé, et on ne peut douter qu'il n'accrût dans le temps préordonné de Dieu le nombre de ceux qui lui étoient apparus, et qu'il ne chante à présent avec eux les louanges de Dieu pendant toute l'éternité.

DE GUILLAUME, RELIGIEUX DE MARMOUTIER, ET ENSUITE ABBÉ DE SAINT-VINCENT DU MANS.

Nous savons peu de chose de cet abbé. Nous ignorons même l'année qu'il fut tiré de l'abbaye de Marmoutier pour conduire celle de Saint-Vincent du Mans. Ce fut sans doute au commencement du gouvernement de l'abbé Guillaume, ou sous quelques-uns de ses prédécesseurs. Si c'est de lui dont parle Hildebert, évêque du Mans, dans son épître 38, comme il y a bien de l'apparence, il a fait son éloge en deux mots en disant qu'il étoit un religieux accompli, *vir consummatæ religionis*. Les soins qu'il prenoit dans la conduite de son abbaye ne l'empêchoient pas de considérer celle dont il avoit été tiré, de regarder toujours l'abbé de Marmoutier comme son père, et de lui obéir comme son disciple. Ce fut par son ordre que l'an 1109 il alla trouver Gaudin de Malicorne, pour prier ce seigneur de se relâcher du droit de transport en faveur des religieux de Marmoutier, qui étoient souvent obligés de faire passer sur ses terres bien des choses qui leur étoient absolument nécessaires, soit pour le vêtir, soit pour le vivre, dont il exigeoit un droit contre toute sorte de justice. Pour obtenir plus aisément ce que l'abbé de Marmoutier demandoit, Guillaume prit avec soi Hildebert son évêque, persuadé que ce seigneur ne pourroit rien lui refuser. Ils obtinrent effectivement ce qu'ils désiroient; mais ce fut à condition qu'on écriroit dans le nécrologe de Marmoutier les noms de son père, qui se nommoit aussi Gaudin, celui de Basilie sa mère, le sien, celui de Mabilie sa femme, et de ses enfants Guerin, Gaudin, Hersinde, Agnès et Odeline, et qu'on leur accorderoit participation aux prières et bonnes œuvres des religieux. On accepta les conditions, et on commença par écrire les noms du père et de la mère le 13 de décembre, jour auquel on célèbre le Retour de saint Martin et la fête de sainte Luce. Les mémoires qu'on a conservés de lui à Saint-Vincent nous le représentent comme un excellent abbé, qui a conduit son monastère avec beaucoup d'économie et de sagesse.

DE GOSBERT, RELIGIEUX DE MARMOUTIER.

Gosbert, surnommé Louis, étoit sorti d'une illustre maison de Touraine. Il passa dans sa jeunesse à Constantinople, où il fut honoré de l'empereur Alexis Comnène à cause de sa naissance et plus encore pour sa probité. Il avoit un frère nommé Guillaume Louis, qui fut religieux de Cormery, où il avoit été élevé en son enfance; mais il sortit de cette abbaye pour éviter les persécutions que des impies lui suscitèrent, et après avoir beaucoup voyagé en divers royaumes, il arriva enfin à Constantinople, où son frère le fit connoître à l'empereur. Il fut ensuite évêque de Salpis en Italie, et procura un grand nombre de reliques à son ancien monastère de Cormery.

Pour Gosbert, l'expérience qu'il fit de la cour ne servit qu'à lui en donner du dégoût. Il connut l'instabilité des hautes fortunes, il découvrit la vanité des grandeurs du siècle, et portant ses espérances plus loin, il quitta tout ce qui pouvoit flatter son ambition pour aller chercher un établissement plus solide. L'abbaye de Marmoutier lui parut propre à ce dessein. Il crut s'y cacher dans l'obscurité du cloître; mais comme il joignoit à une illustre naissance de rares talents, beaucoup de mérite, de la science et de la vertu, il fut employé dans les plus grandes affaires du monastère. Etienne, comte de Champagne et de Blois, le consideroit beaucoup et l'honoroit de sa familiarité, et ce fut à la considération de Gosbert que ce prince fonda le prieuré de Francheville, qu'on nomme aujourd'hui Morée.

D'ADAM, RELIGIEUX DE MARMOUTIER,
ET ENSUITE DE MORIMOND, PUIS ABBÉ D'EVERBACH.

Saint Bernard (1), traitant la question s'il est permis de passer d'un ordre moins austère, mais bien réglé, dans un autre ordre plus austère, par exemple de l'ordre de Cluny ou de l'ordre de Marmoutier dans l'ordre de Cîteaux, où l'on vivoit en ce temps-là à peu près comme l'on fait aujourd'hui à la Trappe, répond que si on lui demande son avis là-dessus, il ne conseille point de le faire : 1° à cause du scandale que le religieux qui change donne à ceux qu'il quitte et bien souvent à ceux qui le reçoivent ; 2° parce qu'il sait le bien qu'il quitte et qu'il ignore s'il aura assez de force pour pratiquer celui qu'il veut embrasser ; 3° parce que ces sortes de changements sont fort suspects de légèreté. Nous avons un exemple de tout cela dans la personne d'Adam, dont nous parlons ici. Saint Bernard, qui le fait connoître, nous apprend (2) qu'il avoit d'abord été religieux à Marmoutier. Nous y trouvons effectivement en ce temps-là un religieux nommé Adam, qui fut prieur de Fontcher en Touraine. Il ajoute qu'ensuite il se mit sous sa direction dans l'abbaye de Foigny au diocèse de Laon ; peut-être fut-il envoyé par son abbé au prieuré de Saint-Nicolas de Roussi situé dans ce diocèse, et qu'il se retiroit des temps considérables à Foigny où il

---
(1) S. BERNARD. *De præcepto et dispensatione*, cap. 16.
(2) *Epist.* 5.

avoit plus de facilité de consulter saint Bernard qui l'honora de sa familiarité. Enfin le saint ajoute encore qu'il passa dans l'abbaye de Morimond, qui est la quatrième fille de Cîteaux, au diocèse de Langres.

Il est assez surprenant qu'étant sous la direction de saint Bernard il n'entra pas dans le monastère de Clairvaux. Il y a bien de l'apparence que le saint n'approuva pas cette translation, comme il n'approuva pas non plus celle de plusieurs autres, qu'il ne voulut point recevoir, et qu'Adam, qui avoit un esprit ardent, se voyant refusé par saint Bernard, se jeta dans l'abbaye de Morimond où il fit sa stabilité. Comme il avoit de l'esprit et des talents, on le reçut sans peine et l'on conçut de lui de grandes espérances.

Mais à peine y eut-il fait profession, qu'il parut que c'étoit l'esprit d'inconstance et de légèreté qui l'avoit animé. Arnaud, son abbé, au grand scandale de l'ordre qui ne faisoit que de naître, prit résolution de quitter son monastère et d'aller en la Terre-Sainte sans en avoir demandé permission à l'abbé de Cîteaux son supérieur, ni à l'évêque de Langres son légitime pasteur. Il entraîna avec lui tout ce qu'il avoit dans sa communauté de gens d'esprit, mais particulièrement quatre sur lesquels on fondoit de grandes espérances, Ebrard, Henri, Adam et Conrad. Dès que saint Bernard eut appris ce dessein, il s'efforça d'en détourner l'exécution, et voyant qu'Arnaud, obstiné dans sa résolution, ne vouloit point l'écouter, il tâcha du moins de retenir les compagnons de son voyage. Comme il aimoit Adam, il s'appliqua particulièrement à lui faire voir les fâcheuses conséquences de cette entreprise, et dans des conférences qu'il eut avec lui, Adam avoua qu'il ne lui étoit pas permis d'obéir en cela à son abbé ; mais nonobstant, quand il vit son abbé partir, il le suivit avec plusieurs autres de ses confrères. Étant arrivés à Cologne, ils s'y arrêtèrent quelque temps, et saint Bernard écrivit à son ami Bruno, qui depuis fut archevêque de cette ville, le priant instamment de les retenir (1). Cependant Arnaud

(1) *Epist.* 6.

étant mort dans son voyage en Flandre, l'an 1126, saint Bernard écrivit une seconde lettre à Adam et en sa personne à tous ses compagnons pour tâcher de les ramener à leur devoir (1). On ne peut rien dire de plus fort pour les obliger de revenir. Il y ruine de fond en comble tous les vains prétextes de leur sortie, et y donne de fort belles instructions touchant les changements d'un monastère à un autre. Les historiens de l'ordre de Cîteaux croient que cette lettre eut son effet et qu'Adam et ses confrères retournèrent tous à Morimond, et qu'ils réparèrent par la sainteté de leur vie le scandale qu'ils avoient causé par leur sortie. Ils croient même qu'Adam en fut tiré fort peu après pour conduire le monastère d'Everbach ou d'Ebrach en Franconie, au diocèse de Virzebourg, où il fut abbé 34 ans. Ils ajoutent qu'il bâtit encore dix monastères de son ordre, sept d'hommes et trois de filles. Enfin Othon de Frisingue dit qu'il prêcha avec beaucoup de zèle la croisade, et qu'il mourut en odeur de sainteté.

(1) *Epist.* 7.

CHAPITRE XVIII.

D'EUDES OU ODON Ier,
XIIIe ABBÉ DE MARMOUTIER.
(1125 — 1137)

Eudes ou Odon Ier, qui succéda à Guillaume de Combour dans le gouvernement de l'abbaye de Marmoutier, ne cédoit point en mérite aux abbés précédents. La qualité de Vénérable, que lui donnent ceux qui ont écrit de son temps, l'observance sainte qu'il maintint dans la régularité de son monastère, les merveilles qui se passèrent à Marmoutier de son temps, et la grâce que Dieu lui fit de l'avertir de sa mort quelques mois avant qu'elle arrivât, prouvent assez clairement qu'il étoit digne de la charge à laquelle il fut élevé.

Il y a bien de l'apparence qu'il est le même que cet Eudes ou Odon qui exerça l'office de prieur claustral ou de sous-prieur sous l'abbé Guillaume. Comme la principale fonction de sa charge l'engageoit d'être à la tête de la communauté dans tous les exercices de la régularité, et que c'étoit principalement en cela que les prieurs claustraux étoient distingués des grands-prieurs dans les monastères considérables, que ceux-ci faisoient toutes les affaires du dehors, répondoient aux séculiers qui venoient au monastère, et n'étoient presque occupés que du temporel, au lieu que ceux-là ne sortoient presque jamais du cloître, étoient toujours avec les frères et présidoient à tous les exercices réguliers, Eudes eut moyen de se faire connoître des religieux et de gagner en même temps leur estime et leur affection ; si bien qu'après la mort de Guillaume de Combour il fut élu abbé de Marmoutier.

Presque aussitôt après sa bénédiction, Amauri Crespin, seigneur de Châteauceaux, et son épouse Ermengarde, surnommé Guarmese, signalèrent leur piété par la donation qu'ils firent à Marmoutier de l'église collégiale de Saint-Mainbœuf d'Angers. Cette église étoit tombée à ce seigneur par le mariage de sa femme, et il en jouissoit paisiblement. Il en disposoit comme de ses autres revenus et vendoit sans scrupule les canonicats, comme il auroit vendu un bien purement laïque. Mais enfin on lui fit comprendre que ces canonicats ne se nommoient prébendes que parce qu'elles devoient être données gratuitement et non pas vendues, et que même étant laïque, il ne lui étoit pas permis de les donner. Il comprit le danger où ce commerce précipitoit son âme, et comme il avoit la crainte de Dieu, et qu'il désiroit travailler à son salut et à celui de ses successeurs, il méditoit souvent sur les moyens d'expier ce péché et d'éviter l'occasion d'en commettre de semblables. Il consulta Dieu plus d'une fois, et ce fut par son inspiration qu'il prit résolution de donner cette église et toutes ses dépendances aux religieux de Marmoutier, qu'il appelle des hommes d'une singulière piété. Cette résolution prise, il voulut la mettre aussitôt en exécution. Ce fut pour cet effet qu'Ermengarde son épouse, à qui principalement cette église appartenoit, vint exprès à Marmoutier sous prétexte de satisfaire à sa dévotion, où étant entrée dans le chapitre, elle fit une donation de l'église de Saint-Mainbœuf entre les mains du prieur qui présidoit au chapitre, tant en son nom qu'au nom d'Amauri son époux. Elle ajouta à cela les églises de Beaufort et de Bessé ; ensuite étant sortie du chapitre, elle porta elle-même le titre de la donation sur le grand autel. Peu de jours après, l'abbé Eudes, accompagné de quelques-uns de ses frères, vint en demander la confirmation à Foulques, comte d'Anjou. Comme il étoit sur le chemin qui va de Baugé à Angers avec le seigneur Amauri, et qu'ils s'entretenoient ensemble de cette affaire, le comte les vint joindre, et ayant su le sujet de leur voyage, il confirma la donation d'Amauri et investit de nouveau l'abbé de Marmoutier de l'église de Saint-Mainbœuf avec le couteau de Gautier, prieur claustral de Marmoutier, à condition que les moines succéderoient aux chanoines à mesure qu'ils viendroient à mourir ou à changer d'état, et qu'au cas que par l'envie du démon et par la malice des impies perturbateurs du bien public, cette église vint à être ôtée aux religieux, il rentreroit lui et ses successeurs dans leur droit. Geoffroi, fils aîné du comte Foulques, confirma ce qui venoit d'être fait, aussi bien que la comtesse Aremburge sa mère. Après cela, Eudes députa deux de ses religieux, Gautier, prieur claustral, et Hugues, hôtelier de Marmoutier, de la part d'Amauri à son épouse Ermengarde Guarmese, et à ses deux fils Thibaud et Geoffroi, afin qu'elle renouvelât en présence de tous ses barons ce qu'elle avoit fait à Marmoutier. C'est ce qu'elle fit dans le cloître du prieuré de Saint-Jean de Châteauceaux, du consentement de ses fils, en présence de plusieurs témoins, et surtout de Brice, évêque de Nantes, qui approuva fort cette donation. Elle n'eut pourtant pas son effet, puisque encore aujourd'hui cette église est desservie par des chanoines. Le titre que nous avons de cette donation n'a point de date, mais il faut nécessairement le mettre en l'an 1125 qui fut celui qu'Eudes fut élu abbé de Marmoutier, ou au commencement de 1126, qui fut celui de la mort de la comtesse Aremburge.

La même année, l'abbé Eudes assembla un chapitre général à Marmoutier, à Pâques, dans lequel il se passa une chose de grande édification et d'un rare exemple de modération. Guillaume Girolet avoit assassiné Geoffroi, frère de Rolland, seigneur de Liré. On ne peut douter que ce meurtre ne fût très-sensible à ce seigneur, et que tout autre en eût poursuivi la punition par les voies de la justice; mais comme il se conduisoit par les grands principes du christianisme, qui ordonne l'amour des ennemis et le pardon des injures, pour toute satisfaction, il se contenta d'amener lui-même le meurtrier de son frère au chapitre général de Marmoutier, et de l'obliger à donner aux religieux quelques dîmes et ce qu'il possédoit dans l'église de Saint-Sauveur de Liré. C'est ce qu'il fit, investissant l'abbé Eudes de ce don en présence de plusieurs témoins. Le bon Rolland n'en demeura pas là ; il fit lui-même un don de quelques dîmes de vignes qu'il s'étoit réservées. Geoffroi Boterel donna aussi en même temps quelques vignes au monastère. Tout ceci se passa à Marmoutier, dit le titre de ces donations, au chapitre général dans la fête de Pâques l'an 1126, qui étoit le premier de l'ordination de l'abbé Eudes, date remarquable pour fixer le commencement du gouvernement de cet abbé.

Le pardon des injures ne fut pas la seule vertu admirable dans le seigneur Rolland. Voici encore quelques faits qui font juger de sa foi et de sa charité envers Dieu, et qui viennent parfaitement à notre sujet. Environ le même temps, l'abbé Eudes étant venu à Liré, Rolland assembla tous ses amis et avec eux Mathilde sa femme, Olivier et Gestin ses frères, et Hervé son fils, vint trouver le vénérable abbé, et en présence de toute l'assemblée demanda publiquement pardon à Dieu pour lui et pour ses parents d'avoir tenu jusqu'alors les dîmes de la paroisse de Liré, qui ne devoient appartenir qu'à l'Église et à ceux qui sont consacrés au service de Dieu, et les remit entre les mains de l'abbé et en porta le don sur l'autel. Son sacrifice ne se termina pas là ; il avoit un fils nommé Jean Martin, qui étoit encore au berceau : il l'offrit à Dieu et le porta lui-même sur l'autel de Notre-Dame de Liré, et ensuite le mit entre les mains du vénérable abbé Eudes, qu'il pria par la miséricorde de Dieu de vouloir élever dans les sciences en quelque maison de Marmoutier lorsqu'il seroit en état d'apprendre, et de lui donner ensuite l'habit religieux. Cela est conforme à la règle de saint Benoît, qui ordonne de recevoir dans ses monastères les enfants que leurs parents y offrent ; mais je ne sais s'il y a aucun exemple de l'oblation des enfants au berceau. Il falloit sans doute que ce seigneur eût une haute idée du bonheur de la vie monastique et un grand amour pour Dieu, pour lui consacrer de la sorte tout ce qu'il avoit de plus cher. C'étoit la coutume de donner l'habit religieux aux enfants aussitôt qu'ils étoient offerts ; mais cela supposoit qu'ils eussent déjà de l'âge et qu'ils fussent en état de le porter ; celui-ci étant encore au berceau ne pouvoit pas le recevoir ; ainsi, quoique son oblation fût faite, il ne faut pas s'étonner si on différa à lui donner l'habit.

Comme les religieux qui desservoient le prieuré de Liré se plaignoient de manquer de foin, Rolland leur donna des prés ; ensuite de quoi il demanda plusieurs grâces au vénérable abbé : 1° que les religieux de Liré fissent tous les dimanches la procession dans l'église de Saint-Martin, qui étoit tout proche de la leur ; 2° qu'ils fissent bâtir une aile à leur église, et un autel sur le tombeau de sa mère, qui par conséquent avoit été enterrée hors de l'église, toute dame qu'elle étoit, où l'on pût tous les jours offrir à Dieu le saint sacrifice pour le repos de son âme, à quoi il s'offrit de contribuer de son côté tant par lui-même que par ses vassaux ; 3° qu'il y eût toujours une lampe allumée devant l'autel ; 4° que sa femme et toutes les dames de Liré eussent à l'avenir leur sépulture auprès de sa mère. Toutes ces demandes font voir la foi et la piété de ce seigneur et elles méritoient d'être écoutées. Il demandoit ces choses par grâce et par miséricorde, et on les lui accorda par justice. L'acte que nous en avons n'a point de date, mais il y a apparence que ce fut l'an 1126 ou approchant.

La même année, Barthélemy, évêque de Laon, donna aux religieux de Marmoutier qui desservoient le prieuré de Saint-Nicolas de Roussi l'église *de Rufinti rivo*, que le prêtre Roger, qui l'avoit possédée jusqu'alors, lui avoit remise entre les mains, ne demandant point d'autre récompense de ce don que de participer à leurs prières pendant sa vie et après sa mort. Il y a apparence qu'il fit cette donation dans un synode, car elle est signée après lui de trois archidiacres, six abbés, six doyens, plusieurs prêtres et diacres, et scellée de son sceau, où il est représenté avec ses habits pontificaux, la crosse en main, mais sans mitre, ce que nous avons remarqué en plusieurs autres sceaux d'évêques de ce temps-là.

Ce fut aussi la même année que Rotrou, comte du Perche,

étant devenu seigneur de Belesme, et considérant l'obligation que les grands ont de faire du bien s'ils veulent s'acquérir une véritable grandeur dans le Ciel, confirma aux religieux de Marmoutier l'église de Saint-Léonard de Belesme, immédiate au Saint-Siége, avec toutes ses dépendances, celle de Saint-Martin du Vieux-Belesme et treize autres églises, et généralement tout ce qu'ils avoient acquis et possédoient dans son fief, et afin que cette confirmation eût plus de force, il y imprima le signe de la croix, aussi bien que la comtesse Advoise son épouse. Avant lui, Guillaume Talvas, seigneur de Belesme, avoit fait une semblable confirmation.

Nous avons vu ailleurs comme l'église de Saint-Léonard avoit été fondée par Guillaume de Belesme, qui y mit des chanoines et la soumit immédiatement au Saint Siége, du consentement de l'évêque de Séez, de l'archevêque de Rouen, et de Robert, roi de France. Tandis que les chanoines desservirent cette église, ils jouirent paisiblement de leur exemption ; mais leur vie licencieuse ayant obligé Robert de Belesme de les expulser et de mettre en leur place des religieux de Marmoutier, Girard, évêque de Séez, prétendit l'assujettir à sa juridiction. Le bruit qu'il fit sur cela, ne servit qu'à confirmer aux moines l'exemption qui avoit été donnée aux chanoines par les fondateurs. Ils en jouirent effectivement fort paisiblement sous le reste du pontificat de ce évêque et sous celui de Serlon son successeur; mais Jean, qui succéda à Serlon, et qui, comme écrit Orderic Vital, n'avoit pas son mérite, ne fut pas plus tôt monté sur le siége de l'Église de Séez, qu'il attaqua les priviléges de Saint-Léonard, et inquiéta nos religieux sur les autres églises qu'ils possédoient dans son diocèse. Il s'adressa au pape Honoré II pour lui demander justice, et le pape renvoya cette affaire à Gérard d'Angoulême, son légat en France, qui assigna aux parties un terme pour comparoître devant lui au Mans. Elles ne manquèrent point de s'y rendre au temps assigné ; l'évêque de Séez parla le premier ; il demanda l'investiture de l'église de Saint-Léonard et se plaignit des moines de Marmoutier, qui après avoir expulsé les chanoines, pour lesquels cette église avoit été fondée, refusoient de lui rendre l'obéissance que ceux-ci avoient rendue à ses prédécesseurs. A cela les religieux répondirent qu'il leur étoit facile de faire voir l'injustice de ces reproches ; que leur introduction dans Saint-Léonard avoit été canonique ; qu'ils ne manquoient pas de titres pour prouver la liberté de leur exemption ; mais que sans s'arrêter à cela, ils s'en tenoient à leur paisible possession depuis plus de trente ans, laquelle n'ayant point été troublée, devoit selon les canons les mettre hors d'atteinte de ses poursuites, et qu'ils étoient prêts de la prouver par des témoins irréprochables. L'évêque, qui vit bien la force de cette réponse, répliqua que cette possession n'avoit pas été paisible, que son prédécesseur avoit réclamé contre dans un concile tenu à Beauvais par le cardinal Pierre de Léon, et que de plus les chanoines expulsés avoient réclamé devant un archidiacre avant les trente ans de possession. Sur cela, le légat demanda s'il y avoit quelqu'un des chanoines qui eût réclamé, et l'on répondit qu'ils étoient tous morts, et qu'un témoin mort ne peut être admis. Après cela, ayant examiné les raisons des deux parties, et conféré avec Galon, évêque de Saint-Pol de Léon, Hugues et Guillaume, archidiacres de l'église du Mans, et d'autres personnes sages et éclairées, il déclara que si l'abbé et les religieux de Marmoutier pouvoient produire trois témoins qui jurassent sur les saints Évangiles qu'ils avoient joui paisiblement de leur exemption durant trente ans, ils gagneroient leur cause. Et aussitôt ils en offrirent trois et même davantage, mais l'évêque ne voulut point admettre leur serment. On ne laissa point de dresser un acte du jugement rendu par le légat, auquel assistèrent Geoffroi, abbé de Vendôme, Guillaume, abbé de Chartres, Fromond, abbé de Saint-Faron de Meaux, et plusieurs personnes illustres tant du clergé que de la noblesse. Il fut signé du légat et scellé de son sceau, où il est représenté en ses habits pontificaux, tenant un livre à la main, mais sans mitre et sans crosse, avec cette inscription : GIRARDVS. ENGOLISMENSIS episcopvs. La date est de l'an 1127, sous le règne du roi Louis.

L'évêque de Séez n'ayant rien gagné de ce côté-là, s'adressa à Henri, roi d'Angleterre et duc de Normandie, et à Geoffroi, archevêque de Rouen, qui voyant qu'il n'avoit pas raison, lui conseillèrent de faire sa paix avec l'abbé et les religieux de Marmoutier. L'évêque prit ce conseil pour un arrêt, et par un acte authentique passé à Séez, l'an 1127, et adressé à l'abbé Eudes et à ses successeurs, il reconnoît et accorde aux religieux de jouir de l'église de Saint-Léonard de la même manière qu'en avoient joui les chanoines avant eux, se réservant seulement l'obéissance et le respect dus à sa personne et à son Église, mais sans donner atteinte à la dignité et aux priviléges de cette église; il leur permet de célébrer les divins offices selon la coutume publiquement, et de faire sonner leurs cloches dans un temps d'interdit, pourvu qu'ils n'admettent point dans leur église aucun de ceux sur qui tombe l'interdit. Il leur permet encore de réconcilier leur cimetière et les officines de leur monastère, s'il arrive qu'elles soient polluées, excepté par l'homicide et par l'adultère. Enfin il confirme aux religieux de Marmoutier toutes les églises qu'ils possédoient dans son diocèse, et règle avec l'abbé ce qui est nécessaire pour l'entretien des prêtres qui les desservoient. Cet acte est signé de l'évêque Jean et des principaux de son Église, et du roi d'Angleterre, qui le signa lorsqu'il donna en mariage sa fille au jeune Geoffroi, comte d'Anjou.

Pendant que l'évêque de Séez inquiétoit les religieux de Marmoutier, Louis le Gros, roi de France, leur donnoit des preuves de sa bonté vraiment royale, et nous avons encore deux chartes de lui en faveur du prieuré de Saint-Martin-des-Champs, près de Bourges. Par la première, il exempte le lieu où est situé ce prieuré, qui s'appeloit en latin *Boiacus*, de toute sorte de coutumes; et par la seconde il permet aux religieux qui le desservoient de prendre dans ses bois qui s'appeloient *la forêt du roi*, comme ils avoient fait du temps d'Arpuin, vicomte de Bourges, et de ses prédécesseurs, tout le bois dont ils auroient besoin, soit pour brûler, soit pour chauffer le four, soit pour se fermer et pour tout autre usage, excepté pour vendre ou pour donner. Elles sont toutes deux datées de Bourges, l'an 1127, et signées par Étienne, maître d'hôtel, Gilbert, bouteiller, Hugues, connétable, Albéric, chambrier, et par le chancelier Étienne.

L'année 1128 doit être remarquable à l'abbaye de Marmoutier par la fondation de deux célèbres prieurés, de Saint-Martin-au-Val dans le faubourg de Chartres, et de Saint-Martin de Montrelaï dans le diocèse de Léon. L'église de Saint-Martin-au-Val étoit très-ancienne, et elle avoit été bâtie pour des religieux qui y vivoient dans une grande observance dès le sixième siècle (1). M. du Saussai croit que saint Lubin, évêque de Chartres, y avoit été religieux (2). Le choix qu'en fit ce saint évêque pour le lieu de sa sépulture semble confirmer ce sentiment, et rendit sans doute ce lieu si vénérable, que la plupart des évêques ses successeurs ne voulurent point être enterrés ailleurs. On y compte encore aujourd'hui jusqu'à treize tombeaux d'évêques de Chartres. Ce fut là aussi que saint Laumer, abbé de Corbion, fut inhumé, mais depuis ses sacrées reliques furent transportées dans son monastère. Pour celui de saint Lubin, il resta dans l'église de Saint-Martin-au-Val jusqu'au temps des calvinistes, qui le traitèrent comme ils firent plusieurs autres saints, dont ils brûlèrent les saintes reliques. Le P. Mabillon dit que le chef du saint fut apporté à Marmoutier ; mais aujourd'hui on ne l'y trouve plus (3).

On ne sait combien de temps les moines demeurèrent en possession de ce lieu saint. Il est constant que dans le dixième siècle il y avoit encore une abbaye sujette aux évêques de Chartres. Ardouin, qui succéda à l'évêque Ragenfroi son frère l'an 960, l'abandonna aux comtes de Chartres pour

---

(1) MABILLON, *Annal. Bened.*, t. I, p. 147.

(2) *In martyrol.*, 15 septemb.

(3) MABILLON, *Annal. Bened.*, t. I, p. 80.

avoir par leur moyen l'évêché ; honteux commerce et indigne d'un successeur des apôtres. L'abbaye de Saint-Martin étant entre les mains des séculiers, il y a bien de l'apparence que ce furent eux qui, au lieu des moines, y mirent des chanoines qui la possédèrent jusqu'au commencement du douzième siècle, qu'on les en expulsa pour y remettre des moines en la manière que je vais raconter.

Lorsque Guillaume de Combour gouvernoit l'abbaye de Marmoutier, deux chanoines de Saint-Martin-au-Val vinrent s'y rendre religieux, et comme en ce temps-là il y avoit de grands désordres dans plusieurs colléges de chanoines, il y a quelque apparence que ceux-ci, par un principe de conscience ayant révélé la turpitude de leurs confrères, on prit de là occasion de mettre des moines en leur place. Outre cela, le titre de la fondation nous apprend que le savant Ives de Chartres, ayant su que cette église avoit été fondée premièrement pour des religieux, fit connoître à la comtesse Adèle que, selon les canons, les églises canoniales qui ont été possédées autrefois par des moines, doivent leur être rendues. Nous trouvons effectivement un canon du concile de Tours, tenu l'an 813, qui ordonne que les abbayes qui ont été sécularisées seront remises en règle. Il n'en fallut pas davantage pour déterminer cette pieuse princesse. Elle prit aussitôt la résolution d'y mettre des religieux de Marmoutier, en quoi elle suivit le conseil de l'évêque. Elle fit dresser des lettres de cette donation ou translation, qu'elle fit confirmer par le pape Paschal II et par Ives de Chartres. Mais comme il se trouve toujours des obstacles qui empêchent souvent ou retardent l'exécution des grandes affaires, on ne put si tôt mettre les religieux en possession de cette église. Cependant la mort du pape Paschal et d'Ives de Chartres étant survenue, et la comtesse Adèle s'étant faite religieuse à Marcigny, le comté de Chartres tomba sous la domination du comte Thibaud, et les choses allèrent tout à fait en lenteur ; ce qui causa une douleur extrême à la bonne Adèle, qui avoit une grande passion de voir cette affaire consommée avant sa mort, persuadée qu'elle iroit après cela paroître devant Dieu avec plus d'assurance et plus de joie. Elle en écrivit souvent au comte Thibaud son fils, et elle pressa avec d'instantes prières d'exécuter au plus tôt ce qu'elle avoit résolu de faire, et afin de l'y engager plus efficacement, elle le fit ressouvenir qu'il y avoit lui-même autrefois donné son consentement. Le comte ne put résister aux avertissements réitérés d'une si sainte mère. Mais afin de faire les choses solidement, il en écrivit au pape Honoré, qui approuva son dessein par une excellente lettre, qu'il inséra lui-même dans le titre de la fondation. Dans cette lettre, le pape le loue de l'amour qu'il a pour les religieux, de son respect pour les monastères, du soin qu'il prend des pauvres. Il se réjouit de la bonne volonté que Dieu lui a donnée de faire un changement si agréable à l'Auteur de tout bien dans l'église de Saint-Martin-au-Val, lui ordonne pour l'exécution de son dessein de remettre les prébendes de cette église entre les mains de Geoffroi, évêque de Chartres, qui avoit succédé à Ives, afin que ce prélat en investît les religieux de Marmoutier, et que le Saint-Siège pût confirmer par son autorité ce que cet évêque auroit fait. Heureusement, comme le pape écrivoit ceci au comte Thibaud, l'évêque Geoffroi étoit à Rome, et le pape lui ordonna de vive voix d'exécuter au plus tôt cette affaire, et qu'aussitôt que le comte auroit remis entre ses mains ces prébendes, il les donnât à l'abbé et aux religieux de Marmoutier. Geoffroi ne tarda pas à revenir en France, et à peine fut-il arrivé à Chartres, que le saint homme Mathieu, cardinal-évêque d'Albano et légat du Saint-Siège, y arriva aussi, comme s'il y eût été envoyé de Dieu pour le sujet dont il s'agissoit. Geoffroi et Thibaud le prièrent de vouloir prendre la peine de se transporter dans l'église de Saint-Martin avec eux, et en sa présence et devant une foule de monde le comte remit les prébendes entre les mains de l'évêque, l'évêque en investit Eudes, abbé de Marmoutier, avec un livre qu'il lui remit en main et avec les cordes des cloches, et le légat au nom du pape confirma de son autorité ce que l'un et l'autre avoient fait. Le jour suivant, la comtesse Mathilde confirma ce que le comte son mari avoit fait, en présence de Hugues, vicomte du Puiset, et, quelques années après, Henri leur fils aîné étant à Blois le confirma aussi.

Il y avoit une difficulté qui fut peut-être la cause du retardement de l'introduction des religieux de Marmoutier dans Saint-Martin-au-Val. Hugues, vicomte du Puiset, possédoit en fief trois prébendes dans cette église. Il avoit encore dix sols sur chacune des prébendes que le comte donnoit. Enfin le comte n'en pouvoit donner aucune sans son consentement. Mais enfin, touché de Dieu, il confessa sa faute et remit tous ses droits entre les mains de l'évêque, qui en investit l'abbé Eudes, à quoi consentirent Agnès sa femme et ses deux fils Ebrard et Burchard. Après cela, le pape Honoré confirma tout ce qui avoit été fait, par une bulle adressée à l'abbé et aux religieux de Marmoutier, donnée à Latran le xv des calendes de décembre, et après lui Innocent II, par une autre bulle conçue en mêmes termes, et datée du vi des calendes de février l'an 1131, indiction VIII. Aujourd'hui le revenu du prieuré de Saint-Martin-au-Val est uni au prieuré de Bonne-Nouvelle d'Orléans, et l'église est possédée par les RR. PP. capucins. Elle étoit autrefois fort considérable, non-seulement en ce qu'elle servoit de sépulture aux évêques de Chartres, mais encore parce que c'étoit pour eux durant leur vie un lieu de retraite, et qu'ils avoient coutume d'y passer en prières la veille qui précédoit leur ordination ou leur entrée dans la ville de Chartres.

Puisque nous sommes tombés sur Hugues du Puiset, et que nous sommes dans le diocèse de Chartres, il ne sera pas inutile d'observer qu'environ le temps où nous sommes, ce seigneur remit encore entre les mains de l'évêque Geoffroi tous les droits qu'il avoit selon le siècle dans l'église de Saint-Marin de Chuine, pour être donnés ensuite par ce prélat aux religieux de Marmoutier qui desservoient le prieuré de Saint-Gervais de Chuine. Ce que fit pareillement Ermengarde, femme d'Ives Cotelle de Courville, qui possédoit actuellement cette église. Geoffroi en investit les religieux de Marmoutier, en présence de Gautier son archidiacre, d'Étienne abbé de Saint-Jean-en-Vallée, et de Galeran abbé de Saint-André, et de plusieurs autres personnes.

Je viens à présent au prieuré de Saint-Martin de Montrelai, qui reconnoît pour son fondateur Hervé, vicomte de Léon, lequel prévenu de l'amour de Dieu, animé des désirs de l'éternité bienheureuse et fortifié par l'espérance d'apporter quelque soulagement à son âme, après sa mort, et à celle de ses parents, donna aux religieux de Marmoutier un lieu près de son château de Montrelai pour y bâtir un monastère, et un fonds considérable pour l'entretien des religieux que l'abbé y enverroit. Il fit cette fondation le deuxième jour du mois de mars de l'an 1128, en présence de plusieurs témoins. Elle fut confirmée la même année au concile de Dol que Gérard d'Angoulême, légat du Saint-Siége, avoit assemblé, par Galon, évêque de Saint-Pol de Léon, et par Raoul, évêque de Treguier, qui par l'affection particulière qu'ils avoient pour les religieux de Marmoutier, et pour attirer sur leurs personnes les grâces du Ciel, les en investirent en plein concile, l'un avec un anneau, et l'autre avec sa mitre.

La même année, qui étoit la dix-neuvième du règne de Louis le Gros, et la troisième de l'épiscopat de Rainald, archevêque de Reims, ce prélat se relâcha en faveur des religieux de Marmoutier qui desservoient le prieuré de Saint-Maurice de Reims, du droit qu'il avoit coutume de lever sur eux dans ses synodes et qu'il appelle en latin *Somnialicum* (1), lequel consistoit en dix-huit deniers qu'ils payoient tant pour lui que pour son archidiacre. L'acte de cette cession se fit apparemment dans un synode. Il est signé par Joslin, évêque de Soissons, et par huit abbés, Eudes, abbé de Saint-Remi, Richard de Mousom, Inguerrand de Hautvillers, Aubri de Saint-Basle, Guillaume de Saint-Thierry, Joran de Saint-Nicaise, Ursion de Saint-Denis, Foulques d'Épernai, par

(1) C'est le droit de gîte ou procuration. (Cl. Ch.)

Hugues son archidiacre, et par quelques autres ecclésiastiques. Il est scellé de son sceau, où il est représenté en habits pontificaux, la crosse en main, mais sans mitre.

Ce fut environ ce temps-là que Baudoin, second roi de Jérusalem, envoya des ambassadeurs en France pour demander quelque jeune prince sage et vaillant, qu'il pût faire héritier de sa couronne en lui donnant sa fille en mariage. Le roi Louis et les évêques de France ayant jeté les yeux sur Foulques, comte d'Anjou, de Touraine et du Maine, ce prince pieux, qui ne désiroit pas moins d'étendre le royaume de Jésus-Christ parmi les infidèles, que d'en acquérir un pour lui, ne voulut point partir de France sans prendre la croix avec toutes les cérémonies ordinaires. La cérémonie s'en fit au Mans le jour de l'Ascension avec beaucoup de solennité (1). Ce fut là que Hugues, seigneur d'Amboise, renonça à tous les droits injustes qu'il levoit sur les religieux de Marmoutier. Il avoit été cité plusieurs fois à la cour du comte d'Anjou pour leur faire justice là-dessus, en présence de Gérard d'Angoulême, légat du Saint-Siége, d'Hildebert archevêque de Tours, de Gui évêque du Mans, d'Ulger évêque d'Angers, d'Hamelin évêque de Rennes; mais il n'avoit jamais voulu comparoître. Un jour que le comte tenoit sa cour au chapitre de Saint-Martin de Tours, Renaud, seigneur de Château-Regnaud, en présence du légat et de l'archevêque, s'offrit de prouver par le duel l'injustice de ces droits. Hugues ne voulut point en entendre parler. Enfin le comte étant venu au Mans pour y prendre la croix, et l'abbé et les religieux de Marmoutier s'y étant aussi trouvés, avant la cérémonie Hugues de Payen, premier grand-maître du Temple, voulut les accorder, et comme il représenta au seigneur d'Amboise avec combien de violence et d'injustice il levoit ses prétendus droits, il répondit avec obstination qu'il n'abandonneroit jamais des droits qui lui étoient dus en vertu du fief que le comte lui avoit donné. A ces paroles, Foulques

---

(1) L'*Art de vérifier les dates* fixe le départ de Foulques pour la Terre-Sainte en 1129. (Note du manuscrit de Tours).

perdant patience, lui dit avec indignation: « Comment pouvez-vous dire que les droits que vous exigez sont attachés au fief que vous avez de moi, vous qui refusez de comparoître là-dessus à ma cour. » Enfin le grand-maître du Temple ayant réitéré ses remontrances, Hugues se rendit et remit tous ses droits entre les mains d'Hildebert archevêque de Tours, de Gui évêque du Mans, d'Ulger évêque d'Angers, et d'Eudes abbé de Marmoutier, et leur demanda pardon de ses vexations. Il l'obtint facilement, car les religieux lui remirent charitablement toutes leurs prétentions pour les torts qu'il leur avoit faits. Tout cela se fit en présence du comte Foulques, du comte Conan, d'Hugues de Payen grand-maître du Temple, de Jean de Montbazon, et d'un grand nombre de seigneurs. Quelques jours après, Hugues, qui vouloit aller à la Terre-Sainte, vint à Marmoutier, et y réitéra dans le chapitre tout ce qu'il avoit fait au Mans. Si nous en croyons l'auteur de l'*Histoire des comtes d'Angers* donnée par le P. d'Acheri, Foulques prit la croix à Tours des mains de l'archevêque le jour de la Pentecôte. Il ajoute qu'après la messe le comte s'entretenant à la fenêtre de sa salle avec deux prêtres qui devoient aller avec lui en Palestine, en attendant le dîner, et jetant les yeux sur l'abbaye de Marmoutier, il aperçut une grande flamme sur le monastère, qui lui fit juger qu'il étoit tout en feu. Effrayé de ce triste spectacle, il s'écria : « Voilà l'abbaye de Marmoutier perdue; voyez-vous, dit-il à ces deux prêtres, comme le feu gagne partout? » Et aussitôt appelant quelques-uns de ses gardes, il leur commanda de monter promptement à cheval, et d'aller voir de quelle manière un si funeste accident étoit arrivé. Mais ses gardes furent fort étonnés, lorsqu'étant arrivés à Marmoutier, ils trouvèrent le monastère entier, les religieux dans un profond silence, et tout le monde dans une tranquillité parfaite. Ils s'informent du feu, et on leur répond qu'on n'y avoit point vu. Ils font leur rapport au comte, qui est plus étonné qu'auparavant. Mais l'un des prêtres qui étoient avec lui comprenant le mystère, lui dit : « Seigneur, c'est une vision dont Dieu a honoré Votre Altesse. Elle convient fort bien à l'action que vous venez de faire, à la solennité que nous célébrons aujourd'hui, et à la sainteté du lieu sur lequel vous avez vu la merveille. Car il faut bien que votre cœur soit embrasé du feu divin pour prendre la croix et l'aller faire régner parmi ses ennemis. Vous savez aussi que nous célébrons aujourd'hui la fête de la Pentecôte, jour auquel le Saint-Esprit descendit en forme de feu sur les disciples du Sauveur ; et les religieux de Marmoutier sont tellement embrasés du feu de ce même Saint-Esprit, qu'il ne faut pas s'étonner si leur abbaye vous a paru être tout en feu. » L'interprétation plut au comte, et dès le lendemain il vint à Marmoutier, raconta lui-même aux religieux sa vision, demanda d'être reçu au nombre des frères, de participer à leurs bonnes œuvres, et leur promit toute sa vie son estime et sa protection.

Dans le même temps, Jean, évêque de Saint-Brieuc, pour obéir aux sacrés canons, qui ordonnent aux évêques de ne donner les bénéfices ecclésiastiques qu'à des fidèles serviteurs, ne crut pas pouvoir mettre les églises de Ferrier et de Lantenac situées dans le territoire de Porrohet, *in Porrihocensi pago*, en de meilleures mains qu'en celles des religieux de Marmoutier qui desservoient le prieuré de Saint-Martin de Joscelin. C'est ce qu'il fit l'an 1129, du consentement de son chapitre. Il leur confirma en même temps la possession de l'église de Notre-Dame de Jugon, qu'il avoit consacrée lui-même, et du cimetière de cette église qu'il avoit béni pour le service des habitants du lieu, défendant qu'à l'avenir on n'enterrât plus personne aux croix qui sont dans les carrefours, ni hors des cimetières. Ce même prélat confirma par un autre acte de la même année tout ce que les religieux de Marmoutier possédoient dans son diocèse, et en particulier l'église et les revenus de Saint-Martin de Lamballe, et généralement tout ce qui leur avoit été donné du temps des évêques ses prédécesseurs Hamon et Guillaume.

Il ne se peut rien ajouter à l'estime que tous les évêques de Bretagne avoient pour les religieux de Marmoutier, ni à l'inclination naturelle qu'ils avoient de leur faire du bien ; c'est ce que nous avons pu aisément remarquer jusqu'ici ; nous en avons encore une preuve dans l'année 1129 où nous sommes, en la personne de Donoalde, évêque de Saint-Malo, qui permit aux religieux qui desservoient le prieuré de Joscelin de changer tous les ans le chapelain de l'église de Notre-Dame de Joscelin qui leur appartenoit, à condition qu'ils présenteroient à l'évêque celui qu'ils y mettroient, pour recevoir de lui le soin des âmes ; parce, dit-il, qu'il arrive fort souvent que les chapelains à la longue causent des scandales et font beaucoup de peine aux propriétaires des églises.

Ce même prélat rendit une sentence, le 26 de mai 1129, en faveur des religieux de Marmoutier contre ceux de Saint-Jacut, lesquels s'étoient emparés avec violence et par le secours du bras séculier de la moitié de l'église de Saint-Pierre de Corsot que Donoalde avoit donnée lui-même à ceux de Marmoutier. Il fit venir les parties en sa présence dans le chapitre de Saint-Malo de Dinan, et après avoir écouté leurs raisons, ceux de Saint-Jacut n'ayant pu en apporter aucune légitime en leur faveur, de l'avis d'Hamelin, évêque de Rennes, il restitua aux religieux de Marmoutier ce qui leur avoit été ravi. Entre les personnes considérables qui assistèrent à ce jugement, on met Hamelin, évêque de Rennes, Eudes, abbé de Marmoutier, Olivier, seigneur de Dinan, et Even, qui porte la qualité de vicomte.

Nous avons encore deux chartes sans date de cet évêque ; par l'une il confirme quelques donations faites par Geoffroi, seigneur de Joscelin, au prieuré de Saint-Martin de Joscelin, et par l'autre il confirme la donation faite aux religieux de Marmoutier de la troisième partie de l'église de Saint-Malo de Monstorrin et quelques autres donations. Tout cela fait voir quelle étoit l'affection de ce prélat pour notre monastère. Il n'en disconvient pas lui-même, et s'en déclare assez nettement dans ses lettres par ces paroles : *ob amorem religionis et raternitatis, seu amicitiam monachorum Majoris Monasterii* ;

mais cette affection étoit fondée sur la sainteté et la régularité exacte des religieux.

Celle d'Hamelin, évêque de Rennes, ne lui cédoit peut-être guères. Ce prélat, qui avoit été tiré de l'abbaye de Saint-Aubin d'Angers pour remplir le siége vacant de l'église de Rennes, avoit une telle estime des religieux de Marmoutier, que quelque attache qu'il eût à son diocèse, il ne pouvoit se dispenser de les venir voir quelquefois. Y étant venu un jour de fête de saint Martin que l'abbé Eudes célébroit un chapitre général, il y fut reçu avec le respect que méritoit son caractère et sa vertu. On lui accorda la participation aux prières et bonnes œuvres des religieux, et il fut si content du bon accueil qu'on lui fit, qu'en reconnoissance il donna à Marmoutier l'église d'Amanlis, qu'il unit au prieuré de la Trinité de Fougères.

L'idée que Geoffroi, élu archevêque de Dol l'an 1130, s'étoit formée des religieux de Marmoutier, étoit si avantageuse, qu'il les regardoit comme un modèle accompli de tous les autres moines, *qui præ cæteris, religionis et bonitatis exemplo, virtute Dei cooperante, illustrantur*. Ce fut ce qui le porta à aller trouver un seigneur de Bretagne nommé Jourdain, homme illustre et noble selon le siècle, qui jouissoit du cimetière de l'église de Sainte-Croix et de Saint-Meen de Fresnes, *de Fraxinaria*, pour lui représenter qu'il ne pouvoit pas en conscience le posséder, et qu'il feroit beaucoup mieux de le donner à de si saints religieux. Il lui parla si efficacement, que non-seulement ce seigneur céda le cimetière, mais donna encore à Marmoutier sept acres ou arpents et demi de terre qui le joignoient, une métairie et un droit de pêche sur le bord de la mer ; ce qu'il fit du consentement de Marie son épouse, et de Jourdain et d'Alain ses deux fils.

Le bon archevêque n'en demeura pas là ; mais voyant que ce seroit peu à des religieux de posséder ce cimetière s'ils ne jouissoient aussi de l'église, il engagea le prêtre qui y desservoit, nommé Even, homme très-saint, et le seigneur Eudes, fils de Geoffroi, qui y possédoient quelque chose, de tout abandonner aux religieux de Marmoutier ; ce qu'ils firent à sa persuasion, et même le seigneur Eudes ajouta à ce don cinq arpents de terre. Guillaume, échanson de l'archevêque, désirant aussi avoir part à cette bonne œuvre, joignit à cela dix arpents de terre; et l'archevêque investit de tous ces dons Turgise, prieur de Saint-Malo de l'Ile, c'est-à-dire de la cathédrale, en présence de plusieurs personnes de considération, l'an 1130, indiction VIII, épacte IX, sous le règne du roi Louis.

La même année Donoalde, évêque de Saint-Malo, confirma la donation qu'avoit faite à Marmoutier un abbé nommé Aldroinus de tout ce qu'il possédoit dans l'église de Miniac de Porrohet, ce qu'il fit *ex effectu bonæ et puræ voluntatis*, et aussi à la prière du vicomte Geoffroi et d'Eudes son fils. L'acte de cette confirmation est daté du Château-Joscelin, l'an 1130, le XVII des calendes de juillet, indiction VIII, épacte IX. Il se fit en présence de plusieurs témoins, entre lesquels les plus considérables furent le vicomte Geoffroi, Eudes son fils, Brient neveu de l'évêque, David son archidiacre, André prieur de Joscelin.

Cette même année, il se passa un fait de très-petite conséquence, mais qui mérite d'être rapporté ici pour faire voir la discipline de ce temps-là. Le monastère possédoit quelques vignes dans le fief de Salomon de Saumur; comme ces vignes rapportoient peu, le religieux qui étoit préposé pour les faire valoir, dépensoit plus pour sa nourriture et son vêtement qu'on n'en tiroit de profit, ce qui étoit fort à charge au prieur de Lavardin, auquel ces vignes étoient affectées. Quelques-uns furent d'avis de retirer le religieux qui les faisoit valoir, et de les affermer à quelque séculier qui en payât un cens annuel au monastère. Mais plusieurs religieux crurent qu'ils ne pouvoient faire cela sans le consentement de Salomon de Saumur, parce que ces vignes étoient dans son fief. Heureusement Salomon vint à Marmoutier l'an 1130. L'abbé Eudes et ses religieux lui demandèrent son consentement, qu'il accorda. Il faut conclure de là : 1° qu'en ce temps-là ceux qui possédoient du bien dans le fief d'un autre, ne pouvoient en disposer sans son consentement ; 2° que les religieux faisoient valoir leurs terres par eux-mêmes. Il en faut dire autant des ecclésiastiques. C'est pourquoi l'on trouve plusieurs conciles qui défendent expressément de donner à ferme les biens ecclésiastiques. Ils y trouvoient un profit temporel tout clair, parce qu'ils avoient tout le profit qu'auroit gagné un fermier. Mais l'esprit qui se dissipoit beaucoup par cet attirail extérieur faisoit souffrir de grands déchets à l'âme. C'est pourquoi on aime mieux aujourd'hui avoir moins de bien et être meilleurs religieux, et en perdant de la sorte, on gagne beaucoup.

Puisque nous sommes tombés sur le prieuré de Lavardin, nous rapporterons ici la mort d'Agathe, dame de Lavardin, à qui l'on donne le beau nom de mère commune du peuple. Elle alla jouir du fruit de ses bonnes œuvres le jour de l'Exaltation de la Sainte-Croix, mais on ne sait pas l'année. Bouchard son mari, fils de Jean, comte de Vendôme, donna pour le salut de son âme sa terre de Varenne aux religieux de Marmoutier qui desservoient le prieuré de Saint-Martin de Lavardin, avec le droit de faire paître leurs porcs dans ses bois de Gastine. Il fit ce don un dimanche après la procession, en présence de plusieurs de ses barons, et le porta sur l'autel, accompagné de ses fils Raoul et Geoffroi et d'Agnès leur sœur, et en reconnoissance, les religieux firent résolution de dire tous les jours une messe pour le repos de l'âme de cette pieuse dame et de ses ancêtres.

Je reviens à l'année 1130, qui fut funeste à l'Église par la mort du pape Honoré II, qui arriva au mois de février, et par le schisme qu'excita dans l'Église Pierre de Léon contre le pape Innocent II, légitime successeur de saint Pierre. Pour juger lequel des deux devoit être reconnu véritable souverain pontife, on assembla un concile à Étampes, où saint Bernard fut choisi par tous les évêques pour arbitre du différend. Après avoir examiné la vie et les mœurs des deux concurrents, la qualité des électeurs de l'un et de l'autre, et la manière dont ils avoient été élus, il prononça en faveur d'Innocent II, et sa voix fut reçue unanimement pour un oracle du Saint-Esprit. Depuis ce temps-là, le saint travailla infatigablement à faire reconnoître le véritable pape dans toute l'Église, et l'on peut dire sans crainte de se tromper que son travail ne fut pas inutile. Entre les lettres qu'il écrivit sur ce sujet, celle qu'il adressa aux évêques d'Aquitaine pour les empêcher de suivre avec Gérard d'Angoulême le parti de l'antipape Anaclet, doit passer pour un chef-d'œuvre. Mais il y a une chose qui nous regarde en particulier, car pour persuader ces évêques de reconnoître le pape Innocent, il leur propose l'exemple des plus saints prélats de l'Église qui avoient suivi son parti; puis descendant aux corps religieux les plus saints de l'Église, qui s'étoient attachés à lui, il leur propose l'exemple des ordres des Camaldules, des Chartreux, de Cluny et de Marmoutier, ce qui ne peut être que très-honorable pour notre monastère.

Le pape étant passé en France, refuge ordinaire des papes persécutés, il tint un concile à Reims, dans lequel il couronna Louis le Jeune roi de France en la place de Philippe son frère, qu'une mort funeste avoit enlevé à la France. Eudes, abbé de Marmoutier, ne manqua pas d'y assister, et y fit rendre un jugement contre les religieux de Saint-Jacut qui s'étoient emparés d'un droit de pêche que Geoffroi, seigneur de Dinan, avoit accordé à son monastère. Le pape nomma pour juger ce différend trois cardinaux, trois évêques, et trois abbés; les cardinaux furent Guillaume, évêque de Preneste, Jean de Crémone, et Gui, diacre-cardinal; les évêques, Donoalde de Saint-Malo, Hamelin de Rennes, Ulger d'Angers; les abbés, Geoffroi de Vendôme, Pierre de Saint-Serge, et Gautier de Troyes; lesquels après avoir examiné l'affaire, donnèrent gain de cause à l'abbé de Marmoutier, et Donoalde, comme évêque diocésain, rédigea le jugement par écrit.

Ce même prélat confirma la même année le don qu'un certain Raoul, sous-diacre, avoit fait à Marmoutier de tout ce qu'il possédoit dans l'église de Saint-Pierre de Lunois, dont il investit l'abbé Eudes en présence de plusieurs témoins.

Guillaume, prêtre de Combour, lui avoit demandé avec beaucoup d'instances la grâce d'être admis au nombre des religieux de Combour lorsqu'il approcheroit de la mort, et en même temps avoit abandonné aux religieux de Marmoutier l'église de Notre-Dame de Combour dont il jouissoit. Longtemps après, ce prêtre ayant reçu un coup d'épée dont il mourut, ne laissa pas encore de demander par signe ce saint habit qu'il avoit souhaité avec tant de passion. Les religieux de Combour le lui accordèrent, et après sa mort l'ensevelirent avec son habit monastique. Mais le frère du défunt, qui apparemment souffroit avec impatience le don qu'il avoit fait, enleva à main armée son corps, et le dépouilla honteusement de son habit. Une action si contraire à la discipline de l'Église, et si injurieuse à la sainteté de la sépulture, méritoit sans doute une punition exemplaire ; mais Donoalde se contenta de confirmer la donation que le prêtre Guillaume avoit faite. Ceci arriva l'an 1134. La même année, un certain Guiton, surnommé Prieur, ayant reçu avant sa mort avec beaucoup de dévotion l'habit religieux des mains des religieux de Chemillé, leur donna la quatrième partie du moulin de la Ferté.

Nous avons vu ci-devant qu'Amauri Crespin, seigneur de Châteauceaux, avoit donné à Marmoutier l'église collégiale de Saint-Mainbœuf d'Angers et celles de Bessé et de Beaufort, et nous avons remarqué en même temps que nous ne voyons pas que cette donation ait eu son effet en ce qui regarde l'église de Saint-Mainbœuf, puisque jusqu'à présent les chanoines y sont restés. Mais pour les églises de Bessé et de Beaufort, nous ne doutons pas qu'on ne les ait possédées, puisque nous trouvons encore une charte d'Ulger, évêque d'Angers, datée de l'an 1134, par laquelle il les donne aux religieux de Marmoutier, qui sont, dit-il, les plus fervents au service de Dieu qu'il ait connus dans l'Église, *quibus alios ferventiores in divino servitio me novisse non memini;* en sorte que lorsque les prêtres qui les desservoient viendroient à mourir, l'abbé et les religieux en nommeroient d'autres en leur place, qu'ils présenteroient à l'archiprêtre, l'archiprêtre à l'archidiacre, et l'archidiacre à l'évêque. Il fit cette donation du consentement de son chapitre, la signa de sa main et la scella de son sceau.

Quelque temps après, Ulger, persuadé de l'obligation qu'ont les évêques de pratiquer avec magnificence la charité chrétienne, et que rien n'est plus propre pour expier les péchés passés et mériter la grâce de n'en point commettre à l'avenir, touché par le ressouvenir de ceux qu'il avoit commis, lesquels, à ce qu'il dit, étoient très-grands et en grand nombre, désirant pourvoir au salut de son âme, et considérant que la *très-sainte abbaye de Marmoutier* n'avoit point de maison dans Angers pour recevoir les religieux qui étoient obligés d'y venir assez souvent, leur donna du consentement de son chapitre, un verger qui appartenoit à l'évêque d'Angers, beau et spacieux, situé dans la paroisse de Saint-Étienne, et assez près de l'église, afin qu'ils pussent s'y bâtir une église et des lieux réguliers; car, dit-il, il n'est pas bienséant qu'un monastère *aussi saint, aussi religieux, aussi fameux par son hospitalité* qu'est celui de Marmoutier, *qui a partout des maisons et qui se distingue de tous les autres monastères par sa régularité*, n'ait pas seulement un hospice dans une ville aussi peuplée comme Angers, qui est si proche d'eux. Il leur permit encore de se bâtir un cimetière, pour enterrer les religieux seulement, mais pour leurs serviteurs et tous ceux qui ne portoient point l'habit religieux, il veut qu'ils soient portés à la paroisse. Il leur donna encore permission d'avoir des cloches et investit de ce lieu Aimeri, sacristain de Marmoutier, qui pourroit bien être ce fameux archidiacre de Clermont qui embrassa la vie monastique sous l'abbé Guillaume et qui fut sacristain sous l'abbé Eudes; Ulger ajouta à cela des droits et du fonds pour l'entretien des religieux qui demeureroient au prieuré du Verger. C'est aujourd'hui le prieuré de Saint-Éloi, que le dernier évêque d'Angers a pris pour faire un séminaire, et qui a ôté à Marmoutier ce qu'un de ses prédécesseurs y avoit donné par un principe de piété. On ne sait pas précisément en quelle année ce prieuré fut fondé (1) ; la charte de fondation dit que ce fut sous le règne de Louis roi de France, du temps de Geoffroi comte d'Anjou, fils de Foulques roi de Jérusalem, et de Hugues archevêque de Tours.

L'année 1133, Marguerite, dame de Rillé, s'étant faite religieuse au monastère de Saint-Nicolas, près de Marmoutier, Robert Papebœuf son mari, qui l'aimoit, donna à sa considération aux religieux de Marmoutier, qui desservoient le prieuré de Rillé le dixième denier de la foire de Saint-Loup, fit dresser des lettres de cette donation, qu'il fit porter sur l'autel de l'abbaye par Adelaïde sa fille, qui avoit épousé Jacquelin de Maillé, et les confirma ensuite lui-même.

Il y avoit une si grande liaison entre Eudes, abbé de Marmoutier, et saint Bernard, abbé de Clairvaux, que ce saint prenoit part à tout ce qui regardoit le bien de ce monastère. Nous en avons une preuve sensible dans l'année 1133, où nous sommes. Avant qu'on introduisît les religieux de Marmoutier dans l'église de Saint-Martin-au-Val, ceux de Saint-Pierre de Chartres possédoient une prébende dans cette église, la maison des lépreux en possédoit une autre, et les chanoines réguliers de Saint-Jean-en-Vallée, à la mort de chaque chanoine, jouissoient de l'année de son revenu. Lorsque Geoffroi, évêque de Chartres, investit les religieux de Marmoutier de cette église, il conserva à chacun leurs droits ; mais parce que ce revenu n'étoit point fixe, il arrivoit assez souvent des contestations au sujet des paiements. Saint Bernard entreprit de les terminer toutes, et comme on ne pouvoit lui rien refuser, il en vint facilement à bout, engageant l'évêque Geoffroi son ami à fixer les droits d'un chacun à une somme d'argent qui se paieroit tous les ans. Cette transaction se fit l'an 1133, en présence de saint Bernard, d'Eudes, abbé de Saint-Pierre de Chartres, de Gautier, prieur de Saint-Martin-au-Val, de Goscelin, frère de l'évêque, et d'un autre Goscelin son neveu.

Parmi les lettres de saint Bernard, nous en trouvons une qu'il écrivit conjointement avec Hugues, abbé de Pontigny

(1) Cette fondation est postérieure de quatre ou même de six ans à la donation des églises de Bessé et de Beaufort. (Note du manuscrit de Tours.)

et depuis évêque d'Auxerre, à l'abbé Eudes et aux religieux de Marmoutier pour les exhorter à ne point plaider pour une église du diocèse de Chartres qu'on vouloit leur ravir, et il porte la perfection si loin, qu'il exige d'eux qu'ils souffrent la perte de cette église, quoiqu'on la leur ravisse injustement, plutôt que de plaider. On peut juger de la quelle étoit la sainteté des religieux de Marmoutier, puisqu'on demandoit absolument d'eux tout ce qu'il y a de plus parfait dans l'Évangile. Saint Bernard lui-même en étoit très-persuadé, puisqu'il assure que ce qui avoit uni de la sorte son âme à la leur, étoit l'odeur agréable de leur sainteté qui s'étoit répandue partout, *fragrans ubique odor suavissimus famosissimæ sanctitatis*. C'est pourquoi il les exhorte à ne point préférer un petit revenu à la gloire qu'ils s'étoient acquise par tout le monde, ni plus estimer un profit temporel que cette grande réputation que la régularité de leur vie leur avoit méritée même dans les pays étrangers. Il n'étoit pas nécessaire de les presser beaucoup là-dessus, puisque dans toute cette histoire nous avons vu tant d'exemples de leur désintéressement et de leur aversion pour les procès.

Ce fut sans doute ce désintéressement qui les porta à céder à l'abbaye d'Igny, que Rainald archevêque de Reims avoit fondée depuis peu, une terre du prieuré de Saint-Thibaud qui étoit tout proche de cette abbaye et fort à sa bienséance. Il est vrai que l'archevêque tâcha de les dédommager en leur donnant en échange les dîmes de Poillé et de Coulonge et un moulin que Gaucher de Basoche avoit remis entre ses mains. Mais rien ne les obligea à faire cet échange, que le désir de contribuer à l'établissement de cette abbaye, et d'obliger l'archevêque et Goslin, évêque de Soissons, qui les en avoient priés, et peut-être encore saint Bernard, qui avoit quelque part à cette fondation, puisque c'étoit en faveur de ses religieux qu'il avoit envoyés à l'abbaye d'Igny, qui est de la fondation de Clairvaux. Les lettres de l'archevêque Rainald, par lesquelles il confirme cet échange, sont datées de l'an 1134, indiction XIII, l'an 28 du règne du roi Louis, et l'onzième de son épiscopat. Celles de Joslin, évêque de Soissons, sont toutes semblables, et entre les témoins on y trouve les noms du B. Humbert abbé d'Igny, et de Simon abbé de Chezy (1).

Nous ne pouvons reculer plus loin la fondation du prieuré de Notre-Dame de Châtillon-sur-Marne, à six lieues de Reims, qui fut fondé du temps de l'abbé Eudes, quoiqu'on ne sache point en quelle année. Il est situé sur une éminence qu'on appeloit autrefois le *Mont-Saint-Martin*, parce qu'il y avoit autrefois des reliques de saint Martin. M. Duchesne, dans son Histoire (2), prétend qu'il y avoit autrefois des chanoines, lesquels à cause de leur vie peu réglée en furent expulsés pour faire place aux religieux de Marmoutier, que l'abbé Eudes y mit par autorité de Guicher, seigneur de Châtillon, et de Joslin, évêque de Soissons. Henri, comte de Troyes, et Thibaud, comte de Blois, en augmentèrent les revenus.

La fondation du prieuré de Notre-Dame de Châtillon n'est pas le seul endroit par lequel l'abbaye de Marmoutier est redevable à l'illustre Joslin, évêque de Soissons. Celle du prieuré de Saint-Rufin et de Saint-Valère de la Basoche est un monument qui doit rendre son nom vénérable en ce monastère à toute la postérité. Cette église, consacrée à deux des plus fameux martyrs du pays, avoit été fondée, à ce que l'on prétend, par le glorieux saint Remi, archevêque de Reims, pour soixante-douze chanoines. Mais par le malheur du temps, qui dévore tout à la longue, ce grand nombre étoit réduit à douze chanoines, qui étoient encore assez pauvres. Joslin, voyant la ruine infaillible de cette fameuse église, après avoir consulté les plus gens de bien et les personnes les plus intelligentes, du consentement de son chapitre, de Rainald, archevêque de Reims, et de Louis roi de France, résolut d'y mettre

(1) La *Chronique de Tours* assigne l'année 1134 pour la mort d'Hildebert, archevêque de cette ville, et l'auteur de l'*Histoire de l'abbaye de Fontaines* (*Spicileg.*, t. X), rapporte que ce prélat bénit le premier abbé de ce monastère le 11 novembre 1134. (Note du manuscrit).

(2) ANDRÉ DU CHESNE, *Histoire de la maison de Châtillon-sur-Marne*, liv. I, chap. dernier.

des moines de Marmoutier en la place des chanoines. Mais comme il vouloit que Dieu y fût bien servi et qu'on y gardât la même observance qu'à Marmoutier, et qu'il étoit nécessaire pour cela d'y entretenir un grand nombre de religieux, il pria l'abbé Eudes de soumettre à ce nouveau monastère les prieurés de Saint-Thibaud et de Châtillon, ce qu'il lui accorda. Eudes porta sa reconnoissance plus loin ; car en considération des bienfaits que l'abbaye de Marmoutier avoit reçus de l'Église de Soissons et de ses évêques, il voulut que le prieuré de la Basoche leur fût tellement soumis, que l'abbé de Marmoutier ne pût y mettre aucun prieur qui n'eût été présenté et agréé par l'évêque, et que ceux qu'il auroit une fois mis, ne pûssent être révoqués ni par les abbés ni par les religieux de Marmoutier sans le consentement de l'évêque, qui seroit toutefois tenu de le donner, si les prieurs s'écartoient de leur devoir ; auquel cas l'abbé de son côté seroit obligé de les révoquer, si l'évêque l'en prioit, quarante jours après qu'il lui auroit fait savoir ses sujets de mécontentement contre le prieur. Il donna aussi une si grande autorité au prieur de la Basoche, qu'il voulut que les abbés de Marmoutier ne pûssent changer ses religieux que de son consentement. Mais de crainte que le prieur ne secouât entièrement le joug, il l'obligea de payer tous les ans à Marmoutier cent sols de cens, et d'y venir tous les ans témoigner ses soumissions le jour de Saint-Martin d'hiver.

Ces priviléges que l'abbé Eudes accorda au prieur de la Basoche, font voir très-clairement qu'autrefois tous les prieurs et tous les religieux qui résidoient dans les prieurés, y étoient mis par l'abbé et le chapitre, et qu'ils les révoquoient toutes les fois qu'ils le jugeoient à propos. Aujourd'hui le prieuré de la Basoche est uni à celui de Saint-Thibaud, qui est soumis comme les autres à l'abbaye de Marmoutier.

Joslin ne se contenta pas d'avoir fait confirmer l'établissement des religieux de Marmoutier dans l'église de la Basoche par le roi de France et par l'archevêque de Reims, il le fit encore confirmer par le pape Innocent qui donna une bulle adressée à l'abbé Eudes et à ses successeurs, par laquelle il confirme tout ce qui avoit été fait entre lui et l'évêque Joslin, et excommunie tous ceux qui auroient la hardiesse de s'y opposer. Elle est datée de Pise, le xvi des calendes de juillet, indiction xiii, l'an de l'Incarnation 1136, et le sixième du pontificat du pape Innocent II. Ansculfe, évêque de Soissons, qui succéda à Joslin, confirma le traité qu'il avoit fait avec l'abbé Eudes. L'acte de cette confirmation est de l'an 1153, indiction i, l'an second de son épiscopat.

Ce fut aussi sous le gouvernement de l'abbé Eudes, qu'un jeune homme nommé Nicolas Bourdon, qui avoit pris résolution de faire le voyage de la Terre Sainte, changeant de dessein, et préférant la Jérusalem céleste, se fit religieux à Marmoutier, et en se consacrant à Dieu, lui consacra aussi une terre qui lui appartenoit, nommée en latin *terra de Exartis*. Étant venu à Marmoutier durant le chapitre général, il en investit l'abbé Eudes avec une baguette qu'il mit entre ses mains, et la porta ensuite sur l'autel. Je ne dois pas oublier ici le don que fit à Marmoutier sous l'abbé Eudes, Richard surnommé *Hait*, vicomte de Meulent, homme riche et puissant selon le siècle, mais qui joignoit à ses grandes richesses et à sa puissance une profonde humilité et un amour sincère pour la pauvreté. Ce seigneur, effrayé de l'horreur de ses péchés, après beaucoup de saints pèlerinages entrepris en intention de les expier, vint enfin à Marmoutier, entra dans le chapitre, se prosterna aux pieds du prieur qui y présidoit en l'absence de l'abbé, lui demanda par d'instantes prières la grâce d'être admis à la participation des prières des religieux. Elle lui fut accordée, et, pour ne point paroître ingrat, il fit un don d'un demi-muid de vin par an et de la moitié de son pressoir, qu'il céda au prieuré de Bassenville.

Voilà les principales choses que nos mémoires nous fournissent de l'abbé Eudes. Dieu lui fit la grâce de lui faire connoître le temps de sa mort dans une révélation qu'eut un de ses religieux d'une éminente vertu. La qualité de *vir religiosissimus* qu'on lui donne, nous fait croire qu'elle fut précieuse.

devant Dieu. L'Anonyme de Marmoutier la met le 19 du mois de juin ; mais son nom se trouve dans le nécrologe de Pontlevoy au 13 d'avril. Elle arriva l'an 1137. Il fut enterré dans l'église près de l'abbé Bernard. Ce fut de son temps que l'on rédigea les anciennes coutumes du monastère en l'état où nous les trouvons dans un manuscrit de notre bibliothèque. Il y a un peu de confusion, qui peut-être a donné occasion à l'Anonyme de Marmoutier, en parlant de l'abbé Albert, de dire avec justice que celui qui avoit fait du changement dans les coutumes qu'il avoit écrites, les avoit gâtées. Mais quelle confusion qu'on y trouve, il faut reconnoître de bonne foi qu'elles contiennent une infinité de belles choses saintement établies, tant pour la célébration des offices divins, que pour le réglement de la discipline régulière. Nous ne nous étendons pas ici là-dessus, parce qu'on les trouvera dans les preuves de cette histoire.

DE GÉRARD, RELIGIEUX DE MARMOUTIER, ET ABBÉ D'ALNE AU DIOCÈSE DE LIÉGE.

Voici un très-grand homme sorti de l'abbaye de Marmoutier, dont la connoissance m'est venue lorsque j'y pensois le moins. Quand nous visitâmes les manuscrits de la célèbre abbaye d'Alne de l'ordre de Cîteaux au diocèse de Liége (1), nous trouvâmes une très-belle bible en trois volumes, à la fin de laquelle étoit écrit ce qui suit : « *Noverint fratres S. Salvatoris Virtuensis cœnobii, priores et novitii, seniores et pueri, præsentes atque posteri, quod beatæ memoriæ domnus videlicet ac piissimus abbas Girardus abbatum nostrorum tertius, vir nimirum sanctæ et individuæ Trinitatis cultor verissimus, vir totius honestatis, scientiæ et religionis thesauro præditus, et, ut vera loquar, anima sancta Deo placens et hominibus, vas, locus, sedes, templum sancti Spiritus, Majoris Monasterii monachus;*

(1) MARTÈNE, *Voyage littéraire*, 2ᵉ partie, p. 208.

domnus, inquam, ac memorandus abbas Girardus, inter cetera perplurima et quam maxima quæ huic loco contulit beneficia, non tamen ex rebus hujus domus, sed de foris, imò desuper veniente gratia, rerum scilicet exteriorum, Deo largiente, affluentia, ad perpetem nominis sui memoriam, hunc scribi fecit codicem. Quisquis ergo in hoc legeris, et legendo profeceris, lector piissime, ora omnipotentem Dominum ut domni mei Girardi nomen scribatur in libro viventium. »

Cette inscription nous apprend que Gérard, religieux de Marmoutier, étoit un homme distingué par son éminente piété, un trésor de science, instruit de tout ce qui regardoit la religion, en un mot un temple du Saint-Esprit ; qu'il gouverna un monastère dont il fut le troisième abbé, qu'il y fit de très-grands biens, et en augmenta considérablement le revenu. Comme cette bible se trouve à l'abbaye d'Alne, et que le troisième abbé de ce monastère se nommoit Gérard, il est naturel de croire que c'est d'Alne qu'il a été abbé. D'un autre côté, cette inscription s'adressant aux religieux de Saint-Sauveur de Vertus, où il y a eu aussi un abbé Gérard, on pourroit dire que c'est celui-là dont il est parlé dans l'inscription.

Pour résoudre cette difficulté, voici mes conjectures. Du temps que l'abbé Eudes conduisoit l'abbaye de Marmoutier, ou au commencement du gouvernement de Garnier, on tira de notre monastère un religieux pour le faire abbé de Saint-Sauveur de Vertus dans le diocèse de Châlons en Champagne, très-petite abbaye naissante, car c'est le premier que nous trouvions dans le catalogue des abbés de ce monastère, où il fit une société avec Noël ou Natalis, abbé de Rebais, vers l'an 1140. Gérard, qui aspiroit à ce qu'il y avoit de plus saint dans la profession monastique, non content de la régularité qu'il avoit établie ou trouvée dans l'abbaye de Vertus, se démit de sa dignité, et se retira à Clairvaux, attiré par la sainte réputation de saint Bernard qui étoit assez souvent à Reims et à Châlons aux environs de Vertus. L'évêque de Liége ayant demandé au saint abbé de ses disciples pour prendre la place des chanoines réguliers qu'il avoit mis dans l'abbaye d'Alne, fondée pour eux vers l'an 1138, Gérard y fut envoyé avec les autres sous la conduite de l'abbé Franco, qui succéda au premier abbé des chanoines réguliers. Comme Gérard étoit un homme d'esprit, intelligent dans les affaires, et également distingué par sa vertu et par sa science, Franco étant mort l'an 1154, on lui donna Gérard pour successeur, qui fit fleurir l'abbaye en régularité, et par l'abondance des grands biens qu'il y acquit. Comme il n'avoit pas tout à fait oublié l'inclination pour sa première épouse, il y a bien de l'apparence qu'il fit écrire cette bible pour la donner aux religieux de Vertus, qu'il savoit être pauvres et n'être guères en état d'acheter des livres, et il la fit écrire en trois beaux volumes, afin qu'elle pût servir en même temps à trois religieux. La mort n'ayant pas permis à Gérard de l'envoyer, son successeur ne fut pas d'humeur de l'envoyer ; ainsi elle resta à Alne avec son inscription.

Voilà mes conjectures, que j'abandonne au public. Ce qui me fait croire que ce Gérard dont parle l'inscription, a été abbé d'Alne, c'est : 1° que la bible se trouve dans ce monastère ; 2° que ce que porte l'inscription lui convient, puisqu'il y a été le troisième abbé ; 3° que ces mots *tertius abbatum nostrorum*, écrits comme nous croyons par un religieux, ne peuvent s'entendre autrement ; 4° que ce qu'on rapporte de lui qu'il a accru considérablement le revenu d'Alne, *rerum externarum abundantia*, s'accorde parfaitement avec les anciens vers qu'on trouve de lui dans un manuscrit de ce monastère, rapportés par Manrique dans les Annales de Cîteaux, et par Henriquez dans son *Fasciculus sanctorum Cisterciensium*, où parlant de lui il dit : *Gerardus de Gravio, cujus beneficio magnæ Alnensibus tum fortunæ, tum virtutis accessiones factæ fuerunt*; ce qui ne peut se dire de l'abbaye de Vertus, qui a toujours été très-peu de chose.

CHAPITRE XIX.

DE GARNIER,
XIV° ABBÉ DE MARMOUTIER.
(1137 — 1155)

Garnier, qui succéda à l'abbé Eudes, marcha sur les traces de ses prédécesseurs, c'est-à-dire qu'il fut un homme éminent en sainteté, et que par ses vertus il s'acquit le respect et la vénération de tous ceux qui le connurent. L'Anonyme de Marmoutier a fait son éloge en deux mots, disant qu'il fut le plus saint de tous les abbés de son monastère : *Hic omnium abbatum hujus ecclesiæ piissimus fuit.* Cet éloge est court, mais il vaut un livre entier, et il est conforme aux épithètes que lui donnent les plus grands évêques de son temps. Haton, évêque de Troyes, lui donne le titre de *révérend*, d'autres l'appellent *vénérable*, et Guillaume, évêque de Tréguier, le nomme *très-pieux*.

Avant que d'être abbé, il avoit exercé l'office de prieur à Notre-Dame de Rameru et à Saint-Thomas d'Épernon, deux des plus fameux prieurés dépendants de l'abbaye de Marmoutier : au moins eurent-ils pour prieur un religieux nommé Garnier. Étant à Rameru, Haton, évêque de Troyes, accorda à ses humbles prières tout ce que les laïques avoient usurpé dans l'église de Gersan, soit en dîmes, soit en cens, soit en oblations aux quatre fêtes principales de l'année, de Noël, de Pâques, de la Pentecôte et de la Toussaint. Il lui accorda encore les cierges de la Purification, et le droit de présentation à la cure de cette paroisse. Étant prieur d'Épernon, il obtint conjointement avec l'abbé Eudes et quelques autres prieurs, du doyen et du chapitre de Chartres, permission de bâtir un bourg aux environs du prieuré de Saint-Martin-au-Val. Mais lorsqu'il fut élu abbé, il étoit peut-être simple religieux, car il est certain qu'il étoit à Marmoutier à la fête de

Tous les Saints l'an 1136, et qu'il y eut part à cette fameuse vision dont nous avons parlé ailleurs, qu'y eut ce jour-là l'archidiacre de Clermont, vision qui seule peut servir d'un témoignage authentique à sa sainteté.

L'année suivante, il fut élu abbé de Marmoutier, comme nous apprenons d'une donation faite au monastère par Ursion, seigneur de Fréteval, l'an 1139, *domno Guarnerio abbate Majori Monasterio præsidente anno secundo*. Aussitôt il fit paroître son zèle pour l'observance régulière par la célébration d'un chapitre général qu'il tint à Marmoutier le 31 décembre de la même année, auquel se trouvèrent trois illustres évêques, tous trois amis intimes du monastère, Geoffroi de Chartres et légat du Saint-Siége, Donoalde de Saint-Malo et Even de Vannes. Il y a bien de l'apparence que ces prélats étoient venus passer à Marmoutier les fêtes de Noël, d'où l'on peut juger quelle étoit alors la sainteté des religieux de ce fameux monastère, qui attiroit ainsi les évêques hors de leurs diocèses en des temps et en des jours que les besoins de leurs brebis sembloient demander leurs pasteurs.

Ce fut en cette occasion que l'évêque Donoalde donna à ses amis les religieux de Marmoutier l'église de Ploarsnos, qu'un certain prêtre nommé Hervé, qui en avoit joui plusieurs années par droit d'héritage contre les canons, lui avoit remise entre les mains pour en disposer selon son bon plaisir ; car il fit cette donation à la prière de Geoffroi, évêque de Chartres, en présence du dit évêque de Vannes et de l'abbé Garnier, qui présidoit avec lui au chapitre général le 31 décembre 1137, *præsidentibus eidem capitulo me Donoaldo Aletensi episcopo, Eveno Venetensi, et Garnerio abbate.*

Ce fut aussi apparemment en cette occasion que Donoalde donna à ses chers frères et amis les religieux de Marmoutier l'église de Guer avec tout ce qu'y possédoient deux prêtres, Rainaud et Simon ; car l'acte de cette donation est daté de Marmoutier même l'an 1137.

Garnier ne fit pas seulement paroître son zèle dans la célébration d'un chapitre général, il entreprit encore presque en même temps la visite des prieurés dépendants de son abbaye. Comme il visitoit ceux de Bretagne, et qu'il étoit dans l'abbaye de Saint-Méen, l'évêque Donoaldé l'y vint trouver et lui donna la troisième partie de l'église de Guer, qu'un ecclésiastique de son diocèse nommé Guillaume avoit possédée longtemps par droit d'héritage contre les sacrés canons, lequel touché de componction sur sa faute, les avoit remises entre ses mains. Donoalde ne crut pas en pouvoir faire un meilleur usage, que de les donner à ses chers amis les religieux de Marmoutier. Guillaume n'en demeura pas là. Il ajouta à cette donation celle de la dîme de la terre qui étoit entre Guer et Saint-Michel de Montreuil, de toutes les dîmes qu'il possédoit ailleurs, de trois maisons avec leurs jardins, des prés et ce qui étoit de leur dépendance, dont il fit un don à Dieu et à saint Martin en la personne de ses religieux de Marmoutier, qu'il voulut être scellé du sceau de l'évêque.

En ce temps-là, on voyoit une sainte émulation dans les évêques à faire du bien à Marmoutier, et au lieu que ceux d'aujourd'hui s'imaginent avoir rendu de grands services à Dieu lorsqu'ils lui ravissent celui que leurs prédécesseurs lui ont donné, ceux-là au contraire croyoient ne leur en pouvoir jamais assez donner. Ce fut dans ce principe qu'Hamelin, évêque de Rennes, donna ou plutôt confirma à Marmoutier les églises de Saint-Sauveur-des-Landes, de Romagni et de Saint-Otbert, et la présentation des chapelles de ces églises. A son exemple, Itérius, évêque de Nantes, du consentement de Normand son archidiacre; et d'Isaurus doyen de son chapitre, donna à l'abbé Garnier l'église de Notre-Dame de Château-Briant, et tout ce que Geoffroi, seigneur du lieu, y avoit possédé et avoit remis entre ses mains ; donation qui fut depuis confirmée par Robert, successeur d'Iterius. Yves, évêque de Vannes, donna aussi aux religieux de Marmoutier qui desservoient le prieuré de Joscelin, l'église de Plouene; et Haton, évêque de Troyes, à ceux de Rameru les églises de Saint-Nabor et de Saint-Laurent du Mesnil-la-Comtesse, à quoi il ajouta d'autres donations, surtout les menues dîmes de Guez, qu'Anscher de

Rosni et son frère avoient remises entre ses mains ; sans parler des donations que Hugues, très-saint archevêque de Tours, fit dans l'église de Saint-Quentin.

J'ai rapporté tout de suite ces donations, quoique peut-être faites en différents temps, parce que nous ignorons l'année qu'elles furent faites ; je reviens à présent à l'année de l'élection de l'abbé Garnier, qui fut aussi celle que Louis le Jeune, roi de France, épousa Aliénord, fille de Guillaume, comte de Poitou. Comme il avoit invité Mathieu, seigneur de Montmorency, de se trouver à ses noces, Mathieu se servit de cette occasion pour satisfaire à sa curiosité et à sa dévotion, venant exprès à Marmoutier, tant pour y voir ce lieu saint et vénérable à tout le royaume, que pour demander aux religieux la grâce d'être admis à la participation de leurs prières et bonnes œuvres ; il y fut reçu avec tout le respect et l'honneur dûs à sa naissance. Il entra dans le chapitre, il exposa avec humilité le sujet de sa visite, et ayant obtenu pour lui et pour tous les seigneurs de sa suite ce qu'il désiroit, il céda aux prieurés de Gisors et de Veli, dont les religieux passoient souvent sur ses terres, son droit de *rotage* et de *travers*.

Comme rien n'est plus souhaitable aux serviteurs de Dieu que la paix, l'abbé Garnier et ses religieux firent une transaction avec Hugues, archevêque de Tours, et son chapitre, par laquelle ils terminèrent à l'amiable quelques différends qu'ils avoient entre eux au sujet des moulins que les religieux possédoient dans l'île de Marmoutier, et des églises de Saint-Maurice d'Ivry, *de Ivriaco*, et de Saint-Martin de Cour-Léonard, *de Curte Leonardi*, près de Belesme. Hugues, qui étoit un saint prélat, convint de bonne foi qu'il falloit laisser les religieux jouir en paix de leurs moulins, et souffrir même, s'il leur étoit avantageux, de les transférer dans l'eau de la Loire entre l'île de Marmoutier et le bord de la rivière qui appartenoit à son église. Il leur laissa encore les églises d'Ivry et de Cour-Léonard, à condition que le prieur de Belesme ou les religieux de Marmoutier paieroient tous les ans quarante sols au doyen ou au cellerier de l'Église de Tours. Cette transaction est datée de l'an 1138, indiction 1, sous le règne de Louis le Jeune, roi de France et duc d'Aquitaine, et elle est signée par l'archevêque et son chapitre, l'abbé Garnier et les principaux religieux de son monastère, parmi lesquels on trouve après le grand-prieur de Marmoutier, Arnaud, abbé de Bonneval.

Trois ans après, Bernard, prieur de Saint-Esicius de la Celle-en-Berry, homme vénérable par sa vieillesse, vint à Marmoutier et renouvela la société qui étoit entre son église et notre monastère. Cette société avoit commencé du temps de l'abbé Bernard, et il y a apparence qu'elle se fit par l'entremise de Robert de Vierzon, religieux de Marmoutier et frère d'Arnoul seigneur de Vierzon, tous deux fils de l'illustre Geoffroi de Vierzon, qui se fit moine avec ses deux frères à Marmoutier sous l'abbé Albert; car alors le prieur, le chantre et plusieurs autres du chapitre de Saint-Esicius, accompagnés de Robert de Vierzon, prieur de Paulmier, vinrent à Marmoutier où l'on célébroit un chapitre général, et s'étant prosternés aux pieds de l'abbé et des religieux, leur demandèrent avec beaucoup d'humilité d'être associés à leur monastère, en telle sorte que les biens et spirituels et temporels des uns et des autres fussent communs aux deux églises, que l'abbé et les religieux de Marmoutier fussent reçus à Saint-Esicius comme ils seroient dans leurs propres maisons, et que réciproquement les chanoines de Saint-Esicius fussent reçus à Marmoutier et traités comme s'ils en étoient religieux. Ils ajoutèrent à cela, qu'au cas qu'il arrivât du changement dans leur église, ils s'engageoient à ne la donner à nuls autres religieux qu'à ceux de Marmoutier. Bernard et ses frères admirent leur demande, et parce que le prieuré de Paulmier étoit fort à la bienséance de ces chanoines, ils leur en firent une pure et simple donation. Cette société est un témoignage authentique de l'estime que ces chanoines avoient de la vertu des religieux de Marmoutier, dont ils venoient ainsi rechercher les suffrages, et de la charité et du désintéressement des religieux de Marmoutier, qui donnoient sans regret ce qu'ils croyoient utile à leurs associés.

L'église de Saint-Esicius devint dans la suite une abbaye de l'ordre de saint Augustin, laquelle fut donnée dans le siècle passé aux Feuillants, qui en sont aujourd'hui en possession.

Deux ans après, Innocent II étant mort le 24 de septembre 1143, Célestin II fut élu pape en sa place. Il accorda à l'abbé Garnier, un privilége par lequel il prend l'abbaye de Marmoutier sous sa protection et confirme les donations qui lui avoient été faites.

Dans ce temps-là, Normand, archidiacre de Nantes, possédoit, par droit d'héritage les églises de Châteauceaux contre les sacrés canons, et les plus pures règles ecclésiastiques. Hugues, archevêque de Tours, par ses avertissements salutaires, lui fit ouvrir les yeux sur l'état pitoyable de son âme, et ayant reconnu le danger ou plutôt l'abîme où il s'étoit précipité, il pria ce saint prélat de l'en retirer, et pour le faire plus efficacement, il remit entre ses mains et celles d'Iterius, son évêque, ces églises et tout ce qu'il y possédoit, tant en oblations, dîmes, prémices, qu'en toute autre chose, sans s'en rien réserver, et aussitôt Hugues et Iterius les donnèrent aux religieux de Marmoutier et en investirent l'abbé Garnier, à Angers, le 28 de novembre. Ensuite de quoi, l'archevêque étant à Tours, confirma cette donation le 14 de janvier 1144 sous le pontificat du pape Luce; Engelbaud, qui succéda à Hugues, et Eugène III, qui succéda à Luce dans le souverain pontificat, la confirmèrent aussi.

Dans le diocèse de Saint-Brieuc, Trehan, qui portoit la qualité d'abbé de Saint-Aaron, étoit tombé dans une faute semblable à celle de Normand, archidiacre de Nantes, possédant par héritage le sanctuaire de Dieu, et jouissant sans scrupule de l'église de Saint-Aaron; mais Dieu lui fit la grâce, non-seulement de reconnoître son péché, mais encore d'en voir toute l'énormité. Il en eut horreur, et, pour l'expier, il se dépouilla entièrement de cette église qu'il avoit possédée injustement, la remettant entre les mains de Rolland son évêque, qui en investit aussitôt les religieux de Marmoutier en la personne du prieur de Lamballe. Trehan, après leur avoir donné son église, leur donna encore sa personne en se faisant religieux l'an 1144.

Je ne sais si l'on ne pourroit pas rapporter à ce temps-là la conversion de Jean de Dol, seigneur de Combour, lequel après avoir joui longtemps des plaisirs du siècle, rentra enfin sur la fin de ses jours dans lui-même, persuadé qu'à tout âge et à toute heure l'on peut travailler à la vigne du père de famille, et recevoir même une récompense aussi grande que ceux qui y ont travaillé dès la pointe du jour, c'est-à-dire dès leur plus tendre jeunesse. Il jeta pour ce sujet les yeux sur l'abbaye de Marmoutier, tant à cause de l'étroite union qu'il y avoit eue de tous temps entre ses ancêtres et cet illustre monastère, que parce qu'il espéroit recevoir de Dieu beaucoup de grâces par les mérites de tant de saints religieux qui l'habitoient et avancer dans les voies du salut par l'édification de leurs bons exemples. Après donc leur avoir fait quelques donations, il se consacra entièrement à Dieu en recevant l'habit religieux par les mains de Guillaume, prieur de Combour.

Environ le même temps, un autre seigneur breton, appelé Hugues, fils de Richard, pour obéir au conseil de l'Évangile et satisfaire à Dieu pour ses péchés, se rendit à Marmoutier comme dans un asile, où il prit l'habit des mains de l'abbé Robert (1), et y fit cession de la Gaucherie, *de Gaucheria*.

Le pape Luce étant décédé à Rome le 25 de février 1145, il eut pour successeur Eugène III, religieux de l'ordre de Cîteaux et abbé des Trois-Fontaines, qui donna la même année un ample privilége à l'abbé Garnier, par lequel il confirme ceux que ses prédécesseurs Urbain II, Paschal II, Calixte II et autres avoient accordés à l'abbaye de Marmoutier, avec toutes les donations qu'on lui avoit faites jusqu'alors, et en particulier un bon nombre de prieurés et d'églises dont il fait une longue énumération qui seroit ici ennuyeuse. Ce privilége est daté du 9 d'avril 1145, et il est signé par le pape et par vingt cardinaux.

Gérard, évêque de Séez, qui succéda à Jean, fut animé d'un

(1) Il faut sans doute lire Garnier. (C. Ch.)

esprit tout opposé à celui de son prédécesseur; car au lieu que celui-ci inquiéta les religieux de Marmoutier de toutes ses forces, celui-là au contraire croyoit ne pouvoir leur faire assez de bien. Ce fut sans doute ce qui l'obligea à leur faire un don de l'église de Notre-Dame de Belesme, et de la soumettre à leur prieuré de Saint-Léonard, auquel il étoit persuadé qu'elle appartenoit de droit. Cette église avoit été fondée d'abord pour des chanoines séculiers ; on la donna ensuite à des chanoines réguliers qu'on tira de l'abbaye de Toussaint d'Angers. Mais quoique l'évêque Gérard n'eût pas tant cru faire une donation qu'une restitution de cette église, et qu'il l'eût faite du consentement de ses quatre archidiacres, les religieux de Marmoutier, qui désiroient avant toutes choses éviter les contestations et jouir en paix des biens qu'on leur donnoit, ne se contentèrent pas de cela. Ils voulurent encore avoir là-dessus le consentement des chanoines réguliers de Toussaint. Ils étoient déjà en différend avec eux à l'occasion de l'église de Vimeaux, *de Vimellis* ; mais parce qu'ils étoient persuadés que les procès ne conviennent point aux serviteurs de Dieu, ils aimèrent mieux transiger avec eux. L'abbaye de Marmoutier jouissoit alors des églises de Beaufort dans le diocèse d'Angers ; ils en cédèrent la présentation aux chanoines réguliers et leur donnèrent de plus cinq cents sols ; et les chanoines leur cédèrent tout le droit qu'ils avoient sur l'église de Notre-Dame de Belesme et sur ses revenus. Et pour ce qui regardoit l'église de Vimeaux, ils convinrent que, si l'évêque d'Angers vouloit permettre aux chanoines réguliers de desservir eux-mêmes les églises de Beaufort dont on leur cédoit la présentation, celle de Vimeaux appartiendroit aux religieux de Marmoutier, sinon ils rentreroient au bout de vingt ans dans les droits et prétentions qu'ils avoient sur cette église. Cette transaction, aussi bien que la donation ou restitution de l'église de Notre-Dame de Belesme, se fit l'an 1145, sous le pontificat d'Hugues, archevêque de Tours, d'Ulgerius, évêque d'Angers, et de Gérard de Séez, et sous le gouvernement de Garnier, abbé de Marmoutier, et de Robert, abbé de Toussaint d'Angers.

L'année suivante Hugues, archevêque de Rouen, en considération de la piété, de la charité et de la bonne observance des religieux de Marmoutier, leur confirma les églises de Saint-Ouen et de Saint-Gervais de Gisors, et quelques autres biens qui leur avoient été donnés par Hugues de Néaulfe et par quelques autres seigneurs, et leur en fit expédier des lettres de confirmation par Gautier, abbé de Saint-Vandrille, datées du VI des ides de juillet 1146, qu'il signa avec le même Gautier, Fraternus, abbé de Saint-Ouen, le doyen de l'église de Rouen, six archidiacres, le sacristain et le maître des écoles de son chapitre.

Samson, archevêque de Reims, doit être mis aussi au nombre des prélats qui ont fait du bien à l'abbaye de Marmoutier. L'an 1147, qui étoit le huitième de son épiscopat et l'onzième du règne de Louis le Jeune, il donna au prieuré de Saint-Maurice de Reims les dîmes de Rochemicourt que Gérard de Roussi, qui les avoit possédées injustement, avoit remises entre ses mains.

Cette année fut celle que le roi Louis passa en la Terre-Sainte pour y faire la guerre aux infidèles. Il fut accompagné de toute la noblesse de France, et en particulier du comte de Brenne, lequel fit une donation considérable aux religieux de Marmoutier qui desservoient le prieuré de Rameru, ou plutôt confirma celles qu'André son aïeul, seigneur de Rameru, y avoit faites longtemps auparavant. Il fit cette donation ou confirmation du consentement de la comtesse Adelise son épouse, d'Ébrard et d'André ses deux fils, et de Marie sa fille. Les lettres en furent expédiées à Brenne aux fêtes de la Pentecôte, la veille de son départ pour Jérusalem.

Ce fut environ ce même temps que Conan, duc de Bretagne, fit aussi un don considérable à Marmoutier de ce qu'il appelle en latin *de Doito vicini Chesaliacensis*, c'est-à-dire la quatrième partie des moulins et de la pêche de ce lieu, et tout ce qu'il appelle *dominium, primiveriam et conagium*. Il fit cette donation pour le salut de son âme, en vue d'expier ses péchés et dans l'espérance de s'acquérir une récompense dans le Ciel. Et afin qu'elle fût plus authentique, il en investit l'abbé Garnier en présence d'Hugues, archevêque de Tours, de Guillaume, évêque du Mans, d'Alain de Rennes, d'Iterius de Nantes, et de Roalde de Vannes, de Ganon doyen de l'église de Tours, d'Ermengarde sa mère, et de plusieurs autres personnes de qualité.

Nous avons vu ailleurs comme les religieux de Marmoutier avoient été établis dans l'église cathédrale de Saint-Malo, située dans l'île d'Aaron. Ils y avoient été établis, au commencement de ce siècle, par l'évêque Benoît, qui crut en cela rendre un grand service à son diocèse à cause de leur bon exemple, et des secours qu'il tiroit d'eux. En 1108, il confirma encore cet établissement en leur donnant l'église collégiale de Saint-Malo de Dinan, qui étoit une dépendance de la cathédrale. Il fit en même temps confirmer ces deux donations par Geoffroi de Dinan, seigneur temporel du lieu. Le pape Paschal II les confirma aussi l'an 1109. Elles le furent encore depuis par Gérard d'Angoulême, légat du Saint-Siége, et par les évêques successeurs de Benoît, surtout par Donoalde, de sorte que si jamais il y eut un établissement canonique et authentique, il faut reconnoître de bonne foi que c'étoit celui-là, sans parler de la possession paisible de près d'un demi-siècle. Mais comme il n'y a rien de stable en ce monde, Jean de la Grille, religieux de l'ordre de Cîteaux, et abbé de Sainte-Croix de Guingamp, ayant été tiré de son cloître pour conduire l'Église de Saint-Malo, ne fut pas plus tôt assis sur ce siége, qu'il entreprit contre toute sorte de justice et sans autre raison sinon que c'étoit sa cathédrale, d'en expulser les religieux de Marmoutier et de mettre en leur place des chanoines réguliers de Saint-Victor de Paris. Il s'adressa pour cela au pape Eugène III, qui ayant été religieux de l'ordre de Cîteaux comme lui, devoit lui être tout dévoué. Il en obtint trois commissaires, qui furent l'archevêque de Bordeaux, les évêques de Chartres et d'Angoulême, lesquels assignèrent aux parties un jour pour comparoître en leur présence à Périgueux.

Garnier, abbé de Marmoutier, ne manqua pas de s'y rendre avec l'évêque Jean au jour assigné. Mais soit qu'il vît les commissaires disposés à favoriser l'évêque, soit pour quelque autre raison que nous ne savons pas, il se retira, et sur cela les commissaires ayant ouï trois témoins, lesquels assurèrent avec serment que l'église de Saint-Malo de l'île d'Aaron étoit cathédrale avant l'introduction des moines, en investirent aussitôt l'évêque Jean, et le pape Eugène prononça ensuite une sentence en sa faveur, qui fut depuis confirmée par Anastase et Adrien IV, et par Alexandre III. Cette sentence fut une sentence d'autorité et non pas de justice ; aussi ne contient-elle aucune raison pour ôter cette église aux moines et la donner aux chanoines réguliers de Saint-Victor. Cependant les chanoines de Saint-Malo ont su si bon gré à Jean de la Grille de cette action, qu'en reconnoissance ils en ont fait un saint, et afin qu'on ne doutât point du sujet de sa canonisation, qui ne s'est point faite à Rome, ils ont farci de cette histoire les leçons des matines du jour de sa fête, c'est-à-dire de la plus grande injustice qui fût jamais, qui cependant fait la plus grande et la plus illustre partie de sa vie. S'il n'y a rien eu de plus recommandable dans la vie de ce prélat, c'est devenir saint à bon marché. Les chanoines réguliers qu'il établit à Saint-Malo n'y durèrent que jusqu'à Jean XXII, qui les sécularisa.

La sentence que le pape Eugène III rendit en cette occasion doit être plutôt considérée comme une marque de son autorité absolue, que comme une preuve de son peu d'estime pour les religieux de Marmoutier, puisque presque dans le même temps il confirma la fondation du prieuré de Fontaine-Gehard dans le diocèse du Mans, l'un des plus considérables de la dépendance de Marmoutier. L'église de Fontaine-Gehard avoit été fondée d'abord pour des hermites qui s'étoient répandus en douze ou treize hermitages du diocèse. Ils faisoient profession de la règle de saint Augustin ; mais, pour parler sincèrement, ils n'en gardoient aucune. Ils prenoient la qualité d'hermites, mais ils n'en avoient que le nom ; ils s'étoient proposé de vivre du travail de leurs mains et du revenu qu'ils tiroient de leurs troupeaux, mais ils vivoient plutôt en bêtes qu'en hommes; semblables aux animaux qu'ils nourrissoient, ils erroient sans cesse de côté et d'autre, et leurs mœurs étoient si peu réglées, qu'elles leur firent horreur à eux-mêmes. Touchés de l'esprit de Dieu, ils rentrèrent en eux-mêmes, et d'un commun consentement ils prirent résolution de se donner tous avec leurs hermitages à l'abbaye de Marmoutier, si l'évêque du Mans leur pasteur vouloit bien leur permettre. Pour obtenir cette grâce, ils joignirent à leurs demandes les prières de l'abbé et des religieux de Marmoutier et de plusieurs cardinaux de l'Église romaine. Il n'en falloit pas tant pour fléchir un prélat qui étoit porté de lui-même à une si bonne œuvre. C'étoit l'illustre Guillaume, qui d'archidiacre de Reims venoit d'être élevé sur le siége de l'Église du Mans, l'un des plus grands prélats qui aient gouverné cette Église. Il donna son consentement et confirma tout ce qui avoit été fait entre les hermites et les religieux de Marmoutier, en présence d'Engelbaud archevêque de Tours, et d'Alain évêque de Rennes, le troisième de décembre 1147; et quatre mois après, Eugène III étant passé en France et venu à Reims, où il célébra un concile, confirma tout ce qui avoit été fait par les hermites et par l'évêque Guillaume, ce que fit pareillement après lui Alexandre III, étant à Tours le 10 d'octobre.

L'abbaye de Marmoutier avoit déjà éprouvé des effets de la piété de l'évêque Guillaume par la donation qu'il avoit faite l'an 1146 de l'église de Saint-Anian *de Monte Abonis* (1) au prieuré de Château-du-Loir, un an avant le voyage de Louis le Jeune en la Terre-Sainte.

Ce fut au retour de ce célèbre voyage que l'église de Bonne-Nouvelle d'Orléans fut donnée à l'abbaye de Marmoutier. Elle étoit alors desservie par des chanoines et possédée par Simon de Beaugency, qui jouissoit du revenu et disposoit des canonicats. Nous trouvons deux anciens titres où elle porte le nom

(1) Saint-Aignan de Montabon, près de Château-du-Loir. (C. Ch.)

d'abbaye, l'un du roi Robert, qui lui donne la terre de Sarné, *Sarnacum*, la terre et l'église *de Spicariaco*, où elle est appelée *abbatia Sanctæ Dei Genitricis Mariæ canonicalis monasterii*, et l'autre d'un certain Geoffroi, à qui Eudes Ier, comte de Blois, l'avoit donnée, où elle est qualifiée *abbatia Sanctæ Mariæ Puellaris, quæ dicitur Boni Nuncii*. Ce qui me fait croire qu'originairement elle étoit une abbaye de filles, qui dans la suite des temps fut donnée à des chanoines. Dans le temps dont nous parlons, elle avoit éprouvé tout ce qui arrive ordinairement aux églises possédées par des séculiers, c'est-à-dire qu'elle étoit dans la dernière désolation tant pour le spirituel que pour le temporel. Manassès, prélat d'un rare mérite, qui gouvernoit alors l'Église d'Orléans, ne put voir sans douleur un si grand désordre. Il ne se contenta pas d'en gémir devant Dieu, il fit encore de vives remontrances au seigneur de Beaugency. Elles eurent tout l'effet qu'il s'étoit proposé. Elles fléchirent le cœur de Simon ; il eut honte d'avoir hérité de son père de cette église, et d'en avoir joui si longtemps contre les sacrés canons et la défense expresse des papes. D'ailleurs, comme elle étoit presque réduite à rien, il crut que pour la rétablir dans son ancienne splendeur, et lui rendre son premier lustre, il devoit la donner aux religieux de Marmoutier, qu'il appelle *religiosos bonique testimonii viros, et bonos ædificatores*. Mais pour faire les choses dans l'ordre il remit cette église entre les mains de Manassès son évêque, en présence d'Engelbaud archevêque de Tours, et Manassès en investit l'abbé Garnier, ce qu'il fit pour le salut de son âme, de celle de son père Raoul et d'Adenorde son épouse, qui avoit beaucoup contribué à cette donation, dont il fit expédier des lettres par Hervé son chancelier, l'an 1149. Heureusement le roi Louis se trouva en ce temps-là à Orléans à son retour de la Terre-Sainte. Simon crut qu'il devoit profiter de cette occasion pour lui demander la confirmation de cette donation, et le roi l'accorda d'autant plus volontiers qu'il étoit persuadé qu'il est du devoir d'un bon prince de travailler à l'amendement des désordres qui s'introduisent parmi les ecclésiastiques, de faire revivre le culte de Dieu dans ses temples, et de contribuer à la propagation des ordres religieux. Ses lettres sont datées d'Orléans, l'an 1149, qui étoit le 13° de son règne. Il y fait l'éloge de l'abbaye de Marmoutier en deux mots qui disent beaucoup, *rebus et dignitate percelebris in æstimationem probatæ religionis excrevit.*

Ce fut en conséquence des lettres patentes du roi, à sa prière et du consentement du chapitre de Sainte-Croix, que l'évêque Manassès investit les religieux de Marmoutier de l'église de Bonne-Nouvelle, en présence de Samson, archevêque de Reims, d'Engelbaud, archevêque de Tours, d'Henri, évêque de Beauvais, frère du roi, d'Hugues, évêque d'Auxerre, de Joslin de Soissons, de Suger, abbé de Saint-Denys, de Raoul, comte de Vermandois, et de Thierry Galleran, après avoir donné aux principaux chanoines des prébendes dans sa cathédrale. Il ne restoit plus que d'avoir la confirmation du pape. Eugène III la donna par une bulle datée de Tuscule, le 25 novembre.

Quelque temps après, Simon de Beaugency vint à Marmoutier, où ajoutant de nouvelles grâces aux premières, il donna aux religieux un droit de transport sur ses terres pour tout ce qui seroit nécessaire à leur vivre et à leur vêtir. Il fit cette donation dans un chapitre général, pour le repos de Raoul son père, de Mathilde sa mère, et d'Adenorde son épouse.

Avant que de sortir de l'année 1149, il faut remarquer en passant qu'Hugues, comte de Roussi, qui inquiétoit les religieux de Marmoutier qui desservoient le prieuré de Saint-Nicolas fondé par ses ancêtres, tant sur l'église du prieuré que sur les prébendes de l'église de Saint-Remi, qu'Helinand évêque de Laon, à la prière et du consentement du comte Ebolus, leur avoit autrefois données, se relâcha de toutes ses prétentions et remit tous ses droits entre les mains de Barthélemy son évêque, qui les rendit aux religieux de Marmoutier et en fit dresser un acte par Angot, chancelier de l'Église de Laon, l'an 1149, scellé de son sceau et signé par Gautier, abbé de Saint-Martin de Laon, et par plusieurs autres personnes illustres. Dans le même temps, Gui, seigneur de Laval, poussé d'un esprit d'avarice ou de jalousie tout opposé à celui de ses ancêtres qui avoient fondé le prieuré de Saint-Martin de Laval, inquiétoit les religieux de Marmoutier qui le desservoient. Leurs humbles remontrances ne servirent qu'à l'aigrir encore davantage contre eux, si bien qu'après avoir souffert en patience ses longues vexations, ils furent contraints de s'adresser au pape, qui leur donna un rescrit pour l'évêque du Mans, par lequel le Saint-Père ordonnoit à ce prélat de faire rendre justice aux religieux, et d'employer pour cela, s'il étoit nécessaire, les censures ecclésiastiques. Toutes les prières étant devenues inutiles, il fallut nécessairement en venir là. L'évêque Guillaume, qui avoit des entrailles de père pour les religieux de Marmoutier, et pressé d'ailleurs par les ordres du pape, excommunia le seigneur de Laval et jeta un interdit sur toutes ses terres. Ce coup de tonnerre put bien étourdir ce léthargique, mais il ne le réveilla pas. Il fit néanmoins tout un autre effet sur ses sujets, qui ne pouvant souffrir plus longtemps les censures, le pressèrent avec tant d'instance qu'il fut obligé de s'accommoder avec les religieux, et l'évêque leva l'excommunication et l'interdit l'an 1150.

Le relâche qui s'introduit quelquefois dans les cloîtres est assez souvent accompagné de la perte des biens ; et comme l'on voit croître à vue d'œil les biens temporels dans les monastères où la discipline est en vigueur, aussi en voit-on ordinairement une entière dissipation dans ceux où elle se relâche. Nous en avons un exemple très-sensible dans l'abbaye de Saint-Sauveur de Guingamp. Elle avoit été fondée par les comtes de Guingamp, qui s'étoient fait un mérite auprès de Dieu de se dépouiller d'une partie considérable de leurs biens pour l'enrichir ; mais le désordre s'étant introduit parmi ceux qui l'habitoient, elle tomba dans un état si pitoyable, qu'elle n'avoit pas seulement l'ombre d'un monastère. L'église, les cloîtres, les lieux réguliers, qui étoient tout ruinés, ne représentoient que de foibles vestiges de ce qu'elle avoit été. Guillaume, évêque de Tréguier, dans le diocèse duquel elle étoit située, en fut touché de compassion, et comme il méditoit sur les moyens d'en rétablir les édifices et d'y faire revivre l'esprit de Dieu, Engelbaud, archevêque de Tours, lui conseilla d'y mettre des religieux de Marmoutier. Ce conseil fut approuvé par le comte Henri, qui en pressa même l'exécution. Guillaume le suivit d'autant plus volontiers qu'il étoit tout pénétré de la bonne odeur que la piété et la charité de ces religieux avoit répandue dans toute la Bretagne ; et aussitôt il en investit l'abbé Garnier, mais d'une manière la plus solennelle qu'on eût encore vue ; car au lieu que ces sortes d'investitures se faisoient ordinairement par la tradition de la première chose qui tomboit entre les mains, comme d'un bâton, d'un couteau, d'un gant, celle-ci se fit par la tradition de sa propre main, de celles de l'archevêque Engelbaud et de Josthon, évêque de Saint-Brieuc, qu'il mit entre les mains de l'abbé Garnier, ce qui n'est pas une petite preuve de l'estime qu'ils avoient pour le pieux abbé Garnier. Il en fit ensuite expédier des lettres, et parce qu'il n'avoit point son sceau, il les scella de son anneau pastoral et y fit apposer le sceau de l'archevêque. Ces lettres contiennent deux choses dignes de remarque : la première, que l'évêque Guillaume y donne la qualité de son métropolitain à l'archevêque Engelbaud, ce qui prouve évidemment qu'il ne reconnoissoit pas alors l'évêque de Dol pour son archevêque ; la seconde, qu'elles sont datées de l'an 1151, le 19 septembre, jour que le comte Henri épousa à Mayenne Mathilde, fille de Jean comte de Vendôme.

Normand évêque d'Angers, qui avoit succédé à Ulger, n'avoit pas moins d'estime pour les religieux de Marmoutier que l'évêque de Tréguier. Il les regardoit comme des hommes d'une sainteté reconnue, qui avoient un talent particulier pour faire des établissements et étendre leur ordre avec l'édification et l'utilité du public. Ce fut dans cette vue qu'il leur donna l'église de Saint-Gervais de Ver, dont il investit Bermond, grand-prieur de Marmoutier, avec son anneau pastoral. Il fit cette donation l'an 1152, du consentement d'Étienne, archidiacre, son neveu, qui étoit pour lors à Paris où il faisoit ses études. Anastase IV, qui succéda au pape Eugène III, la confirma par une bulle qu'il adressa à l'abbé Garnier et à ses religieux, où il nous apprend que Philippe de Ver contribua beaucoup à la fondation de ce prieuré, qui depuis fut uni à celui de Saint-Gilles du Verger, qui porte aujourd'hui le nom de Saint-Éloy. Anastase, en confirmant aux religieux la donation de l'église de Saint-Gervais de Ver, leur confirma en même temps la possession de l'église d'Aienci dans le diocèse de Rennes, deux manoirs en Angleterre, et au prieuré de Sainte-Ciline, l'église de Marulle et ses dépendances.

Dans le même temps, je veux dire en 1152, Hugues, archevêque de Rouen, après avoir fait l'éloge des religieux de Marmoutier qui desservoient le prieuré de Vesli, et les avoir loués d'être bons avec les méchants, de mener une vie sainte et irréprochable au milieu des serpents et des scorpions, de conserver la piété et la religion au milieu d'une nation barbare, d'exercer leur charité envers ceux qui passoient chez eux, leur fit une donation considérable des dîmes de plusieurs villages, que plusieurs seigneurs particuliers avoient remises entre ses mains.

L'année suivante, un homme de qualité, nommé Hugues Baudouin, s'étant fait religieux à Marmoutier, donna au prieuré de Saint-Georges de Dangeau une terre qui lui appartenoit près de la porte qui va de ce lieu à Brulon. Il fit cette donation du consentement de Gaudin son frère, de Robert et d'Hugues ses neveux, de Bernard seigneur de Dangeau, et de Guillaume de Monceau, un dimanche, en présence de toute la paroisse qui étoit venue au service divin, et, en présence de tout le monde, il porta sur l'autel le titre de la donation.

Peu après, le roi Louis prit sous sa protection le prieuré de Leston, qui depuis fut uni à celui de Notonville. Il déclara que la terre de Leston et ses appendices appartenoient à l'abbaye de Marmoutier ; et parce qu'en ce temps il n'étoit que trop ordinaire de voir les puissances du siècle exercer des violences excessives contre les serviteurs de Dieu, il voulut bien les prendre sous sa garde comme la chose du monde qui lui étoit la plus chère, et leur servir de bouclier contre tous les traits de leurs vexations. Ses lettres sont de l'année 1154, données à Etampes par Hugues son chancelier.

Il me reste à parler ici d'un petit fait qui regarde Jacquelin de Maillé. Ce seigneur étant tombé dangereusement malade, se fit porter au prieuré de Saint-Venant, où il pria Engelbaud, archevêque de Tours, et Garnier, abbé de Marmoutier, de le venir visiter, et ayant conféré avec eux du salut de son âme, il donna aux religieux de Marmoutier qui desservoient le prieuré de Saint-Venant, la dîme des revenus qu'il tiroit de ses droits sur les bateaux qui passoient sur la Loire, dont il investit l'abbé Garnier en présence de l'archevêque, du consentement d'Adelise son épouse, et d'Ardouin. Parmi les témoins de cette donation, l'on met Ada et Agnès, les sœurs de Jacquelin, et Barthélemy, son frère.

Il ne nous reste plus rien à dire de l'abbé Garnier, sinon qu'il parvint à une grande vieillesse. Il gouverna son monastère en bon père, il y fit régner la piété, et il en répara les édifices, il fit bâtir le dortoir, la cuisine, le cellier et la moitié du cloître des infirmes. Il avoit commencé de bâtir les infirmeries, mais la mort ne lui donna pas le temps d'exécuter ce dessein. Elle arriva un 23 de mai, selon l'Anonyme de Marmoutier, comme il commençoit la 19ᵉ année de son gouvernement ; ce qui revient fort bien à ce qu'écrit Robert du Mont, qu'il mourut l'an 1155. Il fut enterré dans le chapitre, auprès de l'abbé Gillebert.

Parmi les titres de Notre-Dame-des-Champs, où sont aujourd'hui les Carmélites de la rue Saint-Jacques à Paris, nous en trouvons un de l'abbé Garnier, par lequel il affecte certaines terres et revenus pour l'entretien de la sacristie de ce prieuré.

DE GINGOMARUS, RELIGIEUX DE MARMOUTIER, ET ENSUITE ABBÉ DE SAINT-FUSCIEN, PRÈS D'AMIENS.

Le nom profane et barbare de Gingomare, qui en langue bretonne signifie Jonas, nous fait croire que Gingomarus étoit natif de Bretagne. Nous savons peu de chose de lui ; nous ignorons même l'année et l'occasion de son entrée en religion. Mais nous savons très-certainement qu'il n'y apporta rien de barbare que le nom, que son mérite le distingua parmi ses frères, et qu'il éclata dans le cloître par les différents emplois qu'il y exerça. En 1415, il avoit l'office d'*armaire*, dont l'un des principaux emplois étoit de garder les livres du monastère, qui se conservoient dans une armoire dans le cloître. En 1422 il étoit prieur de Lavardin. En 1430, nous le trouvons revêtu de la qualité de prieur claustral de Marmoutier, et en 1431 de sous-prieur, qui signifie la même chose ; ce qui marque que c'étoit un homme exact et d'une grande régularité, puisque le principal office du prieur claustral ou du sous-prieur étoit de veiller à l'observance, et d'être à la tête de la communauté dans tous les exercices. Nous ne savons pas en quelle année il fut fait abbé de Saint-Fuscien. Le *Gallia christiana* nous apprend qu'il l'étoit en 1445, 1448 et 1451. Il étoit abbé de Saint-Fuscien lorsque Thierry, évêque d'Amiens, fit une transaction entre Garnier abbé et les religieux de Marmoutier qui desservoient le prieuré de Saint-Denys d'Amiens, et les chanoines de Saint-Laurent-au-Bois, et il y servit de témoin avec Thibault, abbé de Saint-Martin d'Amiens. Il gouverna son monastère plusieurs années, et soit qu'il sentît le poids de sa dignité, soit qu'il eût quelque mécontentement de la part de ses religieux ou d'ailleurs, soit que son humilité lui persuadât que la voie de la soumission étoit la plus sûre, à l'exemple d'Anségise, abbé de Saint-Maixent, et de Gautier, abbé de Bonneval, il renonça à sa dignité et retourna à Marmoutier, où nous trouvons qu'il signe ou sert de témoin en plusieurs titres en qualité d'ancien abbé de Saint-Fuscien : *Gigomarus quondam abbas Sancti Fusciani.*

DE ARNAUD, RELIGIEUX DE MARMOUTIER,
ET ENSUITE ABBÉ DE BONNEVAL AU DIOCÈSE DE CHARTRES.

La perte que nous avons faite de la plupart des anciens manuscrits et de plusieurs monuments de notre monastère nous met dans l'impuissance de dire beaucoup de choses d'une des plus brillantes lumières qu'il ait renfermées dans son sein. C'est l'illustre Arnaud, abbé de Bonneval au diocèse de Chartres, l'un des beaux ornements de son siècle. Nous ne pouvons point douter qu'il n'ait été religieux de Marmoutier, puisque dans une transaction faite l'an 1138 entre l'abbé Garnier et les religieux de Marmoutier, et Hugues archevêque de Tours et son chapitre, il signe comme religieux de Marmoutier, après Bermond qui en étoit grand-prieur, avec la qualité d'abbé de Bonneval. Je ne sais s'il ne seroit pas le même qu'Arnaud, religieux de Marmoutier et prieur de Daumeré au diocèse d'Angers en 1107 ; auquel cas il faudroit dire qu'il parvint à une très-grande vieillesse et qu'il a pu vivre 90 ans. Il fut tiré de l'abbaye de Marmoutier pour succéder à l'abbé Bernerius dans la conduite du monastère de Bonneval. La liaison étroite qu'il eut avec saint Bernard, qui voulut bien recevoir les présents qu'il lui envoyoit, le traiter de son ami, et lui écrire en des termes les plus tendres qu'une sainte familiarité pût dicter, ne nous permet pas de douter de la sainteté d'Arnaud (1). Nous pouvons tirer un autre argument de sa probité des persécutions qu'il souffrit pour la justice, dont parle Arnoul, évêque de Lisieux, dans une de ses épîtres, et qui purent donner occasion à un voyage de Rome que le même Arnoul semble lui attribuer dans une autre lettre où il dit que l'Église romaine avoit reconnu sa sagesse

(1) S. BERN. *Epist.* 310.

et lui avoit rendu l'honneur qu'il méritoit. Mais si Arnaud eut ses persécuteurs, il eut aussi ses amis et ses panégyristes. Parmi ses amis il faut mettre Philippe abbé, comme je crois, du monastère de l'Aumône au diocèse de Chartres, qui l'aimoit si tendrement, qu'il ne put retenir ses larmes lorsqu'il apprit à l'évêque de Lisieux la maladie de son ami. Il faut mettre encore en ce nombre tous les religieux de Clairvaux et même tout l'ordre de Cîteaux, qui l'obligea d'écrire le second livre de la Vie de saint Bernard; ouvrage qui contient le plus beau morceau de l'histoire ecclésiastique de ce siècle. Elle est écrite d'un style si noble et si plein d'onction, qu'Arnoul de Lisieux, en parlant des écrits de notre abbé, a eu raison de dire qu'il joignoit à la beauté du style la gravité des sentences, en sorte néanmoins que la majesté de ses écrits n'étoit point trop resserrée par le poids des sentences ; et le cardinal Bellarmin, qu'il étoit un auteur docte et pieux.

La Vie de saint Bernard ne fut pas le seul monument de la piété et de la science d'Arnaud de Bonneval. Nous avons encore de lui un Traité sur les sept paroles de Jésus-Christ en croix, imprimé à Anvers l'an 1532 avec les scholies de Titolman ; un Traité sur l'Exameron, imprimé à Auxerre en 1609 ; un Traité des louanges de la Vierge, qui se trouve avec les deux précédents dans la Bibliothèque des Pères ; un Traité des œuvres cardinales de Jésus-Christ, qu'il dédia au pape Adrien IV, qui se trouve parmi les ouvrages de saint Cyprien, à qui il a été faussement attribué ; des Méditations qui ont été imprimées à Oxford à la fin des ouvrages de saint Cyprien. On a encore de lui un commentaire sur le psaume 44, un opuscule des sept dons du Saint-Esprit, et un du corps et du sang du Seigneur (1).

Il paroît par une lettre du pape Alexandre III au comte Thibaud, qu'Arnaud, après avoir gouverné plusieurs années l'abbaye de Bonneval, renonça volontairement à sa charge, et que l'on mit en sa place un religieux nommé Gautier, que le

---

(1) CAVE, *Historia litteraria*, p. 590. — MABILLON, *Not. ad Epist.* 310 *S. Bernardi*.

pape recommande à ce prince. Il avoit eu quelque pensée de se retirer à Cluny, mais il aima mieux se retirer à Marmoutier, comme avoient fait avant lui Gautier, l'un de ses prédécesseurs en l'abbaye de Bonneval, Ansegise abbé de Saint-Maixent, Gingomare abbé de Saint-Fuscien, lesquels ayant été tirés de Marmoutier pour gouverner ces abbayes, après les avoir conduites quelques années les quittèrent pour venir mourir dans le sein de leur mère. Il est encore parlé d'Arnaud, abbé de Bonneval, dans une charte du prieuré de Saint-Palais au diocèse de Bourges, datée de l'an 1151.

DE QUELQUES ÉCRIVAINS, RELIGIEUX DE MARMOUTIER, DANS LE XII° SIÈCLE.

Arnaud de Bonneval ne fut pas le seul écrivain que l'abbaye de Marmoutier ait donné à l'Église. Dans le même temps, Gautier de Compiègne, qui fut le premier prieur de Saint-Martin-au-Val, et dont il est parlé assez souvent dans nos titres, composa d'excellents écrits estimés dans son temps, que nous avons malheureusement perdus, dont il est fait mention dans l'*Histoire des ducs d'Anjou* (1).

Cette *Histoire*, qui a été donnée au public par le P. Dom Luc d'Acheri, est l'ouvrage d'un autre religieux de Marmoutier qui ne dit pas son nom. Il la composa sur les lumières qu'il tira de la chronique que Thomas de Loches composa sous le nom de l'abbé Eudes, des écrits de Robin et de Breton d'Amboise, de Glaber, de Geoffroi Bechin, de Gautier de Compiègne, tous auteurs, excepté Glaber, dont les ouvrages sont perdus. Il écrivit encore des histoires de France et de ce qu'il avoit vu lui-même. Il la dédia à Henri II, roi d'Angleterre, qui avoit succédé à Geoffroi, le dernier comte d'Anjou, en 1151.

(1) *Spicileg.*, t. X, p. 4.

Jean, religieux de Marmoutier, écrivit fort peu après l'*Histoire de Geoffroi*, duc de Normandie et comte d'Anou, qu'il dédia à Guillaume évêque du Mans. Elle fut imprimée en 1610, à Paris, avec l'*Histoire de France* de Grégoire de Tours, par M. du Bouchel, et réimprimée en 1619 dans le recueil des historiens de Normandie de M. Duchesne. Elle contient deux faits que je ne dois pas ici omettre : le premier, que ce prince eut de grands différends avec l'archevêque de Tours, et qu'un jour ce prélat se plaignant à lui des torts qu'il faisoit à son Église, le menaça de l'excommunier ; que Geoffroi lui répondit d'un sens froid, qu'il étoit prêt de se purger de cette accusation, et qu'au cas qu'il se trouvât être coupable il étoit disposé à lui faire satisfaction ; mais que pour l'excommunication dont il le menaçoit, il s'en mettoit fort peu en peine. Cette réponse ayant choqué l'archevêque, le comte lui dit en se riant : « Vous pouvez excommunier ceux qui sont soumis à votre juridiction, mais pour moi, qui suis chanoine de Saint-Martin et moine de Marmoutier, j'en suis exempt par ce double endroit. » La seconde, que Geoffroi assiégeant la tour de Montreuil-Bellay, les religieux de Marmoutier l'y vinrent trouver pour des affaires qui regardoient leur monastère, dans un temps qu'il lisoit Vegetius, qui a écrit de l'art militaire ; qu'un religieux, dont on ne désigne le nom que par la lettre G., homme d'un rare mérite, et dont la bonne vie surpassoit la haute réputation qu'il s'étoit acquise, homme d'esprit et savant dans les Écritures, prenant le livre, tomba tout juste dans l'endroit où cet auteur traite de la manière d'assiéger une tour, et que le prince lui dit avec sa familiarité ordinaire : « Vous verrez demain l'accomplissement de ce que vous lisez. »

DE LA MORT PRÉCIEUSE D'UN JEUNE ENFANT NOMMÉ JEAN, QUI AVOIT ÉTÉ OFFERT A MARMOUTIER PAR SES PARENTS.

Lorsque l'abbé Garnier gouvernoit le monastère de Marmoutier, un jeune enfant, âgé seulement de dix ans, y fut offert à Dieu par ses parents, qui étoient du quartier de Saint-Martin. Cet enfant avoit une si grande maturité dans son âge puérile, qu'il surpassoit en sagesse les plus retenus vieillards. Personne ne le vit jamais éclater de rire, jamais rompre le silence, jamais s'endormir à matines, comme il arrive assez souvent aux enfants de son âge. L'on voyoit reluire dans son visage une simplicité accompagnée de gravité. L'innocence étoit peinte dans ses yeux, et un de ses regards arrêtoit souvent la légèreté de ceux qui le voyoient, et leur inspiroit la crainte du Seigneur. Mais Dieu, qui vouloit enlever cette âme innocente et déjà mûre pour le Ciel du milieu de l'iniquité, lui envoya des infirmités fort douloureuses, qui ne servirent qu'à faire éclater les vertus que la grâce avoit mises en lui. Comme son mal augmentoit, il connut que sa fin approchoit, et ayant demandé son abbé, lui confessa avec humilité et contrition ses péchés, lui demanda et reçut dévotement sa bénédiction, se munit des sacrements de l'extrême-onction et du Saint-Viatique, embrassa et baisa le crucifix avec une abondance de larmes qui charma tous les assistants, s'efforçant de se rendre conforme par ses actions à son Sauveur souffrant. Après cela, on le remit dans son lit, d'où on le porta peu après dans la chapelle de Saint-Benoît, pour l'y exposer selon la coutume du monastère sur la cendre et le cilice. Et comme les infirmiers lui demandoient s'il ne souhaitoit rien, il ne répondit rien, mais élevant les yeux au Ciel il invitoit ces innocents qui ont lavé leurs robes dans le sang de l'Agneau à louer Dieu, par ces paroles : *Laudate, pueri, Dominum, laudate nomen Domini. Sit nomen Domini benedictum ex hoc nunc et usque in sæculum.* Et comme il répétoit une seconde fois ces paroles, il mourut.

DE THOMAS, ABBÉ DE MORIGNY.

Nous pourrions peut-être ajouter ici Thomas, abbé de Morigny, qui dans sa jeunesse se dévoua à Dieu dans l'abbaye de Marmoutier, et lui promit en plein chapitre de se faire moine. Il exécuta son vœu dans l'abbaye de Coulomb, où il fit profession. Il y vécut avec approbation, et s'y acquit tant de réputation, qu'on l'en tira pour le faire abbé du monastère de Morigny dans le diocèse de Sens. Il gouverna son monastère avec toute la sagesse que demandoit sa charge. Il mérita l'estime du roi et des papes (1). Mais enfin, après avoir gouverné longtemps son abbaye, il se défit de sa charge et se retira à Saint-Martin-des-Champs, et l'on élut en sa place Machaire, neveu d'Albéric, cardinal et évêque d'Ostie et légat du Saint-Siège, lequel ayant été transféré de l'abbaye de Morigny en celle de Saint-Benoît-sur-Loire, Albéric, auteur de cette translation, eut dessein d'établir dans Morigny Lancelin, un autre de ses neveux ; mais les religieux, qui aimoient Thomas, l'élurent une seconde fois pour leur abbé, ce qui déplut fort au légat, qui sans examiner son élection ni sa personne, ordonna aux religieux de procéder à une nouvelle élection. Cette conduite du cardinal scandalisa Thomas, qui écrivit à saint Bernard une très-belle lettre, dans laquelle il s'en plaint, et outré au point qu'on peut se l'imaginer, il lui dit qu'il hésite s'il se retirera à Marmoutier, où il avoit conçu les premières semences de sa vocation, ou à Coulomb, où il avoit fait profession. Comme nous ne savons pas à quoi il se détermina, nous ne nous étendrons pas plus au long sur lui. On peut voir la *Chronique de Morigny* imprimée dans le 4ᵉ tome de M. Duchesne, qui parle de lui avec beaucoup d'étendue.

(1). BALUZE, *Miscellan.*, t. IV, p. 460.

CHAPITRE XX.

DE ROBERT MEGUERI, Ier DU NOM,

XVe ABBÉ DE MARMOUTIER.

(1155 — 1165)

Garnier eut pour successeur de sa charge d'abbé aussi bien que de sa piété Robert Ier, surnommé Megueri, natif de Bretagne, que l'Anonyme de Marmoutier nous représente comme un homme d'une vie louable, aimé et chéri de Dieu et des hommes ; ce qui s'accorde parfaitement bien avec le témoignage qu'en rend un grand cardinal, qui dit que l'abbé de Marmoutier et celui de Bourgueil étoient les deux meilleurs abbés qu'il eût connus en France (1).

Lorsque Robert fut élu abbé, l'Église d'Angers se trouva vacante par la mort de l'évêque Normand, fondateur du prieuré de Ver. Je ne sais si ce ne fut pas ce qui donna occasion aux chanoines de Saint-Maurille d'Angers de réclamer cette église comme un bien qui leur appartenoit ; mais je sais bien qu'ils s'adressèrent au pape Adrien IV pour se plaindre des religieux de Marmoutier de l'avoir usurpée, et que le Saint-Père leur donna un rescrit adressé aux évêques de Vannes et de Saint-Brieuc pour terminer ce différend par les voies ordinaires de la justice. Il n'étoit pas difficile de la rendre, puisque les religieux avoient été canoniquement investis de cette église par l'évêque Normand. Aussi, lorsqu'en conséquence des ordres du pape, Joscius, évêque de Saint-Brieuc, fut venu à Angers pour juger l'affaire, tous les chanoines de Saint-Maurille, sans en excepter un seul, se désistèrent de leurs poursuites et remirent tous leurs droits entre les mains de Robert, abbé de Vendôme, et de Raoul, prieur de

---

(1) Apud CHESN., *Hist. Franc.*, t. IV, p. 663.

Marmoutier, en présence d'un grand nombre de témoins, et consentirent de plein gré que les religieux de Marmoutier jouissent à l'avenir de l'église de Ver ; ce qui fut approuvé et confirmé par les archidiacres, le maître d'école et tout le chapitre de l'église d'Angers. Afin que cette cession eût toute la solidité souhaitable, et qu'il n'y eût plus à revenir, les chanoines vinrent ensuite à Tours, où étant dans le chapitre de Marmoutier, ils firent une nouvelle cession de leur droit prétendu entre les mains de l'abbé Robert, et enfin une troisième à Tours en présence et entre les mains de l'archevêque Engelbaud et de l'évêque de Saint-Brieuc. Ceci arriva l'an 1155, sous le pontificat d'Adrien IV, sous le règne de Louis le Jeune roi de France, et d'Henri II roi d'Angleterre, le siége d'Angers étant encore vacant.

La même année, Samson, archevêque de Reims, investit les religieux de Marmoutier qui desservoient le prieuré de Saint-Maurice, par les mains de Gérard, leur prieur, d'une terre libre de huit journaux, située au Gué-Enguard, *ad vadum Engardis*, que deux frères, Guillaume, maître d'hôtel, et Baudoin, du consentement de leur mère et de leurs sœurs, avoient remise entre ses mains. Il leur en fit expédier des lettres par le chancelier Robert, scellées de son sceau et datées de l'an 1155, indiction 2, qui étoit l'an 19e du règne de Louis le Jeune et le 16e de son épiscopat. L'année suivante, Guillaume, abbé de Compiègne, du consentement de sa communauté, donna aux mêmes religieux quelques dîmes qu'ils avoient coutume de lever sur eux à Aulnay pour une certaine quantité de grain. Les lettres qui en furent expédiées l'an 1156, indiction 3, sont signées de l'abbé Guillaume, de Gilbert son prieur, Robert son sous-prieur, et onze autres religieux, dont quatre prennent la qualité de prêtre, trois celle de diacre, deux celle de sous-diacre, et deux celle d'acolythe.

Il paroît presque par tous les actes que nous avons de ce temps-là, que les évêques étoient les pères des moines, et qu'ils leur procuroient tous les biens qu'ils pouvoient. Nous en avons un exemple dans Gautier, évêque de Laon, qui, l'an 1157, donna aux religieux de Marmoutier qui servoient Dieu dans le prieuré de Saint-Nicolas de Roussi, la moitié des dîmes de Roussi, qu'un certain Thomas, fils de Manassès, qui en avoit joui jusqu'alors par droit d'héritage, lui avoit remise entre les mains. Les lettres qui en furent expédiées à Reims dans la maison de maître Robert de la Chambre, par le chancelier Angot, sont scellées du sceau de l'évêque et signées par les chanoines de son chapitre, par Hugues comte de Roussi, et par plusieurs autres personnes de qualité.

Pendant que les évêques sembloient conspirer à faire du bien aux religieux de Marmoutier, le démon suscitoit les puissances du siècle pour les persécuter, et plusieurs seigneurs leur déclaroient une guerre ouverte. Les vexations que leur fit en Touraine Rainaud de Colombier (1) furent si grandes, que l'on peut dire que ce seigneur porta sa malice dans le dernier excès. Il ne se contenta pas de faire pêcher de force dans la rivière qu'Eudes, comte de Blois, leur avoit donnée à Fontcher, libre et exempte de tous droits ; il enleva les poissons que les religieux avoient pêchés. Il se saisit de la justice du lieu, qui leur appartenoit, et la fit exercer même dans leur maison, quoiqu'il n'eût aucun droit sur eux. Il exigea la dîme de leur vigne, et poussant sa hardiesse plus loin, il la fit entièrement vendanger par ses gens. Il n'en demeura pas là. Il fit prisonnier un de leurs hommes, qu'il fit prendre à leur table, et ne le rendit qu'après avoir payé sa rançon. Enfin il fit renverser la clôture du prieuré, et ordonna que les matériaux et les portes en fussent portés à leur barbe dans son château. Dieu permettoit toutes ces violences pour exercer et faire éclater les vertus des religieux de Marmoutier, surtout leur patience et leur charité ; car bien loin d'opposer la force à la force, ils n'employèrent contre tant de violences que leurs prières et leurs remontrances et celles de leurs amis, mais surtout d'En-

(1) Colombier, seigneurie située sur la rive droite du Cher, en face de Villandry, en Touraine. (C. Ch.)

gelbaud, archevêque de Tours, qui les protégea toujours en toute occasion. Mais la douceur de ces saints religieux ne servoit qu'à irriter davantage la colère de cet homme emporté. Il fallut avoir recours à Henri II, roi d'Angleterre, duc de Normandie et comte d'Anjou et de Touraine, et lui demander justice contre les violences inouïes de ce seigneur. Henri écouta favorablement les plaintes des religieux, et donna ordre à son prévôt de Tours, qui se nommoit Malet, de faire une bonne et prompte justice aux religieux, arrêtant les violences de Renaud de Colombier. Malet cita les parties devant lui, et leur assigna un jour pour comparoître devant son tribunal. Les religieux y exposèrent leurs griefs, et Renaud soutint qu'il avoit droit de faire tout ce qu'on lui objectoit. Les juges ayant entendu les raisons de part et d'autre, commandèrent à Renaud d'attester par serment tout ce qu'il avoit avancé en sa faveur. Mais les religieux ne voulurent point admettre le serment d'un homme qui n'avoit point de conscience, et à qui le parjure n'auroit pas plus coûté que toutes les violences qu'il avoit exercées sur eux. Sur ce refus, on convint de terminer le différend par le duel, que les parties acceptèrent. Les religieux cherchèrent un champion pour défendre leur cause; mais Renaud, à qui la conscience reprochoit tant d'excès, et qui savoit que Dieu avoit coutume en ces occasions de prendre le parti des opprimés, désespérant de pouvoir éluder sa justice, comme il auroit pu faire celle des hommes, rentrant enfin en lui-même, et touché des violences qu'il avoit exercées, de l'avis de ses amis s'en vint à Marmoutier, entra dans le chapitre, se jeta aux pieds de l'abbé Robert, et, prosterné devant tout le monde, lui demanda pardon de toutes les injures qu'il avoit faites à son monastère, reconnut le droit des religieux, confessa publiquement que la justice et la pêche de Fontcher leur appartenoient, que leurs terres, leurs vignes et leurs bois étoient libres et exempts de tous droits, coutumes et impôts des seigneurs de Colombier, et généralement renonça à toutes ses injustes prétentions, mettant pour marque de son renoncement un bâton dans les mains de l'abbé Robert en présence d'un grand nombre de témoins. En conséquence de cette action, le prévôt de Tours rendit une sentence en faveur des religieux, et informa le roi Henri, qui étoit alors à Saumur, de tout ce qui s'étoit passé ; lequel fit venir Renaud en sa présence, l'obligea de reconnoître qu'il n'avoit aucun droit sur le prieuré de Fontcher, que la pêche et la justice appartenoient aux religieux, et que toutes leurs terres et autres biens étoient libres et exempts de tous droits, et confirma par des lettres scellées de son sceau la sentence du prévôt de Tours. Dans tout ce que nous venons de rapporter, on doit admirer la patience et le désintéressement des religieux de Marmoutier, qui après tant de violences portées dans les derniers excès, pardonnèrent à leur persécuteur, et ne lui demandèrent aucun dédommagement pour toutes les injures et tous les torts qu'il leur avoit faits, se contentant de lui faire restituer la rançon qu'il avoit exigée d'un de leurs gens qu'il avoit fait prisonnier. La notice de ce différend, que les religieux de Marmoutier dressèrent, n'a point de date, non plus que la sentence du prévôt de Tours, ni les lettres du roi Henri. Mais la mort d'Engelbaud, archevêque de Tours, qui se mêla de cette affaire, et à qui Joscius succéda l'an 1157, ne nous permet pas de la reculer plus loin.

Robert de Vitré fut beaucoup plus docile dans les différends qu'il eut avec les religieux de Marmoutier qui demeuroient au prieuré de Sainte-Croix. Ce seigneur, qui auroit dû avoir pour eux quelque égard en considération de son père qui s'étoit fait religieux sur la fin de ses jours à Marmoutier, oubliant tous les sentiments que la nature devoit inspirer à un bon fils envers ceux qui étoient devenus les frères en Jésus-Christ de celui qui lui avoit donné la vie, ne laissa pas de les inquiéter à l'occasion des droits dont les religieux de Sainte-Croix avoient toujours joui dans leur bourg, que ce seigneur vouloit usurper. Mais enfin il céda aux remontrances d'Étienne, évêque de Rennes, et à sa persuasion on nomma de part et d'autre six hommes vénérables par leur antiquité et encore plus par leur probité et leur droiture, pour savoir d'eux de quelle manière les choses se passoient du temps d'André de Vitré, ayeul de Robert ; lesquels, tous d'un commun accord, ayant rendu un témoignage en faveur des religieux, l'affaire fut terminée à leur avantage l'an 1158. Environ quatre ans après, le même évêque termina un autre différend non moins considérable qu'ils eurent encore avec Robert de Vitré. Ils avoient joui de tout temps de la moitié du château de Marcilliac, de la moitié de la tour et d'autant de pré que quarante faucheurs en pouvoient couper en un jour. Tout cela avoit été inondé par un étang de Robert de Vitré, qui, outre cela, avoit fait des fossés et des tranchées dans leurs terres. L'évêque faisant le devoir d'un véritable pasteur, obligea ce seigneur à dédommager les religieux du tort et des dégradations qu'il avoit faites dans leurs terres, ce qu'il exécuta par une transaction faite dans le cloître de Notre-Dame de Vitré, en présence de l'évêque, et scellée du sceau de ce prélat, l'an 1161. Il seroit à souhaiter que les évêques aujourd'hui prissent la défense des religieux et de leur clergé et les protégeâssent contre l'oppression des gens du siècle. Mais bien loin de les protéger, on n'en voit que trop qui les oppriment eux-mêmes.

Étienne de Rennes étoit bien éloigné d'une semblable conduite, puisque ayant fait par mégarde une action désavantageuse aux religieux de Marmoutier, aussitôt qu'il connut sa méprise il la corrigea. Hamelin, son prédécesseur dans l'évêché de Rennes, leur avoit donné l'église d'Amanlis dont jouissoit alors un prêtre nommé Raignier, à qui Marbodus l'avoit donnée. Après la mort du prêtre, Étienne, qui n'avoit aucune connoissance de la donation d'Hamelin, en investit aussitôt un autre prêtre nommé Guillaume. L'abbé Robert lui fit connoître qu'il avoit pourvu à cette église au préjudice de son monastère, et étant à Rennes avec l'archevêque Joscius, lui montra le titre de la donation qu'en avoit faite à Marmoutier l'évêque Hamelin. Étienne ne l'eût pas plus tôt vue qu'il reconnut et corrigea sa faute. Il fit venir en sa présence le prêtre

Guillaume dans le cloître des infirmes de Saint-Melaine, et devant l'archevêque de Tours l'obligea de lui remettre l'église d'Amanlis, dont il avoit été mal pourvu, et la remit ensuite entre les mains de Nicolas, prieur de Fougères, qui la reçut au nom de son abbé qui, ce jour-là, étoit parti de Rennes. L'évêque ayant ainsi réparé le tort qu'il avoit fait à Marmoutier sans y penser, et l'ayant rétabli dans tous ses droits, il pria le prieur Nicolas de résigner la cure au prêtre Guillaume pour en jouir durant sa vie. Il le fit aussitôt, tant en considération de l'évêque de Rennes et de l'archevêque de Tours qui l'en prioit, que parce qu'il l'en jugeoit digne, et qu'il crut que Dieu demandoit cela de lui. Il le présenta donc au doyen, le doyen le présenta à l'archidiacre, et l'archidiacre à l'évêque, qui l'en mit en possession. Ensuite de quoi, Guillaume jura sur les saints Évangiles qu'il conserveroit fidèlement le revenu des religieux.

Quoique l'évêque de Rennes fît ce que nous venons de rapporter par un principe de conscience et pour satisfaire à la justice qui exigeoit cela de lui, il le fit encore par l'inclination que lui donnoit l'amour tendre et sincère qu'il avoit pour les religieux de Marmoutier, et aussi parce que le pape Alexandre avoit recommandé à tous les archevêques et évêques de France de les considérer et de les aimer, et que même les cardinaux de l'Église romaine l'en avoient prié. Nous avons encore de lui un privilége par lequel, désirant satisfaire aux devoirs de sa charge pastorale, il accorde et confirme de nouveau tout ce que ses chers frères les religieux de Marmoutier possédoient dans son diocèse, tant en prieurés et églises, dont il fait un grand dénombrement, qu'en toute autre chose, et excommunie tous ceux qui auront la témérité de les troubler dans leur possession.

En ce temps-là, les évêques, loin de troubler les priviléges des religieux, n'avoient pas de honte d'avouer publiquement leur faute lorsque par surprise ils avoient fait quelque chose qui leur étoit contraire. Mathieu, évêque d'Angers, ayant béni un cimetière à Daumeré, à la prière de Foulques, seigneur du lieu, n'eut pas plus tôt reconnu que ce cimetière étoit situé dans une dépendance de l'abbaye de Marmoutier, qu'il désavoua par un acte public ce qu'il avoit fait, et défendit que personne ne fût enterré dans ce lieu.

Ce même évêque excommunia Hardouin Chamaillard pour avoir usurpé le droit d'élection et de présentation à l'église de Bocé, qui appartenoit aux religieux de Marmoutier. Guillaume Chamaillard, son prédécesseur, leur avoit donné l'église de Bocé avec la cure, *presbyteratum*, et le droit de choisir et de présenter à l'évêque les vicaires qui la desservoient. Ils en avoient joui paisiblement un temps considérable et y avoient présenté, lorsqu'il prit envie à Hardouin Chamaillard de s'emparer avec violence de leur droit. Les religieux eurent beau lui représenter l'injustice de son procédé et lui montrer le titre de leur donation, il les renvoya toujours avec beaucoup de hauteur, soutenant que ce droit lui étoit héréditaire, et qu'il ne leur céderoit jamais; si bien qu'ils furent obligés de s'adresser à l'évêque Mathieu, qui cita les parties devant lui, écouta et examina les raisons des uns et des autres. Mais lorsqu'il voulut terminer le différend par un jugement canonique, Hardouin se retira et ne voulut point s'y soumettre. L'évêque, voyant la violence de ce seigneur, prononça anathème contre lui et l'excommunia publiquement. Hardouin, qui se laissoit dominer par sa passion, méprisa durant un temps les censures de l'évêque jusqu'à ce qu'enfin pressé par les remords de sa conscience et par les avis de quelques personnes sages, il vint trouver Mathieu, confessa sa faute, lui en demanda pardon, lui remit entre les mains l'église et la cure de Bocé avec ses revenus et le droit d'y présenter, et reçut l'absolution de son excommunication. Ensuite l'évêque la donna aux religieux de Marmoutier, et les en investit par les mains d'Haimeri, moine et hôtelier de leur monastère, en présence de Geoffroi de Saint-Saturnin, archidiacre d'Angers, Geoffroi Bevin, archiprêtre, lesquels approuvèrent la cession d'Hardouin et l'investiture de l'évêque, de Renaud de Boire, de Guillaume abbé de Saint-Serge, et de plusieurs autres témoins. Après cela Hardouin Chamaillard vint à Marmoutier, entra dans le chapitre, et en présence de toute la communauté et d'un grand nombre de séculiers reconnut le droit des religieux, et renonça de nouveau entre les mains de l'abbé Robert à celui qu'il prétendoit avoir ; ce qui fut approuvé et confirmé par Sibille son épouse, Simon son fils, et Guillaume son frère.

Ce fut en conséquence de ce que nous venons de dire que l'évêque Mathieu expédia des lettres particulières, scellées de son sceau, par lesquelles il donne aux religieux de Marmoutier l'église de Bocé avec le droit d'y présenter, et règle ce qui devoit être donné aux chapelains qui la desservoient. Ces lettres sont datées de l'an 1164, qui étoit le sixième de son épiscopat. La même année, il confirma encore tout ce que l'abbaye de Marmoutier possédoit dans son diocèse, tant en prieurés, églises, dîmes, oblations, sépultures, qu'en autres biens, et fulmine anathème contre ceux qui les troubleroient dans cette possession ; confirmation qui fut approuvée en même temps par son chapitre.

La même année, Étienne Gisleri, ecclésiastique de Beaufort au diocèse d'Angers, étant venu à Marmoutier dans le temps du chapitre général, y donna à Dieu et au monastère sa propre personne et tout ce qu'il possédoit, tant en vignes, prés, terres, qu'en autres biens, du consentement de Renaud Gisleri son frère ; et en reconnoissance de ce bienfait on lui accorda non-seulement la grâce d'être admis à la participation des bonnes œuvres, mais l'abbé Robert et tout le chapitre lui donna en commende pour trois ans le prieuré de Bocé, mais à condition que pendant ce temps-là il y feroit pour cent sols d'améliorations, et qu'il y laisseroit tous les meubles qu'on lui donneroit, et cent sols d'argent ; et qu'au cas que durant ce triennal on lui offrît quelque bénéfice plus considérable, il n'abandonneroit pas pour cela le soin du prieuré dont on lui continueroit aussi la commende, si durant ces trois ans Dieu ne pourvoyoit pas à ses besoins pour le reste de ses jours. Voilà le premier et le plus ancien exemple des prieurés de Marmoutier donnés en commende à des séculiers, qui n'a été que trop suivi dans la suite, et qui est aujourd'hui si commun au grand préjudice des monastères, et très-souvent au grand scandale de l'Église, qui ne peut voir sans gémir l'abus qu'on fait d'un bien qui n'a été donné que pour nourrir des religieux, recevoir les hôtes, assister les pauvres et faire beaucoup de bonnes œuvres.

L'an 1162, le pape Alexandre III étant venu en France, tint un concile à Tours et y demeura durant plusieurs mois. Pendant ce séjour, il honora plus d'une fois l'abbaye de Marmoutier de sa présence, et eut tout le temps de connoître et d'admirer la vertu des religieux qui l'habitoient. Charmé de la piété et des talents qu'il remarquoit en eux, il les honoroit de sa familiarité, et en employoit quelques-uns dans des négociations importantes, qui regardoient le bien de l'Église et de l'État. Les bontés du pape envers eux leur donnèrent la hardiesse de le prier de faire la dédicace de l'église de Saint-Benoît, qui avoit été bâtie pour les infirmes par les soins du prieur Bermond sous l'abbé Garnier, ce que Sa Sainteté leur accorda de la meilleure grâce du monde, consacrant cette église à Dieu sous l'invocation de saint Vincent martyr, et de saint Benoît, le 14 d'octobre, jour de saint Calixte, pape, en présence d'un grand nombre d'évêques et de cardinaux. Cette église étoit très-belle pour l'usage auquel elle étoit destinée, et, si l'on en croit l'Anonyme de Marmoutier, elle n'avoit pas alors sa semblable dans le monde. C'étoit dans cette église que l'on portoit les moribonds expirer, comme saint Martin, sur la cendre et le cilice, qu'on les étendoit sur une pierre qui étoit au milieu, sur laquelle étoit gravée la figure d'un religieux qui meurt, avec deux frères à ses côtés dans une posture où ils sont représentés affligés et gémissants, avec ces deux vers latins gravés autour :

> Cum dabor exire de mundo, jussus obire,
> Hic peto finire, precor hinc mihi detur abire.

Elle a subsisté jusqu'en nos jours qu'on l'a détruite fort mal à propos, et au grand regret des personnes les mieux sensées (1).

Trois jours après la dédicace de cette église, c'est-à-dire le 17 d'octobre, le pape accorda à l'abbé Robert et à ses religieux un privilége par lequel il prend leur monastère sous la protection du Saint-Siége, parce que, comme l'unité de la charité ne peut subsister sans la véritable religion, aussi est-il du devoir du souverain pontife d'aimer les personnes religieuses, de pourvoir à leurs nécessités, et de les défendre contre les vexations qu'on pourroit leur faire. Il confirme ensuite tous les biens qu'ils possédoient justement, et qui leur avoient été donnés ou seroient donnés à l'avenir par la charité des évêques, la libéralité des rois et des princes, et par les offrandes des fidèles, et en particulier ce qu'ils possédoient dans les diocèses d'Angers, d'Avranches, de Rennes et de Chartres, et dans l'Angleterre, surtout à Niewport. Il excommunie ceux qui les troubleroient dans leur possession, et souhaite toute sorte de biens à ceux qui les protégeroit. Ce privilége, signé par le pape et par un grand nombre de cardinaux, est donné à Tours l'an 1462, indiction XI, le quatrième de son pontificat.

Nous avons plusieurs autres bulles du même pape qui regardent notre monastère. La première, adressée à l'abbé et aux religieux de Marmoutier, défend sous peine d'excommunication à tous les laïcs d'exiger d'eux des dîmes, parce, dit-il, qu'il est tout à fait indécent et contraire à la raison que des laïcs lèvent des dîmes sur des religieux, et que son devoir ne lui permet pas de souffrir que des personnes qui rendent à Dieu un service aussi agréable qu'ils faisoient, fussent ainsi vexées par les séculiers. La seconde est adressée à tous les archevêques et évêques dans les diocèses desquels le monastère de Marmoutier possédoit quelque bien. Il leur déclare d'abord qu'ils s'oublient de leur devoir s'ils souffrent que

---

(1) Les fondations de la chapelle Saint-Benoît ont été recherchées et mises à jour par les dames du Sacré-Cœur; elles demeurent toujours visibles dans le jardin. (C. Ch.)

les laïcs lèvent des dîmes sur les ecclésiastiques, puisque rien n'est plus contraire à la raison ni plus proscrit par les sacrés canons. Que si les laïcs ne doivent point jouir des dîmes, bien moins en doivent-ils lever sur les religieux. C'est pourquoi, il leur ordonne de défendre à tous leurs diocésains, sous peine d'excommunication, d'en lever aucunes sur les religieux de Marmoutier, et de tenir la main à cela. La troisième est adressée aux mêmes évêques, où, sur les plaintes de l'abbé et des religieux de Marmoutier, il les reprend de ce qu'ils différoient sans raison d'admettre les prêtres qu'ils leur présentoient pour remplir les églises vacantes de leur dépendance, afin de jouir plus longtemps du revenu qu'ils touchoient durant la vacance. Il blâme cette conduite indigne d'un ministre de Jésus-Christ, d'un successeur des apôtres, et d'un père commun, qui ne peut venir que d'un fond d'avarice qui n'est point pardonnable dans un pontife de la nouvelle Loi. Il leur défend de rien faire à l'avenir de semblable, et commande qu'au cas qu'ils contreviennent à ces ordres, le revenu des bénéfices vacants sera mis en séquestre pour être ensuite donné aux prêtres qui seront établis dans ces bénéfices. La quatrième est adressée à l'archevêque de Tours et à ses suffragants. Il leur recommande sur toute chose d'aimer et d'honorer les religieux de Marmoutier, tant pour l'amour de Dieu et pour le respect qu'ils doivent au prince des apôtres et à sa personne, qu'en considération de leur piété et de leur bonne observance ; que pour cet effet ils les prennent sous leur protection et les défendent contre leurs diocésains qui pourroient leur faire quelques vexations, les obligeant par les censures ecclésiastiques de restituer les biens qu'ils leur raviroient et de réparer les torts qu'ils leur feroient. La cinquième est adressée à l'abbé et aux religieux de Marmoutier. Après les avoir exhortés à ne rien faire qui blesse tant soit peu la haute réputation qu'ils s'étoient acquise par la sainteté de leur observance, il leur défend de promettre aucun des bénéfices à leur nomination avant la mort de ceux qui les possèdent, parce, dit-il, qu'on s'expose à rendre homicides ceux à qui l'on fait de semblables promesses, par le souhait qu'ils n'ont que trop souvent de la mort des titulaires. Et parce que cette pratique étoit alors fort en usage, il les exhorte à ne se point prévaloir du mauvais exemple des autres, parce que le péché des autres ne fait rien à leur justification; que lui-même s'est corrigé de cette faute, qu'autrefois il mandoit aux évêques de donner à certaines personnes le premier bénéfice qui viendroit à vaquer, mais qu'il ne leur en demandoit plus que lorsqu'il vaquoit effectivement. Ce qui fait voir le soin que le pape prenoit de tout ce qui les regardoit, mais surtout de ce qui touchoit leur perfection. Comme toutes ces bulles ne sont datées que du lieu et du mois auxquels elles ont été données, nous les avons rapportées tout de suite. Je reviens à présent à l'an 1162.

Gervais, seigneur de la Basoche, fonda cette même année une lampe dans le chapitre des saints Valère et Rufin devant l'image du crucifix, sur le tombeau de Guicher son fils qui étoit enterré dans le même lieu, laquelle devoit brûler toute la nuit des samedis et des principaux jours de fête jusqu'au point du jour. Il fit cette fondation du consentement d'Avilde son épouse, et de Gui, Nicolas, Gautier, Milon, S....., et Adelise ses enfants. La même année, Robert de Vaux-Cerre, *de Valle Serræ*, donna au même prieuré une maison qui joignoit la cour des religieux et un setier de blé de rente. Et en reconnoissance, on lui accorda de participer aux prières des religieux.

L'année suivante, Guillaume de Juvigné au diocèse d'Avranches, du consentement d'Aaliz son épouse, et de ses fils Philippe et Jourdain, donna aux religieux de Marmoutier qui desservoient le prieuré de Mortain, l'église de Juvigné avec tous ses revenus et dépendances et le droit de présentation. Il fit cette donation dans le chapitre de l'église d'Avranches par les mains de Godefroi, archidiacre de cette église, qui tenoit la place de l'évêque. Le titre de cette donation est daté du 4 novembre de l'an 1163, qui étoit l'onzième d'Henri II roi d'Angleterre, fils de l'impératrice; ce qui fait voir que ce prince commença à régner l'an 1152 et non pas 1154, comme disent quelques auteurs.

Thierry, évêque d'Amiens, confirma la même année aux religieux de Marmoutier qui desservoient le prieuré de Biencourt, l'église de Millencourt avec son personnat, le droit de présentation et les deux tiers de la troisième partie des dîmes ; ce qu'il fit en conséquence d'une sentence rendue par le pape Alexandre III en leur faveur contre Pierre, abbé de Saint-Riquier, qui les troubloit dans la possession où ils étoient, confirmée par saint Godefroi et Guérin, évêques d'Amiens. Il fit cette confirmation par ordre du pape. Il la signa de son nom et la scella de son sceau. Elle fut aussi signée par Raoul, doyen de l'église d'Amiens, Guérin et Thibaud ses archidiacres, Thibaud, abbé de Saint-Martin, Gautier, abbé de Saint-Acheul, Eustache, abbé de Saint-Jean, et par plusieurs chanoines d'Amiens.

Nous trouvons encore parmi les titres du prieuré de Chuine une charte de Robert, évêque de Chartres, de l'an 1163, qui marque qu'il a reçu par les mains de Raoul, grand-prieur de Marmoutier, une lettre admirable de l'abbé Robert, *litteras eminentes*, expression singulière, mais qui prouve mieux qu'on ne sauroit dire l'estime que ce prélat avoit pour notre abbé.

L'an 1163, il arriva une chose bien tragique dans l'abbaye de Saint-Mesmin, près d'Orléans. Un garçon assassina l'abbé par la connivence des moines. Cet attentat frappa de telle sorte le pape Alexandre et le roi Louis, qu'ils dispersèrent presque tous les religieux en différentes abbayes ; et pour rétablir le bon ordre en ce monastère, ils tirèrent un religieux de Marmoutier, qu'ils firent abbé de Saint-Mesmin. C'étoit, selon la liste de MM. de Sainte-Marthe, Gautier.

Nous avons parlé ailleurs du prieuré de Saint-Martin de Château-Joscelin, et nous avons remarqué qu'il avoit été fondé par le vicomte Joscelin, quelquefois appelé Josthon, d'autres fois Joscius. Ce seigneur, en mourant, avoit laissé aux religieux de l'argent et quelques meubles précieux pour en bâtir l'église. Mais après sa mort, ses frères, impatients de se voir privés de cette succession, voulurent troubler là-dessus les religieux de Marmoutier, qui pour les apaiser et éviter un procès avec des personnes si puissantes, aimèrent mieux leur rendre deux coupes d'or que le vicomte leur avoit données pour les aider à la construction de cette église; mais ce fut à condition qu'on ne les presseroit point de la bâtir, et qu'ils n'y feroient travailler qu'à leur commodité, condition que ces seigneurs acceptèrent avec plaisir. Depuis ce temps-là, l'église demeura imparfaite, et il ne paroît pas qu'on se soit mis beaucoup en peine de l'achever, jusqu'au temps de l'abbé Robert, qu'Eudes comte de Bretagne et neveu du vicomte Joscelin, souffrant avec impatience que les volontés de son oncle fussent si mal exécutées, en écrivit plus d'une fois à l'abbé Robert, et voyant qu'on ne se pressoit pas davantage pour cela, il s'offrit de contribuer de son côté à l'exécution de cette bonne œuvre, et lui promit aussi quelques secours de la part d'Alain, vicomte de Rohan, son cousin. Nous ne savons pas quelle réponse fit l'abbé Robert à cette proposition, mais il y a bien de l'apparence qu'il l'accepta.

Ce fut ensuite de cela qu'Eudes vint à Marmoutier, où il fut reçu par l'abbbé Robert avec tout l'honneur et le respect dûs à un si grand prince, et admis par tout le chapitre à la participation des bonnes œuvres des religieux. Là, se ressouvenant de la dévotion que ses ancêtres avoient eue de tout temps pour le prieuré de Saint-Martin de Château-Joscelin, voyant apaisés les troubles de Bretagne qui de son temps avoient causé la confusion partout, et désirant travailler sérieusement au salut de son âme, et procurer quelque soulagement à celles de ses parents, et pour cet effet voulant établir à Joscelin une communauté nombreuse, qui pût y garder la même régularité que dans l'abbaye même, il leur donna cent quarts de blé à prendre sur les dîmes que ses ancêtres lui avoient laissées par droit d'héritage, et la moitié du passage de Nennian et quelques vinages, le tout libre et exempt de tous droits ou coutumes. Il fit cette donation en présence de plusieurs seigneurs et personnes de qualité qui l'accompagnoient, et surtout de Roaldé, vicomte de Donges, d'Henri d'Arondelle, de Geoffroi de Montfort et de plusieurs autres. Et parce que l'abbé ne savoit pas en quel état étoit le prieuré de Joscelin, parce qu'il n'y étoit pas encore venu (ce qui fait voir la mortification et le détachement de Robert qui, étant breton, n'étoit point venu en son pays, qu'il lui étoit si facile de revoir en faisant la visite des prieurés de sa dépendance), Eudes le pria avec instance de vouloir bien prendre la peine de s'y transporter, afin de voir par lui-même si ce que son oncle Joscelin avoit donné pour la fondation du prieuré, et ce qu'il venoit d'y ajouter, pourroit suffire pour y entretenir une communauté régulière qui gardât les mêmes observances qui étoient en usage dans l'abbaye, et aussi afin qu'il vît la beauté du pays et comme il étoit propre et convenable à une communauté religieuse. Robert ne put refuser cela à un prince qui le prioit de si bonne grâce. Il partit donc et se rendit à Château-Joscelin, accompagné de Bernard évêque de Quimper, de Silvestre abbé de Redon, d'Hervé abbé de Villeloin, de Guillaume abbé de Saint-Gildas, de Gui abbé de Saint-Sauveur, et de plusieurs personnes de qualité, où le comte de Bretagne renouvela dans le chapitre de Joscelin la donation qu'il avoit faite dans celui de Marmoutier; et pour fournir aux cent quarts de blé, il leur assigna toutes les dîmes de Guiler, de telle sorte néanmoins que si ces dîmes ne rendoient point cent quarts de blé, il prétendoit que le surplus leur fût fourni de ses autres revenus; si au contraire elles excédoient ce nombre, le surplus fût encore pour les religieux. Alain de Rohan son cousin confirma ce que le pieux prince avoit fait, et à sa prière ajouta à cette donation la troisième partie du vinage de Vannes, dont il leur fit une donation en présence de plusieurs témoins. Et parce que l'abbé et les religieux disoient qu'avec tout cela ils ne pouvoient pas entretenir une communauté telle qu'il désiroit, à moins que la première donation ne subsistât dans toute son intégrité (ce qui fait voir qu'on avoit retiré une partie du revenu de la première fondation), Eudes confirma aux religieux tout ce que le vicomte Joscelin son oncle leur avoit donné en les fondant, et voulut que toutes ces donations fussent libres et exemptes de tous droits, impôts ou coutumes. L'acte qui en fut dressé est daté de l'an 1164. Hugues, seigneur d'Amboise, donna cette même année à Marmoutier quelques prés entre la Loire et Monteaux (1).

L'abbé Robert ne survécut à cela qu'un an. Il mourut l'an 1165, le 29 du mois d'août, après avoir gouverné dix ans entiers l'abbaye de Marmoutier, et commencé l'onzième de son administration. Il acheva la cuisine et le cloître de l'infirmerie, que son prédécesseur avoit laissés imparfaits. Il fut enterré dans le chapitre proche de l'abbé Garnier. C'est, comme nous croyons, de lui que le pape Alexandre III écrit au roi Louis, que l'abbé de Marmoutier, l'archevêque de Tours, et l'évêque d'Angers, lui avoient écrit en faveur de l'abbé de Bourgueil, supérieur très-religieux et craignant Dieu, contre le prieur de Châteaufort et ses adjoints, qui l'avoient malicieusement accusé de quelque faute considérable, et avoient été reconnus pour des imposteurs, excommuniés en punition de leur calomnie. Nous avons une lettre de lui qu'il écrivit aussi au roi pour le prier de ne point écouter ces méchants moines s'ils s'adressoient à lui, mais plutôt de protéger l'abbé de Bourgueil, dont l'innocence avoit été publiquement reconnue (2).

L'observance régulière se soutint dans toute sa vigueur à Marmoutier sous l'abbé Robert, et l'on y voyoit comme sous ses prédécesseurs des personnes de toute sorte de conditions et distinguées par leur naissance, qui y embrassoient la pénitence. Je ne sais si l'on ne pourroit pas mettre de ce nombre Raoul, prieur de Marmoutier, et s'il n'est pas le même que ce Raoul qui parle ainsi dans une charte : *In nomine S. Trinitatis, ego Rodulfus primum peccator clericus, posteà verò per*

---

(1) Bourg du Blésois, sur la Cisse, rive droite de la Loire, en face de Rilly. (C. Ch.)

(2) DUCHESNE, *Hister. Franc.*, t. IV, p. 687.

misericordiam Dei tradidi memetipsum in monasterio S. Martini, Majoris scilicet Monasterii, servire Deo sub regula S. Benedicti, cujus in monasterio mecum ea quæ in illo tempore possidebam dedi. In suburbio namque S. Venantii dedi areas cum mansionibus, etc. Il fut sept ou huit ans prieur de Marmoutier, et étoit apparemment mort l'an 1164, auquel nous trouvons un Étienne grand-prieur de Marmoutier en sa place.

Il faut aussi mettre de ce nombre Robert, seigneur de Vitré, qui sur la fin de ses jours se fit religieux sous l'abbé Robert, ou peu auparavant ; Guihomare, frère de l'évêque Even, Jacquelin de Daumeré, Guenmare son frère, et Aquin de Daumeré son fils, qui donna à Marmoutier les dîmes et les prémices de toutes les terres qu'il possédoit à Daumeré, et de deux moulins ; auxquels nous pourrions joindre Geoffroi de Marnai, qui en se faisant moine à Marmoutier y donna son cheval et sa cuirasse avec quelques terres à Bocé, *olcam terræ de cruce quæ est apud Bocheum.* Parmi les religieux de Marmoutier qui servirent de témoins à cette donation, je trouve un Gui de Courson, qui pourroit bien être cet illustre Gui, religieux de Marmoutier, que le pape Alexandre III employa en des négociations d'importance entre le pape et le roi Louis VII (1).

(1) *Concil.*, t. X, p. 1312.

CHAPITRE XXI.

DE ROBERT DE BLOIS, II° DU NOM,
XVI° ABBÉ DE MARMOUTIER.
(1165 — 1176)

Robert de Blois, second du nom, entra dans le gouvernement de l'abbaye de Marmoutier l'an 1165, un peu après la mort de Robert de Megueri, son prédécesseur. Notre Anonyme dit qu'il étoit un homme très-vénérable et bienfaisant à tout le monde, *vir valde venerabilis et gratiosus*. Lorsqu'il fut élu abbé, il trouva le prieuré de Cernai au diocèse de Poitiers dans un pitoyable état, chargé de dettes et ruiné dans les édifices. Ce fut sans doute ce qui le porta à le donner en commende à Guillaume, archidiacre de Poitiers, pour en jouir pendant sa vie, comme avoient fait tous les autres prieurs avant lui, se réservant seulement les revenus qu'on avoit coutume de payer tous les ans à l'abbaye de Marmoutier, et mettant cette condition qu'après la mort de l'archidiacre, ou s'il se faisoit religieux, ou s'il étoit promu à l'épiscopat, tous les bestiaux qui se trouveroient dans le prieuré, et toutes les améliorations ou acquisitions qu'il y auroit faites, y resteroient. Robert fit cela de son plein gré avec le consentement de sa communauté, et cela, dit le titre, dans la vue de Dieu. En reconnoissance de cette grâce, l'archidiacre de son côté s'engagea à entretenir toujours un religieux dans le prieuré, à en payer les dettes, à n'en point faire de nouvelles, à en réparer les édifices, en conserver les droits et les revenus, et à ne jamais souffrir que les rentes qui en revenoient à l'abbaye de Marmoutier, fussent aliénées. Autrefois les ecclésiastiques ne prenoient les prieurés en commende que pour les réparer et mettre en bon ordre; on diroit aujourd'hui qu'ils ne les prennent que pour les ruiner et en absorber, s'ils pouvoient, tous les revenus, que pour avoir de quoi entretenir leur luxe et enrichir leurs parents. Ceci arriva l'an 1166, dans le chapitre de l'abbaye de Marmoutier, dont le grand-prieur se nommoit Élie, en présence de Gilles, abbé de Noyers, et de quelques autres témoins.

Dans le même temps, l'abbé Robert confirma la donation de quelques maisons qu'avoit faite au prieuré de Rameru Faucon de Rameru, beau-frère de Pierre qui en étoit prieur, et père d'Étienne à qui on donne la qualité de doyen. Ces maisons étoient situées derrière le dortoir des religieux, et leur étoient fort nécessaires pour la défense de leur église. Faucon, qui étoit ami et bienfaiteur de Marmoutier, les leur donna à la prière de son beau-frère et de son fils, pour procurer par là quelque bien à son âme et à celles de ses parents. Et en reconnoissance on s'engagea de célébrer tous les ans dans le prieuré deux anniversaires, l'un le 25 de février pour le repos de l'âme de Bernard, père de Faucon, et de Petite, sa mère ; l'autre le 2 de mai pour Faucon et pour Ameline et Benceline. Le titre de cette confirmation est du premier mai de l'an 1166. Il est scellé du sceau du monastère, où saint Martin est représenté en habits pontificaux avec le pallium et sans mitre, avec cette inscription : *Sigillum S. Martini Majoris Monasterii*. L'abbé Robert y prend la qualité d'humble dispensateur de Marmoutier. Mais je ne sais si on lui donnera la qualité de fidèle dispensateur, pour avoir donné en commende les prieurés.

La même année, Henri, archevêque de Reims, et frère du roi Louis le Jeune, donna aux religieux de Marmoutier qui servoient Dieu dans le prieuré de Saint-Maurice, une terre libre à Aulnai, que Hugues du Plessis, Gérard et Milon ses frères, avoient remise entre ses mains pour la leur donner. Il fit cette donation à Reims, l'an 1166, indiction xiv, l'année 33 du règne de Louis le Jeune, et la cinquième de son épiscopat, en présence d'André, évêque d'Arras, de Philippe, abbé de l'Aumône, et d'Eudes, abbé de Saint-Denys de Reims.

Manassès, évêque d'Orléans, ne borna pas son estime et son affection pour les religieux de Marmoutier à la part qu'il eut à la fondation du prieuré de Bonne-Nouvelle; l'année 1166, il leur en donna un nouveau témoignage en leur accordant une prébende dans l'église collégiale de Saint-Pierre-Puellier d'Orléans, dans la vue de se procurer une récompense éternelle dans le Ciel, aussi bien qu'à Gilbert son père, à Eustache sa mère, et à Étienne de Garlande son oncle, dont les religieux de Bonne-Nouvelle lui promirent de faire tous les ans solennellement l'anniversaire. Ils lui promirent encore de donner tous les ans vingt sols à l'abbaye de Marmoutier pour la réfection des religieux qui célébreroient l'anniversaire d'Eustache sa mère. Ce qu'il y a de singulier dans cette donation, c'est que ce fut à la sollicitation du pape Alexandre III que l'évêque d'Orléans la fit, et que Sa Sainteté la confirma et fulmina anathème contre ceux qui la violeroient; en quoi l'on voit quelle étoit la bonté et la tendresse du souverain pontife pour les religieux de Marmoutier.

L'année suivante, qui étoit la 22e de l'épiscopat de l'évêque Manassès, ce prélat confirma la restitution de quelques biens qu'Hugues d'Orléans et Eudes son fils avoient possédés injustement dans le cloître de Bonne-Nouvelle et dans la Cour de Guimemare. Eudes les remit entre les mains de son évêque pour les donner à nos religieux avant que d'entreprendre son voyage de la Terre-Sainte.

Joscius, archevêque de Tours, confirma aussi l'an 1168 aux religieux de Marmoutier l'église de Talensbeac, qui leur avoit été donnée autrefois par Donoald, évêque de Saint-Malo, en présence de Geoffroi, d'heureuse mémoire, évêque de Chartres, et que Jean, aussi évêque de Saint-Malo, leur avoit de même accordée et confirmée. Cette même année, Foulques de Cande, seigneur de Chemillé, accorda aux religieux de Marmoutier qui desservoient le prieuré de Saint-Pierre de Chemillé une foire le jour de la fête de saint Clément pour le repos de l'âme de Marguerite son épouse, et des seigneurs de Chemillé ses prédécesseurs, tous enterrés dans cette église. Il porta cette donation sur l'autel de Saint-Étienne, accompagné de Geoffroi de Cande et de Pierre de Chemillé ses deux fils, et, en reconnoissance, le prieur Aimeri, qui la reçut, lui promit de faire tous les ans un anniversaire solennel le lendemain de Saint-Clément pour Marguerite son épouse, de nourrir ce jour-là trois pauvres pour le soulagement de son âme, et de donner aux religieux une bonne réfection de poissons, ce qui semble marquer que les religieux ne mangeoient pas tous les jours du poisson, et que leur réfection ordinaire n'étoit que de légumes ou d'œufs. Parmi les témoins de cette donation l'on met Geoffroi évêque d'Angers, et Christien abbé de Bellefontaine. Elle fut faite l'an 1168, Louis VII régnant en France, Henri II en Angleterre et en Anjou, sous le pontificat de Joscius, archevêque de Tours, et de Geffroy, évêque d'Angers.

Deux ans après, Gui de Châtillon donna aux religieux de Marmoutier qui servoient Dieu dans le prieuré de Notre-Dame de Châtillon, pour le repos de l'âme de son père et celles de ses ancêtres, tous les cens qu'il levoit à Châtillon, excepté 15 sols. Il leur donna encore 7 muids de vin de rente ; et afin que cette donation, depuis confirmée par le pape Alexandre III, fût plus authentique, il leur en fit expédier des lettres par Henri, comte de Troyes palatin, l'an 1170, Adelard étant prieur de Châtillon, lesquelles ont été imprimées par M. Duchesne, dans les preuves de son *Histoire de Châtillon*, page 27. C'est ce même Henri, comte de Troyes palatin, qui, l'an 1161, donna aux mêmes religieux huit arpents de ses terres de Châtillon, avec toute la justice et les revenus qu'il y possédoit, et le droit de couper dans la forêt de Vassy tous les bois dont ils auroient besoin pour leur usage.

Nous avons parlé ailleurs du prieuré de Saint-Georges de Bohon au diocèse de Coutances, qui originairement étoit une collégiale fondée pour quatre chanoines. Unfroi de Bohon, qui désiroit que Dieu y fût bien servi, y mit quatre religieux prêtres de Marmoutier. Mais Ingogeri de Bohon, l'un de ses descendants, qui ne désiroit pas seulement que Dieu y fût bien servi, mais qu'il le fût avec décence et quelque splendeur et par un bon nombre de religieux, y fit tant de bien et en augmenta le revenu de telle sorte, qu'il pourroit presque passer pour en être le fondateur. Je n'entreprends point de faire ici le détail de tout ce qu'il donna, pour ne pas ennuyer les lecteurs ; on pourra le voir dans les preuves de cette histoire. Il me suffit de dire que ce seigneur, qui avoit une grande foi, ne se proposa en cela que de procurer une récompense éternelle dans le Ciel à son âme et à celles d'Adélise son épouse, de Richard de Meri son père, et de tous ses ancêtres. Il demanda seulement que les religieux de Bohon célébrassent tous les jours une messe des défunts ou de la Vierge, ou du Saint-Esprit, pour Mathilde sa première femme, qui étoit enterrée dans leur église, et d'entretenir une lampe ardente sur son tombeau. Il fit sa donation en présence de Richard évêque de Coutances, et de Robert abbé de Marmoutier, qui confirma la donation de ce seigneur, et qui, en considération de ces bienfaits, voulut que le prieur de Bohon fût libre, et ne réserva que ce qu'il appelle *Bacon* et l'obéissance qu'il lui devoit et au chapitre de Marmoutier, et lui remit cent sols monnoie d'Anjou qu'il payoit tous les ans à son monastère. Richard évêque de Coutances confirma aussi la donation d'Engogeri, et afin qu'elle eût plus de force, il y apposa son sceau. Richard de Homets, connétable de Henri II, roi d'Angleterre, de qui ce seigneur dépendoit, confirma aussi avec le consentement de son fils Guillaume la donation qu'Engogeri avoit faite de l'église de Saint-Pierre de la Chapelle et de ses dépendances. Et en reconnoissance, on lui accorda et à son fils la participation aux bonnes œuvres des religieux tant dans l'abbaye que dans les prieurés. Henri, roi d'Angleterre, confirma aussi la donation entière d'Engogeri, et la transaction faite avec l'abbé Robert de Blois. Les lettres qu'il fit expédier pour cela sont datées de Chinon, et on y trouve pour témoins Rotrou archevêque de Rouen, Henri évêque de Bayeux, Frogère de Séez, T. archevêque de Cantorbery, Richard de Humet son connétable, Guillaume Mallet son maître d'hôtel et plusieurs autres. Tout ceci se passa avant l'an 1172, auquel Engerand de Chamrond, qui s'étoit opposé à la donation qu'Engogeri avoit faite de l'église de la Chapelle, qu'il prétendoit lui appartenir, renonça à ses prétentions en présence de Richard, évêque de Coutances, de Pierre, abbé d'Essay, de Guillaume, abbé de Saint-Lô, et d'un grand nombre de personnes distinguées, tant du clergé que de la noblesse. Les lettres que l'évêque fit dresser de ce désistement sont datées de l'an 1172, le VI des ides de mars, et données dans le chapitre de Coutances, sous le règne des deux Henri, rois d'Angleterre, le père et le fils, le père pacifiant l'Hibernie, et le fils étant en Normandie. Enfin après tant de bien qu'avoit fait à Marmoutier le bon Engogeri, il consacra encore à Dieu sa propre personne en s'y faisant religieux, ainsi que nous apprenons de deux bulles du pape Alexandre III.

Albert, évêque de Saint-Malo, étant venu la même année à Marmoutier, confirma le 26 de mai à l'abbé Robert et à ses religieux les églises de la Trinité et de Notre-Dame de Combour, avec le droit d'en nommer et présenter le chapelain à l'évêque. Il régla ce qui devoit revenir aux chapelains et ce que les moines devoient recevoir des émoluments de ces églises. Il permit aussi aux paroissiens de la Trinité de s'adresser au chapelain de Notre-Dame et de lui répondre et obéir comme au leur propre. Les lettres qu'il dressa de cette confirmation furent données à Marmoutier le VII des calendes de juin 1172, le roi Louis régnant en France, et Henri roi d'Angleterre commandant en Bretagne. Parmi les témoins, on y trouve le nom de Gui, abbé de Château-Joscelin. Nous avons d'autres lettres de l'évêque Albert, mais sans date, par lesquelles il témoigne que l'abbé Robert, à sa prière, avoit nommé chapelain de la Trinité et de Notre-Dame de Combour Rag. (peut-être Raginaldus) son neveu, et comme il n'étoit pas encore prêtre, et qu'il n'avoit pas assez de science, il ordonne que cependant il nommeroit un autre chapelain en sa place, approuvé par l'évêque et par le prieur de Combour, qui pourroit le faire ôter s'il se trouvoit faire quelque chose contraire aux droits des religieux.

L'année 1173, l'abbé Robert de Blois obtint du pape Alexandre III un ample privilége en faveur de son monastère, qu'il accorda d'autant plus volontiers que l'abbaye étoit immédiatement soumise au Saint-Siége. Le pape, par ce privilége, prend le monastère sous sa protection, ordonne que l'ordre monastique et la règle de saint Benoît y soient inviolablement gardés à perpétuité, confirme tous les biens accordés au monastère par la charité des évêques, la libéralité des princes et des rois, les offrandes et aumônes des fidèles, dont il nomme quelques-uns en particulier ; permet de recevoir également et les clercs et les laïques qui voudront embrasser l'état monastique, défend à tous les religieux profès du monastère de passer dans un autre sans permission et sans démissoire de son abbé et de la communauté, si ce n'est pour embrasser une vie plus austère. Il permet encore de donner dans leur église la sépulture à tous ceux qui voudront y être enterrés, pourvu qu'ils satisfassent à leur curé, leur accorde le droit d'élire eux-mêmes leurs abbés selon la règle de saint Benoît, enfin il menace d'excommunication tous ceux qui les troubleront dans leurs possessions, ou leur feront quelques vexations, et souhaite toute sorte de bénédictions à ceux qui les protégeront. Ce privilége, qui est signé par le pape et par trois cardinaux évêques, neuf cardinaux prêtres et cinq cardinaux diacres, est daté d'Anagni, le xv des calendes d'avril, indiction vii, l'an de l'Incarnation m c lxxiii, et le 15e du pontificat d'Alexandre. MM. de Sainte-Marthe, au *Gallia christiana*, disent que ce même pape accorda aussi à l'abbé Robert et à ses successeurs, abbés de Marmoutier, le droit de porter la mitre.

Nous n'avons point parlé jusqu'à présent de la fondation du prieuré de Notre-Dame de Maintenon au diocèse de Chartres, parce qu'on en ignore l'année ; cependant le titre original de la fondation, dont l'écriture est assurément du xiie siècle, ne nous permet pas de la reculer plus loin. L'abbaye de Marmoutier en est redevable à Mainier, seigneur, comme je crois, de Maintenon, qui avoit pour père Gérimond, fils d'Avesgot, lequel, conjointement avec Élisabeth, son épouse, du consentement d'Amauri et de Guillaume leurs fils, de Mathilde et d'Agnès leurs filles, et de Simon et d'Avesgot, frères de Mainier, donnèrent à Marmoutier l'église de Notre-Dame de Maintenon, située dans le château de Maintenon même, avec un lieu spacieux pour y bâtir des lieux réguliers et y faire des jardins et un verger, avec un fonds suffisant pour y entretenir un nombre de religieux. Ils n'eurent point d'autre vue dans cette fondation que d'obéir à l'Apôtre, qui ordonne à tous les fidèles de faire du bien aux domestiques de leur foi, que de faire un bon usage des richesses que Dieu leur avoit données, et de procurer quelque soulagement à leurs âmes et à celles de leurs ancêtres.

Ce fut environ le même temps que Bernion fut tiré de l'abbaye de Marmoutier pour conduire celle de Notre-Dame de Lonlai en Basse-Normandie (1). Les auteurs du *Monasticum Anglicanum* et le Père Arthur du Moutier, qui nous ont donné connoissance de cet abbé, ne nous apprennent rien de particulier de lui, sinon qu'il avoit été religieux de Marmoutier. Nous ne savons point non plus d'autres particularités de l'abbé Robert de Blois, sinon qu'il fit bâtir le logis et la chapelle de l'abbé, qui passoit pour une des plus belles et des plus claires de son temps. Il gouverna dix ans l'abbaye de Marmoutier et mourut dans l'onzième de son administration, c'est-à-dire l'an 1176. Il fut enterré dans le chapitre. L'Anonyme de Marmoutier dit que de son temps Regnaud, surnommé Mansel Pelliparvis, remit au monastère quinze mille sols qu'on lui devoit.

(1) *Neustria pia.*

CHAPITRE XXII.

DE PIERRE DE GASCOGNE, Ier DU NOM,
XVIIe ABBÉ DE MARMOUTIER.
(1176 — 1177)

Pierre, natif de Gascogne, gouverna si peu de temps l'abbaye de Marmoutier, qu'il n'en a pas eu assez pour nous fournir beaucoup de matière propre à faire son histoire et son éloge. Il ne paroît pas même qu'il eût eu aucune charge dans le monastère lorsqu'il fut élu abbé, et il y a bien de l'apparence que ce fut sa vertu seule plutôt que ses grands talents, qui l'éleva au-dessus de ses frères. Car on nous le représente comme un excellent religieux, doué d'une simplicité chrétienne, sans malice, exempt des finesses et des détours de la sagesse du siècle, de sorte qu'on avoit lieu d'attendre toute sorte de bénédictions sur le monastère sous la conduite d'un si bon abbé; mais Dieu l'enleva du monde deux jours avant qu'il pût finir la première année de son administration. Il mourut à Tavent l'an 1177. Son corps fut apporté de là sur la Loire dans son abbaye, où il fut enterré dans l'église devant l'autel du crucifix. Il eut pour grand-prieur Robert de Bonneval, qui avoit commencé un fort beau bâtiment entre le dortoir et l'infirmerie, mais il ne put l'achever parce qu'il mourut seize jours après son abbé. Ainsi le monastère se vit tout d'un coup privé de ses deux premières têtes.

Pierre ne laissa pas dans ce peu de temps d'obtenir du pape Alexandre III un privilége en faveur de son monastère, par lequel Sa Sainteté le prend sous sa protection, et confirme toutes ses possessions en général, et en particulier celles qui se trouvoient dans le diocèse du Mans, tant en prieurés qu'en autres églises, dont il fait le dénombrement jusqu'au nombre de 54, d'où l'on peut juger combien de prieurés et d'églises dépendoient alors de Marmoutier, puisque dans un seul diocèse il s'en trouvoit une si grande quantité.

Ce fut aussi sous l'abbé Pierre qu'Olivier, seigneur de Dinan en Bretagne, restitua à Marmoutier deux manoirs en Angleterre, dont ce seigneur s'étoit emparé par violence et peut-être sous la protection du roi. Il y avoit environ 55 ans que Geoffroi de Dinan, son père ou son aïeul, les avoit donnés à Marmoutier pour l'expiation de ses péchés. Le roi d'Angleterre avoit consenti à cette donation, et les papes l'avoient confirmée; mais comme il arrive assez souvent que les enfants détruisent par leur cupidité ce que la piété de leurs pères a édifié pour la gloire de Dieu, Olivier et quelques-uns de ses parents s'étoient emparés de ces manoirs, et en avoient joui pendant quelques années assez injustement; enfin Dieu le toucha et lui fit connoître l'énormité de son crime et, frappé de la crainte des jugements du juste Juge, il rentra en lui-même et fit résolution de les restituer et de les rendre pour pouvoir mettre une communauté un peu raisonnable dans le prieuré de Saint-Malo de Dinan. Et parce que l'église n'étoit point encore achevée et qu'il falloit réparer quelques lieux réguliers pour loger les religieux, il voulut que les revenus de ces manoirs fussent employés à la construction de l'église, qui dans trois ans devoit être achevée, et que cependant du revenu du prieuré l'on entretînt huit religieux, quatre prêtres à Dinan et lui cinquième, deux à Gigon et un à Saint-Pastène. Car l'abbé Pierre, pour l'obliger, soumit ces deux maisons au prieuré de Dinan. Quoique Olivier eût délibéré et exécuté cela en présence de plusieurs personnes, il ne s'en contenta pas ; il vint exprès à Marmoutier, et le propre jour de Noël il confirma dans le chapitre ce qu'il avoit déjà fait, à quoi il ajouta quelques autres donations, et, charmé de la régularité du lieu et des bontés que ces religieux lui témoignoient, il fit vœu de se donner entièrement à Dieu, et de passer le reste de sa vie ou à Marmoutier, ou au prieuré de Dinan, et même de s'y faire religieux, ce qui lui fut accordé, et en même temps l'on dressa deux lettres de ce qui s'étoit passé, l'une scellée de son sceau qui resta à Marmoutier, et l'autre du sceau de l'abbé qu'il emporta avec lui.

Ce fut encore dans le même temps qu'Ursion, seigneur de Fréteval, du consentement de Grise son épouse, et de ses fils Nivelon, Foucher, Philippe, Mathieu et Richer, engagea à Pierre, abbé de Marmoutier, et à Thomas, prieur de Chemart, et à ses religieux, ses eaux de Châteaudun, pour la somme de mille sols monnoie d'Anjou, à condition que les religieux jouiroient durant sept ans de la pêche de Châteaudun, sans que ni Ursion, ni ses héritiers pûssent les en priver, et qu'après sept ans ils en jouiroient encore jusqu'à ce qu'ils eussent été remboursés de leurs mille sols. Cet engagement se fit à Châteaudun l'an 1177, en présence du comte Thibaud et de Jean, évêque de Chartres, qui l'approuvèrent et le scellèrent tous deux de leur sceau.

CHAPITRE XXIII.

DU VÉNÉRABLE HERVÉ DE VILLEPREUX,
XVIIIᵉ ABBÉ DE MARMOUTIER.
(1177 — 1187)

Hervé, illustre par sa naissance, plus illustre par sa sainteté, sortit de la très-noble maison des seigneurs de Villepreux. Nous ignorons le nom de son père et de sa mère, mais nous savons très-sûrement qu'il eut un frère nommé Ébrard, seigneur de Villepreux, dont le fils appelé Ernaud, seigneur de Villepreux et de la Ferté, épousa Aaliz, nièce de Milon, archidiacre de Chartres, dont il eut trois fils, Ernaud, Guillaume et Hugues, et une fille nommée Julienne. On met encore entre ses neveux Jean de Méréville, dont il est fait mention dans une charte du prieuré du Puiset. Hervé comptoit aussi parmi ses parents deux illustres évêques, Nivelon de Pierrefont, évêque de Soissons, et Henri d'Orléans, fils de Robert comte de Dreux et d'Agnès de Brenne, et alliés du roi de France. Ainsi l'on ne pouvoit voir une noblesse et une grandeur mondaine mieux établie que l'étoit la sienne. Mais le mépris qu'il en fit pour embrasser l'abjection de la croix, le rendit infiniment plus grand aux yeux de Dieu.

L'abbaye de Marmoutier fut le lieu qu'il choisit pour lui faire un sacrifice parfait de tout ce que le siècle lui avoit donné. Il y entra dans sa plus tendre jeunesse, et il y éprouva combien il est doux et agréable de servir le Seigneur et de porter le joug de ce divin Sauveur dans son adolescence. Il ne retint de sa première condition qu'une grandeur d'âme qui lui fit mépriser tout ce que le monde estime, et embrasser avec joie tout ce qu'il rejette : l'abstinence, les jeûnes, les humiliations, les veilles, l'oraison et généralement toutes les pratiques d'une piété solide et capables de rendre un religieux parfait dans son état. Il se distingua de telle sorte par ses vertus, par ses manières honnêtes et engageantes, par sa prudence et sa discrétion, qu'on le jugea digne des premiers emplois de l'ordre. Il y a apparence qu'il est le même que cet Hervé, aumônier de Marmoutier, dont il est fait mention dans un titre du prieuré de Saint-Éloi d'Angers. L'Anonyme de Marmoutier dit qu'il exerça l'office d'hôtelier, et nous avons plusieurs preuves certaines et incontestables qu'il fut assez longtemps prieur de Saint-Martin-au-Val près de Chartres.

Il l'étoit l'an 1169 lorsqu'Ernaud, seigneur de la Ferté et de Villepreux, son neveu, du consentement d'Aaliz, son épouse, et de ses enfants Ernaud, Guillaume et Julienne, à la prière de son oncle Hervé, confirma aux religieux de Marmoutier qui desservoient le prieuré de Saint-Nicolas de Villepreux au diocèse de Paris, toutes les donations que ses ancêtres y avoient faites en des temps différents, dont il fait un si grand dénombrement qu'il nous donne lieu de croire qu'ils en ont été les fondateurs et les principaux bienfaiteurs. Il fit cette confirmation pour attirer la miséricorde de Dieu sur son père, sa mère, ses ayeux et ses successeurs. En reconnoissance, les religieux lui donnèrent charitablement vingt livres monnoie de Paris, et vingt sols à Aaliz son épouse, deux sols à Ernaud, son fils aîné, cinq sols à Alborée son épouse, deux sols à son fils Guillaume, et douze deniers à sa fille Julienne, ce qui fait voir que ces seigneurs ne donnoient point gratuitement leurs bienfaits, mais les vedoient assez chèrement.

Hervé ayant été élu abbé de Marmoutier l'an 1177, Ernaud son neveu l'y vint voir et y passa la fête de la Pentecôte. Il y fut reçu avec l'honneur et la charité que demandoient et sa qualité et son alliance avec le vénérable abbé. Il admira la sainte conversation des religieux, et fut charmé de leurs manières honnêtes. Mais ce qui le toucha davantage, fut la grâce qu'ils lui accordèrent de faire pour lui après sa mort les mêmes suffrages qu'ils faisoient pour les religieux décédés. En reconnoissance de cette faveur, il accorda aux religieux qui demeuroient au prieuré de Villepreux, dont il dit que ses ancêtres avoient été les fondateurs, le droit de tendre tous les jours trois nasses, *nansas*, dans son étang qui étoit proche du prieuré, et d'y avoir un petit bateau pour y tirer ces nasses. Cette donation est de l'an 1178.

Le 26 d'avril de la même année, l'abbé Hervé obtint un ample privilége du pape Alexandre III, par lequel le Saint-Père prend sous sa protection l'abbaye de Marmoutier à l'exemple des papes ses prédécesseurs, Urbain II, Paschal II, Calixte II et Eugène III, confirme toutes les donations qui lui avoient été faites et généralement toutes les possessions dont elle jouissoit, tant en prieurés, églises, dîmes et autres biens, mais particulièrement dans les diocèses de Chartres, de Soissons, de Troyes, de Reims, de Coutances, d'Oxford, de Lincoln, de Bordeaux, de Bazas, du Mans, de Paris, de Saint-Malo, de Poitiers ; lui permet de présenter aux évêques des prêtres pour desservir les paroisses qui lui appartenoient, lesquels répondroient aux évêques du soin des âmes, et aux religieux du temporel ; accorde aux religieux une entière liberté dans l'élection de l'abbé, mais défend en même temps aux abbés qui ont été tirés de Marmoutier pour gouverner d'autres monastères, d'y assister s'ils n'y sont appelés par le chapitre ; ordonne que celui qui sera élu, recevra la bénédiction épiscopale, ou du pape même ou de quelque autre évêque catholique que bon leur semblera ; qu'ils reçoivent le chrême, les saintes huiles, la consécration des autels et églises et les sacrés ordres des évêques ordinaires des lieux où se trouveront leurs monastères, pourvu qu'ils aient la communion du Saint-Siége et qu'ils les donnent sans simonie, autrement qu'ils pourront s'adresser à tout autre évêque ; défend aux archevêques et évêques de célébrer publiquement la messe dans leurs églises, d'y indiquer et faire des stations, d'obliger les moines d'assister aux processions et aux enterrements, ni de les excommunier, se réservant toutes leurs causes majeures ; permet aux religieux de célébrer les divins offices dans leurs églises, les portes fermées, dans les temps d'interdit, auxquels leurs domestiques et ceux qui se seront dévoués à leur service pourront assister, mais dont les paroissiens seront exclus ; déclare leur monastère libre de toute autre juridiction que de celle du pape ; enfin excommunie les laïcs qui voudront lever sur eux des dîmes, et généralement confirme tous les priviléges qui leur ont été accordés par les papes ses prédécesseurs.

L'année suivante, Roger, évêque de Laon, accorda au prieur de Roussi et aux obédientiers de Marmoutier qui desservoient ce prieuré, un privilége par lequel il confirme tous les biens qu'ils possédoient, surtout ceux qui leur avoient été donnés par ses prédécesseurs Elinand, Engerrand, Waudri et Hugues, et excommunie ceux qui les troubleront dans cette possession. Ce privilége donné à Laon, au monastère de Saint-Martin, le jour de Saint-Brice, l'an 1179, est scellé du sceau de l'évêque et signé par Hugues, abbé de Saint-Vincent, et plusieurs autres ecclésiastiques.

Nous ne pouvons reculer plus loin la fondation du prieuré de Saint-Gilles de Montigné au diocèse de Chartres, dont nous ignorons l'année, mais que nous croyons être arrivée dans les commencements du gouvernement de l'abbé Hervé. Il est certain qu'elle fut faite dans un temps que l'abbaye de Marmoutier avoit un Geoffroi pour prieur ; or nous ne trouvons point de prieur de ce nom avant l'abbé Hervé, qui eut trois prieurs dans les dix ans de son administration, Bernard, Geoffroi de Coursol et Guillaume. Eudes, seigneur de Montigné, et Agnès son épouse, en furent les fondateurs. Animés du désir d'augmenter le culte de Dieu et de lui faire satisfaction, tant pour leurs péchés que pour ceux de leurs ancêtres et de leurs successeurs, du consentement de leurs fils Raherius, Hugues et Eudes, et de leurs filles Eustache, Jacqueline, Hildearde et Gallienne, ils donnèrent aux religieux de Marmoutier un lieu proche du château de Montigné pour y bâtir une église et des lieux réguliers propres à loger les religieux que l'abbé de

Marmoutier y enverroit, avec un fonds suffisant pour les entretenir, dont il investit le prieur Geoffroi. Par la charte de fondation l'on n'obligeoit les religieux qu'à bâtir une église de bois, mais le bon Eudes et Agnès promirent d'en faire eux-mêmes bâtir une de pierre. Elle est signée par Eudes et Agnès, Raherius et Eudes. Après la mort des fondateurs, Raherius leur fils confirma cette fondation et en augmenta considérablement le revenu, comme nous apprenons de sa charte donnée à Montigné l'an 1184, en présence d'un grand nombre de témoins, et en particulier d'Herbert, abbé de Notre-Dame de Châteaudun.

La fondation du prieuré de Saint-Martin du Mans suivit d'assez près celle de Montigné. Nous en sommes redevables à la piété de l'évêque Guillaume, qui, voyant que les religieux de Marmoutier, qu'il nomme *des hommes parfaits et très-réguliers et qui pour la sainteté de leur vie lui étoient unis par les liens d'une très-sincère charité*, étoient obligés de venir souvent au Mans, et qu'ils n'y avoient point de maison où ils pussent loger, compatissant en cela à leur pauvreté, leur fit bâtir de ses deniers une chapelle en l'honneur de saint Martin dans un faubourg de la ville, dans la rue de la Bretonnerie, leur donna pour se bâtir quelques places qu'il avoit achetées, avec quelque fonds pour l'entretien des religieux, et leur permit d'acquérir tout ce qu'ils pourroient dans son fief. Il fit confirmer cette donation par le doyen, le chantre, et deux archidiacres de son Église, et en fit dresser des lettres qui furent scellées de son sceau. Quelque temps après, les religieux jetèrent les fondements de leurs édifices, et l'évêque ayant remarqué qu'ils étoient un peu à l'étroit, désirant qu'ils eussent toutes les commodités nécessaires pour continuer de vivre en bons religieux, il acquit une rue et un pré de Lambert, abbé, et du chapitre de Beaulieu, et la leur donna. Et parce qu'il vouloit qu'ils fussent au moins trois, il augmenta leur revenu. Enfin pour qu'ils ne fussent point inquiétés par ses successeurs, tout ce qu'il donna, il le donna libre et exempt de toute sujétion. Les lettres qu'il fit dresser de cette seconde donation sont datées de l'an 1180, et scellées de son sceau. Le pape Luce III, qui fût élu souverain pontife le 29 d'août 1181, confirma cette fondation par une bulle donnée à Anagni le second d'octobre.

Les Actes des évêques (1) nous apprennent que le bon évêque Guillaume employa de grandes sommes dans la fondation de ce prieuré, et ils disent que la seule chapelle coûta à bâtir plus de cent livres monnoie du Mans, somme fort considérable pour le temps. Ils ajoutent que l'évêque, ayant appris que l'abbaye de Marmoutier s'étoit considérablement endettée par les grandes œuvres de charité qu'elle faisoit continuellement, il lui donna une autre fois la valeur de 140 marcs d'argent. Ce qui fait voir combien nos pères étoient dégagés des biens de la terre, qu'ils donnoient avec profusion pour soulager la misère des pauvres, et comme Dieu a soin de ceux qui s'épuisent pour le revêtir dans ses membres.

Environ le temps dont nous parlons, une dame nommée Hermeniarde, épouse de Geoffroi d'Orléans, étant tombée dans une infirmité qui la mettoit hors d'état d'user du mariage, résolut de quitter entièrement le monde et de se faire religieuse à Marmoutier. Biliote sa mère, qui étoit veuve, conçut aussi le même dessein, mais parce qu'il s'agissoit de séparer la femme d'avec le mari, Guillaume évêque du Mans fut chargé de faire les inquisitions nécessaires là-dessus. Geoffroi lui mit entre les mains Hermeniarde son épouse, et Thomas sa mère Biliote. Il examina la volonté et la vocation de l'une et de l'autre, et ayant reconnu que Dieu les appeloit à la vie religieuse, il les confia aux religieux de Marmoutier, et elles achevèrent leur vie parmi eux dans le monastère de Saint-Nicolas, dans les exercices de la pénitence et dans les pratiques les plus saintes du cloître. Thomas, en reconnoissance de la grâce qu'on faisoit à sa mère et à sa sœur, donna deux arpents et demi de vignes au prieuré de Saint-Martin du Mans, et fit à sa mère une pension annuelle de 25 sols, laquelle

(1) *Analecta*, t. III, p. 370.

après la mort de Biliote devoit retourner à Hermeniarde pour en jouir durant sa vie.

Comme l'abbaye de Marmoutier avoit de grandes obligations à Guillaume, évêque du Mans, il n'y avoit rien qu'elle ne fît à sa considération ; aussi fut-ce à sa prière et à la recommandation du roi qu'elle donna en commende à Herbert de Villier le prieuré de Saint-Aubin près de Beaumont dans le Maine, pour en jouir durant sa vie, mais à condition qu'il en répareroit les édifices et remettroit la maison en meilleur état, qu'il en payeroit les dettes, qu'il y entretiendroit un religieux de Marmoutier, qu'il payeroit tous les ans cent sols à l'abbé, deux sols au sacristain pour avoir de l'encens, et douze deniers à l'*armaire* ou bibliothécaire pour avoir ou faire écrire des livres selon la coutume des autres prieurés dépendant de l'abbaye; qu'après sa mort tous ses meubles et tout ce qu'il auroit acquis resteroit au prieuré avec quelques terres qu'il y donna de son vivant et des vignes qu'il donna au prieuré de Vivoin. Ces conditions étoient si esssentielles à sa commende, que s'il négligeoit de les accomplir, on pouvoit lui ôter son prieuré. Ces sortes de prieurs commendataires étoient à proprement parler des personnes qui se donnoient à la religion avec une partie de leur bien, et qui souvent s'y engageoient en présence de l'évêque ; comme fit cet Herbert, lequel touché de la vie sainte des religieux de Marmoutier, vint dans leur chapitre, se donna lui et ses biens au monastère, promit s'il se faisoit religieux de ne le point faire ailleurs, et reçut en commende le prieuré de Saint-Aubin aux conditions que nous venons de rapporter, qui furent dressées par l'évêque Guillaume et scellées de son sceau. Nous ne savons pas si ces deux faits sont arrivés sous le gouvernement de l'abbé Hervé, ou devant ou après, mais nous avons cru les devoir rapporter ici à cause de la connexion qu'ils ont avec Guillaume évêque du Mans, qui fonda le prieuré de Saint-Martin du Mans vers l'an 1180.

L'année suivante, Ursion d'Humblières engagea sa terre d'Humblières à l'abbé Hervé et aux religieux de Marmoutier pour la somme de trente livres, en présence de Thibaud, comte de Blois et sénéchal de France, à condition que les religieux jouiroient de cette terre durant quinze ans, sans qu'elle pût être rachetée, et que, les quinze ans expirés, ils en jouiroient encore comme d'une aumône jusqu'à ce qu'elle fût rachetée avec la même somme. Cela se fit, comme nous avons dit, en présence et par l'autorité du comte, qui fit expédier des lettres de cette convention, lesquelles furent scellées de son sceau.

Nous ne devons pas omettre ici la transaction que Maurice, évêque de Paris, fit cette même année 1181, qui étoit la 21ᵉ de son épiscopat, entre le prieur de Saint-Ouen de Gisors, et Romain prêtre de Saint-Gervais, parce qu'elle contient un point de discipline qui mérite d'être remarqué. Le pape Alexandre III l'avoit nommé pour juger de leurs différends; mais après avoir contesté assez longtemps, ils aimèrent mieux transiger devant l'évêque, et, du consentement de l'abbé et du chapitre de Marmoutier, le prieur accorda au prêtre Romain quelques terres et quelques prés, et lui permit de célébrer deux messes sous un seul canon, et lui accorda encore dix sols de rente durant sa vie. Et Romain céda au prieur les dîmes de trois champs, la moitié des cierges qu'on offroit les samedis à vêpres, et consentit qu'il assistât avec lui lorsqu'il donneroit l'extrême-onction aux malades, et qu'il partageât les émoluments qui lui en reviendroient. Nous avons parlé au premier livre de nos *Rits ecclésiastiques* des messes qu'on disoit autrefois sous un seul canon, et nous y avons même rapporté cet exemple. Le prêtre qui en devoit dire plusieurs sous un seul canon, en commençoit une par l'introït et la continuoit jusqu'à l'offertoire ; pour lors il en commençoit une seconde qu'il poursuivoit aussi jusqu'à l'offertoire, et ainsi une troisième et une quatrième, lesquelles il terminoit toutes par un seul canon. Pierre le Chantre, chanoine de l'église de Paris, écrivit contre cette pratique, que l'Église a entièrement abandonnée.

Ce fut peut-être ensuite de cette transaction que Jean de

Gisors, de l'avis de ses amis, transféra aux religieux de Marmoutier qui desservoient le prieuré de Saint-Ouen tout le droit qu'il avoit dans l'église de Saint-Gervais et dans la présentation du prêtre, et que ses ancêtres y avoient eu, et afin que ses successeurs ne les troublâssent point à l'avenir là-dessus, il le remit entre les mains de Rotrou, archevêque de Rouen, qui à sa prière les en investit en présence de plusieurs témoins, l'an 1184.

Dans le temps dont nous parlons, il s'éleva un différend bien plus grand entre les religieux de Saint-Magloire de Lehon et ceux de Saint-Magloire de Paris. Le monastère de Lehon dans son origine avoit été une abbaye assez considérable, qui étoit encore gouvernée dans le IX° siècle par l'abbé Juvenus, lorsque les Normands, ayant inondé la Bretagne, obligèrent les religieux à se réfugier dans Paris avec le corps de saint Magloire et la plupart des saints de Bretagne. Ces barbares s'étant retirés, les religieux revinrent à Lehon, mais le corps de saint Magloire resta dans l'église de Saint-Barthélemy, qui depuis ce temps-là porta le nom de ce saint apôtre et de saint Magloire; et nos rois de France y firent bâtir une célèbre abbaye, à laquelle le monastère de Lehon devint soumis, et ne porta plus que le titre de prieuré. Les choses demeurèrent en cet état jusqu'à ce que Durand, ayant été élu prieur de Lehon, voulut prendre le titre d'abbé, et engagea ses religieux, pour satisfaire sa vanité et son ambition, à se soustraire de la juridiction de l'abbaye de Saint-Magloire de Paris. Élie, qui en étoit abbé, crut qu'il étoit de son devoir de défendre les droits de son monastère. L'affaire fut portée devant le pape, qui nomma des juges pour terminer ce différend par les voies de la justice : Barthélemy archevêque de Tours, Hugues abbé de Saint-Germain-des-Prés, et Étienne abbé de Saint-Pierre de Chartres. On plaida longtemps devant eux, et les parties n'épargnèrent ni travaux ni dépenses ; mais comme elles se consumoient en frais, et que ces deux maisons étoient réduites à la dernière pauvreté, pour empêcher qu'elles ne se ruinâssent entièrement, on trouva un expédient qui leur réussit parfaitement. Ce fut de soumettre le monastère de Lehon à l'abbaye de Marmoutier. Ceux qui proposèrent cet expédient n'eurent pas seulement en vue d'empêcher la ruine totale de ces deux maisons, mais encore de procurer une bonne réforme au monastère de Lehon, dont les religieux étoient tombés dans un si grand relâche, qu'on ne croyoit pas pouvoir les ramener à leur devoir que par le moyen des religieux de Marmoutier, qui près de cent ans auparavant avoient réformé Saint-Magloire de Paris. La passion qui animoit les deux parties les fit aisément consentir à cela : Durand et ses religieux, qui voyoient bien qu'ils ne pouvoient soutenir le titre d'abbé qu'ils s'étoient témérairement donné, et que l'affaire ne pouvoit se terminer qu'à leur confusion ; et Élie et la communauté de Saint-Magloire, qui ne vouloient point donner à leurs adversaires le plaisir de leur refuser la soumission qu'ils leur devoient. Mais comme les religieux de Marmoutier ne vouloient pas qu'on les inquiétât à l'avenir sur cette translation, ils cédèrent volontairement à l'abbaye de Saint-Magloire trois prieurés aux environs de Paris, qui furent les prieurés de Versailles, de Chaumont et de Chalifer, qu'ils lui donnèrent en échange pour ceux de Lehon et de Bailleul, tempérament qui fut approuvé de tout le monde et accepté par les parties. Nous avons encore les lettres de l'abbé Élie et de sa communauté de Saint-Magloire de Paris, par lesquelles ils cèdent à perpétuité Lehon et Bailleul à l'abbaye de Marmoutier, renoncent à la juridiction et à tous les droits qu'ils avoient eu jusqu'alors sur ces deux maisons, et les transfèrent entièrement à l'abbé et aux religieux de Marmoutier, reconnoissant qu'ils ont reçu en échange les prieurés de Versailles, de Chaumont et de Chalifer, absolvent Durand et ses confrères de l'obéissance qu'ils avoient promise à l'abbé et au chapitre de Saint-Magloire, et les soumettent à l'avenir à la conduite des abbés de Marmoutier. Cette lettre est accompagnée d'une autre qu'Élie écrivit à Albert, évêque de Saint-Malo, dans le diocèse duquel est situé le prieuré de Lehon, et à Rolland de Dinant, seigneur temporel du lieu, par laquelle il les avertit de l'échange qu'il a fait avec les religieux de Marmoutier, et les prie d'y donner leur consentement. Ce consentement étoit nécessaire pour l'affermissement de cet échange, mais on ne s'en contenta point, on voulut encore avoir celui des trois juges délégués par le pape, c'est-à-dire de l'archevêque de Tours, et des abbés de Saint-Germain-des-Prés et de Saint-Pierre de Chartres. On demanda encore celui du pape Luce III, celui des rois de France et d'Angleterre, et celui du duc de Bretagne, qui le donnèrent en des termes qui font voir l'estime qu'ils avoient de l'abbé et des religieux de Marmoutier : surtout le duc Geoffroi, qui nous assure qu'en donnant le sien aux Ponts-de-Cé l'an 1181, il donna en même temps le baiser de paix à l'abbé et au prieur de Marmoutier.

Comme le prieur Durand n'avoit rien omis pour contenter sa vanité et parvenir à ses fins, il n'épargna point les dépenses et employa toute sorte de moyens pour se procurer des amis et de l'appui. Ce fut dans cette vue qu'il promit les bénéfices dépendant de son monastère à ceux qui le favorisoient avant qu'ils fussent vacants, et qu'il s'engagea même par écrit à les leur donner, pratique que le pape Alexandre III avoit expressément défendue dans un concile. Luce III son successeur condamna la conduite de ce méchant prieur, et défendit aux religieux de Lehon de mettre en exécution ses promesses.

Le désordre des religieux et les frais qu'il fallut faire pour soutenir le procès avoient mis ce pauvre monastère en un état qui le rendoit digne de compassion, la plupart des biens ayant été aliénés mal à propos, ou volés et pillés, ou frauduleusement soustraits. Pour réparer cette faute, Geoffroi, duc de Bretagne, adressa des lettres à son sénéchal de Bretagne, à tous ses prévôts et baillifs, par lesquelles il leur ordonnoit de faire restituer tous les biens de Lehon injustement aliénés, enlevés par violence et soustraits par fraude, de défendre les religieux de Lehon contre tous leurs adversaires, et de les regarder comme des personnes qu'il considéroit et qu'il avoit prises sous sa protection.

On peut juger de là combien cet échange fut avantageux aux religieux de Saint-Magloire, puisque pour un bien ruiné, accablé de charges et éloigné, on leur donna trois prieurés à leur bienséance, en bon état, libres et exempts de dettes. On voit encore par là quel étoit le détachement de nos pères, qui cédoient sans peine les fruits de leurs travaux, lorsqu'il s'agissoit de procurer la gloire de Dieu et de rétablir la régularité dans les lieux où elle étoit déchue ; mais plus ils étoient prompts à se dépouiller de leurs biens, plus la divine Providence veilloit à leur besoin.

Thibaud, comte de Blois et sénéchal de France, leur donna l'an 1182 dix livres de rente à prendre sur ses moulins de Blois, somme considérable en ce temps-là, afin de prier Dieu pour le repos des âmes de son père et de sa mère, et faire son anniversaire après sa mort. Ce Thibaud fut le dernier sénéchal de France, et pour sa grande piété il mérita le surnom de *Bon*. Il fit cette fondation du consentement d'Adelise son épouse, et de ses enfants Thibaud, Louis, Henri, Marguerite et Isabelle. La même année, qui étoit la 23e de l'épiscopat de Maurice, évêque de Paris, ce prélat donna aux religieux de Marmoutier qui desservoient le prieuré de Saint-Nicolas de Villepreux, toutes les dîmes de la vallée d'Aulnai, *in valle de Alneto*, que Pierre, seigneur de Saint-Cloud, *miles de S. Clodoaldo*, et son épouse Guineburge lui avoient remises entre les mains pour les leur donner. Le pape Luce III confirma cette donation par une bulle donnée à Vérone le XIII des calendes de novembre.

L'année suivante, le même prélat termina le différend qu'il avoit avec les religieux de Marmoutier au sujet de l'église de Saint-Nonnus à laquelle il avoit nommé, et dont les religieux prétendoient que la présentation leur appartenoit. L'affaire avoit été portée devant le Saint-Siège ; mais depuis, ayant examiné les raisons de ses parties, et fait réflexion sur leur bonne observance et sur la haute réputation qu'ils s'étoient acquise, il renonça à ses droits et obligea le prêtre qu'il avoit établi dans cette église sans la participation des religieux, de se démettre de son bénéfice; après quoi les religieux le présentèrent eux-mêmes à l'archidiacre et à l'évêque, qui l'y rétablit l'an 1183, la 23ᵉ année de son épiscopat n'étant pas encore accomplie. Ce qui fut ensuite confirmé par le pape Luce III par une bulle donnée à Vérone le xiv des calendes de novembre.

La même année, Lancelin de Beaugency accorda aux religieux de Marmoutier qui résidoient tant dans l'abbaye que dans le prieuré de Bonne-Nouvelle d'Orléans, un droit de transport tant par terre que par eau, et cela pour le repos de l'âme de son père Raoul, de sa mère Mathilde et de son frère Simon.

La même année aussi, qui étoit la quatrième du règne de Philippe-Auguste, ce prince accorda un privilége au même prieuré de Bonne-Nouvelle, par lequel il le prend sous sa protection et lui donne certains droits. Ses lettres sont datées de Fontainebleau, l'an 1183, et signées par le comte Thibaud son maître d'hôtel, Gui son bouteiller, Mathieu son chambrier, Raoul son connétable, et Hugues son chancelier.

Comme la charité des religieux étoit grande, et qu'ils donnoient avec profusion aux indigents, Dieu pourvoyoit avec abondance à toutes leurs nécessités, inspirant aux grands de leur faire des aumônes. Nous en avons encore un exemple dans Bouchard, seigneur de l'Isle-Bouchard, qui étant tombé grièvement malade, et se trouvant dans une telle extrémité qu'il n'espéroit plus de salut qu'en l'intercession de la Vierge et aux prières des religieux de Marmoutier, il fit venir en sa maison David, prieur de Tavent, et afin de l'engager plus efficacement à prier Dieu pour lui, lui donna les dîmes des poissons de ses écluses de l'Isle-Bouchard, et lui demanda d'être enterré dans son église; ce que le prieur lui accorda, et promit même de faire son anniversaire tous les ans. Ceci arriva l'an 1184.

Dans le même temps, l'abbé Hervé obtint du pape Luce III un ample privilége pour son monastère, donné à Vérone l'an 1184, le quatrième de son pontificat, par lequel Sa Sainteté confirme tous les droits et priviléges que ses prédécesseurs Urbain, Paschal et Calixte II, Eugène et Alexandre III, lui avoient accordés. Nous avons plusieurs autres bulles du même pape adressées à l'abbé Hervé. Dans une, il lui déclare qu'il a appris qu'on l'obligeoit souvent lui et ses frères par de fréquentes et pressantes importunités à promettre des bénéfices dépendant de son monastère, non vacants, ce qui étoit contre les décisions du concile de Latran, et causoit souvent de grands préjudices à son abbaye, parce qu'il ne pouvoit pas satisfaire à tous ceux qui lui en demandoient. Pour retrancher cet abus, il lui défend de faire à l'avenir de semblables promesses, et déclare nulles toutes celles qui avoient été faites depuis le concile de Latran. Cette bulle est donnée à Vérone le v des ides de novembre.

Dans une autre bulle donnée aussi à Vérone le II des ides de novembre, il lui dit qu'il a appris qu'on leur fait souvent des violences pour les engager et les obliger à donner à des clercs séculiers et même à des laïques les prieurés qui jusqu'alors avoient été desservis par des religieux, et comme cela tendoit au renversement de l'ordre établi, il lui ordonne de s'en tenir à l'ancienne pratique de son monastère en faisant desservir les prieurés par des moines, et lui défend d'en donner aucun à des séculiers. Les deux abbés ses prédécesseurs avoient commencé d'en donner quelques-uns en commende à des séculiers qui s'engageoient à en rebâtir les édifices ruinés, à en payer les dettes, y laisser tout ce qu'ils auroient acquis, et qui souvent même se donnoient eux-mêmes au monastère. Hervé avoit suivi leurs traces; mais quelque bonne que fût leur intention en cela, ils n'eurent pas plus tôt ouvert la porte aux commendes, qu'ils se virent accablés de monde qui leur en demandoient; les évêques, les princes et les rois même les postuloient pour leurs créatures, et ce fut pour s'opposer au torrent que le pape fit cette défense, qui n'eut pas toutefois son entier effet; car je trouve qu'en 1186 l'abbé Hervé donna encore en commende le prieuré de Ver à deux frères ecclésiastiques, mais à condition qu'ils en payeroient les dettes, qu'ils répareroient les édifices, qu'ils y entretiendroient un religieux, qu'ils y recevroient les hôtes qui viendroient de Marmoutier, qu'ils payeroient tous les ans soixante sols à l'abbé, deux sols au sacristain, et douze deniers au bibliothécaire, et qu'après leur mort la moitié de leurs meubles resteroit au prieuré. Comme cette commende pouvoit être avantageuse au prieuré, il faut croire que l'abbé Hervé ne crut point aller contre les intentions du pape, qui ne les défendoit que comme des choses pernicieuses à l'ordre monastique, et établi dans toutes les maisons de Marmoutier. Avant ce temps-là, Hervé avoit donné en commende le prieuré d'Infindic à Étienne, frère d'Albert, évêque de Saint-Malo. Il le lui accorda à la considération de ce prélat, qui croyoit avoir rendu service à Marmoutier en consentant à l'échange du prieuré de Lehon et en le confirmant à l'abbaye avec toutes ses dépendances.

En ce temps-là, les religieux possédoient plusieurs églises dans lesquelles ils mettoient des chapelains ou vicaires, qu'ils présentoient à l'évêque dont ils recevoient le soin des âmes. Ces chapelains, une fois établis dans un bénéfice, faisoient assez souvent de la peine à ceux auxquels ils étoient redevables de ce qu'ils avoient. Pour apporter remède à ce désordre, Geoffroi, évêque de Saint-Brieuc, permit à l'abbé Hervé de mettre dans les églises de son diocèse qui dépendoient de son monastère, des chapelains amovibles à sa volonté, afin qu'étant dans la crainte d'être changés, ils demeurâssent toujours dans le respect et la soumission.

Nous avons vu sous l'abbé Garnier de quelle manière l'église de Bonne-Nouvelle d'Orléans avoit été donnée à l'abbaye de Marmoutier. Jamais donation ne s'étoit faite plus canoniquement. Simon de Baugency, qui en étoit le patron, l'avoit remise entre les mains de l'évêque Manassès, qui en avoit investi les religieux de Marmoutier du consentement de son chapitre. Le roi Louis le Jeune et le pape Eugène III avoient confirmé cet établissement. On avoit pris solennellement possession de l'église, on en avoit toujours joui paisiblement depuis ce temps-là, lorsqu'il plut aux chanoines de Sainte-Croix d'Orléans de troubler cette possession, et de vouloir priver l'abbaye de Marmoutier d'un bien si légitimement acquis. Ils s'adressèrent d'abord au Saint-Siége, qui les renvoya à l'évêque de Paris et à l'abbé de Sainte-Geneviève ; mais les religieux de Marmoutier, sans s'arrêter à ces juges qui peut-être étoient gagnés, présentèrent au pape une copie de leurs titres, qui furent trouvés si authentiques et si décisifs par Sa Sainteté, qu'elle ne crut pas qu'il en fallût davantage pour donner gain de cause aux religieux. Il ne s'agissoit plus que de savoir si ces copies étoient fidèles et conformes aux originaux. Le pape récrivit à Nivelon, évêque de Soissons, et à Simon, évêque de Meaux, de voir s'ils étoient tels, et, si ces copies se rapportoient parfaitement aux titres primordiaux, qu'ils imposâssent silence aux chanoines. Les évêques exécutèrent les ordres du pape. Ils citèrent les religieux et les chanoines pour comparoître devant eux à la Ferté-Milon. Hervé s'y transporta avec ses titres ; les chanoines, qui n'avoient aucune bonne raison, n'osèrent se présenter ni en personne, ni par procureur. On leur imposa silence, et l'affaire fut entièrement terminée, l'an 1185.

La même année, un comte d'Espagne nommé Pierre, et Marguerite son épouse, donnèrent à l'abbé Hervé et aux religieux de Marmoutier la moitié de tous les biens qu'ils possédoient à Yes, *villæ illius quæ vocatur Yes*, qui peut-être étoit le lieu de leur comté, tant en terres, vignes, prés, pâturages, dîmes, moulins, etc., et souhaitèrent anathème et le sort de Judas à tous ceux qui raviroient ce bien à Marmoutier. La charte de cette donation est de l'ère 1223, qui revient à l'an 1185, le III des ides de janvier, sous le règne d'Alphonse, roi de Tolède et de Castille.

On peut juger par cet endroit quelle étoit la réputation des religieux de Marmoutier, qui avoit pénétré jusque dans le fond de l'Espagne. Hervé attribua ce bien au prieuré de Soudari, autrement appelé Bonne-Fontaine, au diocèse de Bazas, dont nous n'avons point parlé jusqu'à présent, parce que nous n'avons point la fondation ; mais nous apprenons d'une charte de Geoffroi, évêque de Bazas, qu'il doit son origine à un seigneur nommé Ammenesis et à son fils Doade, qui le fondèrent vers l'an 1118, et firent confirmer leur fondation par Bertrand, évêque de Bazas. Dix ans après, l'évêque Geoffroi y donna trois églises de son diocèse, qui sont les églises des Coutures, de Videliac et de Goth, avec le droit d'y établir des chapelains et de les destituer, quand bon sembleroit aux religieux. La charte de cet évêque est de l'an 1128, indiction septième.

Je reviens à l'an 1185, qui fut celui que Geoffroi, seigneur de Châteauceaux, neveu de Robert Crespin, dont la maison en ce temps-là étoit si illustre, du consentement de Marguerite sa femme et de ses enfants, donna aux religieux de Marmoutier qui desservoient dans le prieuré de Saint-Jean de Châteauceaux tous les droits de péage du Fail et quelques autres biens, dont il les investit avec un missel qu'il porta sur l'autel. Il fit cette donation pour procurer par cette aumône quelque soulagement à l'âme de son oncle Robert Crespin, et à celles de son père et de ses ancêtres, et aussi pour attirer sur lui les grâces et les bénédictions du Ciel. Amauri de Peston, aussi neveu de Robert Crespin, leur donna aussi ses dîmes du moulin et de la pêche de son étang de Rive-Profonde, *de Rivo profundo*, et Geoffroi de Briheri un setier de froment à prendre tous les ans sur une de ses métairies. En considération de ces aumônes, les religieux promirent d'ajouter dans le prieuré de Châteauceaux un religieux au nombre ordinaire, et de dire tous les jours une messe devant l'autel du crucifix pour le repos des âmes de ces bienfaiteurs. Le siége de Nantes étoit alors vacant par la mort de l'évêque Robert; Maurice, qui lui succéda, confirma quelques années après ces donations, et y ajouta celle de la chapelle de Saint-Pierre de Châteauceaux, qu'il voulut être desservie à l'avenir par des religieux de Marmoutier.

Environ ce temps-là, Guihenoc, seigneur d'Ancenis, se disposant à entreprendre le voyage de Jérusalem, ne voulut point se mettre en chemin qu'il ne fût venu auparavant à Marmoutier, où il fut reçu par l'abbé Hervé avec la charité ordinaire à ce saint abbé et à ses religieux. Il demanda d'être admis à la participation de leurs prières et bonnes œuvres, et cette grâce lui fut accordée, en reconnoissance de laquelle il confirma un droit de transport sur la rivière de Loire accordé à Marmoutier par ses ancêtres.

Le pape Luce III étant décédé le 25 novembre de l'an 1185, Urbain III, qui lui succéda, et qui ne fut pape qu'un an dix mois et 25 jours, donna plusieurs bulles en faveur de l'abbaye de Marmoutier. La première, datée à Vérone le v des ides d'avril, s'adresse à l'abbé et à ses frères, par laquelle il déclare que le pape Alexandre III ayant voulu mettre quelques bornes au luxe des évêques, avoit réglé le nombre des chevaux qu'ils devoient avoir lorsqu'ils visitoient quelque église, pour ne pas être à charge à ceux qui les desservoient ; qu'il prétend que cette ordonnance soit observée fidèlement, et qu'au cas que quelque évêque ou archevêque excède le nombre déterminé au concile de Latran en visitant quelques-unes de leurs églises, il leur permet de ne les point recevoir, et déclare nulles toutes les censures qu'ils pourront fulminer contre eux pour ce refus.

Dans une autre bulle donnée à Vérone le jour des ides de juin, il leur permet de recevoir et de posséder les dîmes que les laïques leur auront remises.

La troisième est adressée aux archevêques et évêques dans les diocèses desquels l'abbaye de Marmoutier avoit des prieurés. Il leur dit qu'ayant appris que plusieurs religieux qui décédoient dans ces maisons n'y pouvoient recevoir la sépulture faute de cimetière, ce qui causoit un très-grand embarras à cause du transport des cadavres qu'il falloit apporter de loin au monastère ; que pour ce sujet il leur a permis d'avoir en chaque maison un cimetière, qu'il leur ordonne de bénir.

Le même Urbain III délégua Thibaut, élu évêque de Quimper, et Jean, archiprêtre de l'Église de Tours, pour prendre connoissance du différend qui étoit entre Pierre, élu évêque de Saint-Malo, et l'abbé et les religieux de Marmoutier, au sujet des procurations (1) que ce nouvel évêque vouloit avoir sur les prieurés de son diocèse, et de quelques autres prétentions qu'il avoit. Albert son prédécesseur avoit traité avec eux pour ces procurations, lorsqu'il confirma l'échange fait avec les religieux de Saint-Magloire de Paris ; mais à peine ce prélat fut mort, que son successeur les entreprit. Plusieurs personnes de mérite s'entremirent pour les réunir, et entr'autres les évêques de Rennes, de Nantes et de Vannes, et les abbés de Saint-Melaine, de Redon, de Saint-Pierre de Chartres et de Saint-Jacques de Montfort. Hervé, qui étoit un homme pacifique, n'eut pas de peine à y donner son consentement. Il aima même mieux relâcher quelque chose de son droit que de plaider. Il consentit donc à donner tous les ans une procuration à l'évêque dans le prieuré de Lehon, et de l'y recevoir processionnellement après son sacre, et enfin renonça à tous ses droits sur l'église cathédrale de Saint-Malo, dont son monastère avoit joui durant tant d'années, et qui lui avoit été ôtée contre toute sorte de justice. Et l'évêque ratifia la transaction qu'Hervé avoit faite avec Albert son prédécesseur, par laquelle cet évêque reconnoît que les évêques de Saint-Malo n'ont aucune juridiction sur les religieux de Lehon ; que dans les temps d'interdits ils peuvent célébrer dans leur église les portes fermées les divins offices, et jouir de tous les priviléges que les papes leur ont accordés. Il confirme ensuite au monastère de Marmoutier le prieuré de Lehon et toutes ses dépendances, tous les autres prieurés de l'abbaye situés dans son diocèse, et généralement tout ce qu'il y possédoit. Il y a encore d'autres articles de cette transaction que nous omettons pour ne pas être si ennuyeux aux lecteurs. On la commença à Vitré, mais elle fut conclue et entièrement terminée à Tours l'an 1187, qui fut le dernier du gouvernement de l'abbé Hervé.

(1) C'étoit le droit de gîte. (C. Ch.)

Hervé fut un modèle accompli des bons abbés, sévère à lui-même et indulgent envers ses frères. Ennemi des distinctions, il ne voulut jamais qu'on le traitât mieux que ses frères ; le même pain qu'on lui servoit étoit celui qu'ils mangeoient ; le vin qu'il buvoit n'étoit point meilleur que celui des autres ; et s'il y avoit quelque différence entre ses repas et ceux de ses religieux, c'est qu'il jeûnoit plus sévèrement qu'eux, qu'il se mortifioit et se privoit de beaucoup de choses qu'il leur accordoit. Il entretint toujours dans l'abbaye une communauté nombreuse, qu'il gouverna avec la tendresse d'un bon père, plein de charité envers les bons, exact à punir les fautes des coupables, et mêlant toujours la douceur avec la sévérité. A l'exemple de l'Apôtre, il se faisoit tout à tous pour les gagner tous à Jésus-Christ ; prenant pour règle de sa conduite la discrétion, il donnoit à chacun ce qui lui convenoit.

Il soutint par sa vigilance la bonne observance que ses prédécesseurs avoient établie depuis deux cents ans dans le monastère ; et s'il s'y glissa quelques abus, il eut soin de les retrancher. La haute réputation que l'abbaye de Marmoutier s'étoit acquise, ne souffrit aucun déchet sous son gouvernement ; au contraire, on peut dire qu'elle s'augmenta encore et qu'elle vola jusque dans l'Espagne. L'estime que l'on avoit pour sa personne et pour ses religieux y attiroit tous les jours des personnages de toutes sortes d'état et de condition : des évêques, des prélats, des abbés, des grands du siècle, et comme il remarqua que le fréquent abord de tant de monde troubloit le repos de ses frères, il fit bâtir un grand corps de logis, avec des greniers, devant l'église pour y recevoir les hôtes, afin que n'entrant point dans l'intérieur du monastère, les religieux pussent toujours être recueillis. Il n'épargna point la dépense : l'on dit qu'il y employa jusqu'à vingt-trois mille sols, et il fit une si grande diligence qu'en trois ans il le rendit habitable. L'on avoit introduit dans le monastère l'usage de la viande pour les hôtes, peut-être pour éviter la dépense, ou pour traiter plus délicatement les personnes de qualité qui y abordoient de toute part; Hervé crut cet usage contraire à la règle de saint Benoît et à la pratique de l'ordre et des meilleurs abbés de Marmoutier; il le retrancha entièrement et fit un règlement tout contraire en présence d'Henri, évêque d'Albano et cardinal de la sainte Église romaine, qui se trouva heureusement alors dans le chapitre et qui observa lui-même le premier ce règlement. Geoffroi, successeur d'Hervé, le fit confirmer par le pape Clément III, l'an 1189, qui étoit le second de son pontificat, lequel par une bulle donnée à Latran, la veille des ides de mars, défendit expressément de servir de la viande aux hôtes dans le monastère, mais seulement du poisson et des légumes, des fruits ou choses semblables.

Hervé avoit une grandeur d'âme qui se ressentoit de son illustre naissance et qui lui étoit inspirée par ses vertus héroïques. Gui de Garlande, dont la maison est asez connue dans l'histoire de France, ayant érigé une tour magnifique devant l'église du prieuré de la Celle-en-Brie, et ayant en cette occasion tiré de terre un grand nombre d'ossements de morts qui avoient été enterrés en ce lieu, Hervé l'entreprit, fit rendre contre lui des sentences en cour de Rome, et enfin dans un accord mutuel obligea ce seigneur à détruire sa tour et à laisser les matériaux au prieuré. Il réduisit de même les chanoines d'Orléans, qui vouloient lui ravir le prieuré de Bonne-Nouvelle. Il fit de grandes dépenses, tant pour soutenir les droits de cette maison que pour la mettre en état et la rendre régulière. Celle de Lehon, qu'on lui donna toute ruinée et engagée, lui coûta encore davantage, et l'on dit qu'il y mit plus de vingt-deux mille sols. Quelque avance qu'eût faite l'évêque Guillaume pour la fondation du prieuré de Saint-Martin du Mans, Hervé employa encore pour la construction des bâtiments près de trente mille sols. Sa vertu l'avoit rendu si vénérable à ce prélat, qu'il ne pouvoit assez lui témoigner l'amour qu'il avoit pour lui. Aussi lorsqu'il fit la dédicace de la chapelle du prieuré, il fit une agréable violence au saint abbé pour l'obliger lui et les siens de loger dans son palais épiscopal et de manger à sa table.

Cette grandeur d'âme qui portoit l'abbé Hervé à entreprendre de grandes choses, ne diminuoit en rien son humilité ; au contraire elle ne servoit qu'à la faire éclater davantage, et à lui faire mépriser ce vain éclat qu'une naissance illustre et sa dignité d'abbé sembloient demander de lui. Il falloit effectivement une âme aussi grande que la sienne et une humilité aussi profonde pour renoncer comme il fit à sa dignité d'abbé, non pas pour vivre plus en repos, mais pour pratiquer une pénitence et une retraite plus rigoureuses. Après donc avoir gouverné l'abbaye dix ans entiers, jour pour jour, il se démit de sa charge malgré ses religieux, qui pleuroient amèrement la perte qu'ils faisoient d'un si bon père, et se retira dans une grotte qu'il s'étoit fait creuser dans le rocher, où il vécut encore seize ans dans les exercices de l'oraison et dans la pratique de la plus austère pénitence, se contentant fort souvent de gros pain, dont il faisoit encore des abstinences. Il disoit tous les jours la sainte messe, et se rendit par tant de vertus vénérable aux évêques, aux abbés et aux personnes de qualité. Les six dernières années de sa vie, il n'eut plus d'autre lit que la terre ou le siége dans lequel il s'asseyoit. Sa mort répondit à la sainteté de sa vie ; elle arriva l'an 1203. Il fut enterré dans le chœur devant les portes de fer. L'on voit encore aujourd'hui sa grotte dans nos rochers, entre la chapelle des Sept-Dormants et l'autel où la tradition tient que saint Gatien assembloit les premiers fidèles de Tours pour célébrer les divins mystères (1).

Entre les hommes illustres qui vécurent à Marmoutier sous l'abbé Hervé, il faut mettre Guibert abbé de Gembloux en Flandre, car encore bien qu'il ne paroisse pas qu'il ait jamais renouvelé sa stabilité dans ce monastère, il y a pourtant vécu assez longtemps et son cœur y a toujours été si attaché, qu'on peut

(1) On ne connoît plus aujourd'hui (1786) ni la grotte de l'abbé Hervé, ni l'autel de saint Gatien. (Note du manuscrit).

le regarder comme un enfant de la maison. Il fit profession de la vie religieuse dans l'abbaye de Gembloux, dans ses premières années et il y fit un si grand progrès dans la piété et dans les sciences, qu'on l'a regardé comme un homme éminent en sainteté et en doctrine. Le désir de se perfectionner dans son état et dans les plus pures maximes de notre sainte règle, l'engagea à passer en France et à demeurer dans les monastères les mieux réglés, mais il n'y en eut aucun pour lequel il eût tant d'attachement que pour l'abbaye de Marmoutier (1) Outre la piété et l'observance qui y étoient en vigueur, il y fut encore attiré par la dévotion singulière qu'il eut pour saint Martin. Cette dévotion fut si tendre et si sincère, qu'elle l'obligea d'ajouter à son nom celui de Martin, et de s'appeler Guibert Martin. Il composa en vers quatre livres de la Vie et des miracles du saint (2), qu'il dédia aux religieux de Marmoutier, ce qui ne contribua pas peu à lui concilier leur affection, que ses vertus et ses rares mérites lui avoient déjà acquise. Il demeura fort longtemps parmi eux, très-consolé d'habiter un lieu autrefois sanctifié par la demeure de saint Martin, et de pouvoir s'édifier des exemples de tant de saints religieux. Mais enfin il fut obligé de retourner à Gembloux, rappelé par son abbé et par sa communauté. Son mérite étoit si connu, qu'à peine eût-il été quelques jours dans son monastère, qu'il fut élu abbé de celui de Saint-Jean et de Saint-Maur de Florin. Il le gouverna avec beaucoup de prudence l'espace de cinq ans et huit mois, au bout desquels étant allé célébrer les obsèques de Jean, abbé de Gembloux, il fut élu pour lui succéder. Il demeura dix ans à Gembloux, en qualité d'abbé des deux monastères ; mais comme il avoit de la lumière et de la piété, il connut aisément le danger de la prélature, et son humilité ne s'accommodant pas de tant d'honneur, il se

---

(1) *Analect.*, t. II, p. 544.

(2) Ce poëme, encore inédit, est conservé parmi les manuscrits de la bibliothèque royale de Bruxelles. André Salmon a copié en Angleterre plusieurs lettres de Guibert de Gembloux, relatives au voyage que ce saint moine fit en Touraine de 1180 à 1183. Cette copie, analysée dans les *Mémoires de la Société archéologique de Touraine*, t. IV, p. 81, est déposée aujourd'hui à la bibliothèque de Tours. (C. Ch.)

démit de ses deux abbayes, et, après avoir demeuré quelque temps dans les monastères de Florin et de Villers, il passa en France et revint à Marmoutier, où il demeura jusqu'à ce qu'attiré par la réputation de sainte Hildegarde, il quitta cette abbaye pour l'aller voir, et se retira enfin à Gembloux où il mourut dans une extrême vieillesse, car dans une de ses épîtres, où il gémit sur les défauts de sa jeunesse, il dit très-clairement qu'il y avoit déjà soixante et trois ans qu'il étoit prêtre. L'on conservoit dans son monastère de Gembloux trois manuscrits de ses lettres, dont on ne peut assez regretter la perte que le public en a faite dans un incendie qui depuis peu a consumé tout le monastère. Il y en avoit quelques-unes où il faisoit l'éloge des religieux de Marmoutier; il y en avoit d'autres écrites à l'abbé Hervé, où il se loue beaucoup de l'hospitalité qui s'exerçoit dans le monastère, le remercie des livres qu'il lui avoit envoyés, relève la vertu des religieux, et l'avertit de certains défauts qui méritoient d'être corrigés. Ces défauts étoient peut-être l'usage de la viande accordé aux hôtes, la facilité à faire entrer les séculiers dans l'intérieur du monastère, et les commendes des prieurés, défauts que l'abbé Hervé corrigea, comme nous avons vu. Hervard, archidiacre de Liége, parle fort honorablement de Guibert dans une épître qu'il écrivit à G., chanoine de Laon, qui a été donnée au public par le P. Mabillon avec des notes, dont nous avons tiré ce que nous venons de dire.

D'ADAM, RELIGIEUX DE MARMOUTIER ET ENSUITE ABBÉ DE PERSEIGNE.

Ce n'est que par conjecture que je mets ce grand abbé au nombre des hommes illustres qui sont sortis de Marmoutier; mais ma conjecture n'est pas sans fondement. Adam nous apprend lui-même dans une lettre qu'il écrivit à un religieux de Pontigny, qu'il avoit été d'abord chanoine régulier, qu'il s'étoit ensuite fait moine noir, et qu'enfin il avoit passé dans l'ordre de Cîteaux (1). Ce qui me fait croire que c'est dans l'abbaye de Marmoutier qu'il s'étoit fait moine noir, c'est que je trouve dans le même temps un Adam, religieux de Marmoutier, qui avoit de grandes relations avec les chanoines réguliers. Nous apprenons ce fait dans une lettre de Geoffroi, prieur de Sainte-Barbe-en-Auge, à l'archidiacre de Tours, dans laquelle il le prie de saluer de sa part Adam, *armaire*, c'est-à-dire bibliothécaire de Marmoutier, son bon ami, *confamiliarem*, qu'il nous représente comme un homme de Dieu, dont la conversation étoit toujours avec les anges, *quæ sursum sunts apit, et in cœlestibus conversatur* (2). De plus, la lettre xx qu'Adam écrivit aux disciples de saint Martin, c'est-à-dire, comme je l'interprète, aux religieux de Marmoutier, *ad S. Martini cultores*, pour prouver que saint Martin a été semblable aux apôtres, donne assez à entendre qu'il avoit été de ce nombre.

Adam étant religieux de Marmoutier avoit fait de si grands progrès dans le chemin de la perfection, que lorsqu'il passa dans l'ordre de Cîteaux, on le regarda comme un homme fait, qui n'avoit pas besoin de passer par les épreuves ordinaires, et comme il dit lui-même (3), on le dispensa du noviciat. Peu après, il fut fait abbé de Perseigne, et fut à Rome, apparemment pour les affaires de son ordre ou de l'Église (4). Il y disputa contre le fameux abbé Joachim, qui fit tant parler de lui à la fin du xiie siècle et au commencement du xiiie. Marie, comtesse de Champagne, le considéroit, et il eut des relations avec les grands, les savants et les hommes spirituels. Ses lettres, que nous avons données, respirent partout la piété. Nous ne savons pas précisément le temps ni les circonstances de sa mort.

(1) *Anecdot.*, t. I, *Epist.* 5.
(2) *Anecdot.*, t. I, *Epist.* 50.
(3) *Epistol.* 5.
(4) *Annal. Cist.*, ad ann. 1190.

CHAPITRE XXIV.

DE GEOFFROI DE COURSOL, Iᵉʳ DU NOM,
XIXᵉ ABBÉ DE MARMOUTIER.
(1187—1210)

Geoffroi fut un digne successeur de l'abbé Hervé. Il joignoit comme lui à une illustre naissance une profonde humilité. Il avoit de la science, mais une science vraiment ecclésiastique. Il étoit bien fait et de bonne mine ; et sa modestie étoit accompagnée d'un grand fond de religion. Et assurément il falloit un abbé semblable à ses religieux pour les consoler de la perte qu'ils faisoient de l'abbé Hervé. Il étoit breton de nation, et le surnom de Coursol, qu'on lui donne, marque ou le lieu de sa naissance, ou celui dont son père étoit seigneur. On lui donne un frère qui se nommoit Robert de Saint-Valérien. Dieu, qui le destinoit à la conduite des âmes, l'y fit monter par degrés ; car nous apprenons d'une charte d'Emme, dame de Vitré, qu'il avoit été grand-prieur de Marmoutier avant que d'en être abbé : ce qui peut passer pour une preuve du talent que Dieu lui avoit donné, et de son zèle pour l'observance régulière. Aussi à peine eut-il été élu abbé, qu'il en donna une marque bien sensible en faisant confirmer par le pape Clément III le réglement que son prédécesseur avoit fait touchant le retranchement de l'usage de la viande pour les hôtes.

Comme il cherchoit Dieu purement, aussi Dieu versoit-il ses bénédictions avec abondance et sur lui et sur son monastère, et l'on y voyoit venir les biens temporels de tous côtés à proportion des biens spirituels qu'on y pratiquoit. Dans le commencement de son administration, Guillaume, seigneur des Roches, animé de l'Esprit-Saint, lui donna dans sa terre d'Husson une place pour y bâtir des lieux réguliers, avec les terrages de toute la terre qu'il possédoit dans la paroisse de Jupilles. Il ajouta à cela des terres, des vignes, des bois et d'autres revenus pour l'entretien des religieux qui devoient habiter dans ce prieuré. Geoffroi, voyant la dévotion de ce bon seigneur, et voulant seconder ses pieuses intentions, unit au prieuré d'Husson ou Houz quelques fonds de celui de Château-du-Loir. Dieu, qui se plaît assez souvent à récompenser dès cette vie les saintes entreprises que l'on fait pour son service, ayant élevé le seigneur des Roches à la charge de sénéchal d'Anjou, excita dans son cœur un nouveau désir de lui témoigner sa reconnoissance. Il le fit en ajoutant à la première fondation du prieuré d'Husson un moulin, une foire à Jupilles le jour de Saint-Pierre, et des terres et des vignes. Il fit cette nouvelle donation au mois d'avril de l'an 1219 ; mais la première doit avoir été faite l'an 1187, avant la mort de Guillaume, évêque du Mans, qui semble aussi avoir contribué à cette fondation, en donnant aux religieux de Marmoutier, en considération de l'union étroite qui a toujours été entre l'Église du Mans et la leur, l'église de Saint-Hilaire d'Hussée ou d'Husson avec les deux tiers des dîmes, des prémices et des oblations des cinq principales fêtes de l'année. Car Hamelin ayant été élu évêque du Mans le lendemain de Saint-André de l'an 1190, après quatre mois de vacance depuis la mort de Renaud son prédécesseur, qui ne fut évêque que deux ans et huit jours, si l'on met encore six mois de vacance entre l'élection de celui-ci et le décès de Guillaume, son prédécesseur, il faut nécessairement que Guillaume soit mort l'an 1188 le 24 de janvier (1), et que la fondation du prieuré d'Husson ait été faite l'an 1187 ou au commencement de 1188, à moins qu'on ne veuille dire que la donation de l'église d'Husson a précédé la fondation du prieuré, dont l'année en ce cas seroit incertaine.

(1) *Acta Eccles. Cenoman., Analect.*, t. III, p. 48. — Selon le *Gallia christiana*, t. XIV, col. 388, Guillaume de Passavant, évêque du Mans, seroit mort le 26 janvier 1187. (C. Ch.)

Ce fut environ ce temps-là que Saladin, roi de Babylone, faisant de grands progrès dans la Syrie, après avoir défait le roi de Jérusalem, se rendit maître de la ville royale et prit la sainte croix que l'on portoit partout à la tête de l'armée chrétienne. La perte que l'Église fit de ce trésor ayant animé les princes chrétiens à aller secourir les fidèles de la Terre-Sainte, Philippe roi de France et Richard d'Angleterre prirent la croix, et s'embarquèrent avec toute la noblesse de leurs royaumes pour aller venger l'injure que l'Église avoit reçue dans la prise de Jérusalem. André, seigneur de Rameru, partit pour ce sujet l'an 1189, et le jour même qu'il se mit en chemin, étant à Brenne, il restitua publiquement aux religieux de Marmoutier qui desservoient le prieuré de Notre-Dame d'Arcis au diocèse de Troyes, tout ce qu'il leur avoit ravi injustement à Mesnil-la-Comtesse; déclara que la justice de ce lieu leur appartenoit entièrement, et ordonna qu'ils y jouissent paisiblement de tous leurs droits; car ce seigneur ne crut pas que ce fût une fort bonne disposition pour réussir dans son dessein, que de retenir le bien des religieux qui faisoient la plus saine portion de l'Église, et qui seuls étoient capables d'attirer les bénédictions du Ciel sur ses armes. Ce furent aussi les sentiments de Juhel, seigneur de Mayenne, qui ayant pris résolution de suivre les rois au secours de la Terre-Sainte, ne crut pas devoir se mettre en chemin qu'après avoir tâché d'apaiser la colère de Dieu en corrigeant tous les abus qui étoient à corriger et dans sa maison et dans ses sujets; et, considérant que Juhel de Mayenne, son grand-père, avoit aimé si tendrement les religieux de Marmoutier, qu'il les avoit établis dans la chapelle de son château consacrée à saint Étienne, et leur avoit donné beaucoup de bien, dont après une longue jouissance il s'étoit emparé, il leur en fit une restitution publique, en présence de plusieurs témoins. Nous avons trois titres de ce seigneur touchant cette restitution : le premier, de l'an 1189, fait en présence de Guillaume, abbé de Savigny, de Foucher, abbé de Clermont, et de Guillaume, abbé de Chapagne, ordonne en général la restitution des revenus que

Juhel son grand-père leur avoit donnés ; le second, de l'année que les rois prirent la croix pour aller au secours de la Terre-Sainte, marque en particulier tous les biens qu'il vouloit être restitués ; et le troisième, donné au Mans dans l'église Saint-Julien, en présence de l'évêque Hamelin, qui fut ordonné l'an 1191, par lequel il restitue encore en particulier les dîmes de tous les biens qu'il possédoit en Angleterre et que son grand-père avoit données à Marmoutier.

La même année que les rois de France et d'Angleterre prirent la croix pour aller secourir le Terre-Sainte, André, seigneur de Vitré, donna aux religieux de Marmoutier qui desservoient le prieuré de Sainte-Croix, la dîme de tous les biens qu'il possédoit à Marcillac, en moulins, passages, fours, marchés, foires, cens, avenages, et généralement de tous ses revenus, excepté sa taille et ce qu'il appelle *forcagium* (1), à condition que le prieur de Sainte-Croix ajouteroit un second religieux à celui qui demeuroit au prieuré de Marcillac uni à celui de Sainte-Croix, afin que ces deux religieux y célébrassent les offices divins avec plus de décence, fussent ses chapelains, et reçussent eux-mêmes ses revenus, ce qui fut confirmé par l'abbé Geoffroi et par le chapitre de l'abbaye de Marmoutier.

Lorsque nous avons parlé du prieuré de Saint-Magloire de Lehon près de Dinan, nous avons dit qu'il fut donné à Marmoutier avec celui de Bailleul en échange de trois autres prieurés aux environs de Paris, que l'abbé Hervé céda aux religieux de Saint-Magloire de Paris, de qui dépendoit celui de Lehon. Le prieuré de Bailleul, situé dans le diocèse d'Avranches, avoit été fondé par Guérin de Bailleul, qui donna aux religieux de Lehon l'église de Bailleul avec le droit de patronage dont il jouissoit, le cimetière, les dîmes et toutes ses dépendances. Ils en avoient joui fort paisiblement tandis qu'ils étoient demeurés sous la juridiction de l'abbaye de Saint-Magloire de Paris ; mais ils ne se furent pas plus tôt

(1) D'après Ducange, le *forcagium* étoit un droit qu'on levoit sur les sujets pour la construction et la défense des forts. (C. Ch.)

soumis à celle des abbés et religieux de Marmoutier, que Guillaume et Eudes de Bailleul, successeurs de Guérin, s'emparèrent de tout, disant pour raison qu'ils n'avoient jamais rien donné à l'abbaye de Marmoutier, et cette violence dura jusqu'à l'an 1191, qu'ils rentrèrent en eux-mêmes, reconnurent l'excès auquel ils s'étoient laissés aller, remirent aux religieux de Marmoutier tout ce qu'ils leur avoient ravi, les prirent sous leur protection et s'engagèrent par serment à les défendre contre tous ceux qui leur feroient violence. Et afin que cette cession et restitution eût plus de force, elle fut confirmée et scellée du sceau de Guillaume, évêque d'Avrauches, et du sceau de son chapitre.

Deux ans après, Marie, comtesse de Troyes, confirma la donation d'une maison et de cinq arpents de prés que Milon de Sorci avoit faite aux religieux de Marmoutier qui desservoient le prieuré de Châtillon. Les lettres de cette comtesse sont datées de l'an 1193, et scellées de son sceau, où elle est représentée tenant de la main droite une fleur de lis et de la gauche un oiseau.

L'année suivante, qui étoit la trente-quatrième de l'épiscopat de Maurice, évêque de Paris, ce prélat, marchant sur les traces des évêques ses prédécesseurs, confirma aussi aux religieux de Marmoutier qui desservoient le prieuré de Saint-Nicolas de Villepreux, l'église paroissiale du même lieu dédiée à saint Germain, avec la présentation à la cure. Les lettres de Maurice sont de l'an 1194, le trente-quatre de son pontificat. Dans le même temps, Louis, comte de Blois et de Clermont, du consentement de Catherine son épouse, de Philippe son frère, et de ses sœurs Marguerite, Isabelle et Adelice, fonda la chapelle de Pondigeoul, *Pontiolii*, dans la paroisse de Maves, pour deux religieux, afin, dit la charte, qu'ils prient Dieu pour l'âme de son bon père Thibaud, comte de Blois.

L'an 1195, un ecclésiastique nommé Payen, neveu de Geoffroi de Perci, ami du monastère, s'étant donné à Marmoutier avec tous ses biens, y fut reçu *in fratrem et condonatum*, et admis à la participation des prières des religieux ; et en reconnoissance l'abbé Geoffroi et sa communauté lui donna, à la prière de son oncle, le prieuré de la Francheuse en commende pour toute sa vie, à condition qu'il l'entretiendroit en bon état, et qu'il en conserveroit tous les biens, qu'il n'y feroit point de dettes, qu'au contraire il tâcheroit d'en augmenter le revenu, et que tous les ans il payeroit cent sols de pension au prieur de Béré d'où dépendoit celui de de la Francheuse, et qu'après sa mort tout ce qu'il auroit acquis et posséderoit, seroit au monastère.

En ce temps-là, Philippe roi de France et Richard d'Angleterre, après s'être fait une cruelle guerre, s'assemblèrent à Louviers, où, dans une conférence qu'ils eurent ensemble l'an 1196, ils convinrent des articles de la paix. Philippe abandonna au roi d'Angleterre Issoudun, tout le droit qu'il avoit dans le Berry, l'Auvergne et la Gascogne, et lui rendit le château de l'Arche de la comté d'Aumale, dont il s'étoit emparé après son retour de la Terre-Sainte ; et Richard céda à la France Gisors et tout le Vexin normand. On choisit pour garants de la paix, non pas des princes, mais des religieux, dont le premier fut Geoffroi, abbé de Marmoutier, avec les abbés de Cluny et de Saint-Denys, et le prieur de la Charité. Mathieu Pâris ajoute que le roi Philippe s'étant repenti des avantages qu'il avoit accordés à l'Angleterre dans cette paix, assiégea Aumale, le prit et le démolit, et qu'alors Richard fit saisir tous les revenus des abbés qui s'étoient rendus garants de la paix, tira d'eux de grandes sommes, et de ces sommes donna au roi Philippe trente mille marcs d'argent pour la rançon de ses soldats qui avoient été faits prisonniers (1).

André de Vitré faisoit dans le même temps la guerre aux religieux de Marmoutier qui desservoient le prieuré de Sainte-Croix, et il leur fit des vexations si excessives, qu'Herbert évêque de Rennes fut obligé d'opposer à ses violences les censures ecclésiastiques, de l'excommunier, et mettre ses terres

(1) Math. Par., ad ann. 1196, p. 127.

en interdit. Cela le fit rentrer en lui-même, et, pour réparer les torts qu'il avoit faits aux religieux, il leur céda vingt livres à prendre sur ses tailles pendant dix ans, ce qui faisoit en tout deux cents livres, dont ses barons et les bourgeois de Vitré se rendirent garants l'an 1196.

L'année suivante, Guillaume évêque de Coutances confirma aux religieux de Marmoutier qui desservoient le prieuré de Heauville, le droit de présentation à la cure de Saint-Pierre de Bleville qui leur avoit été donnée par Thomas de Beteville.

Jean, élu archevêque de Dol, confirma aussi à ceux de Lehon le droit de patronage dans les églises de Saint-Josse et de Saint-Kecoledoc, et ce qu'ils avoient dans les cimetières de ces églises, avec les deux tiers des dîmes et des oblations de l'autel et du casuel. Il leur confirma encore la chapelle de Notre-Dame de Lex avec les donations que leur avoient faites Jean Gruel, Guillaume Gruel, et Guillaume fils de Simon.

Louis, comte de Blois et de Clermont, céda aussi la même année à ceux de Chouzy un droit de procuration pour deux levriers, à condition que les religieux entretiendroient la nuit une lampe ardente devant le crucifix de l'église de Chouzy, ce qu'il fit pour le repos de l'âme de son *bon* père, du consentement de Catherine son épouse, de Jeanne sa fille, de Philippe, ses frères, et de Marguerite, Elisabeth et Adelize ses sœurs.

Ce même prince engagea l'année suivante, 1198, les habitants de Saint-Hilaire-sur-Hière à fournir 15 livres à Jean, comte de Montigni, pour réparer son château de Montigni, qu'ils lui donnèrent par les mains du prieur de Saint-Hilaire. Et comme ce don étoit gratuit, ce seigneur leur donna des lettres par lesquelles il reconnoît que c'est de leur bonne volonté qu'il a reçu cette somme, et déclare qu'il ne prétend nullement leur imposer par là aucune obligation pour l'avenir.

Nous avons de la même année une charte de Guillaume de Montreuil-sur-Mer, qui fait voir la grande foi de ce seigneur;

car ses ancêtres ayant toujours été en possession d'établir des prêtres dans l'église paroissiale de Tedduhelle, il crut que ce droit ne convenoit point à un laïque, et craignant d'attirer sur lui la colère de Dieu par cet endroit, il renonça volontairement à un droit qui mettoit le salut de son âme en grand danger, *nolens in periculum animæ meæ ecclesiasticum mihi usurpare officium*, et, par le respect qu'il portoit à saint Martin, il le céda à ses religieux de Marmoutier qui desservoient le prieuré de Notre-Dame, situé dans son château de Mentenay, dont le prieur s'appeloit alors Guillaume. Il ne sera pas inutile de remarquer ici que le prieuré de Mentenay possédoit du bien en Angleterre, et que ce même Guillaume, qui en étoit alors prieur, du consentement de son chapitre, donna à Guillaume, chapelain d'Essia, les dîmes de Claretter, de Redeswel et de Geldham pour en jouir toute sa vie, moyennant une pension annuelle de 40 sols payables à Cantorbie à la Pentecôte, et le présenta à Richard, évêque de Londres, pour avoir son agrément et sa confirmation, qu'il donna en présence d'Alard archidiacre de Londres, de Guillaume de Ely trésorier du roi, et de quelques ecclésiastiques.

Nous n'avons point parlé jusqu'à présent du prieuré de Saint-Pierre de Quinquiers au diocèse de Luçon, parce que le temps de sa fondation et le nom de ses fondateurs nous sont inconnus; mais nous commencerons notre histoire du XIIIᵉ siècle par la donation que lui fit Maurice, seigneur de Montaigu, qui doit assurément le faire considérer pour un des principaux et des plus sincères bienfaiteurs du prieuré, et même pour un second fondateur. La charte que nous en avons est un témoin irréprochable et de ses libéralités et de son affection envers les religieux de Marmoutier. Elle est datée de l'an 1204. Il y déclare que pour le seul amour de Dieu et pour le salut de son âme, de Brientius et d'Agathe ses père et mère, d'Urvodius son grand-père, d'Héloïse sa femme, d'Herbert et d'Hugues ses oncles, de Gonnade sa tante, d'Harbert, Girard, Belle, Isode et Catherine ses enfants, du consentement de Maurice et de Brientius ses fils, il donne à l'abbaye de Marmoutier et aux religieux de Quinquiers dix setiers de froment, un setier de fèves, quatre muids de bon vin de sa cuve, toute la laine de ses moutons, la dîme de ses moutons et de ses agneaux de quatre villages qu'il nomme, et plusieurs autres biens qu'il exprime dans sa charte, dont le détail seroit ennuyeux. Mais ce qui fait voir combien il aimoit nos religieux, c'est qu'il ordonne que lorsqu'il résideroit à Quinquiers, on leur donne à tous ses repas un plat de sa table, ce qui fait voir qu'il les traitoit comme ses enfants. Nous apprenons d'une autre charte de l'an 1202 qu'il donna de quoi ajouter trois religieux dans ce prieuré, et entretenir deux lépreux dans l'abbaye de Marmoutier. Il y a sûrement bien des fondateurs qui n'en ont point tant donné.

L'origine du prieuré de Sarton dans le diocèse d'Amiens n'est pas plus certaine. Nous savons seulement qu'il subsistoit déjà l'an 1204, que Guérin, évêque d'Amiens, nous assure dans une charte de cette année que Galon, seigneur de Sarton, épouvanté de la grandeur de ses péchés, avoit donné aux religieux de Marmoutier qui servoient Dieu dans l'église de Notre-Dame toutes les dîmes de Sarton, un muid de froment et la terre de Maruer; et qu'Ansel de Pas avoit ajouté à cela l'église de Marieux, les deux tiers des dîmes et des bois, et quelques autres seigneurs d'autres biens; qu'en considération des biens qu'ils avoient faits à ce prieuré, il les avoit absous de leurs péchés, et confirmé et scellé de son sceau leurs donations. Ensuite de quoi il excommunie tous ceux qui auront la hardiesse d'y donner quelque atteinte. La charte est datée du 8 d'avril 1204.

L'année suivante, Guillaume de la Ferté, du consentement de Constance son épouse, pour attirer les grâces du Ciel sur sa personne, sur son épouse, sur Guillaume et Ernaud ses fils, donna aux religieux de Marmoutier qui servoient Dieu dans le prieuré de Villepreux tout ce qu'il possédoit à Cognières-les-Neuves, *apud Cognerias novas*. L'année d'après, Eudes, évêque de Paris, déclara que la présentation aux églises de Saint-Gilles et de Saint-Germain de Villepreux appartenoit aux mêmes religieux.

L'an 1204, Payen, seigneur de Malestroit, ayant eu l'honneur de recevoir dans son château l'abbé Geoffroi, il confirma toutes les donations que ses ancêtres avoient faites à Marmoutier, énoncées dans une charte de Jacques, évêque de Rennes, et y en ajouta une nouvelle assez considérable, que son frère Geoffroi, Constance sa femme et Eudes son fils confirmèrent, et prit nos religieux sous sa protection. L'abbé, qui avoit sujet d'être content, lui donna l'absolution du meurtre commis en la personne d'un religieux nommé Guillaume, dont il étoit accusé.

Nous avons vu ailleurs comme le prieuré de Fontaine-Gehart au diocèse du Mans avoit été donné à Marmoutier. Il avoit d'abord été fondé pour des hermites qui suivoient la règle de Saint-Augustin, mais ils étoient tombés en très-peu de temps dans un si grand relâche, que honteux de l'état pitoyable où ils s'étoient réduits eux-mêmes, avec l'agrément de Guillaume, évêque du Mans, ils se donnèrent avec toutes leurs dépendances à l'abbaye de Marmoutier; ce qui fut approuvé et confirmé par le pape Eugène III, et ensuite par Alexandre III. Garnier, qui étoit alors abbé, ayant accepté cette donation, crut pour de bonnes raisons qu'il devoit les laisser mourir dans leurs hermitages, peut-être pour ne pas tant faire éclater leur désordre. Mais cette indulgence ne les rendit pas meilleurs ; toujours maîtres d'eux-mêmes et impatients du joug, ils secouèrent bientôt celui qu'ils s'étoient imposé: l'amour de la liberté ou, pour parler plus justement, du libertinage où ils avoient toujours vécu, flattant leur esprit, ils continuèrent de vivre comme auparavant, et se perpétuèrent encore plus de 50 ans après dans leurs hermitages, sans qu'il paroisse pendant tout ce temps-là que les religieux de Marmoutier en aient joui paisiblement. Cela dura jusqu'en l'an 1203, qu'Hamelin, évêque du Mans, frappé du scandale que ces hermites déréglés donnoient à son diocèse et surtout au voisinage, après plusieurs avertissements inutiles, résolut enfin d'apporter un prompt remède à un si grand mal. Il s'y sentit d'autant plus obligé, qu'outre les devoirs de sa charge il en étoit fortement pressé par Juhel de Mayenne, seigneur du lieu. Il leur représenta donc si vivement l'état pitoyable où ils s'étoient précipités, la corruption de leurs mœurs, le scandale qu'ils donnoient à tout le pays, la perte inévitable de leurs âmes, et la damnation éternelle qui les attendoit s'ils continuoient à vivre dans leur désordre, qu'il leur persuada de se donner sincèrement eux-mêmes, leurs hermitages et toutes leurs dépendances, à l'abbaye de Marmoutier, où l'observance régulière s'étoit conservée dans sa pureté. Ayant tiré d'eux ce consentement, il investit de leurs hermitages l'abbé Geoffroi, qu'on avoit apparemment fait venir là pour ce sujet. Ensuite de quoi le prieur et ses frères, qui étoient au nombre de douze hermites, se soumirent avec tout ce qu'ils possédoient à l'abbé et au monastère de Marmoutier, et jurèrent sur les saints Évangiles, devant l'autel de Notre-Dame de Changé, entre les mains de l'évêque, qu'ils ne se départiroient jamais de ce qui avoit été réglé par leur évêque, et qu'ils avoient eux-mêmes promis. Après cela, l'abbé Geoffroi offrit à ceux qui voudroient embrasser la vie monastique dans l'abbaye de Marmoutier, de les y recevoir, et presque tous acceptèrent ce parti. Pour ceux qui ne se crurent pas assez forts ni assez vertueux pour suivre une vie si austère et si retirée, il leur donna de quoi vivre et subsister honnêtement selon leur état.

Il fallut ensuite songer à bâtir des lieux réguliers à Gehart, où l'on avoit résolu de faire un prieuré conventuel dans lequel le service divin fût fait avec décence par un bon nombre de religieux. Mais pour faire les choses avec toute la solidité nécessaire, il fallut obtenir le consentement de Juhel seigneur de Mayenne, qui avoit le droit de patronage à Fontaine-Gehart. Ce seigneur le donna d'autant plus volontiers, qu'il avoit lui-même pressé l'évêque Hamelin de mettre fin aux désordres de ces hermites déréglés. Il fut même bien aise d'avoir cette occasion pour se tirer d'un pas fort glissant et d'un embarras assez grand où il se trouvoit. Car ayant démoli et entièrement ruiné dans les guerres avec Jean, roi d'Angleterre, le prieuré de Saint-Étienne que ses ancêtres avoient fondé et bâti avec tant de soin et de dépenses dans leur château de Mayenne, et ne pouvant se dispenser de le rebâtir comme sa conscience l'y obligeoit, il se tira d'affaire en donnant à l'abbaye de Marmoutier la maison de Fontaine-Gehart avec toutes ses dépendances, et en y unissant tous les biens, revenus, droits et prérogatives que Juhel son grand-père avoit donnés au prieuré de Saint-Étienne, se contentant de promettre à l'abbé Geoffroi de bâtir dans son château de Mayenne une chapelle et un logement suffisant pour deux religieux que le prieur de Fontaine-Gehart y enverroit pour y faire l'office divin. Tout cela se fit du consentement de l'évêque Hamelin, de l'abbé Geoffroi, et du prieur et des religieux de Gehart. L'on permit même à Juhel de prendre les matériaux restés des ruines du prieuré de Saint-Étienne pour se fortifier s'il en avoit besoin ; mais au cas qu'ils ne lui fussent point nécessaires, on les céda à Fontaine-Gehart. Ce seigneur accorda encore aux religieux de Gehart le droit de prendre dans ses forêts tout le bois dont ils auroient besoin pour se chauffer et pour bâtir, et d'y faire paître douze bœufs, douze vaches, deux cents moutons et deux cents porcs.

Comme Hamelin vouloit rendre solide l'établissement de Gehart, il le fit confirmer par Geoffroi, archevêque de Tours, son métropolitain, ce qu'il fit à Mayenne, l'an 1207. Il ne se contenta pas de cela, il écrivit lui-même au pape Innocent III tout ce qu'il avoit fait, et informa Sa Sainteté de l'état où étoient les choses, la suppliant très-humblement de confirmer ce qu'il avoit ordonné pour la gloire de Dieu et le salut des âmes. Jean, archevêque de Tours, qui avoit succédé à Geoffroi l'an 1208, joignit ses lettres à celle de l'évêque Hamelin. Mais après tant de précautions il se trouva encore quelques-uns de ces hermites déréglés qui s'adressèrent au Saint-Siége pour rentrer dans leurs premières demeures. Mais le pape, ayant vu les bulles d'Eugène III et d'Alexandre III ses prédécesseurs, les lettres de Guillaume et d'Hamelin, évêques du Mans, celles de Geoffroi et de Jean, archevêques de Tours, leurs métropolitains, et voyant d'ailleurs que ceux qui poursuivoient cette affaire n'étoient pas autorisés des autres, il prononça une dernière sentence en faveur de Marmoutier, et imposa un éternel silence à ces libertins. Sa bulle est adressée à l'abbé Hugues Ier, qui avoit succédé à Geoffroi, et elle est datée de l'an XIV de son pontificat, qui revient à 1214.

La connexion qui se trouve entre le prieuré de Chavigny et celui de Fontaine-Gehart nous oblige d'en parler ici. Il reconnoît pour son fondateur Barthélemy de Vendôme, qui donna aux religieux de Gehart une terre dans le Perche de quatre charrues, ajoutant à cela des prés, des eaux et du bois pour se chauffer et pour se bâtir. Il remit ce don entre les mains du vénérable Geoffroi, évêque de Chartres, qui en investit Guillaume prieur de Fontaine-Gehart et ses religieux, et confirma de son autorité épiscopale la fondation de ce seigneur. Barthélemy la fit pour attirer les bénédictions du Ciel tant sur lui que sur ses ancêtres. Mais il ne fut pas longtemps à reconnoître que ces bons frères n'étoient guères propres à lui mériter cette grâce, qu'ils n'avoient aucune religion, qu'ils n'étoient ni moines ni chanoines, qu'ils n'avoient ni abbé ni père spirituel, qu'ils n'avoient point d'autre règle que leur propre volouté, qu'ils n'avoient pas même soin de bâtir ni d'édifier dans le bien qu'il leur avoit donné; et, percé de douleur sur le mauvais choix qu'il avoit fait, il les pressa de venir à Marmoutier, de s'y donner avec leur maison et d'embrasser la vie monastique. Il employa même ses amis pour obtenir de l'abbé et des religieux cette grâce, et, pour les y porter plus efficacement, il ajouta à la première donation d'autres revenus et confirma tout ce que le monastère possédoit depuis longtemps à Saint-Gildéric ; et parce qu'étant sur le point d'entreprendre le voyage de Terre-Sainte, il n'avoit pas le temps d'exécuter lui-même son pieux dessein, il pria Engelbaud archevêque de Tours, et Vullegrin, ses frères, Marie sa sœur, et Gosbert son gendre d'y tenir la main.

Je reviens à présent à l'an 1204, auquel l'évêque Hamelin donna à l'abbaye sept sols de rente pour le repos de l'âme de son père et de sa mère, à condition que de ces sept sols l'on en attribueroit deux au prieuré de Saint-Martin du Mans pour y célébrer l'anniversaire de ses parents, et les cinq autres seroient donnés aux religieuses de Saint-Nicolas de Marmoutier pour faire l'anniversaire de sa mère, qui étoit enterrée dans leur cimetière. On voit par là combien la famille de cet évêque étoit dévouée à Marmoutier, car il y a apparence que son père fut enterré à Saint-Martin du Mans, comme sa mère le fut à Saint-Nicolas de Marmoutier.

L'abbé Geoffroi confirma l'année suivante, 1205, l'oblation que Robert de Saint-Martin, bourgeois de la ville du Mans, avoit faite à Dieu et à saint Martin entre les mains de Mainard, prieur de Saint-Martin du Mans, de sa propre personne, de celle de son fils Guillaume, et d'une portion de son bien. La différence qu'il y eut entre l'oblation de Robert et celle qu'il fit de son fils Guillaume, fut qu'il s'offrit lui-même simplement à Dieu pour participer aux prières des religieux, pouvoir prendre son repas à la table du prieur de Saint-Martin dans le réfectoire comme les frères, quand bon lui sembleroit, et se faire religieux avec le consentement de sa femme, ou après sa mort, s'il en avoit dévotion. Mais pour son fils, qui étoit encore enfant, il l'offrit purement et absolument pour être élevé et instruit dans les lettres dans le prieuré de Saint-Martin du Mans, et y recevoir l'habit monastique lorsqu'il auroit atteint l'âge de dix ans ; lequel habit lui seroit donné par son père ou par sa mère, ou si l'un et l'autre étoient morts pour lors, lui seroit acheté du bien qu'ils lui auroient laissé. Cet endroit est remarquable pour faire voir de quelle manière on offroit en ce temps-là les enfants en religion ; car comme leur oblation étoit leur profession, on leur donnoit autrefois l'habit religieux en même temps qu'on les consacroit à Dieu, et quand ils avoient été une fois offerts avec les solennités requises, il ne leur étoit plus permis dans un âge plus avancé de retourner dans le siècle. Mais à cause des abus qui se commettoient quelquefois dans ces oblations que les parents faisoient souvent sans dévotion, et pour se décharger des enfants contrefaits et qu'on ne jugeoit pas assez bien faits pour le siècle, Clément III et Célestin III donnèrent pouvoir à ceux qui auroient été ainsi offerts de confirmer leur oblation par une profession solennelle lorsqu'ils seroient en âge de raison, ou de retourner dans le siècle. Ce fut peut-être la raison pourquoi l'on ne donna pas l'habit religieux à ce petit Guillaume lorsqu'il fut offert à Dieu par son père, et qu'on attendit pour l'en revêtir qu'il eût dix ans accomplis, âge que les anciens jugeoient compétent pour faire choix de la vie monastique.

L'année 1206, l'abbé Geoffroi reçut un rescrit du pape Innocent qui s'adressoit à lui, à l'abbé de Saint-Julien de Tours et au prieur de Saint-Côme, pour arrêter les vexations que certains ecclésiastiques faisoient à l'abbaye de la Couture au sujet des bénéfices non vacants que le dernier abbé leur avoit promis après la mort de ceux qui en jouissoient, et de certaines pensions qu'il avoit créées sur des bénéfices remplis, contre les canons du concile de Latran, quoique le pape eût défendu qu'on fît aucune peine là-dessus au nouvel abbé ni à ses religieux. En conséquence de ce rescrit, Geoffroi et ses associés firent défense à un certain Guillaume Guenpiart, à qui l'abbé Robert avoit promis une pension de cinquante sols, de l'exiger à l'avenir, et lui ordonnèrent de faire cesser toutes les vexations qu'il faisoit aux religieux de la Couture là-dessus; autrement qu'il eût à comparoître devant eux à Tours pour rendre raison de sa conduite.

Tandis que l'abbé Geoffroi arrêtoit les vexations que l'on faisoit à l'abbaye de la Couture, Geoffroi, archevêque de Tours, arrêtoit celles que faisoit au prieuré de Tavant Barthélemy, seigneur de l'Isle-Bouchard, et obligea ce seigneur à confirmer les biens que Bouchard son père avoit faits à ce prieuré. C'est ce que nous apprenons d'une charte de cet archevêque datée de l'an 1207.

Deux ans après, savoir l'an 1209, Amauri, seigneur de

Maintenon, voulant satisfaire à Dieu et aux religieux de Marmoutier qui le servoient dans le prieuré de Notre-Dame de Maintenon, pour les torts qu'il leur avoit faits, leur donna les eaux qui couloient depuis son château jusqu'au pont de la Bretèche ; il ajouta à cela cinq setiers de blé à prendre tous les ans dans son moulin de Maintenon, deux pour le repos de l'âme de son frère W., et les trois autres pour obtenir quelque part dans le mérite des prières des religieux. Il confirma encore la donation que sa mère avoit faite de dix sols de rente à prendre sur la prévôté d'Ivry.

Nous trouvons encore que sous l'abbé Geoffroi, Jean de Gisors confirma tous les biens qui jusqu'alors avoient été donnés au prieuré de Saint-Ouen. Ce seigneur, qui prend la qualité de *miles* et de *peccator*, touché intérieurement par les entretiens familiers qu'il avoit eus avec Bernard, religieux de Marmoutier, sur l'instabilité des choses de ce monde, sur l'incertitude de la mort et sur l'éternité des récompenses que Dieu promet à ceux qui le servent fidèlement, ayant été prié par ce Bernard de confirmer les donations qui avoient été faites au prieuré de Saint-Ouen de Gisors, ravi de pouvoir par cet endroit obliger ce religieux, dont il étoit persuadé que la conversation lui étoit fort utile, se fit représenter tous les titres de ses ancêtres qui avoient fondé ou assisté de quelques aumônes ce prieuré, et après les avoir lus et examinés avec beaucoup de diligence, et reconnu que toutes les donations faites par ses prédécesseurs avoient été faites dans toutes les formes sans aucune opposition ou contradiction, mais que ces titres n'avoient aucun sceau, parce, dit-il, que les anciens qui alloient plus simplement que nous, n'avoient point coutume de s'en servir, ni d'imprimer leur figure sur de la cire, craignant qu'il ne se perdît quelques-uns de ces titres, confirma tous les biens en détail qui appartenoient à ce prieuré, dans une très-belle charte qu'il fit dresser par le moine Bernard même, et qu'il scella de son sceau.

Voilà les principaux événements arrivés à Marmoutier

sous le gouvernement de l'abbé Geoffroi, qui ne passa point l'année 1240. Il le termina par la plus grande et plus généreuse action de sa vie, qui fut de renoncer à sa dignité d'abbé pour achever sa course dans les pratiques régulières des simples religieux. Car rien n'est plus grand ni plus généreux que l'humilité, et l'humilité est d'autant plus admirable qu'elle est pratiquée par des personnes qui ont tout ce qui peut les en éloigner naturellement, une illustre naissance, une profonde science et l'éclat d'une grande dignité. Geoffroi, à l'exemple de son prédécesseur, foula tout cela aux pieds, et termina sa sainte vie par une heureuse mort dont on ne sait pas l'année.

DE DANIEL, PRIEUR DE MARMOUTIER.

Il faut joindre à l'abbé Geoffroi, Daniel prieur de Marmoutier. Sa conversion mérite bien d'être ici rapportée. Nous la tirerons de l'auteur du grand *Exorde de Cîteaux*, qui en parle à peu près en cette sorte (1) : Il y avoit en Bretagne un séculier engagé dans le commerce du monde, mais d'ailleurs homme de bien et fort craignant Dieu, qui entre autres pratiques de dévotion avoit coutume, lorsqu'il entroit ou sortoit d'une église ou passoit par un cimetière, de faire quelque prière pour les âmes des trépassés. Cet homme étant tombé malade à l'extrémité, envoya demander le Saint-Viatique à son curé. Il étoit alors minuit, et le curé, qui avoit plus soin de son corps que de l'âme de ses ouailles, ne voulant pas quitter son repos, y envoya son diacre qui s'appeloit Daniel, et qui avoit beaucoup plus de vertu que lui. Daniel se lève promptement, va au malade, lui administre le Saint-Viatique, et s'en retourne à l'église. Mais à peine eût-il quitté le malade qu'il mourut. Lorsqu'il fut arrivé à la paroisse, il

(1) *Exord. magn. Cist.,* dist. 6, cap. 5.

fut extrêmement surpris de trouver les portes tout ouvertes qu'il avoit bien fermées. A cet étonnement il en survint un autre, car il se trouva fixé et arrêté sans pouvoir avancer d'un pas. Comme il étoit dans cet état, voilà que tout à coup il entend une voix venir du cimetière, qui disoit fort distinctement : « Levez-vous, fidèles, sortez de vos tombeaux et entrez dans l'église pour y recommander à Dieu l'âme de notre cher ami qui l'a tant prié pour nous durant sa vie. » Il entendit ensuite un grand bruit comme de personnes qui sortoient de leurs sépulcres et entroient dans l'église qui étoit toute resplendissante de lumière. Ils y offrirent à Dieu leurs prières et charmèrent le diacre de la douceur de leur mélodie. La recommandation de l'âme finie, il entendit une voix qui commandoit à ces morts de retourner dans leurs tombeaux, et cette voix fut suivie d'un bruit de personnes qui sortoient de l'église et rentroient dans le cimetière ; après quoi l'illumination de l'église cessa, et le diacre se trouva libre, y entra et remit les vases sacrés. Étant retourné dans sa maison, le curé l'invita à se coucher ; mais Daniel, pénétré de ce qu'il venoit de voir, répondit qu'il n'étoit pas temps de se coucher, et qu'il falloit lui-même qu'il se levât pour aller rendre les derniers devoirs au malade qui étoit mort. A peine avoit-il achevé ces paroles qu'il vit la confirmation de sa vision, car aussitôt on vint les quérir pour aller faire les prières ordinaires sur le mort et lui rendre les devoirs de la sépulture. Daniel avoit toujours été fort homme de bien, mais cette vision acheva sa conversion entière. Dégoûté des espérances dont le siècle le flattoit, il quitta ses parents, son pays et ses biens, et vint se faire religieux à Marmoutier, où, comme nous avons remarqué ailleurs, la dévotion pour le soulagement des défunts a toujours été fort estimée. Daniel s'y appliqua particulièrement, et il fit un tel progrès dans la perfection de son état, qu'on l'éleva à la charge de prieur. Nous trouvons effectivement un Daniel prieur dans les premières années de l'abbé Geoffroi. L'auteur de l'*Exorde de Citeaux* ajoute que Daniel, ayant découvert à quelqu'un de ses plus familiers amis sa vision, son abbé en fut bientôt informé, et qu'il l'obligea en plein chapitre de lui en faire un fidèle rapport en présence de tous ses frères ; que cet abbé, qui étoit un très-saint homme, *vir bonus et religiosus*, en fut touché, et qu'il fit une loi dans son monastère que toutes les fois que les religieux passeroient dans le cimetière ils feroient une prière et réciteroient au moins l'oraison dominicale pour les défunts. Il y a bien de l'apparence que c'est de là qu'est venue la pratique que nous observons encore aujourd'hui dans les processions des Rogations, dans lesquelles, lorsque nous passons par un cimetière, nous interrompons notre chant, et nous chantons le *Libera* avec l'absolution pour les défunts.

CHAPITRE XXV.

DE HUGUES DE ROCHECORBON, Ier DU NOM,
XXe ABBÉ DE MARMOUTIER.
(1210 — 1227)

Quoique l'Anonyme de Marmoutier fasse naître cet abbé de la ville de Chartres, nous ne pouvons néanmoins douter qu'il ne fût sorti de l'illustre maison des seigneurs de Rochecorbon en Touraine, puisqu'il appelle lui-même son frère Guillaume, seigneur des Roches et sénéchal d'Anjou. Il embrassa la vie religieuse dès ses plus tendres années dans l'abbaye de Marmoutier, où, s'il ne crût pas de corps (car on remarque qu'il étoit petit), il crût au moins en mérite et acquit autant de science qu'il en falloit pour s'acquitter dignement de ses emplois. Après la dimission volontaire de l'abbé Geoffroi, il fut élu comme par miracle pour remplir sa place. Il la remplit effectivement avec tant d'avantage, qu'on ne peut douter que le Ciel ne présidât à son élection.

Il ne se vit pas plus tôt abbé qu'il entreprit un certain Hamon, à qui l'on avoit donné en commende le prieuré d'Arcis dans le diocèse de Troyes, mais qui en dissipoit tous les revenus, qu'il auroit dû conserver avec soin. Il le pressa si vivement qu'il l'obligea de jurer qu'à l'avenir il entretiendroit ce prieuré en bon état, et même qu'il y feroit des améliorations, qu'il retireroit avant la fête de Saint-Remi de l'an 1213, tous les revenus qu'il avoit aliénés, qu'il en payeroit les dettes, qu'il y entretiendroit toujours cent brebis et six bœufs au moins, qu'il soutiendroit la donation qu'il avoit faite autrefois de son héritage de Noër, *apud Noerium*, ou donneroit quelque autre bien qui le valût, et qu'il donna enfin pour garants de son serment Herbert de Dreux, doyen d'Arcis, Remi de Dampierre, Othon de Vinael, Remesius de Gascogne, et Pierre Duchesne ; et se donna lui-même avec tous ses biens au monastère, dont il ne se réserva que l'usufruit durant sa vie. Et afin d'avoir toutes ses sûretés, Hugues obtint des lettres du doyen d'Arcis, qui contenoient ce que nous venons de dire. Elles sont scellées de son sceau, et datées du mois de février de l'an 1241.

L'année suivante, Maurice de Montaigu, seigneur de Quinquiers, qui avoit déjà tant fait de bien au prieuré de Saint-Pierre de Quinquiers, ajouta aux donations qu'il avoit faites, celle de sa vigne de la Porte. Dans le même temps, Hugues seigneur de Montjean et Mathieu son épouse, du consentement de leurs enfants, Brient, Hugues, Béatrice et Eustache, fondèrent un petit prieuré en l'honneur de la Vierge au Bois-Gautier, *ad nemus Galterii*, dont le revenu consistoit en cinq arpents de terre, un petit bois, un arpent de pré, un arpent de vigne et deux autres demi-arpents, avec dix livres de rente. Les lettres de ce seigneur sont datées de Montjean, l'an 1242.

Nous avons déjà vu plusieurs exemples des prieurés donnés en commende aux ecclésiastiques et même aux laïques. Comme on les bâtissoit à proportion du nombre des religieux qui les habitoient, les édifices en étoient ordinairement petits, simples et sujets à beaucoup de réparations. L'envie que les abbés et les religieux avoient de les remettre en bon état leur inspira de les donner en commende à des séculiers, soit ecclésiastiques, soit laïques, qui se donnoient souvent avec une partie de leurs biens à la religion, et qui promettoient d'en acquitter les dettes et réparer les bâtiments. Mais il n'arrivoit que trop de fois qu'ils faisoient tout le contraire, et qu'au lieu de rétablir les prieurés, ils achevoient de les ruiner, s'enrichissoient de leurs dépouilles, et en aliénoient les revenus. Nous en venons de voir un exemple dans le prieuré d'Arcis; celui d'Œuf au diocèse de Boulogne nous en fournit un autre. Il étoit entre les mains des Kerets, personnes de qualité, qui s'enrichissant du revenu, négligeoient tout le reste. Leur exemple excita la cupidité de Gaucher de Châtillon, comte de Saint-Paul. Désirant de jouir d'un revenu qui étoit fort à sa bienséance, il résolut de les en dépouiller. Il savoit que l'on étoit fort mal satisfait à Marmoutier de ces méchants commendataires; persuadé qu'on ne demanderoit pas mieux que de les priver d'un bien dont ils faisoient un si mauvais usage, il y envoya deux ecclésiastiques pour demander en son nom à l'abbé Hugues et à ses religieux le prieuré d'Œuf, promettant de réparer tous les torts qu'ils y avoient faits. Mais comme il n'étoit pas facile de dépouiller des personnes de qualité qui étoient en possession, on ne se pressa point d'écouter sa demande. Ce retardement ne fit qu'échauffer davantage sa passion. Il renvoya une seconde fois les mêmes ecclésiastiques avec une lettre de sa main adressée à l'abbé Hugues, qu'il nomme son seigneur et son cher ami, et à toute sa communauté, pour les prier de lui accorder durant sa vie et durant celle de sa femme le prieuré d'Œuf, s'engageant de les délivrer des mains d'Hérode, c'est-à-dire d'Hugues Keret et de ses frères, de leur payer tous les ans deux marcs d'argent, de leur remettre après sa mort et celle de sa femme le même prieuré avec tous les acquêts qu'ils y auroient faits, s'obligeant de faire tout confirmer par le seigneur du lieu, par le roi Philippe-Auguste, par l'archevêque de Reims, et par les évêques de Boulogne et d'Arras. Enfin il leur promet de rebâtir le prieuré, et d'y faire tant de bien qu'on auroit sujet d'en être content, et qu'il éterniseroit par là sa mémoire.

Hugues ne put résister aux instances réitérées d'une personne si puissante. Il lui accorda tout ce qu'il demandoit, et aussitôt le comte le délivra des Kerets, les obligeant de se défaire du prieuré d'Œuf. Nous avons encore les lettres de Thomas Keret, qui s'étant croisé contre les Albigeois, remet aux religieux de Marmoutier ce prieuré et les autres qu'il possédoit; ce qui fait voir qu'il en possédoit plus d'un, après avoir reçu du bien du prieuré soixante livres pour se dédommager des prétentions qu'il avoit. Ses lettres sont datées de Soissons, l'an 1243.

L'abbé Hugues, se voyant maître du prieuré, l'accorda au comte de Saint-Paul et à son épouse aux conditions qu'ils l'avoient demandé. Leur traité fut confirmé par le roi Philippe-Auguste à Paris, l'an 1213, au mois d'avril. Éberard évêque d'Amiens le confirma aussi au mois de mai suivant, et Albéric archevêque de Reims au mois de juillet. Mais ce comte ne se vit pas plus tôt en possession du prieuré d'Œuf, qu'il oublia ses promesses et les conditions avec lesquelles il l'avoit reçu. Il ne pensa plus qu'à s'enrichir des revenus du bénéfice, d'en jouir paisiblement durant sa vie, et négligea tout le reste. Élisabeth son épouse, qui lui survécut, en eut du scrupule douze ans après. Cette pieuse comtesse, faisant réflexion sur les grands biens qu'ils avoient tirés de ce prieuré sans y en faire aucun, crut sa conscience beaucoup chargée, et craignant la justice du Juge souverain, elle médita sur les moyens d'en éviter la rigueur. Elle n'en trouva point de meilleur que de remettre le prieuré entre les mains de l'abbé et des religieux de Marmoutier, et pour satisfaire aux obligations qu'elle avoit contractées en le recevant avec son mari, et faire en quelque façon une juste restitution de ce qu'ils en avoient touché, elle leur donna tout ce qu'elle possédoit au village de Noun, tant en terrages, chapons, terres labourables, revenus, droits de travers, justice, qu'en toutes autres choses. Elle fit confirmer cette restitution et donation par Adam, évêque de Boulogne. Les lettres de la comtesse sont du jour de la Circoncision de l'an 1225, et celles de l'évêque du même mois et de la même année. L'exemple de cette pieuse comtesse est une belle leçon pour les commendataires de notre siècle, qui possèdent de riches bénéfices, dont bien souvent ils n'emploient les grands revenus qu'à contenter leur luxe et leur vanité, pendant qu'ils laissent les églises dépourvues d'ornements, et les monastères dont ils tirent tant de biens sans réparations. Les intentions des fondateurs, qui n'ont donné de si grands biens aux monastères que pour nourrir un grand nombre de religieux et leur donner moyen de faire des aumônes et des bonnes œuvres, ne les touchent guère. S'ils pouvoient les expulser entièrement de leurs abbayes, et leur ôter le bien destiné pour leur subsistance, ils s'en feroient un mérite et s'en glorifieroient comme d'une action généreuse. Mais lorsqu'il faudra aller rendre compte à Dieu, ils se trouveront bien courts. Ce sera alors qu'ils voudroient avoir été le dernier des moines dont ils ont joui du bien, mais il sera trop tard.

Il semble que l'exemple des Kerets et du comte de Saint-Paul auroit dû ouvrir les yeux de l'abbé et des religieux de Marmoutier, et les empêcher de donner davantage de leurs prieurés en commende. Cependant, à peine la comtesse Élisabeth leur eut-elle remis le prieuré d'Œuf, qu'ils le donnèrent à un certain Étienne Scancion, à condition que dès la première année il emploieroit sept-vingts livres *in herbergagiis*, et cinquante à augmenter le revenu du prieuré, qu'il y entretiendroit toujours un religieux de l'ordre de Marmoutier, *secundum ordinem Majoris Monasterii*, et qu'après sa mort tout le bien qu'il auroit acquis dans le prieuré y resteroit. Il est vrai qu'ils prirent leurs précautions, en le faisant jurer qu'il conserveroit les droits et les biens de la maison, et faisant confirmer leur traité par Adam, évêque de Boulogne, à la juridiction duquel Étienne soumit sa chrétienté, aussi bien que sa personne à l'excommunication et aux autres censures ecclésiastiques s'il manquoit de parole. Les lettres de l'abbé Hugues et de ses religieux sont du jour de la Translation de saint Martin de l'an 1226 ; celles d'Étienne Scancion et la confirmation de l'évêque, du mois d'août de la même année.

Je ne sais si cet Étienne Scancion fut un meilleur économe que les autres, mais je sais bien qu'après lui Geoffroi de Conan, abbé de Marmoutier, et ses religieux, donnèrent en commende le prieuré d'Œuf à Terricus, chapelain de R., comte d'Arras, pour en jouir durant sa vie à condition qu'il y entretiendroit toujours un religieux prêtre de Marmoutier, qu'il retireroit les biens aliénés, qu'il rebâtiroit un moulin qui deux ans auparavant avoit été brûlé, qu'il payeroit tous les ans dix livres à la mense du monastère le jour de la fête de Saint-Martin d'hiver, qu'il recevroit honorablement l'abbé ou celui qu'il enverroit tous les ans pour visiter en son nom le prieuré, qu'il feroit serment de fidélité au monastère, qu'il conserveroit les édifices et tous les biens du prieuré en bon état, qu'il en acquitteroit les charges, et qu'après sa mort il rendroit tout ce qu'il auroit reçu en bon état et sans dettes. Les lettres de Terricus sont du mois de janvier 1246. Ainsi, il semble que ce prieuré a presque toujours été en commende dans le XIII° siècle. Nous n'en avons point parlé jusqu'à présent, parce que nous ignorons le nom des fondateurs et le temps de la fondation. Nous nous sommes un peu écarté à l'occasion des commendes des prieurés, il faut reprendre l'année 1214.

Comme les abbés de Marmoutier faisoient alors grande figure, on les employoit dans les affaires les plus importantes de l'État. Nous avons vu comme Geoffroi de Coursol se rendit garant de la paix entre la France et l'Angleterre, l'an 1196. Dix-huit ans après, Hugues de Rochecorbon, son successeur, que Mathieu Paris appelle *Guido Turpin*, fut employé par le roi Philippe-Auguste pour travailler à faire une trêve entre les deux couronnes. Il l'entreprit avec l'abbé de Saint-Jean d'Angély, il en vint à bout, et elle fut conclue l'an 1214 (1).

L'an 1217, il arriva à Marmoutier un fait mémorable qui mérite d'être rapporté ici. Deux abbés d'Espagne allant au chapitre général à Cîteaux, passèrent par Marmoutier. On les y reçut avec la charité ordinaire. Mais comme ils n'avoient pas toute la mortification prescrite par leur règle et enseignée par leur Père saint Bernard, ils furent choqués de ce qu'on ne leur avoit servi à table que des œufs et des légumes. Les frères convers qui les accompagnoient poussèrent leur insolence plus loin, car ils demandèrent de l'eau pour se laver les mains, qui sentoient, disoient-ils, les oignons. Le jour suivant, les abbés envoyèrent acheter du poisson, et prièrent

---

(1) On trouve dans Rymer et dans le cartulaire de Philippe-Auguste l'acte par lequel Gui Turpin, abbé de Marmoutier, travailla à la trêve entre les deux couronnes (Note du manuscrit de Martène).

celui qui avoit soin des hôtes de le leur apprêter, ce qu'il ne voulut faire qu'après leur avoir rendu leur argent ; ils lui demandèrent ensuite du pain et du vin, et s'en allèrent manger dans une maison séculière à la porte du monastère, quoiqu'ils eussent promis qu'ils ne boiroient et ne mangeroient point qu'ils ne fussent éloignés de l'abbaye. Le chapitre général, informé de la conduite de ces abbés, en fut si scandalisé, qu'il leur imposa pénitence. La pénitence fut qu'ils repasseroient par Marmoutier, et que là ils mangeroient au pain et à l'eau ; que durant un an ils ne mangeroient point de poisson sans une nécessité extrême ; que rendus dans leurs monastères ils y feroient durant trois jours les exercices de la coulpe légère, l'un desquels ils jeûneroient au pain et à l'eau ; et à l'égard des frères convers, il ordonna que du monastère de l'Aumône, qu'on appelle aujourd'hui le Petit-Cîteaux, ils viendroient à pied à Marmoutier, qu'ils y recevroient la discipline dans le chapitre à la discrétion de celui qui y présideroit, et qu'ils feroient comme les abbés abstinence de poisson durant un an. Et afin que tout cela s'accomplît exactement, on enjoignit à l'abbé de Lorroux de les conduire lui-même à Marmoutier, et d'y lire publiquement dans le chapitre cette définition.

L'an 1248, Beatrix, dame de la Roche-sur-Yon, donna aux religieux de Marmoutier qui desservoient le prieuré de Saint-Leonius de la Roche-sur-Yon, leur chauffage à prendre dans ses forêts et soixante sols de rente. Et en reconnoissance les religieux lui promirent d'ajouter un religieux au nombre ordinaire dans ce prieuré, qui prieroit Dieu pour elle et pour son fils, et qui même pourroit célébrer les divins mystères dans la chapelle de son château, si on avoit la dévotion d'y en bâtir une.

Comme les reliques de saint Leonius, disciple de saint Hilaire, évêque de Poitiers, sont conservées dans le prieuré de la Roche-sur-Yon, et qu'elles sont en grande vénération dans tout le pays, Brient de Montaigu donna aux religieux qui le desservoient vingt sols de rente pour entretenir jour et nuit une lampe ardente devant le corps du saint. Agnès son épouse et Jocelin et Maurice ses fils confirmèrent cette fondation, qui fut faite l'an 1228 (1).

En ce temps-là, les monastères souffroient de grandes vexations de plusieurs seigneurs qui exigeoient d'eux des droits de gîte, qu'ils appeloient *procurations*, sans autre titre que celui qu'ils s'étoient acquis par leurs violences. Ceux qui avoient un peu de conscience, voyoient bien que ce droit prétendu n'avoit aucun fondement, et y renonçoient de bonne foi. Thibaud, comte de Blois et de Clermont, craignant d'avoir excédé dans les gîtes qu'il avoit pris dans les prieurés de Chambon, de Chouzy, d'Orchèze, de Villebelford et de Morée, du consentement de Clémence son épouse, y renonça de son plein gré, et déclara par ses lettres, données à la Ferté-Villeneil, le 18 d'avril 1218, que ces prieurés à l'avenir seroient exempts de lui donner aucun de ces gîtes. Le même jour, il écrivit une lettre à B., comtesse de Troyes palatine, par laquelle il lui marque la crainte qu'il avoit d'avoir excédé, lui et ses prédécesseurs, en exigeant ce droit de procuration, et la prie par l'amour qu'elle avoit toujours eu pour lui de confirmer la renonciation qu'il avoit faite à ce droit. Marguerite, qui lui succéda dans le comté de Blois, et Gautier d'Avesnes son mari, la confirmèrent aussi par leurs lettres datées du mois de mai de l'an 1220. Honoré III, qui tenoit alors le souverain pontificat, et qui y avoit succédé à Innocent III dès le 17 juillet de l'an 1216, la confirma aussi par une bulle donnée à Viterbe le x des calendes de mai l'an IV de son pontificat, c'est-à-dire le 22 d'avril de l'an 1220.

Nous avons plusieurs autres bulles du même pape, données la même année en faveur de l'abbaye de Marmoutier. La première à Viterbe, le 29 d'avril, confirme au monastère le fief de Saint-Martin de Châteaudun, appelé communément Chemars, qui lui avoit été donné par Thibaud comte de

---

(1) La fête de saint Leonius se faisoit dans l'église de Marmoutier le premier février. (Note du manuscrit). — Voyez, au sujet du prieuré de Saint-Lienne, les *Recherches historiques sur l'ancienne seigneurie de la Roche-sur-Yon*, par M. l'abbé AUBER. (C. Ch.)

Blois. Par la seconde, donnée aussi à Viterbe le 2 mai, il défend de bâtir aucune chapelle ou église dans les paroisses où les religieux de Marmoutier ont droit de patronage, ni de rien faire qui soit contraire ou puisse préjudicier à leurs droits. La troisième, donnée au même lieu le 20 de mai, défend à toutes personnes tenant des biens de l'abbaye ou des dépendances de Marmoutier soit à ferme ou autrement, de les séquestrer à leur profit et d'employer pour cela l'autorité des puissances du siècle, sous peine de damnation éternelle. Il y a bien de l'apparence que cette bulle a été donnée contre les prieurs commendataires, qui souvent, au lieu de retirer les biens aliénés des prieurés qu'on leur avoit confiés, les aliénoient eux-mêmes. La quatrième, du 14 mai, permet aux religieux de Marmoutier, tant dans l'abbaye que dans les prieurés, de percevoir les dîmes novales dans les lieux où ils sont patrons et où ils sont en possession de recevoir les grandes et anciennes dîmes.

En ce temps-là, Juhel, seigneur de Mayenne, étant sur le point de partir pour aller contre les Abigeois, confirma toutes les donations que ses ancêtres avoient faites à Marmoutier, par une charte datée de l'an 1219 et scellée de son sceau ; et par une autre de la même année, il leur donne le droit de prendre dans ses forêts tout le bois dont ils pourront avoir besoin pour leur usage. Nous avons encore de ce seigneur une lettre sans date, adressée à sa très-chère mère, à Guillaume de Mayenne son oncle, à Guillaume d'Arguenai et à tous ses baillis, par laquelle il reconnoît de bonne foi qu'il a fait de grands torts au prieuré de Saint-Étienne de Mayenne ; mais que, pressé par les avis de l'archevêque de Tours, qui l'avoit souvent prié de les réparer et de restituer les revenus dont il s'étoit rendu maître, s'il vouloit expier ses péchés, il les prie de protéger le prieur et les religieux de cette maison, déclare qu'il leur rend certains droits qu'ils avoient dans ses bois, ordonne qu'on leur donne pour la réparation de leur église cent sols qu'il leur avoit accordés pour cet usage, et qu'ils soient pris sur ses premiers revenus, et enfin qu'ils aient soin de retirer leur croix qu'il avoit engagée, et qu'on leur rende au plus tôt.

Il y avoit déjà longtemps que Savari de Mauléon et ses prédécesseurs vexoient le prieuré de Fontaines au diocèse de Luçon par des procurations et d'autres droits qu'ils exigeoient contre toute sorte de justice, lorsque Dieu lui ouvrit les yeux et lui fit connoître l'injustice de ses exactions. Il avoua sincèrement qu'elles ne lui étoient point dues, qu'il n'y avoit aucun droit que celui qu'il s'étoit acquis de sa propre autorité et qu'il s'étoit conservé par violence. Pénétré de la frayeur des jugements de Dieu, qui ne laisse rien impuni, et voulant pourvoir à la sûreté de sa conscience, il renonça volontairement tant pour lui que pour ses successeurs, à tous les droits qu'il prétendoit avoir sur ce prieuré et sur ses dépendances, et comme il étoit persuadé que ce dessein lui avoit été inspiré de Dieu, il le fit confirmer par Guillaume, évêque de Poitiers, l'an 1224. L'année suivante, Everard, évêque d'Amiens, prit sous sa protection les religieux de Marmoutier qui desservoient le prieuré de Notre-Dame de Sarton, et confirma tous les biens qu'ils possédoient.

L'an 1224, Guillaume de Montfort accorda à ceux qui demeuroient dans le prieuré d'Infindic de prendre dans sa forêt de Tremelin tout le bois dont ils auroient besoin pour se chauffer et se bâtir, et confirma les donations qui leur avoient été faites par Raoul de Montfort son prédécesseur. Cette même année, le pape Honoré III confirma à Marmoutier la donation qu'y avoit faite Guillaume de Brennes, seigneur des Roches, d'un chemin qui alloit de Meslay dans les bois de Marmoutier.

Brient de Montaigu, fils de l'illustre Maurice de Montaigu dont la mémoire doit être en bénédiction dans le prieuré de Quinquiers, imitant la piété et la libéralité de son père, donna l'an 1225 aux religieux de Marmoutier qui le desservoient, sa forêt de Falordam pour procurer quelque soulagement à son père, sa mère, ses ancêtres, et à son fils Girard qui étoit déjà mort. Il fit cette donation du consentement d'Agnès son épouse, de Joscelin, Herbert et Maurice ses fils. Dans le même temps, Beatrix, dame de la Roche-sur-Yon, pour terminer les différends qui étoient entre l'abbé et les religieux de Marmoutier, et l'abbé et les religieux de Fontenelles, en ce temps-là du diocèse de Poitiers et aujourd'hui du diocèse de Luçon, lesquels plaidoient depuis longtemps devant les juges qui leur avoient été désignés par le Saint-Siège, donna à l'abbé et aux religieux de Marmoutier du prieuré de la Roche-sur-Yon tout ce qu'elle avoit de domaine et de droit dans tous les airauds, *in omnibus airaudis*, qui touchoient à leur maison. Les lettres de cette dame sont du mois de juin de l'an 1225.

Comme les droits de gîtes étoient fort à charge aux monastères, et qu'ils étoient très-mal fondés, les religieux faisoient tout ce qu'ils pouvoient pour s'en délivrer ; et les seigneurs mêmes qui avoient un peu de conscience et qui en voyoient l'injustice, y renonçoient d'eux-mêmes pour mettre leur salut en sûreté. Raoul, vicomte de Beaumont, en considération des services que les religieux de Marmoutier qui demeuroient dans le prieuré de Vivoin, lui avoient rendus, leur remit celui qu'il avoit coutume d'exiger d'eux, et Richard son fils aîné confirma sa renonciation par des lettres scellées de son sceau, et datées de l'an 1226. L'année suivante, au mois de juillet, Girard de Chartres, qui prend la qualité de *miles*, du consentement d'Emiessendis sa mère, d'Isabelle sa femme, de ses fils Girard, qui porte aussi la qualité de *miles*, Guillot et Roscelin, d'Alise et de Marie ses filles, de Philippe et de Jacques ses frères, renonça aussi au droit de gîte qu'il prétendoit avoir une fois tous les ans au prieuré de l'Eston, et que l'abbé de Marmoutier lui contestoit.

Cette même année 1227, au mois de mai, Savari d'Antenoise, *de Altanosia*, donna aux religieux de Marmoutier qui desservoient le prieuré de Ballée au diocèse du Mans, le four banal de Ballée. Nous n'avons point parlé jusqu'à présent de ce prieuré, dont il semble qu'on doive rapporter l'origine à Hardouin prêtre de Ballée, qui s'étant fait religieux à Marmoutier y donna son église de Ballée avec les dîmes, les sépultures, les terres, les prés et les bois qui lui appartenoient. Haimon de l'Etrée et son épouse, Hamelin d'Antenoise et Domule son épouse, et Herbert Bodin son frère, confirmèrent cette donation, parce que c'étoit d'eux qu'Hardouin tenoit tout ce qu'il donna à Marmoutier. On ne sait point le temps de la fondation.

Nous ne savons pas si l'abbé Hugues étoit encore en vie lorsque Savari d'Antenoise fit cette donation. Nous avons plusieurs actes de lui de l'an 1226. Il a pu vivre encore une partie de 1227; mais il est constant qu'il n'a pas accompli cette année, dans laquelle nous lui trouvons un successeur. Nous avons encore de lui des lettres sans date par lesquelles il admet à la participation des bonnes œuvres qui se pratiquoient tant dans l'abbaye de Marmoutier que dans les prieurés, en messes, psalmodie, oraisons, veilles, jeûnes, aumônes, disciplines, Guillaume sénéchal d'Anjou, Marguerite de Sablé et tous les bourgeois de Sablé, en considération de la prompte volonté avec laquelle ils s'étoient portés à payer les décimes qu'ils devoient au prieuré de Saint-Nicolas, sans attendre qu'on les y contraignit par les voies de la justice.

Voilà les principales choses que nos mémoires nous fournissent de l'abbé Hugues de Rochecorbon. Il renfermoit dans un petit corps une âme noble et élevée. Il étoit bon, économe et naturellement porté à entreprendre de grandes choses. Il étoit magnifique, et avoit de l'inclination pour les bâtiments. Ce fut lui qui fit bâtir les deux belles portes qui sont du côté de la Loire, l'une en forme de crosse, et l'autre en forme de mitre, pour marquer le pouvoir de se servir de l'une et de l'autre (1). Il

(1) De tous les monuments élevés à Marmoutier par l'abbé Hugues de Rochecorbon, il ne reste plus aujourd'hui que le portail de la Crosse. « Un mur d'une énorme épaisseur, dit M. des Moulins, ou plutôt un massif quadrilatère très-allongé, est percé d'un vaste portail ogival à cinq retraits profonds, bordés de tores et de colonnettes, encadrés d'une archivolte supplémentaire, saillante sur le nu du mur. Au-dessus du portail, une console, veuve de son fardeau vénéré, supportoit jadis une statue de saint Martin. Puis, au-dessus d'une robuste corniche, s'élève, sur toute la longueur du massif, l'édicule élégant qui servoit à la fois à l'ornement et à

bâtit encore les grandes écuries, et au-dessus des greniers. La grange qui est tout auprès est aussi un de ses ouvrages. Elle est peut-être la plus belle qui soit dans le royaume, soit qu'on en considère la longueur et la largeur, soit qu'on en admire la structure. Mais ce qui doit rendre sa mémoire éternelle dans l'abbaye de Marmoutier, c'est que ce fut lui qui entreprit le bâtiment de notre église dont il éleva les deux tours et acheva les quatre premières voûtes de la nef. Son inclination pour les bâtiments ne se borna point dans l'abbaye, il la fit encore éclater dans ses dépendances. Il fit bâtir la grange de Meslay avec l'entrée et le colombier, et entoura l'enclos de murailles (1). Il répara aussi les anciens édifices de Loroux et y en fit de nouveaux, une salle, une grange et des murailles tout autour. Il en augmenta les revenus, et acquit au prieuré de Fontaines ou racheta quelques héritages de Savari de Mauléon.

Je ne sais si les deux portes qu'il fit bâtir n'excitèrent point la passion de l'archevêque de Tours ; mais je sais bien que ce prélat lui disputa le droit de porter la crosse et la mitre. Hugues, partout humble et prudent, ne voulut point contester : persuadé que les mitres sont plus à charge qu'elles n'ont de commodité, il se contenta de l'autorité dont elle est le symbole, sans marquer trop d'opiniâtreté à la vouloir porter.

la défense de l'entrée. Douze fenêtres rectangulaires, assez étroites pour jouer le rôle de meurtrières, et surmontées d'une corniche à modillons pressés, s'ouvrent sur le front qui regarde la Loire. Cette longue salle, semblable en grand aux *beffrois* militaires des petites églises pyrénéennes, contenoit la garnison nécessaire à la défense de la porte. — Tout auprès, à l'ouest, et lié par un pan de mur au massif de la porte, s'élève un donjon polygonal soutenu par deux puissants contreforts dont l'un se termine en une tourelle basse, coiffée d'une pyramide octogone en pierre. L'autre, d'une dimension plus forte, est surmonté d'un délicieux clocheton hexagone en forme de tourelle, formant encorbellement, percé sur chaque face de trois rangs de meurtrières tréflées, décoré de frontons aigus et sommé d'une flèche en pierre aux arêtes ornées de crochets. Une galerie, d'où l'œil embrasse un immense panorama, couronne le second rang de meurtrières et entoure la base de la flèche. C'étoit là la tour du guet, le véritable beffroi de l'abbaye. *Marmoutier en* 1847. (C. Ch.)

(1) Le portail et la grange de Meslay, près de Tours, subsistent toujours. Ce sont deux œuvres admirables du commencement du XIII° siècle. (C. Ch.)

Sa conduite le rendit aimable à ses frères, qui firent paroître l'amour et le respect qu'ils avoient pour lui dans les obsèques solennelles qu'ils lui firent. Elles surpassèrent tout ce qui s'étoit fait dans les enterrements de ses prédécesseurs. Sa mort eut du rapport à sa vie, et donna lieu de croire pieusement qu'il ne quitta la terre que pour être reçu dans la gloire. Son corps fut enterré dans le chapitre, et l'on mit sur lui une fort belle tombe qui fut un monument à la postérité de ses vertus.

CHAPITRE XXVI.

DE GEOFFROI II,
XXIᵉ ABBÉ DE MARMOUTIER.
(1227 — 1229)

Geoffroi II a gouverné si peu de temps l'abbaye de Marmoutier, et les monuments qu'il a laissés de lui sont si modiques, qu'il ne faut pas s'étonner si l'Anonyme de Marmoutier et après lui M. Robert l'ont omis dans le catalogue qu'ils ont fait de nos abbés. Il succéda à l'abbé Hugues de Rochecorbon au moins l'an 1227. Car nous avons de lui un acte daté de cette année, par lequel il confirme une transaction faite entre Geoffroi de Coursol son prédécesseur, et la femme de Geoffroi *Sans-Avoir* et ses enfants touchant les dîmes de Geurra ou Gorra qui appartenoient au prieuré de Saint-Nicolas de Villepreux. Ce titre ne contient rien de singulier que le sceau de l'abbé, où il est représenté d'un côté revêtu de ses habits sacerdotaux, tenant un livre de la droite et sa crosse de la main gauche, avec cette inscription : S. GAUFRIDI ABBATIS MAJORIS MONASTERII. De l'autre côté il est représenté avec son habit religieux, la tête nue toute rase, le capuchon tombé sur ses épaules, fait à peu près comme celui que portent aujourd'hui les chartreux, avec cette inscription : SIGILLUM GAUFRIDI ABBATIS. L'on y voit aussi le sceau du chapitre où saint Martin est représenté en habits pontificaux avec son pallium, sans crosse et sans mitre, avec cette inscription : SIGILLUM SANCTI MARTINI MAJORIS MONASTERII.

Grégoire IX monta sur le siège de saint Pierre la même année que Geoffroi fut élu abbé de Marmoutier, et dès la première année de son pontificat il donna une bulle à Orviète le 2 de novembre, par laquelle il confirme toutes les libertés, immunités, priviléges et grâces accordés au monastère par les papes ses prédécesseurs, aussi bien que par les rois et les princes. Trois semaines (après), il défendit par une autre bulle de donner les prieurés aux séculiers. Mais l'année suivante il en donna une plus ample à Pérouse le quatrième du mois d'août, par laquelle il confirme en particulier tous les priviléges accordés à l'abbaye de Marmoutier par ses prédécesseurs Urbain II, Paschal II, Calixte II, Eugène III, Alexandre III. Elle est signée par le pape et par dix cardinaux. Comme elle ne contient que ce qui se trouve dans les bulles de ces papes, nous ne nous étendrons pas ici à en faire le détail.

Geoffroi, évêque de Saint-Malo, se joignit au pape pour empêcher les vexations des puissances séculières qui s'emparoient par violence des biens du monastère, comme nous apprenons d'un titre de l'an 1227. Mais ses foudres ne firent pas grand'peur à des personnes accoutumées à se faire craindre eux-mêmes. Nos mémoires ne nous fournissent rien davantage de l'abbé Geoffroi, qui en 1229 avoit un successeur.

L'an 1228, le pape ayant nommé des commissaires pour examiner et juger les différends qui étoient entre l'abbé de Marmoutier et les religieux du prieuré de Neuport en Angleterre au diocèse de Lincoln, qui, du consentement des parties, prononcèrent une sentence qui porte : 1° que l'abbé a droit de nommer un prieur, lorsque le siége est vacant, qu'il ne pourra toutefois ôter sans raison ; 2° que le prieur visitera tous les trois ans l'abbaye de Marmoutier, mais que s'il ne donne rien, qu'on n'exigera rien de lui ; 3° que tous les ans on fera la visite du prieuré par un religieux anglois nommé par l'abbé ; 4° que le prieur entretiendra douze religieux dans son monastère ; 5° que lorsque quelque moine viendra à mourir, le prieur remplira sa place d'un digne sujet, qui ira faire profession à Marmoutier ; 6° que l'abbé a droit de changer les religieux quand il lui plaît. Quelques années après, l'abbé Geoffroi étant informé qu'Olivier, prieur de Neuport, dissipoit les biens du prieuré, il lui donna ordre de se retirer à celui de Mortain au diocèse d'Avranches, et sur le refus qu'il fit, il l'excommunia, et le pape Innocent IV confirma l'excommunication.

CHAPITRE XXVII.

DE GUÉRIN,
XXII° ABBÉ DE MARMOUTIER.
(1229 — 1232)

Le gouvernement de l'abbé Guérin ne fut guère plus fameux que celui de son prédécesseur. Il a été inconnu à l'Anonyme et à M. Robert qui n'en parlent point dans leurs catalogues des abbés de Marmoutier. Nous ne le connoissons que par quelques titres que nous avons de lui de l'an 1229 et 1232, qui ne sont de nulle conséquence. De son temps, Eudes, fils du comte de Bretagne, restitua aux religieux de Marmoutier qui desservoient le prieuré de Saint-Martin de Joscelin, la terre qu'on appeloit *la Vigne du vicomte Geoffroi*, qu'ils avoient donnée en commende à ce vicomte et à sa femme, pour y planter une vigne; et en reconnoissance, ils lui remirent le cens de quatre places qu'il leur avoit prises avec ses fossés. Les lettres d'Eudes sont de l'an 1234. Nous en avons d'autres de la même année par lesquelles ce prince leur donne un moulin à tan pour faire son anniversaire, et choisit leur église pour le lieu de sa sépulture.

Dans le même temps, Grégoire IX adressa une bulle donnée à Latran le 2 d'avril, aux archevêques de Tours, de Reims, de Bordeaux et de Sens, et à leurs suffragants, par laquelle il leur marque avec combien de douleur il a appris le mépris que l'on faisoit des censures ecclésiastiques, et les outrages que les religieux recevoient de la part des séculiers, sans que personne s'opposât à leurs vexations ; que les religieux de Marmoutier lui ayant fait leurs plaintes sur celles qu'ils souffroient, il les exhorte et leur commande de s'opposer vigoureusement à ceux qui ravissoient leurs biens, qui empêchoient qu'ils ne jouissent des legs qu'on leur laissoit par testament ; qui, contre les priviléges du Saint-Siége, les excommunioient ou les interdisoient, exigeoient les dîmes des biens provenant des terres qu'ils défrichoient eux-mêmes; et si c'étoient des laïques, de les excommunier; si c'étoient des clercs ou des réguliers, de les suspendre de leur office et bénéfice jusqu'à ce qu'ils eussent fait satisfaction, et d'envoyer au Saint-Siége avec des lettres de leurs évêques ceux qui auroient été excommuniés pour les avoir frappés.

Quoique les vexations que souffroient les religieux de Marmoutier fussent grandes, le pape ne croyoit pas qu'elles dussent les exempter de pratiquer les œuvres de charité. En ce temps-là, l'Église de Tours étoit réduite dans un état pitoyable par la négligence des archevêques, qui l'avoient endettée avec tant d'excès, qu'à peine le revenu de l'archevêché pouvoit suffire pour payer l'intérêt de l'argent qu'ils devoient. Le pape fut touché d'une si grande misère, dont les évêques et les abbés de la province lui avoient donné avis. Il en écrivit à l'abbé et aux religieux de Marmoutier pour les prier d'assister de leur bien l'archevêque, et, sans préjudice pour l'avenir,

les exhorte à subvenir à ses nécessités par une somme au moins de cent livres.

CHAPITRE XXVIII.

DE HUGUES II,
XXIII° ABBÉ DE MARMOUTIER ET ENSUITE DE CLUNY,
PUIS ÉVÊQUE DE LANGRES.

(1232 — 1236)

Cet abbé a échappé à tous ceux qui ont fait des catalogues des abbés qui ont gouverné le monastère de Marmoutier. M. Robert l'a confondu avec Hugues de Rochecorbon. Mais Geoffroi et Guérin, qui ont été successivement abbés entre deux, nous montrent qu'il faut nécessairement les distinguer. Les monuments du monastère ne nous fournissent rien de lui, ce qui apparemment a donné lieu à l'omission. Nous ne pouvons néanmoins douter qu'il ne l'ait été, puisque nous trouvons dans les archives de l'Église de Tours une de ses lettre adressée à l'archevêque Juhel, par laquelle il s'excuse de ne pouvoir assister au synode de l'an 1236. Et d'ailleurs, la plupart de ceux qui ont écrit des évêques de Langres et des abbés de Cluny nous en assurent. MM. de Sainte-Marthe et M. Robert, dans leur *Gallia christiana*, les deux Chroniques qui se trouvent dans la *Bibliothèque de Cluny* imprimées par les soins de M. Duchesne, et une troisième manuscrite que j'ai vue à Cluny écrite peu après la mort de cet abbé, le disent fort nettement. Mais quoiqu'il y ait apparence qu'il n'a été que fort peu de temps abbé de Marmoutier, il n'a pas laissé dans ce peu de temps d'y donner des preuves de son zèle pour la régularité ; car nous croyons probablement que c'est lui qui fit renouveler par le pape Grégoire IX l'ordonnance du pape Clément III, qui défend de servir de la viande aux hôtes dans l'enclos du monastère, parce, dit le souverain pontife, que la règle de saint Benoît le défend, et qu'on n'a pas coutume d'y en manger hors les cas permis par la règle, c'est-à-dire les maladies. La bulle de Grégoire est datée de Viterbe, le 15 de mars de l'an ixe de son pontificat, qui revient à l'an 1236, qui fut celui qu'il passa de l'abbaye de Marmoutier à celle de Cluny par la résignation que lui en fit Étienne de Bergi ou de Vergi (1).

La première Chronique de Cluny dit que ce fut par un effet singulier de la bonté et de la providence divines qu'il fut élu abbé, ce qui fait voir que l'on fut content de son administration. En effet, il fit des acquisitions considérables pour son monastère, dont on peut voir les titres dans la *Bibliothèque de Cluny* (2). Il gouverna ce monastère environ huit ans, et fut élu évêque de Langres l'an 1244 (3). L'année suivante, il assista au concile général de Lyon, auquel présida le pape Innocent IV, qui eut soin d'y faire ramasser tous les privilèges que les empereurs avoient accordés au Saint-Siége, et d'en faire faire des copies scellées du sceau de quarante prélats, parmi lesquels on y voit celui de Hugues, évêque de Langres, lesquelles copies furent déposées dans le chartrier de l'abbaye de Cluny. Hugues ayant accompagné saint Louis dans son voyage de la Terre-Sainte, il y mourut à Damiette environ l'an 1250. Il y a apparence qu'il est le même que l'abbé Hugues de Sales, dont il est parlé dans la préface des Statuts de Marmoutier, dressés l'an 1426, par Jean Tirel, car nous ne trouvons point d'autre abbé de ce nom.

---

(1). Anno 1236, resignavit D. Stephanus de Berriaco, et D. Hugo, abbas Majoris Monasterii electus est. *Biblioth. Cluniac.*, pag. 1626 et 1666.

(2) Pag. 1505 et seqq.

(3) Anno 1244, D. Hugo abbas in Lingonensem episcopum assumptus est, et D. Guillelmus, prior de Charitate, electus est. *Biblioth. Cluniac.*, pag 1665. (Note du manuscrit.)

CHAPITRE XXIX.

DE GEOFFROI DE CONAM, III° DU NOM,
XXIV° ABBÉ DE MARMOUTIER.
(1236 — 1262)

Comme le gouvernement de Geoffroi de Conam fut plus long que celui de ses prédécesseurs, aussi fut-il beaucoup plus fécond ; mais s'il fut plus fécond en événements, on peut dire qu'il fut aussi plus fécond en misères, puisque nous y allons voir ce monastère fameux, où la piété régnoit depuis plus de deux cent cinquante ans, enrichi des libéralités des rois et des princes, protégé par leur autorité, et considéré même dans les royaumes étrangers, nous allons, dis-je, le voir affoibli dans son observance, et persécuté par les puissances du siècle dans son chef, dans ses membres, dans ses biens. Depuis le rétablissement de l'observance, qui se fit l'an 982, nous avons remarqué une sainte émulation dans la plupart des grands du siècle, dans les évêques et dans les archevêques, à faire du bien à l'abbaye de Marmoutier ; et tant de prieurés dont nous avons rapporté les fondations, sont autant de monuments de cette libéralité avec laquelle ils sembloient s'épuiser pour enrichir ce monastère, fondé par l'humble et le pauvre saint Martin. Mais enfin la chance va tourner, et ceux qui auroient dû le protéger vont devenir ses plus cruels ennemis.

Geoffroi, III° du nom, naquit dans le comté de Blois. Son surnom de Conam marque ou le lieu de sa naissance, ou peut-être celui dont son père étoit seigneur. Il succéda à l'abbé Hugues l'an 1236 auquel nous trouvons une transaction faite par Geoffroi, abbé de Marmoutier, avec André de Vitré, pour le rétablissement du prieuré de Sainte-Croix de Vitré, qui avoitété ruiné par les troupes de ce seigneur et par celles du roi dans les guerres que la France avoit eues avec le comte de Bretagne. Par cette transaction, André de Vitré donne à l'abbé Geoffroi et au prieur de Sainte-Croix cent cinquante livres pour rebâtir l'église et le cloître du prieuré, et permission de prendre dans ses forêts tout le bois dont ils auroient besoin pour rétablir leurs édifices. Et parce que les vassaux du prieuré n'avoient pas été moins incommodés que les religieux, pour réparer les pertes qu'il leur avoit fait faire dans cette guerre, il leur donna aussi cent cinquante livres, avec des places pour se rebâtir ailleurs, et les dédommager de celles qu'il avoit prises sur eux pour faire des fossés et se fortifier. Il leur remit encore à perpétuité quinze livres sur la somme de vingt livres de taille qu'il avoit coutume de lever tous les ans dans le bourg de Sainte-Croix, se contentant qu'à l'avenir ils ne lui payassent plus que cent sols de taille. Les lettres de cette transaction, que l'abbé Geoffroi donna à André de Vitré, sont de l'an 1236 ; mais celles que ce seigneur donna à l'abbé ne sont datées que de l'année suivante, peut-être lorsqu'il paya les sommes dont il étoit convenu.

Celles de l'abbé sont scellées d'un nouveau sceau où saint Martin est représenté d'un côté dans son siége, revêtu de ses habits pontificaux, la mitre en tête, la crosse en main, levant sa droite comme pour donner sa bénédiction, avec cette inscription : S. MARTINUS, et ces deux lettres au-dessus à ses deux côtés, A Ω, et au-dessous deux étoiles, et avec cette inscription aussi autour du sceau : SIGILLUM S. MARTINI MAJORIS MONASTERII TURONENSIS. De l'autre côté on y voit une main avec cette inscription : RENOVATUM ANNO DOMINI MCCXXXVI (1).

Ce changement de sceau ne se fit pas sans raison ; quelques-uns croiront peut-être que les persécutions que les

_____
(1) D. Martène donne ici p. (770 de son manuscrit), les dessins du sceau du monastère et du sceau de l'abbé Geoffroi (C. Cb.).

comtes de Blois firent au monastère, y donnèrent occasion ; mais il y a plus d'apparence qu'il se fit à cause de la friponnerie de quelques méchants religieux, qui dans le temps de la vacance du siége abbatial, qui fut assez long, s'emparèrent furtivement du sceau du monastère, et s'en servirent sans le consentement de la communauté pour sceller des lettres d'emprunt qu'ils donnèrent à leurs créanciers au grand préjudice du monastère : attentat qui donna lieu à un rescrit du pape Grégoire IX, adressé à l'abbé de Bourgmoyen de Blois pour punir les coupables, donné à Viterbe aux ides du mois de juillet de l'an xi de son pontificat, c'est-à-dire l'an 1237. Ce rescrit nous apprend encore que l'abbé et la communauté ayant donné pouvoir à certains religieux de faire des emprunts pour dégager les prieurés qui étoient endettés, ils avoient employé cet argent à d'autres usages selon leur caprice, ce que le pape ordonne être puni.

Je ne sais si ces méchants moines ne seroient point Simon Morel, Simon Cocard, Clément de Gonesse et ceux qu'ils attirèrent dans leur parti, lesquels étant sortis du monastère erroient comme des vagabonds par le royaume au grand scandale des séculiers, qui ne peuvent souffrir que les religieux soient autres qu'ils doivent être. L'évêque d'Ostie leur ayant commandé par ordre du pape Innocent IV de se retirer dans leur monastère pour y être punis selon que leur faute méritoit, au lieu d'obéir ils eurent la témérité d'aller à la cour, qui se tenoit alors à Lyon, et de se présenter eux-mêmes devant le Saint-Père, qui les fit chasser et donna ordre à l'archevêque de Tours de les faire rentrer dans leur cloître pour y subir la discipline régulière; mais ils ne se rendirent pas plus à ce commandement, qu'ils avoient fait à celui du cardinal d'Ostie. Innocent, informé de leur obstination, les fit encore avertir par le cardinal de Saint-Côme et de Saint-Damien de se retirer, et afin de leur ôter tout prétexte, il fit dire à l'abbé et aux religieux de Marmoutier par le doyen de Saint-Étienne de Troyes, de les recevoir et de les traiter avec miséricorde. Mais des libertins ne se réduisent point si aisément ; c'est pourquoi le pape ayant su qu'ils étoient cachés dans Lyon, et qu'ils ne vouloient point obéir à ses ordres, les fit excommunier par ce cardinal, et commanda à l'abbé de Vendôme de tâcher de les ramener à leur devoir; et même d'employer à cela, s'il étoit nécessaire, le bras séculier. Mais tous ces ménagements ayant été inutiles, Innocent, par un excès de bonté, leur fit dire par le cardinal de Tuscule, que puisqu'ils ne vouloient pas retourner dans leur monastère, ils entrassent au moins dans une autre religion pour y vivre conformément aux lois de leur état, sinon qu'on les renferme dans un lieu pour y faire une pénitence perpétuelle. C'est ce que nous apprenons d'une bulle du pape Innocent IV adressée au cardinal de Tuscule, donnée à Lyon l'an cinquième de son pontificat, c'est-à-dire l'an 1247, qui nous fait voir combien l'on a de peine à ramener dans le bon chemin les religieux qui se sont une fois égarés.

Je reviens à l'abbé Geoffroi, qui obtint l'an 1236 une bulle du pape Grégoire IX, contre certains évêques et archevêques qui, sous prétexte de visites, exigeoient des procurations non-seulement dans les prieurés et églises paroissiales qui dépendoient du monastère, mais encore dans les granges (1), parce qu'il y avoit des chapelles ou oratoires où les religieux qui les faisoient valoir célébroient quelquefois les saints mystères. Le pape, considérant que c'étoit là rendre odieuses les visites, qui n'ont été établies que pour procurer le bien dans les maisons qu'on visite, et que c'étoit là faire un poison du remède, défendit à ces prélats, sous peine d'encourir l'indignation de Dieu et des apôtres saint Pierre et saint Paul, de rien entreprendre de semblable. La bulle est de l'an x de son pontificat, qui revient à 1236.

Geoffroi passa l'année suivante en Angleterre pour y visiter les prieurés qui dépendoient de son abbaye. Étant en celui de la Trinité d'York, le prieur nommé Étienne fit serment de

---

(1) On entendoit par *grange* un domaine rural. Ce nom est resté à beaucoup d'exploitations. (C. Ch.)

fidélité entre ses mains sur les saints Évangiles le premier jour de juin ; car c'étoit la coutume, surtout en Angleterre, que les nouveaux prieurs qui étoient établis par l'abbé fissent un semblable serment entre ses mains. Nous en avons plusieurs exemples. Isembert, prieur d'York, le fit dans le prieuré de Mentenai l'an 1242 ; Renulfe, sur la fin de la même année, à Marmoutier ; Guillaume en 1248, et Geoffroi en 1249, aussi à Marmoutier. Par ce serment ils promettoient : 1° de lui obéir ; 2° qu'ils ne travailleroient et ne consentiroient jamais que leur monastère fût soustrait de la juridiction de l'abbaye de Marmoutier ; 3° qu'ils recevroient avec honneur l'abbé et ceux qui viendroient en son nom en Angleterre ; 4° qu'ils ne contribueroient jamais, ni par leur conseil, ni par leur secours, ni par leurs actions, à les faire prendre prisonniers, mais de les défendre plutôt contre tous ceux qui les attaqueroient ; 5° qu'ils visiteroient tous les deux ans l'abbaye de Marmoutier ; 6° qu'ils viendroient au chapitre général toutes les fois qu'ils y seroient appelés ; 7° qu'ils n'aliéneroient ni engageroient en aucune manière les biens du prieuré sans le consentement de l'abbé. Dans la suite on ajouta à ce serment : 8° qu'ils ne révéleroient pas les secrets que l'abbé leur confieroit ; 9° qu'ils observeroient fidèlement le statut fait par Philippe, archevêque de Bourges, qui portoit qu'on ne recevroit point de religieux qui n'eussent été admis dans le chapitre de Marmoutier. L'on prenoit toutes ces précautions avec les Anglois, tant à cause de la légèreté de cette nation, que parce qu'il étoit à craindre que les guerres allumées entre les deux couronnes ne causassent un schisme parmi les religieux.

Le voyage que l'abbé Geoffroi fit en 1237 en Angleterre n'empêcha point qu'il n'obtînt la même année deux rescrits du pape Grégoire pour établir le bon ordre dans les prieurés de sa dépendance. Par le premier, adressé à l'abbé et aux religieux de Marmoutier, le Saint-Père confirme le règlement fait dans un chapitre général, qui portoit que dans les prieurés où il n'y a que deux religieux, les prieurs ne pourront emprunter plus de cent sols, dans ceux qui ne sont point conventuels plus de dix livres, et dans ceux qui sont conventuels plus de vingt livres, sans la permission de l'abbé et des religieux de Marmoutier. Par le second, adressé à l'abbé de Gâtine de l'ordre de Saint-Augustin au diocèse de Tours, il permet de réunir les prieurés dont le revenu n'est pas suffisant pour entretenir commodément deux religieux, selon qu'il est écrit : *Malheur à celui qui est seul, parce que s'il vient à tomber, il n'aura personne pour le relever.* Ce rescrit est conforme au canon du concile de Latran sous Alexandre III, qui défend de mettre des moines seuls dans les bourgs ou villages et même dans les églises paroissiales, de crainte qu'étant seuls, toujours mêlés avec les séculiers, ils ne prennent leur esprit et leurs mœurs.

Ces règlements font assez voir le zèle qu'avoit notre abbé pour établir le bon ordre dans les lieux de sa dépendance. Ce même zèle paroît dans le soin qu'il avoit de soulager les vassaux de ces mêmes lieux. Ayant appris que ceux du prieuré de Saint-Guingalois de Château-du-Loir payoient des tailles à Marguerite de Sablé, veuve de Guillaume des Roches, sénéchal d'Anjou, il parla à cette dame avec toute l'ardeur de son zèle, et pour lui faire voir l'injustice qu'elle commettoit en cela, il lui représenta vivement que son mari étoit le premier qui avoit exigé ces tailles, qu'avant lui on n'en avoit jamais payé ; enfin il lui parla avec une telle vigueur, qu'elle en fut ébranlée, et écrivit à Juhel, archevêque de Tours, de s'informer de la vérité du fait, et, s'il se trouvoit constant, elle le prioit de lui donner conseil là-dessus. C'est ce que nous apprenons d'une lettre de cet archevêque, datée de l'an 1238.

Nous apprenons d'un rescrit de Grégoire IX adressé à l'archevêque de Bourges, à l'évêque de Dol et à l'abbé du Bourgdieu, l'an 1240, qui étoit le quatorzième de son pontificat, que ce pape leur avoit donné commission de visiter l'abbaye de Marmoutier, tant dans son chef que dans ses membres, et de travailler à sa réformation. Il paroît par ce rescrit qu'ils avoient exécuté leur commission, et nous avons de quoi prouver qu'ils firent des règlements pour établir le bon ordre dans l'abbaye et dans les prieurés de Marmoutier. Mais ces règlements ne sont point venus jusqu'à nous. C'est une perte que nous avons faite, que j'estime irréparable. Elle nous prive de la connoissance de plusieurs points de discipline et d'histoire qui auroient beaucoup servi à illustrer notre travail. Il paroît par le rescrit du pape, que les commissaires ne voulurent point publier les dépositions que les religieux leur avoient faites, de crainte d'exciter un schisme dans le monastère, qui en auroit peut-être causé la ruine totale de l'observance, et que le Saint-Père loua et approuva en cela leur prudence. Après avoir visité Marmoutier, ils visitèrent les prieurés, et comme l'abbé Geoffroi s'étoit plaint aux visiteurs que Simon Cohart, moine de Marmoutier, lui refusoit obéissance et s'étoit emparé du prieuré de Crot, où il se maintenoit par une force séculière, avant que d'y aller, ils écrivirent à l'évêque d'Évreux de faire sortir de Crot ce méchant moine et de l'obliger d'obéir à son abbé.

Nous avons encore quelques titres de la même année 1240, par lesquels certains seigneurs renoncent volontairement à des droits qu'ils prétendoient avoir dans les lieux dépendant de Marmoutier. Le premier est de Jean, évêque de Rennes, qui témoigne que Guillaume de Fontenai, qui prend la qualité de *miles*, après avoir beaucoup inquiété le prieur de Beré sur le prétendu droit d'armée et de contredit, *super exercitu et contradicto curiæ suæ*, qu'il demandoit à raison de la maison de la Francheuse que ses ancêtres avoient donnée à Marmoutier, avoit enfin reconnu que ce droit ne lui étoit point dû, et avoit volontairement renoncé à tout celui qu'il pouvoit y avoir. Le second est de Pierre de Mesclant, qui dans un autre titre prend le nom de Pierre de la Ferté, lequel après avoir fait plusieurs violences aux religieux de Marmoutier qui desservoient le prieuré de Villepreux, reconnoît qu'il avoit eu tort et promet de leur donner tous les ans une certaine rente, et de confirmer tous les titres que les seigneurs de la Ferté ses prédécesseurs avoient accordés à ce prieuré ; ce qu'il exécuta la même année.

Innocent IV ayant été élevé au souverain pontificat le 24 du mois de juin l'an 1243, accorda quarante jours d'indulgence à ceux qui étant véritablement contrits et s'étant confessés, visiteroient l'église de Marmoutier aux deux fêtes de saint Martin, par une bulle donnée à Lyon l'onzième de mars l'an second de son pontificat, qui revient à l'an 1245. Nous avons une autre bulle du même pape, datée du 14 septembre de la même année, par laquelle il prie l'abbé et les religieux de Marmoutier de donner à Guillaume, chanoine de Parme, un de ses officiers, le prieuré de Villepreux, qu'ils avoient donné quelques années auparavant à la prière du nonce du pape au feu évêque de . . . . . . C'est ainsi qu'après que les abbés eurent ouvert la porte aux commendes en donnant les prieurés aux séculiers même laïques, dans l'espérance de les faire rétablir, ils se trouvèrent accablés de sollicitations des puissances ecclésiastiques et séculières qui les leur demandoient pour leurs créatures. Les princes, les rois, les cardinaux, les légats du Saint-Siége, les papes mêmes ne jugeoient point ces importunités au-dessous d'eux, et le pape Innocent crut encore faire une grande grâce et beaucoup d'honneur aux religieux de Marmoutier de leur demander par prière ce qu'il auroit pu leur commander par autorité, afin que ceux à qui ils accorderoient ses demandes leur en eussent toute l'obligation, et fussent plus portés à reconnoître leurs bienfaits.

Dans le même temps, Geoffroi, seigneur de Châteaubriant, écrivit au pape Innocent pour se plaindre à lui de son nonce, qui avoit exigé du prieur de Beré dépendant de Marmoutier, trois écus d'or de cens au nom de l'Église romaine, et lui avoit fait des frais dont il étoit demeuré fort incommodé. Il lui représente que l'entreprise de ce nonce étoit une chose inouïe et sans exemple dans le pays, qu'aucun des papes ses prédécesseurs n'avoit exigé un semblable tribut ; et il le prie avec tout le zèle que sa qualité de successeur des fondateurs de ce prieuré pouvoit lui inspirer, de faire cesser cette exaction et de ne point imposer à une maison libre un joug qu'elle n'avoit jamais porté. Les maisons religieuses seroient aujourd'hui heureuses, si elles trouvoient parmi les grands du siècle de semblables défenseurs, qui prissent leurs intérêts contre les entreprises injustes des puissances tant ecclésiastiques que séculières.

L'année d'après, l'abbé et les religieux de Marmoutier donnèrent en commende ou à ferme le prieuré de Soudari à l'illustre dame Claremonde de Saint-Médard, à condition qu'elle y entretiendroit un religieux de Marmoutier, que dans six ans elle en acquitteroit les dettes, et qu'après ces six ans elle payeroit à l'abbaye cinquante sols de pension; qu'elle en conserveroit les droits, les priviléges, les édifices en bon état, et qu'elle n'en alièneroit point les revenus ; ce qu'elle promit d'exécuter par serment qu'elle fit entre les mains de Gaillard, évêque de Lectoure, au mois de mai l'an 1246. Cet évêque confirma ce traité, mais il ne voulut point passer l'article qui portoit que cette dame entretiendroit un religieux de Marmoutier dans le prieuré. Il n'est pas difficile d'en deviner la raison, et il n'y a personne qui ne voie que c'est parce que les canons défendoient que les religieux fussent seuls dans les prieurés, et que selon les règles de l'Église ils doivent au moins être deux. Et sur ce qu'on lui représenta qu'il empêchoit par là l'utilité de la maison, il persista toujours dans la résolution de ne point approuver cet article; il se relâcha néanmoins un peu en promettant de ne point inquiéter cette dame là-dessus, si c'étoit l'avantage de la maison.

Le 8 novembre de la même année, le pape Innocent permit au monastère de Marmoutier d'hériter de tous les biens meubles et immeubles, excepté les biens féodaux, dont les religieux profès du monastère auroient pu hériter s'ils fussent restés dans le siècle ; mais je doute fort que cette permission ait jamais eu son effet. Le 6 de décembre ensuite il leur accorda une nouvelle bulle donnée à Lyon l'an quatrième de son pontificat, par laquelle il défend à tous laïques et ecclésiastiques tenant des biens en fief, à cens ou à revenu annuel, de les vendre, donner, ou aliéner, sans le consentement du chapitre.

Ce fut environ ce temps-là que Maurice, seigneur de Craon, écrivit à l'abbé Geoffroi et aux religieux de Marmoutier qu'ils eussent à remettre entre les mains de Geoffroi, vicomte de Châteaudun, son oncle, et de Clémence son épouse, les lettres de partage des terres de sa mère et de Clémence sa tante, fait par Guillaume des Roches, sénéchal d'Anjou, leur père, et confirmé par le roi Philippe-Auguste, lesquelles avoient été mises en dépôt dans l'abbaye de Marmoutier. La lettre de Maurice de Craon est du vendredi devant l'Épiphanie l'an 1246, qui étoit l'an 1247 parmi ceux qui commençoient l'année au mois de janvier.

Dans ce temps-là, le duc de Bretagne voulut obliger les religieux de comparoître en justice devant lui et devant ses juges. Comme cette entreprise étoit contre les canons et contre l'usage de ce temps-là, auxquels les causes des ecclésiastiques se jugeoient non par des laïques, mais par des ecclésiastiques, les religieux de Marmoutier qui résidoient dans les prieurés de Bretagne, toujours zélés pour la conservation des droits et immunités ecclésiastiques, lui représentèrent avec respect que les lois de l'Église ne leur permettant pas d'obéir à ses ordres, ils le prioient de trouver bon que leurs causes fussent jugées dans un tribunal ecclésiastique ; mais ce prince ne voulant point être contredit, leur fit de si grandes vexations, qu'ils furent obligés de s'adresser au Saint-Siége. Innocent IV, approuvant le zèle qu'ils avoient fait paroître en cette occasion, leur donna un rescrit daté de l'an VII de son pontificat, qui revient à l'an 1249, adressé au doyen et à l'archidiacre du Mans, par lequel Sa Sainteté leur enjoint d'avertir ce duc que les religieux ne peuvent ni de gré ni de force obéir à un ordre qui est formellement contraire aux immunités ecclésiastiques, de le prier d'avoir la bonté de le révoquer, et de ne faire aux religieux aucune peine à ce sujet ; et s'il s'obstine dans sa première résolution, d'employer contre lui les censures ecclésiastiques. Il y a bien de l'apparence que ce fut là la cause de l'exil de l'évêque de Saint-Malo et des religieux de Redon, dont il est fait mention dans quelques bulles de ce pape et de son prédécesseur.

L'année suivante, qui étoit la vიიe du pontificat du pape Innocent, Sa Sainteté donna un nouveau bref à l'abbé et aux religieux de Marmoutier contre certains archevêques et évêques, qui, abusant de la charité et de l'hospitalité qu'on leur avoit quelquefois rendue tant dans l'abbaye que dans les prieurés, prétendoient se faire une obligation de la grâce qu'ils avoient reçue, et se mettre en possession d'exiger d'eux un droit de gîte ou de procuration. Le pape condamne cette conduite qui ne méritoit que du blâme, et défend à ces prélats de rien entreprendre de semblable.

Quelque onéreuse que fût l'entreprise de ces évêques, elle étoit néanmoins peu considérable, si on la compare à celle de Hugues et de Jean de Châtillon, comtes de Blois. Il est temps de représenter ici la lugubre tragédie que ces deux comtes jouèrent l'un après l'autre dans l'abbaye de Marmoutier; tragédie si triste et si pernicieuse, qu'elle réduisit ce fameux monastère à l'extrémité et le mit à deux doigts de sa ruine. Il y avoit plus de deux cents ans que l'on considéroit dans Marmoutier les comtes de Blois comme les pères du monastère. Eudes Ier y avoit rétabli la régularité, l'avoit enrichi de biens et honoré de sa retraite, y prenant l'habit religieux avant sa mort. Eudes II son fils, marchant sur les vestiges de son père, lui avoit fait des donations considérables, et l'avoit choisi pour le lieu de sa sépulture. Thibaud, qui succéda à Eudes, avoit une affection si grande pour l'abbaye, que non-seulement il y fit des dons, mais lorsqu'étant fait prisonnier par Geoffroi-Martel comte d'Anjou, il fut obligé de donner la Touraine pour sa rançon, il se retint l'abbaye de Marmoutier. Étienne et les autres comtes ses successeurs imitèrent la piété de leurs ancêtres, et en donnèrent des preuves très-authentiques que l'on a pu remarquer jusqu'à présent dans cette histoire. Enfin Louis et Thibaud VI, les deux derniers comtes de Blois de la maison de Champagne, voyant que le droit de gîte que leurs prédécesseurs avoient prétendu avoir dans les prieurés du monastère situés dans le comté de Blois, étoit assez mal établi, et craignant qu'ils n'eussent excédé en l'exigeant, pour satisfaire à leur conscience, y avoient renoncé de leur plein gré. Gautier d'Avesnes, qui leur succéda dans le comté de Blois par son mariage avec Marguerite de Blois, avoit confirmé la dernière renonciation du comte Thibaut.

Ce droit, en effet, étoit très-mal appuyé, et n'avoit point d'autre fondement que la charité des religieux. Leur sainteté ayant attiré dans les cloîtres les grands du siècle qui venoient s'y édifier, ils leur rendoient tous les devoirs de l'hospitalité avec une affection qui sembloit les inviter à réitérer ces visites. Ils se firent, en effet, une coutume de venir tous les ans dans les monastères, soit pour contenter leur curiosité, soit pour y admirer les vertus des saints solitaires qui les habitoient, et tournèrent enfin cette coutume en un droit de gîte ou de procuration, qu'ils exigeoient avec beaucoup de hauteur. Comme ils avoient du train et une suite nombreuse, ces droits prétendus étoient fort onéreux aux monastères, qui tâchoient de s'en dispenser le plus qu'ils pouvoient, comme d'une prétention injuste. Mais plus les religieux témoignoient de résistance à y satisfaire, plus les puissances du siècle les exigeoient avec violence. Il n'y avoit pas même jusqu'aux femmes qui prétendoient jouir de ce privilége ; et Orderic Vital rapporte que Mabile, fille de Guillaume Talvace, comte du Perche, qui avoit épousé Roger de Montgomeri, le vint un jour exiger dans le monastère de Saint-Evroul, accompagnée de cent soldats ; et comme le saint abbé Théodoric lui fit des remontrances sur les vexations que son ambition lui faisoit faire aux pauvres de Jésus-Christ par une si longue suite, elle eut l'impudence de lui répondre qu'elle y reviendroit une autre fois avec encore plus de monde. Mais la punition visible du Ciel qui suivit cette insolence l'empêcha d'exécuter sa mauvaise résolution.

Les derniers comtes de Blois ayant donc renoncé par un principe de conscience au droit de gîte qu'ils prétendoient avoir dans les dépendances de Marmoutier, il sembloit qu'on devoit se promettre tout le repos possible de leurs successeurs ; mais le comté de Blois n'eût pas plus tôt passé de la maison de Champagne à celle de Châtillon par le mariage de Marie d'Avesnes, fille de Gautier d'Avesnes et de Marguerite de Blois, avec Hugues de Châtillon, comte de Saint-Paul, que ce seigneur, que les historiens nous représentent comme un homme qui n'avoit rien de la prudence de son père, (1), et qui entra en ligue avec les mécontents contre la reine Blanche, mère de saint Louis, entreprit de le refaire valoir et de le ressusciter. Pour le faire avec plus d'éclat, l'an 1237, il vint à Marmoutier avec toute son armée; et n'ayant pas trouvé l'abbé disposé à donner satisfaction à sa passion, il se laissa aller dans les derniers excès. Il ne se contenta pas de faire briser les portes de l'abbaye qu'il trouva fermées ; joignant l'impiété et le sacrilége à la violence, il renversa les images des saints et les croix de bois qu'il trouva à l'entrée du monastère, et portant l'impiété jusqu'où elle pouvoit aller, il jeta dans la boue l'image sacrée du crucifix. Étant entré dans l'abbaye, il rompit les portes des officines, maltraita les religieux, consuma les provisions de la maison, y vécut à discrétion avec toute sa suite, et laissa garnison dans le monastère en se retirant. Il n'en demeura pas là ; l'année suivante 1238, l'abbé Geoffroi faisant la visite dans le prieuré de la Celle-en-Brie, il alla investir ce prieuré pour l'empêcher d'en sortir, et fit la même chose dans les prieurés situés dans le comté de Blois. Quelque vertu qu'eussent les religieux, ces emportements étoient trop énormes pour être soufferts avec leur patience ordinaire. Ils en portèrent leurs plaintes au pape Grégoire IX, qui gouvernoit alors l'Église, et qui nomma des commissaires pour connoître des excès de ce comte sur l'abbé, les religieux et le monastère de Marmoutier. Ces excès ne s'étant trouvés que trop véritables, l'abbé de Saint-Nicolas d'Angers, l'un des commissaires, et ses deux collègues, fulminèrent une sentence d'excommunication contre lui ; mais le pape l'en fit absoudre, l'an 1239, par l'archevêque de Rouen, juge délégué par Sa Sainteté, après qu'il se fût soumis à la sentence.

(1) BERNIER, *Histoire de Blois*, page 309.

Comme cette soumission étoit forcée, aussi ne fut-elle pas de longue durée. Le naturel violent et emporté du comte n'étoit pas capable d'en demeurer là et de subir la loi qu'on lui avoit imposée. Bientôt après, il se précipita dans ses premiers excès ; et ce fut pour les arrêter que le pape Grégoire donna ordre à l'archevêque de Rouen de le faire dénoncer publiquement excommunié tous les dimanches et toutes les fêtes dans les églises de la province de Tours et du comté de Blois. Pour éviter ce coup de foudre, il appela des mandements de l'archevêque de Rouen au pape, qui donna ordre à Jean, évêque de Preneste, son légat, de citer les parties devant lui, et cependant de défendre au comte de faire aucune violence au monastère et à ses dépendances, tandis que le procès dureroit, sous peine d'endurer les censures. Le légat donna ordre à l'archidiacre d'Orléans d'entendre les témoins du comte ; mais l'abbé et les religieux de Marmoutier, qui se défioient peut-être du légat, ayant demandé d'autres commissaires au pape, il nomma O., évêque de Tuscule, pour lors chancelier de Paris, Jacques de Dinan, archidiacre de Boulogne, et Durant, chanoine de l'église de Paris, lesquels ayant déclaré le comte excommunié, renvoyèrent l'examen et le jugement du fond de sa cause au pape Innocent IV, qui avoit succédé au pape Grégoire le 24 de juin 1243 après Célestin IV, qui ne fut pape que 18 jours.

Innocent nomma le cardinal de Saint-George-au-Voile-d'Or pour prendre connoissance de cette affaire, lequel ayant déclaré le comte excommunié, l'en absout enfin par ordre du pape après qu'il eût fait serment entre ses mains qu'il obéiroit à Sa Sainteté en tout ce qu'elle règleroit sur tous les points dont il étoit accusé. Il y a bien de l'apparence que ce fut l'embarras où ce misérable comte se trouva, qui l'obligea de se défaire de son comté de Blois en faveur de Jean de Châtillon son fils ; mais en lui donnant son comté, il lui donna aussi toutes ses passions. Cet illustre fils, digne d'un tel père, auroit cru dégénérer de sa noblesse s'il n'avoit suivi toutes les traces de son père. Suivant donc de si pernicieux exemples, il ne se vit pas plus tôt en possession du comté de Blois, qu'il prétendit en soutenir tous les droits et de ne rien épargner pour faire valoir ses prétentions. Comme c'étoient les mêmes que celles de son père, il employa les mêmes moyens pour les maintenir, la violence et l'impiété. Accompagné d'une troupe de satellites armés de haches et de cognées, il vint à Marmoutier, brisa les portes, sans épargner l'image sacrée du crucifix, et après avoir fait deux jours le dégât dans l'abbaye, s'en alla dans les prieurés où il joua le même personnage, et mit garnison partout.

Le pape, informé de ces emportements furieux, donna un rescrit à Geoffroi, archevêque de Tours, dont le nom ne se trouve point dans les listes des archevêques de cette Église (1), à moins qu'on ne le confonde avec Martelle, par lequel il lui enjoignoit d'avertir le comte de Blois de retirer les garnisons qu'il avoit mises tant dans l'abbaye que dans les prieurés, de faire en sorte qu'il ne fît aucune violence aux religieux durant la poursuite du procès, et de le citer de comparoître dans deux mois devant Sa Sainteté pour y répondre sur les ravages et sur les excès qu'il avoit commis. Le rescrit du pape est daté de Lyon le 17 de décembre de l'an troisième de son pontificat, qui revient à l'an 1245. L'archevêque obéit aux ordres d'Innocent, et cita le comte par son official et par maître Guiard de comparoître devant Sa Sainteté le lendemain de l'Ascension. Ce fut en conséquence de cette citation que Jean de Châtillon consentit à prendre pour arbitres du différend trois cardinaux que l'abbé Geoffroi lui offrit, l'an 1246. Mais comme il n'avoit donné ce consentement que par nécessité et pour se tirer d'embarras, il ne garda pas longtemps sa parole.

L'affaire étant retournée devant le pape, Sa Sainteté nomma

---

(1) Malgré l'assertion de D. Martène, le nom de Geoffroi Marceau ou Martel, qui occupa le siège archiépiscopal de Tours de 1245 à 1252, se trouve sur la liste publiée par les frères Sainte-Marthe, *Gallia christ.*, I, pag. 775. Mais Claude Robert, *Gallia christ.*, pag. 108, et Maan, *Ecclesia Turon.*, pag. 137, qui ont ignoré son nom de Geoffroi, l'ont inscrit sous celui de Martellus ou Marcellus. (C. Ch.)

P., cardinal de Saint-Marcel, pour prendre connoissance de la cause. Les parties comparurent devant lui, l'abbé et les religieux par le moine Geoffroi leur procureur, et le comte par Ph. de Sixchamps, qu'il avoit envoyé pour défendre son parti. Elles furent ouies, et le procureur du comté étant convenu de tous les excès de son maître, fut réduit à dire que les comtes de Blois étoient en quelque sorte de possession de tout temps de jouir du droit de gîte dans l'abbaye et dans les prieurés de Marmoutier, et qu'il demandoit que ce point fût examiné afin de reculer par là le jugement qui se devoit prononcer contre son maître ; à quoi le procureur de l'abbé ayant répondu qu'on ne convenoit pas de ce prétendu droit, mais que quand il seroit aussi certain qu'on le vouloit faire croire, il ne donneroit point pouvoir au comte de briser les portes du monastère, de faire violence aux religieux, de mettre garnison dans l'abbaye. Ensuite le cardinal prononça conformément aux demandes du procureur de l'abbé, le 15 de juin l'an 1249, et sa sentence fut confirmée le 13 de juillet ensuivant.

Toutes ces sentences rendues contre le comte de Blois ne servirent qu'à aigrir davantage son esprit contre l'abbé et les religieux. Il garda moins de mesure avec eux qu'il n'avoit jamais fait. Il saisit tout le revenu qu'ils avoient dans la Touraine et sur ses terres, et les réduisit en telle extrémité, qu'ils ne pouvoient plus subsister que de ce que les prieurés de Bretagne et de Normandie leur fournissoient. Il avoit même tellement animé ses gens contre eux, que pour avoir ses bonnes grâces il n'y avoit point de mal qu'ils ne leur fissent, et leur fureur, aussi bien que celle de leur maître, les porta à un tel excès, qu'un jour ils précipitèrent deux religieux du haut d'un rocher entre Fontaine-Mesland et Chouzy, qui furent tout brisés et à demi morts de leur chute.

Le comte n'en demeura pas là ; ayant su que l'abbé Geoffroi passoit en Angleterre, il lui fit dresser des embûches qui se saisirent de sa personne sur les terres du comte de Saint-Paul, qui favorisa le pernicieux dessein du comte de Blois son frère. Ravi de posséder la proie qu'il cherchoit, et d'être maître de son ennemi, il le fit conduire dans son château de Guise, où il le tint prisonnier sans qu'on pût savoir ce qu'il étoit devenu, laissant ses pauvres religieux désolés sur la perte qu'ils avoient faite de leur généreux père et sur l'incertitude où ils étoient du lieu où on l'avoit mené, et du traitement qu'on lui faisoit. Leur unique ressource étoit dans les prières et dans les processions fréquentes qu'ils faisoient pour obtenir de Dieu sa liberté et la paix pour leur maison. L'Anonyme de Marmoutier dit qu'il fut sept ans prisonnier (1). Je ne sais s'il n'y auroit point quelque erreur dans le nombre des années de sa captivité. Quoi qu'il en soit, elle dura jusqu'à ce qu'il plût à Dieu de l'en délivrer lorsqu'il y pensoit le moins.

Un jour que le pauvre abbé avoit la tête à la fenêtre de sa prison, il aperçut un domestique de son monastère qui, passant par Guise, s'arrêtoit à regarder le château; il le reconnut, l'appela par son nom, lui dit qui il étoit, lui demanda des nouvelles de ses frères, et s'informa si l'on pensoit encore à lui. Le domestique, surpris au point que l'on peut se l'imaginer, et mêlant la joie d'avoir trouvé son maître à la tristesse que lui donnoit le mauvais traitement qu'on lui faisoit, retourna incessamment sur ses pas informer ses religieux de son aventure, du lieu de la captivité de leur abbé, et des misères qu'il souffroit. Cette nouvelle les ressuscita, et après avoir rendu grâces à Dieu de cette découverte, sans perdre de temps, ils informèrent et le pape et le roi de la tyrannie que leur comte exerçoit depuis tant d'années sur leur abbé, et leur demandèrent justice.

Lorsque Jean de Châtillon sut que le roi et le pape étoient informés de ses cruautés inouïes, il en eut de la douleur, mais cela ne le convertit point. Endurci comme un autre Pharaon, il fit boucher les yeux au misérable abbé, lui fit lier les pieds et les mains, et en cet état le fit transporter de sa prison dans

(1) Pendant sa captivité, le pape Innocent IV, en 1254, l'appela au siége de Saint-Malo; mais cette promotion n'obtint pas son effet. *Gallia christ.*, XIV, col. 228. (C. Ch.)

un fossé auprès du prieuré d'Epargnon, où on l'exposa privé de tous les secours humains. Heureusement, le prieur passant par là le reconnut, et étonné au point qu'on peut se l'imaginer, lui offrit des chevaux et des habits ; mais l'abbé l'en remercia, et lui dit qu'il vouloit en cet état s'aller présenter au pape et au roi.

L'un et l'autre furent vivement touchés et de l'affliction de l'abbé et de l'endurcissement du comte. Le pape, voyant qu'il n'y avoit plus de mesure à garder avec un homme qui n'en gardoit aucune, adressa un rescrit à Pierre, archevêque de Tours, daté du 27 septembre de l'an ix de son pontificat, qui revient à l'an 1254, par lequel il ordonnoit à cet archevêque de déclarer publiquement le comte et ses complices excommuniés, et d'écrire en son nom à tous les évêques du royaume afin qu'ils fissent la même chose dans leurs diocèses. L'archevêque ne se pressa point d'exécuter les ordres du souverain pontife ; il attendit un an entier pour voir si par la douceur il ne pourroit pas faire rentrer le coupable en lui-même. Tous ces ménagements s'étant trouvés inutiles, il envoya à tous les évêques de France la sentence d'excommunication qu'il avoit fulminée contre lui, et leur écrivit au nom du pape de la publier dans leurs diocèses.

Ce coup de foudre put bien étourdir pour un temps cet endurci ; mais s'il céda à la nécessité, il retourna bientôt à son vomissement, si bien que le pape fut obligé de le faire citer de nouveau de comparoître devant lui pour répondre sur les vexations horribles dont on l'accusoit. Sa Sainteté nomma aussi Jean, cardinal de Saint-Nicolas de la Prison Tullienne, pour prendre connoissance de la cause. Le cardinal, de son côté, fit plusieurs citations au comte ; mais c'étoit parler à un sourd, il refusa toujours avec opiniâtreté de comparoître devant lui. Jean, religieux et procureur de Marmoutier, voyant tous ces retardements, présenta une requête au cardinal, par laquelle il le prioit, au nom de son abbé et de sa communauté, comme juge délégué par le Saint-Père, d'imposer un perpétuel silence au comte sur ses prétendus droits, et de le condamner à réparer les dommages et intérêts qu'il avoit fait souffrir au monastère, lesquels montoient, selon l'estimation faite, à plus de trente mille livres, somme qui étoit excessive en ce temps-là, et qui monteroit aujourd'hui à plus d'un million. Le cardinal, après avoir fait jurer le procureur de Marmoutier que les faits qu'il avoit avancés étoient véritables, il déclara nuls les droits prétendus du comte par une sentence qu'il prononça de la part du pape, le 2 de décembre 1253, qui fut confirmée le 17 du même mois par Sa Sainteté.

Ce fut là la dernière sentence que l'Église prononça contre le comte de Blois. Mais elle auroit été aussi inutile que les autres, si le roi ne s'en fût mêlé. Les choses étoient brouillées à un tel point, qu'il falloit un roi de France et un saint Louis, un protecteur des opprimés, pour terminer le différend. Ce saint roi, qui regardoit la défense des personnes persécutées pour la justice, surtout des ecclésiastiques et des religieux, comme un des principaux devoirs des princes, ayant été pleinement informé des violences du comte, résolut d'y apporter un remède prompt et efficace : néanmoins, comme il tiroit du service de lui, et qu'il le considéroit, il ne voulut pas le traiter avec toute l'autorité qu'il auroit pu ; il ménagea cet esprit violent, et sans lui rompre en visière, il trouva un tempérament pour le réduire à son devoir et rendre la paix aux religieux. Ce fut de l'obliger à céder tous ses droits prétendus de gîte et de procuration dans l'abbaye de Marmoutier à Alphonse, comte de Poitiers et de Toulouse, frère du roi, et de persuader à celui-ci de les céder à perpétuité aux religieux. Jean de Châtillon commença par céder ses droits au comte Alphonse dès le mois de septembre de l'an 1253, c'est-à-dire deux ou trois mois avant la dernière sentence prononcée contre lui. Alphonse les céda aussi de son côté aux religieux ; mais comme le comte de Blois ne les avoit apparemment cédés que dans l'espérance que le roi lui avoit donnée de le dédommager, saint Louis, pour adoucir cet esprit farouche, lui assigna sur ses revenus une rente de trois cents livres par an, qu'il racheta de suite par une somme de quatre mille cinq cents livres ; ce ne fut pourtant qu'en obligeant les religieux de le récompenser, au moins pour la plus grande partie de la somme qu'il avançoit pour leur procurer la paix ; ce qu'ils firent en donnant au roi la somme de trois mille cinq cents livres, dont il leur donna une quittance que l'on conserve encore dans notre chartrier.

Comme les biens des religieux étoient en ce temps-là regardés comme une chose sacrée, qu'il ne falloit point toucher et qu'il falloit bien moins donner aux séculiers, avant que d'exécuter ce projet, l'abbé et les religieux demandèrent permission au pape Alexandre IV, qui avoit succédé à Innocent le 21 décembre l'an 1254, de faire ce traité avec le roi ; et Alexandre leur donna un rescrit adressé à l'archevêque de Bourges, au prieur des Jacobins de Paris, et à l'archidiacre d'Angers, par lequel il leur ordonnoit d'examiner les articles du traité de paix que l'on projetoit de faire par l'entremise du roi, et, si l'abbaye de Marmoutier y trouvoit son avantage, de donner en son nom aux religieux la permission qu'ils demandoient. Le rescrit du pape est daté du mois de décembre de l'an 1255. Cette permission obtenue, saint Louis donna la paix à l'abbaye de Marmoutier, et boucla si bien tous les articles du traité, que ni le comte de Blois, ni Alphonse comte de Poitiers et de Toulouse, ni leurs successeurs, ne pussent à l'avenir troubler les religieux.

Le traité ainsi conclu, l'abbé et les religieux prièrent saint Louis de les prendre eux et leur monastère sous sa protection, et il leur accorda cette grâce avec une bonté qui alloit au delà de tout ce qu'ils auroient osé espérer ; car il leur accorda non-seulement sa protection, mais encore celle de tous les rois de France ses successeurs, voulant que la protection de l'abbaye de Marmoutier fût attachée à la couronne de France et qu'elle en fût inséparable ; et pour marque de cette protection, il exigea des religieux pour droit de gîte la somme de soixante livres qu'on lui payeroit une fois seulement par an, lorsque lui ou ses successeurs viendroient à Marmoutier, mais dont on seroit dispensé s'ils n'y venoient point.

L'abbé et les religieux de Marmoutier furent très-sensibles au service que saint Louis leur rendit en cette occasion, les délivrant du plus grand ennemi qui eût jamais persécuté l'abbaye, et les prenant tous sous sa protection royale. Ils eurent pour lui toute la reconnoissance dont ils furent capables ; et ce fut apparemment pour lui en donner des preuves, qu'incontinent après sa canonisation ils lui consacrèrent une des principales chapelles de leur église.

Dans le même temps que le comte de Blois faisoit une guerre ouverte aux religieux de Marmoutier, le duc de Bretagne persécutoit avec une égale chaleur ceux de l'abbaye de Redon, à cause de leur zèle pour la défense des libertés ecclésiastiques. Ce prince se laissa emporter à un tel excès de colère contre eux, qu'il les chassa de leur monastère et des terres de ses États. Ces pauvres religieux ainsi exilés s'adressèrent au pape Innocent IV, qui, compatissant autant qu'ils le méritoient à leur misère, écrivit à l'évêque d'Angers pour lui ordonner de lever une subvention sur tous les monastères de la province de Touraine pour les faire subsister. Mais parce que l'abbaye de Marmoutier n'avoit pas moins souffert des comtes de Blois que celle de Redon des ducs de Bretagne, le pape Alexandre IV, la première année de son pontificat, qui revenoit à l'an 1255, écrivit au même évêque de l'exempter de cette subvention, parce qu'il n'étoit pas juste d'ajouter affliction sur affliction aux personnes persécutées.

Comme la persécution que les comtes de Blois avoient faite à l'abbaye avoit duré plus de 24 ans, à peine avoit-elle pu respirer pendant tout ce temps-là, et elle ne s'étoit pas trouvée en état de soutenir ses droits contre ceux qui vouloient les usurper. C'est pourquoi le pape Alexandre IV, par un rescrit qu'il adressa à l'abbé et aux religieux de Marmoutier, l'an VI de son pontificat, ordonna qu'il ne courroit aucune prescription contre eux, durant tout ce temps-là.

Il est difficile de comprendre combien les monastères souffroient en ce temps-là des prétendus droits que les puissances séculières se faisoient tous les jours à leur gré sur eux. Je pourrois en fournir une infinité d'exemples ; en voici un que je ne dois point omettre. Gui, seigneur de Laval, et ensuite de Vitré par son mariage avec Philippe, dame et heritière de Vitré, prétendit que le prieur de Sainte-Croix de Vitré, le prieuré et les vassaux du Mont-Louvel, lui devoient un droit d'achat, de taille d'achat, de taille de rachat et de taille de mariage pour sa fille. Sur cette prétention, il voulut l'exiger ; mais le prieur l'ayant refusé, et ce seigneur, qui avoit de la piété, ayant consulté là-dessus des personnes sages et de conscience, reconnut qu'il ne lui étoit point dû, et y renonça par un acte public daté du mois d'avril de l'an 1254. Ce Gui de Laval est le même qui, voulant entreprendre le voyage d'outre-mer l'an 1249, donna aux religieux de l'ordre de Marmoutier qui desservoient le prieuré de Sainte-Croix leur chauffage dans ses forêts ; en reconnoissance de quoi les religieux de Marmoutier l'admirent lui et tous ses ancêtres à la participation des prières qui se faisoient tant dans l'abbaye que dans ses membres.

L'an 1254, l'abbé Geoffroi revenant de Rome où il avoit été poursuivre son affaire contre le comte de Blois, eut la dévotion de visiter les lieux sanctifiés par le martyre de la légion Thébéenne ; il passa dans le monastère de Saint-Maurice en Chablais, où il fut reçu par l'abbé Nannetelmus avec toute la charité que la règle de saint Benoît prescrit. Après avoir satisfait à tous les devoirs que sa piété put lui inspirer, il pria l'abbé de Saint-Maurice de lui accorder quelques reliques des saints martyrs, espérant qu'un gage si précieux augmenteroit la dévotion qu'il avoit déjà pour eux. Il promit même de leur consacrer un autel dans la nouvelle église qui se bâtissoit dans son abbaye. Il fit paroître tant d'ardeur dans sa demande, qu'il fut impossible de le refuser. Nantelme lui accorda une portion des reliques de saint Exupère, et une plus grande partie de celles de ses compagnons, qu'il apporta à Marmoutier, où elles ont été conservées jusqu'au ravage qu'y firent les Huguenots.

Quelques années auparavant, c'est-à-dire l'an 1251, la

pieuse reine Blanche donna à Geoffroi, abbé de Marmoutier, le corps de saint Léonard qui étoit dans le château de Belesme, pour le transférer dans l'église de Saint-Martin du Vieux-Belesme, comme un lieu où il seroit plus honoré, et où les louanges que les religieux chantoient tous les jours au Seigneur pourroient attirer les bénédictions du Ciel sur son royaume (1).

L'ordre de Saint-Benoît s'étant un peu affoibli dans le XIII° siècle, Grégoire IX s'efforça de le relever par d'excellents statuts qu'il fit pour réveiller l'esprit de la règle de notre saint patriarche dans les monastères, où il sembloit presque éteint, et il n'en falloit pas davantage pour remettre les religieux dans la bonne voie, s'ils avoient été fidèles à les observer exactement. Mais la plupart considérèrent ces statuts comme un nouveau joug trop pesant pour des épaules aussi foibles que les leurs, et n'omirent rien pour s'en faire décharger par les successeurs de ce pape. Geoffroi, abbé de Marmoutier, fut de ce nombre. Le dernier jour du mois de février de l'an 1255, il obtint un rescrit du pape Alexandre IV donné à Naples, par lequel Sa Sainteté lui permettoit de dispenser ses religieux, tant dans l'abbaye que dans ses membres, des statuts de Grégoire qui n'étoient pas de la substance de la règle, et déclare nulles les censures et irrégularités que peut-être quelques-uns auroient encourues en les violant. Il permettoit de même manière au sous-prieur de Marmoutier de dispenser l'abbé des mêmes statuts, et de lever les censures qu'il pourroit avoir aussi encourues en les violant. Il ne faut que cette bulle pour faire voir que l'observance s'affoiblissoit beaucoup à Marmoutier.

Le dixième de mars suivant, Alexandre donna un nouveau rescrit à l'abbé Geoffroi et à ses religieux, par lequel il leur accorde et confirme toutes les dîmes qu'ils possédoient paisiblement depuis soixante ans, tant dans les paroisses de leur

---

(1) La fête de saint Léonard étoit célébrée à Marmoutier le 15 octobre. (Note du manuscrit.)

dépendance que dans celles des autres. Environ trois mois après, c'est-à-dire le 31 mai, il leur donna un ample privilége signé du pape et de huit cardinaux, par lequel il confirme celui du pape Victor, qui défend aux archevèques de Tours de célébrer des messes publiques à Marmoutier, et de rien entreprendre contre les droits de l'abbaye. Sur la fin de la même année, il confirma encore la donation que le roi d'Angleterre leur avoit faite de son manoir de Torverton au diocèse d'Oxford, et du droit de patronage de l'église de ce lieu.

Il étoit difficile que l'abbaye de Marmoutier pût supporter plus de vingt ans une persécution semblable à celle des comtes de Blois, sans souffrir du déchet dans son observance aussi bien que dans ses biens. Les frayeurs de l'arrivée d'un ennemi, les travaux à soutenir ses assauts, le dérangement que cause la présence des gens de guerre qui demeurent en garnison dans une maison religieuse, le défaut des nécessités de la vie, l'absence des supérieurs, la fréquentation des gens de dehors, conduisent insensiblement à la ruine de la régularité. Il ne faut donc pas s'étonner si nous disons qu'après une si violente guerre elle se trouva affoiblie dans l'abbaye de Marmoutier; mais ce qui étoit plus déplorable, c'est que son chef, je veux dire son abbé, se ressentoit de cet affoiblissement. Il n'étoit pas néanmoins si grand qu'il n'y eût encore un grand nombre de religieux, tant dans l'abbaye que dans les prieurés, pleins de ferveur et de zèle, ennemis du désordre et du relâche, lesquels animés de l'esprit de Dieu, s'opposèrent de toutes leurs forces aux plus petits dérèglements. Pour aller au-devant des infractions de la règle et des statuts, les prieurs de la Celle-en-Brie, de Saint-Thibaud, de Saint-Martin-au-Val, d'Esparnon, de Vivoin et quelques autres prieurs et religieux de l'abbaye, s'adressèrent au pape Alexandre IV pour se plaindre à Sa Sainteté du peu de soin que leur abbé avoit de faire garder les règlements observés de longue main dans le monastère, et les statuts faits par le pape Grégoire IX pour y maintenir le bon ordre, et de les garder lui-même.

Ces statuts regardoient principalement l'établissement des visiteurs pour corriger dans les prieurés les petits défauts qu'ils y trouveroient, et renvoyer au chapitre général la punition des fautes plus considérables, sans avoir aucune acception des personnes ; la conservation des biens temporels, des ornements ecclésiastiques, des vases sacrés, des reliquaires et autres choses destinées au culte divin ; le soin de remplir les prieurés vacants et les offices de l'abbaye de bons sujets, et de ne les point ôter sans raison ; la manière d'instituer le grand-prieur de Marmoutier ; l'observation des statuts qui défendoient de donner des prieurés aux séculiers ; la reddition des comptes de l'administration du temporel, tant par l'abbé que par les prieurs et autres officiers ; la conservation des droits et des biens des prieurés ; les emprunts qui font dans les nécessités ; les serments que les nouveaux abbés doivent faire ; la réception des novices ; le nombre des religieux dans les prieurés.

Le pape, sur ces plaintes, adressa à l'abbé un rescrit donné à Latran, le 14 de mars, l'an second de son pontificat, qui revient à l'an 1256, par lequel il le reprend de sa négligence à observer et à faire observer les statuts, l'exhorte à avoir plus de soin de son âme et de celles de ses frères, et de si bien veiller sur sa conduite, qu'il n'ait pas sujet d'entendre une seconde fois parler de lui. Je ne sais si la liberté que ces prieurs prirent de faire au pape des remontrances contre leur abbé, déplut à Geoffroi, mais je sais bien que ces mêmes prieurs s'adressèrent encore au pape pour se plaindre de ce que leur abbé vouloit les déposer parce qu'ils lui avoient fait des remontrances contre sa conduite, et que le Saint-Père leur accorda un rescrit donné à Latran l'onzième de mai de la même année, par lequel il défendoit qu'on les privât de leur administration pour un sujet si mince.

Parmi les titres du prieuré de la Roche-sur-Yon, nous trouvons une charte d...... de février de l'an 1256, par laquelle Maurice de Belleville, seigneur de Montaigu et Gasnape, et Jeanne, dame de la Roche-sur-Yon et de Luçon, son épouse, donnent au prieuré de la Roche vingt-cinq sols de rente à prendre sur leur péage de la Roche-sur-Yon, pour entretenir une lampe jour et nuit devant le corps de saint Léonius, dont les reliques sont conservées dans ce prieuré. Nous trouvons plusieurs fondations de semblables lampes devant les reliques du saint, qui sont autant de preuves authentiques de la vénération que les peuples avoient alors pour lui. Parmi ces fondations, il y en a une de Guillaume de Mauléon, seigneur de la Roche, lequel, du consentement de Bernard de Machecou, qui lui avoit donné la terre de la Roche avec sa fille Béatrix en mariage, donne au prieuré de Saint-Léonius un serf nommé *Daniel Breton* et tous ses biens, pour entretenir et allumer lui-même jour et nuit une lampe devant le corps du saint, et que celui qui hériteroit des biens de ce Daniel feroit la même chose après sa mort.

L'an 1257, Guillaume Soubric, seigneur breton, fonda dans la terre de la Dauphinaye au diocèse de Rennes, un monastère de l'ordre de Notre-Dame-la-Royale, communément appelé la Réau, dont le chef est dans le diocèse de Poitiers. Mais parce que ce nouveau monastère devoit être situé dans la paroisse de Romaigni, dont l'abbé et les religieux de Marmoutier étoient patrons, il fallut avoir leur consentement pour faire cette fondation. Geoffroi et ses frères le donnèrent avec une joie qui faisoit voir le plaisir qu'ils avoient de contribuer à l'augmentation du culte divin. Néanmoins, comme la fondation portoit quelque préjudice au prieuré de Saint-Sauveur-des-Landes, il se retinrent quarante sols de rente sur le monastère de la Dauphinaye, avec les prémices, les grandes et les petites dîmes des terres que cultiveroient les religieux de ce nouvel établissement dans la paroisse de Romaigni. Nous avons donné la fondation de ce monastère dans le premier tome de nos Anecdotes : elle est entièrement conforme au consentement de l'abbé et des religieux de Marmoutier, aux lettres de Jean, évêque de Rennes, et de Pierre, abbé de Notre-Dame-la-Royale, qui se conservent encore dans les archives de notre monastère.

L'observance n'étoit pas tellement affoiblie dans l'abbaye de Marmoutier, qu'il n'y restât encore beaucoup de bien. C'est ce que nous apprenons d'une bulle d'Alexandre IV, donnée à Viterbe l'an quatrième de son pontificat, qui revient à l'an 1258, dans laquelle ce pape nous assure que la vie religieuse de nos moines étoit digne de louange, qu'ils avoient banni de leur cloître les délices du siècle, qu'ils gardoient une abstinence sévère, qu'ils brilloient par l'éclat et par la pureté de leur régularité, qu'ennemis de leur propre volonté ils s'étoient renfermés dans les bornes de l'obéissance, et que la sainteté de leur vie avoit mérité qu'on les gratifiât de plusieurs priviléges; que par ceux que ses prédécesseurs leur avoient accordés, il étoit défendu à tous archevêques et évêques de se donner la liberté d'excommunier pour quelque cause et en quelque lieu que ce soit aucun religieux de Marmoutier, ce qui doit s'entendre de tous ceux qui résidoient dans les prieurés ou obédiences aussi bien que de ceux qui demeuroient dans l'abbaye, puisqu'il n'y en avoit point dans les prieurés qui n'eût fait profession dans le monastère, qu'ils en étoient tirés par l'abbé pour y être envoyés selon son bon plaisir, et qu'il les en retiroit et les rappeloit dans le monastère quand bon lui sembloit, et qu'ainsi il étoit juste qu'ils jouissent des mêmes priviléges, indulgences, libertés, immunités et grâces, que les autres qui ne sortoient point de l'abbaye.

Quelques mois auparavant, le même pape avoit accordé à l'abbé et aux religieux de Marmoutier un privilége beaucoup plus ample par lequel: 1° il ordonne que l'ordre et la règle de saint Benoît soient à perpétuité observés dans le monastère; 2° il confirme tous les biens et possessions qu'ils ont légitimement acquis; 3° il défend que nul ne lève des dîmes sur les *novales* qu'ils cultivent de leurs mains ou à leur propres dépens; 4° il leur permet de recevoir tous les ecclésiastiques ou laïcs qui n'ont point d'engagement dans le siècle, s'ils veulent se faire religieux; 5° il défend qu'aucun religieux profès de Marmoutier passe dans une autre religion, si elle n'est plus austère, sans le consentement de son abbé, et veut qu'on renvoie ceux qui seroient peut-être sortis sans ce consentement ; 6° il leur permet dans les temps d'interdit de célébrer les divins offices à basse voix, les portes fermées, pourvu qu'ils n'aient point donné lieu à l'interdit ; 7° il défend que personne ne bâtisse une chapelle ou un oratoire dans leurs paroisses sans le consentement de l'évêque et le leur ; 8° il défend à tous ecclésiastiques ou laïcs de leur faire aucune violence ou exaction ; 9° il veut qu'il leur soit libre de donner la sépulture à tous ceux qui se voudront faire enterrer chez eux ; 10° il leur permet de racheter des laïcs les dîmes dues aux églises qui leur appartiennent ; 11° il défend toute sorte de violence, comme effusion de sang, capture, vol, incendie, etc., dans les lieux de leur dépendance ; 12° il confirme tous les privilèges et immunités qui leur ont été accordés par les souverains pontifes ses prédécesseurs, par les rois et par les princes ; 13° il veut que l'élection de leurs abbés soit libre, et qu'elle soit faite par les religieux mêmes. Ce privilège est daté de Viterbe, le 5 de mai 1258, l'an quatrième du pontificat du pape Alexandre, et signé par le pape et par neuf cardinaux.

Deux ans après, Alexandre accorda aux religieux de Marmoutier une nouvelle bulle donnée à Anagni l'onzième janvier de l'an sixième de son pontificat, par laquelle il leur permet d'hériter des biens meubles et immeubles, excepté des biens féodaux qu'ils auroient pu posséder dans le siècle, s'ils y fussent restés. Le quatrième de mars ensuivant, en considération de l'attachement inviolable que l'abbé Geoffroi avoit pour le Saint-Siége, le même pape lui accorda de prendre durant sept ans les revenus du prieuré de Lancé pour être employés à payer les dettes du monastère et pourvoir à ses nécessités, à condition néanmoins qu'il entretiendroit toujours deux religieux dans le prieuré pour en acquitter les charges. Si l'on considère les ravages que les comtes de Blois avoient faits tant dans l'abbaye que dans ses dépendances, et les frais excessifs que l'abbé Geoffroi avoit été obligé de faire pour se défendre contre ces seigneurs et soutenir les droits de son monastère, on ne doit point être surpris s'il prit les revenus de ce prieuré pour acquitter une partie de ses dettes.

Le monastère étoit alors si incommode, qu'il ne se trouva pas en état de réparer les bâtiments du prieuré de Saint-Martin du Mans, ruiné par un incendie fortuit. Ce prieuré, que l'abbé Hervé avoit bâti avec tant de soins et de dépenses, l'abbé Geoffroi fut contraint de l'unir à celui de Vivoin, l'an 1246, en attendant qu'on pût le rebâtir, ce qui ne s'est pu faire jusqu'à présent. Ce fut sans doute pour la même raison qu'il unit à sa mense les prieurés de Solial au diocèse de Rennes, et de Doucé au diocèse d'Angers, par l'autorité des deux évêques diocésains, dont les revenus étoient si modiques, qu'ils ne pouvoient point entretenir commodément deux religieux ; ce qui étoit conforme à l'ordonnance du concile de Latran, qui défend aux religieux de demeurer seuls dans les prieurés.

Nous avons encore deux bulles du pape Alexandre, l'une de 1260 et l'autre de 1264, par lesquelles il lui envoie certains statuts, qu'il lui ordonne de faire observer dans son monastère. Nous ne les rapportons pas, parce que ce sont les mêmes qui se trouvent dans la bulle du même pape du 14 mai 1256, et que l'on trouvera dans les preuves de cette histoire. L'abbé et les prieurs ayant eu quelques différends au sujet de ces statuts, le pape les fit examiner par Simon de Clicy, de l'ordre des frères prêcheurs, que les parties avoient pris pour arbitre, et ensuite par Hugues, cardinal de Sainte-Sabine, à qui il donna le pouvoir d'y changer ce qu'il jugeroit à propos, suivant en tout les lois de la discrétion. Mais parce que le pape ne savoit pas à quoi s'étoit terminé l'examen du cardinal, il mande à l'abbé Geoffroi que, s'il a réglé quelque chose, il s'en tienne à ce qu'il aura fait, sinon qu'il observe les statuts qu'il lui envoie. Ces statuts furent depuis si inviolablement observés à Marmoutier, qu'on obligeoit les nouveaux abbés de jurer sur les saints Évangiles qu'ils les garderoient fidèlement.

Le pape Alexandre étant mort le 25 mai de l'an 1261, eut pour successeur Urbain IV, qui monta sur la chaire de saint Pierre le 29 d'août de la même année, et qui le deuxième décembre ensuivant donna une bulle adressée à l'abbé et aux religieux de Marmoutier, résidant tant dans l'abbaye que dans les prieurés, par laquelle il leur défend de répondre en jugement devant aucun juge séculier sur les biens meubles ou immeubles donnés à leur monastère, excepté les biens féodaux.

L'abbé Geoffroi ne survécut pas longtemps à cela, et il semble qu'on ne puisse reculer sa mort plus loin qu'au 19 juillet de l'an 1262, auquel jour on célébroit autrefois son anniversaire dans l'abbaye de Marmoutier. Il la gouverna environ 26 ans avec beaucoup de peine, tant de la part des religieux, qui lui firent des affaires auprès des papes, que de la part des puissances séculières, surtout des comtes de Blois, qui déclarèrent une guerre sanglante à son monastère. Mais au milieu de ses plus grandes afflictions il fit toujours paroître une grandeur d'âme qui l'élevoit au-dessus de tout. Ce qui est de plus admirable en lui, c'est que nonobstant les ravages de l'abbaye, les pertes de bien, et les dépenses immenses qu'il fut obligé de faire pour soutenir ses droits, il continua l'église que l'abbé Hugues I*er* avoit commencée, et il la poussa jusqu'aux gros piliers qui sont devant le *Repos de saint Martin*. Il fut enterré dans le cloître, devant la porte de l'aumônerie; et eut pour successeur Étienne de Vernon, dont il nous faut maintenant parler.

CHAPITRE XXX.

D'ÉTIENNE DE VERNON,
XXV° ABBÉ DE MARMOUTIER.
(1262—1283).

Lorsque l'abbé Geoffroi mourut, il laissa l'abbaye de Marmoutier chargée de dettes, embarrassée du bâtiment d'une église magnifique qu'il falloit achever, et brouillée avec les comtes de Blois. Elle avoit besoin d'un homme d'esprit, prudent, économe, pacifique, pour la tirer d'un si méchant pas, et elle le trouva en la personne d'Étienne, surnommé de Vernon, du lieu de sa naisssance, comme nous croyons, qui est à deux lieues de Tours, sur la Loire (1). Il étoit déjà prieur de Vivoin, lorsqu'il fut élu abbé de Marmoutier. Son élection se fit par compromis, tous les religieux s'étant remis du choix de leur abbé à quatre d'entre eux, qui l'élurent unanimement. Il reçut la bénédiction abbatiale du pape Urbain IV., qu'il fut trouver à Orviète, et qui l'ayant examiné et trouvé qu'il étoit un homme savant, de bonnes mœurs, d'une vie honnête, et capable de faire fleurir le monastère en piété et prospérer en toutes sortes de biens spirituels et temporels, confirma son élection, le bénit lui-même et le renvoya ensuite en son abbaye le 29 d'octobre 1262, plein d'estime et d'affection pour sa personne.

Il lui en donna une preuve bien sensible cinq jours après, lorsque sur la remontrance que lui fit le nouvel abbé que les papes ses prédécesseurs avoient donné à des personnes séculières des prieurés dépendant de son monastère, qui avoient

---

(1) On dit aujourd'hui *Vernou*. (Note du manuscrit.)

coutume d'être desservis par des religieux, Urbain déclara qu'il ne prétendoit pas que ce fût au préjudice de ses droits, et qu'il entendoit que lorsque ces prieurés viendroient à vaquer, ils fussent remplis comme auparavant par des religieux.

Mais la haute idée que le pape avoit conçue de l'abbé Etienne parut avec éclat lorsqu'il le nomma commissaire pour travailler à la réforme de l'ordre de Cîteaux, et informer d'un gros différend entre les abbés de cet ordre, conjointement avec Nicolas évêque de Troyes, et Geoffroi de Beaulieu, de l'ordre de Saint-Dominique, confesseur de saint Louis : trois personnes que Jean, abbé de Savigny, dans une lettre à quelques abbés de son ordre, appelle *des hommes recommandables par leur religion, par leur prudence, par leur expérience, et dont l'âge avancé joint à la vertu étoit digne de tout respect.* (1) Il y avoit plus de cent cinquante ans que l'ordre de Cîteaux, fondé par saint Robert, s'étoit dilaté dans tous les royaumes de la chrétienté par les soins de ses premiers abbés, et surtout de saint Bernard. Il y avoit paru avec un éclat qui éclipsoit tout ce qu'on admiroit dans les autres ordres religieux. Jamais la vie monastique n'avoit été portée à un si haut point dans l'Occident, et je ne sais si les observances de Cîteaux ne surpassoient point tout ce que nous lisons avec étonnement des solitudes d'Égypte, de la Thébaïde et de tout l'Orient. Mais comme il n'y a rien de stable en ce monde, et que l'ennemi n'omet rien pour renverser les plus saints projets, ce grand ordre, qui avoit été jusqu'alors l'ornement de l'Église, commença d'avoir ses taches. L'esprit de simplicité qui l'avoit animé, s'étant insensiblement éteint, il perdit sa beauté, et l'ambition s'étant emparée des chefs, qui vouloient chacun étendre leur juridiction aux dépens les uns des autres, y causa la division et y forma des partis ; la division en bannit la charité et introduisit le relâche. Néanmoins, comme ces désordres ne faisoient que de naître, il y

---

(1) *Monast. Cist.*, p. 377.

avoit encore plus de bien dans ce saint ordre que de mal, et le nombre des bons religieux surpassoit celui des méchants. Philippe, abbé de Clairvaux, fut un des plus zélés et des plus ardents à demander la réforme. Ce grand homme ayant été élu évêque de Saint-Malo, et étant allé à la cour romaine pour prier le pape de le dispenser de l'épiscopat, se servit de cette occasion pour faire connoître au Saint-Père les désordres qui commençoient à s'introduire dans l'ordre, et le prier d'apporter un prompt remède au mal naissant. Urbain IV en fut d'autant plus touché, qu'il avoit une estime singulière pour ces religieux, qui par la sainteté de leur vie s'étoient jusqu'alors attiré l'admiration de tout le monde. Désirant d'étouffer le mal dans son principe, il adressa un rescrit très-ample à l'évêque de Troyes, à l'abbé de Marmoutier et au confesseur du roi, dans lequel, après avoir exposé tous les abus qui se glissoient dans l'ordre, il leur commande en vertu de sainte obéissance de se transporter à Cîteaux et en tous les autres lieux que besoin seroit, pour informer de la vérité des choses, et travailler à leur réformation par les moyens les plus propres ; et qu'au cas qu'ils y trouvassent trop de difficultés, de réduire par écrit leurs informations, et de marquer en même temps les voies qui leur paroîtroient conduire plus directement à la réformation des abus. Ce rescrit est daté d'Orviète, le 15 de mars l'an troisième du pontificat du pape Urbain.

Comme le pape avoit cette réforme à cœur, les commissaires y travaillèrent d'abord par les voies de douceur, qui sont les meilleures pour réussir ; mais ils y trouvèrent une grande opposition de la part de l'abbé de Cîteaux, ce qui donna occasion au Saint-Père d'écrire une belle lettre à cet abbé, par laquelle, après avoir blâmé sa conduite, il l'exhorte à ne plus mettre d'obstacle à la réforme (1). Mais tout cela s'étant trouvé inutile, le pape pressa de nouveau les commissaires d'exécuter sans retardement son mandement. Ils citèrent de

(1) *Monast. Cist.*, pag. 405, 408 et 414.

nouveau les parties de comparoître devant eux à Langres, le lendemain de la fête de sainte Magdeleine. L'abbé de Clairvaux s'y trouva avec douze abbés qui demandoient la réforme. Celui de Cîteaux, après plusieurs tergiversations, s'y trouva enfin aussi accompagné de seize avocats séculiers, de l'avis desquels il présenta aux commissaires une opposition par écrit et disparut aussitôt. Cette conduite scandalisa les commissaires, qui l'excommunièrent, et, sans avoir égard à cette opposition, ne laissèrent pas de procéder aux informations, dont ils dressèrent un procès-verbal qu'ils envoyèrent au pape. Mais Urbain IV étant mort peu après, laissa à son successeur Clément IV le soin de terminer cette affaire; ce qu'il fit en la manière que l'on peut voir dans le *Monasticon* de Cîteaux, page 466.

Quoique saint Louis eût délivré l'abbaye de Marmoutier des prétendus droits de gîte que le comte de Blois vouloit exiger, il ne la délivra pas pour cela des passions violentes de ce comte. Ses ressentiments sur la résistance qu'il avoit trouvée dans l'abbé Geoffroi lui inspirèrent des désirs de vengeance, et comme il avoit l'autorité et la puissance en main, il ne lui étoit pas difficile de les satisfaire. L'abbaye de Marmoutier possédoit du bien et avoit plusieurs prieurés dans son comté de Blois; il ne manqua pas de moyens de les incommoder et de leur faire beaucoup de peine. Il fit valoir avec hauteur ses droits sur les haies ou bois du monastère, il chargea les vassaux des religieux de tailles, il ravagea leurs terres et leurs vignes par ses garennes, il les inonda par la décharge de ses étangs ; enfin après la paix il continua de leur faire la guerre. Les religieux de leur côté le pressoient sur les torts qu'il avoit faits à leur monastère par le passé ; ils prétendoient qu'encore que son droit de gîte eût été clair et certain, il ne lui étoit point permis pour cela de briser les portes de leur monastère, de forcer les officines, d'enlever les provisions, de vivre à discrétion, et de mettre garnison tant dans l'abbaye que dans les prieurés, ni de faire toutes les vexations dont ils les avoit affligés lui et son père pendant plus de vingt ans. Ils faisoient monter les pertes qu'il leur avoit fait souffrir à plus de trente mille livres, somme en ce temps-là excessive. Ils demandoient encore une pénitence et une satisfaction publiques pour l'injure faite à leur abbé par lui et par son frère le comte de Saint-Paul, lorsqu'ils l'enlevèrent avec quelques religieux et les firent prisonniers dans le château de Guise.

Mais Étienne, qui vouloit procurer la paix à son monastère, disposé à l'acheter à quelque prix que ce fût, remit tous ses intérêts entre les mains de Vincent, archevêque de Tours, qu'il choisit pour arbitre de tous ses différends avec le comte. Ils s'assemblèrent tous trois à Chouzy. Le comte et l'abbé proposèrent tous deux leurs prétentions, ils étalèrent leurs raisons et les appuyèrent ; enfin s'étant soumis à la décision de l'archevêque, ce prélat régla ce que le comte pouvoit prétendre dans les haies des prieurés de Marmoutier situés dans son comté ; il fixa la somme des tailles qu'il pouvoit exiger sur les vassaux des religieux ; il mit des bornes à ses garennes, et le condamna à dédommager les religieux des ravages qu'elles avoient faits dans leurs terres et leurs vignes, et à les récompenser des pertes qu'il leur avoit fait souffrir par l'inondation de ses étangs. Il lui remit ensuite tout ce qu'il devoit à Marmoutier pour ses violences passées, et enfin l'absout et le dispensa de la pénitence qu'il avoit méritée pour l'insulte qu'il avoit faite à l'abbé Geoffroi en le mettant en prison.

Le comte, fort joyeux d'en être quitte pour si peu, donna la paix à ce prix et conclut avec plaisir ce traité le lundi après l'Invention de la Sainte-Croix l'an 1264. Il vécut depuis en bonne intelligence avec l'abbé Étienne, ce qui parut lorsque pour se rendre Dieu propice, et peut-être pour expier toutes les violences qu'il avoit faites à tant de saints religieux, voulant fonder l'abbaye de la Guiche pour des religieuses de l'ordre de Saint-François sur les terres du prieuré de Chouzy, conjointement avec la comtesse son épouse, ils lui écrivirent les lettres suivantes :

— 244 —

*Lettre d'Alix, comtesse de Blois, à Étienne,
abbé de Marmoutier.*

« A religieux homme et honeste son chier père en Nostre Seignor, Estienne, par la grace de Dieu, abé de Mermoustier de Tours, Aelis, comtesse de Blois et dame d'Avesnes, salus ou toute reverence et honor.

« Sire, je vous pri et requier tant comme je puis plus, que pour l'amor de Deu, por l'amor et l'enhonor de mon chier seignor et de moi, il vos veigne a plesir que vos ne meteez, ne ne faceiz metre contredit ne empeechement ou fondement de l'abbaie que nos entendon a commencer ce dimanche prochain. Quart sachiez, sire, que nos sommes aparellé et mon seignor et gié de vos faire plenaire satisfaction de tous les dommages que vos il pourreiz avoir, ou a ja ou a loing, au dit de preudes hommes ; et a ce faire et acomplir nos nos obligion vers vos par nos lettres pendans que nos vos envoion. Si vos prion, sire, que vos i envoiez au devant dit jor, ou avant se il vos plest, gens qui puissent prendre de par vos la satisfaction que nos sommes aparellé de faire. Et por Deu, sire, ne fetes mie chose ne ne soufrez a faire don sain a hontagie, quar sachiez, sire, que nos en dendriez plus que de chose qui onques nos aveine. Si en fetes tant, sire, que nos en sain votre redevant a tosjorsmès. Ce fut fet en l'an de Notre Seignor mill et deux cens LXXIII ou mais d'aout. »

*Lettre de Jean de Chatillon, comte de Blois, à Étienne,
abbé de Marmoutier.*

« A religieus home et honeste l'abbé de Mermoustier, Jehan de Chastillon, cuens de Blois et sires d'Avesne, salut en bonne amor.

« Sire, je vos fas savoir que je avoie entendue de la contesse, que vous li avoiez ostroié, si com li doiens de Saint-Martin de Tors et mes sires Guillaume dou Quartier li avoient raporté, d'endroit une abbaie que je et elle volons fonder et commencier de sous Colonge en votre paroisse de Chozi, et que vous voloiez bien que elle i fust fondée et commenciée, en vous fesant avenant satisfacion de vos domages. Sire, j'envoie a vous, et vous fas savoir que nous serons cette besoigne a commencier cest dimanche prochien. Pourquoi je vous pri tant com je puis que vous i soiez, se vous poés; car nos le vaudroions molt, ou que vous i envoiez de par vous tele gent qui aient pooir de prendre et de recevoir avenant satisfacion en la place, et je la vous ferai au dit de preudommes. Et vous pris, sire, que vous ne metez pas debat en ceste chose, car vos nos corroceroiez trop malement et meesmement, quart je sui apparillié de vous fere avenant satisfacion. Ce fut fet a Sarmeses, le mercredi après la saint Pierre en l'an mil deux cens soixante et treze. »

La même année que l'abbé Étienne fit la paix avec le comte de Blois, Raoul de Mirebeau, doyen de Poitiers, fit entre ses mains une démission pure et simple du prieuré de Cernat et de toutes ses dépendances, que l'abbé Geoffroi son prédécesseur lui avoit donné en commende.

Nous apprenons des chartes de nos prieurés d'Angleterre que l'abbé Étienne y fit un voyage l'an 1268 pour les affaires de son monastère, et qu'étant à Londres, de l'avis de quelques prieurs qui l'accompagnoient, et de l'exprès consentement du chapitre de Marmoutier, il y emprunta de Thomas de Graham, sous-diacre du pape, la somme de six-vingts marcs d'argent sterling pour être employée au profit de son abbaye, qu'il promit de lui faire rendre au prieuré de Notre-Dame-des-Champs à Paris quinze jours après la Saint-Martin d'hiver prochain, ou à ce défaut sur le revenu de la ferme du manoir de Turverton au diocèse d'Oxford et de l'église de Cosham au diocèse de Sarisbery, que le même Thomas Graham avoit pris pour cinq ans à raison de quarante marcs d'argent sterling par an et à condition qu'il y entretiendroit toujours honnêtement un religieux de Marmoutier.

Deux ans après, Étienne ayant nommé Simon de Reda prieur de Tickeford ou Newport-Paynel, l'évêque de Lincoln, à qui il le présenta, refusa de l'accepter ; car par une transaction faite l'an 1228, les abbés de Marmoutier étoient obligés de présenter à l'évêque les prieurs qu'ils établissoient en Angleterre, parce qu'étant dans un royaume étranger avec lequel la France avoit souvent la guerre, il falloit que les sujets qu'il nommoit fussent agréables au roi et approuvés par l'évêque diocésain. Étienne en porta ses plaintes au pape Grégoire X, qui ayant fait examiner l'affaire par un cardinal, déclara que le prieur nommé par l'abbé de Marmoutier étoit très-bien établi et condamna l'évêque aux dépens. Il prononça une semblable sentence contre l'archevêque d'York, qui avoit aussi refusé d'admettre un prieur que l'abbé Étienne avoit nommé au prieuré de la Trinité d'York.

Nous avons deux autres bulles du même pape données à Orviete le 24 novembre l'an 1ᵉʳ de son pontificat, qui revient à 1271. Par la première, adressée à l'abbé et aux religieux de Marmoutier, il défend, à l'exemple du pape Luce III, de donner aucun prieuré aux séculiers, quelqu'instantes prières qu'en fassent les puissances du siècle. Il est surprenant qu'après tant de défenses sur cet article, les abbés aient été si faciles ou aient tant donné à la cupidité et à l'espérance de quelques petits gains.

La seconde est adressée à l'abbé de Cormery, par laquelle, sur la requête que l'abbé et les religieux de Marmoutier lui avoient présentée pour obtenir permission de vendre et aliéner pour trois mille livres de fonds tant en Angleterre qu'en France, afin d'en acheter de meilleurs et plus à leur bienséance, il lui donne pouvoir de leur accorder en son nom cette permission, s'il trouve que ce soit l'avantage du monastère ; et pour éviter toute surprise, il lui ordonne que s'il se fait quelque vente, il se saisisse des deniers provenants des biens vendus, et qu'il en achète lui-même des fonds plus utiles au monastère. Dès l'année 1268, l'abbé Étienne, prévenant la permission du pape, avoit déjà traité des manoirs de Notuelle et d'Herpeford avec Olivier, seigneur de Dinan, pour la somme de deux cent cinquante livres sterling, comme nous apprenons d'une lettre originale de ce seigneur. Mais parce qu'il n'étoit point permis d'aliéner les biens ecclésiastiques sans la permission du pape, il fallut trouver quelque biais pour éluder les lois de l'Église, et voici celui qu'ils prirent. Ces deux manoirs avoient été donnés à Marmoutier par les seigneurs de Dinan dès le temps de l'abbé Guillaume. Les papes avoient confirmé cette donation, le monastère en avoit joui longtemps. Après cette jouissance, les successeurs de ceux qui les avoient donnés s'en emparèrent de nouveau et en jouirent par usurpation jusqu'à ce qu'Olivier de Dinan, s'étant fait religieux à Marmoutier, les restitua à l'abbé Pierre de Gascogne pour augmenter le nombre des religieux dans le prieuré de Saint-Malo de Dinan, qui en jouit ensuite près de cent ans. Pour éluder donc les canons de l'Église, on feignit un procès entre Olivier, seigneur de Dinan, prétendant que les moines avoient usurpé ces deux manoirs sur ses ancêtres, et l'abbé et les religieux de Marmoutier, qui soutenoient qu'ils leur avoient été donnés légitimement. On choisit des arbitres pour juger le différend à l'amiable ; l'abbé prit les prieurs de Saint-Martin-au-Val et de Tavent, et le seigneur Olivier choisit Richard de Breton, seigneur anglois, et Thomas de Graham dont nous avons déjà parlé, lesquels adjugèrent les deux manoirs au seigneur de Dinan, et l'obligèrent, pour dédommager les religieux de Marmoutier, de leur donner deux cent cinquante livres sterling. Voilà de quelle manière ces bonnes gens pallièrent l'infraction qu'ils faisoient des lois de l'Église. Il est vrai que ces manoirs étant éloignés d'eux, dans un royaume étranger, où les guerres continuelles entre la France et l'Angleterre les exposoient souvent à être perdus, il semble que c'étoit une prudence que de s'en défaire pour acheter en France d'autres fonds plus commodes et plus utiles. C'est ce que fit l'abbé Étienne, employant ces deux cent cinquante livres sterling, qui faisoient la somme de mille livres, monnoie de Tours, en d'autres fonds près de son monastère et à sa bienséance. Mais parce que ces deux manoirs avoient été donnés pour le prieuré de Saint-Malo de Dinan, afin de ne point frauder les fondateurs de leur intention, Étienne et ses frères unirent à ce prieuré les revenus de celui de Solial au diocèse de Rennes, qui quelques années auparavant avoit été uni à la mense abbatiale. C'est ce que nous apprenons des lettres de cet abbé datées de l'an 1276, et scellées du sceau du chapitre et du sien, où il est représenté d'un côté avec ses habits sacerdotaux, tenant d'une main sa crosse, dont le dessus n'est point renversé, mais uni comme une potence en cette sorte, T, et de l'autre un livre sur sa poitrine avec cette inscription : SIGILLUM FRATRIS STEPHANI ABBATIS MAJORIS MONASTERII TURONENSIS ; de l'autre côté il est représenté avec son habit religieux, le capuchon abattu sur les épaules, la tête nue et rase, portant seulement un petit cercle de cheveux, avec cette inscription : HUIC STEPHANI CAPITI CREDITE SICUT EI.

L'abbaye de Marmoutier possédoit encore en Angleterre le manoir de Thorverton, que le roi Henri lui avoit donné. Après le rescrit du pape Grégoire, il n'étoit pas difficile de s'en défaire. L'an 1272, Étienne fit venir à Marmoutier l'abbé de Cormery, lequel après avoir fait jurer l'abbé et les religieux qui avoient été en Angleterre et y avoient pris connoissance de l'état de ce manoir, de sa valeur et des avantages qui pouvoient revenir au monastère de son aliénation, après avoir tout examiné, leur permit de le vendre pour en acheter d'autres biens plus à leur bienséance. Après cette permission, Étienne envoya en Angleterre les prieurs de Mortain et de Notre-Dame-des-Champs, lesquels en son nom et au nom de tous les religieux de Marmoutier vendirent ce manoir au seigneur Jean Wiger pour la somme de trois cent quatre-vingt-douze marcs d'argent sterling au mois de février l'an 1272, ou, selon ceux qui commençoient l'année au mois de janvier, 1273, et promirent d'employer cette somme à l'achat d'un fonds meilleur, et plus commode au monastère. Étienne fit encore d'autres échanges avec Jean, seigneur de Chaumont, l'an 1274, en vertu du même rescrit ; nous n'en faisons point ici le détail, qui ne peut être qu'ennuyeux aux lecteurs.

Il paroît, par ce que nous venons de rapporter, que l'abbé Étienne étoit un grand économe, appliqué à faire prospérer son monastère en toute sorte de biens. L'Anonyme de Marmoutier qui l'appelle un homme de sainte vie, *bonæ vitæ*, et les éloges que lui donnent les papes, nous font croire qu'il ne le fut pas moins à le faire prospérer en grâces, en vertus, en régularité, et en toute sorte de biens spirituels. L'an 1281, il attribua au prieurré de Lamballe la terre de Trevili, qui jusqu'alors avoit été du prieuré de Lehon. Il reçut encore le serment de fidélité que Jean de l'Isle fit entre ses mains le mercredi d'après la Pentecôte l'an 1281 dans le chapitre de Marmoutier, en présence du grand-prieur, du prieur claustral, du bailli qui étoit aussi prieur de Combour, de l'aumônier, du chantre et de plusieurs autres.

Il mourut à Meslay un vendredi, jour de la Circoncision, l'an 1282 selon ceux qui commençoient l'année à Pâques, ou 1283 selon ceux qui la commençoient en janvier. Son corps fut apporté à Marmoutier, où il fut enterré le dimanche ensuivant. Aussitôt après sa mort, les religieux s'assemblèrent au chapitre pour régler les choses durant la vacance. Ils ne voulurent point reconnoître pour leur grand-prieur Barthélemy, prieur de Vivoin, qu'Étienne durant sa vie avoit nommé grand-prieur de Marmoutier, peut-être parce qu'ils crurent ces deux offices incompatibles ensemble, qui chacun demandoient sa présence en deux lieux différents ; ou peut-être parce qu'après la mort des abbés le chapitre disposoit des officiers du monastère. Ainsi Robert de Dume resta prieur claustral, et en cette qualité présida à tout. Après cela le bailli, le chambrier, l'aumônier, le sacristain, le chantre, l'infirmier et les quatre autres baillis de l'abbaye, déposèrent les clefs de leurs offices sur la pierre du chapitre en signe d'obéissance, et puis les reprirent. Ensuite on régla que le prieur claustral, le bailli, le chambrier, l'aumônier, le sacristain et le prieur de Tavent pourvoiroient aux prieurés et autres bénéfices vacants. Le dimanche, jour de la sépulture d'Étienne, on fit une aumône générale. Ses obsèques furent magnifiques et honorées de la présence de MM. les chanoines, tant de Saint-Gatien, que de Saint-Martin, des religieuses de la ville, des Cordeliers et des Jacobins. Il fut enterré dans le cloître à l'entrée de l'église. L'an 1274, il donna cent livres tournois au couvent pour faire tous les ans son anniversaire.

CHAPITRE XXXI.

DE ROBERT DE FLANDRE, III° DU NOM,
XXVI° ABBÉ DE MARMOUTIER.

(1283 — 1296)

L'humilité que Robert fit paroître dans son élection, nous donne une si haute idée de lui, que nous ne pouvons pas ne le point mettre au nombre des plus grands hommes qui aient gouverné l'abbaye de Marmoutier. Il étoit natif de Flandre, bien fait, agréable et savant. Dieu, qui l'avoit destiné à la conduite des âmes, l'avoit déjà fait pasteur d'un petit troupeau ; car il étoit prieur de la Celle-en-Brie, l'un des meilleurs prieurés de Marmoutier. Après la mort de l'abbé Étienne, tous les religieux s'étant assemblés en grand nombre pour lui donner un successeur, après avoir invoqué le Saint-Esprit, pour éviter les longueurs qui sont presque inséparables des élections qui se font par scrutin, surtout par un si grand nombre, d'un commun consentement choisirent sept d'entre eux auxquels ils donnèrent plein pouvoir d'élire un abbé, et promirent de reconnoître celui qu'ils nommeroient. Ces sept religieux s'étant retirés à part donnèrent unanimement leurs voix au prieur de la Celle, et Guillaume, prieur de Mautenai, l'un des électeurs, étant retourné dans le chapitre, publia l'élection, qui fut acceptée de tous les capitulants. On résolut ensuite de le mener au pape, tant pour lui faire confirmer l'élection de Robert, que pour recevoir de Sa Sainteté la bénédiction.

C'étoit Martin IV qui gouvernoit alors le Saint-Siège. Il avoit été autrefois trésorier de Saint-Martin de Tours, avoit connu Robert, étoit informé de son mérite par ce qu'il avoit vu lui-même; mais il en fut encore plus persuadé lorsque se présentant devant Sa Sainteté qui étoit alors à Orviete, au lieu de lui demander la confirmation de son élection, il lui fit une démission pure et simple de tout le droit qu'il pouvoit avoir dans l'abbaye de Marmoutier, qu'il regardoit comme un fardeau trop pesant pour être porté par des épaules aussi foibles que les siennes. Le pape voulut bien lui donner la consolation d'admettre sa démission ; mais, faisant réflexion sur tout le bien qu'on lui disoit de lui, et sur celui qu'il avoit remarqué lui-même étant trésorier de Saint-Martin de Tours, il crut que l'abbaye ne pouvoit être en meilleures mains, et qu'étant conduite par un abbé si humble et si saint, il étoit impossible qu'elle ne prospérât en toute sorte de grâces et de bénédictions. Il lui rendit donc son abbaye, et donna ordre à l'évêque de Porto de le bénir solennellement le 18 mai 1283, qui étoit l'année troisième de son pontificat.

Le pape n'en demeura pas là ; mais pour lui donner des preuves de son estime, honorer sa vertu, et relever son humilité par quelques marques de distinction, il lui accorda l'usage de l'anneau et de la mitre aux processions et offices divins des grandes fêtes. Mais comme il étoit prudent et qu'il ne vouloit point faire d'ombrage aux archevêques de Tours, il excepta la ville de Tours des lieux où il pourroit la porter. Il lui accorda encore le pouvoir de bénir des palles d'autel, tant pour son monastère que pour les prieurés et églises qui en dépendent. La bulle du pape est datée d'Orviete le 12 juin 1283, c'est-à-dire un peu plus de trois semaines après la bénédiction de l'abbé Robert, qui depuis ce temps-là est représenté dans ses sceaux avec la mitre en tête.

Robert, profitant des bontés que le pape avoit pour lui et pour son monastère, obtint encore de lui trois bulles datées du 26 novembre de la même année. Par la première, il lui permet de dispenser quelques-uns de ses religieux infirmes et délicats de certaines austérités que leur foiblesse ne leur permettoit pas de porter, qui n'étoient point de la substance de la règle. Il n'étoit point nécessaire d'avoir recours au pape pour cela, puisque la règle est assez formelle là-dessus, qu'elle ordonne à l'abbé de donner aux foibles les soulagements dont ils ont besoin, et qu'elle dispense les malades de ses plus grandes rigueurs. Mais cela nous fait voir combien nos pères étoient circonspects sur le fait des dispenses, puisqu'ils avoient recours au Saint-Siége pour des choses que la règle leur accordoit.

La seconde est adressée aux archevêques et évêques sur les plaintes que l'abbé et les religieux de Marmoutier lui avoient faites, que quelques-uns d'eux faisoient difficulté d'ordonner leurs frères, quoiqu'ils eussent toutes les qualités requises par l'Église dans les ministres sacrés; il les reprend de cette conduite comme d'une chose contraire à la bienséance convenable à des évêques et opposée au culte de Dieu, et leur ordonne, par le respect qu'ils doivent au Saint-Siége, auquel le monastère est immédiatement sujet, de se montrer plus favorables et de ne plus faire difficulté de conférer les ordres sacrés aux religieux qui leur seront présentés par leur abbé.

La troisième s'adresse à l'évêque d'Angers, et lui donne pouvoir de permettre à l'abbé et aux religieux de Marmoutier de permuter pour trois mille livres de fonds ingrats et d'assez peu de revenu, en d'autres meilleurs, si après avoir tout examiné il trouve que ce soit l'avantage du monastère.

Le pape, qui aimoit l'abbaye de Marmoutier depuis longtemps, ne borna point son amitié aux grâces dont nous venons de parler, il voulut lui en donner de nouvelles preuves en l'honorant d'une augmentation de priviléges. Il avoit permis à l'abbé Robert et à ses successeurs de porter toujours l'anneau et la mitre dans les processions et offices divins, il ajouta à cette grâce le droit de porter la tunique, la dalmatique, les gants et les sandales, et de donner publiquement la bénédiction aux peuples, excepté dans la ville de Tours.

Pendant que le pape combloit l'abbaye de Marmoutier de grâces et de prérogatives, les comtes de Blois, qui en avoient été les véritables protecteurs tandis que leur comté étoit demeuré dans la maison de Champagne, lui déclarèrent une guerre ouverte depuis qu'il fut passé dans celle de Châtillon.

Nous avons vu comme saint Louis avoit pris l'abbaye sous sa protection, et avoit voulu que la qualité de protecteur de Marmoutier fût tellement attachée à sa couronne, qu'elle en fût inséparable. Nonobstant les lettres patentes du saint roi, le comte de Blois voulut s'attribuer la qualité de gardien du monastère, afin d'avoir plus de moyen de le piller. Le roi étoit en possession de prendre connoissance des violences commises dans la baillie d'Orléans, et cependant le comte ne vouloit point qu'on portât devant lui les violences que lui et ses gens avoient commises en arrêtant les serfs du monastère dans la forêt de Raacon qui étoit aux religieux. Il vouloit encore les priver du droit de chasse dans cette forêt dont ils étoient en possession. Il avoit comblé leurs fossés de Chouzy, et commis d'autres excès contre eux, qui durèrent jusqu'à ce que Jeanne, comtesse d'Alençon et de Blois, son héritière, après la mort du comte son mari, poursuivant cette affaire, Mathieu de Vendôme, abbé de Saint-Denys, et Simon de Neelle, régents de France, prononcèrent une sentence contre elle en faveur de l'abbaye de Marmoutier, l'an 1285. Hugues de Châtillon, son cousin, qui lui succéda dans le comté de Blois, beaucoup plus raisonnable que ses prédécesseurs, reconnut le bon droit des religieux et leur donna la paix l'an 1293, ou, selon ceux qui commençoient l'année à Pâques, 1292, au mois de janvier, consentant qu'ils jouissent de la justice et reçussent les amendes qui leur appartenoient à raison de leurs prieurés de Chouzy, Chambon, Orchèse, Meslan, Ville-Belford, etc.

Deux ans après, Simon, archevêque de Bourges, étant allé voir Nicolas, prieur de Saint-Martin-des-Champs, son parent, il en fut reçu avec toute la charité que demandoit sa double qualité de parent et d'archevêque; mais en même temps il lui donna une déclaration par laquelle il reconnoissoit qu'il avoit été reçu comme ami et non comme visiteur, et qu'il ne prétendoit pas par là donner atteinte aux priviléges de l'abbaye de Marmoutier, tant dans son chef que dans ses membres.

Nicolas IV, qui succéda au pape Martin IV après Honoré IV, le 22 février de l'an 1288, honora aussi l'abbaye de Marmoutier de plusieurs beaux priviléges ; car dès la seconde année de son pontificat, voulant marquer à l'abbé Robert l'estime qu'il faisoit de son mérite, et l'attacher inviolablement au Saint-Siège par de nouvelles grâces, il ajouta au pouvoir que Martin IV lui avoit donné de porter la mitre, l'anneau, la tunique, la dalmatique, les gants et les sandales, celui de bénir les corporaux, les nappes d'autel et les habits sacerdotaux. Il lui donna encore par une bulle du 5 mars 1289 le pouvoir de conférer à ses religieux la tonsure et les ordres mineurs ; et parce que l'abbé et les religieux de Marmoutier lui avoient témoigné qu'ils souhaitoient acquérir quelque maison dans la ville ou dans les faubourgs de Paris pour y loger les religieux qu'ils y envoyoient étudier en théologie, il le leur accorda par une nouvelle bulle donnée à Orviete le 5 juillet de l'an 1290. Il leur permit encore, lorsqu'ils en auroient une, d'y bâtir un oratoire et ériger un autel où ils pussent célébrer les divins mystères et réciter ensemble les offices divins. Comme il y avoit dans la communauté de Marmoutier des religieux désobéissants et rebelles à leur abbé, qui, après avoir scandalisé leurs frères dans le cloître, en étoient sortis et scandalisoient les séculiers dans le monde par une honteuse fuite et une vie toute libertine, Nicolas permit à l'abbé Robert de les faire arrêter par le bras séculier pour les ramener au monastère et les réduire à leur devoir.

Environ ce temps-là Olivier, évêque de Lincoln en Angleterre, prétendit avoir droit d'établir et de destituer les prieurs du prieuré de Tickefort, autrement appelé Neuport-Paynel, de les visiter et d'exercer sur eux pleinement sa juridiction épiscopale. Ces prétentions étoient formellement contraires aux priviléges de l'abbaye de Marmoutier, qui l'exemptent de toute juridiction épiscopale tant dans son chef que dans ses membres. Aussi l'abbé Robert et ses religieux, le prieur et la communauté de Tickefort, s'opposèrent-ils vigoureusement aux entreprises de cet évêque. Cependant, comme les procès fatiguent ordinairement le corps, causent des distractions à l'esprit et épuisent les facultés de ceux qui plaident, Robert et ses frères, pour se procurer la paix, ne firent point de difficulté d'entrer en composition avec ce prélat, et ils lui accordèrent que les évêques de Lincoln pourroient venir une fois en leur vie après leur consécration au prieuré, qu'on les y recevroit avec respect, tous les religieux étant revêtus en aubes, mais qu'on ne leur donneroit point à manger, qu'ils pourroient annoncer ce jour-là la parole de Dieu à leur peuple dans la nef de l'église ou dans le cimetière, mais non pas dans le cloître ni dans le chapitre, qu'ils pourroient encore d'autres fois loger en passant dans le monastère et qu'on les recevroit avec honneur, mais à leurs dépens. L'évêque, de son côté, reconnut qu'il n'avoit aucune juridiction dans le prieuré, nul droit de le visiter ou d'y exercer ses fonctions épiscopales, qu'il étoit exempt et soumis à la visite et à la correction des abbés de Marmoutier, qu'eux seuls avoient le pouvoir d'établir et de destituer les prieurs, quoique pour le bien de la paix on voulût bien lui accorder que les abbés de Marmoutier lui présenteroient ceux qu'ils nommeroient, mais que lui seroit obligé de les recevoir sans les examiner. Enfin les religieux, pour acheter la paix et dédommager l'évêque de ses droits prétendus, lui cédèrent le patronage de l'église de Syrreton, dont ils étoient en possession.

Ce fut apparemment cette transaction faite au mois de février de l'an 1291 qui donna occasion à l'abbé Robert de passer en Angleterre, tant pour traiter avec l'évêque que pour visiter les prieurés de sa dépendance. Mais ce voyage lui coûta cher; car le roi l'ayant fait arrêter prisonnier, pour payer sa rançon il fut obligé de lever de grandes sommes sur les prieurés de Tickefort et d'York, que les prieurs, dont il avoit si bien soutenu les droits, lui fournirent sans résistance et avec beaucoup de générosité. Il est vrai qu'il leur en témoigna beaucoup de gratitude, et qu'au chapitre général de l'an 1292 il leur donna une reconnoissance de la libéralité qu'ils avoient exercée en son endroit, l'assistant dans ses travaux et compatissant à ses afflictions, déclarant qu'il ne prétendoit aucunement que les levées qu'il avoit faites sur eux tirassent à conséquence.

Robert vivoit encore l'an 1295, auquel il traita avec Jean, duc de Bretagne et comte de Richemont, du droit de bâtir un moulin sur la rivière de Jugon, présenta à la cure de Saint-Denys-de-la-Pile, au diocèse de Bordeaux, et transigea le jour de Saint-Denys avec Brient, seigneur de Montjean, touchant une garenne. Il obtint aussi la même année plusieurs bulles de Boniface VIII, par lesquelles il confirma les grâces et les priviléges accordés à l'abbaye de Marmoutier par les papes ses prédécesseurs, déclara à l'exemple de Grégoire IX que les religieux résidant dans les prieurés étoient exempts de la juridiction des évêques, comme ceux du grand monastère, puisqu'ils y avoient tous fait profession, en avoient été tirés et y étoient rappelés quand il plaisoit à l'abbé ; ordonna aux archevêques et évêques de les prendre sous leur protection et de les défendre contre les violentes exactions des puissances du siècle, confirma la transaction qu'ils avoient faite avec l'évêque de Lincoln, et leur permit d'acquérir dans la ville ou dans les faubourgs de Paris des places ou des maisons pour y loger les religieux qu'ils envoyoient étudier en cette fameuse Université ; mais il avoit déjà un successeur l'an 1296.

Ainsi il gouverna l'abbaye environ 13 ans, et il la gouverna en bon père. Il acheva le chœur de l'église et conduisit l'édifice jusqu'à la chapelle de saint Louis. Il fit bâtir la chapelle du prieuré de Mantenay ; et pour se dédommager de la dépense qu'il y avoit faite, il prit durant sa vie le revenu du prieuré de Saint-Remi-au-Bois qui en dépendoit. Il ordonna que ses religieux porteroient la cuculle avec le froc, que les draps de laine dont ils se servoient auroient deux aunes et demie de longueur et une et demie de largeur. Il fit encore plusieurs beaux règlements pour la discipline de son monastère, que ses successseurs nous auroient fait plaisir de conserver. On faisoit autrefois son anniversaire à Marmoutier le 11 de mars, qui fut apparemment celui de sa mort. Il fut enterré dans la chapelle de Notre-Dame-du-Chevet, et eut pour successeur Eudes de Braceoles (1).

(1) La chapelle de Notre-Dame-du-Chevet ne faisoit pas partie de l'église de Marmoutier ; elle étoit bâtie au-dehors, près de l'abside ; de là son nom. Il en subsiste aujourd'hui quelques vestiges. (C. Ch.)

CHAPITRE XXXII.

D'EUDES DE BRACEOLES, II° DU NOM,
XXVII° ABBÉ DE MARMOUTIER.
(1296 — 1312)

Eudes II, surnommé en latin *de Braceolis*, entra dans le gouvernement de l'abbaye de Marmoutier l'an 1296 et la gouverna environ 16 ans. Comme il étoit d'une naissance illustre et qu'il avoit de l'esprit, il fut employé dans les plus importantes affaires de son temps. Philippe le Bel, roi de France, étoit pour lors en guerre avec Édouard, roi d'Angleterre. Comme il fut obligé de faire de grands frais pour la soutenir, il chargea extraordinairement le clergé et le peuple de son royaume (1). Dès que le pape Boniface VIII le sut, il fit un décret par lequel il défendoit au clergé, sous peine d'excommunication, de rien payer à l'avenir de semblable sans le consentement du Saint-Siège. Une action de cette hauteur choqua extrêmement le roi, et ce fut là l'origine des grands différends de Philippe le Bel avec Boniface VIII. Le pape cependant, sur les plaintes du roi, modifia son décret, et permit de lever la dîme des revenus ecclésiastiques, lorsque la nécessité l'exigeroit. Outre les lettres qu'il écrivit au roi, il en adressa une aux évêques de Paris et de Meaux et aux abbés de Saint-Denys et de Marmoutier, auxquels il donna là-dessus ses ordres.

Quelque temps après, Boniface ayant écrit de nouveau au roi pour l'exhorter à porter ses armes dans la Terre-Sainte contre les Sarrasins à l'exemple de ses ancêtres, il écrivit en même temps aux archevêques et évêques, aux abbés de

---

(1) *Hist. de Saint-Denys*, p. 259.

Cîteaux, de Cluny, de Prémontré, de Saint-Denys et de Marmoutier, pour les prier de l'aider de leur conseil en une affaire de cette conséquence (1). Nous ne savons pas ce que firent les autres ; mais nous savons très-certainement qu'Eudes, abbé de Marmoutier, alla à Rome avec les archevêques de Bordeaux et de Tours, tous dévoués au service de leur prince, pour tâcher d'apaiser les brouilleries entre le pape et le roi. Il fut obligé de faire de grandes dépenses pour soutenir les frais du voyage et de cette négociation ; mais par bonheur il avoit trouvé dans le trésor, des épargnes de son prédécesseur, dix mille livres, qui en ce temps-là étoit une somme fort considérable, dont il s'accommoda.

Avant que d'entreprendre son voyage de Rome, Eudes convint d'arbitres, l'an 1300 (2), avec Geoffroi, surnommé Païen, seigneur de Montbazon et de Colombier, avec lequel il étoit en différend au sujet de la justice de Fontcher, que ce seigneur vouloit usurper. Les arbitres ne prononcèrent pourtant que l'an 1306, qu'ils rendirent une sentence en faveur de Marmoutier. Il y a apparence que la raison qui les obligea de différer si longtemps à juger cette affaire, fût l'absence de l'abbé Eudes.

L'an 1302, Blanche, fille de saint Louis, voulant satisfaire à l'affection qu'elle avoit pour le prieuré de Notre-Dame-des-Champs près de Paris, donna aux religieux de Marmoutier qui le desservoient dix livres de rente à prendre dans le trésor du roi sur les revenus qu'elle avoit acquis de noble dame Marguerite de Sully. La confiance qu'elle avoit aux prières des religieux de cette maison la porta à faire cette donation, afin qu'ils offrissent à Dieu leurs vœux pour le roi son neveu et pour la reine, et qu'ils célébrassent tous les mois une messe de la Vierge pour elle durant sa vie, qui seroit convertie en

(1) RAINAL, ad ann. 1301, n. 32.

(2) En l'an 1300, mourut Jehan de Conan, qui étoit sans doute parent de l'abbé du même nom. Il fut enterré sous une tombe de pierre près de la chaire du prédicateur dans la nef de l'église de Marmoutier, avec cette épitaphe : *Cy gist Jehan de Connan, prieur de Chozi, qui trespassa l'an* M CCC. Collection GAIGNIÈRES, *Tombeaux et épitaphes des églises de France*, t. I, fol. 83. (C. Ch.)

une messe des morts après que Dieu l'auroit retirée du monde, et qu'ils fissent son anniversaire. Cinq ans après, c'est-à-dire l'an 1307, Gaucher de Châtillon, comte de Porcien et connétable de France, donna aussi aux religieux de Marmoutier résidant au prieuré de Notre-Dame de Châtillon-sur-Marne quarante soldées de terre de petits tournois à prendre sur sa jurée de Toisi, pour célébrer à perpétuité l'anniversaire d'Isabelle de Dreux, sa première femme.

Comme l'année 1310 étoit fort stérile, Eudes, compatissant à la misère que souffroient les vassaux de son monastère, employa le crédit qu'il avoit auprès du roi Philippe le Bel pour porter ce prince à leur remettre le tribut qu'il exigeoit d'eux pour la dot d'Isabelle sa fille, qu'il marioit avec le roi d'Angleterre. Ce que le roi lui accorda.

Eudes n'étoit pas tellement occupé des grandes affaires qui regardoient l'État ou le bien des vassaux de son monastère, qu'il ne songeât aussi à l'avancement spirituel de ses frères. Il s'appliqua surtout à procurer celui des religieux qui résidoient dans les prieurés, parce qu'étant éloignés de sa présence, ils avoient plus d'occasions de se dissiper. Ce fut ce qui le porta à faire des statuts excellents pour eux, que nous rapporterons ici succinctement, parce qu'ils nous représentent clairement la discipline régulière de ces temps-là.

1. Le premier statut regarde l'office divin. Il ordonne qu'il soit célébré tant de jour que de nuit avec gravité, que l'office de la Vierge et des morts, avec les psaumes familiers, se disent exactement et sans précipitation, de même que dans l'abbaye ; qu'on dise l'oraison dominicale au commencement de chaque heure et qu'aux féries on dise les prières à genoux, comme l'on pratiquoit à Marmoutier.

2. Le second défend aux religieux prêtres de passer plus de quatre jours, et aux prieurs plus de sept, sans dire la messe ; car comme nous avons fait voir ailleurs, en ce temps-là les religieux ne la disoient pas tous les jours. Pour ceux qui n'étoient point prêtres, il veut qu'ils communient tous les premiers dimanches du mois et aux fêtes solennelles.

3. Le troisième prescrit une grande propreté dans les églises, les livres et les ornements de l'autel.

4. Le quatrième, que les religieux se confessent toutes les semaines à leurs prieurs, et les prieurs à quelqu'un de leurs religieux, ou à quelqu'un des prieurs voisins qui leur étoient assignés par l'abbé.

5. Le cinquième défend, sous peine de désobéissance, de se confesser à des séculiers.

6. Le sixième règle les lits et les habits des religieux. Il veut que tous couchent dans le dortoir, et seuls dans leur lit, sans linge, avec de simples couvertures. Il défend toute singularité dans les habits et dans la tonsure. Il ordonne un silence étroit, et veut que les exercices des moines soient l'oraison, la lecture et la contemplation, et qu'ils lisent soir et matin dans le chapitre les conférences des pères du désert.

7. Le septième ordonne aux prieurs qui tombent malades d'appeler un des prieurs voisins, de remettre entre ses mains leur administration et tout ce qu'ils possèdent, afin de mourir dans la pauvreté et le dénuement de tout.

8. Le huitième exhorte à garder l'hospitalité, autant que les facultés des prieurés le pouvoient permettre.

9. Le neuvième défend aux prieurs et aux moines d'être parrains ou exécuteurs des testaments.

10. Le dixième défend aux religieux particuliers de venir au chapitre général sans la permission de l'abbé, et aux prieurs d'y amener plus d'un compagnon.

11. L'onzième défend toute superfluité dans les montures des prieurs qui viennent aux chapitres généraux.

12. Le douzième défend expressément aux religieux de manger de la viande les mercredis, et durant l'Avent; pour les autres jours il permet aux prieurs d'en dispenser. Un autre manuscrit ajoute à ces jours d'abstinence les lundis, toute la Septuagésime, tous les jours qu'on es en voyage pour aller ou retourner du chapitre général; et de plus défend de servir de la viande à l'abbé ou aux religieux qui faisoient en son

nom la visite ; ce qui me fait croire que dans l'abbaye l'abstinence étoit encore inviolablement gardée.

13. Le treizième ordonne qu'on ne serve pas plus de deux plats de poisson avec le potage à l'abbé ou aux visiteurs qu'il envoie, qu'on évite toute superfluité dans les repas, et que les prieurs n'invitent à manger chez eux que très-rarement.

14. Le quatorzième veut que les prieurs rendent tous les ans deux fois compte de l'état de leur prieuré à leurs religieux.

15. Le quinzième défend de manger ou boire en ville, si ce n'est avec les évêques ou les abbés.

16. Le seizième défend tant aux religieux qu'aux prieurs les sorties ou récréations hors du monastère.

17. Le dix-septième ordonne que les religieux qui sortiront sans permission soient envoyés à Marmoutier pour y être punis dans l'aumônerie.

18. Le dix-huitième défend tant aux prieurs qu'aux religieux d'aller dans les grandes villes ou châteaux sans leur chape régulière ou sans leur froc.

19. Le dix-neuvième leur défend encore d'aller en cour de Rome sans la permission de l'abbé, et sans avoir fait serment entre ses mains de n'y poursuivre aucun bénéfice sans la même permission, ou d'y rien faire au préjudice de l'abbaye ou de ses membres, sous peine d'excommunication *ipso facto*.

20. Le vingtième défend la pêche et la chasse.

21. Le vingt-unième défend de citer personne en justice sans la permission de l'abbé, et toute sorte d'injures ou de concussions.

22. Le vingt-deuxième défend aux prieurs de retenir chez eux leurs parents, ou de les enrichir du bien de l'Église.

23. Le vingt-troisième défend la propriété, et pour la retrancher et aller au-devant, ordonne de visiter souvent les lits et les coffres des religieux, et de leur donner abondamment toutes leurs nécessités tant pour le vivre que pour le vêtir, soit en santé soit en maladie, et défend très-expressé-

ment en vertu de sainte obéissance de donner de l'argent aux religieux pour leurs habits.

24. Le vingt-quatrième défend d'emprunter de l'argent sans la permission de l'abbé.

25. Le vingt-cinquième défend aux prieurs et aux religieux excommuniés de se joindre à leurs frères.

26. Le vingt-sixième défend aux prieurs de faire ordonner prêtres leurs religieux, sans la permission de l'abbé.

27. Le vingt-septième défend les bénédictions clandestines et d'administrer les sacrements sans nécessité et sans l'agrément des curés.

28. Le vingt-huitième ordonne d'éviter les apostats, et défend de les recevoir ou de favoriser leur fuite, sous peine d'excommunication.

29. Le vingt-neuvième excommunie ceux qui s'obligeront eux ou leur maison aux ordinaires des lieux, aux personnes ecclésiastiques ou aux sénateurs.

30. Le trentième excommunie ceux qui répondront pour un autre, ou qui vendront, obligeront ou permuteront aucun bien ou feront des contrats illicites.

31. Le trente-unième défend en vertu d'obéissance de venir au chapitre avant la veille de sa célébration, qu'on assigne à la fête de saint Nérée et saint Achillée.

32. Enfin, il renouvelle les censures contre ceux qui commettent de grands et énormes péchés, dont il fait le dénombrement.

Ces statuts, que nous avons tirés de trois manuscrits, l'un du monastère de Saint-Serge d'Angers, l'autre de la bibliothèque de l'église cathédrale de Tours, et le troisième du monastère de Marmoutier, dans lequel ils sont commentés par quelque religieux de la maison ; ces statuts, dis-je, font voir que s'il y avoit alors du déchet dans l'observance, il y avoit encore beaucoup de vertu dans l'abbaye de Marmoutier, et qu'elle n'étoit pas tombée dans un entier relâchement ; car si les prieurés étoient si bien réglés, il ne faut pas douter que l'abbaye ne le fût encore mieux.

Une des principales choses que fit l'abbé Eudes dans le temps de son gouvernement fut d'avoir achevé l'église du monastère. Il y avoit près de cent ans que l'abbé Hugues Ier l'avoit commencée ; Geoffroi II, Guérin, Hugues II, Geoffroi III, Estienne et Robert III l'avoient continuée avec beaucoup de soin et de dépenses parmi des temps fort fâcheux et incommodes, mais enfin Eudes y mit la dernière main. Si l'on en considère la grandeur, la largeur, la hauteur et la délicatesse, on peut dire sans contredit que c'est un des plus beaux vaisseaux du royaume. Quoiqu'elle ait perdu beaucoup de son lustre par le ravage qu'y firent les calvinistes l'an 1562, elle ne laisse pas de passer encore pour une des plus belles qu'on puisse voir. L'architecte qui conduisoit cet admirable ouvrage se nommoit maître Estienne ; il mourut l'an 1293, et fut enterré dans le cloître devant le chapitre, où l'on voyoit autrefois sa figure gravée sur sa tombe, où il étoit représenté tenant la règle en la main, avec une épitaphe qui apprenoit son nom, sa qualité, le jour, le mois et l'an de sa mort (1).

Pour l'abbé Eudes, il mourut le 21 septembre (2) de l'an 1312, et fut enterré dans la chapelle de saint Louis, où l'on éleva un tombeau d'environ deux pieds sur lequel il étoit représenté, avec une épitaphe de dix ou douze vers, que quelque curieux nous a conservée lorsque son tombeau fut détruit, et qu'on pourra voir dans les preuves de cette histoire. Aujourd'hui il n'y a plus qu'une simple tombe sur son corps, avec cette épitaphe : HIC JACET VENERABILIS PATER ODO DE BRACEOLIS, HUJUS COENOBII ABBAS, QUI OBIIT XII CALENDAS SEPTEMBRIS, ANNO DOMINI MCCCXII (3).

(1) Voici l'épitaphe de l'architecte de Marmoutier : *Hic jacet magister Stephanus de......, magister fabricæ hujus ecclesiæ, qui obiit die sabbati in crastino novi anni, anno Domini millesimo ducentesimo nonagesimo tertio, cujus anima requiescat in pace.* André Salmon conjecture, non sans vraisemblance, que l'architecte de la cathédrale de Tours, Étienne de Mortagne, étoit le même que l'architecte de Marmoutier, dont le prénom est seul venu jusqu'à nous. *Mémoires de la Société archéol. de Touraine,* t. IV, p. 132. (C. Ch.)

(2) Août, selon l'épitaphe qui suit. (Note du manuscrit).

(3) La chapelle Saint-Louis, où fut enterré Eudes de Braceoles, étoit située derrière le chœur de l'église. (C. Ch.)

DE JEAN MILET, RELIGIEUX DE MARMOUTIER, DOCTEUR EN DROIT CANON ET ABBÉ DE SAINT-FLORENT DE SAUMUR.

L'abbaye de Saint-Florent de Saumur s'étoit si bien trouvée du gouvernement des abbés tirés de Marmoutier, et Ebrard, Frédéric et Sigo, l'avoient mise à un si haut point de splendeur, qu'il ne faut pas s'étonner si elle jeta encore les yeux sur Jean Milet, religieux de Marmoutier, pour le faire son abbé. Il étoit natif du Poitou, et s'étoit tellement appliqué à l'étude, qu'il mérita d'être élevé à la qualité de docteur en droit canon, la principale science de son temps, lorsque l'abbé Regnaud, après avoir gouverné le monastère de Saint-Florent avec toute l'approbation possible, cassé de vieillesse et trop foible pour supporter plus longtemps le fardeau de sa charge, se démit volontairement de son abbaye entre les mains de l'évêque d'Angers la troisième semaine du carême de l'an 1309, donna liberté à ses frères de faire élection d'un autre abbé pour les gouverner en sa place. Pour y procéder, on indiqua le mardi d'après l'octave de Pâques, auquel tous s'étant assemblés au chapitre, les sentiments se trouvèrent partagés, les uns jetant les yeux sur Raimond de Galard, déjà abbé du monastère de Condom au diocèse d'Agen, qui peu après fut érigé en évêché, homme noble, puissant et recommandable par sa science et par ses bonnes mœurs, et les autres demandant pour abbé Jean Milet, moine de Marmoutier, docteur en droit canon. Ceux-ci furent si ardents dans leur poursuite, que ayant proclamé abbé celui qu'ils avoient élu, par la bouche de Michel, cellérier du monastère, ils entonnèrent aussitôt le *Te Deum*, le continuèrent en allant à l'église, et firent sonner toutes les cloches, pendant que ceux du parti contr[aire] restés dans le chapitre, le prieur Dupin protesta de la nullité de cette élection, comme n'ayant point été faite dans les formes canoniques, et déclara excommuniés et privés de voix active et passive ceux qui l'avoient faite ; ensuite de quoi tous s'étant remis du choix de leur abbé aux prieurs de la Rochefoucaud et du château de Saumur, et ceux-ci ayant nommé Raimond, abbé de Condom, ils entonnèrent à leur tour le *Te Deum*, s'en allèrent à l'église et firent sonner toutes les cloches. Aussitôt après, ceux du premier parti députèrent l'abbé Regnaud, le sous-prieur et le cellerier de Saint-Florent auprès de l'abbé de Marmoutier pour lui demander Jean Milet pour leur abbé, et obtenir sa permission pour le faire consentir à son élection et passer de Marmoutier à Saumur. Eudes, qui étoit alors à Tavent, et qui fondoit de grandes espérances sur Jean Milet, sacrifiant ses propres intérêts, leur accorda de bonne grâce leur demande. Ensuite les deux partis ayant porté leur cause au tribunal du pape Clément V, elle fut jugée en faveur de Jean Milet, qui resta paisible possesseur de l'abbaye de Saint-Florent. Il la gouverna 14 ans jusqu'en 1324. On le représente comme un bon abbé, qui dès le commencement de son administration fit achever le chœur de l'église de Saint-Florent-le-Vieil, commencé par son prédécesseur, fit fondre une grosse cloche dans la tour de son abbaye, qu'il nomma *Voix de Dieu*, bâtit une grande salle et quelques autres édifices auprès, qu'on nomme *la garde des remparts*, et acquit le manoir de Riou avec toutes ses appartenances. L'an 1313, il eut quelques contestations avec l'évêque d'Angers, qui voulut exiger de lui un serment qu'il gouverneroit bien son abbaye, ce qu'il refusa de faire. La même année il assista au synode de cet évêque, assis à sa gauche et revêtu en chape, dans l'église cathédrale d'Angers. Voilà tout ce que nous avons pu apprendre de cet abbé.

CHAPITRE XXXIII.

DE JEAN DE MAULÉON,
XXVIII° ABBÉ DE MARMOUTIER.
(1312—1330.)

Jean de Mauléon étoit sorti d'une noble maison de Poitou. Il étoit petit de corps, mais très-beau de visage. Il succéda à l'abbé Eudes II et gouverna l'abbaye de Marmoutier environ 18 ans. Un de ses principaux soins fut de visiter exactement les prieurés de sa dépendance et de rédiger par écrit les actes de ses visites, que l'on conserve encore aujourd'hui (1). Nous apprenons de là le nombre des religieux qui résidoient dans les prieurés, et la discipline qu'ils y observoient. Quoique dans la plupart il n'y eût pas plus de trois ou quatre religieux, et que dans quelques-uns il n'y en eût que deux, ils ne laissoient point de faire exactement l'office tant de jour que de nuit de même que dans l'abbaye; et en ayant trouvé environ neuf ou dix où les religieux ne se levoient la nuit que les fêtes et les dimanches pour dire matines, il les en reprit et leur commanda de corriger ce défaut. Il reprit ceux du prieuré de Renti parce qu'ils ne chantoient pas en notes les heures canoniales, faute de livres ; il ne crut pas que cette excuse dût les dispenser d'un de leurs principaux devoirs. Il reprit de même ceux de Saint-Hilaire-sur-Yère, de Chavigny et de Châteaudun, de ce qu'ils ne disoient pas matines selon l'usage de Marmoutier. Ils apportèrent pour excuse

(1) Les archives départementales d'Indre-et-Loire conservent encore, sous la cote 1 H, ce livre des *Actes de visites des prieurés de Marmoutier*, de 1321 à 1325. Ce manuscrit, précieux à plus d'un titre, est malheureusement en assez mauvais état. (C. Ch.)

qu'ils n'avoient point de livres notés ; mais cela n'empêcha pas qu'il ne leur ordonnât de corriger cette coutume. Il loua le prieur de Notonville de ce qu'ils disoient la sainte messe au moins une fois la semaine, et il blâma ceux de Saint-Médard de Vendôme de ce qu'ils ne la disoient que deux ou trois fois la semaine, peut-être parce que cela ne suffisoit pas pour acquitter les charges du prieuré. Il reprit aussi ceux de Bassainville parce qu'ils ne disoient pas tous les jours la messe matutinale. Nous avons vu parmi les statuts d'Eudes son prédécesseur, qu'il étoit ordonné aux religieux de se confesser à leur prieur ; il trouva qu'à Saint-Martin de Laval, à Mantes et à Gisors ils se confessoient l'un l'autre. Il regarda cette pratique comme une faute considérable, dans laquelle il leur défendit très-étroitement de tomber à l'avenir. Il fit aussi une sévère réprimande à frère Pierre de Saint-Serenic, religieux de Laval, parce qu'il disoit qu'il ne pouvoit chanter. Il en fit encore une plus grande au compagnon du prieur de Louvigni, parce qu'il se répandoit trop dans le monde. Ayant trouvé les bâtiments du prieuré de Maintenon en fort mauvais état, les terres et les vignes mal cultivées, les blés vendus, il déposa le prieur. Il trouva aussi que les édifices du prieuré de Châtillon avoient besoin de réparation, mais parce que c'étoit le connétable de France qui les avoit ruinés, il n'en fit aucune correction au prieur. Il paroît par l'acte de la visite de la Celle-en-Brie, qu'il y avoit des offices claustraux dans ce prieuré. Lorsqu'il visita le prieuré de Notre-Dame-des-Champs, il y trouva sept religieux qui faisoient l'office divin, dont Pierre de Braceolis, parent apparemment de l'abbé Eudes, étoit prieur, et treize autres religieux qui étudioient dans l'Université de Paris. Il trouva de même à Saint-Éloi d'Angers trois religieux qui desservoient le prieuré et six qui étudioient. Cela nous fait voir le soin qu'avoient nos anciens pères d'élever leurs religieux dans les sciences, puisqu'ils en entretenoient un si grand nombre dans les universités, sans parler de ceux qui étudioient dans l'abbaye.

Tandis que les religieux de Marmoutier conservèrent la

première ferveur de leur saint institut, ils éprouvèrent la vérité de cette parole de notre bienheureux père saint Benoît : *Cherchez premièrement le royaume des cieux, et rien ne vous manquera.* Le bien leur venoit de tous côtés sans qu'ils y contribuâssent de leur part. On voyoit une sainte conspiration entre les puissances séculières et ecclésiastiques à qui leur donneroit davantage. Ils ne craignoient pas les profusions, et ils ne croyoient pas pouvoir faire un meilleur usage des richesses que le Tout-Puissant leur avoit données, que de les employer à l'entretien des serviteurs de Dieu, qui avoient tout quitté pour vivre dans la pauvreté et le dénuement de toutes choses. Mais cette ferveur commença-t-elle à se ralentir, que ces grandes richesses parurent un objet digne de la cupidité du monde ; les ecclésiastiques aussi bien que les laïcs, les archevêques, les évêques, les comtes, les barons, les princes mêmes, les nobles et les roturiers, les regardèrent avec jalousie ; ce fut à qui pourroit ravir ce que la piété de leurs pères avoit consacré à Dieu en la personne de ses serviteurs. Tout fut comme exposé au pillage, terres, vignes, prés, bois, granges, maisons, revenus, justices, droits, prieurés et même l'abbaye. Dans ces occasions, l'on s'adressoit au Saint-Siége qui, par ses censures, en arrêtoit quelques-uns ; mais parce que ces vexations étant fréquentes, il étoit difficile d'avoir recours si souvent à ce tribunal, l'abbé Jean de Mauléon et ses religieux supplièrent Sa Sainteté de pourvoir à leur sûreté par quelque autre moyen. Jean XXII, qui étoit alors assis sur le siége de saint Pierre, compatissant à leur affliction, leur donna des conservateurs de leurs biens et de leurs priviléges, auxquels il donna pouvoir d'arrêter les violences que les puissances du siècle et même les ecclésiastiques exerçoient sur eux, et par les censures de l'Église et par le secours du bras séculier, auquel il leur permit d'avoir recours. Et leur fit expédier deux bulles à Avignon le 22 d'octobre, l'an quatrième de son pontificat, qui revient à l'an 1349, toutes deux conçues en mêmes termes. Par la première, il établit conservateurs de Marmoutier et de ses dépendances les abbés de

Saint-Germain-des-Prés, de Vendôme et de Redon, et par la seconde les abbés de Fécamp, de Saint-Vaast d'Arras, et de Saint-Médard de Soissons.

Le même jour, le pape permit aussi à l'abbé Jean d'ériger des oratoires dans les maisons de campagne qui appartenoient à son monastère, sans être obligé d'avoir recours pour cela aux ordinaires des lieux, pourvu qu'il pourvût à l'entretien de ces oratoires, et que le droit des paroisses n'y fût pas intéressé.

Mais le plus fameux événement arrivé à Marmoutier sous le gouvernement de l'abbé Jean de Mauléon, fut la fondation du collége de Paris et la conversion de Geoffroi du Plessis son fondateur, qui se fit religieux à Marmoutier. Geoffroi avoit pris naissance en Touraine, mais il fut baptisé à Saint-Malo, on ne sait pas par quelle raison. Il avoit un neveu appelé comme lui Geoffroi du Plessis, qui fut évêque d'Evreux. Pour lui, il fut premièrement notaire apostolique de Jean XXII, et ensuite secrétaire de Philippe le Long roi de France. Il jouit de plusieurs dignités et bénéfices dans les provinces de Reims, de Sens et de Rouen. L'expérience qu'il fit du monde ne servit qu'à l'en dégoûter. Les grands biens qu'il possédoit en plusieurs endroits du royaume ne l'aveuglèrent point; il connut qu'ils ne lui étoient donnés que pour acquérir un trésor inestimable dans le Ciel par le bon usage qu'il en devoit faire, et il ne crut pas en pouvoir faire un meilleur que de les employer à un fonds pour l'entretien d'un nombre de pauvres écoliers, qui étudieroient dans l'Université de Paris. Persuadé que les gens savants brillent dans l'Église comme des astres dans le Ciel, qu'ils déracinent les vices, qu'ils plantent les vertus, qu'ils font connoître Jésus-Christ aux infidèles, qu'ils dilatent la foi, qu'ils affermissent la paix, qu'ils soutiennent les royaumes et les empires et que ce sont eux qui par leurs paroles et par leurs exemples frayent aux chrétiens la voie du salut, il regardoit l'Université de Paris comme un champ fertile, capable de produire de semblables plantes, lesquelles étant arrosées des eaux de la sagesse produiroient dans leur temps des fruits d'un prix inestimable. Dans cette vue, il résolut de convertir sa propre maison, où il demeuroit dans Paris en la rue Saint-Jacques, en un collége où quarante pauvres écoliers, qui ne pourroient pas subsister d'ailleurs, seroient nourris, entretenus et élevés dans les sciences, dont vingt étudieroient aux arts, dix maîtres ou licenciés aux arts étudieroient en philosophie, et dix en droit canon et en théologie, auxquels il ajouta un maître en théologie ou du moins un bachelier qui instruiroit les autres, et un proviseur qui auroit soin du temporel. Et comme il avoit grande dévotion à saint Martin, il voulut que son collége fût appelé Saint-Martin-du-Mont, nom qu'il retint tant que son fondateur vécut, mais qu'il quitta incontinent après sa mort pour prendre celui du Plessis qu'il conserve encore aujourd'hui en mémoire de celui qui l'avoit fondé. Il en donna la conduite et la direction à son neveu, Geoffroi du Plessis, évêque d'Évreux, à Alain, évêque de Saint-Malo, à l'abbé de Marmoutier, au chancelier de l'Université et au maître de théologie du collége, auxquels il donna pouvoir d'admettre ou d'expulser tant les maîtres que les écoliers, qu'il soumit à leur correction, en sorte toutefois qu'en l'absence des évêques et de l'abbé le chancelier et le maître de théologie pourroient régler les choses les plus communes.

Afin d'élever ses écoliers autant dans la piété que dans les sciences, il fit bâtir dans son collége une chapelle en l'honneur de la sainte Vierge et un oratoire qui fut consacré à saint Martin, et fonda trois chapelains, deux pour desservir la chapelle et un troisième pour l'oratoire de saint Martin, lesquels célébroient deux messes solennelles les fêtes et les dimanches, l'une après prime et l'autre après tierce, et chantoient en notes matines et vêpres et toutes les heures canoniales, auxquelles assistoient les maîtres et tous les écoliers en surplis. Il voulut encore que tous assistâssent les dimanches aux vigiles des morts, et à la messe solennelle qui se célébroit les lundis, pour le roi Philippe, la reine Jeanne, le pape Clément V, le cardinal Cholet, ses propres parents et bienfaiteurs, et que l'on retranchât deux deniers de la bourse de ceux qui s'absenteroient sans raison et sans permission, pour les employer au profit de la maison ; que les veilles des grandes fêtes les chapelains, assistés des bénéficiers, célébrâssent deux messes dans la chapelle et une troisième dans l'oratoire, la première de la Vierge, la seconde du temps, et la troisième des défunts, avec les heures canoniales ; et tous les samedis une messe de la Vierge dans la chapelle, et chaque semaine dans l'oratoire une de saint Martin, qui se disoit le jour qu'arrivoit cette année-là sa principale fête. Pénétré des biens et des grâces qu'il croyoit avoir reçus par l'intercession de la Vierge et de saint Martin, qui l'avoient protégé en mille occasions lorsqu'il étoit employé au service des grands, il voulut qu'on promût à l'ordre de prêtrise au moins deux de ses écoliers théologiens, afin qu'en cas de besoin ils pûssent suppléer en l'absence des chapelains, et qu'on pût dire tous les jours une basse messe de la Vierge dans sa chapelle, et trois fois la semaine de saint Martin dans son oratoire.

Il ordonna de plus que les écoliers prêtres diroient la sainte messe le plus souvent qu'ils pourroient, et qu'ils y feroient mémoire de lui avec l'oraison *Rege, quæsumus, Domine, famulum tuum*, qui seroit changée après sa mort en une oraison des défunts, et que ceux qui ne seroient point honorés du caractère de la prêtrise diroient tous les ans six psautiers pour lui.

Il ordonna encore qu'ils prieroient Dieu continuellement pour la prospérité de la sainte Église romaine, pour notre Saint-Père le pape Jean XXII et pour ses successeurs, pour le roi Charles IV alors régnant, pour la reine son épouse et pour leurs successeurs, pour le repos de l'âme du roi Philippe V, de la reine Jeanne, de Louis et Philippe leurs enfants, du pape Clément V, du cardinal Cholet et de ses parents et bienfaiteurs ; qu'ils feroient l'anniversaire du roi Philippe le dernier jour de novembre, du pape Clément le 21 d'avril, du cardinal Cholet le 3 d'août ; du pape Jean XXII, du roi et de la reine alors régnants et le sien, le jour que Dieu les retireroit de ce monde.

Enfin il fit plusieurs beaux règlements pour maintenir le bon ordre dans son collége, que l'on peut voir dans le titre de la fondation que nous rapporterons dans les preuves de cette histoire. Il est daté du deuxième janvier 1322. Quelques années après, il le fit confirmer par le pape Jean XXII, le 23 juillet de l'an dixième de son pontificat, qui revient à l'an 1325.

Le premier dessein de Geoffroi étoit de faire héritier de tous ses biens son collége de Saint-Martin-du-Mont. C'est pour cela que dans le titre de sa fondation il l'obligeoit à payer toutes ses dettes; néanmoins, comme il s'étoit réservé le droit de changer ou de retrancher ce qu'il jugeroit à propos dans cette première donation, faisant réflexion sur les grandes obligations qu'il avoit à l'abbaye de Marmoutier, et considérant que depuis longtemps les religieux de ce monastère souhaitoient d'avoir quelque maison dans Paris à leur bienséance pour leurs frères qu'ils y envoyoient étudier, il crut qu'il ne pouvoit pas se dispenser de favoriser leurs désirs en fondant pour eux un nouveau collége. Le père Dom Jacques du Breuil dit (1) qu'il partagea en deux la maison de son collége de Saint-Martin-du-Mont, et qu'il en donna la moitié aux religieux pour s'y retirer quand ils viendroient étudier à Paris, et que cette moitié fut nommée le collége de Marmoutier, et qu'il leur donna aussi la chapelle pour y célébrer les obits qu'il fonda. M. Boulay dit la même chose dans son *Histoire de l'Université de Paris* (2), et écrit que ces deux colléges furent séparés par une muraille qui divisoit les deux moitiés. Ils assurent encore l'un et l'autre qu'il ne fit cette division qu'après qu'il se fût fait religieux à Marmoutier. Mais il est certain qu'ils se trompent l'un et l'autre, puisqu'il paroit par la fondation du collége de Marmoutier que Geoffroi, sans toucher à son collége de Saint-Martin-du-Mont, donna trois maisons amorties aux religieux de Marmoutier pour y fonder et bâtir leur collége, qu'il logeoit dans une de ces maisons, et qu'il n'y avoit pas longtemps qu'il l'habitoit,

(1) *Antiquités de Paris*, p. 514.
(2) Tome IV, p. 191.

c'est-à-dire depuis qu'il avoit donné sa première maison pour fonder son collége des pauvres écoliers de Saint-Martin-du-Mont, et qu'il s'en réserva l'usage pendant sa vie, ce qui fait voir qu'il n'avoit pas encore quitté le monde.

Il fit cette fondation le mardi devant la Saint-Laurent l'an 1328, et peu après, non content d'avoir offert à Dieu ses biens en la personne des pauvres et des religieux, il lui consacra encore sa propre personne en faisant profession de la vie monastique dans l'abbaye de Marmoutier. Il est vrai que son sacrifice fut un peu imparfait, puisque du consentement de son abbé et de la communauté il se réserva durant sa vie le droit de patronage, l'administration et la conduite du collége de Saint-Martin-du-Mont, comme nous apprenons de son testament qu'il fit à Mauny l'an 1332, et dont il nous faut dire ici un mot.

Dix ans s'étoient écoulés depuis la fondation du collége de Saint-Martin-du-Mont. Quoique le premier dessein de Geoffroi fût d'y entretenir quarante pauvres écoliers et qu'il eût intention de les faire ses héritiers universels, toutefois, comme il s'étoit réservé le pouvoir de changer et de retirer ce qu'il jugeroit à propos de cette fondation pour le donner à d'autres, et qu'il avoit effectivement retiré une partie du bien qu'il leur avoit destiné pour l'employer à d'autres donations pieuses, surtout en faveur des religieux de Marmoutier, d'ailleurs considérant que les biens avoient diminué par le changement des monnoies, que les loyers des maisons ne montoient plus si haut, et que pour tirer d'embarras ses héritiers, il devoit acquitter toutes ses dettes avant sa mort, il crut qu'il ne pouvoit pas se dispenser de faire un nouveau testament, où il fit connoître ses dernières volontés.

Par cette dernière disposition, il réduisit le nombre de quarante pauvres écoliers à vingt-cinq. Il voulut qu'ils fussent pris des diocèses de Saint-Malo, d'Évreux et de Léon, six de chaque diocèse, et six de Touraine envoyés par l'abbé de Marmoutier, et que le vingt-cinquième, qui devoit être prêtre, fût aussi pris du diocèse de Saint-Malo. Il avoit d'abord nommé pour supérieurs et administrateurs de son collége les évêques d'Évreux et de Saint-Malo, l'abbé de Marmoutier, le chancelier de l'Université, et le maître qui y enseigneroit la théologie ; mais par son testament, il crut qu'il devoit faire une petite distinction en faveur de son abbé, dont il avoit éprouvé la charité en tant de rencontres, et l'établir unique administrateur de son collége. Il ordonna toutefois que les écoliers qui seroient tirés des diocèses d'Évreux et de Saint-Malo seroient choisis par ses neveux, et après leur mort par les évêques de ces deux villes, qui néanmoins ne font que présenter leurs écoliers à l'abbé de Marmoutier, qui seul confère toutes les bourses, comme l'a remarqué le Père du Breuil.

Après avoir ainsi réglé la disposition de son collége, il donne par son testament aux religieux de Marmoutier ses livres, qui consistoient dans le décret de Gratien, les livres des décrétales, le sexte et le septième livre des décrétales, les sommes du pape Innocent et du cardinal d'Ostie, le répertoire du droit, une concordance, une somme des confesseurs, les épîtres de saint Bernard et de Pierre de Blois, le catholicon, le livre de la propriété des choses, une légende dorée, une bible, un graduel, un missel, deux livres de sermons, le livre intitulé *les Secrets des secrets*, et le livre de la Sibylle Érytrée. Ces livres en ce temps-là faisoient une riche bibliothèque, mais aujourd'hui, la plupart ne seroient point considérés. Il ajouta à cela une petite croix dorée et beaucoup de vaisselle d'argent.

Comme Geoffroi étoit religieux, et qu'en cette qualité on pourroit dire qu'il ne lui étoit pas permis de disposer de son bien, Simon le Maye, qui étoit son abbé, autorisa tout ce qu'il avoit fait et réglé dans son testament, qu'il confirma en présence de plusieurs témoins et d'un notaire apostolique, par ses lettres données à Mauny le 14 d'août 1332.

Je reviens à présent à l'abbé Jean de Mauléon, qui en 1349 acquit la terre de Mauny près de Marmoutier dans la paroisse de Saint George, et en 1326 écrivit à l'évêque d'Angers comme délégué du Saint-Siège pour obtenir de lui permission d'échanger quelques biens que le monastère possédoit en Angleterre avec d'autres plus commodes en France. Les sceaux de cette lettre sont dignes de remarque. Dans celui de l'abbé, il est représenté revêtu de ses habits pontificaux, la mitre en tête, la crosse en main, avec trois fleurs de lis l'une sur l'autre à son côté droit, et trois clefs aussi l'une sur l'autre à sa gauche, deux léopards ou deux lions l'un sur l'autre à ses pieds, ou devant lui, et sur sa tête la figure de saint Martin revêtu en cavalier, qui partage son manteau au pauvre, avec cette inscription : S. FRATRIS JOHANNIS ABBATIS MAJORIS MONASTERII TURONENSIS. Dans le revers du sceau il est aussi représenté la mitre en tête avec deux fleurs de lis l'une sur l'autre à sa droite, et deux clefs l'une sur l'autre à sa gauche, avec cette inscription autour : JOHANNIS CAPITI CREDITE SICUT EI. Pour le sceau du chapitre, il représente d'un côté la figure de saint Martin revêtu pontificalement, la mitre en tête et la crosse en main, et autour de lui une troupe de moines la tête nue, le capuchon abattu sur les épaules, les mains jointes, qui semblent l'invoquer, avec cette inscription : SIGILLUM FRATRUM CAPITULI MAJORIS MONASTERII TURONENSIS AD CAS. Dans le revers est le chef de saint Martin avec la mitre et cette inscription : SANCTUS PRÆSUL MARTINUS.

L'abbé Jean ne dit point dans sa lettre quelle terre il vouloit échanger. Il se contente seulement de faire connoître à l'évêque qu'elle étoit comme inutile au monastère, parce que depuis trente ans il n'en avoit rien touché, tant à cause de la distance du lieu, des dangers du chemin, des guerres continuelles, qu'à cause des charges qu'on lui imposoit; mais nous apprenons des lettres de frère Elyon de Villeneuve, maître de l'hôpital de Saint-Jean de Jérusalem, que c'étoit la terre de Witiham, qu'elle étoit fort à la bienséance de ces religieux, et qu'ils offroient à Marmoutier une terre qu'ils possédoient en France à Montlhéry pour celle-là. Nous ne savons pas si cet échange se fit; nous apprenons seulement du *Monasticon Anglicanum* qu'en 1414 l'abbaye de Marmoutier possédoit encore à Witiham un prieuré que le roi Henri V supprima.

L'an 1328, l'abbé Jean obtint du roi Philippe de Valois des lettres pour fermer un chemin qui s'étoit fait insensiblement par la négligence des abbés entre l'église et Rougemont, qui conduisoit les gens de pied à Rochecorbon, qui étoit fort incommode, et donnoit occasion à de très-grands désordres. Mais il trouva une si grande résistance dans la populace qu'il n'osa mettre sa permission en exécution. Il commença de bâtir les portiques de l'église, mais il ne les acheva point. Il eut de gros différends avec Eudes de Berardois, grand-prieur de Marmoutier et prieur de Saint-Martin-au-Val, différends scandaleux, qui firent deux partis dans la communauté, et si pernicieux au monastère, qu'on dit qu'il lui en coûta dix mille livres. Ce fut apparemment ce qui lui donna occasion de résigner son abbaye à Simon le Maye l'an 1330. Il mourut un an et un jour après sa résignation. Il fut enterré devant le crucifix de la nef, dans la chapelle de la croix, qu'il avoit fondée. On célébroit autrefois à Marmoutier son anniversaire le 25 février, auquel jour on trouve son nom marqué dans le nécrologe de la Sauve, et qui fut apparemment celui de sa mort.

Nous ne devons pas omettre ici une chose arrivée de son temps, rapportée par le continuateur de Guillaume de Nangis (1). Il dit donc que les lépreux tinrent quatre assemblées, dans lesquelles ils convinrent de toutes parts ; qu'à l'instigation des juifs, ils prirent résolution de faire mourir tous les chrétiens par le poison qu'ils jetteroient dans les puits et dans les fontaines ; que ce poison étoit composé de sang et d'urine et de trois sortes d'herbes qu'ils pulvérisoient, dans lesquels ces sacriléges avoient l'impiété de mêler le corps adorable de Jésus-Christ; qu'ils commencèrent d'empoisonner les puits et les fontaines d'Aquitaine ; qu'ayant été découverts, on en fit une grande recherche, et qu'en un seul jour on en brûla à Chinon jusqu'à cent-soixante, et qu'à Tours on en brûla un vers la fête de saint Jean-Baptiste, qui avoit l'impudence de se dire abbé de Marmoutier.

(1) *Spicileg.*, t. II, p. 893.

CHAPITRE XXXIV.

DE SIMON LE MAYE,
XXIXe ABBÉ DE MARMOUTIER, ET ENSUITE ÉVÊQUE DE DOL,
PUIS DE CHARTRES.

(1330 — 1352)

Nous savons peu de chose de l'abbé Simon le Maye, ou le Mage, ou le Maire, mais le peu qui est venu à notre connoissance suffit pour nous donner de lui une idée très-avantageuse, et nous persuader qu'il a été un grand homme et dans le cloître, et dans l'Église et dans l'État. Il étoit originaire de Touraine et avoit de la science. Il entra dans le gouvernement de l'abbaye de Marmoutier par la résignation que lui en fit Jean de Mauléon, étant chambrier du monastère. Il la gouverna en homme de tête et autant bien qu'il se pouvoit dans un temps où l'observance étoit presque déchue dans la plupart des monastères de France. Il y avoit entre l'église et Rougemont un chemin qui conduisoit à Rochecorbon, fort incommode à ses religieux, mais très-propre à commettre des crimes honteux dans les caves souterraines qu'on y rencontroit. Son prédécesseur avoit entrepris de le fermer, il avoit obtenu des lettres du roi qui favorisoient ses bonnes intentions; mais la populace s'y opposa avec tant de violence, qu'il ne put les mettre en exécution. Simon se voyant abbé, entreprit de le faire l'an 1334, et comme c'étoit un homme d'expédition, il en vint enfin à bout. Nous apprenons d'un manuscrit de Marmoutier de quelle manière la chose se passa. Voici ce que nous y lisons : « Le susdit le Maye étoit célèbre personnage, et obtint permission du roy de France de faire clore le passage du grand chemin passant entre l'Église et la grosse tour par devant les Dormants, et de là aller à la chapelle Saint-Jehan qui s'alloit rendre aux Rochettes. Plusieurs de la commune s'y opposèrent avec force, mais le dit le Maye eut permission de faire dresser potences pour faire punir ceux qui voudroient résister à la volonté du roy. Et furent faites les murailles de l'enclos de l'abbaye et le chemin fut clos, laquelle cloture est une des belles œuvres qui soit en icelle abbaye, pour avoir plus d'un quart de lieue de tour de murailles, qui sont haultes partout de deux toises et demie de hault d'épaisseur de quatre à cinq pieds, garnyes de deux grands portaulx de pierres de taille. »

Ces murailles subsistent encore aujourd'hui et font un des plus beaux ornements du monastère. Mais l'abbé Simon n'en demeura point là ; il fit achever les portiques de l'église, que son prédécesseur avoit commencés ; il fit construire le bâtiment de Rougemont avec la chapelle et une partie du cloître. Il renouvela les vitres de la chapelle de l'abbé, de celle de Saint-Benoît et du réfectoire. Il fit encore faire le beau rétable du grand autel. Il acquit la terre de la Haye-Bodin, et fit bâtir à Paris deux maisons au collége de Marmoutier. Il eut soin de faire renouveler les priviléges du monastère et les défendit avec un zèle très-ardent. Voilà un petit crayon de l'économie et de la vigilance de l'abbé Simon à procurer le bien de son monastère. Nous en donnerons encore d'autres preuves dans la suite.

Quoiqu'il soutînt avec zèle les priviléges et les droits de son monastère, il ne refusoit point les voies d'accommodement, et quand il s'agissoit de plaider, il aimoit mieux se relâcher un peu que de paroître dans les tribunaux, persuadé qu'il est presque impossible de le faire sans dépenses et frais excessifs et sans blesser la charité. C'est pourquoi il traita l'an 1334 avec Guillaume, archevêque de Reims, et son chapitre, de son prétendu droit de procuration dans les prieurés de Marmoutier situés dans son diocèse et dans sa province, où il soutenoit qu'il devoit être reçu et nourri avec sa suite et toucher certaine somme d'argent comme il faisoit dans les autres maisons religieuses lorsqu'il faisoit ses visites en qualité d'archevêque et comme métropolitain. Cela étoit formellement contraire aux priviléges de l'abbaye de Marmoutier, qui étant exempte de la juridiction épiscopale, tant dans son chef que dans ses membres, n'étoit point soumise à la visite des ordinaires, et qui par conséquent ne leur devoit aucun droit de gîte, dont ils avoient encore des priviléges particuliers qui les exemptoient. Mais il crut qu'il valoit mieux acheter la paix que de vivre en des contestations perpétuelles, et il céda à l'archevêque et à ses successeurs la terre de Cohain dans le diocèse de Soissons pour son prétendu droit de gîte dans les prieurés de Marmoutier, situés dans son diocèse et dans sa province. Cette transaction est datée du 20 juillet 1334.

Quelques mois après, Simon donna de nouvelles preuves de sa clémence envers trois insolents qui avoient battu et traité inhumainement un de ses religieux du prieuré de Bonne-Fontaine au diocèse de Bazas, nommé frère Joscius de Gand. Pénétré jusqu'au vif de l'outrage fait à la religion en la personne de ce moine, il entreprit ces misérables; mais ils n'eurent pas plus tôt témoigné se repentir de leur violence et offert de lui en faire satisfaction, qu'il les dispensa de faire le voyage de Marmoutier, et écrivit au prieur de Bonne-Fontaine de recevoir en son nom leur satisfaction et de consentir à ce qu'ils fussent absous des censures ecclésiastiques qu'ils avoient encourues en maltraitant ce religieux. Sa lettre est datée de l'onzième décembre 1334. Trois mois après, il obtint de Charles de Valois, frère du roi, quarante sols de rente sur sa terre de Porrohet pour faire l'anniversaire d'Eudes, comte de Bretagne.

L'année suivante, qui étoit la dixième du règne d'Édouard roi d'Angleterre, il obtint de ce prince un rescrit pour rentrer en possession de toutes les terres que son abbaye possédoit en Angleterre, qu'il confirma avec tous les droits qui leur étoient attachés, et lui donna des procureurs pour en avoir soin.

La même année, il obtint du pape Benoît XII une bulle

adressée à l'archevêque de Tours, par laquelle le Saint-Père ordonne à ce prélat de permettre aux religieux de Marmoutier d'ériger des autels dans leurs maisons de campagne situées dans son diocèse et éloignées des églises, où ils pussent célébrer les divins mystères lorsqu'ils y séjourneroient.

L'an 1336, Robert, évêque de Sarisbri, faisant la visite de son diocèse, reçut des plaintes de l'abbé et des religieux de Marmoutier qu'on accusoit de s'être appropriés l'église de Coham et de l'avoir donnée à ferme durant cinq ans à des laïques sans sa permission. Ayant cité les religieux devant les commissaires qu'il avoit nommés pour examiner cette plainte, ils comparurent, prouvèrent par de bons titres que l'église leur appartenoit ; mais ils reçurent une correction canonique pour l'avoir donnée à ferme à des laïques, et furent absous de toutes les procédures que l'official avoit faites contre eux. L'évêque eut pour cette absolution soixante sols, et ses ecclésiastiques dix.

Le pape, qui avoit autrefois fait profession de la règle de saint Benoît dans l'ordre de Citeaux, et qui gémissoit sur la négligence avec laquelle elle étoit observée dans la plupart des monastères, désirant apporter quelque remède à un mal presque universel, l'an second de son pontificat, qui revient à 1336, fit la fameuse constitution, qui depuis fut nommée *Bénédictine*, pour réformer les abus qui s'étoient glissés dans l'ordre de saint Benoît et établir une vie uniforme dans les monastères.

Pour la mettre en exécution, il falloit choisir des hommes pleins de zèle, et de prudence et de force. Simon, abbé de Marmoutier, et l'abbé de Saint-Florent de Saumur lui parurent propres à ce dessein. Il les nomma ses commissaires apostoliques dans les provinces de Tours et de Rouen, et, pour obéir aux ordres du pape, ils assemblèrent aussitôt un chapitre général au Mans dans l'abbaye de la Couture le 26 et 27 juin 1337, où ils en firent faire la lecture et publication à tous les abbés et prieurs de ces deux provinces. Pour faciliter aussi l'exécution de la bulle, ils convinrent que l'abbé de Marmoutier se transporteroit dans les monastères de Normandie, et celui de Saint-Florent dans ceux de la province de Tours, afin de voir sur les lieux les moyens de l'exécuter. Leur vue principale en cela fut d'assigner à chaque monastère des fonds pour l'entretien d'un nombre de religieux, qui, selon cette bulle, devoient aller étudier dans les universités. C'est pour cela qu'ils avoient eu ordre du pape de s'informer exactement du revenu des églises cathédrales, abbayes et prieurés conventuels, du nombre des religieux qu'elles portoient, et des charges qu'elles soutenoient. Simon exécuta cela dans l'abbaye de Saint-Ouen de Rouen, où il régla que l'on enverroit trois religieux dans l'Université, auxquels il assigna les terres et dîmes de Granville et des Autieux pour leur subsistance, et afin qu'on ne les employât pas à d'autres usages, il en donna l'administration au trésorier, qui devoit fournir aux écoliers leur dépense, et rendre compte tous les ans à l'abbé. Il fit ce règlement du consentement de Jean, abbé de Saint-Ouen, et de sa communauté, le Vendredi-Saint dixième d'avril 1337, c'est-à-dire deux jours avant la fin de l'année, qui commençoit à Pâques.

Comme les droits de procuration étoient fort à charge aux monastères, ils n'omettoient rien pour les éteindre. C'est pourquoi Jean, vicomte de Beaumont et seigneur de Poencé, ayant été reçu charitablement au prieuré de Vivoin, l'an 1337, il donna une déclaration par laquelle il reconnoissoit n'avoir aucun droit d'exiger des repas dans ce prieuré.

Les évêques n'avoient pas les mêmes sentiments, ils exigeoient ces droits prétendus avec beaucoup d'obstination, et ce fut pour arrêter leurs entreprises que l'abbé Simon obtint trois bulles du pape Benoît XII sur ce sujet, adressées aux évêques de Troyes, d'Amiens et de Chartres. Mais le plus ardent à les demander fut Pierre, archevêque de Bordeaux. Il porta ses prétentions au delà de ce qu'avoient fait tous les autres prélats. Non content d'exiger le droit de gîte, il entreprit de faire la visite dans tous les prieurés de Marmoutier situés dans les diocèses de Poitiers, de Maillezais et de Luçon, entreprise jusqu'alors inouïe et entièrement contraire à la discipline observée dans tous nos prieurés, qui ne souffroient point d'autres visites que celle de leur abbé ou de ses substituts. Comme elle étoit de conséquence, Simon s'y opposa généreusement, mais en gardant toute la modération possible ; car avant que de rien faire, il fut trouver l'archevêque, lui fit voir les originaux de ses priviléges et le pria avec humilité de se désister de son entreprise. Mais comme ce prélat prenoit cela à cœur, il ne tint aucun compte des démarches honnêtes de l'abbé. Celui-ci se voyant méprisé, fit agir l'abbé de Vendôme comme conservateur des priviléges de son abbaye. Cet abbé, qui vouloit garder les mesures que demandoit le caractère épiscopal, écrivit à l'archevêque pour le prier de ne rien entreprendre dans les prieurés dépendant de Marmoutier. Mais il n'eut pas plus d'égard aux remontrances de l'abbé de Vendôme qu'à celles de l'abbé de Marmoutier, et il obligea ce conservateur de nos priviléges de lui faire trois citations canoniques, et, sur le mépris qu'il en fit, de prononcer contre lui une sentence d'interdit et de suspension. L'archevêque, pour éluder cette sentence, appela au Saint-Siége, qui nomma l'abbé de Saint-Cyprien et deux chanoines de Poitiers pour prendre connoissance et juger de cette cause. Mais comme ils étoient tout dévoués à ce prélat, l'abbé de Marmoutier les récusa, et le pape Benoît XII lui donna pour juges l'abbé de Saint-Augustin et deux chanoines de Limoges par un rescrit qu'il leur adressa l'an septième de son pontificat, qui revient à l'an 1341. Mais cette affaire ne se vida pas sitôt ; elle ne fut terminée à l'avantage de l'abbaye de Marmoutier que fort longtemps après.

Comme ces droits de gîte étoient des matières continuelles de contestation avec les évêques, lors surtout qu'ils les demandoient en vertu des paroisses qui se trouvoient assez souvent dans les églises des prieurés, Simon traita avec l'évêque de Chartres pour son droit, et lui céda à lui et à ses successeurs le prieuré de Chauvigny, et fit approuver cette transaction par le pape Clément VI, qui la confirma l'an premier de son pontificat. Il traita de même avec les archevêques de Rouen, de Reims, de Sens, de Tours, et les évêques de Paris, de Meaux, d'Angers et du Mans, et fit confirmer par le même pape les conventions qu'ils avoient faites. Après cela, il vécut en paix avec eux, et loin d'en avoir été inquiété, ils ne firent point difficulté d'avouer, lorsque l'occasion s'en présentoit, qu'ils n'avoient aucun droit ni dans l'abbaye ni dans ses prieurés. Foulque, évêque de Paris, ayant été sacré l'an 1342 dans l'église de Notre-Dame-des-Champs par le cardinal Ambaud, évêque de Tuscule et nonce du pape, il donna une déclaration par laquelle il reconnoissoit qu'il n'avoit aucun droit dans cette église, et qu'il ne prétendoit pas en acquérir aucun par sa consécration qui s'y étoit faite, sans préjudice des priviléges du prieuré. Jean, évêque du Mans, ayant été reçu au prieuré de Vivoin avec Marguerite de Poitiers, vicomtesse de Beaumont, et ses enfants, l'an 1349, déclara aussi que cette réception étoit purement de charité et d'honnêteté et non d'obligation.

Environ l'an 1347, Philippe de Valois, qui avoit besoin d'argent pour soutenir les frais d'une grosse guerre, mais dont les coffres étoient épuisés par les malversations de Pierre des Essarts, intendant de ses finances, fit arrêter prisonnier ce ministre, qui ne sauva sa vie que par une somme de cent mille florins. Il fallut ensuite chercher quelque homme d'esprit et d'une probité reconnue pour lui confier la garde des trésors du roi, qui par sa vigilance et son adresse pût tellement ménager les finances de la couronne, qu'il trouvât toujours de quoi fournir aux besoins de l'État, et qui par sa fidélité et sa vertu eût assez de conscience pour ne point s'enrichir aux dépens de son prince. Le roi trouva cet homme en la personne de l'abbé de Marmoutier, qu'il établit intendant de ses finances avec l'abbé de Corbie. On peut juger par là en quelle estime étoit Simon le Maye dans l'esprit de Philippe de Valois, et combien ce prince le considéroit. On peut juger par là aussi de l'étendue de son esprit et de sa probité, qui le firent élever à un emploi qui demande tant d'adresse, tant de soins et tant de vertus.

La fortune de l'abbé de Marmoutier n'en demeura pas là; car peu après, il fut élu évêque de Dol en Bretagne. Albert le Grand, dans ses Vies des saints de Bretagne, etc. met sa consécration en l'an 1350, mais ce sentiment n'est point soutenable. Car en 1352 il traita le 12 d'août avec Bouchard, comte de Vendôme, pour certains droits qu'il prétendoit avoir sur les terres du prieuré de Ville-Belford, en vertu de certains échanges qu'il avoit faits avec le comte de Blois. Mais s'il est vrai que le pape Clément VI lui donna un successeur dans l'abbaye de Marmoutier, il faut nécessairement dire qu'il fut fait évêque de Dol avant la fin de cette année, dans laquelle mourut Clément, le 6 décembre. Simon gouverna le diocèse de Dol jusqu'en l'an 1357 qu'il fut transféré à l'évêché de Chartres, apparemment pour être plus proche de la cour et avoir plus de facilité de servir le roi sans s'éloigner de son diocèse.

Il ne fut évêque de Chartres que trois ans, et mourut l'an 1360. Il n'oublia point dans l'épiscopat sa qualité de moine, et fit assez voir l'estime qu'il faisoit de son premier état par le choix qu'il fit de l'abbaye de Marmoutier pour le lieu de sa sépulture et par les dons qu'il lui fit en mourant; car par son testament il légua à ses religieux mille réaux d'or et soixante-douze marcs d'argent en vaisselle. Il donna encore à la chapelle de Saint-Martin qu'il avoit fondée, deux cents réaux d'or et autant au prieuré d'Épernon. Il mourut le 24 juin, auquel jour nous célébrons son anniversaire, et fut enterré entre le grand autel et le pupitre sur lequel on lisoit autrefois l'évangile, au milieu du presbytère, dans l'endroit où l'on voit encore aujourd'hui une grande tombe d'ardoise, sur laquelle est représentée la figure d'un évêque, mais sans inscription.

CHAPITRE XXXV.

DE PIERRE DU PUIS, II° DU NOM,
XXX° ABBÉ DE MARMOUTIER.
(1352—1363.)

Pierre du Puis, nommé aussi dans quelques titres de Saint-Florent de Saumur Pierre de Dierre, II° du nom, peut passer pour un bon abbé eu égard au temps auquel il vivoit. Il avoit pris naissance dans le Limousin, et il étoit sorti d'une maison noble et illustre. Je ne sais s'il avoit fait profession de la vie monastique dans l'abbaye de Meimac au diocèse de Limoges, mais je sais bien qu'il en fut abbé, et que le pape Clément VI, qui autrefois avoit été religieux et abbé de la Chaise-Dieu, l'en tira pour le faire abbé de Saint-Florent de Saumur, le 13 septembre de l'an 1344, en la place d'Élie, qui avoit été élevé à la dignité d'évêque d'Uzès.

Il n'eut pas plus tôt pris possession de son abbaye, qu'il songea à pourvoir à ses besoins pressants. Pour le faire plus efficacement, il taxa tous les prieurés de sa dépendance, et afin qu'il n'eût aucune opposition à cette taxe, il la fit approuver par une bulle du pape, que Guillaume abbé de Saint-Maixent fulmina. En 1346, il présida à un chapitre général tenu à Saint-Florent le troisième mai, et assigna des rentes aux offices de sous-cellerier et de sous-sacristain, et fit faire quelques édifices. Il fut fort jaloux de la gloire de son monastère, et obtint du pape permission pour lui et pour ses successeurs de porter la mitre, l'anneau, les sandales, et autres ornements pontificaux, de donner la bénédiction solennelle à la messe en l'absence des évêques et des légats. La bulle du pape est datée du 23 avril l'an ix de son pontificat, qui revient à l'an 1354. Dès l'an 1345, ce même pape lui avoit déjà permis de célébrer les divins mystères dans les prieurés, manoirs et autres lieux sujets à son monastère ayant église ou chapelle, à telle heure qu'il jugeroit à propos, et même d'y célébrer ou faire célébrer la sainte messe les fêtes et dimanches, avant que la messe de paroisse fût commencée ou achevée, nonobstant tous les priviléges ou statuts que pourroient faire au contraire les archevêques ou évêques.

L'affection qu'il conservoit dans le cœur pour son premier monastère et la dévotion qu'il avoit à saint Léger, évêque et martyr, qui en étoit patron, le porta à faire célébrer sa fête en chape le 2 d'octobre dans son abbaye de Saint-Florent; mais il ordonna en même temps que les religieux de Meimac célébreroient le 2 mai la fête de saint Florent avec la même solennité; et afin qu'on n'y manquât point, il assigna certaines rentes à ces deux églises pour ce sujet. Il fit encore ériger dans la nef de l'église de Saint-Florent deux autels, l'un à saint Léger et l'autre à saint Martial, qu'il orna de peintures où il est représenté à genoux, la mitre en tête, et les armes de sa famille avec une inscription qui nous apprend que ces chapelles furent fondées par l'abbé Pierre du Puis l'an 1352. Il donna à son église une très-belle mitre enrichie de plusieurs pierres précieuses et acquit quelques biens.

Les anciens monuments de Saint-Florent ne nous apprennent rien de lui après le 2 juin de l'an 1352, auquel Bouchard, seigneur de l'Isle et de Doué, reconnut que la haute, moyenne et basse justice de la seigneurie de Chouzi, de Denessé et de la Fousse appartenoit au cellerier de Saint-Florent. Cela me persuade que peu de jours après il fut transféré de l'abbaye de Saint-Florent à celle de Marmoutier. Notre Anonyme dit que ce fut par l'autorité du pape Clément VI, et je ne vois rien qui soit contraire à ce sentiment. On pourroit même le confirmer par le temps du gouvernement de Jean, abbé de Saint-Florent, son successeur, qui dès l'année 1354 fut transféré de l'abbaye de Saint-Florent à celle de Tiron. Ainsi il faut nécessairement que Pierre du Puis ait été fait abbé de Marmoutier dans le temps qui s'écoula depuis le 12 août de l'an 1352, auquel nous avons vu que Simon le Maye étoit encore abbé, et le 6 décembre ensuivant, auquel le pape Clément mourut. On ne peut douter qu'il ne fût très-bien dans l'esprit de ce pape, puisque ce fut lui qui le fit passer de l'abbaye de Meimac à celle de Saint-Florent de Saumur, et qui le transféra de celle-ci à celle de Marmoutier.

Pierre du Puis étoit un homme bien fait, religieux et riche. Il gouverna d'abord son monastère assez paisiblement l'espace de trois ans; mais les guerres funestes qui s'élevèrent entre le roi Jean et Edouard roi d'Angleterre causèrent partout de la confusion. La perte de la bataille de Poitier arrivée l'an 1356, où nos troupes furent défaites, le roi prisonnier et mené en Angleterre, enfla tellement le cœur des Anglois, que ne trouvant plus d'obstacle ni d'armée qui pût leur résister, ils ravagèrent partout. Les François, abattus par la perte de la bataille et par la captivité de leur roi, trop foibles pour s'opposer aux armes du victorieux, cédoient nonseulement à la force, mais se joignoient souvent à leur ennemi; l'on voyoit des sujets rebelles à leur souverain, des enfants révoltés contre leurs pères, et des citoyens prendre les armes contre la patrie: Si bien que pour un ennemi on en avoit plusieurs dans le cœur du royaume. C'étoit une fureur qui portoit tout dans les dernières extrémités; on n'épargnoit ni temples, ni monastères, ni lieux consacrés à Dieu. L'impiété portoit ses mains sacriléges dans les lieux les plus vénérables, les uns pour satisfaire leur passion, les autres pour s'enrichir, ceux-là pour ôter des lieux de réfuge à leurs ennemis. La Touraine ne fut pas exempte de ce désordre. Les Anglois, les Gascons, et les autres ennemis de la patrie, qui s'étoient rendus maîtres de Troo, de Mondoubleau, de Langeais, d'Ansain et de toutes les forteresses, jetoient la frayeur partout, pilloient, brûloient, détruisoient tout ce qui se trouvoit sur leur route; et ce ne fut que par une espèce de miracle que non-seulement ils ne ruinèrent point l'abbaye de Marmoutier, mais même qu'ils souffrirent que le service divin s'y fît avec la dévotion et la même assiduité qu'on auroit fait en temps de paix. Elle eut beaucoup plus à souffrir des bourgeois de la ville de Tours. Déjà ils avoient rasé le monastère de Saint-Cosme, et ils se préparoient d'en faire autant à Marmoutier, si Pierre du Puis, qui s'étoit retiré dans la ville, n'avoit arrêté leur fureur par sa prudence, tantôt par promesses, tantôt par menaces. Ce ne fut qu'avec beaucoup de peine et des soins incroyables, qu'il apaisa cette émotion populaire, en quoi l'union étroite qui étoit entre lui et Philippe Blanche, archevêque de Tours, ne lui servit pas peu. Car un jour que ces bourgeois s'étoient assemblés en armes dans la place de Saint-Gatien devant le palais archiépiscopal, dans le dessein de venir détruire l'abbaye de Marmoutier, l'archevêque animé de l'esprit de Dieu, revêtu de ses habits pontificaux, parut au-dessus de sa porte, harangua ces furieux et termina son discours par une excommunication qu'il fulmina contre ceux qui seroient assez hardis pour démolir l'abbaye de Marmoutier. Ce moyen lui réussit ; le peuple, craignant les foudres de l'Église, n'osa approcher du monastère, et renonçant à cette entreprise criminelle, se retira chacun chez soi. Il fut encore retenu par la crainte des Anglois, qu'on les assura venir défendre l'abbaye. Ils ne voulurent point s'attirer des voisins si formidables, qui n'étoient déjà que trop près d'eux. M. Maan dit que cela arriva l'an 1359.

L'année suivante, l'évêque de Chartres (1) mourut, et Pierre du Puis se saisit de l'or et de l'argent qu'il avoit légué à la communauté de Marmoutier, à la chapelle de Saint-Martin et au prieuré d'Éparnon. On ne dit pas à quoi il les employa, mais il y a bien de l'apparence que ce fut au profit de son monastère. Nous lisons dans un manuscrit (2) que le

---

(1) Simon le Maye, prédécesseur de Pierre du Puis. (C. Ch.)

(2) Ms. n° 157 de la bibliothèque de Marmoutier. Ce manuscrit, qui contenoit une histoire de l'abbaye écrite en françois par Gilles Robiet, prieur des Septs-Dormants en 1564, ne nous est point parvenu. Nous en connoissons seulement des fragments

susdit Pierre de Pod (1) fit le voyage de Jérusalem, et en apporta plusieurs choses précieuses, « mesme une rose de Hiéricho (2) qui est de présent encore céans, dit l'auteur du manuscrit, et la haulteur du corps de Nostre-Seigneur, qui se voit encore dujourd'hui au coing de l'autel matutinal derrière le grand autel. Du temps du dit Pod la voûte du chœur chut, et fut refaite à l'aide que firent les prieurs qui dépendent de la dite abbaye, qui furent taxés par le chapitre général. Aussi le dit Pod fit bastir le dortoir des officiers, comme il se void par ses armoiries où est une croix. »

On rapporte de lui une chose digne d'être remarquée, qui est qu'il ne donnoit jamais les bénéfices à la recommandation, et qu'il vouloit voir ceux qui les demandoient. Il acquit quelques maisons à Tours situées dans la paroisse de Sainte-Croix, l'an 1363, qui fut l'année même que l'abbaye de Marmoutier entra en possession de la terre de Chahaignes. Dès l'année 1348, Catherine de Maillé, dame de Saint-Brice et de la châtellenie de Maillé, en avoit donné la moitié au monastère par son testament ; mais les héritiers avoient négligé de les en mettre en possession jusqu'en l'an 1363, que la reine Jeanne de Bourgogne, qui étoit chargée de l'exécution du testament, obligea les héritiers de la donner. C'étoient Hardouin de Maillé, seigneur de Maillé, et Jean de Maillé, lesquels, du consentement de Jeanne de Maillé, femme de Pierre de Larçay, vendirent l'autre moitié aux religieux.

Pierre du Puis mourut la même année, le sixième jour d'août, après avoir gouverné l'abbaye de Marmoutier environ onze ans. Il fut enterré devant l'autel de Saint-Florent, qui étoit autrefois contre un pilier de la nef. C'étoit lui qui l'avoit

cités par Martène dans le texte original, et quelques parties traduites en latin par Dom Jacques d'Huisseau, grand-prieur de Marmoutier, dans son *Supplément à la Chronique des abbés de Marmoutier*, publié par A. Salmon, dans son édition des *Chroniques de Touraine* (C. Ch.).

(1) C'est-à-dire Pierre du Puis, *Petrus de Podio* (C. Ch.)

(2) André Salmon, trompé par la traduction de Jacques d'Huisseau, a pris cette rose pour une *roche*. (C. Ch.)

fondé, et il y avoit attaché des revenus, qu'il avoit assignés au troisième et au quatrième prieurs, qui devoient toutes les semaines y dire un certain nombre de messes. Et parce que ces revenus étoient situés dans le domaine d'Amboise, Ingergier, seigneur d'Amboise et de Montrichard, confirma sa fondation. Si nous en croyons le P. Dom Michel Germain, Pierre du Puis fit de fort beaux règlements pour son monastère, lesquels se conservent à Saint-Germain-des-Prés (1).

(1) La bibliothèque municipale de Tours possède un manuscrit intitulé : *Statuta Majoris Monasterii edita a Petro abbate in capitulo generali anni* 1354. C'est probablement une copie de celui dont parloit D. Michel Germain. (C. Ch.)

CHAPITRE XXXVI.

DE GÉRARD DU PUIS, Ier DU NOM,

XXXIe ABBÉ DE MARMOUTIER, CARDINAL DU TITRE DE SAINT-CLÉMENT.

(1363 — 1376)

Pierre du Puis eut pour successeur de l'abbaye de Marmoutier Gérard du Puis son frère. Ils étoient limousins, aussi bien que leur frère Ebbon ou Eblon, évêque de Chartres. M. Baluze (1) croit qu'ils étoient natifs du Puis près de Rosiers, parce que le pape Grégoire XI leur parent avoit pris naissance dans cette paroisse. On ne peut douter qu'ils ne fussent sortis d'une maison illustre, puisque le pape Grégoire, à qui ils avoient l'honneur d'être alliés, étoit fils du comte de Beaufort. Il y a bien de l'apparence qu'ils étoient aussi parents du pape Clément VI, oncle de Grégoire, et que ce fut par cet endroit qu'il fit Pierre du Puis abbé de Saint-Florent de Saumur et ensuite de Marmoutier. Ils étoient non-seulement parents de deux papes, mais aussi de plusieurs cardinaux, comme nous en assure un auteur de leur temps.

On ne doute point que Gérard du Puis n'eût fait profession de la règle de saint Benoît; mais on ignore encore en quel monastère il la fit. Arnaud Wion, page 296, dit que ce fut à Cluny, d'autres que ce fut à Saint-Flour; mais il ne faut que cette diversité de sentiment pour nous laisser dans l'incertitude. Il y avoit un monastère de Saint-Flour assez près des Rosiers, où il pourroit bien avoir été religieux, et comme ce monastère dépendoit de Cluny, on pourroit bien aussi avoir pris

---

(1) *Not. in Vit. Pap. Avenion.*, p. 1174.

de là occasion de dire qu'il y avoit fait profession. Mais quoi qu'il en soit du lieu de sa profession, il est certain qu'environ l'an 1350, il fut fait abbé de Saint-Pierre-au-Mont à Châlons-sur-Marne, et selon toutes les apparences par le pape Clément VI. Il gouverna 14 ans cette abbaye, jusqu'en l'an 1369 que Pierre du Puis son frère, abbé de Marmoutier, mourut, et qu'il lui succéda soit par l'élection des religieux, soit par l'autorité du pape. Car en ce temps-là les souverains pontifes résidant à Avignon disposoient presque de tous les bénéfices de France ; ce qui ne contribua pas peu à la décadence de l'ordre de saint Benoît, parce que les religieux étant privés du droit de l'élection de leur abbé, n'avoient pas grande confiance aux abbés qu'on leur envoyoit, qui bien souvent étoient parents ou créatures des papes, et étoient plus animés de l'esprit du monde que de celui de la religion.

Gérard du Puis ayant pris possession de son abbaye, débuta par une action qui seule étoit capable de le rendre odieux à ses frères. Car il s'empara du trésor de son prédécesseur, qui montoit à trente-deux mille florins, sans parler de la vaisselle d'argent, qui de droit appartenoit à la communauté. Il est vrai qu'Urbain V, informé de ce fait, ordonna qu'il se contenteroit de douze mille florins, et qu'il rendroit le reste à ses religieux ; mais comme c'étoit un homme d'autorité et que ses religieux le craignoient, il retint tout, et personne ne fut assez hardi pour l'entreprendre. Nous apprenons d'une charte du prieuré de Sainte-Croix de Nantes, qu'il tint un chapitre général à Marmoutier le 8 mai 1364, mais nous n'en savons pas le résultat. Trois ans après, l'an 1367, le monastère acquit la justice et seigneurie de Saint-Cyr de Hugues d'Amboise, seigneur de Maisonfort.

Comme l'abbé Gérard du Puis étoit bien fait, et qu'il joignoit à son illustre naissance, de la science, les papes le considérèrent comme un homme qu'ils pouvoient employer dans les affaires les plus importantes de l'Église. Urbain V lui donna commission d'aller en Bretagne avec l'évêque de Bayeux et l'abbé de Saint-Aubin d'Angers pour y informer de la vie et des miracles de Charles de Blois, duc de Bretagne, dont on poursuivoit la canonisation. (1) Les lettres du pape sont du 17 août de l'an 1368. Mais les guerres sanglantes dont la Bretagne étoit alors le théâtre, les ayant empêchés d'aller à Guingamp, où Charles avoit été enterré dans l'église des Cordeliers, et où l'on disoit qu'il faisoit beaucoup de miracles, Urbain V leur adressa un second rescrit le 22 octobre de l'an 1369, par lequel il leur donnoit commission de faire leurs informations hors de la Bretagne, lequel rescrit fut confirmé par le pape Grégoire XI, par un autre du 16 janvier 1371. Mais avant que l'abbé Gérard pût procéder à ces informations avec les deux autres commissaires, le pape, dont il avoit l'honneur d'être parent, l'envoya en Italie pour y exercer l'office de trésorier du Saint-Siége. Bzovius et Ughellus remarquent que le pape écrivit alors à Rome que l'on fît voir à l'abbé de Marmoutier la sainte face de Notre-Seigneur, communément appelée *Véronique* (2).

Dans le même temps que le pape donnoit ainsi des marques de distinction à l'abbé de Marmoutier, Charles V, roi de France, qui par sa rare prudence mérita le surnom de Sage, en donnoit à son abbaye en France. Car ayant donné le duché de Touraine à son frère Louis, duc d'Anjou, l'an 1370, il se réserva l'abbaye de Marmoutier et tout ce qui lui appartenoit, que saint Louis, comme nous avons vu, avoit autrefois mise sous la protection des rois de France, protection que ce grand roi voulut être inséparable de sa couronne.

Deux ans après, c'est-à-dire l'an 1372, le pape Grégoire établit l'abbé de Marmoutier gouverneur de la ville de Pérouse, du patrimoine de saint Pierre, et de quelques autres provinces dans lesquelles il voulut qu'il portât la qualité de son vicaire général, et qu'il en exerçât l'office (3). Le pape fit en même temps un semblable honneur dans Boulogne à Guil-

(1) Du Chesne, *Preuves de l'Histoire de Châtillon*, pp. 127 et seq.
(2) Bzovius, ad ann. 1216, p. 249. — Ughellus, in addit. ad Ciaconium, p. 966.
(3) *Vita Gregorii* XI.

laume Noelle, cardinal de Saint-Ange. Mais l'un et l'autre éprouvèrent bientôt les travaux et les troubles auxquels sont sujettes les grandes charges. Car les Bolonois s'étant révoltés contre leur gouverneur et vicaire général, le firent premièrement prisonnier, le dépouillèrent ensuite de tous ses biens, puis l'obligèrent de sortir honteusement de leur ville. Ceux de Pérouse firent peu après un traitement presque semblable à Gérard du Puis. Un auteur italien (1) parlant de cette sédition, en attribue la faute à Gérard, qu'il dépeint comme un homme plus mondain que religieux, et qui méritoit mieux d'être regardé comme un tyran que comme gouverneur de Pérouse, où il avoit bâti deux forteresses, dans l'une desquelles il étoit assiégé lorsqu'on lui apporta le chapeau de cardinal. Mais le pape Grégoire le disculpe de cette accusation criminelle dans la bulle d'excommunication qu'il fulmina contre les Florentins, qui s'étoient brouillés avec le Saint-Siége, et qu'il fait auteurs de cette révolte. Il y fait l'éloge de l'abbé de Marmoutier en deux mots, en l'appelant un membre illustre et honorable de l'Église et un homme expérimenté dans les grandes affaires.

L'an 1373, Gérard du Puis, en qualité de gouverneur de plusieurs villes d'Italie, donna commission à Machatta de Picolomini d'informer sur l'état des commanderies de Saint-Jean de Jérusalem situées dans le diocèse de Viterbe, dans la Toscane, Orte et Narni. Cette information se trouve dans un manuscrit de M. Colbert, n° 755.

L'an 1375, le pape ayant fait une nouvelle création de cardinaux le 20 décembre (2), honora de cette nouvelle dignité Gérard du Puis, qui, comme nous venons de dire, étoit lors assiégé dans Pérouse, sans lui assigner aucun titre jusqu'en 1377; qu'il lui donna le titre de Saint-Clément vacant par la mort de Pierre le Juge décédé à Pise le 22 novembre 1376, mais on l'appela communément le cardinal de Marmoutier. Et

(1) BONASIGNIUS, liv. IV, pp. 661 et 663.
(2) *Vita Gregorii* XI.

peu de temps après, le pape lui donna commission d'examiner les révélations de sainte Brigide avec deux autres cardinaux que le cardinal Turrecremata appelle des hommes circonspects et savants.

La mort du pape Grégoire, qui arriva à Rome le 27 mars 1378, changea toute la face des choses, et causa une confusion si horrible dans l'Église par le pernicieux schisme dont elle fut suivie, qu'à peine deux conciles généraux purent-ils y apporter remède. Après les cérémonies de la sépulture de Grégoire, les cardinaux s'étant assemblés au conclave pour lui donner un successeur, les Romains, ennuyés de l'absence des papes, qui depuis plus de 70 ans faisoient leur résidence à Avignon, assiégèrent tumultuairement le conclave et demandèrent un pape qui fût ou romain ou du moins italien. Les cardinaux eurent beau leur représenter que les élections devoient être libres, et qu'ils ne pouvoient choisir que celui qu'ils connoîtroient en conscience le plus digne, ces remontrances ne firent qu'animer davantage ces furieux, et leur faire redoubler leurs cris et leurs menaces ; si bien que trois cardinaux, de l'avis des autres, s'étant présentés à la fenêtre du conclave, les assurèrent qu'ils leur donneroient satisfaction ; mais comme ils n'avoient pas marqué le jour, les cris recommencèrent encore plus fort qu'auparavant, et ils portèrent leur insolence jusqu'à menacer le sacré collége de mettre le feu au conclave. Les cardinaux, dans cette confusion, et pour sauver leur vie, donnèrent leurs voix à Barthélemy archevêque de Bari, qui prit le nom d'Urbain VI, et sortirent comme ils purent du conclave pour se soustraire et se dérober à la fureur du peuple. Le cardinal de Marmoutier, qui avoit beaucoup de pouvoir dans le sacré collége, pensa être assommé, car les Romains se jetant sur lui le serrèrent contre la muraille, et ce ne fut que par les belles paroles que leur dit son chapelain, qu'ils le laissèrent passer en le chargeant d'injures.

Le lendemain, qui était le neuvième d'avril, Urbain l'envoya quérir. Gérard, encore tremblant de crainte, le vint trouver avec d'autres cardinaux, et par compliment lui témoigna la joie qu'il disoit avoir de son élection; mais ce compliment n'étoit pas plus sincère que l'élection. La crainte l'avoit arraché par force de la bouche du cardinal, et il n'eut pas plus tôt quitté Urbain, qu'il se retira avec d'autres cardinaux dans le château Saint-Ange pour mettre leur vie en sûreté. Le jour suivant, Urbain leur envoya l'abbé de Sitrie pour les sommer de venir faire la cérémonie de son couronnement, et achever ce qu'ils avoient commencé. Plusieurs des cardinaux firent quelque difficulté de sortir, et dirent des choses fort injurieuses contre la personne du nouveau pape; mais le cardinal de Marmoutier, qui pouvoit beaucoup sur leur esprit, les détermina; ainsi ils assistèrent à la cérémonie du couronnement, et le jour d'après, qui étoit le dimanche des Rameaux, Urbain étant venu avec les cardinaux en l'église de Saint-Pierre, Gérard du Puis fit selon la coutume la bénédiction des rameaux, que le pape distribua aux cardinaux, aux prélats et aux autres assistants.

Peu de temps après, Urbain somma Pierre de Saint-Crespin de lui remettre le château Saint-Ange, dont il avoit été fait gouverneur par le cardinal de Marmoutier dans le temps qu'il étoit vicaire apostolique du patrimoine de Saint-Pierre. Le gouverneur refusa de le faire, disant qu'il avoit reçu défense du pape Grégoire à sa mort de ne point remettre cette forteresse à qui que ce fût, sans le consentement de tous les cardinaux ultramontains. Ce refus choqua le pape Urbain. Il s'en prit au cardinal de Marmoutier, à qui il attribua ce refus, et lui dit toutes les duretés que la colère peut suggérer dans une occasion semblable.

Comme le pape Grégoire avoit eu dessein d'aller passer l'été à Anagni, on y avoit tout préparé pour recevoir la cour. Les cardinaux prirent de là un prétexte pour sortir de Rome et s'y retirèrent, et de là à Fondi, où le second jour d'août ils commencèrent à traiter entre eux sur la manière que s'étoit faite l'élection du pape Urbain; et croyant que la violence qu'on leur avoit faite et le défaut de liberté qu'ils avoient eu durant leur séjour à Rome, la rendoit nulle, ils se crurent en droit de procéder à l'élection d'un nouveau pape, et ayant attiré avec eux trois cardinaux italiens qui étoient restés à Rome, ils élurent tous unanimement Robert de Genève, cardinal de la basilique des Douze-Apôtres, pour souverain pontife, qui prit le nom de Clément VII.

Urbain ne fut pas longtemps à apprendre ce qui s'étoit passé, et croyant que le cardinal de Marmoutier avoit eu la meilleure part à cette élection, il le traita de scélérat, de schismatique, d'apostat, d'hérétique, de criminel de lèse-majesté, lui ôta le cardinalat, et le priva de tous ses bénéfices ecclésiastiques. Mais ce cardinal, qui ne le croyoit point légitime pape, se mit fort peu en peine de ses foudres. Il se retira à Avignon avec le pape Clément, où il mourut l'an 1389. On ne convient pas du jour; quelques-uns disent que ce fut le 19 janvier, d'autres le 14 de février.

Quelques-uns l'on fait évêque de Saint-Flour, de Carcassonne, de Bazas et de Saintes, et même grand-pénitencier de l'Église romaine, mais il n'a eu aucun de ces bénéfices. Il n'a eu que trop de grandeurs, et peut-être n'ont-elles servi qu'à le rendre petit devant Dieu; du moins n'ont-elles pas servi à agrandir son abbaye. On pourroit dire au contraire qu'elles n'ont servi qu'à l'épuiser; car lorsqu'il la quitta pour aller à Avignon, il emporta avec soi de grosses sommes d'argent et beaucoup de joyaux et de vaisseaux sacrés de l'église, qui restèrent en Italie, sans qu'il fît aucune restitution après qu'il fût promu au cardinalat. Il se ressouvint pourtant à la fin de ses jours de son abbaye, et après avoir acquitté ses dettes, il fit son monastère héritier de ses biens; mais à peine ses religieux purent-ils tirer des exécuteurs de son testament quatre volumes de ses livres, avec une croix d'or très-bien travaillée, dans laquelle il y avoit du bois de la vraie croix, qu'il avoit emportée de Marmoutier lorsqu'il alla à Avignon. Notre auteur anonyme dit qu'il fut 12 ans ou environ abbé de Marmoutier, et selon ce calcul il faut dire qu'il se démit de son abbaye lorsqu'il fut fait cardinal. Quelques-uns par méprise l'ont appelé le cardinal de Montmajour, *Montis majoris*, au lieu de *Majoris Monasterii*; ce qui a donné occasion à M. du Puy de faire une autre bévue en l'appelant le cardinal de Grandmont dans son traité du schisme des papes d'Avignon; mais il n'y a point eu de son temps aucun cardinal de Montmajour ni de Grandmont.

Le long séjour que Gérard du Puis fit en Italie me fait croire que ce pourroit bien être de son temps que vivoit à Marmoutier un religieux italien nommé Jean, qui avoit un talent particulier pour bien relier les livres, et qui même exerçoit son talent en faveur des autres monastères. Il relia à Pontlevoy une bible et quelques autres livres avec tant d'artifice qu'ils avoient une beauté particulière. Et en reconnoissance de ce service les religieux de ce monastère firent un statut par lequel ils lui accordoient les mêmes grâces et suffrages qu'ils faisoient pour eux-mêmes; car voici ce que je trouve à la fin de leur nécrologe: *Johanni Italo Majoris Monasterii monacho concessum est per omnia viventi et defuncto, sicut nostræ congregationis monacho. Ipse enim maximum librorum nostrorum, qui Bibliotheca dicitur, et quosdam alios tam specialiter quam decenter conjungens ligavit, et arte ligatoria speciosos effecit.*

CHAPITRE XXXVII.

DE GÉRARD PAUTE, II° DU NOM,
XXXII° ABBÉ DE MARMOUTIER.
(1376 — 1389)

Gérard Paute étoit limousin de naissance, et comme il étoit de même pays que Gérard du Puis, il pourroit bien aussi avoir été son parent, et par cet endroit être entré dans l'administration de l'abbaye de Marmoutier, qu'apparemment cet abbé lui résigna en considération de sa parenté et de sa patrie. C'est une conjecture dont nous laissons le jugement aux lecteurs et dont nous ne prétendons pas nous rendre garant, quoiqu'elle convienne assez aux pratiques ordinaires de ce temps-là.

Suivant notre calcul, Gérard Paute fut fait abbé de Marmoutier environ l'an 1376. Il avait été abbé de Saint-Éloi de Noyon, d'où il fut transféré à l'abbaye de Saint-Benoît-sur-Loire (1), où nous ne trouvons pas qu'il se soit fort distingué par de grandes actions. Il ne gouverna pas même fort longtemps cette abbaye. Il passoit pour un homme riche, et qui

---

(1) Gérard Paute étoit abbé de Saint-Éloi de Noyon l'an 1335, d'où il fut transféré à l'abbaye de Saint-Benoît-sur-Loire par le pape Grégoire XI, comme il paroît par une sentence arbitrale des évêques d'Auxerre et de Thérouenne, dans le différend qui survint en 1372 entre les deux communautés au sujet des biens meubles et immeubles de l'abbaye de Saint-Éloy, que Gérard avoit retenue depuis sa translation à Saint-Benoît-sur-Loire ; par la requête que les religieux de Saint-Éloy présentèrent pour se les faire restituer, il paroît que la somme pouvoit monter à six cents florins d'or. Il fut fait abbé de Marmoutier environ l'an 1376, auquel an le 19 avril, Barreau, gouverneur de l'Orléanois, fit signifier aux religieux de Saint-Benoît que Gérard, leur abbé, ayant été élu abbé de Marmoutier et ayant abdiqué son abbaye de Saint-Benoît, il établissoit un économe pour le roi, sur le temporel de la dite abbaye de Saint-Benoît. (Passage intercalé dans le texte par le copiste du manuscrit de Tours.)

gardoit ses trésors en divers endroits; mais il n'en apporta aucun en venant à Marmoutier. Il semble qu'il avoit plus d'inclination pour sa première abbaye, car nous trouvons que l'an 1382 il lui donna une mitre très-belle et très-précieuse pour mettre sur le chef de notre bienheureux Père saint Benoît. Il ajouta à cela une somme de deux cents francs d'or, *una cum ducentis francis auri*, pour augmenter le revenu du monastère; en reconnoissance de quoi les religieux de Saint-Benoît-sur-Loire s'engagèrent de célébrer pour lui tous les ans une messe solennelle du Saint-Esprit durant sa vie, et après sa mort d'écrire son nom dans leur nécrologe, et de faire tous les ans son anniversaire.

Dans le temps que Gérard Paute étoit abbé de Marmoutier, Séguin, patriarche d'Antioche, gouvernoit l'Église de Tours; comme il avoit beaucoup de dévotion envers saint Martin, le plus illustre de tous ses prédécesseurs, pour satisfaire à sa piété il visitoit souvent les lieux qu'il avoit sanctifiés durant sa vie. Mais il n'y en avoit point qu'il fréquentât davantage que l'abbaye de Marmoutier, où il étoit reçu avec toutes les démonstrations de respect que demandoit et son caractère et sa vertu. Et comme il savoit que l'abbaye avoit des priviléges qui l'exemptoient de la juridiction des archevêques de Tours, il donna une déclaration par laquelle il reconnoissoit que, s'il étoit venu avec sa croix patriarchale en l'abbaye de Marmoutier, il y étoit venu plutôt en qualité de patriarche d'Antioche qu'en qualité d'archevêque de Tours; qu'il reconnoissoit ses priviléges; que c'étoit une église libre qu'il vouloit laisser jouir en paix de ses libertés; qu'il ne prétendoit point par là s'y acquérir un droit nouveau, ni pour lui, ni pour ses successeurs archevêques de Tours, et promet que toutes les fois qu'il y viendroit faire ses dévotions, et qu'il passeroit dans l'église, les cloîtres et autres lieux réguliers, il n'y exerceroit jamais aucun acte de juridiction, qu'il n'y porteroit point la croix archiépiscopale, et qu'il n'y donneroit point sa bénédiction. Il fit cette déclaration en présence d'un notaire apostolique, le 19 juillet l'an 1385.

Cependant il ne paroît pas que l'abbé Gérard Paute ait fait aucun bien à son monastère. Il passoit parmi ses frères pour un homme qui n'aimoit point véritablement sa maison, et même pour un dissipateur. C'est ce qui paroît dans la peinture affreuse qu'ils firent de lui dans la requête qu'ils présentèrent au roi pour se plaindre de sa mauvaise conduite; car après avoir représenté à Sa Majesté qu'encore bien que l'abbaye soit une des plus illustres de son royaume, que ses fondateurs lui aient donné de grands biens, que le service divin s'y soit toujours fait avec beaucoup de solennité et de splendeur, qu'on y ait toujours entretenu un grand nombre de religieux pour acquitter les charges de la maison et prier Dieu pour les fondateurs et bienfaiteurs, l'abbé Gérard Paute « est de tel et si très-petit gouvernement, qu'il a laissié et laisse choir les édifices, manoirs, granges, possessions de la dite abbaye en telle et si très-grant ruine, que à peine y peut-on demourer ne habiter; a laissé aussi et laisse les terres labourables en frische et désert, et les droits, rentes et revenus périr et perdre; et a endettié et obligié sans cause raisonnable soy et ses biens de la dite église envers plusieurs créanciers en si grosses sommes de denrées, que ses revenus de plusieurs années ne pourroient pas suffire à l'acquitter; et par icelles dettes et obligations sont advenues et adviennent à la dite abbaye plusieurs playes, procès, pertes et domaiges; avec ce a vendu et vent de jour en jour les haultes forests, qui ne chéent pas en vente, et les bois qui ne sont en temps de coppe, jusqu'à très-grosses sommes de deniers, et aussi les aumailles et bestes qui avoient accoustumé estre tenues et nourries ès manoirs et granges de la dite abbaye a vendues, et n'y en a aucune remise, et les étangs dépeuplez de poissons, sans y en avoir voulu remettre aucuns, mais a toujours persévéré et encore fait de jour en jour en tels cas à déclarer en temps et en lieu; et encore, qui pis est, les religieux qui sont en la dite abbaye en nombre moins la moitié qu'ils ne souloient, n'ont de quoy vivre ne sustenter pour le defaut et petit gouvernement du dit abbé, et sont en voye de tout laissier; et combien que le dit abbé ait par plusieurs fois esté admonesté, requis et sommé de pourvoir ès choses dessus dites, et que d'abondans les prieurs et membres notables de la dite abbaye soient taxez à lui aidier à ces choses repparer, pour cuider obvier à l'esclande et pouvrement qui se pouvoient ensuir, et pour le bien et honneur de l'eglise, dont il a la somme de huit mille livres et plus, qu'il a tous gastez, dissipez, tant en ses parens, accointes, comme autrement en mauvais usages, et n'y a voulu et ne veut mettre remède; par quoi la dite église est en voye d'aller du tout en désolation. »

Sur cette remontrance, le roi ordonna à son bailli de Touraine de s'informer secrètement des choses, et s'il trouvoit qu'elles fussent véritables, de saisir tout le temporel de l'abbaye et d'en donner la conduite à quelques sages religieux du monastère, ou à d'autres qui pûssent en rendre bon compte. Les lettres du roi sont du dernier mars de l'an 1387.

Après cela, il n'est pas difficile de deviner la raison qui porta Gérard Paute à permuter avec Élie, abbé de Saint-Serge d'Angers, quatre ans avant sa mort. Mais comme c'étoit dans la chaleur du schisme, trois ans et demi s'écoulèrent avant que la permutation fût admise, et pendant tout ce temps-là il fut en différend avec ses religieux, éprouvant tous les chagrins qui arrivent ordinairement aux abbés qui ne recherchent dans leur charge que ce qu'il y a d'honorable et de commode, au lieu de n'y chercher que le salut des âmes, leur progrès dans la vertu, le soutien de la régularité et la consolation spirituelle des communautés. Il y avoit néanmoins des religieux qui favorisoient secrètement la permutation, pendant que les autres offroient à Dieu de ferventes prières pour obtenir de lui un pasteur selon son cœur; et les faux frères firent plus de mal à la maison, que n'y en avoient fait ni les Anglois ni les Bretons. Enfin, après bien de la peine, la permutation passa, et environ six mois après le pauvre abbé mourut dépourvu et de bien et de bénéfice, et à peine put-on trouver chez lui de quoi ensevelir son corps. L'Histoire manuscrite de Saint-Serge d'Angers dit qu'Élie fut élu abbé de Saint-Serge l'an 1387, et que l'an 1389 il permuta son abbaye avec celle de Marmoutier. Si trois ans et demi s'écoulèrent pour faire admettre la permutation, la mort de Gérard Paute, qui arriva six mois après, doit être placée en 1393. Elle arriva le 8 de février, et il fut enterré dans le chœur. Sur la fin de ses jours il donna à ses religieux vingt sols tournois de rente et deux chapons pour faire son anniversaire. Il ajouta à cela une très-belle mitre et une crosse fort précieuse.

CHAPITRE XXXVIII.

DE ÉLIE D'ANGOULÊME,

XXXIII° ABBÉ DE MARMOUTIER.

(1389—1412)

Élie d'Angoulême avoit pris naissance dans le diocèse de Périgueux. Nous ne savons pas s'il avoit fait profession dans l'abbaye de Saint-Serge, mais nous savons très-certainement qu'il en fut abbé et qu'il succéda à Guillaume V qui mourut l'an 1387. Il gouverna si peu de temps cette abbaye qu'il n'en eut pas assez pour s'y distinguer par aucune action considérable. On dit seulement de lui qu'il fut le premier qui réduisit par écrit les actes capitulaires de son monastère, et qu'il assigna à l'office d'hôtelier une somme d'argent que la justice lui avoit fait livrer pour punition et satisfaction d'un homicide commis à Jarzay, à condition que tous les ans, le jour de l'anniversaire du défunt tué, il fourniroit deux cierges de dix livres pour servir à la messe à l'élévation du Saint-Sacrement durant le cours de l'année.

L'an 1389, il permuta son abbaye pour celle de Marmoutier avec Gérard Paulte, mais la permutation ne fut admise en la cour d'Avignon qu'après trois ans et demi, et après des travaux et difficultés incroyables qu'il ne put surmonter que par l'adresse et le crédit de Guinot de la Roche, collecteur et archidiacre de Tours. Il fut reçu dans son abbaye comme ont coutume d'être reçus dans les communautés religieuses les supérieurs à l'élection desquels non-seulement elles n'ont eu aucune part, mais s'y sont formellement opposées. On le regarda comme un abbé dont la permutation avoit coûté douze mille florins au monastère; on le traita d'ignorant et de pauvre, qui se voyant maître d'une abbaye riche et puissante, devint prodigue, et se familiarisa encore tant avec les séculiers qu'avec les religieux. A son arrivée à Marmoutier, la communauté lui avoit donné en garde un encensoir très-beau, beaucoup de joyaux et plusieurs saintes reliques. Tout cela fut perdu par sa négligence.

Quoique la permutation d'Élie ne fut admise qu'après trois ans et demi, il semble pourtant qu'il se mit en possession de l'abbaye de Marmoutier aussitôt qu'elle fut faite, car nous trouvons quelques actes de lui qui sont de l'an 1390, et la même année Gui de Luro fut fait abbé de Saint-Serge. Peut-être qu'à cause du schisme qui déchiroit alors l'Église, on ne gardoit point tant de formalités dans la permutation des bénéfices.

Quoi qu'il en soit, il est certain qu'Élie, en qualité d'abbé de Marmoutier, donna commission à l'abbé de Lonlai et aux prieurs de Notre-Dame-des-Champs et de Belesme d'aller visiter le collége de Marmoutier le 1ᵉʳ juin de l'an 1390. On ne comprend point pourquoi il nomma parmi les commissaires l'abbé de Lonlay, à moins qu'on ne veuille dire que c'est parce qu'il avoit été religieux de Marmoutier, ce que nous croyons assez probable, car il est inouï qu'aucun abbé ait donné commission de visiter aucune maison de sa dépendance à d'autres qu'à des religieux profès de son monastère. Cet abbé eut ses raisons pour ne point accepter cette commission, ou, s'il l'accepta, pour ne la point exécuter; mais les deux autres prieurs, obéissant au commandement d'Elie, firent la visite du collége, fixèrent le nombre des écoliers qui devoient y étudier, et firent trente beaux règlements pour le maintien de la discipline et du bon ordre, qu'ils présentèrent à leur abbé qui les confirma le 2 novembre 1390.

En ce temps-là Wautier, évêque d'Oresme, étoit fermier du prieuré de la Très-Sainte-Trinité d'York, ce que nous aurions de la peine de croire, si le roi d'Angleterre ne nous l'apprenoit lui-même dans une lettre qu'il écrivit à ce prélat, par laquelle il lui ordonne de recevoir au prieuré d'York Jean

Cout (1), religieux de Marmoutier, et de lui fournir toutes les choses nécessaires pour son entretien et sa subsistance, à condition toutefois qu'il reconnoîtroit le pape Boniface pour le véritable vicaire de Jésus-Christ, et le successeur de saint Pierre, et qu'il regarderoit le pape Clément pour un schismatique et antipape, et qu'il feroit serment que telle étoit sa croyance. Ceux qui savent l'histoire du schisme découvrent aisément la cause de cette condition, qui est parce qu'en Angleterre on reconnoissoit le pape Boniface successeur d'Urbain VI, et en France Clément VII qui faisoit sa résidence à Avignon.

L'année suivante, Olivier, abbé de Saint-Jacut au diocèse de Dol, crut procurer un grand honneur à son monastère de lier une sainte société de suffrages et de charité avec l'abbaye de Marmoutier. Les conventions de cette société sont exprimées dans les lettres de cet abbé, conservées dans notre monastère en cette manière: Toutes les fois que l'abbé de Marmoutier viendra à Saint-Jacut, il y sera reçu par les religieux de cette maison avec le même honnneur qu'ils recevroient leur propre abbé. Lorsqu'il viendra à mourir, on fera pour lui les mêmes suffrages que pour l'abbé de Saint-Jacut. Semblablement les religieux de Marmoutier qui passeront à Saint-Jacut, y seront reçus au chœur et partout ailleurs dans leur rang de profession, et l'on pourvoira à toutes leurs nécessités. Leur mort sera annoncée au chapitre tous les ans, et l'on dira pour eux en commun l'office des morts, et en particulier les prêtres et les autres religieux, tant de l'abbaye que des prieurés, célébreront pour eux la sainte messe et réciteront des psautiers, et enfin nous nous assisterons réciproquement dans toutes nos nécessités. Les religieux de Marmoutier donnèrent de semblables lettres à ceux de Saint-Jacut, et leur promirent de faire pour eux la même chose.

L'an 1392, Élie présida à un chapitre général qu'il tint à Marmoutier le XI mai, dans lequel il jugea un différend entre

(1) Jean de Coue. (Note du manuscrit de Tours).

le sous-sacristain, le sous-aumônier, le sous-armaire et le réfectorier, et le prieur de Chouzi, qui refusoit de leur payer la somme de trente-six livres, que l'abbé Jean avoit assignée sur les revenus dont il avoit augmenté ce prieuré, pour acquitter les charges de la chapelle de Sainte-Croix qu'il avoit fondée dans l'église de Marmoutier. Il condamna le prieur à payer. Il est remarquable que ce chapitre général n'étoit pas seulement composé de l'abbé et des prieurs dépendant de Marmoutier, mais aussi des principaux officiers de l'abbaye qui sont nommés après l'abbé, savoir : le prieur claustral, le chambrier, l'aumônier, le bailli, l'infirmier, le sacristain, le troisième et quatrième prieurs, et ensuite les prieurs des prieurés.

Depuis la guerre que Hugues et Jean de Chatillon, comtes de Blois, livrèrent à l'abbaye de Marmoutier, il n'y a guère eu de leurs successeurs qui ne l'aient inquiétée malgré les précautions de saint Louis, et les transactions avec leurs prédécesseurs, et qui n'aient prétendu faire revivre des droits ; si bien qu'on auroit dit qu'ils laissoient pour partage à leurs héritiers une haine invétérée contre le monastère. Ce fut pour cette raison que l'abbé Elie fit renouveler et confirmer par le roi Charles V l'an 1393, qui étoit l'onzième du règne de ce prince, les transactions faites avec eux par ses prédécesseurs, et les ordonnances des rois de France.

Il paroît par quelques titres qu'en l'an 1394 les religieux qui étudioient au collége de Marmoutier prenoient des grades en l'Université de Paris, et qu'ils y avoient pour maître Pierre, abbé de Saint-Eloy de Noyon. L'an 1396, l'abbé Elie nomma au prieuré de la Sainte-Trinité d'York Jean Castel, un de ses religieux, dont il vouloit honorer les mérites et reconnoître les bienfaits.

Comme la conduite de l'abbé Elie n'étoit pas tout à fait irrépréhensible, on l'accuse d'avoir aussi dissimulé ce qu'il y avoit de défectueux dans celle de Jean de Bornaselle, prieur de Saint-Martin-au-Val, et de n'avoir songé à y apporter du remède qu'après la mort de ce prieur, n'osant pas le reprendre des défauts auxquels il étoit lui-même sujet. Il y a pourtant quelque apparence que ce fût à sa sollicitation que Henri IV, roi d'Angleterre, considérant que ses ancêtres et plusieurs grands seigneurs de son royaume avoient autrefois fondé plusieurs prieurés et maisons religieuses en Angleterre pour des moines étrangers, dans lesquelles le service divin étoit entièrement négligé, l'hospitalité retranchée, les aumônes abolies, depuis qu'à l'occasion des guerres sanglantes qui s'allumèrent entre l'Angleterre et la France sous le règne d'Édouard son aïeul, on avoit entrepris d'en chasser les prieurs, de les donner à des séculiers et à des fermiers, d'où s'ensuivoient la ruine de la régularité, la dissipation des biens de ces monastères et la perte éternelle de ceux qui fraudoient les fondateurs de leurs pieuses intentions, et empêchoient que les charges des maisons religieuses ne fussent accomplies ; par une grâce spéciale, du consentement de son conseil, étant dans un parlement, rétablit l'abbé de Marmoutier dans tous les droits qu'il avoit sur les prieurés conventuels et simples en Angleterre dépendant de son monastère. Il fit ce rétablissement le cinquième décembre l'an premier de son règne, qui revient à l'an 1399.

Dès l'an 1390, le roi d'Angleterre avoit ordonné à l'archevêque d'York, qui jouissoit du prieuré de la Sainte-Trinité, d'y mettre et établir prieur frère Jean de Coué, religieux de Marmoutier, afin que le service divin y fût fait, et que les intentions des fondateurs fussent suivies, mais à condition qu'il feroit serment sur les saints Évangiles, qu'il ne reconnoissoit point d'autre pape que Boniface V, et qu'il rejetoit le pape Clément, qui étoit reconnu en France. Tout cela s'exécuta.

La communauté de Marmoutier étant fort nombreuse, et le service divin s'y faisant avec beaucoup de majesté, l'on y avoit besoin de beaucoup de riches ornements. Le peu de soins qu'avoient eu les abbés précédents d'en acheter de nouveaux, ou de réparer les vieux, joint à la dissipation des biens, fit que sous le gouvernement de l'abbé Elie le monastère ne se trouva point en état de faire la dépense convenable pour fournir à l'église les ornements qui lui étoient convenables. C'est pourquoi, dans un chapitre général tenu à Marmoutier l'an 1407, Elie taxa tous les prieurs de sa dépendance pour subvenir à une nécessité aussi pressante qu'étoit celle-là. Et afin que ce statut eût toute sa force, et qu'il ne trouvât aucune opposition dans les prieurs, il obtint du pape Alexandre V une bulle qui confirmoit son ordonnance, et qui obligeoit tous les prieurs de contribuer de leur part au rétablissement des ornements de l'église.

Enfin après avoir gouverné l'abbaye de Marmoutier vingt-quatre ans, il permuta avec Gui de Luro, abbé de Saint-Serge, et semblable à un lièvre poursuivi par les chiens, il retourna au lieu dont il étoit venu, et finit autant bien qu'il avoit mal commencé. Dieu lui toucha le cœur ; il pleura amèrement dans sa vieillesse les déréglements de sa jeunesse. Il renonça à tous les honneurs et à tout ce que le monde estime, et mourut sans bénéfice, sans office, le 29 septembre, jour dédié à honorer la mémoire du glorieux archange saint Michel, l'an 1418. Etant encore abbé de Marmoutier, il donna à son monastère six coupes d'argent qui pesoient 9 marcs.

CHAPITRE XXXIX.

DE GUI DE LURO,
XXXIV° ABBÉ DE MARMOUTIER.
(1412 — 1426).

Gui de Luro étoit limousin de nation et neveu de l'abbé Gérard Paulte. Mais s'il fut un des successeurs de ce méchant abbé, il ne succéda point à ses défauts. Car pour un temps où il n'y avoit pas grande observance dans les cloîtres, on peut dire qu'il fut un fort bon abbé. S'il est permis de donner quelque chose à la conjecture, Gérard Paute son oncle, se voyant pressé par ses religieux, eut dessein de le faire abbé de Marmoutier en sa place; mais comme il avoit aigri l'esprit de ses religieux par sa mauvaise conduite, il n'osa point le leur proposer, ou s'il entreprit de le faire, il n'eut d'eux qu'un refus chagrinant. Désespérant de pouvoir faire son neveu abbé de Marmoutier, il songea au moins à lui procurer l'abbaye de Saint-Serge d'Angers; et pour lui en faciliter les voies, il permuta avec l'abbé Elie et le fit élire en sa place par les religieux, ou lui résigna son droit. Voilà une conjecture, car nous n'osons pas assurer cela positivement; mais la conjecture est assez bien fondée, et conforme aux mœurs de ce temps.

Gui entra dans le gouvernement de l'abbaye de Saint-Serge vers l'an 1390, et commença par réduire les officiers du seigneur de Retz, qui depuis longtemps troubloient les religieux dans la possession du prieuré de Chemeré, dont ils prétendoient qu'on leur devoit indemnité, amortissement et rachat. L'affaire ayant été jugée en faveur des religieux par Galeran, évêque de Nantes, Gui fit confirmer son jugement par Jean, duc de Bretagne, qui étoit devenu maître de la seigneurie de Retz, ce que le duc fit dans les États-généraux tenus à Rennes, le 18 d'août 1395.

Gui ayant payé le droit d'annate au pape l'an 1397, il commença d'user de ces termes dans les actes qui étoient de quelque conséquence : *Dei et sanctæ Sedis apostoliæ gratia abbas.* L'an 1403, il commença à rebâtir la nef de l'église de Saint-Serge, et assista au concile de Pise l'an 1409, où il obtint du pape Alexandre V pour lui et pour ses successeurs permission de porter la mitre, l'anneau, les gants et les autres ornements pontificaux, et de donner la bénédiction solennellement dans son monastère et dans ses dépendances, pourvu que ce ne fût point en la présence d'un légat ou d'un évêque. Enfin, après avoir gouverné louablement l'abbaye de Saint-Serge environ 23 ans, il la permuta pour celle de Marmoutier, dont il prit possession le jour de Saint-Laurent l'an 1412.

Ce fut pour lui une grande gloire d'y avoir conservé la paix et la charité dans un temps de guerre et de trouble. Il est vrai que ce ne fut point sans peine, et qu'il lui fallut essuyer des travaux presque incroyables. Les guerres horribles avec l'Angleterre, qui divisèrent toute la France et qui le mirent à deux doigts de sa perte, l'ayant obligé malgré lui de sortir de son monastère et de se retirer dans la ville de Tours, il fut contraint d'y demeurer plus longtemps qu'il n'auroit voulu, mais son absence n'altéra point l'union de ses frères. Il gouvernoit son monastère avec la même prudence que s'il eût été présent à tout ; et nonobstant les misères incroyables que les guerres entraînent après elles, et ne laissa pas d'entretenir une communauté nombreuse dans son abbaye, où, quoiqu'il y eût beaucoup de religieux, il fournit à toutes leurs nécessités avec tant de sagesse et de charité, qu'il s'acquit les cœurs de tous ses frères, et l'affection tendre et sincère qu'ils avoient pour lui dura autant que sa vie.

Dans un temps aussi fâcheux que fut celui de son administration, il fit beaucoup de bien à son monastère, car il acquit à Loroux un moulin et l'étang communément appelé *l'étang des Roseaux*, et en fit faire un autre tout proche, qu'on nomme *l'étang neuf*. Il entretint tous les bâtiments, tant de l'abbaye que de ses dépendances en bon état, et en fit faire toutes les réparations dans leur temps. Il est vrai qu'il semble qu'il attirât sur elle les bénédictions du Ciel par sa charité envers les pauvres ; compatissant à toutes leurs misères, il pourvoyait à toutes leurs nécessités, et les soulageoit avec une tendresse vraiment paternelle. Il se fit surtout une loi de payer exactement les ouvriers qu'il employoit aux travaux qu'il faisoit faire, persuadé que c'est une injustice criante de retenir le salaire des misérables qui ont donné leurs sueurs et leurs peines au service de ceux qui les font travailler.

Il avoit autant de science qu'il en falloit pour bien gouverner son monastère, mais sa prudence le mettoit à couvert de tout. Il joignoit aux talents que Dieu lui avoit donnés beaucoup d'humilité. Ennemi du faste et de l'orgueil, il traitoit avec tout le monde comme avec ses égaux ; et cette familiarité, loin de le rendre méprisable, le faisoit aimer de tous. Son humilité néanmoins n'avoit rien de bas ; il savoit tenir son rang avec une fermeté intrépide ; aussi soutint-il les droits, priviléges et immunités de son monastère avec une générosité que le seul amour de la vérité peut inspirer. Et parce qu'il vivoit dans un temps où les biens ecclésiastiques, surtout des grosses abbayes, étoient comme en proie aux séculiers, il obtint du pape Martin V une bulle qui lui permettoit de lancer lui-même les foudres de l'excommunication contre ceux qui s'empareroient des biens de son monastère. Ce même pape, qui fut élevé sur le siége de Saint-Pierre au concile de Constance l'an 1417, lui accorda permission de faire ordonner prêtres ses religieux à l'âge de 20 ans, à cause du petit nombre de prêtres qu'il y avoit à Marmoutier pour acquitter toutes les charges de l'abbaye et des prieurés, permission que Sa Sainteté limita à l'espace de cinq ans.

La même année le duc de Bourgogne portant le trouble et la division partout, on jugea à propos de faire sortir la reine de Paris, et pour la mettre en lieu de sûreté et hors de la guerre, on la mena vers Blois, ce qui déplut beaucoup à cette princesse, qui vit en même temps son train et ses finances diminuer. Le duc de Bourgogne, informé de son mécontentement, trouva moyen de lui faire parler secrètement. Ils convinrent que sous prétexte de dévotion elle iroit en dévotion à Marmoutier. Elle n'y fut pas plus tôt arrivée, que le 2 novembre le duc y vint avec des troupes. Ils s'entrefirent très-bonne chère, dit Juvenal des Ursins, se pardonnèrent tout le passé, firent la paix et emmena avec lui la reine à Joigny. Le duc prit en même temps Tours le xi de novembre. Mais l'année suivante le dauphin vint l'assiéger, et après un siége de cinq semaines l'obligea de se rendre au mois de juillet, après avoir reçu une amnistie générale de sa rébellion. Ce fut en cette occasion que les ponts sur la Loire par lesquels on entre dans la ville, furent rompus, et l'on fut obligé de passer la rivière dans des bateaux, sur lesquels on mit un impôt au profit de la ville, dont furent exempts les religieux de Marmoutier et tous leurs domestiques, parce que le bord de la rivière au delà de la ville leur appartenoit.

Entre les principales vertus dont on loue l'abbé Gui de Luro, celle de la chasteté doit tenir un des premiers rangs. Il eut un grand soin du spirituel et du temporel de son monastère, il en acquitta toutes les dettes qui n'étoient pas petites, à cause de la mauvaise conduite des abbés précédents. Il y laissa des provisions de blé et de vin pour deux années. Il fournit les métairies de bétail, il peupla le grand étang de Loroux de poissons. Il donna trois pièces d'un fort beau cramoisi rouge pour faire des ornements à l'église; il ajouta à cela 52 marcs d'argent en vaisselle pour faire solennellement son anniversaire, comme l'on faisoit celui des abbés ses prédécesseurs. Il gouverna l'abbaye de Marmoutier 14 ans deux mois et dix jours, et mourut à Tours le 19 octobre 1426. Il fut enterré dans le chœur sous la tombe de cuivre que l'on avoit mise sur le corps de Gérard Paute son oncle.

Entre les personnes illustres qui vécurent à Marmoutier du

temps de l'abbé Gui de Luro, Pierre Robert, chambrier du monastère, doit tenir un des premiers rangs, puisque pour son mérite et sa science il fut député par le clergé de la province de Touraine au concile de Constance avec l'abbé de Cormery, et Ponce Simonet, lecteur en théologie. Je ne sais s'il ne fut pas accompagné en ce concile par Geoffroi de Montchoisi, *de Monte electo*, bachelier en théologie et docteur en droit, aussi religieux de Marmoutier, qui ne lui cédoit ni en science ni en mérite, et si en cette occasion ce religieux ne se fit pas connoître à Martin V qui fut élu pape au concile de Constance ; mais je sais que ce pape étoit si convaincu de la suffisance de Geoffroi de Montchoisi qu'en 1420 il lui donna l'abbaye de Lérins vacante par la mort de Pierre d'Espagne, cardinal du titre de Sainte-Praxède. Les historiens de Lérins (1) nous représentent Geoffroi comme un excellent abbé, zélé pour la régularité et tout ce qui regardoit le culte divin. Il fit faire à Toulon les chaires du chœur de l'église de Sainte-Croix, qui est dans la tour de Lérins ; il régla tout l'office divin selon la règle de Saint-Benoît ; il fit un livre de la profession monastique ; il obtint une bulle pour les pénitenciers ; il céda, du consentement de sa communauté, aux chanoines de Notre-Dame-la-Neuve de Saint-Flour un prieuré dépendant de Lérins, qui étoit à leur bienséance, afin d'augmenter le culte divin dans cette collégiale. Il assistoit jour et nuit à tous les exercices de la régularité ; il composa un livre des droits de son monastère, car il passoit pour une source inépuisable de science ; il s'acquit une si grande réputation auprès des grands, que Louis III, roi de Sicile et de Jérusalem, l'envoya au concile de Bâle, où il éclata de telle sorte, que le concile le députa au pape Eugène IV, qui étoit à Florence, dont il sut si bien gagner l'esprit, que le pape lui donna l'abbaye de Saint-Germain-des-Prés de Paris, vacante par la mort de Jean Bourron. Mais comme les religieux avoient élu, il retourna à Bâle pour y poursuivre son droit. Il

(1) BARRALI, *Chronologia sacræ insulæ Lerinensis*, p. 177.

y mourut l'an 1437, empoisonné, à ce qu'on croit, par son compétiteur. Il composa un petit ouvrage de l'autorité du concile général, qui se trouve dans un manuscrit de la bibliothèque de Navarre.

Il faut encore mettre Jean Tirel, *armaire* ou bibliothécaire de Marmoutier, qui l'an 1426 réduisit par écrit les statuts du monastère, dans lesquels il s'est particulièrement appliqué de marquer tous les devoirs de l'abbé, du prieur claustral (car pour le grand-prieur il étoit comme supprimé de son temps), et des autres officiers, et il finit par la manière dont on doit célébrer les chapitres généraux (1).

(1) La bibliothèque municipale de Tours possède une copie moderne (XVII° siècle) des *Ordinationes sive statuta* de Jean Tirel. (C. Ch.)

CHAPITRE XL.

DE PIERRE MARQUES, III° DU NOM,
XXXV° ABBÉ DE MARMOUTIER.
(1427 — 1453).

Gui de Luro eut pour successeur dans le gouvernement de l'abbaye de Marmoutier Pierre Marques (1) frère de Michel Marques, seigneur de la Bedouère et secrétaire du roi (2). Il fut élu abbé fort peu de temps après la mort de son prédécesseur, car nous trouvons de lui quelques actes de 1427, comme une commission qu'il donne aux prieurs de Bran et de Fontaines d'examiner si le louage ou affermage que le prieur de la Roche-sur-Yon vouloit faire d'une maison de campagne étoit avantageux au prieuré ; car c'étoit une maxime confirmée par l'usage, que les prieurs ne faisoient aucun acte considérable dans les dépendances de Marmoutier sans le consentement de l'abbé, et l'abbé ne donnoit ce consentement qu'après avoir fait examiner par deux personnes de probité, qui étoient ordinairement quelques prieurs, les avantages ou les incommodités qui pouvoient revenir de ces actes. Pratique fort judicieuse, et qui mériteroit bien d'être renouvelée dans notre temps.

---

(1) D. Martène écrit toujours *Marquex*. Nous avons rétabli l'orthographe véritable de ce nom, *Marques*, d'après de nombreux monuments authentiques. (C. Ch.)

(2) Nous avons recueilli à la bibliothèque Bodléienne d'Oxford, dans un volume de la collection Gaignières, *Tombeaux et épitaphes des églises de France*, t. Ier, fol. 85 les inscriptions tombales et les armoiries de damoiselle Maleran de Villelevant, femme de Guillaume Marques, écuyer, décédée en 1427, et de frère Robert Marques, prieur de Saint-Mars près de Vendôme, mort en 1468, enterrés tous deux dans la nef de l'église de Marmoutier. Voyez nos *Pièces historiques relatives à la châtellenie de Chenonceau* introd., p. XLIII. (C. Ch.)

Deux ans après, Pierre Marques obtint du pape Martin V une bulle datée du 10 février de l'an 12 de son pontificat, qui revient à l'an 1429, par laquelle Sa Sainteté donne aux religieux confesseurs tant de l'abbé, des prieurs et officiers, que des simples religieux de Marmoutier, pouvoir d'accorder à leurs pénitents contrits et confessés indulgence plénière à l'article de la mort, pourvu que cette grâce ne les rende pas plus négligents à s'acquitter de leurs devoirs, ou peut-être trop présomptueux, car en ce cas il déclare nul et révoque ce pouvoir. Il veut aussi que ce soit à condition qu'ils jeûneront exactement tous les vendredis de l'année, ou, si ces jours-là il arrivoit un jour de fête ou un autre jeûne d'obligation, de jeûner un autre jour de la semaine.

Les guerres sanglantes qui avoient désolé toute la France dans le temps dont nous parlons, avoient réduit les monastères dans un état si pitoyable, qu'à peine les religieux y pouvoient subsister. La plupart des maisons de campagne et des granges avoient été ruinées ou brûlées, les terres manquoient de laboureurs qui les cultivassent, les revenus et les droits n'étoient point payés, enfin les choses nécessaires manquoient partout. L'abbaye de Marmoutier ne fut pas exempte de ce malheur, et quoiqu'elle fût une des plus considérables et des plus illustres du royaume, et que son revenu annuel montât par le passé à plus de vingt-quatre mille livres, elle se vit néanmoins contrainte de se réduire à un très-petit nombre de religieux, qui à peine ayant de quoi vivre se voyoient presque dans la nécessité d'abandonner le service divin. Ce fut ce qui obligea Pierre Marques de présenter une requête au pape Martin V, par laquelle il supplioit Sa Sainteté de réunir à l'abbaye le prieuré de Saint-Magloire de Léhon, où il y avoit alors 12 religieux, et dont le revenu étoit alors estimé à huit cents livres. Sur cette requête, le pape lui accorda un rescrit du 15 février de l'an 1429, adressé au doyen de l'église de Tours, par lequel il lui ordonne d'examiner si les choses sont telles qu'on lui avoit représenté, et, si le cas le requiert, de faire cette réunion. Nous ne savons pas les démarches que fit le doyen, mais nous savons sûrement que la réunion ne se fit point, puisque le prieuré de Lehon subsiste encore aujourd'hui, et devint dans la suite fort fameux par la réforme de la société de Bretagne dont nous parlerons dans le temps.

L'an 1430, l'abbé Pierre permit au prieur de Combour de donner quelques terres à bail emphythéotique. Il donna plusieurs permissions semblables dans la suite, en quoi il fut imité par ses successeurs. On ne sait quelles raisons les abbés avoient en ce temps-là de mettre leurs fonds en emphythéose, mais on sait que cette pratique fut très-pernicieuse dans la suite, et à Marmoutier, et à toutes les abbayes qui suivirent son exemple. Nous trouvons plusieurs actes de Pierre Marques, abbé de Marmoutier ; mais comme ils sont de peu de conséquence, nous ne nous amuserons pas à les rapporter ici. L'an 1439, il assista à Vendôme à l'ouverture des reliques de saint Eutrope, qui se fit avec beaucoup de solennité.

L'an 1433, Jean, évêque de Luçon, ayant officié pontificalement dans l'église de Saint-Léonius de la Roche-sur-Yon, donna une déclaration par devant un notaire apostolique, par laquelle il reconnoissoit l'exemption de ce prieuré, et protesta qu'il ne prétendoit point par là violer ses priviléges, ni s'acquérir aucun droit sur cette église.

L'une des choses les plus remarquables arrivées sous le gouvernement de Pierre Marques, c'est la lettre que lui écrivit Henri VI, roi d'Angleterre, pour la visite des prieurés que Marmoutier possédoit dans son royaume ; comme elle est écrite en françois, nous la rapporterons ici tout entière, comme nous l'avons tirée de l'original, qui se conserve dans nos archives.

DE PAR LE ROY.

« Révérend père en Dieu et très-chier et bon ami. Entre autres cures et sollicitudes qui jour et nuyt nous viennent à mémoire, espécialement sommes bien désireux que les monastères et maisons de religion étant en temporalité sous notre seignourie et protection en tout estat, soient duement entretenues et bien gouvernées, et mesmement que les religieux ordonnez à faire le divin service en icelles, soient en leur vie, conversation et mœurs bien duement réglez et disposez selon les estatuts et ordonnances de leur religion, et comme à leur état et profession appartient. Et comme il soit ainsi que par deça en nostre royaume d'Angleterre soient de grant ancienneté constituez et fondez deux notables prieurez conventuaulx, l'un nommé la Trinité, assis en nostre cité de York, et l'autre nommé la maison Notre-Dame de Tykeforde ou diocèse de Lincol, de l'ordre de Saint-Benoist, desquels priorez à vous comme leur père abbé la visitation en spirituel vous appartient. Et pour ce, en tant que en nous est, désirons les dits priorez et les religieux d'iceux estre bien et duement gouvernez et maintenuz, et le divin service en chacun d'eux estre continué et entretenu à la révérence de Dieu et de la benoîte Vierge Marie sa glorieuse Mère, selon l'intention et propos de leurs fondeurs, ainsi qu'il appartient, nous vous exhortons et requérons bien affectueusement que pour l'exécution et accomplissement des choses devant dites, vous ordonnez et constituez par vos lettres autentiquement, ainsi que en tel cas appartient, damp Jehan Burne, religieux de vostre ordre, soubprieur du dit lieu de la Trinité à York, vostre vicaire général en cette partie, en lui donnant pouvoir et autorité souffisant, pour faire de par vous et en vostre nom la visitation devant dite en iceux priorez et autres choses à icelle visitation requises, nécessoires et en tel cas accoustumées. Et en ce faisant, ferez vostre devoir et nous y prendrons plaisir. Car par le rapport d'aucuns nos feaux nous sommes acertenez de la souffisance, bonne vie, et honneste conversation du dit damp Jehan Burne. Donné sous nostre signet en nostre cite de Canturbery, le quatrième jour de mars l'an MCCCCXLVII, et le XXVI de nos resgnes. »

Et sur le dos de la lettre :

« A révérend père en Dieu nostre très-chier et bon ami l'abbé de Mairmoustier de l'ordre Saint-Benoist en prez la cité de Tours. »

L'on trouvera peut-être étrange qu'on donnât commission à un simple sous-prieur de faire la visite de son propre monastère, car c'étoit là l'établir supérieur de son propre prieur ; mais outre que le roi le vouloit ainsi, et qu'il n'étoit point facile de le contredire, il n'y a rien en cela qui soit contraire à la discipline de ces temps-là, et nous verrons dans la suite un simple aumônier de Marmoutier établi général de la congrégation gallicane, et par conséquent supérieur de son propre prieur.

L'année suivante, Pierre Marques obtint du pape Nicolas V une bulle donnée à Rome le 30 octobre, par laquelle ce pape confirme à l'abbaye de Marmoutier tous les priviléges qui lui avoient été accordés par les papes Alexandre III, Luce III, Innocent III, Grégoire IX, Grégoire X, Innocent IV, Urbain IV, Boniface VIII, Clément VI et Martin V, et en vertu de ces priviléges et par son autorité apostolique il déclare : 1° que les religieux de Marmoutier, tant dans l'abbaye que dans les prieurés et dépendances, sont exempts de payer les dîmes des terres qu'ils cultivent eux-mêmes ; 2° qu'ils peuvent recevoir et posséder les dîmes que les laïques leur donnent ou leur résignent ; 3° que les domestiques, tant de l'abbaye que de ses membres et prieurés, sont soumis à l'abbé ou à ses députés au for de la conscience, et doivent recevoir d'eux les sacrements ; 4° que dans les paroisses où ils ont droit de patronage, personne ne peut fonder ou ériger aucune chapelle, autel, ou autre bénéfice ecclésiastique, sans leur permission expresse ; autrement que le droit de patronage de ces chapelles, autels et autres bénéfices ainsi érigés leur seroit dévolu ; 5° qu'aucun laïque ne peut exiger d'eux des dîmes ; 6° que les prieurés et obédiences ne peuvent être donnés qu'à des religieux du même ordre, et que les commendes qui en pourront être faites à l'avenir à des séculiers sont nulles ; 7° qu'ils ne peuvent être excommuniés, suspendus, interdits, ni subir aucune censure ecclésiastique par les délégués, subdélégués, exécuteurs ou conservateurs du pape, par ses légats, sans un commandement exprès de Sa Sainteté ; 8° qu'ils peuvent recevoir des novales dans les lieux où ils recevoient d'anciennes dîmes en vertu de leur droit de patronage ; 9° que l'abbé peut réconcilier les églises et cimetières pollus par effusion de sang.

L'an 1450, le même pape Nicolas adressa un rescrit à l'abbé de Marmoutier, donné à la requête de Guillaume, abbé de Pontlevoy et de sa communauté, par lequel ce pape lui ordonne d'employer ses soins pour retirer et faire restituer les biens aliénés injustement du monastère de Pontlevoy, et de se servir pour cela, si la nécessité le demande, des censures ecclésiastiques.

Pierre Marques étoit encore en vie l'an 1453, auquel il célébra un chapitre général au mois d'avril, où il donna quelque bien à emphythéose, mais il mourut le 4 d'août de la même année, comme nous apprenons du décret de l'élection de son successeur envoyé au pape Nicolas V. Il fut enterré dans le chœur près de l'abbé Gérard Paute.

CHAPITRE XLI.

DE GUI VIGIER L'ANCIEN, IIe DU NOM,

XXXVIe ABBÉ DE MARMOUTIER ET ENSUITE ÉVÊQUE DE BYBLYS EN PHÉNICIE.

(1453-1458).

Après la mort de Pierre Marques, Geoffroi Masquillié, prieur claustral de Marmoutier, indiqua l'élection de son successeur au 24 septembre suivant, et cependant il fit citer tous les absents de se trouver au jour assigné pour y procéder. Ce jour arrivé, il dit solennellement la messe du Saint-Esprit au grand autel, à laquelle communièrent de sa main tous ceux qui devoient avoir voix à l'élection, même les prêtres, qui n'avoient pas célébré ce jour-là ; la messe finie, ils allèrent processionellement au chapitre deux à deux avec la croix, les cierges et l'eau bénite, en chantant une antienne de Saint-Martin, qui fut suivie de quelques oraisons. Après quoi, Pierre Poulet, religieux de Marmoutier, licencié et bibliothécaire, fit un discours sur le sujet dont il s'agissoit, lequel étant fini, on chanta l'hymne *Veni Creator*, pour implorer les lumières du Saint-Esprit. On prit trois témoins selon la coutume, et deux notaires apostoliques pour rédiger les actes de l'élection ; l'un desquels notaires appela à la porte du chapitre tous ceux qui devoient y avoir voix, et on déclara contumaces les absents qui n'avoient point envoyé de procuration ; et les procurations de ceux qui n'étoient point venus en personne étant examinées, l'heure étant déjà fort avancée, on finit cette séance et on remit au jour suivant la continuation de l'élection. Le 25 septembre, tous les religieux ayant ou dit la sainte messe, ou communié comme le jour précédent, l'on chanta solennellement la messe de Saint-Martin, laquelle étant finie, l'on alla au chapitre avec les mêmes cérémonies et dans le même ordre que le jour précédent, où après le *Veni Creator* et quelques prières, tous les capitulants les uns après les autres firent tous serment à genoux d'élire celui qu'ils jugeroient le plus digne en leur conscience, et d'exclure de leur suffrage ceux qu'ils sauroient avoir brigué, ou, qui pis est, auroient fait des présents pour être élus abbés. Ce serment fait, le prieur claustral commanda à tous les excommuniés, interdits, suspendus, et qui n'avoient point de voix à l'élection, de sortir. Ensuite on délibéra par quelle voie on procéderoit, et celle du scrutin ayant été choisie, on nomma trois scrutateurs, et l'on remit au jour suivant la suite de l'élection.

Le troisième jour, tous les capitulants ayant dès le matin dit la messe ou communié comme ils avoient fait les deux jours précédents, on chanta la messe solennelle de Saint-Benoît, comme on avoit fait celles du Saint-Esprit et de Saint-Martin, puis tous s'étant rendus au chapitre, après les prières ordinaires les scrutateurs reçurent les suffrages des électeurs au nombre de quatre-vingt-onze, y compris cinq absents qui avoient envoyé leur procuration ; lesquels suffrages tombèrent sur Geoffroi Masquelié, qui eut vingt-une voix ; Guillaume de la Saugière, abbé de Saint-Julien, qui en eut huit ; Jean Godin, prieur de Château-du-Loir, qui n'en eut que deux ; Martin Binet, prieur des Dormants, et Pierre de Suro, qui n'en eurent qu'une ; et Gui Vigier, aumônier de Marmoutier, qui en eut cinquante-huit et qui fut élu abbé. L'élection ayant été ensuite proclamée publiquement et approuvée de tous, on chanta le *Te Deum* et l'on conduisit le nouvel abbé à l'autel, puis l'on dressa le décret de son élection que l'on envoya au pape pour la lui faire confirmer. Nous avons fait tout ce détail pour faire voir de quelle manière se faisoient les élections des abbés de Marmoutier.

Dans le décret envoyé au pape, Gui Vigier est appelé un homme prudent et discret, savant et de bonnes mœurs, prétre et d'un âge compétent, né d'un légitime mariage, et d'une maison noble et illustre, circonspect dans les choses temporelles et spirituelles, et profès du monastère. Le pape ayant reçu ce décret, le fit examiner par Guillaume, cardinal de Saint-Martin-du-Mont, lequel l'ayant trouvé dans toutes les formes, et ayant fait son rapport en plein consistoire, le pape la confirma le 28 novembre de la même année. Il paraît par les termes du décret, que Gui Vigier fut lui-même à Rome faire confirmer son élection. Mais nous ne savons pas s'il y fut béni ou ailleurs. Lorsqu'il fut élu, il y avoit à Marmoutier trois religieux du même nom, Gui Vigier, prieur de Pont-Château, Gui Vigier, prieur de Saint-Gilles-du-Verger, aujourd'hui Saint-Éloy d'Angers, et de Bocé, et Gui Vigier aumônier de Marmoutier. Il y a apparence que les deux premiers étoient les neveux du troisième, qui pourroit bien être le même qui en 1426 étoit procureur général de Marmoutier et prieur de Notre-Dame-des-Champs, en 1438 prieur de Poencé, et en 1442 prieur de Sablé. Ce qui fait voir que tous ces Vigier étoient fort avides de bénéfices, et comme ils étoient de qualité, il est fort à craindre que le désir de décharger leur famille, et l'espérance de jouir des bénéfices, n'aient fait le principal motif de leur vocation, ou même que sans en avoir aucune, ils n'aient été mis en religion par leurs parents : désordre trop ordinaire dans les grandes maisons, où pour faire la fortune et l'établissement d'un aîné, on sacrifie tous les autres, en les obligeant d'embrasser un état où, n'étant point appelés de Dieu, au lieu d'être pour eux un état de salut, il devient un état de perdition. On les oblige de contracter des obligations très-étroites, et ils n'en gardent aucune ; ils vivent dans les cloîtres comme ils auroient fait dans le monde ; ils ne tiennent à Dieu que par le moindre endroit d'eux-mêmes. Leur cœur est entièrement ou à la vanité, à l'ambition, aux plaisirs. Ils ne sont ni séculiers, ni religieux, plus dignes mille fois de compassion que s'ils eussent été réduits à la plus grande pauvreté, puisqu'outre les chagrins qui sont inséparables d'une semblable vie, ils ne peuvent attendre autre chose sinon qu'elle sera suivie d'une éternité malheureuse. Voilà à quoi aboutissent les décharges des familles.

Gui Vigier étant revenu de Rome, assista à la translation solennelle des reliques de saint Martin dans une nouvelle châsse, qui se fit le 3 février de l'an 1453 selon ceux qui commençoient l'année à Pâques, ou 1454 dans le calcul de ceux qui la commençoient en janvier. Dès l'an 1430, le chapitre de Saint-Martin, assisté des libéralités de Charles VII, roi de France, qui pour sa piété et son zèle pour les églises fut surnommé par quelques-uns le *Pieux*, et par les autres, à cause des victoires extraordinaires qu'il remporta sur ses ennemis, *le Fortuné*, avoit résolu de faire faire une châsse magnifique à leur saint patron, n'estimant pas qu'il fût assez dignement honoré dans celle où reposoient ses sacrés ossements. Vingt-trois ans s'écoulèrent dans la fabrique de ce nouvel ouvrage, lequel étant enfin fini, l'on y mit les saintes reliques avec toute la solennité possible, en présence de Guillaume Juvénal des Ursins, chancelier de France, qui représentoit la personne du roi, de Son Altesse Charles d'Orléans, duc de Milan, de Valois et de Blois, d'Artur de Richemont, connétable de France et chanoine de Saint-Martin, de Jean de Clermont, de Pierre de Bourbon, de Gaston de Foix, de Jean de Dunois, grand chambellan de France, de Jean de Vendôme, de Jean amiral de France, de Philippe de Gamaches abbé de Saint-Denys, et d'un grand nombre de seigneurs de la cour, de Louis d'Harcour, archevêque de Narbonne, de Robert de Montbrun, évêque d'Angoulême, de Thibaut de Luce, évêque de Maillezais, de Guillaume Chartier, évêque de Paris, de Pierre de Treignac, évêque de Tulle, de Richard Olivier, évêque de Coutances, de Gui Vigier, abbé de Marmoutier, de Pierre Berthelot, abbé de Cormery, et de tout le chapitre de Saint-Martin. La cérémonie s'en fit par les évêques, après la messe solennelle qui fut célébrée par celui de Maillezais.

Gui Vigier, non content de l'abbaye de Marmoutier

obtint encore du pape les prieurés de Liré et de la Roche-sur-Yon, avec une pension de cent livres sur celui de Beaurain. Cela ne satisfaisant pas encore son désir insatiable des bénéfices, il présenta une requête à Alain, cardinal de Sainte-Praxède, communément appelé le cardinal d'Avignon et légat du Saint-Siége en France, par laquelle il lui représente que les guerres qui avoient désolé la France, avoient aussi réduit son abbaye en tel état qu'il lui étoit impossible d'en soutenir les charges, faire les réparations, acquitter les aumônes sans un secours particulier, qu'il ne pouvoit tirer ce secours que par l'union de quelques prieurés, du moins pour un temps. Sur cette requête, le cardinal donna commission à l'official de l'église de Tours d'examiner la vérité des choses, et, si elles étoient telles qu'on les lui avoit représentées, d'unir pour vingt ans à la mense abbatiale quelque prieuré, pourvu qu'il ne fût point conventuel, et que son revenu n'excédât point la somme de six cents livres ; en quoi il déchargeoit sa conscience sur la sienne. La réponse du légat est du troisième mai de l'an 1456. Nous ne savons pas ce que fit l'official.

Pour satisfaire l'ambition de Gui Vigier, il ne lui manquoit plus que la qualité d'évêque, et il l'obtint en se faisant nommer à l'évêché de Byblis en Phénicie, aujourd'hui appelée Giblet, petite ville ruinée entre Tripoli et Bérithe, sous la métropole de Tyr dans le patriarchat d'Antioche. Alors voyant bien qu'il lui serait impossible ou du moins difficile de conserver son abbaye avec son évêché, il la résigna à Gui Vigier son neveu, prieur de Chemillé, qui l'avoit été de Pont-Château dans le temps de son élection, et députa en cour de Rome Pierre de Lure, prieur de Vivoin, qu'il établit son procureur pour faire admettre la résignation. Cependant les religieux de Marmoutier voyant leur abbé devenu évêque se disposoient déjà à faire élection d'un successeur. Mais Pierre de Lure fit tant de diligence, qu'avant que Gui Vigier fût sacré évêque, il fit admettre la résignation l'onzième septembre de l'an 1458 par le pape Pie II, qui, deux jours après, adressa un rescrit aux religieux de Marmoutier, par lequel il leur défend sous peine d'excommunication, de procéder à l'élection d'un nouvel abbé, et leur ordonne de recevoir en cette qualité Gui Vigier le jeune, sorti d'une maison noble et d'une race de barons, profès de leur monastère, licencié en droit, et doué des qualités requises pour se bien acquitter de cet emploi.

Le pape put être porté à favoriser la résignation de Gui Vigier l'ancien, par une action que fit cet abbé un peu auparavant, et qui ne devoit pas lui être désagréable. Pie II, se voyant élevé au souverain pontificat, avoit résolu de faire la guerre aux Turcs, et pour soutenir les frais de la guerre, il exigeoit la dixième partie des revenus ecclésiastiques. Cet impôt causa de grands troubles en France et le clergé d'Anjou résolut de ne le point payer. Comme l'abbaye de Marmoutier possédoit beaucoup de bénéfices et prieurés dans le diocèse, il invita l'abbé Gui Vigier d'entrer dans son parti; mais il refusa fort constamment d'avoir aucune part à la conspiration contre les ordres du Saint-Siége; et je ne sais si ce ne fut point cela qui porta le pape en admettant sa résignation, à lui donner les prieurés de Chemillé que son neveu lui remit, de Lyré et de la Roche-sur-Yon, avec le Loroux, l'une des meilleures fermes de la mense abbatiale, qu'il lui laissa par forme de pension.

Cette conduite fait voir que Gui Vigier n'avoit pas quitté son abbaye pour se décharger d'un gros fardeau, puisqu'il n'appréhendoit pas d'être accablé de la pesanteur de tant de bénéfices. Je ne sais s'il n'en eut pas quelques remords sur la fin de ses jours, mais je sais bien qu'il eut recours au pape Paul II pour avoir l'absolution des censures qu'il craignoit avoir encourues lorsqu'il étoit religieux et abbé de Marmoutier, surtout parce qu'il appréhendoit d'avoir reçu les ordres sacrés avant le temps ordonné par l'Église, et de les avoir exercés sans en avoir obtenu dispense; et que ce pape lui donna permission de se choisir un confesseur séculier ou régulier, qui après avoir entendu sa confession pourroit l'absoudre de toutes les censures qu'il pourroit avoir encourues, et même des cas réservés au pape, excepté ceux qui sont exprimés dans la bulle *In cæna Domini*. Pour comble de grâces, il permet encore à ce confesseur de lui donner indulgence plénière à l'article de la mort, à condition qu'il jeûnera tous les vendredis de l'année, ou si le vendredi est déjà rempli d'un autre jeûne d'obligation, un autre jour de la semaine, et qu'il ne se prévaudra point de cette indulgence pour vivre avec moins de régularité et de retenue. La bulle du pape est de l'an 1468, auquel Gui Vigier l'ancien devoit avoir plus de soixante-dix ans. Nous ne savons pas précisément le jour ni l'an de sa mort. Il fut enterré dans le presbytère de l'église, à côté de Simon le Maye, évêque de Chartres. On faisoit autrefois son anniversaire et celui de son neveu le 19 d'avril, qui pourroit bien être celui de sa mort, car son neveu mourut au mois de juin.

CHAPITRE XLII.

DE GUI VIGIER LE JEUNE, IIIe DU NOM,

XXXVIIe ABBÉ DE MARMOUTIER.

(1458 — 1498).

Gui Vigier, neveu de Gui Vigier dernier abbé, entra dans le gouvernement de l'abbaye de Marmoutier l'onzième septembre de l'an 1458 par la démission pure et simple qu'en fit son oncle entre les mains du pape, qui la lui donna ensuite. Il étoit sorti d'une race de barons, *de genere baronum*, c'est-à-dire d'une maison très-noble et illustre. Il étoit religieux profès du monastère et licencié en droit. Il possédoit le prieuré de Pont-Château lorsqu'il assista à l'élection de son oncle, et celui de Chemillé qu'il lui donna lorsqu'il fut fait abbé.

Dès le commencement de son administration, il fit paroître beaucoup de zèle à soutenir les droits de son abbaye. Car les religieux de la Sainte-Trinité d'York ayant entrepris de faire élection d'un prieur pour les gouverner en conséquence d'une démission pure et simple du dernier prieur, et lui ayant ensuite envoyé le décret de leur élection daté du 13 décembre de l'an 1459 pour le confirmer ; ce décret lui ayant été présenté le 30 juin de l'an 1460, il refusa absolument sa confirmation, disant que c'étoit à lui d'instituer de plein droit les prieurs de la Trinité, et de son autorité propre, conféra le prieuré à Thomas Darneton, qui étoit celui-là même que les religieux avoient élu. Je ne sais si le beau présent que le prieur et les religieux d'York lui firent le jour précédent, ne le détermina point à établir prieur celui que les religieux avoient choisi ; car je trouve sur le dos du décret qui lui fut envoyé, que le 26 juin de l'an 1460, Roger Acourt lui présenta au nom du prieur et du couvent d'York un anneau d'or du poids de dix écus d'or enrichi de trois pierres précieuses avec quatre châsses, c'est ainsi que j'interprète ces mots latins, *cum qualuor caseis*, que d'autres prendront peut-être pour quatre fromages.

On sera peut-être surpris de la liberté que les religieux d'York se donnèrent d'élire eux-mêmes leur prieur, qui avoient toujours été institués par les abbés de Marmoutier ; mais nous en apprenons la cause d'une lettre que le maire de la ville d'York écrivit à l'abbé de Marmoutier l'an 1479 en une semblable occasion, où il lui dit que dans les guerres qui s'étoient allumées entre la France et l'Angleterre, le roi, par l'autorité de son parlement, s'étoit emparé de tous les biens que les religieux étrangers possédoient dans son royaume, et par conséquent du prieuré de la Trinité d'York ; que le roi ensuite par l'autorité d'un autre parlement ayant rétabli les religieux dans leurs biens, leur avoit donné le pouvoir de se choisir eux-mêmes leurs prieurs.

L'an 1461, Louis XI étant monté sur le trône de la monarchie françoise, Gui Vigier, comme abbé de Marmoutier, lui prêta le serment de fidélité à Amboise. Deux ans après, il donna en gage sa crosse pour racheter quelque somme d'argent. Il falloit pour en venir là que l'abbaye fût réduite en un pitoyable état, soit par la négligence des abbés, soit par le malheur des temps. Les Anglois ayant été chassés de la France par les armes victorieuses de Charles VII, Gui Vigier trouvant que plusieurs s'étoient servis des troubles de la guerre pour s'emparer des biens de son monastère, l'an 1465, il fit agir Henri, abbé de Saint-Germain-des-Prés, comme conservateur de Marmoutier nommé par le Saint-Siége, avec les abbés de Vendôme et de Redon, lequel donna commission à quelques chanoines de Tours de lancer les foudres de l'excommunication contre tous ceux qui retiendroient les biens dont ils s'étoient emparés.

L'an 1472, l'abbé de Marmoutier conféra une bourse au

collège du Plessis à la présentation de Vincent, évêque de Léon ; car comme nous avons remarqué ailleurs, quoique les évêques de Léon, de Saint-Malo et d'Évreux aient droit de présenter six bourses au collége du Plessis, c'est toutefois l'abbé de Marmoutier qui les confère.

Quatre ans après, c'est-à-dire l'an 1476, Antoine Vigier, prieur de Notre-Dame-des-Champs et étudiant en l'université de Paris, ayant refusé le vivre et le vêtir à trois de ses religieux envoyés par leur abbé, et ceux-ci ayant porté leurs plaintes à Gui Vigier pour avoir justice contre lui, il le cita de venir à Marmoutier pour y rendre raison de sa conduite ; mais comme il n'en avoit point de bonne, il n'osa comparoître, et pour éluder la juridiction de son propre abbé, il voulut se prévaloir des priviléges de l'Université de Paris, qui défendoient de tirer hors de Paris en des tribunaux éloignés les écoliers qui y étudient ; mais le roi, à qui ces religieux s'adressèrent, le renvoya à son abbé pour être procédé contre lui selon la règle de Saint-Benoît. Il paroît par là que tous ces Vigiers étoient extraordinairement attachés aux biens, et qu'ayant peu de religion ils aimoient mieux les choses de la terre que celles du Ciel.

Parmi les titres du prieuré de Saint-Eloy d'Angers, autrefois nommé Saint-Gilles-du-Verger, on trouve des lettres de l'official d'Angers, par lesquelles il reconnoît qu'il avoit mal excommunié Gui Vigier, qui en étoit prieur. Or, quoique cette excommunication fût nulle à cause des priviléges de l'abbaye de Marmoutier, qui défendent à tous les ordinaires d'excommunier aucun religieux tant du chef que des membres, elle fait voir néanmoins qu'il y avoit bien à redire dans la conduite du prieur Vigier.

Je reviens à l'abbé de Marmoutier, qui ayant donné des reliques des saintes Sabine et Savine dans un reliquaire d'argent à l'église de Saint-Pierre-Puellier d'Orléans, le doyen et le chapitre de cette collégiale, en reconnoissance de cette grâce et des autres bienfaits qu'ils avoient reçus des religieux de Marmoutier, les admirent à la participation des bonnes œuvres qui se faisoient dans leur corps, tant en messes, offices divins, prières, qu'en veilles, jeûnes, aumônes et autres prières et autres œuvres de piété. Les lettres du doyen et du chapitre sont datées du 4 mai de l'an 1479.

L'année suivante, l'abbé et les religieux de Marmoutier donnèrent des marques de leur piété en faisant faire deux belles châsses d'argent. Ils y employèrent d'abord jusqu'à 364 marcs d'argent et onze d'or; mais ne voulant pas que rien y manquât, et ne les croyant pas encore assez riches, ils y firent une telle augmentation, qu'il y entra environ cinq cents marcs d'argent et vingt-deux d'or. L'orfèvre qui les fit eut d'abord pour sa peine cinquante muids de vin, neuf de froment, du bois autant qu'il en eut besoin, et 800 livres d'argent, à quoi on ajouta encore quelque chose. Ils firent encore faire une croix d'argent, dont la seule façon coûta cent écus d'or.

La même année, qui étoit 1480, l'abbé Gui Vigier conféra le prieuré de Perrière au diocèse de Séez à Pierre de Salignac, religieux profès de son monastère, bachelier en droit canon, qui lui avoit été nommé par l'Université d'Orléans, et qui après en avoir joui deux ans fut troublé dans sa possession par Benoît Chaumeri, abbé de Lire, étudiant à l'Université de Caen, qui n'ayant pas assez de son abbaye, vouloit encore avoir ce prieuré, plus soigneux de satisfaire sa cupidité, que de mettre sa conscience en sûreté. Ce Pierre de Salignac étoit une personne de qualité, qui en 1482 fut fait chapelain du roi Louis XI. Il fut aussi sous-sacristain de Marmoutier et maître de l'œuvre, et en cette qualité fut un de ceux qui eurent l'inspection sur le travail des deux châsses dont nous venons de parler.

Ce fut environ ce temps-là que Louis XI étant tombé malade, fit venir saint François-de-Paule de Calabre, qui passoit pour un thaumaturge, espérant qu'il feroit quelques miracles en sa faveur pour lui rendre la santé. Il invoqua aussi tous les saints du paradis, et comme il avoit grande confiance aux saintes reliques, et que les papes avoient défendu sous peine d'excommunication d'en transférer aucune, il s'adressa au Saint-Siége, et obtint du pape Sixte IV une bulle par laquelle il lui étoit permis de se faire apporter les saintes ampoules de Saint-Rémi de Reims et Marmoutier, et même de se faire oindre de l'onguent précieux qu'elles contiennent, comme aussi de se faire apporter la sainte croix conservée dans l'église de la Sainte-Chapelle de Paris. La bulle du pape est datée du ix des calendes de juillet de l'an 1483 (1). Mais toutes ces précautions furent inutiles. Dieu, qui a mis des bornes à la vie des rois aussi bien qu'à celle des autres hommes, ne voulut pas qu'il vécut plus longtemps. Il le retira donc de ce monde, et il mourut en son château du Plessis-lès-Tours le 30 août de la même année. Charles VIII son fils succéda à la couronne, auquel l'abbé de Marmoutier fit serment de fidélité à Amboise, la première année de son règne.

A peine le nouveau roi fut-il monté sur le trône qu'il fit assembler à Tours les trois états de son royaume, pour traiter des moyens de réformer les abus qui s'y étoient glissés. L'assemblée se tint au mois de février de l'an 1483, ou 1484 selon ceux qui commençoient l'année au mois de janvier. L'abbé de Marmoutier y assista comme député de la province de Touraine. Comme dans cette assemblée on représenta au roi qu'il y avoit de grands désordres à corriger dans les ordres de Citeaux, de Saint-Benoît, de Saint-Augustin et de Saint-François, il y a quelque apparence que ces remontrances portèrent le roi à demander à l'abbé de Marmoutier les moyens propres pour réformer l'ordre de Saint-Benoît, car

---

(1) Un manuscrit de la bibliothèque municipale de Tours, le *Rerum memorabilium liber*, p. 18, donne la bulle par laquelle Sixte IV permit à Louis XI de faire venir au Plessis-lès-Tours les saintes ampoules de Reims et de Marmoutier, et les reliques de la vraie croix conservée dans la Sainte-Chapelle du Palais à Paris. Cette pièce a été publiée par Dom Marlot, dans son *Théâtre d'honneur et de magnificence préparé au sacre des rois*, livre II, ch. 3, et par l'Académie de Reims dans *l'Histoire de la ville, cité et université de Reims*, du même auteur, t. IV, p. 669. Reims, 1846. (C. Ch.)

je trouve un billet sans date, mais écrit environ ce temps-là, qui contient plusieurs points nécessaires pour procurer la réforme de ce saint ordre, dressés par ordre du roi par l'abbé de Marmoutier.

Ces articles sont : 1° Qu'on doit représenter au roi que les guerres qui avoient désolé le royaume, avoient causé de si grands désordres dans les monastères, qu'elles avoient mis les religieux dans l'impuissance d'observer leur règle ;

2° Que pour travailler sérieusement à la réformation, il étoit nécessaire que le roi et son conseil pourvût au retranchement de semblables désordres ;

3° Qu'il falloit entièrement retrancher les commendes, qui avoient déjà grand cours avant le concordat entre Léon X et François I°';

4° Qu'il falloit établir les élections canoniques dans les abbayes et autres bénéfices électifs ;

5° Que les abbés, prieurs conventuels, et autres dignités régulières, qui avoient la collation des bénéfices, ne doivent les donner qu'à des religieux de leur ordre, sans avoir égard aux nominations des Universités et autres ;

6° Que les abbés dûment assemblés devoient remettre en usage et en pratique les décrets, constitutions et ordonnances faites par les saints conciles et par les papes, surtout celles que le pape Benoît XII avoit faites pour la réformation de l'ordre de Saint-Benoît ;

7° Que pour cet effet, il faudroit obtenir des bulles du pape à l'instance et à la requête du roi. Ce fut apparemment en conséquence de cet avis et à la demande du roi, que le pape Alexandre VI donna une bulle à Rome, le 24 juillet de l'an 1494, adressée aux abbés de Notre-Dame de Luxembourg, de Marmoutier et de Chezal-Benoît par laquelle il leur donne commission de visiter les monastères de France et de travailler à leur réformation.

L'an 1487, l'abbé de Marmoutier reçut une lettre de Guillaume Kerkby, prieur de Tikford en Angleterre, par laquelle il lui demandoit sa protection contre Guillaume Penberthon, qui, à la faveur du roi Édouard, s'étoit intrus dans le prieuré, et en avoit joui durant douze ans contre les statuts de l'ordre et au préjudice de la juridiction des abbés de Marmoutier. Il le pria aussi de l'établir visiteur des prieurés d'Angleterre de sa dépendance. On voit par là que l'abbaye de Marmoutier a joui de ces prieurés d'Angleterre jusqu'au temps du schisme.

Dans le même temps que ce prieur demandoit la protection de l'abbé de Marmoutier, Gui Vigier demandoit au roi Charles VIII la sienne, afin que sous les auspices d'un si grand prince il pût faire le voyage de Rome en toute sûreté dans un temps où les troupes de la France ne laissoient guères libres les chemins de l'Italie. Gui Vigier ne borna point sa dévotion à visiter les saints lieux de Rome, il eut dessein d'aller jusqu'en Jérusalem pour y visiter le Saint-Sépulcre; mais parce que les papes avoient fait défense expresse sous peine d'excommunication d'y aller sans leur permission, il s'adressa au Saint-Siège, et la lui demanda pour soi, deux de ses religieux, un ecclésiastique de l'église de Tours et deux autres personnes qu'ils mèneroient avec eux. Innocent VIII, qui étoit alors assis sur le siége de Saint-Pierre, la lui accorda, et lui en fit expédier des lettres par Julien évêque d'Ostie, son grand pénitencier, à condition que s'ils menoient avec eux des religieux, ils obtiendroient auparavant permission de leur supérieur. Les lettres de cet évêque sont du vi des ides de mai, l'an quatrième du pontificat d'Innocent VIII, qui revient à l'an 1487.

Il arriva cette même année une chose très-singulière à Tours. Jean Cadillac, abbé commendataire du monastère de Saint-Julien de Tours, pressé des remords de sa conscience de posséder une abbaye régulière sans être religieux, prit la résolution de se faire moine, et reçut le saint habit de la religion des mains de l'abbé de Marmoutier le 22 janvier. Rare exemple et qui a peu d'imitateurs!

Il nous reste peu de chose à dire du gouvernement de l'abbé Gui Vigier le jeune, qui dura environ 40 ans. Comme l'observance étoit fort affoiblie pour lors dans les monastères, il ne s'y passoit presque rien de considérable. Voici pourtant encore quelques faits que je ne dois point omettre. L'an 1494, Charles d'Orléans, dauphin de Vienne, fils aîné de Charles VIII, qui étoit né au château des Montils, près de Tours, le 20 octobre de l'an 1490, mourut à Amboise le 16 décembre, âgé de trois ans deux mois vingt-six jours, et fut enterré en l'église de Saint-Martin de Tours, où ses obsèques furent célébrées par Philippe, évêque du Mans, cardinal de Luxembourg, assisté par Guillaume archevêque de Bourges, et Gui abbé de Marmoutier. C'est ce que nous apprenons du rituel de Saint-Martin appelé communément *le Péan Gatineau*, et de l'épitaphe de ce jeune prince que j'ai trouvée à la fin d'une vieille bible des Révérends Frères minimes d'Amboise en cette sorte :

L'épitaphe qui est sur le seur cueur de feu Monseigneur le Dauphin enterré en l'église de Monsieur S. Martin de Tours.

Cy gist Charles aisné, fils du roi de France, dauphin de Viennois, comte de Valentinois et de Diois, lequel dauphin, fils du roi Charles VIIIe de ce nom et de la reine Anne de Bretagne, par le vouloir de Dieu décéda au chastel d'Amboise le XVIe *jour de décembre l'an* MCCCCLXXXV (1) *en aige de trois an et trois mois,*

Et ce feut en la présence de Monsieur de Luxembourg, cardinal du Mans, Monsieur l'archevêque de Bourges, Monsieur de Marmoutier, Monsieur de la Trimouille, Monsieur le mareschal de Gyé.

La même année, Anselme de Chauveron fut béni à Marmoutier abbé de Prully (2) au diocèse de Tours, par Jean évêque de Thessalonique, suffragant à ce que l'on croit, de

---

(1) Lisez LXXXXIV. (Note du manuscrit de Tours.)
(2) Preuilly (C. Ch.)

Robert, archevêque de Tours, assisté de Gui, abbé de Marmoutier, et de Jean, abbé de Saint-Julien. Mais avant de commencer la cérémonie, l'évêque, au nom de l'archevêque de Tours, reconnut l'immédiation et les priviléges de l'abbaye de Marmoutier, et déclara qu'il ne prétendoit pas par là s'y acquérir aucun droit.

Or, quoique l'observance fût fort affoiblie dans l'abbaye de Marmoutier, comme dans les autres, il ne laissoit pas d'y avoir toujours plusieurs religieux distingués par leur science et par leurs vertus, comme nous apprenons d'une belle lettre que François Flore, Florentin, écrivit à Jacques Tarlat de Châtillon à la louange de la ville de Tours, et que l'on trouvera tout entière dans les preuves de cette histoire (1). On peut mettre parmi ceux-là Pierre de Luro, qui fut premièrement prieur de Vivoin, et ensuite de Belesme, puis abbé de Saint-Martin de Séez, lequel gouverna très-sagement son abbaye et s'acquit beaucoup d'estime parmi les grands du siècle. Il mourut l'an 1489. Mais le plus fameux et le plus illustre fut le R. P. François Binet, qui de grand-prieur de Marmoutier se fit Minime et fut général de son ordre. Il mérite bien que nous parlions de lui avec plus d'étendue ; c'est ce que nous allons faire, après avoir marqué ici que Gui Vigier le jeune fut si considéré du roi Charles VIII, qu'étant tombé malade, il l'envoya voir par le P. Olivier Maillard, cordelier, célèbre prédicateur de son temps. Le jour de Pâques de l'an 1498, il célébra encore la messe et donna les ordres mineurs à un de ses religieux nommé Vincent Courtil. Le 13 mai il célébra un chapitre général, et douze jours après il mourut le 25 du même mois. Ses obsèques furent honorées de la présence des illustres chapitres de Saint-Gatien et de Saint-Martin de Tours.

(1) *Francisci Florii Florentin ad Jacobum Tarlatum Castellionensem, de probationé Turonicé.* Cette lettre de Florio a été publiée par *A. Salmon*, d'après la copie de D. Martène, dans les *Mémoires de la Société archéologique de Touraine*, t. VII, p. 89. (C. Ch.)

DU VÉNÉRABLE PÈRE FRANÇOIS BINET,
GRAND-PRIEUR DE MARMOUTIER ET ENSUITE MINIME, PREMIER GÉNÉRAL DE SON ORDRE.

Voici une des plus brillantes lumières qui soit sortie de l'abbaye de Marmoutier, mais il semble que Dieu ne l'y ait fait naître que pour aller éclairer un autre monde. François Binet eut pour père Jacques Binet, écuyer, sieur des Tourelles et de la Guinière (1), capitaine du château de Tours, charge en ce temps-là fort honorable à cause du séjour que le roi faisoit à Tours, et pour mère Marie Ponchet, qui ne cédoit point en noblesse et en richesses à son mari. Étant encore jeune, il prit l'habit religieux en l'abbaye de Marmoutier, où peut-être y fut-il mis par ses parents pour décharger la famille qui étoit fort nombreuse, étant le septième de neuf enfants ; car comme l'observance étoit alors fort affoiblie, l'on n'entroit guères en religion que par des motifs assez humains.

François Binet ayant fait profession, fut envoyé à Paris pour étudier en l'Université, et comme il avoit de l'esprit, il fit de grands progrès dans les sciences divines et humaines. Il se distingua de telle sorte parmi ses confrères, qu'étant revenu à Marmoutier, on le jugea digne des premiers emplois. A l'âge de trente-six ans, il fut fait grand-prieur du monastère. Il avoit assurément assez d'esprit et de lumières pour remplir cette charge, mais il n'avoit pas autant de vertus qu'il étoit nécessaire pour la remplir dignement. Aussi, au lieu de se servir de son autorité pour maintenir la régularité dans le cloître et tenir tous ses frères dans leur devoir, il ne l'employa que pour vivre lui-même avec plus de liberté. Le séjour de la cour, qui étoit alors à Tours, ne contribua pas peu à le faire sortir des obligations de sa profession et de sa

---

(1) Ces deux fiefs étoient situés près de Tours, sur le bord de la Loire, à l'embouchure de la Choisille. (C. Ch.)

charge. La conversation des courtisans lui fut beaucoup plus agréable que celle de ses religieux. Il substitua le divertissement de la chasse aux saintes délices que les bons religieux goûtent dans la contemplation, il préféra le jeu aux offices divins, et sa vie ne ressembloit en rien à celle d'un religieux.

Plongé dans ces désordres, et aveuglé par ses propres passions, il passa deux ans de la sorte, jusqu'à ce qu'il plût à Dieu de l'éclairer, en levant le bandeau qui lui cachoit la laideur de son âme, et lui faisant connoître l'égarement dans lequel il se précipitoit. Sa conversion pourtant ne se fit que par degrés. Dieu mêla premièrement ses plaisirs d'amertume, une noire mélancolie se saisit de son âme, et un jour, revenant de la chasse, il se trouva tellement accablé de chagrin, que rentré dans sa chambre il ne voulut ni boire ni manger, feignant d'être malade et d'avoir besoin de dormir. Il passa deux mois de la sorte, pendant lesquels il s'efforça de dissiper cette humeur noire qui troubloit ses plaisirs, voyant les belles compagnies, et prenant tous les divertissements qu'il crut capables de chasser les chagrins qui le dévoroient jusqu'à lui ôter le repos.

Enfin le temps des miséricordes étant arrivé, une nuit qu'il passa sans dormir, faisant réflexion sur sa vie passée et sur le danger où il étoit, il en eut horreur, le cœur brisé de componction il commença à verser un torrent de larmes, et à l'heure même il promit à Dieu d'être plus fidèle dans les exercices de sa charge, de célébrer tous les jours la sainte messe, et de réciter son chapelet. Il exécuta sa résolution, mais la main de Dieu qui étoit appesantie sur lui et qui vouloit le conduire plus loin, ne le délivra point de sa mélancolie. Il y avoit à Marmoutier un religieux qui étoit assez familier avec lui, nommé frère Germain le Grand, et qui le voyant triste prit la liberté de lui en demander la cause, le consola le mieux qu'il put, et ayant ouï dire qu'il y avoit au Plessis un bon homme hermite, qui vivoit en réputation de sainteté, et avoit un don particulier de consoler les affligés, il lui conseilla de l'aller voir; c'étoit saint François de Paule que le roi Louis XI avoit fait venir en France. Il suivit ce conseil, et étant allé au Plessis, dès que le saint homme l'aperçut il vint au devant de lui, l'embrassa avec tendresse et pleura sur lui. François Binet qui, pénétré de ses péchés, étoit prosterné à ses pieds jetant un torrent de larmes, fut tellement attendri de cet accueil, qu'à l'instant toute sa tristesse fut dissipée. Le saint le mena dans sa cellule, qui étoit encore dans le château, parce que le roi ne lui avoit pas encore bâti de couvent. Il l'y retint assez longtemps, l'entretint de l'instabilité et des vanités du monde, des joies du paradis et du plaisir qu'on trouve à servir Dieu.

Cette première entrevue fit un tel effet dans l'esprit du Père Binet, qu'elle le changea entièrement. Il revint à Marmoutier tout consolé, et alla à la rencontre de frère Germain le Grand, qui ne voyant plus sur son visage cette tristesse sombre qui l'absorboit dans le chagrin, se douta bien de la cause de ce changement. Il lui demanda s'il avoit vu le bonhomme du Plessis; il lui répondit qu'il l'avoit vu, qu'il en étoit tout consolé et qu'il y retourneroit à la première occasion. Cependant il fit une plus forte résolution de changer entièrement de vie, de renoncer à tous ses divertissements, de rentrer en lui-même, et de s'adonner aux exercices de piété et de dévotion. Il passa de la sorte huit mois dans la retraite sans parler à personne, tout occupé de Dieu et du regret de l'avoir si mal servi. Il alloit toutefois de temps en temps au Plessis voir saint François de Paule, qui par ses entretiens le fortifioit dans ses bonnes résolutions.

Un jour qu'il y alloit à son ordinaire, il rencontra plusieurs courtisans de sa connoissance, mais comme il avoit dit adieu au monde, il se contenta de les saluer sans leur parler. Eux le traitèrent de bigot et d'hypocrite, ce qu'il souffrit patiemment. Un autre fois étant allé voir le saint homme, il l'invita à dîner, et lui servit des mets dont ses religieux mangeoient, c'est-à-dire des pois, et des racines cuites avec de l'eau et du sel, à quoi il ajouta un peu d'huile à sa considération. Il lui fit aussi donner du gros pain et des fruits. François trouva ce festin, assaisonné des larmes de componction, incomparablement plus agréable que le gibier qu'il prenoit auparavant à la chasse. Le saint le pria de coucher au Plessis, ce qu'il n'eut pas de peine à se laisser persuader. Il coucha donc sur la paille couvert d'une grosse toile, et demeura là trois jours, s'édifiant de la vie de ces saints religieux, qui par leur détachement du monde, leur union, leur charité, leur ferveur et leur zèle, s'attiroient l'admiration de toute la cour, et sans quelque respect humain, qui le retenoit encore, il fût volontiers entré dès lors dans cette sainte famille. Avant que de se séparer d'eux, il dit la sainte messe et communia de sa propre main saint François de Paule, et après la messe, le saint se retira dans sa cellule où il fit deux heures d'oraison; après quoi ils prirent congé l'un de l'autre. Le saint lui demanda sa bénédiction, et lui la demanda au saint. Il y eut entr'eux une humble contestation, qui se termina par une bénédiction réciproque. François Binet bénit François de Paule, et François de Paule bénit François Binet. Ce fut en cette occasion que l'on assure que le saint lui dit: « Courage, père prieur, allez en votre abbaye, Dieu se veut servir de vous; vous aurez bien de la peine, mais Dieu vous consolera, je me souviendrai de vous recommander à Notre-Seigneur. »

A peine fut-il sorti qu'il éprouva la prophétie du saint, car il rencontra une troupe de filous qui le maltraitèrent, lui prirent son cheval et le peu d'argent qu'il avoit, et peu s'en fallut qu'ils ne le traînâssent dans la rivière. Pour comble de disgrâce, lorsqu'il arriva à Marmoutier, les valets qui le virent en cet équipage lui insultèrent et se moquèrent de lui, mais le temps de souffrir étoit venu pour lui, et il s'estima fort heureux de pouvoir par cet endroit faire à Dieu quelque satisfaction pour ses péchés passés, et réparer par cette humiliation le scandale qu'il avoit donné à sa communauté. Huit jours après, pressé par l'esprit de Dieu, il alla se jeter aux pieds de son abbé, et le supplia de le décharger de son office de grand-prieur et de le donner à un autre qui en fût plus capable. L'abbé, qui n'avoit pas coutume d'entendre de semblables propositions, et qui étoit plus importuné de gens qui lui demandoient des bénéfices que d'en être privés, au lieu de s'édifier de la prière du Père Binet, le rebuta brusquement, se moqua de lui, le traita de fol et d'extravagant et lui fit dire par frère Germain le Grand qu'il ne se présentât plus devant lui pour lui faire de semblables propositions. Quelque temps après, son abbé étant tombé malade, le roi l'envoya voir par le Père Olivier Maillard, cordelier, qui sachant le dessein du Père Binet lui en parla, mais il le refusa de même manière. Néanmoins le Père Binet l'en fit prier par tant de personnes, qu'il ne put résister à leurs sollicitations; mais il voulut faire les choses dans les formes, il fit assembler deux docteurs de Sorbonne, cinq des plus anciens religieux du monastère, et deux Pères cordeliers, devant lesquels le P. Binet vint une seconde fois supplier son abbé de le décharger de son office de grand-prieur, ce qu'il lui accorda, après quoi il reprit son rang de profession, et ne se mêla plus que d'assister aux offices divins et de suivre la communauté. Son abbé néanmoins lui permit d'aller au Plessis toutes les fois qu'il voudroit.

Les entretiens fréquents que le Père Binet eut avec saint François de Paule ne contribuèrent pas peu à lui faire prendre la résolution de passer dans l'ordre des Minimes. Mais s'il avoit eu tant de difficulté pour quitter son office de grand-prieur, il n'en eut pas moins pour obtenir permission de changer d'habit. Il fallut que le Nonce s'en mêlât, qui voulut avoir et sa demande et la permission de son abbé par écrit; et pour l'avoir il fallut que M. de Lenoncour, archevêque de Tours, employât tout le pouvoir qu'il avoit sur l'esprit de l'abbé pour lui faire donner son consentement. Il le donna, mais ce fut à condition que le Père Binet de sa vie ne rentreroit dans son abbaye, à quoi il consentit par écrit. Les choses étant ainsi disposées, l'archevêque de Tours lui ôta son habit de saint Benoît, lui donna celui du bonhomme, et à l'instant il promit à Dieu, à la glorieuse Vierge Marie, à toute la cour céleste, à l'archevêque et à François de Paule de vivre et de persévérer jusqu'à la mort sous ses commandements et dans l'institut de la vie pénitente qu'il avoit établie, et de ne jamais contrevenir à la règle de Saint-Benoît sous l'ordre duquel il étoit moine profès : paroles qui font voir que le Père Binet n'entroit chez les Minimes que pour mieux pratiquer la règle de Saint-Benoît, qui en ce temps-là étoit tout à fait négligée à Marmoutier.

Je n'explique pas ici quelle fut la joie réciproque du Père Binet de se voir revêtu de l'habit du bonhomme et admis dans sa compagnie, et de saint François de Paule et de ses frères, de recevoir parmi eux un homme d'esprit, un homme savant, un homme d'expérience, un homme qu'ils regardoient comme envoyé de Dieu pour être parmi eux comme un second fondateur. En effet tous les autres Minimes conviennent qu'il a été le plus grand personnage de leur ordre, ayant le plus travaillé pour l'établissement, la propagation et l'affermissement de l'ordre.

Le Père Binet fut mis sous la conduite du B. Père Bernardin de Cropulatu, sous lequel il fit son noviciat, mais avec des dispositions si saintes et si pleines de Dieu, que le disciple ne cédoit point en vertu au maître. Il oublia tout ce qu'il avoit été, sa naissance, ses emplois, sa science, les talents même que Dieu lui avoit donnés, et ne retint que sa qualité de pécheur qu'il avoit toujours devant les yeux, et qui lui servoit d'un pressant motif pour faire pénitence. C'étoit un spectacle digne d'admiration de voir un homme âgé, un grand-prieur de Marmoutier, devenu petit comme un enfant, et pratiquer tous les offices les plus humiliants de la maison. Il plut extrêmement par cet endroit à saint François de Paule, qui ayant établi son ordre sur les fondements de l'humilité, voulut que ses disciples fussent appelés *Minimes*. Aussi dès qu'il eut fait profession il le retint toujours auprès de lui pour se servir de son conseil, lui ouvrir son cœur, lui communiquer ses secrets, et même se confesser à lui, et l'employer dans toutes les affaires les plus importantes de la reli-

gion. Les auteurs Minimes conviennent qu'il a eu beaucoup
de part dans la composition de leur règle, et j'ai parlé à quelques-uns de ces Pères, qui, plus sincères, m'ont avoué qu'elle
étoit toute de lui. Quoi qu'il en soit, il est certain que le
saint l'envoya à Rome pour la faire confirmer par le pape
Jules II. Il lui fit faire aussi plusieurs voyages pour l'établissement de son ordre. Mais ce qu'il y a de plus admirable, c'est
qu'en tous ses voyages il ne se servit jamais de monture, les
faisant tous à pied, portant un gros bâton à l'exemple de
saint François de Paule, et qu'étant arrivé dans ses convents,
quelque las et fatigué qu'il fût du voyage, il ne laissoit pas
d'aller à matines et de suivre les autres exercices de la régularité, comme ceux qui n'étoient pas sortis de la maison.

Après la mort de saint François de Paule, le Père Bernardin de Cropulatu, qui tenoit sa place, indiqua un chapitre
général à Rome pour faire élection d'un général et régler
plusieurs points touchant l'intelligence de la règle. Le cardinal de Saint-Marc y présida, et le Père Binet y assista
comme correcteur (c'est-à-dire supérieur) du convent de la
Sainte-Trinité-du-Mont, et y fut élu général. Ce fut en cette
occasion qu'il donna de nouvelles preuves de son humilité et
qu'il fit voir qu'il remplissoit parfaitement sa qualité de
Minime; car, s'étant mis à genoux devant toute l'assemblée,
il supplia le cardinal président et tous les capitulants de faire
élection d'un autre général qui fût plus digne de cette charge
que lui, qui s'estimoit un fort grand pécheur; mais bien loin
d'admettre sa demande, le cardinal lui commanda en vertu
de sainte obéissance d'accepter le généralat, et malgré lui il
fut conduit à l'église selon la coutume, où il versa un torrent
de larmes en disant les prières prescrites. Il eut recours au
pape, devant lequel il s'alla présenter à la fin du chapitre
général, non pour demander la confirmation de son élection,
mais pour supplier Sa Sainteté de mettre en sa place un
autre général, ce que le pape ne voulut point lui accorder,
confirmant au contraire son élection et lui commandant d'exercer sa charge.

Ce n'étoit là que le commencement des charges que Dieu lui destinoit dans son ordre. Comme il étoit parfaitement humble, il fuyoit les honneurs et les honneurs le poursuivoient malgré lui; car depuis ce jour-là jusqu'au dernier soupir de sa vie, il occupa les premières charges de la religion, ayant été trois fois général et trois fois zéleur ou procureur-général, ce qui n'est arrivé à aucun autre qu'à lui.

Comme on traita beaucoup de points de discipline dans ce premier chapitre général, plusieurs des supérieurs étoient d'avis de retrancher l'article de la vie quadragésimale, qui prescrit en tout temps l'abstinence des œufs, du beurre, du fromage, du lait, aussi bien que de la chair, croyant que ce réglement étoit excessif et insuppportable à la nature. Mais le Père Binet fut le plus ardent à le faire conserver, et soutint devant toute l'assemblée que telle avoit été l'intention de leur saint patriarche. Il l'observa lui-même si ponctuellement, qu'il ne voulut jamais le violer dans ses plus grandes maladies, quoiqu'en ces occasions la règle le permit, et que les médecins en fussent d'avis. Il fallut même un ordre du pape pour lui faire manger des tortues, à lui et à ses religieux, quand l'occasion s'en présentoit, parce qu'il les regardoit comme une espèce de chair.

Mais le principal soin du Père Binet fut de travailler à la canonisation de saint François-de-Paule. Il avoit presque toujours été attaché à ses côtés, il avoit été le plus fidèle témoin de ses miracles, il étoit très-persuadé de sa sainteté, il ne restoit plus qu'à la faire déclarer par le souverain pontife. C'est à quoi il travailla avec un zèle, une diligence et des peines incroyables; sur quoi on rapporte une belle parole du cardinal Simonetta, qui voyant tous les mouvements qu'il s'étoit donnés, lui dit: « *Père général, vous avez travaillé pour un saint, un autre travaillera pour vous.* » Mais pour cela il auroit fallu un autre François à ce second François, qui eût eu autant de zèle et d'amour pour son ordre. Ses confrères même n'ont pas eu assez de soin de ramasser les actions de ce grand homme, et de les transmettre à la postérité, quoi qu'ils conviennent qu'il a été après saint François-de-Paule le premier personnage de leur ordre. Il mourut à Rome l'an 1524, faisant l'office de procureur-général, et plein d'années et de mérites. Nous avons tiré le peu que nous avons rapporté ici, d'une lettre qu'il écrivit à ses confrères de France au sujet de sa conversion, et de ce qu'en ont dit le Père d'Attichy, dans son *Histoire générale de l'ordre des Minimes*, liv. 3, chap. I, et le Père François de la Noue dans sa *Chronique générale de l'ordre des Minimes* (1).

(1) *L'Histoire de Marmoutier* de D. Le Michel (manuscrit de la bibliothèque municipale de Tours,) t. I, fol. 236-245, renferme une vie latine du P. François Binet. Cette Vie est suivie d'une copie de la lettre latine dont Martène vient de parler, et de sa traduction en françois. (C. Ch.).

CHAPITRE XLIII.

DE LOUIS POT,
XXXVIII° ABBÉ DE MARMOUTIER, ÉVÊQUE DE TOURNAI ET DE LECTOURE.
(1498 — 1505).

Si cet abbé a été aussi grand devant Dieu que devant les hommes, on peut le mettre au nombre des premiers abbés de Marmoutier. Il étoit né d'une maison noble et illustre, qui entra dans celle de Montmorency. Gui Pot, son frère, honoré de la faveur des rois Louis XI et Charles VIII, fut gouverneur d'Orléans, de Blois et de Tours. Pour lui, étant encore assez jeune il fut mis au monastère de Saint-Laumer de Blois, où il fit profession de la vie monastique, peut-être sans en avoir vocation ; la qualité et l'inclination des parents faisant alors presque toute la vocation des enfants, dans la plupart des monastères. Il n'y fut pas longtemps sans être honoré du titre d'abbé, qui lui fut conféré le 13 novembre 1467 par la résignation de Guillaume de Prunelé, abbé de Saint-Laumer. Ce fut son premier titre, qu'il conserva toute sa vie, nonobstant les censures que Millon d'Illiers, évêque de Chartres, fulmina contre lui à cause de son intrépidité à défendre les droits de son abbaye. Il augmenta de beaucoup les édifices du château de Madon, sa maison de campagne, ce qui fait voir qu'il songeoit plus à ses divertissements qu'à bien régler sa communauté.

Nous apprenons de l'*Histoire de Tournai*, écrite par Jean Cousin (1), qu'après la mort du cardinal de Cluny, évêque de

(1) Liv. IV, p. 257. (Note de D. Martène).

Tournay, arrivée à Rome l'an 1483, le pape Sixte IV ordonna évêque de Tournay Jean Monissart doyen de l'église de Thérouenne, qui étoit allé à Rome avec ce cardinal, et que celui-ci étant mort l'année suivante 1484, Innocent VIII, qui avoit succédé à Sixte, subrogea en sa place Antonio Palavicin, qui fut aussi évêque de Pampelune et cardinal du titre de Saint-Anastase ; mais que le roi Charles VIII, qui avoit en grande recommandation messire Louis Pot, abbé de Saint-Laumer de Blois, aussitôt après la mort du cardinal de Cluny, écrivit à l'archevêque de Reims en sa faveur, lequel ou son vicaire octroya la provision de l'évêché à Louis Pot (1), qui, sur cette provision fit ajourner au parlement de Paris, Jean Monissart et ses successeurs, lesquels n'ayant point comparu, il obtint la récréance de l'évêché et jouit des biens et des revenus qui étoient à Tournay et au Tournaisis de l'obéissance du roi de France, et que même il eut l'an 1483 les fruits vacants ès régales, que le cardinal Palavicin ayant résigné son évêché à Pierre Kuick, abbé de Saint-Amand, l'an 1497, et celui-ci ayant été sacré à Bruges en présence de l'archiduc d'Autriche et de Jeanne, héritière d'Espagne, son épouse, ne fut néanmoins reconnu que dans les parties de son évêché qui se trouvoient en Flandre, et non pas dans Tournay ni dans le Tournaisis, parce qu'il n'avoit pas le consentement du roi de France. L'on trouve effectivement un arrêt du parlement de Paris de l'an 1502, par lequel Louis Pot est déclaré légitime évêque de Tournay.

L'évêque de Chartres, qui ne l'aimoit point, prit occasion de cette promotion pour le priver de son abbaye de Saint-Laumer, prétendant qu'ayant accepté l'évêché de Tournay, elle étoit vacante, et parce que les religieux n'y avoient point nommé, il se crut en droit de leur donner un successeur, et donna l'abbaye à Michel du Bus, prêtre et religieux profès de

---

(1) Dans les instructions que le roi donne à ses ambassadeurs en cour de Rome, l'an 1484, il les charge de prier le pape de ne pas souffrir que Jean Monissart inquiète Louis Pot, dont la promotion s'étoit faite selon les décrets des conciles et les anciennes ordonnances du royaume. (Note de D. Martène).

Saint-Laumer, le 21 d'août 1489, comme il paroît par les registres de l'église de Chartres. Mais comme il avoit à faire à un homme de tête et de crédit, à qui le bruit ne faisoit point peur, sa collation n'eut point de lieu, et Louis Pot retint toujours son abbaye avec son évêché de Tournay. Il accepta même encore l'évêché de Lectoure qui lui fut conféré environ l'an 1491, et l'abbaye de Marmoutier étant venue à vaquer par la mort de Gui Vigier le Jeune, arrivée le 25 mai 1498, il ne se crut pas incapable de la posséder encore, ni trop foible pour succomber sous un si rude poids. Le voilà donc pourvu de deux évêchés et de deux bonnes abbayes, fort content selon le monde, mais très-digne de compassion de n'avoir point de frayeur du bruit des canons de l'Église, qui défendent la pluralité des bénéfices.

Ceux qui ne le font abbé de Marmoutier qu'en 1499 se trompent assurément, puisqu'il est certain qu'il conféra à Marmoutier les ordres mineurs à trois de ses religieux le jour de Saint-Martin d'hiver de l'année précédente, avec la qualité d'abbé du monastère, et qu'il donna la confirmation et la tonsure à quatre autres de ses religieux le 26 décembre ensuivant. Nous trouvons plusieurs ordinations de ses religieux faites par lui dans son abbaye les années suivantes, et il ne se passoit guère de Quatre-Temps qu'il ne conférât au moins les ordres mineurs, tantôt dans sa chapelle de Rougemont, tantôt officiant pontificalement dans l'église. L'an 1502, il obtint permission du cardinal Georges d'Amboise, archevêque de Rouen et légat du Saint-Siége en France, d'ordonner prêtres ses religieux à l'âge de 21 ans, et même dans des *extra tempora*, pourvu qu'ils eussent les autres qualités requises dans les ministres de l'autel ; et en vertu de cette permission il en ordonna deux prêtres qui n'avoient que 22 ans, le 11 mars de la même année. Il conféra encore les ordres sacrés le samedi avant la Passion dans l'église de Saint-Martin-de-la-Basoche à la prière de Messieurs les grands-vicaires de Monseigneur l'archevêque de Tours, qui étoit absent, et dans cette ordination il donna les saints ordres à plusieurs de ses religieux, parmi lesquels deux reçurent la prêtrise avant l'âge de 24 ans, en vertu de l'indult du cardinal d'Amboise. Il célébra encore les ordres de la veille de Pâques ensuivant dans sa chapelle de Rougemont, où il fit deux diacres et deux prêtres, qui n'avoient pas encore 24 ans.

L'an 1504, il envoya des procureurs dans tous les prieurés de sa dépendance pour y lever des taxes, avec pouvoir de contraindre les prieurs par les censures ecclésiastiques. Il ne survécut pas longtemps à cela. Il mourut à Blois le 6 du mois de mars de la même année selon le calcul de l'Église de France qui ne commençoit l'année qu'à Pâques ; ou de l'année 1505 selon ceux qui la commençoient en janvier, et fut enterré en la chapelle de Notre-Dame-de-Pitié dans l'église de Saint-Laumer. Les chanoines de Saint-Gatien et de Saint-Martin ne laissèrent point de venir à Marmoutier en très-grand nombre pour y faire les prières ordinaires pour les abbés défunts.

Cette même année, Antoine Pot, qui étoit apparemment son parent, fit profession dans l'abbaye de Marmoutier, où il avoit reçu l'habit des mains de Louis Pot dès l'an 1501.

Après la mort de cet abbé, le roi envoya des commissaires à Marmoutier pour visiter l'argenterie de la sacristie et en faire un inventaire, que je veux bien rapporter ici pour satisfaire la curiosité des lecteurs :

« *S'ensuit l'inventaire des reliques estant ou monastère de Mairemoustier visitées le* XIII *jour de may par les commissaires du roy en la présence de frère Pierre de Salignac, secrestain du dit lieu, et de tout le convent, l'an mil cinq cens et cinq.*

« Et premièrement le chief monsieur saint Corentin, mitré, d'argent doré.

« Item le chief de monsieur saint Cler, d'argent doré en façon d'une chasse.

« Item le chief de monsieur saint Léobard, d'argent.

« Item le chief d'ung des Ignocens, d'argent.

« Item la dens monsieur saint Martin, d'argent doré.

« Item la saincture du glorieux saint Martin d'argent.

« Item le bras de saint Guyngaloys, d'argent.

« Item le bras de monsieur saint Étienne, d'or, excepté la main qui est de léton doré.

« Item une petite bouëte d'argent doré à trois cercles, ornée de perles et aultres chouses.

« Item une aultre bouëte d'argent plene de reliques.

« Item une aultre bouëte d'Yvière a...... lyons plene de reliques.

« Item une aultre petite bouëte ayant une pierre de cristal dessus.

« Item ung tabernacle de léton doré.

« Item la dens de monsieur saint Benoist ornée de pierres à l'environ.

« Item ung aultre reliquere, de monsieur saint Cler, en façon de tabernacle, d'argent doré.

« Item ung reliquere en façon de tabernacle ayant dedans du pain que Dieu mangea avec ses apoustres.

« Item monsieur saint Jean-Baptiste, d'argent doré, tenant un aignel.

« Item Nostre-Dame d'argent doré, tenant son enfant.

« Item monsieur saint Barthélemi, d'argent, tenant ung cousteau.

« Item monsieur saint George à cheval, d'argent doré, tenant ung reliquere.

« Item monsieur saint Laurens, d'argent doré, tenant une couste.

« Item monsieur saint Pierre, d'argent doré, tenant une dens.

« Item ung reliquere que deux anges portent, auxquels a ung fault un aëlle.

« Item ung aultre sans reliques que deux anges portent, pour porter le sacre à la feste Dieu.

« Item ung tabernacle aiant reliques de saint Estienne et saint Exupère.

« Item une vraye croix que on monstre au vendredi aouré (1).

« Item une aultre croix que monsieur l'aumosnier a donnée, le hault d'argent doré et le bas de léton doré.

« Item la grant croix neufve estant au petit revestière dedans une fenestre avec le baston, le tout d'argent doré.

« Item une aultre grant croix que on porte chacun jour aux processions.

« Item une aultre grant croix neufve que on porte semblablement aux processions.

Item une aultre croix que on porte ès festes annuelles et ès festes bastardes à l'autel, ornée de pierres.

« Item une aultre petite croix que à la grant messe on porte chacun jour à l'autel.

« Item le précieux joyau de saincte Ampule est dedans une châsse, et à la dite saincte ampule deux anneaux dont l'un a une pierre précieuse et emeraulde.

« Item le hanaps monsieur saint Martin, où les malades boivent.

« Item quinze calices d'argent doré.

« Item six grans ymaiges d'argent doré, que l'on meet aux grans festes sur l'autel.

« Premièrement Nostre-Dame tenant son enfant en une main, et en l'aultre main ung palme.

« Item monsieur saint Pierre aiant un diadème en la teste, et tenant en sa main deux clefs.

« Item monsieur saint Paoul tenant une espée.

« Item monsieur saint Martin mitré, tenant une croix.

« Item ung ange tenant ung encensouer et une navete.

« Item ung aultre ange tenant ung encensouer sans navette.

« Item ung groux encensouer d'argent doré.

« Item quatre aultres encensouers d'argent telx quelx.

---

(1) Le Vendredi-Saint. — Le manuscrit autographe de Martène porte ici *à onze* au lieu de *aouré*, ce qui n'a aucun sens. (C. Ch.).

« Item deux groux chandeliers d'argent doré.

« Item quatre aultres chandeliers d'argent.

« Item une navette à mettre encens avecque la cuilière, le tout d'argent.

« Item deux plats d'argent, que l'on fait servir chacun jour à la grant messe, sans choppines.

« Item deux plats d'argent doré, avecques les choppines, dont en y a une rompue.

« Item deux aultres grans plats d'argent avec les chopinnes, que feu monsieur l'évesque donna.

« Item deux testes d'argent doré.

« Item deux aultres testes d'argent telx quelx.

« Item une croce et une mitre, et un anneau d'argent doré orné de pierres.

« Item cinquante troys saintures de soye, que feu monsieur Gui apporta de Jérusalem; n'en a esté trouvé au dit jour que lesdits commissaires ont fait le dit inventoyre, que quarante-sept; pour ce reste six, lesquels ont été perdues durant le temps de frère Philippes du Locquet. »

Il faut remarquer que dans cet inventaire il n'est fait aucune mention des châsses, ni du rétable d'argent qui étoit à l'autel, ni de l'autre argenterie de l'église, ce qui fait juger qu'il n'y a que la seule argenterie de la sacristie qui y soit comprise.

Ce fut apparemment sous l'abbé Louis Pot, qu'Antoine Pot fit profession à Marmoutier, d'où il fut tiré l'an 1524 pour être abbé de Vierzon. Il fut béni à la Sainte-Chapelle de Paris par l'évêque François, le 8 mai 1524, accompagné de Guillaume, abbé de Montbourg dans le diocèse de Constance, et de Charles, abbé de Saint-Magloire.

CHAPITRE XLIV.

DE FRANÇOIS SFORCE,
XXXIX° ABBÉ DE MARMOUTIER.
(1505 — 1511)

Cet abbé fut encore plus illustre par sa qualité (1) que le précédent, puisqu'il étoit prince et neveu du duc de Milan. Il fut amené en France lorsque le roi Louis XII, qui mérita d'être appelé le Père du peuple, ayant conquis le duché de Milan, se saisit de la personne de Ludovic Sforce et de son frère le cardinal Ascagne Sforce, qu'il renferma d'abord dans le château de Pierre-Encise, à Lyon, d'où il tira ensuite Ludovic pour le mettre dans la grosse tour de Bourges, et après dans le château de Loches, où il fut premièrement enfermé en une cage de fer sous une voûte souterraine, et ensuite mis plus au large dans une chambre où il passa une misérable vie, qu'il finit au bout de dix ans. Pour le cardinal, sa prison de Pierre-Encise fut beaucoup plus douce; il fut même ensuite élargi en considération du rang qu'il tenoit dans l'Église, et à la prière du cardinal d'Amboise.

Le sort de François Sforce, leur neveu, fut un peu meilleur, car pour lui ôter tout sujet de remuer dans la suite, on résolut de le faire moine. A l'âge de dix ou onze ans il fut mis à Marmoutier sans vocation et sans aucune envie d'être religieux, ce qui parut assez lorsqu'on lui coupa les cheveux, car, dit un manuscrit de notre monastère (2), « quand il lui

---

(1) Les Sforce, ducs de Milan, n'étoient pas de naissance ; le premier fut un paysan nommé Attendule, et Sforce étoit un sobriquet. (Note du manuscrit de Martène, mais d'une autre main).

(2) Ms. 157, fol 38. C'est le manuscrit de Gilles Robiet. (C. Ch.)

convint faire sa couronne, il regrettoit infiniment ses grands cheveux, disant que du tout sa mère se délectoit à les voir. » Comme il n'étoit qu'un enfant, et n'avoit aucune vocation pour l'état monastique, il ne faut pas s'étonner si sa vie n'eut aucun rapport à l'état saint qu'on lui avoit fait embrasser, et dont on tâcha de lui adoucir tout le travail et l'austérité qu'il renferme.

L'abbaye étant venue à vaquer par la mort de l'abbé Louis Pot, arrivée le 6 mars 1505, Pierre Moutart, prieur claustral de Marmoutier, indiqua l'élection de son successeur au 19 avril ensuivant, et fit citer tous les prieurs et religieux absents du monastère de s'y trouver au jour marqué. Jacques Verhu, prieur de Béré près de Châteaubriant au diocèse de Rennes, fut élu canoniquement abbé. Mais le pape Jules II, à la demande du roi de France, nomma abbé François Sforce qui n'avoit qu'environ quinze ans. On vouloit par cette promotion adoucir un peu le pesant joug qu'on avoit imposé à ce jeune prince. MM. de Sainte-Marthe disent qu'il fut élu abbé par l'ordre du roi François Ier. Mais, outre que François Ier ne régnoit point encore, il est certain que Sforce ne fut point élu par les religieux, et qu'il doit uniquement sa qualité d'abbé au pape qui le nomma lui-même.

Jacques Verhu, qui avoit été élu par le chapitre, ayant pour compétiteur un prince établi par le pape à la demande du roi, vit bien qu'il avoit à faire à trop forte partie, contre laquelle il ne pourroit pas tenir ; contraint de céder une charge qui lui étoit légitimement acquise, il tâcha du moins d'en partager l'autorité, et consentit que François Sforce jouît paisiblement de l'abbaye, pourvu qu'il fût son vicaire-général dans l'administration du spirituel, que cet enfant n'étoit pas capable de conduire. La condition fut acceptée, et Verhu fit une démission pure et simple entre les mains du pape de tout le droit qu'il avoit à l'abbaye, et le pape confirmant François Sforce lui donna pour vicaire-général dans le spirituel Jacques Verhu, pendant dix ans, exemptant néanmoins six religieux de sa juridiction, qu'il soumit à celle de l'abbé. Sa bulle est du sixième juin de l'an 1505.

Jacques Verhu ne borna point là ses demandes, et il ne crut pas en faire une déraisonnable en demandant la terre de Lorroux jusqu'à ce que le roi ou son abbé lui eussent donné un bénéfice au moins de huit cents livres de rente. Il demanda de plus d'avoir la collation de tous les bénéfices dépendant de Marmoutier à l'alternative avec son abbé; et comme l'on craignoit qu'il n'arrivât quelque brouillerie à l'occasion de cette alternative, il demanda la collation des bénéfices durant six mois de l'année, et que son abbé les conféreroit durant les six autres mois. Tout cela lui fut accordé par une autre bulle du pape, donnée à Bologne le 24 décembre de l'an 1506.

Pour donner plus d'autorité à ce jeune abbé, on crut qu'il falloit lui faire prendre quelques ordres sacrés. Ainsi, par l'autorité du pape, Antoine, évêque de Marseille, célébra les saints ordres dans l'église de Marmoutier, un dimanche 17 d'octobre de l'an 1507, et lui conféra le sous-diaconat; le jour suivant il célébra encore les ordres et le fit diacre; et en voulant donner de l'autorité à ce jeune prince, on ne fit qu'augmenter ses obligations qui n'étoient déjà que trop grandes. Les ordres sacrés qu'il venoit de prendre et qui lui prêchoient la sainteté, cette charge formidable d'abbé qui avoit été remplie par tant d'illustres personnages éminents en vertus, et dont l'exemple auroit dû lui inspirer des sentiments tout divins, ne le rendirent pas meilleur. Il ne pensa qu'à se divertir, et à soulager les chagrins que la fortune avoit pu lui causer, en se donnant tous les plaisirs qu'il pouvoit prendre. Le saint jour de Noël, qu'il auroit dû passer en prières avec ses religieux, et à célébrer les divins offices avec eux, il alla à la chasse, divertissement si indigne d'un religieux et d'un ecclésiastique, et tant de fois défendu par les saints canons; et comme il poussoit son cheval et qu'il voulut lui faire sauter un fossé, il le jeta par terre et le creva.

Il mourut donc le 25 décembre de l'an 1544, près de Meslay, d'où son corps fut apporté à Marmoutier, où on lui fit des obsèques magnifiques, auxquelles assistèrent tous les chapitres de la ville, tant séculiers que réguliers. Il fut enterré devant le grand autel, près des tombes de cuivre qui étoient là avant le pillage des calvinistes.

Nous ne trouvons rien de considérable arrivé sous son gouvernement. Nous remarquerons seulement que l'an 1506 il donna en emphythéose quelques biens situés dans la gréneterie de Blois avec le consentement de sa communauté. Car encore bien qu'il y eût des terres et des biens affectés à la mense, il n'en étoit pas le maître absolu, et ne pouvoit en disposer que conjointement avec la communauté, qui l'a toujours tenu tellement en bride, qu'il ne pouvoit pas même faire un bail des biens affectés à sa mense, bien moins les vendre ou les donner sans son consentement.

CHAPITRE XLV.

DE MATHIEU GAUTIER,
XLe ABBÉ DE MARMOUTIER ET ÉVÊQUE DE NÉGREPONT.
(1512—1537)

Après la mort de François Sforcia, Jean Jauffre, prieur claustral de Marmoutier, indiqua l'élection de son successeur au premier jour du mois de mars ensuivant, qui étoit un lundi, et fit citer canoniquement tous les absents de se trouver au monastère au jour assigné. Ce jour arrivé, on compta près de cent électeurs, quoique les jeunes religieux qui n'avoient point d'ordres sacrés n'eussent aucune voix à l'élection et qu'environ quarante-cinq prieurs ne se fussent point rendus au monastère, et n'y eussent point envoyé de procureurs. Le chapitre se trouvant trop petit pour contenir tant de personnes, le prieur proposa d'aller faire l'élection dans l'église, où après les formalités ordinaires, un religieux s'étant présenté au milieu de l'assemblée, élevant les mains et les yeux vers le ciel, dit tout haut qu'il élisoit pour abbé Mathieu Gautier, et aussitôt sa voix ayant été reçue unanimement par tous les religieux, sans qu'aucun s'y opposât, le prieur le déclara canoniquement élu par voie d'inspiration divine. On le cita ensuite canoniquement de donner son consentement à l'élection, et l'ayant donné, on chanta le *Te Deum*, on le porta à l'autel, on l'installa dans le siége abbatial, puis les notaires apostoliques ayant ouvert l'église, on publia son élection à tout le peuple.

Mathieu Gautier fit profession de la règle de saint Benoît dans l'abbaye de Marmoutier le 9 novembre de l'an 1494, entre les mains de l'abbé Gui Vigier le Jeune. Il avoit du mérite. Il étoit docteur de Sorbonne, avoit enseigné la théologie, et lorsqu'il fut élu abbé, il étoit prieur de Saint-Martin-au-Val, l'un des meilleurs prieurés dépendants de Marmoutier. Son élection fut fort agréable au roi, qui ne voulut pas toutefois qu'on la fît confirmer par le pape. Elle le fut premièrement par le concile de Pise alors transféré à Lyon, le 22 d'octobre l'an 1512, et ensuite par le pape Léon X le 31 janvier de l'an 1514.

Quoique l'observance fût fort affoiblie dans l'abbaye de Marmoutier, on ne laissoit pas de la regarder encore comme une des plus régulières du royaume, et on ne peut point disconvenir qu'il n'y eût en ce temps-là des religieux qui se distinguoient par leur piété et par leur science. C'est pourquoi Charles de Billi, abbé de Saint-Faron de Meaux, désirant réformer son monastère, ne trouva point de meilleur expédient que de s'adresser à l'abbé de Marmoutier, pour lui demander des religieux propres à l'exécution de ses desseins. Pour seconder les pieux desseins de cet abbé, Mathieu Gautier lui envoya quatre de ses religieux, Guillaume Pelletier, Gui Faucher, Olivier du Puy, et Guillaume Loppin, dont le premier fut établi prieur claustral de Saint-Faron. C'est ce que nous apprenons des registres capitulaires de cette abbaye, dont il est à propos de rapporter ici un extrait (1).

On ne sait pas quel succès eut cette réforme, parce que les registres capitulaires de Saint-Faron sont déchirés à l'endroit où finit cet extrait. On trouve seulement que l'abstinence de la viande fut rétablie conformément à ce que prescrit la règle de saint Benoît, et que ces quatre religieux vivoient plus régulièrement dans Saint-Faron que dans Marmoutier, où l'on mangeoit de la viande trois fois par semaine. Guillaume Pelletier eut pour successeur dans son office de prieur claustral Gui Faucher, mais le bon abbé de Billi mourut trop tôt pour l'établissement de sa réforme.

La même année qu'il demanda des religieux à Marmoutier,

(1) Voir aux *Preuves* de l'*Histoire de Marmoutier*. (C. Ch.)

le cardinal de Luxembourg, évêque du Mans, faisant la visite de son diocèse, eut la dévotion de dire la sainte messe au prieuré de Saint-Guingalois de Château-du-Loir ; il en demanda permission au prieur, et donna une attestation par laquelle il reconnoissoit les priviléges de l'abbaye de Marmoutier, dont ce prieuré dépend, déclara que c'étoit avec la permission du prieur qu'il y avoit célébré les divins mystères, et qu'il ne prétendoit point déroger par là à ses priviléges et immunités qu'il vouloit demeurer aussi entiers que s'il ne fût pas entré dans le prieuré.

L'an 1518, l'abbé Mathieu Gautier tint un chapitre général à Marmoutier le 1er de mai, dans lequel il taxa tous les prieurés de sa dépendance pour contribuer aux réparations de l'abbaye, qui en avoit un très-grand besoin. Il n'est pas le premier abbé qui ait imposé de semblables taxes sur les prieurés pour subvenir aux nécessités pressantes de l'abbaye. Nous en avons déjà vu plusieurs exemples, et rien ne fait mieux voir l'autorité que les abbés avoient sur les prieurés et sur les prieurs de leur dépendance.

L'année suivante, M. d'Albret fit ériger la chapelle de Notre-Dame de Château-Meillant en Berry, dont il étoit seigneur, en un chapitre composé d'un doyen, huit chanoines, deux vicaires, et deux enfants de chœur, dont la justice, direction et correction fut commise à l'abbé de Marmoutier, et interdite à tous autres, suivant la bulle de Léon X et de deux autres papes ses successeurs, qui furent fulminées en 1525 par l'official de monseigneur l'archevêque de Bourges, qui en reçut et accepta la commission de l'abbé de Marmoutier.

Quoique l'abbé Mathieu Gautier vécût dans un temps où la piété étoit presque éteinte dans les cloîtres, il ne laissoit pas d'avoir du zèle pour le culte de Dieu. Cela parut par les décorations qu'il fit faire à l'église, et particulièrement par le jubé qui fut achevé l'an 1527, dont le travail ne sauroit être assez estimé, mais qui seroit encore plus estimable, si les calvinistes n'avoient point brisé les têtes des saints, sans épargner celle de Notre-Seigneur (1). Cela parut encore dans les ornements et les vaisseaux sacrés qu'il fit faire, où l'on voit ses armes, entre autres par le soleil qui sert pour exposer le Très-Saint-Sacrement, dont le travail est d'une délicatesse inimitable ; dans le grand calice, qui sert à la messe les grandes fêtes, dont le travail ne cède guère à celui du soleil ; dans le texte des saints évangiles, qu'il fit couvrir de vermeil doré ; dans une croix de semblable matière ; dans la belle paix qui sert à la messe les grandes fêtes, dont la figure, qui représente sainte Catherine, est toute d'or émaillé, mais d'un travail si exquis, qu'il semble surpasser le prix des perles et des pierreries dont elle est enrichie.

Mais sa dévotion n'éclata en rien tant qu'au zèle qu'il eut à faire honorer sainte Anne, mère de la Mère de Dieu ; car il ne se contenta pas de faire célébrer sa fête dans son abbaye avec la même solennité qu'on y célèbre celle de saint Martin, qui en est patron, et avec octave, mais ayant su que le chef de cette sainte se conservoit dans l'église du doyenné conventuel de Notre-Dame de la Gaye, *de Gaya*, au diocèse de Troyes, dépendant de l'abbaye de Cluny, dont l'abbé de Saint-Florent de Saumur étoit doyen, et que même il s'y faisoit un grand nombre de miracles, il fit de si grandes instances auprès de cet abbé, et lui témoigna une ferveur si ardente envers cette sainte, qu'il ne put pas lui refuser une portion de la sainte relique, qu'il lui donna le 18 décembre de l'an 1520. L'ayant obtenue, il la fit enchâsser dans un fort beau reliquaire de vermeil doré, et lui fit bâtir une fort belle chapelle dans l'église de Marmoutier, où il voulut être enterré (2). Enfin, ayant fait réimprimer le bréviaire de son monastère, il fit graver à la fin l'image de sainte Anne avec

---

(1) Ce jubé a été démoli en 1789. (Note du manuscrit de Tours.)

(2) Mathieu Gaultier portoit d'argent à trois lézards grimpants de sinople. On retrouve ces armoiries, ainsi que celles de Marmoutier, sur le bénitier, en marbre blanc, qu'il avoit fait exécuter pour la chapelle Sainte-Anne, en 1522. Ce bénitier, remarquable par la délicatesse et le fini de son exécution, orne aujourd'hui l'église paroissiale de Sainte-Radégonde. (C. Ch.).

ces vers qui expriment tout ce que je pourrois dire de sa dévotion envers sainte Anne :

Ipse meus votis animus te pulsat anhelis,
    ANNA, Dei Matris mater, adesto mihi ;
Anna, fatebor enim, Mariæ post vota priori
    Præstita, proximior tu mihi semper eris.
Filia sic matrem præcedet? Nonne sequetur
    Filia ? non, sed ero totus utrique simul.

Il donna encore des preuves de sa piété l'an 1534, fondant une messe solennelle dans l'église des Mathurins de Paris, le jour de l'octave du Saint-Sacrement, à laquelle doivent assister les docteurs de Sorbonne.

Quelques auteurs récents, et entre autres MM. de Sainte-Marthe, disent qu'il permuta son abbaye pour celle de Bourgueil avec Philippe Hurault, mais ils se trompent très-certainement, car Philippe Hurault ne quitta son abbaye de Bourgueil qu'à la mort, et Mathieu Gautier ne l'a jamais possédée. Il est vrai qu'en 1536 ces deux abbés firent ensemble un traité, le 13 décembre, par lequel Mathieu Gautier cédoit à Philippe Hurault l'abbaye de Marmoutier, et Philippe Hurault lui cédoit de son côté les prieurés de Saint-Martin de Couldres au diocèse d'Évreux, de Saint-Gervais et Saint-Protais du Plessis-les-Moines au diocèse d'Angers, dépendants de Bourgueil, et celui de Saint-Martin de Chouzy près de Blois, dépendant de Marmoutier. Et parce que le revenu de ces prieurés n'égaloit point celui de l'abbaye que Mathieu Gautier cédoit, Philippe Hurault lui céda encore par forme de permutation pour un de ses neveux l'abbaye de Notre-Dame d'Absie au diocèse de Maillezais ; il lui céda encore les terres de Lorroux et de Lavaré, le logis abbatial de Rougemont, une chambre sur la cuisine du couvent, le foin de Fontcher, et le droit de prendre dans les forêts de Marmoutier tout le bois dont il auroit besoin, tant pour son chauffage que pour faire les réparations des maisons dont on lui laissoit l'usage ; et avec cela la collation de tous les bénéfices dépendants de

Marmoutier durant toute sa vie, tant sous le gouvernement de Philippe Hurault que sous celui de ses successeurs. Ce traité ayant été présenté au pape Paul III, il le confirma par une bulle expédiée le 22 janvier ensuivant, l'an troisième de son pontificat, qui revient à l'an 1537.

Sur la fin de la même année, l'évêché de Négrepont se trouvant vacant par la mort de l'évêque Philippe, le pape Paul III le donna à Mathieu Gautier, et lui permit de le posséder avec ses autres bénéfices, dont il lui fit expédier les bulles, données à Rome le 16 novembre 1537. Il lui permit aussi d'exercer les fonctions pontificales dans le diocèse d'Autun avec l'agrément de Jacques Hurault, parent de Philippe Hurault, qui en étoit évêque, et lui assigna une pension de deux cents ducats d'or sur le revenu de cet évêché, par une autre bulle donnée aussi le même jour à Rome. Le lendemain, il lui en fit expédier une troisième, par laquelle il lui permettoit de se faire consacrer par tel évêque catholique qu'il lui plairoit de choisir, entre les mains duquel il feroit serment de fidélité, dont il lui prescrit la formule, au Saint-Siège. En vertu de ces bulles, Mathieu Gautier se fit consacrer à Bourgueil par François Bohier, évêque de Saint-Malo, assisté des évêques de Castori et de Salones, en présence de Philippe Hurault, abbé de Marmoutier et de Bourgueil, et des abbés de Chambon et de Bonnefontaine, et de plusieurs personnes distinguées par leur rang, le 7 d'avril, qui tomboit au dimanche de la Passion, c'est-à-dire un peu avant la fin de l'année 1537 qui finissoit le jour du samedi-saint.

L'évêque de Négrepont survécut jusqu'en l'an 1552, qu'il mourut dans sa maison abbatiale de Loroux, d'où il fut apporté à Marmoutier et enterré en la chapelle de Sainte-Anne, où on lui éleva un tombeau tout simple d'environ trois pieds de hauteur, sur lequel on grava cette épitaphe, qui nous apprend son âge, l'an et le jour de sa mort : « CY GIST REVE-RENT PERE EN DIEU MATHIEU GAULTIER, ÉVÊQUE DE NEGRE-

PONT, JADIS ABBÉ DE CEANS, LEQUEL DÉCÉDA LE 15 JUILLET DE L'AN 1552, AAGÉ DE 85 ANS (1). »

Lorsqu'il étoit abbé, il y avoit à Marmoutier quatre religieux de son nom, Adrien Gautier, Guillaume Gautier, Vincent Gautier et Marc Gautier. Le plus illustre de tous fut Adrien ; il étoit savant, docteur de Sorbonne, et avoit enseigné. Il composa un Traité de la primatie de saint Pierre et de l'Église, deux homélies pour la fête de l'Assomption de la Vierge, et un traité qui a pour titre *Équilibre de saint Paul et de saint Martin*, qu'il dédia à son oncle l'abbé de Marmoutier. Outre ces traités, qui sont imprimés, il fit encore la correction du bréviaire de son monastère imprimé l'an 1535. L'année suivante, son oncle ayant cédé l'abbaye de Marmoutier à Philippe Hurault, celui-ci céda à sa considération l'abbaye de Notre-Dame d'Absie au diocèse de Maillezais à Adrien Gautier, qui a été omis par MM. de Sainte-Marthe dans le catalogue. Outre cela, il étoit encore bailli et sacristain de Marmoutier et prieur de Villebelford. Il mourut dans ce prieuré le 16 septembre de l'an 1548.

Du temps de l'abbé Mathieu Gautier, Jean Binet fut encore tiré de Marmoutier pour être fait abbé de Saint-Julien de Tours. Il fut aussi prieur de Saint-Guingalois de Château-du-Loir. Il gouverna son abbaye jusqu'en 1530. Il eut pour successeur Pierre Robert, déjà prieur de Saint-Pierre de Chemillé, et qui eut besoin d'une dispense du pape Clément VIII pour posséder ce prieuré avec son abbaye.

(1) Un volume de la collection Gaignières, *Tombeaux et épitaphes des églises de France*, t. I, fol. 182, nous donne le dessin de la belle tombe de Mathieu Gautier et nous apprend que ce tombeau de pierre étoit placé contre le mur dans la chapelle de la Présentation de Notre-Dame à gauche du chœur de l'église de Marmoutier. (C. Ch.).

CHAPITRE XLVI.

DE PHILIPPE HURAULT,
XLI° ET DERNIER ABBÉ RÉGULIER DE MARMOUTIER.
(1537—1539)

Philippe Hurault, le dernier abbé régulier de Marmoutier, eut pour père Jacques Hurault, seigneur de la Grange, de Chiverny, de Vibraye, de Vueil, et baron d'Huriel, gouverneur du comté de Blois, ambassadeur du roi vers les Suisses, général de France sous Louis XII, l'un des quatre de son conseil, et surintendant de ses finances, et pour mère, Marie Garandeau, fille de Pierre Garandeau, sieur de la Haudumière et de la Sucerie. Il fit profession de la règle de Saint-Benoît dans l'abbaye de Turpenay au diocèse de Tours, mais il n'y a nulle apparence qu'il eût envie de passer toute sa vie dans un monastère si petit et si solitaire. En effet, je trouve qu'en 1512 il assista à l'élection de l'abbé Mathieu Gautier en qualité de prieur de Belesme. L'an 1523, il fut élu abbé de Saint-Nicolas d'Angers après la mort d'Adrien Gouffier, cardinal et évêque de Coûtances, où il se fit bâtir un beau logis abbatial, dans lequel il n'épargna point la dépense Il fit la même chose dans l'abbaye de Bourgueil, dont il fut élu abbé quelque temps après. Cette abbaye, assez proche de celle de Turpenay, semble lui avoir plu davantage ; aussi il en fit réparer l'église, construire le grand autel, orner de peintures la chapelle de Saint-Jean, fondre les trois grosses cloches, bâtir les grands greniers et planter le clos du pavillon. Outre les abbayes de Saint-Nicolas d'Angers et de Bourgueil, il eut encore celle de Notre-Dame d'Absie dans le diocèse de Maillezais, et les prieurés de Saint-Martin de

Chouzy près de Blois, de Saint-Martin de Couldres et de Saint-Gervais du Plessis-les-Moines. MM. de Sainte-Marthe et l'auteur de la généalogie de la maison des Hurault, qui se trouve à la fin des *Mémoires d'État* du chancelier Chiverny, le font encore abbé de Saint-Pierre de Sens ; comme ils le placent dans le catalogue des abbés de ce monastère en 1555, il faut nécessairement que ce soit un autre Philippe Hurault, ou si c'est le même, qu'il y ait une transposition dans ce catalogue, et le mettre devant Étienne Poncher, archevêque de Tours, qui mourut l'an 1552. Quelques-uns lui donnent encore l'office de cellerier de Saint-Florent-le-Vieil. Tant de bénéfices, qui auroient fait peur à tout autre qui eût eu un peu de tendresse de conscience, ne le contentèrent point. L'abbaye de Marmoutier lui parut digne de son ambition ; il la rechercha et il l'obtint en la manière que nous avons dite. Il y présida à un chapitre général en 1538, le 17 avril. Mais il ne posséda pas deux ans cette abbaye, étant mort à Paris le 12 novembre 1539. Dans un catalogue de nos abbés que j'ai trouvé sur la couverture d'un livre, il est dit qu'il fut empoisonné, sort assez ordinaire et digne des personnes qui travaillent plus à acquérir les biens de la terre que ceux du Ciel. Il fut enterré dans le chapitre des Blancs-Manteaux, où l'on lisoit autrefois cette inscription sur un marbre noir : « PHILIPPE HURAULT, ABBÉ DE MARMOUTIER, BOURGUEIL ET DE SAINT-NICOLAS D'ANGERS, QUI DÉCÉDA LE XII NOVEMBRE MDXXXIX, EST ICY DESSOUS ENTERRÉ. » Cette épitaphe s'accorde parfaitement avec le nécrologe de Marmoutier, où nous lisons ces mots : *Anno Domini 1539, duodecima die mensis novembris, obiit reverendissimus in Christo pater Philippus Hurault, abbas hujus sacri monasterii, Parisius, cujus anima requiescat in pace, amen.*

CHAPITRE XLVII.

DU CARDINAL JEAN DE LORRAINE,
XLII° ABBÉ DE MARMOUTIER ET LE PREMIER COMMENDATAIRE.
(1540—1550)

Jean de Lorraine, fils de René duc de Lorraine, et de Philippe de Gueldres sa mère, naquit à Bar en Lorraine le 9 d'avril 1498. Si nous en croyons M. Robert dans son *Gallia christiana*, il n'avoit que quatre ans lorsqu'il fut fait évêque de Metz par la cession que lui fit de cet évêché Henri de Lorraine. MM. de Sainte-Marthe lui en donnent dix, et disent qu'il en prit possession l'an 1508. Sept ans après, il fut fait évêque de Toul l'an 1517, puis de Boulogne l'an 1518. Cette même année, Léon X le créa cardinal du titre de Saint-Onufre. L'an 1520, il fut fait archevêque de Narbonne, en 1521 évêque de Valence, en 1523 évêque de Verdun et abbé de Fécamp, en 1524 évêque de Luçon, en 1529 abbé de Cluny, en 1533 administrateur de l'archevêché de Reims, en 1535 évêque d'Alby, en 1537 archevêque de Lyon, et enfin en 1540 abbé de Marmoutier, dont il fut le premier commendataire. Il en prit possession le 26 avril de la même année par Antoine de Narbonne, évêque de Sisteron, son procureur et vicaire-général tant au spirituel qu'au temporel, à qui Mathieu Gautier, évêque de Négrepont et ancien abbé de Marmoutier, fit signifier les bulles de Paul III, par lesquelles ce pape approuvant la cession qu'il avoit faite de son abbaye à Philippe Hurault, lui réservoit les terres du Loroux et de Lavaré, le logis de Rougemont, et la collation des bénéfices, à quoi l'on n'eut pas grand égard dans la suite, au moins pour la collation des bénéfices. Outre ceux dont nous venons de parler, on donne encore au cardinal de Lorraine l'abbaye de Gorze.

Voici ce que je trouve de lui dans un ancien manuscrit : « Par la mort de Philippe Hurault, Jehan, cardinal de Lorraine, fut pourvu de l'abbaye de Marmoutier, et est le premier abbé commendataire; et de son temps ont commencé plusieurs mauvais mesnages en ladite abbaye et en ses prieurez ; car comme les prieurs conventuels, qui étoient moines, décédoient, le dit cardinal abbé commendataire, au lieu d'en pourvoir les moines de l'abbaye ainsi que faisoient les précédens abbez, les conféroit à ses protonotaires et autres de sa suite, et en faisoit semblablement des prieurez simples ; en sorte qu'en peu de temps les moines de la dite abbaye furent tous dépouillez de la possession des prieurez d'icelle abbaye ; même que le mauvais traitement des prieurs commendataires en peu de temps chassa beaucoup de religieux obédientiers, qui résidoient sur les prieurez pour faire le service. De ce temps commença l'entière ruine des grands bois et forests de Marmoutier à Saint-Laurent et ailleurs ; et pareillement les grands bois des prieurez ruinez par les prieurés commendataires, qui avoient été conservez par les abbez et prieurs moines. Décéda le dit Jean cardinal de Lorraine en l'an 1550, à Saint-Germain-en-Laye (1). » D'autres disent qu'il mourut à Nogent en Nivernois à son retour de Rome, et qu'il mourut d'apoplexie, le 18 de mai. Il n'avoit retenu de tous ses bénéfices que l'archevêché de Narbonne, les évêchés d'Alby et de Verdun, et les abbayes de Cluny, Marmoutier et Fécamp. L'an 1548, en qualité d'abbé de Marmoutier, il donna une commission de visiter en son nom le collége du Plessis à Paris, d'en corriger les abus qui pouvoient s'y être glissés, et de faire les statuts qu'on jugeroit nécessaires pour y établir le bon ordre. La même année, il fit faire des cellules dans le dortoir de Marmoutier, et employa à cela partie des deniers provenant d'une coupe de bois.

(1) Cette citation est très-probablement empruntée à l'*Histoire de Marmoutier* composée par Gilles Robiet. (C. Ch.).

CHAPITRE XLVIII.

DU CARDINAL CHARLES DE LORRAINE,
XLIII° ABBÉ DE MARMOUTIER.

(1550—1563)

Charles de Lorraine naquit à Joinville en Champagne le 17 février de l'an 1524, de Claude de Lorraine, premier duc de Guise, pair de France et gouverneur de Bourgogne, et d'Antoinette de Bourbon, fille aînée de François comte de Vendôme. Dieu, qui vouloit en faire un des plus beaux ornements de son Église, lui donna des talents qui répondoient à la grandeur de son illustre naissance, un corps bien fait, un esprit vif et pénétrant, un naturel doux et bénin, des inclinations pour la vertu, un grand amour pour les sciences et les gens de lettres. Il cultiva avec soin ces talents et les fit heureusement fructifier. L'air de la cour ne les corrompit point, il ne lui inspira aucun penchant pour les voluptés, il ne lui donna point d'attachement aux divertissements, il ne le détourna point de l'étude ; frugal dans ses repas, honnête dans ses mœurs, civil dans la conversation, sage dans ses discours, grand dans toute sa conduite, il s'attira l'admiration de tout le monde. Agé de 15 à 16 ans, il fut pourvu de l'archevêché de Reims, mais comme il n'étoit pas encore en âge de le conduire, on lui donna pour administrateur son oncle Jean de Lorraine. Paul III le créa cardinal le 1er d'août de l'an 1547. Peu de jours auparavant, il avoit sacré à Reims le roi Henri II, qui l'envoya la même année à Rome en qualité de son ambassadeur auprès du pape. Il fut employé par son prince dans toutes les grandes affaires de l'État, et il le considéra toujours comme un de ses plus fidèles sujets. L'an

1548, il établit dans Reims une Université, et deux ans après son oncle étant mort, il fut pourvu des abbayes de Marmoutier, de Saint-Denis, de Cluny, de Fécamp, de Saint-Remi de Reims, de Moutier-en-Der, de Saint-Urbain. L'an 1559, il consacra à Reims François II, et en 1561 Charles IX. Les hérétiques n'eurent point de plus puissant adversaire. Il confondit Théodore de Bèze au colloque de Poissy. Il se fit admirer au concile de Trente, où il soutint la résidence de droit divin. Il fit ce qu'il put pour en faire recevoir les décrets en France. En 1564, il tint un concile provincial à Reims pour travailler à la réformation du clergé. L'an 1568, le roi l'envoya à l'empereur Maximilien II pour lui demander en mariage sa fille Élisabeth qu'il couronna à Saint-Denis l'an 1570. En 1572, il assista à Rome à l'élection du pape Grégoire XIII. L'année suivante, il érigea l'Université de Pont-à-Mousson, et enfin, après plusieurs grandes actions dignes d'une éternelle mémoire, il mourut à Avignon le 26 décembre 1574, âgé de 59 ans dix mois huit jours. M. Robert dit (1) qu'il chantoit au chœur, qu'il donnoit lui-même l'aumône aux pauvres, qu'il prêchoit dans les églises, qu'il faisoit lire à sa table, qu'il jeûnoit les vendredis et les samedis, qu'il portoit quelquefois le cilice, qu'il ne sortoit jamais de sa bouche aucune parole vaine, qu'il officioit pontificalement les fêtes solennelles, qu'il conféroit les ordres sacrés, qu'il visitoit son diocèse, qu'il tenoit des synodes, et qu'il favorisoit les hommes savants.

A cet éloge s'accorde fort bien ce que je trouve de ce grand cardinal abbé dans nos mémoires de Marmoutier, où je lis ces paroles : « Après fut abbé Charles cardinal de Lorraine, nepveu du dit Jehan, lequel Charles estoit très-docte et preschoit ordinairement ; au surplus, prince qui s'est autant employé pour résister contre la force des hérétiques, qui vouloient abolir l'Église et la religion en ce roiaulme ; et estoit le dit Charles homme de bon conseil pour les affaires d'Estat,

(1) *Gallia christiana.*

et qui avoit grande autorité en France, qui fut du règne du petit roy Françoys de Valoys et Charles de Valoys son frère, après roy, sous le règne desquels deux roys le dit Charles, cardinal de Lorraine, a servi de bouclier en la France contre les hérétiques vulgairement appellez huguenots, pour avoir prins les erreurs de Jehan Hus. Le dit abbé fit paver le chemin qui vient des ponts de Tours jusqu'au carroir de la Secrétainerie, fit faire les chambres du dortoir pour la commodité des religieux, qui enduroient beaucoup de froid auparavant qu'elles fussent faites. » Ce fut son prédécesseur qui fit faire les chambres du dortoir (1).

L'an 1551, il vint à Marmoutier, et présida à un chapitre général où il s'efforça de bien régler ses religieux ; et comme il aimoit surtout les gens de lettres, il s'appliqua particulièrement à mettre et maintenir le bon ordre dans le collége de Marmoutier, et fit faire 52 beaux réglements que l'on trouvera dans les preuves de cette histoire, pour les écoliers qui y résidoient, et commit frère Eustache Aubert, docteur en théologie, et frère Pierre Serre, licencié en droit, pour les publier dans le collége et les y faire observer.

Comme les abbés et le chapitre de l'abbaye de Marmoutier s'étoient toujours maintenus dans une pleine et entière autorité sur les prieurés qui en dépendoient, les prieurs, quoique séculiers et commendataires, n'osoient y rien faire sans le consentement de l'abbé et du chapitre ; c'est pourquoi nous trouvons qu'en 1558 frère Innocent Gareau, docteur et professeur en théologie, prieur claustral de l'abbaye de Marmoutier et vicaire-général du cardinal de Lorraine, président à un chapitre général, confirme un bail fait par Philippe Hurault, conseiller au parlement de Paris et prieur commendataire d'Esparnon. L'année suivante, il confirma encore

(1) Nous avons encore un ornement fort beau, qui consiste dans la chasuble, les deux tuniques et la chape, dont le fond est d'un beau velours violet parsemé de fleurs de lis et de K couronnés d'or, avec de très-riches orfrois, qu'on prétend avoir servi au sacre du roi Charles IX, et que l'on regarde ici comme un présent de ce grand cardinal; ce qui fait voir qu'il eut soin du culte de Dieu dans son abbaye. (Passage biffé sur le manuscrit de Martène).

dans un chapitre général un bail perpétuel de quelques terres fait par le prieur de Tavent ; car sans le consentement et la confirmation du chapitre, les baux faits par les prieurs n'étoient d'aucune force.

Mais tandis que les abbés et les religieux de Marmoutier s'efforçoient ainsi de conserver leur autorité, Dieu, pour punir leurs péchés et les obliger de rentrer en eux-mêmes et d'avoir recours à lui, permit que leur monastère fût pillé et presque ruiné de fond en comble par les huguenots. Il n'est pas nécessaire que je représente ici les désordres effroyables que ces hérétiques firent l'an 1562 dans presque toutes les églises et tous les monastères de France ; je me contenterai de rapporter en peu de mots ce que j'en trouve écrit dans les mémoires de notre monastère et dans leurs propres termes :

« Du temps du cardinal Charles de Lorraine fut du tout pillée la dite abbaye de Mairemoustier par les huguenots, dont estoit le chef du pillage le comte de la Rochefoucault, qui vint céans avecque force envahir tous les thrésors de l'église, et signamment la table du grand hostel, où estoient les treize apostres élevez en bosse, le tout d'argent doré, et fut emporté trois chartées d'argenterie, des reliquaires d'or et d'argent, et autres richesses qui furent brisées en la ville de Tours en lingots et monnoyes pour payer les Allemans qui estoient venus au secours des dits huguenots en France. Les ornemens de l'église, qui estoient en si grand nombre que lors y avoient trois cens chappes, dont la moindre estoit de taffetas, les autres estoient de drap d'or et drap d'argent, toille d'or et toille d'argent, que ces misérables faisoient brûler, que infinité d'autres ornemens, comme chaisubles, tunicques, tapis, ornemens, tapisseries, aulbes et autres semblables extensilles, furent tous volez et emportez. Les livres de l'église, qui estoient beaux et riches à merveille, furent par les dits huguenots bruslez et déchirez. Toutes les vitres de l'église, qui estoient riches de portraits et peinctures, furent entièrement toutes cassées et abbatues ; les barres et barreaux de fer, verges et goupilles, furent ravies et emportées, le plomb pareillement, où tombèrent trois ou quatre des dits misérables en les cassant et abbatant, qui se tuèrent.

« A la tour où estoient les grosses cloches, s'efforcèrent à coups d'arquebuze casser les dites cloches, mais l'on y avoit prévu par le moyen que l'eschelle fut coupée, et n'y purent monter pour les casser. Les orgues furent toutes rompues, brisées et cassées ; brief, tout ce qu'ils purent faire de mal et ruine fut fait. Les extensilles en toute sorte qui estoient en la dite abbaye pour l'usage commung des frères, fut tout emporté, ravagé et perdu. Les provisions de l'abbaye furent toutes dissipées et emportées. Somme qu'il fut perdu la valeur de deux cens mille ducats.

« Et cependant les moines de l'abbaye en fuite, les ungs chez leurs parens, les autres chez leurs amis où ils s'estoient réfugiez, et lors ne se faisoit aucun service divin en la dite abbaye pour la fureur des dits huguenots, qui dura depuis la feste de Quasimodo jusqu'à la fin du mois de juin ensuivant, durant lequel temps ne se fit aulcun service en l'église, comme dit est. Et ce que dessus fut faict en l'an 1562. Et n'eust esté quelques vieulx et anciens religieux qui ne bougèrent de la dite abbaye, qui prièrent les genoux en terre les chefs des dits huguenots, leurs soldats eussent bruslé tous les titres, papiers et antiquitez de l'abbaye, ensemble eussent sappé les quatre gros pilliers du mitan de l'église pour la faire ruiner et tomber, comme ils avoient fait l'église Sainte-Croix d'Orléans. Entre ceux qui volèrent l'église de Mairemoustier, ung pendard de savetier nommé Chastillon fit beaucoup de meschancetez et se faisoit appeler abbé de Mairemoustier, disant qu'il vouloit avoir l'abbaye pour sa part, et demeura quelque temps en la dite abbaye avecque nombre de brigans comme lui. Mais après l'on lui fit prendre possession non de l'abbaye, mais d'une roue sur quoi il fut rompu, où il fut plus de dix ans estendu sur icelle près la Croix-feu-Maistre (1), tout contre Mairemoustier. »

(1) *Crux defuncti Magistri*. (C. Ch.).

Voilà ce que je trouve dans un vieux manuscrit (1); mais il faut expliquer plus en détail ce que ces sacriléges firent de l'argenterie qu'ils avoient enlevée de Marmoutier.

Après que ces séditieux s'en furent saisis, ils l'emportèrent à Saint-Martin, où ils l'enfermèrent dans la grosse tour, dont ils munirent la porte de trois bonnes serrures, desquelles ils donnèrent en garde les clefs, l'une au lieutenant-général de Tours, l'autre au greffier, et la troisième à frère Regnault Picard, panetier de Marmoutier, qui les gardèrent jusqu'au 26 de mai, auquel jour le sieur du Vigeant et le comte de la Rochefoucault, qui avoient fait brûler le jour précédent le corps de saint Martin et les autres saintes reliques qui se conservoient depuis tant de siècles dans ce sanctuaire, leur ayant donné ordre de se trouver dans l'église de Saint-Martin, se firent représenter les trois clefs et tirèrent de la tour un grand coffre fort long où étoit l'argent des châsses qu'ils avoient enlevées de dessus le grand autel de l'église de Marmoutier, qu'ils firent porter au revestiaire de l'église de Saint-Martin, où ils avoient fait faire deux fourneaux pour les fondre, dont ils tirèrent deux lingots d'argent. Après cette exécution, Guillaume Robichon, avocat au présidial de Tours, à qui on avoit confié quelque argenterie, craignant d'être décelé, eut la lâcheté de mettre entre les mains du sieur du Vigeant un calice et une patène, un chef d'argent blanc ayant quelques bords dorés, avec trois autres petits reliquaires, un pied de custode, et un autre reliquaire, qui furent aussitôt jetés dans les fourneaux et réduits en lingots. Deux jours après, l'on fit de nouveau ouverture de la tour, et l'on en tira une belle croix de cristal, dont on fit ôter le fer qui tenoit le cristal, et parce que la matière en étoit belle et bien travaillée, le sieur de la Rochefoucault s'en saisit, et comme il devoit s'absenter ce jour-là de la ville avec le sieur du Vigeant, on ne procéda point ce jour-là à la fonte. Mais le premier jour du mois de juin ensuivant étant revenus,

(1) Ms. 157, fol. 41. Texte emprunté à Gilles Robiet. (C. Ch.).

ils firent ouvrir la tour, dont on tira huit tableaux d'argent doré du grand autel de Marmoutier, dans lesquels étoient plusieurs images aussi d'argent doré, deux chefs d'argent doré avec leurs chapiteaux et soubassements, une figure de saint Martin à cheval, sa tasse de bois garnie d'argent, deux autres reliquaires d'argent doré, une figure d'argent doré qui représentoit un religieux, et une crosse d'argent. On tira ensuite de la tour une grande châsse d'argent doré ornée de pierreries, appelée la châsse de saint Martin ; c'étoit la châsse de saint Martin abbé, que Gui Vigier le Jeune avoit fait faire environ quatre-vingts ans auparavant. Elle étoit encore tout entière, car pour les autres, lorsqu'on les enleva, elles avoient été brisées et mises en pièces, afin qu'elles occupassent moins de place dans les chariots et qu'on pût les transporter plus aisément, et ce fut ce qui fit conserver les reliques, que ceux qui présidoient à cette action tragique abandonnèrent aux religieux, se contentant de l'argent. Il auroit été à souhaiter qu'ils eussent porté en même temps leurs mains sacriléges sur la châsse de saint Martin abbé, et qu'ils l'eussent brisée comme les autres, puisque cela nous auroit procuré le bonheur de la conservation de ses précieuses reliques, comme celles des autres saints, mais nous n'étions peut-être pas dignes de posséder un si riche trésor. Enfin on tira encore un autre chef d'argent, plusieurs autres reliquaires, une croix d'argent doré, et tout ce qui restoit d'argenterie, qui fut porté le 6 juin à la monnoie pour être là fondu et mis en lingots. C'est ainsi que ces hérétiques détruisirent en un moment l'ouvrage des saints de plusieurs siècles, et qu'ils s'enrichirent des trésors qui étoient les vœux des fidèles offerts à Dieu et à ses serviteurs.

Cette sanglante tragédie dura jusqu'au dixième de juillet que le duc de Montpensier s'étant rendu maître de la ville en chassa ces séditieux et y rendit la paix. Pour lors, Innocent Gareau, grand-prieur de Marmoutier, ayant rassemblé ses religieux, tous s'efforcèrent de ramasser les débris de ce pitoyable naufrage, et le 18 d'août Denis Marcault, vigneron, leur rapporta trois pièces d'argent doré de la table du grand autel avec un petit pilier d'argent doré qu'il avoit trouvé dans sa vigne en la bêchant. Ce pauvre homme de la lie du peuple eut plus de fidélité et de conscience que l'avocat Robichon, qui eut la lâcheté de produire de lui-même les reliquaires qu'on lui avoit confiés comme à un ami fidèle du monastère. Pierre Gricauland, aussi vigneron, rendit un calice d'argent; Jacques le Maître, boucher de Tours, rendit une coupe d'or avec son couvercle aussi d'or, donnée par un duc de Milan à Marmoutier, à la charge qu'on ne la vendroit ni engageroit qu'en cas de famine ou d'incendie. Pierre Gaby, notaire, rendit la sainte Ampoule que le sacristain lui avoit donnée en garde avec plusieurs ornements (1). Plusieurs religieux rapportèrent aussi quelques petits reliquaires qu'ils avoient sauvés, et plusieurs pièces d'argenterie, et entr'autres le beau soleil où l'on expose le Saint-Sacrement; quelques calices et patènes, deux chandeliers, quelques encensoirs, deux textes, deux crosses, deux mitres, deux croix, six tasses qui servoient pour le jeudi-saint, deux images détachées des châsses, cinq pièces d'argent du grand autel, etc.

Comme l'on étoit dans une juste crainte d'être encore une seconde fois pillé, on crut qu'il ne falloit point laisser cette argenterie dans l'abbaye de Marmoutier, mais la donner en garde de quelque ami sur qui on pût se fier. Pour cet effet, on jeta les yeux sur le sieur Baret, bailli de Marmoutier, qui voulut bien recevoir ce dépôt dans sa maison, mais sans en répondre. Il mit tout dans une fenêtre dont il donna la clef à frère Jean l'Archevêque, sous-sacristain de Marmoutier, et le garda l'espace de deux ans, au bout desquels étant mort, Jean Forget, avocat à Tours, son gendre, le rendit par ordre de M. l'abbé de Marmoutier.

---

(1) *Rerum memorabilium liber*, p. 20. — Avec la sainte ampoule, le sacristain avoit confié à Pierre Gaby *la pierre du sang*, « necnon *tapidem qui sanguineus dicitur, eo quos distendo sanguini creditur esse aptus*. » (C. Ch.).

CHAPITRE XLIX.

DE JEAN DE LA ROCHEFOUCAULT,
XLIVe ABBÉ DE MARMOUTIER.
(1563 — 1583)

Lorsque le cardinal de Lorraine eût appris le saccagement de son abbaye de Marmoutier et qu'elle étoit entièrement ruinée, il donna ordre à ses fermiers de donner aux religieux quatre cents livres pour les aider un peu à vivre; et, tout occupé des affaires de l'Église et de l'État, il ne voulut pas s'embarrasser du soin de la réparer, et prit le parti de la résigner à Jean de la Rochefoucault, son protonotaire apostolique, maître de la chapelle de la musique du roi, et frère du comte de la Rochefoucault, qui avoit eu part au pillage du monastère. Il ne pouvoit jeter les yeux sur un plus grand homme de bien et plus capable de réparer les ruines de cet auguste monastère; car il faut lui donner cette louange, qu'il fit à ses religieux tout le bien qu'il put, qu'avec la qualité d'abbé commendataire il vécut avec eux comme un abbé régulier, qu'il conserva pour eux la tendresse d'un père, et que si tous les abbés commendataires ressembloient à celui-là, non-seulement ils les supporteroient avec patience, mais ils les préféreroient à une infinité d'abbés réguliers.

Lorsqu'il fut pourvu de l'abbaye de Marmoutier, il en possédoit déjà trois, celle de Saint-Amand de Boisse au diocèse d'Angoulême, et celles de Cormery et de Villeloin au diocèse de Tours, et un prieuré de l'ordre de Saint-Augustin; mais le pape Pie IV, dans ses bulles pour Marmoutier, données à Rome le 20 janvier 1563, lui ordonna de se défaire de l'un de ses bénéfices, et il quitta l'abbaye de Saint-Amand de Boisse.

S'il eut plusieurs bénéfices, on peut dire pour sa justification que peut-être aucun commendataire n'a fait un meilleur usage des revenus qu'il en tiroit. Il n'eut pas plus tôt pris possession de son abbaye de Marmoutier, qu'il mit tous ses soins à en réparer les ruines, et à lui rendre au moins une partie de son ancien lustre. Ce fut pour cela qu'il fit refaire les vitres de l'église en l'état que nous les voyons aujourd'hui, construire le grand autel, et fondre les quatre colonnes de cuivre qui y sont encore à présent, faire des ornements, fournir la sacristie de linge, et imprimer des livres de plainchant pour le chœur; en sorte que l'on peut dire que si le comte de la Rochefoucault son frère a été le destructeur de l'abbaye de Marmoutier, il en fut le restaurateur, et que s'il n'y fit pas autant de bien qu'il lui avoit fait de mal, la volonté ne lui manqua point, mais le pouvoir, et que tout ce que nous avons encore aujourd'hui de plus riche et de plus beau dans nos ornements, vient de lui, en sorte que si les abbés ses successeurs avoient marché sur ses traces, et avoient fait autant de bien que lui au monastère, il ne paroîtroit pas qu'il eût rien perdu de son ancienne splendeur. Il eut soin de faire faire des inventaires fidèles de tout ce qu'il trouva dans l'abbaye, afin que voyant ce qui manquoit à ses religieux, il pourvût plus aisément à toutes leurs nécessités.

Le 26 d'août 1564, il fit retirer tous les reliquaires et ce qui restoit d'argenterie à l'église des mains du bailli de Marmoutier, à qui on les avoit donnés en garde, ne jugeant pas qu'elles fussent en assurance dans la maison d'un séculier, et les fit porter dans la tour de Saint-Martin.

Le 30 juillet de l'an 1565, il fit de nouveau peser toute l'argenterie de l'église, et ayant mis à part les reliquaires et ce qui servoit à la décoration des autels et au culte divin, de l'avis et du consentement de tous ses religieux, il fit fondre le reste qui montoit à huit-vingt douze marcs trois onces, pour être employé au profit de l'église, et se chargea de la conservation de ce qui avoit été mis à part par cette promesse :

« Je, abbé susdit, fais solennelle et sainte promesse de les garder et faire garder autant ou plus soigneusement et fidèlement que les miens propres, et pour ce les mettre en lieu le plus sûr que pourroi savoir et cognoistre, sans toutefois aulcune chose de propriété y advouer ni prétendre ; ainsi je veux et je consens que toutes et quantes fois que de commun accord de l'abbé et convent du dit Mairmoustier, ils soient franchement et librement délivrées et baillées. En tesmoing de quoy j'ai signé ce présent escrit, et fait contresigner à nostre secrétaire. »

Cette promesse est conçue en des termes qui respirent un si grand caractère de droiture et de piété, que j'ai cru la devoir rapporter ici tout entière. Le bon abbé exécuta fidèlement ce qu'elle contenoit ; car craignant encore de nouveaux troubles, et que son abbaye ne fût exposée au pillage, il fit tout porter au château d'Amboise, comme en un lieu qu'il crut inaccessible aux ennemis de l'Église ; on l'y mit le 3 d'août 1565.

La même année, il se tint un chapitre général à Marmoutier le 16 mai, auquel présida Antoine Berthelot, grand-prieur de Marmoutier et vicaire-général de M. l'abbé, qui y fit plusieurs remontrances pour rétablir le bon ordre dans le monastère, que les troubles causés par les hérétiques en avoient comme banni, demandant : 1° que l'office divin y fût rétabli suivant les anciennes coutumes ; 2° que les anciens religieux apprissent le plain-chant aux novices ; 3° que le sofficiers modérassent les droits qu'ils prenoient en la réception des religieux, autrement qu'ils ne trouveroient personne qui voulût mettre ses enfants à Marmoutier ; 4° que le chambrier fournît aux religieux ce qu'il étoit tenu de leur donner ; 5° que les autres officiers fournissent pour le service de l'église ce qu'ils avoient accoutumé de faire ; 6° que le pitancier, maître d'œuvre, et celui qui manioit le revenu du trésor rendîssent compte tous les ans devant les officiers ; 7° que les anciennes cérémonies fussent observées tant à l'église qu'aux autres lieux, et que le grand-prieur et les chefs d'ordre y tinssent la main; 8° que ceux qui avoient aliéné de l'argenterie fussent obligés par emprisonnement et suspension de leurs offices de la rendre ; 9° qu'à l'avenir les officiers perpétuels ne pussent vendre aucun bois de haute futaie, ni l'employer en réparations sans qu'il y eût des commissaires de l'abbé et du convent pour assister à la vente et à la distribution des bois pour réparations ; 10° que les prieurs dépendants du monastère ne pussent rien faire de semblable sans le consentement de l'abbé et du convent.

Toutes ces remontrances étant raisonnables, elles furent bien reçues, et l'on fit des règlements conformément à ce qu'elles contenoient. L'on y cassa encore le bail d'une maison qu'avoit fait le prieur de Bonne-Nouvelle, ce qui confirme ce que nous avons déjà dit tant de fois, que les prieurs étoient dans une entière dépendance de l'abbé et du chapitre de Marmoutier, et qu'ils ne pouvoient rien faire de conséquence sans leur consentement. C'est ce qu'on peut voir dans les actes des chapitres généraux de l'abbaye, qui sont tous pleins de semblables consentements, ou de commissions données pour examiner l'utilité ou le désavantage qui pouvoient revenir des projets que faisoient les prieurs. L'année suivante 1566, l'abbé de la Rochefoucault présida à un autre chapitre général tenu à Marmoutier le 10 mai, auquel on lut les statuts faits dans le chapitre précédent, afin que personne n'en pût prétendre cause d'ignorance.

Ce n'étoit pas seulement dans les chapitres généraux que l'on faisoit des règlements touchant la discipline. Comme le prieur et les religieux de Marmoutier voyoient beaucoup de zèle dans leur abbé, ils étoient animés par ses exemples et par ses discours d'en faire encore dans des chapitres particuliers. C'est ainsi qu'en 1578, le 14 septembre, ils rétablirent l'adoration de la sainte croix ce jour-là comme le vendredi-saint ; le 2 novembre ensuivant, ils ordonnèrent que l'office de la Vierge se diroit durant l'octave de Toussaint ; qu'en 1580, le 7 janvier, ils rétablirent l'ancienne psalmodie qui s'observoit dans presque tous les monastères, c'est-à-dire tous les jours, outre l'office canonial, celui de la Vierge, les vêpres et laudes de tous les saints, vigiles des morts avec la messe le lendemain, et autres messes hautes qu'on appelle *matutinales*, les sept psaumes pénitentiaux, les psaumes familiers, ainsi qu'il est marqué dans les anciens bréviaires, et qu'il s'observoit avant les troubles des hérétiques ; et qu'ils ordonnèrent que les dimanches, après l'aspersion de l'eau bénite faite à tous les autels, l'hebdomadier, accompagné d'un novice qui porteroit le sel bénit, d'un autre qui porteroit le bénitier, et du sous-diacre qui porteroit la croix, iroit pendant la procession faire l'aspersion de l'eau bénite au vestiaire, au dortoir, à l'infirmerie, au réfectoire, à la cuisine, à la célérerie ; que pour garder un plus exact silence on rétabliroit l'usage des signes, dont on feroit leçon aux novices et aux jeunes religieux ; qu'en 1576, le 29 d'avril, ils ordonnèrent que les jeunes religieux, depuis Pâques jusqu'à la Toussaint, seroient toujours tête nue à l'église, au réfectoire, au cloître et aux autres lieux où se trouveroit la communauté assemblée ; en 1575, le 4 juin, que les jeunes prêtres ne se confesseroient point les uns les autres, mais qu'ils pourroient seulement confesser les novices ; en 1577, le 17 février, que les jeunes religieux et novices ne changeroient point de chambre sans la permission du prieur ; en 1578, le 22 d'octobre, que lorsqu'il arrive des fêtes le mercredi et vendredi qui ont des messes propres, on anticiperoit ou on reculeroit les messes de ces jours-là, car nos anciens pères avoient un soin extrême de ne point omettre les messes propres ; en 1579, le 13 mars, que l'on prévoiroit exactement dans le cloître les leçons de matines ; que les officiers qui dîneroient ou souperoient tard, iroient après leur réfection dire les grâces à l'église ; en 1574, le 24 décembre, que pour la punition des fautes scandaleuses, l'on colligeroit les voix, mais que les jeunes prêtres n'auroient point de suffrage ; en 1577, le 27 novembre, que les jeunes prêtres pourroient assister à la reddition des comptes, mais qu'ils ne les signeroient pas ; et le 21 février, que les deniers du couvent ne seroient point confiés à un seul religieux, mais qu'ils seroient mis dans un coffre à trois clefs, qui seroient données à trois religieux différents.

L'an 1571, l'office de grand-prieur de Marmoutier étant vacant par la mort d'Antoine Berthelot, Jean Bourbaillon, docteur en théologie, fut élu en sa place le 28 d'octobre, du consentement de toute la communauté, et le même jour créé grand-vicaire, tant au spirituel qu'au temporel, de M. de la Rochefoucault, comme l'avoient été avant lui ses prédécesseurs des abbés de Marmoutier. Il n'exerça cet emploi que jusqu'en l'an 1573, auquel il mourut le 24 avril et eut pour successeur René Lucas, aussi docteur en théologie, qui fut aussi établi grand-vicaire de M. l'abbé de la Rochefoucault.

L'année suivante 1574, le 24 de mars, l'on acheta un petit jeu d'orgues, qui coûta six-vingts écus, et qui sert encore aujourd'hui, car depuis le ravage des huguenots, on n'a pas eu le moyen d'en faire un plus considérable. Sur la fin de cette année, le cardinal Charles de Lorraine mourut à Avignon le 26 décembre, âgé seulement de 49 ans, mais plein de mérites par les grands travaux qu'il subit pour ramener les hérétiques dans le sein de l'Église, lesquels, pour reconnoissance d'un si grand bien qu'il vouloit leur faire, attentèrent plusieurs fois sur sa vie, comme nous lisons dans notre nécrologe. Il y avoit environ 12 ans qu'il n'étoit plus abbé de notre monastère ; mais on ne laissa pas de faire pour lui un service le plus solennel que l'on put, le 28 janvier ensuivant, et tous les lundis de l'année l'on dit encore pour lui une grand'messe dans le monastère.

Comme les religieux vivoient alors dans une grande licence, au chapitre général de l'an 1575, on fit un règlement pour arrêter la liberté qu'ils se donnoient de porter des habits qui étoient presque entièrement séculiers. Ce règlement porte défense aux religieux de Marmoutier résidant soit dans l'abbaye, soit dans les prieurés, sous peine d'excommunication *ipso facto*, de porter des habits *chamarez, passementez et déchiquetez*, et qui ne conviennent pas à leur état, ni des chemises froncées et ramassées sur le poignet, et qui aient des ornements mondains. Ce règlement étoit excellent, mais il fait voir jusqu'à quel point la discipline religieuse étoit alors déchue.

Le 4 juin ensuivant, l'abbé de la Rochefoucault, comme maître de la chapelle de musique de la maison du roi, ayant recouvré la chapelle de Charles IX, décédé au château de Vincennes le 30 mai 1574, qui consistoit en deux parements d'autel haut et bas de velours rouge cramoisi, une chape, une chasuble, deux tuniques, deux étoles, trois manipules, trois coussins, le tout parsemé de fleurs de lys et de K couronnés d'or, et la chape, la chasuble, et les tuniques garnies de fort beaux orfrois, il les donna à son abbaye de Marmoutier pour engager les religieux à offrir à Dieu leurs prières pour le feu roi.

La mort du roi ne fit qu'augmenter les troubles en France. Les huguenots en devinrent plus fiers et plus forts. On les regardoit comme un grand fléau que Dieu avoit donné à son église; et, comme on ne doutoit point que sa colère ne fût irritée contre les hommes, les religieux de Marmoutier, pour l'appaiser, dès le sixième de septembre commencèrent à faire des processions trois fois la semaine, les mercredis, les vendredis et samedis. Le bon abbé, qui considéroit les pertes effroyables qu'ils avoient faites par le passé, et craignant qu'on ne leur enlevât encore le peu qu'il avoit sauvé à la fureur des hérétiques, étant en son château d'Onzain leur envoya un homme exprès pour leur mander de lui envoyer incessamment tout ce qu'ils avoient de précieux, tant en reliques, joyaux, argenterie qu'en ornements. C'est ce qu'ils firent le 22 septembre 1575, ne doutant point de la fidélité d'un abbé qui leur donnoit tant de preuves de son bon cœur. Après avoir pourvu à la sûreté des reliques et des ornements, on crut qu'il falloit encore pourvoir à la sûreté des titres du monastère; c'est pourquoi on résolut de les transporter dans la tour de Saint-Martin le 28 avril 1576.

Jean Vignois, prieur commendataire du prieuré de Saint-

Pierre de Chemillé, et ses fermiers, faisant difficulté de fournir aux religieux qui le desservoient, leurs nécessités, ils furent renvoyés par sentence devant le chapitre de l'abbaye de Marmoutier, pour y recevoir des règlements convenables pour les religieux de ce prieuré, avec ordre à eux de les exécuter, et de leur donner exactement tout ce qui seroit ordonné. C'est à quoi on travailla le 8 août de l'an 1576. Il paroît par les statuts qui furent faits alors que les religieux de Marmoutier, tant de l'abbaye que des prieurés, ne mangeoient point alors de beurre ni de laitage durant le carême, et qu'ils n'assaisonnoient leurs mets qu'avec de l'huile de noix ou d'olive ; qu'ils n'avoient que du pain à la collation, à quoi on ajoutoit un quarteron de beurre aux autres jeûnes hors du carême, et que le vendredi-saint ils ne mangeoient que des herbes crues et du pain. On voit la même chose dans des règlements qui furent aussi faits le 15 mai de 1579, pour le prieuré de Fougères.

Le 10 novembre de l'an 1576, la communauté ratifia un bail fait par M. l'abbé de la grange de l'Abbé à Vesli près de Gisors, ce qui fait voir, comme nous avons dit, que les abbés même commendataires ne disposoient point absolument du bien de leur mense, et qu'ils étoient obligés de prendre l'avis et le consentement du chapitre dans la disposition qu'ils en faisoient.

Un des plus considérables événements arrivés à Marmoutier sous l'abbé de la Rochefoucault, fut l'érection de la congrégation gallicane des Bénédictins, autrement appelée la *Congrégation des Exempts*. Le concile de Trente (1) ayant ordonné aux monastères exempts de la juridiction des évêques et immédiats au Saint-Siége, de s'unir en congrégation, ou bien qu'ils fussent soumis aux évêques dans le diocèse desquels ils étoient situés, et l'assemblée des trois États de France tenue à Blois l'an 1579 par ordre du roi Henri III, ayant ordonné la même chose, et que cela fût exécuté avant

(1) *Concil. Trident.*, sess. 25, de *Regul.*, cap. 8.

la fin de l'année après la publication des ordonnances de cette assemblée qui se fit au mois de janvier de l'an 1580 (1), le P. René Lucas, grand-prieur de Marmoutier, écrivit aux monastères de Saint-Benoît-sur-Loire, de Vendôme, de Bourg-Dieu, de Redon, de Saint-Melaine de Rennes et de Notre-Dame de Veron, pour les inviter d'envoyer à Marmoutier quelques-uns de leurs religieux au chapitre général qui devoit s'y célébrer le 30 avril de la même année 1580, afin de prendre des mesures pour s'unir en congrégation. Ils y envoyèrent tous des députés de leur corps, lesquels, après avoir traité du sujet pour lequel ils avoient été invités, promirent de faire leur rapport à leurs communautés, et de se rassembler le 25 d'août ensuivant au collége de Marmoutier à Paris pour s'unir en congrégation, et faire des statuts qui fussent approuvés et observés unanimement de tous.

Mais la peste qui survint à Paris les obligea de changer le lieu de leur assemblée, et au lieu du collége de Marmoutier, ils assignèrent le prieuré de Saint-Éloy d'Angers, où les députés des monastères de Marmoutier, de Saint-Benoît-sur-Loire, de Vendôme, de Redon et de Bourg-Dieu s'étant rendus au jour marqué, ils trouvèrent tous les lieux occupés par des séculiers à qui le prieur les avoit loués. Cela les obligea de s'assembler au prieuré de Levière, qui dépend de Vendôme. Ils commencèrent par implorer l'assistance du Saint-Esprit. Le P. René Lucas, grand-prieur de Marmoutier, célébra la messe solennelle du Saint-Esprit, à laquelle tous les autres communièrent. Ils produisirent ensuite chacun les titres sur lesquels étoit appuyée leur exemption; laquelle étant reconnue et approuvée de tous, ils s'unirent en congrégation sans pourtant donner aucune autorité ni supériorité aux monastères les uns sur les autres, mais promettant tout respect, soumission et obéissance au général et aux provinciaux qui seroient élus pour visiter ces monastères dans chaque province. Ils travaillèrent ensuite à faire des statuts pour leur congrégation, jus-

(1) *Comit. Bles.*, art. 27.

qu'au dixième de septembre, en quoi ils furent aidés par Pierre Marquis, docteur en théologie et prieur claustral de Saint-Nicolas d'Angers, Louis Josselin, sacristain du même monastère, homme versé et expérimenté dans la discipline régulière, et Rogelin Oger, religieux de Vendôme, vénérable pour sa vieillesse. Les statuts faits, on en donna des copies à tous les députés pour les porter à leurs communautés, leur en faire la lecture, les examiner et les approuver, et l'on convint que l'on se rassembleroit à Vendôme le 15 d'octobre ensuivant pour mettre la dernière main aux statuts et les approuver au nom des communautés de la congrégation. Le jour arrivé, les députés des monastères se rendirent à Vendôme et prièrent le cardinal Louis de la Chambre, abbé commendataire du monastère, de leur accorder dans son abbaye un lieu où ils pussent s'assembler ; et il leur accorda de bonne grâce le lieu de cellérerie. Mais le jour suivant, comme ils s'assembloient, il leur envoya dire qu'il ne prétendoit pas qu'ils tinssent aucun chapitre dans son abbaye, à moins que lui-même n'y présidât, et sur cela, ils se retirèrent tous et s'assemblèrent au prieuré de Lancey qui n'est pas fort éloigné de Vendôme, et qui dépend de l'abbaye de Marmoutier. Là étant assemblés, les députés produisirent les lettres de leurs communautés, signées des principaux et du plus grand nombre des monastères, par lesquelles ils approuvoient les statuts ou demandoient la correction de certains articles. Ces lettres ayant été examinées, on travailla à mettre la dernière main aux statuts, on les approuva, et l'on fit élection du P. Rogelin Oger pour visiter les monastères de Marmoutier, de Vendôme et de Redon, et le P. François Rolle, docteur en théologie, religieux de Saint-Benoît-sur-Loire, pour visiter son monastère et celui du Bourg-Dieu, auxquels on donna pour adjoints frère Mathurin Cothereau, sacristain de Marmoutier, au premier, et frère André de Vaulx, maître d'ordre de l'abbaye de Bourg-Dieu, au second ; et enfin on indiqua le premier chapitre général de la congrégation au premier de septembre de l'année suivante

1584, pour continuer ensuite les chapitres généraux de trois ans en trois ans (1).

Celui-ci se tint à Tours au prieuré de Saint-Michel-de-la Guerche, qui dépend de Cluny. On y fit élection du P. François Rolle pour être le premier général, et il paroît par tous les monuments qui nous restent de lui, qu'on ne pouvoit pas faire choix d'un homme plus zélé. Il fut aussi élu pour visiteur des monastères de Marmoutier, de Vendôme et de Redon, et eut pour adjoint François de Chastelneuf, religieux de Redon ; et frère Jean Renaud, bachelier en théologie, religieux de Redon, fut élu visiteur de Saint-Benoît-sur-Loire et du Bourg-Dieu, et eut pour adjoint frère Silvestre Goguelet, religieux de Marmoutier. Ainsi commença la congrégation des Bénédictins de France, appelée communément la *Congrégation des Exempts*, qui fut ensuite confirmée par les papes Grégoires XIII, Sixte V, Grégoire XIV et Clément VIII, et autorisée par arrêts du Grand-Conseil.

Elle s'augmenta beaucoup en peu de temps par le grand nombre des monastères qui s'y unirent. Elle étoit gouvernée par un général et par six provinciaux, qui avoient sous eux un nombre de monastères qu'ils visitoient.

Dans la province de Touraine, étoient les monastères de Marmoutier, Redon, Saint-Melaine de Rennes, Saint-Gildas de Ruis, Saint-Gildas-des-Bois, Blanche-Couronne, Sainte-Croix de Quimperlé, le Tronchet, la Chaume, Landevenec, Lantenac, Lehon.

Dans la province de Sens, les monastères de Saint-Benoît-sur-Loire, la Sainte-Trinité de Vendôme, Saint-Denis en France, Saint-Magloire de Paris ; mais les religieux de Saint-Denis, qui n'avoient coutume de voir au-dessus d'eux que les rois, ne se purent voir longtemps soumis à cette congrégation, et peut-être que le zèle et la fermeté du R. P. Isaïe Jaunay, religieux de Marmoutier, qui en fut le second général et le

---

(1) *Rerum memorabilium in Majori Monasterio a reformatione gestarum liber*, p. 2. Ms. de la Bibliothèque municipale de Tours. (C. Ch).

plus illustre personnage, leur étoit trop incommode ; c'est pourquoi ils obtinrent des lettres patentes du roi Henri IV et des bulles du pape Paul V, pour faire une petite congrégation composée de neuf ou dix monastères, dont le leur fut comme le chef, et qui pour cet effet s'appela la *Congrégation de Saint-Denis*, dans laquelle ils attirèrent l'abbaye de Saint-Magloire. Il paroît par les actes du chapitre général de l'an 1606 tenu à Sainte-Croix de Bordeaux, qu'ils étoient encore de la congrégation gallicane, et ils ne s'en séparèrent que l'année suivante, dans laquelle ils obtinrent des lettres patentes du roi Henri IV.

Dans la province de Bourges étoient les abbayes du Bourg-Dieu, Menat, Notre-Dame d'Ahun, Saint-Genou, et le prieuré conventuel de Saint-Benoît-du-Sault.

Dans la province de Lyon et de Vienne, Saint-Martin d'Ainay, Saint-Martin de Savigny, Saint-André de Vienne.

Dans la province d'Aquitaine, la Sauve, Sainte-Croix de Bordeaux, Saint-Sévère-cap-de-Gascogne, Saint-Sévère de Rustan, Gordes, Caignote, Blasimont, Saint-Jean d'Angely, la Réole, Maillezais, Charroux, Guistres, la Réole en Béarn, Saint-Haubin, la Réole en Bigorre, Simorre, Tasques, Saint-Séverin, Saint-Pierre de Generet, Madira.

Dans la province de Toulouse et de Narbonne, la Grasse, Montolieu, Caunes, Saint-Hilaire, Sorrèze, Saint-Chignan, Saint-Thomas d'Ahil, Aniane, Mas de Verdun, Saint-Polycarpe, Saint-Papoul.

Nous avons cru être obligé de donner ici une petite notice de la congrégation des Exempts, tant parce qu'elle a commencé dans l'abbaye de Marmoutier, que parce que son second général et son plus illustre membre fut le P. Isaïe Jaunay, qui en étoit religieux.

Je trouve en 1584 une délibération capitulaire des religieux de Marmoutier pour faire tous les jours un an durant des processions, afin qu'il plût à Dieu *donner au dit sieur roy et madame son épouse un fils leur successeur et profitable au royaume, et le prier aussi pour la paix*. Ces processions se faisoient avant la grand'messe, ou après vêpres, tantôt autour du chœur, tantôt dans quelques chapelles de l'église ou de l'enclos du monastère.

L'abbé Jean de la Rochefoucault ne survécut pas longtemps à cela. Il mourut à son château de Vertuel au diocèse de Poitiers le 26 mai de l'an 1583, et fut enterré à Marmoutier le 30 juin de la même année. Ses obsèques furent fort magnifiques, car tous les religieux en grand nombre furent lever son corps en l'église de Saint-Symphorien-des-Ponts de Tours, précédés de deux cents pauvres portant tous une torche à la main avec les armoiries du défunt, et accompagnés à leur retour des cinq ordres mendiants, et de tous ses domestiques en deuil. A leur entrée dans l'église, ils trouvèrent dans le chœur MM. les chanoines de Saint-Gatien et de Saint-Martin. M. Desrondeaux, docteur en théologie et chanoine de Saint-Gatien, fit son oraison funèbre, après quoi on chanta les vêpres et les vigiles des morts, lesquelles étant finies, l'on porta son corps dans un caveau qu'on lui avoit préparé derrière le grand autel sous l'autel de la Trinité. Le lendemain, MM. les chanoines de Saint-Martin vinrent les premiers chanter pour lui le *Subvenite*, et ensuite ceux de Saint-Gatien qui en firent autant, après quoi le grand-prieur de Marmoutier chanta la messe solennelle pour le défunt, et durant toute la semaine les ordres mendiants vinrent les uns après les autres chanter une grand'messe et même dire des basses messes. Enfin l'on continua à prier Dieu pour lui durant toute l'année.

Avant que de finir ce qui regarde ce bon abbé, je ne puis m'empêcher de rapporter ici ce que je trouve de lui dans les anciens mémoires de Marmoutier écrits de son temps. Voici les propres paroles de l'auteur (1) : « Le dit Charles de Lorraine voyant toute l'abbaye ainsi ruinée, la résigna à messire Jean de la Rochefoucault, l'un de ses protonotaires. Le dit Jean de la Rochefoucault étoit frère propre du dit comte de

(1) Citation de Gilles Robiet (C. Ch.).

la Rochefoucault qui avoit ruiné l'abbaye et emporté les richesses d'icelle. S'emploia le dit Jean de la Rochefoucault tant qu'il lui fust possible à faire restaurer les choses ruinées à la dite église, fist refaire les vitres de voire blanc, et fist boucher près de la moitié d'icelles de pierres de taille pour éviter aux grands frais de la vitrerie. Fist pareillement faire plusieurs ornemens, fist faire la grande croix d'argent, et ensemble le grand autel avec quatre pilliers de cuivre, qui sont aux quatre coings de l'enclos du dit autel; fist imprimer les *Aspiciens* pour servir à l'église; fist pareillement refaire une bonne partie des greniers de l'abbaye qui tombèrent en l'an 1579, et fut du costé des portaulx de l'église où est son armoirie. Il estoit débonnaire, mais par l'avis de son mauvais conseil feist abbatre les grands bois de l'île de devant Mairemoustier, et soufrit être arrachées les souches, qui est cause que la rivière s'est détournée de son canal pour s'approcher de Mairemoustier. Il estoit homme de sainte vie, faisant toutes œuvres de miséricorde. Il estoit dévot et père des pauvres, donnoit somme de deniers pour mettre pauvres orphelins à apprendre mestier pour gagner leur vie, donnoit somme de deniers pour marier les pauvres filles, et visitoit les malades et pauvres prisonniers, et faisoit une infinité d'autres bonnes œuvres. Il a esté abbé vingt ans, et décéda le 25ᵉ (1) jour de mai 1583 au chasteau de Vertueil en Angoumois, et avant que de mourir fist bastir un petit corps de logis joignant le grand portail de Rougemont. Pareillement fist bien réparer le grand logis du dit Rougemont; et par son testament donna à la pitancerie du dit Mairemoustier la somme de quatre mille livres tournois pour fonder ung obit tous les ans. Il est inhumé près la fenestre de la sainte ampoule, au costé gauche du grand autel, auquel sépulcre y a une vouste de pierre où repose son corps sur deux tréteaulx. »

Il faudroit joindre à ce témoignage le testament de cet abbé, parce qu'il contient beaucoup de choses d'une très-grande

---

(1) Lege 26, ut in necrologio. (Note de Martène).

édification ; mais comme il est un peu long, il vaut mieux le réserver pour les preuves de cette Histoire.

Aussitôt que les religieux de Marmoutier eurent appris sa mort, ils s'assemblèrent capitulairement, et se mirent en possession de la juridiction spirituelle et temporelle, et de la collation et présentation des bénéfices tant réguliers que séculiers, qui leur étoit dévolue de droit commun, et dès ce jour-là même ils conférèrent une bourse au collége du Plessis à Guillaume le Doux qui leur fut présenté par l'évêque d'Évreux; le 23 juin ils donnèrent le prieuré de Chouzy ; le 9 septembre, celui de Chemillé ; le 18, celui de Torcé ; le 24, celui de Rillé ; le 12 d'octobre, celui de Sainte-Croix de Vitré ; le 1er janvier, la cure de Saint-Venant de Maillé, etc.

Du temps de cet abbé, Claude Craon, religieux de Marmoutier, issu de l'illustre maison des seigneurs de Craon en Anjou, se distingua par son érudition. Nous avons de lui des notes sur les épîtres de Budée imprimées à Paris l'an 1579, qu'il dédia à son abbé, et un traité *de conscribendis epistolis*, imprimé.

Ce fut aussi du vivant de cet abbé que les religieux de Cormery reçurent les statuts et les usages de l'abbaye de Marmoutier ; ce qu'ils firent l'an 1575.

CHAPITRE L.

DE JACQUES D'AVRILY,
XLV° ABBÉ DE MARMOUTIER.
(1583 — 1584)

Jacques d'Avrily, qui succéda à l'abbé Jean de la Rochefoucault, n'avoit rien qui le rendît recommandable. Il étoit d'une très-basse naissance, fils d'un sergent d'Orléans, et n'avoit aucun ordre sacré. Son frère, qui avoit trouvé le secret de se faire aimer de François de Valois, duc d'Anjou, du Maine, de Touraine et de Berry, et frère du roi Henri III, fit tout son mérite. Ce prince, en considération de ce favori, lui donna l'abbaye de Marmoutier, quoiqu'il n'eût que la simple tonsure ; et dès l'onzième jour du mois de juin de l'an 1583, il envoya à Marmoutier le sieur de la Grange, exempt de ses gardes, pour donner avis aux religieux de sa part qu'il la lui avoit donnée, et leur ordonner de le reconnoître pour leur abbé, ce qu'il fit le 23 du même mois. Deux jours après, c'est-à-dire le 25 juin, le roi par ses lettres patentes données à Maizières et adressées au bailli de Touraine, donna l'économat de l'abbaye pour six mois à Pierre de la Gaye, écuyer, en attendant que le nouvel abbé eût reçu ses bulles de Rome.

Comme d'Avrily n'avoit rien qui le distinguât, il ne put se soutenir qu'autant que vécut le duc d'Alençon son protecteur ; mais ce prince étant mort peu de temps après à Château-Thierry, il fut obligé de résigner son abbaye de Marmoutier au cardinal de Joyeuse, qui venoit d'être nommé par le roi à l'évêché de Lisieux, en même temps qu'Anne de Givry avoit été pourvu de l'abbaye de Molesme. La résignation s'en fit à

Paris le 24 juillet de l'an 1584, moyennant une pension de deux mille écus sur l'abbaye de Marmoutier, et l'abbaye de Molesme que le cardinal se fit fort de lui faire avoir d'Anne de Givry, à qui il céda pour cela l'évêché de Lisieux, le tout sous le bon plaisir du roi et du pape. La résignation fut admise en cour de Rome, et le pape Grégoire XIII fit expédier des bulles au cardinal de Joyeuse pour l'abbaye de Marmoutier, données à Rome le 27 d'août 1584. Mais nous ne voyons pas que d'Avrily ait joui de celle de Molesme; au moins son nom ne se trouve point dans le catalogue des abbés de ce monastère donné par MM. de Sainte-Marthe (1).

(1) D'Avrily possédoit sûrement l'abbaye de Molesme en 1586. (Correction introduite dans le texte par le copiste du manuscrit de Tours).

CHAPITRE LI.

DE FRANÇOIS DE JOYEUSE, CARDINAL,
XLVI° ABBÉ DE MARMOUTIER.
(1584 — 1604)

La maison de Joyeuse est si connue en France, qu'il n'est pas nécessaire que je m'étende beaucoup ici pour en relever la grandeur. Il me suffit de dire ici que François de Joyeuse étoit fils de Guillaume, vicomte de Joyeuse, maréchal de France, lieutenant et gouverneur pour le roi dans le Languedoc, et de Marie de Bastarnay, de la maison des comtes de Bouchage. Il naquit l'an 1559, quoique quelques-uns reculent sa naissance de trois ans, le faisant venir au monde le 24 juin de l'an 1562. On lui donna une éducation digne de son illustre naissance, et il réussit si heureusement dans les sciences, qu'étant encore fort jeune, il fut docteur de Sorbonne.

Agé de 22 ans, il fut pourvu de l'archevêché de Narbonne l'an 1581, et deux ans après créé cardinal du titre de Saint-Silvestre par le pape Grégoire XIII. Pour soutenir sa dignité, il accepta plusieurs gros bénéfices, tels que furent les abbayes de Marmoutier, de Fécamp, Saint-Florent de Saumur, du Mont-Saint-Michel, de la Grasse et d'Aurillac, à quoi il faut ajouter les archevêchés de Toulouse et de Rouen. Ce qui fait voir quel malheur c'est d'être né grand, puisque pour soutenir la grandeur, on est obligé de tomber dans des excès aussi grands que sont ceux qui résultent de cette multitude effroyable de bénéfices.

Il n'avoit que 25 ans, lorsque Jacques d'Avrily lui résigna l'abbaye de Marmoutier. Il en prit possession le 18 novembre de l'an 1584, par Antoine de Bruières, nommé à l'évêché de

Luçon, son procureur. A son entrée, il fit bâtir la chapelle du logis abbatial de Rougemont, qui répond sur les jardins, et fit réédifier les murailles que l'impétuosité de la rivière avoit renversées vers le grand pré. L'an 1586, il assista et présida à la première séance et à la conclusion du chapitre général, qui fut ouvert le deuxième jour du mois de mai.

Comme les religieux de Marmoutier ne portoient qu'avec beaucoup d'impatience le joug de la congrégation gallicane, ils crurent avoir une occasion favorable de le secouer par le crédit d'un abbé aussi puissant qu'étoit le leur. Ils ne manquèrent point de lui représenter que leur abbaye étant un chef d'ordre, elle ne pouvoit être soumise à la congrégation gallicane sans déroger à ce titre illustre, et sans perdre tous les priviléges et prérogatives dont elle avoit joui jusqu'alors; ainsi, qu'il étoit de son honneur de la séparer avec ses dépendances de cette congrégation; que pour cet effet il étoit à propos de faire des statuts qui servissent comme de règles tant dans Marmoutier que dans les prieurés, et que Son Eminence Révérendissime obtînt des lettres patentes du roi, par lesquelles Sa Majesté déclarât qu'elle n'avoit point eu intention de comprendre l'abbaye de Marmoutier, qui étoit chef d'ordre, dans l'article 27 de l'ordonnance des États de Blois de l'an 1579, qui porte que les monastères exempts de la juridiction des évêques s'uniront en congrégation, ou bien qu'ils leur seront soumis.

On dressa des statuts, on les examina, on les approuva, et le cardinal et tous les religieux les signèrent. Il obtint ensuite des lettres patentes du roi Henri III, données à Paris le 16 d'octobre 1587, telles qu'il avoit demandées, dans lesquelles tous les droits et prérogatives de l'abbaye furent étalés, et les nouveaux statuts confirmés. Mais comme la congrégation gallicane n'avoit point été établie pour priver les monastères de leurs priviléges, et renverser les pieuses et saintes coutumes qui y étoient établies, mais plutôt pour les confirmer, et que les supérieurs de la congrégation déclarèrent qu'ils ne prétendoient rien autre chose dans leurs visites que de veiller à la correction des mœurs, à faire célébrer l'office divin avec la décence que leur état demande, et à faire observer les règles et les usages reçus dans les monastères, les religieux de Marmoutier furent obligés malgré eux de subir le joug qu'ils avoient voulu secouer.

Cependant, comme les commendes introduites en France par le concordat de Léon X et de François Ier causoient de grands renversements dans les monastères, les religieux de Marmoutier prirent la liberté de faire d'humbles remontrances à Sa Majesté et à son conseil tenant les États à Blois l'an 1588, sur *les abus, malversations, et dérèglements de l'ordre monastique* survenus par l'introduction des commendes, dont voici le précis :

1° Que les commendataires rompoient entièrement l'ordre du service divin, qu'ils faisoient avancer ou reculer selon leur volonté;

2° Que, contents du revenu des monastères, ils n'avoient pas même soin que le service divin s'y fît, ni que les lois et les cérémonies accoutumées s'y observâssent; que bien loin de cela, ils les corrompoient eux-mêmes;

3° Qu'ils diminuoient le nombre des religieux, d'où s'ensuivoient deux absurdités considérables : la première, que dans un même monastère on voyoit un même religieux exercer deux, trois ou quatre offices, et beaucoup de prieurés dont on avoit ôté les religieux et où il n'y en avoit plus du tout; la seconde, que les fondations n'étoient point acquittées, les messes n'étoient point dites, et l'office divin étoit abandonné;

4° Que par la négligence des commendataires les églises étoient dépouillées de livres pour chanter et psalmodier, d'ornements et des autres choses nécessaires au culte divin;

5° Que les commendataires donnoient les prieurés et autres bénéfices réguliers à des séculiers, et même à des personnes de néant, au grand scandale du clergé et de l'état ecclésiastique et régulier;

6° Que les religieux étoient abandonnés dans leurs maladies, et souvent obligés de vendre jusqu'à leurs propres habits pour se faire soulager ;

7° Que contre la règle, l'hospitalité étoit abandonnée, et que les religieux survenant étoient obligés de se retirer dans des cabarets, ce qui étoit d'un mauvais exemple ;

8° Que les religieux ne pouvoient avoir justice des mauvais traitements que leur faisoient les commendataires, parce que les abbés donnant les offices de judicature à leurs créatures, ils étoient assurés qu'ils ne feroient rien qui leur déplût, et qu'ils seroient toujours contre les moines, lorsqu'ils demanderoient leur vivre, leur vestiaire et leur entretien ;

9° Que lorsqu'un religieux demandoit justice, les abbés le faisoient expulser de leur abbaye, ou le faisoient renvoyer aux requêtes ou au conseil privé du roi, pour lui fermer la bouche, sachant bien qu'il n'auroit pas le moyen de soutenir un procès ;

10° Que les jeunes religieux n'ayant plus personne pour les enseigner, manquoient d'instruction ;

11° Que lorsqu'un religieux venoit à décéder, les abbés s'emparoient de ses habits et de ses meubles, et que s'il avoit contracté quelques dettes, ils ne vouloient point les acquitter ;

12° Que faute de bonnes règles, il arrivoit assez souvent que ceux qui possédoient des bénéfices réguliers passoient quelquefois des trente ans sans venir aux monastères dont ils dépendent, et que bien souvent ils n'étoient connus ni des abbés ni des autres supérieurs ;

13° Que les abbés donnoient le gouvernement de leurs abbayes à des séculiers, qui venoient avec leurs femmes, leurs enfants et leur famille demeurer dans les monastères ; chose inouïe et contraire à la bienséance et à la raison ;

14° Qu'au lieu de faire les réparations des églises et des autres édifices, ils laissoient tout tomber en ruine ;

15° Qu'ils privoient les pauvres religieux des anciens privilèges qui leur avoient été accordés par les rois de France, par le moyen de nouvelles lettres qu'ils obtenoient abusivement de Sa Majesté.

Après ces remontrances, ils supplient très-humblement Sa Majesté d'apporter des remèdes convenables à la réformation de semblables abus, en rétablissant des abbés réguliers dans les monastères, en remplissant le nombre des religieux qu'ils avoient avant les commendes, en faisant revivre les anciennes cérémonies dans la célébration des offices divins, en pourvoyant les églises de livres et d'ornements, en défendant que les bénéfices réguliers fussent possédés par d'autres que par des religieux, en ordonnant qu'ils ne pussent avoir plus d'un office dans les monastères, en assignant des médecins et des chirurgiens pour avoir soin des malades, et aux jeunes religieux des maîtres pour les enseigner, en commandant que les officiers de justice fussent élus par les religieux dans leur chapitre ; que les religieux pour leur vivre et leur entretien ne pussent être contraints d'aller devant des juges autres que ceux de l'abbaye ou de la province ; qu'un religieux venant à mourir, sa cotte-morte fût laissée à son successeur, ou employée à payer ses dettes; que tous les bénéficiers fussent contraints de comparoître au moins une fois l'an au chapitre général du monastère en personne ou par procureur, pour reconnoître leurs abbés et supérieurs, et leur payer les devoirs à eux dus; qu'en cas que les abbayes retombassent en commende, les religieux eussent leur mense séparée, et que défenses fussent faites aux séculiers qui avoient soin des affaires des abbés, d'introduire leurs femmes, leurs enfants et leur famille dans les monastères ; enfin en donnant ordre que toutes les réparations fussent faites, et les religieux maintenus dans leurs anciens privilèges.

Ces remontrances s'accordent assez bien avec la requête que présentèrent l'année d'auparavant les obédientiers des prieurés conventuels de l'abbaye de Marmoutier au chapitre général. Il ne sera peut-être pas inutile de la rapporter ici pour faire voir combien les commendes ont été pernicieuse à l'ordre monastique, et par conséquent à l'Église, dont il est la plus pure partie :

A Messieurs les grands-vicaires, prieurs et religieux de l'abbaye de Mairmoustier en leur chapitre général, en cette présente année 1587.

« Supplient très-humblement les religieux obédientiers des prieurés dépendants de la dite abbaye de Mairemoustier, lesquels vous remonstrent que les églises et bâtimens des dits prieurez, murailles, closures, portes et huis sont en mauvaise réparation, de façon que tout s'en va par terre, si bientost n'y est remédié ; outre que les dites églises ne sont aucunement garnies de libvres, ornemens, ne autres choses nécessaires pour la célébration du divin service ; et pareillement les aumosnes mal faites en plusieurs lieux, qui tournent à grand scandale et clameur des pauvres. Aussi les religieux très-mal nourris, mal entretenus de vestemens, nullement meublez, tant en leurs dites églises qu'en chambres, salles et cuisines, n'estant aucunement secourus dans leurs maladies, tant de vivres que de médicamens. Ce considéré, qu'il vous plaise, Messieurs, de vos grâces faire et ordonner un règlement tant pour les dites églises, aumosnes, réparations, vivres, alimens, vestiaires, et autres choses nécessaires aux dits religieux, pour nourrir paix et obvier aux différens qui pourroient advenir entre les dits prieurs, leurs serviteurs et les dits religieux, et vous obligerez les dits supplians à prier Dieu pour vous, etc. »

Le chapitre général répondit à cette requête par de fort bons statuts à peu près semblables à ceux qui avoient été faits les années précédentes pour les prieurés de Chemillé et de Fougères, et qui auroient été suffisants pour rétablir les prieurés, si les commendataires avoient été fidèles à les observer.

Ce ne fut pas seulement les prieurés qui essuyèrent cette calamité publique. L'abbaye de Marmoutier, toute riche et puissante qu'elle fût, s'en ressentit aussi, et il fallut que le R. P. dom François Rolle, général de la congrégation gallicane, employât son autorité auprès du cardinal de Joyeuse pour faire donner aux religieux, qui avoient voulu se séquestrer trois ans auparavant de sa juridiction, leurs nécessités ; et ce fut à sa remontrance que ce cardinal déclara par ses lettres patentes données à Rome le 15 mars 1589, signées de sa propre main et scellées de son sceau, que son intention étoit que Renassé, son fermier, nourrît tous les jours soixante-trois religieux dans l'abbaye de Marmoutier, selon les conventions faites entre lui et les religieux, qu'il fournît à toutes leurs nécessités, et que s'il y manquoit, il pût y être contraint par les voies raisonnables, sans qu'il pût se servir de l'évocation obtenue par lui au conseil privé du roi.

La même année, le roi Henri III étant mort le 2 août, laissa la couronne de France à Henri de Bourbon, roi de Navarre. Mais comme il étoit huguenot, il trouva beaucoup de résistance dans ses sujets, et il eut besoin de conquérir son royaume pour en être paisible possesseur. Il fit néanmoins abjuration de son hérésie, et entendit la messe à Saint-Denis le 15 juillet 1593 ; et, se voyant assez bien affermi, il se fit sacrer à Chartres le 27 février 1594. Mais parce que c'est un privilège des rois de France d'être sacrés et oints d'une huile apportée du Ciel, et que la ville de Reims, qui tenoit pour la ligue, n'étant pas encore réduite à l'obéissance du roi, on ne pouvoit avoir la sainte ampoule apportée du Ciel à saint Remi et conservée dans son abbaye, il fallut avoir recours à celle de Marmoutier, qu'on tient par tradition avoir été apportée à saint Martin par un ange. Comme cette cérémonie fut l'une des plus augustes et des plus magnifiques qui se soit jamais passée à Marmoutier, il ne sera pas inutile de la rapporter ici un peu au long (1).

---

(1) Le *Rerum memorabilium liber*. pp. 15 et suivant., renferme une dissertation étendue sur la sainte ampoule de Marmoutier, et donne plusieurs pièces relatives à cette relique, notamment une hymne de Richer, abbé de Saint-Martin, sur la guérison miraculeuse de saint Martin opérée par un baume céleste. (C. Ch.)

Sa Majesté ayant donné ses ordres à M. de Souvré, chevalier des ordres du roi, conseiller en son conseil d'État et privé, gouverneur et lieutenant-général pour Sa Majesté au pays et duché de Touraine, capitaine de cinquante hommes d'armes de ses ordonnances, sieur de Souvré et baron de Courtanvaux, accompagné de plusieurs grands seigneurs, du maire et des échevins de la ville, il se transporta à Marmoutier, le 29 janvier 1594, dans le temps que les religieux chantoient au chœur l'heure de tierce, et après avoir fait sa prière au grand autel, il se retira à la chapelle de la Vierge pour y entendre la sainte messe; puis ayant fait venir le grand-prieur, il lui signifia les ordres du roi, lui mit entre les mains une lettre de cachet, et lui demanda à voir la sainte ampoule. Elle lui fut aussitôt apportée par frère André Yvonet, sous-sacristain, revêtu en aube et en étole, et accompagné de deux jeunes religieux revêtus aussi en aube, qui tenoient des flambeaux allumés, et d'un troisième qui avoit un encensoir. Après qu'il l'eût baisée avec respect et tous ceux de sa suite, pour obéir aux ordres du roi, on la porta le même jour processionnellement en grande cérémonie en l'église cathédrale de Tours, où elle fut reçue avec une vénération profonde par le doyen et les chanoines, tous revêtus en chapes et en station à l'entrée de l'église, qui la conduisirent dans leur chœur conjointement avec les religieux, qui montèrent aux chaires, dont ils occupèrent la gauche et les chanoines la droite. On la porta à l'autel, où le grand-archidiacre, revêtu en chape, la reçut des mains du sacristain de Marmoutier, qui la lui donna en dépôt, et pendant qu'on chantoit au chœur et que l'orgue jouoit, il la fit baiser à tous les chanoines les uns après les autres, ensuite au sieur gouverneur, puis à une infinité de peuple (1).

Le jour suivant, on indiqua une procession générale pour porter le saint reliquaire de l'église cathédrale à celle de

(1) *Rerum memorabilium liber*, pp. 21 et suiv. (C. Ch.).

Saint-Martin. Pour cet effet, les religieux de Marmoutier se rendirent dès le matin à l'église de Saint-Gatien, où se trouvèrent aussi les religieux de Saint-Julien, tous les curés de la ville et les quatre ordres mendiants ; le parlement qui étoit alors transféré à Tours, les autres cours souveraines et le corps de la ville s'y rendirent aussi. Lorsque le temps de la marche fut arrivé, le sacristain de Marmoutier revêtu en chape fut prendre dévotement la sainte ampoule de dessus l'autel, et marcha au milieu de la procession immédiatement après la croix, ayant tout autour de soi quantité de torches et de cierges. Suivoient les chanoines de la cathédrale qui occupoient la droite, et les religieux de Marmoutier qui tenoient la gauche, et qui avoient au-dessus d'eux le parlement et la cour des aides à droite, et la chambre des comptes et le corps de ville à gauche. Lorsqu'ils arrivèrent à Saint-Martin, ils furent reçus par les chanoines de cette illustre église, rangés en station, et entrèrent dans le chœur, dont le parlement et la cour des aides occupèrent les hautes chaires, et les chanoines les basses du côté droit ; la chambre des comptes et le corps de ville les hautes chaires, et les religieux de Marmoutier les basses du côté gauche. L'on chanta ensuite la messe en musique, qui fut célébrée par un chanoine de Saint-Gatien, et on laissa là la sainte ampoule en dépôt jusqu'au jour qu'il fallut se mettre en chemin.

Le 14 de février, le sieur de Souvré fit avertir les religieux de Marmoutier qu'il avoit reçu ordre de Sa Majesté de partir, et lui répondirent que comme bons et fidèles sujets du roi, ils étoient prêts de lui obéir, mais qu'avant toute chose il falloit leur donner des assurances comme la sainte ampoule leur seroit rendue après le sacre et le couronnement du roi. Cette demande lui ayant paru juste, il manda au maire et aux échevins de la ville de se rendre le lendemain à une heure après midi au château, où se trouvèrent aussi le grand-prieur et quelques religieux de Marmoutier. Tous s'y étant rendus à l'heure assignée, le sieur gouverneur promit au grand-prieur et engagea sa personne et ses biens que la sainte ampoule seroit rendue et restituée après le sacre du roi. Le maire et les échevins firent successivement la même chose, et l'on indiqua une procession générale au jour suivant, qui étoit le seizième du mois, pour reconduire la sainte ampoule.

Le lendemain, les religieux de Marmoutier s'étant rendus en procession à Saint-Martin, la sainte ampoule fut solennellement remise entre les mains du sacristain de Marmoutier, et l'on commença la procession, qui étoit composée des quatre ordres mendiants, des chapitres de Saint-Venant et de Saint-Pierre-Puellier, des curés de Saint-Venant et du Chardonneret, du chapitre de Saint-Martin qui tenoit la droite, et des religieux de Marmoutier qui étoient à gauche et qui étoient suivis de M. le gouverneur et du corps de ville. Lorsqu'elle fut arrivée à Saint-Symphorien au bout des ponts de Tours, tous les corps se retirèrent chez eux, et l'on mit la sainte ampoule dans l'église, où elle fut gardée par quatre religieux jusqu'après dîner qu'ils se mirent en chemin avec M. le gouverneur.

Le 17 du mois, ils arrivèrent à Vendôme entre quatre et cinq heures du soir, et aussitôt les religieux de l'abbaye de la Trinité vinrent tous revêtus en chapes les recevoir, et conduisirent solennellement la sainte ampoule dans leur église, où elle fut déposée dans l'armoire de la Sainte-Larme, dont par honneur on donna la clef au sacristain de Marmoutier.

Le jour suivant, ils partirent de Vendôme et arrivèrent à Chartres le 19 du mois, entre trois et quatre heures aprèsmidi, accompagnés du sieur de Souvré, de Mgr l'évêque d'Angers, et de plusieurs comtes, barons, seigneurs, présidents du Parlement, de la Cour des Aides, de la Chambre des Comptes, et de plusieurs autres gentilshommes et personnes de qualité. Lorsqu'ils furent à la porte des Épars, tous les religieux de l'abbaye de Saint-Père-en-Vallée, revêtus en chapes, tenant le premier rang des deux côtés, accompagnés des chanoines et chapitre de Saint-André de Chartres, des religieux de Saint-Jean-en-Vallée, de Saint-Chéron, des confrères de l'Hôtel-Dieu, des Cordeliers et Jacobins de Chartres, des curés et vicaires des sept paroisses de la ville avec leurs croix, tous revêtus en chapes et surplis, du prévôt, des échevins et gouverneur de la ville, vinrent en procession les recevoir et les conduisirent dans l'église de l'abbaye de Saint-Père, au son des cloches de la cathédrale et des autres églises de la ville, toutes les rues par où ils passèrent étant tendues comme à la procession du Saint-Sacrement, et la déposèrent dans le trésor du monastère, dont par honneur on donna la clef à garder au sacristain de Marmoutier.

Le 27 du mois de février, qui étoit le jour que le roi avoit choisi pour son sacre, Sa Majesté envoya sur les 7 heures du matin au monastère de Saint-Père les sieurs Henri Hurault, comte de Chiverny et baron d'Huriel et de Gallardon, Charles de Hallouyn, comte de Dinan, François de Caumont, comte de Lansain, et César-Auguste, comte de Thermes, lesquels s'adressant aux trois religieux de Marmoutier qui avoient apporté la sainte ampoule, les prièrent de la part du roi d'apporter le précieux reliquaire en l'église cathédrale pour servir au sacre de Sa Majesté ; à quoi ils répondirent qu'ils étoient prêts d'obéir aux ordres du roi, mais qu'auparavant il étoit nécessaire qu'ils promissent solennellement et jurassent sur les saints Évangiles qu'après le sacre ils leur feroient rendre la sainte ampoule et même que pour plus grande assurance il leur plût laisser dans le monastère deux d'entre eux et deux des échevins ou notables marchands de la ville, en otage ; et aussitôt les quatre comtes et les échevins firent serment sur les Évangiles de faire restituer la sainte ampoule après la cérémonie. Ensuite les religieux de Saint-Père se mirent tous en ordre pour marcher en procession de leur église jusqu'à la cathédrale, les rues tendues comme le jour de la Fête-Dieu, accompagnés de torches et de flambeaux de cire blanche, tant de la part du roi que de la ville et de leur abbaye, avec un dais de damas blanc porté par quatre religieux revêtus en aube, sous lequel marchoit dom Mathurin Giron, sacristain de Marmoutier, revêtu en chape et monté sur une haquenée blanche en housse de satin blanc, la tête nue, portant la sainte ampoule entre ses mains, assisté de dom Jacques d'Huisseau et de dom Isaïe Jaunay, religieux de Marmoutier, revêtus en chapes, et accompagnés de quelques seigneurs de la cour. Arrivés devant le portail de la cathédrale, il se présentèrent à messire Nicolas de Thou, évêque de Chartres, et lui déclarèrent qu'ils venoient par ordre du roi apporter la sainte ampoule pour servir à son sacre, qu'ils étoient prêts de la lui mettre entre les mains, et de la porter avec lui dans le chœur, mais qu'auparavant ils le prioient de leur promettre et de jurer qu'il ne la retiendroit point, et que la cérémonie finie elle leur seroit restituée ; et aussitôt il jura solennellement en foi de prélat qu'il la leur rendroit après le couronnement de Sa Majesté, et ils entrèrent ensemble dans le chœur, où l'on chanta la messe et l'on fit la cérémonie du sacre.

Lorsque les religieux qui avoient été à Chartres furent de retour, ils descendirent à Saint-Pierre-des-Corps, d'où la sainte ampoule fut apportée solennellement dans l'église cathédrale. Là on chanta la messe, et l'après-dîner tous les religieux mendiants, les curés et les ecclésiastiques de la ville, les religieux de Saint-Julien et ceux de Marmoutier s'y rendirent, et tous avec les chanoines la reconduisirent en procession jusqu'à l'église de Saint-Symphorien au bout des ponts, d'où elle fut enfin portée à Marmoutier (1).

Comme le cardinal de Joyeuse fut plusieurs fois à Rome pour les affaires de l'État, et employé en des négociations importantes, il faisoit des dépenses excessives. C'étoit partout une magnificence à laquelle rien ne manquoit ; et quoi-

---

(1) De S. Ampulla Turonensi, vide Bollandd., die xxii septembris, § xv, t. VI septemb. col. 383. (Note du manuscrit de Tours). — Au lieu cité par le manuscrit de Tours, il s'agit, non de la sainte ampoule de Marmoutier, mais des ampoules remplies du sang des martyrs Thébéens, que saint Martin, dit-on, auroit rapportées d'Agaune. (C. Ch.)

qu'il eût plusieurs gros bénéfices et un riche patrimoine, ses revenus ne suffisoient pas pour satisfaire à la grandeur de son luxe ; si bien qu'on vit plusieurs fois tous les biens de son abbaye de Marmoutier saisis pour acquitter les dettes qu'il avoit contractées. Avant la fin de l'an 1595, on avoit déjà fait des saisies pour plus de cinquante mille écus, et l'an 1596 on en fit encore une pour neuf mille écus. Cependant les religieux en souffroient beaucoup : tout leur manquoit, et nourriture et vestiaire, à cause de la collusion qu'il y avoit entre les fermiers et les agents du cardinal. Étant venu cette année en son abbaye, et y ayant demeuré depuis le dimanche des Rameaux jusqu'au samedi, ses religieux lui firent de très-humbles remontrances et prières pour avoir de lui leurs nécessités ; mais au lieu d'y pourvoir il se retira au château de Montrésor, où à leur insu il fit en son particulier des baux à ferme des revenus de l'abbaye, afin de tirer des fermiers de grosses avances à leur préjudice et à celui de ses créanciers. Cela étoit entièrement opposé à l'usage reçu du monastère, suivant lequel tous les baux faits par l'abbé ou ses agents devoient être passés dans le chapitre de l'abbaye en présence et du consentement de tous les religieux. C'est pourquoi ils envoyèrent à Montrésor former opposition à l'exécution des baux faits par leur abbé, et présentèrent requête à Nos Seigneurs des Requêtes du palais, pour obliger le cardinal à ne plus faire aucun bail que dans le chapitre de Marmoutier selon l'ancienne coutume, et pour avoir leur nourriture et leur vestiaire sur les revenus de l'abbaye, nonobstant toutes les saisies et arrêts des biens, ce qui ne pouvoit leur être refusé. Un peu auparavant, le cardinal de Joyeuse leur avoit proposé de prendre eux-mêmes la ferme de son abbaye, ou d'une partie, pour leur entretien ; mais ils rejetèrent cette proposition, et la raison qu'ils apportèrent de leur refus, c'est parce qu'ils ne pouvoient servir à l'autel et faire valoir les terres, et que les pertes spirituelles qu'ils feroient par ce traité seroient beaucoup plus grandes que le gain temporel qui pourroit leur en revenir.

Deux ans après, le cardinal de Joyeuse vint passer les fêtes de Pâques en son abbaye. Il y arriva le mardi de la semaine sainte, et y fut reçu au second portail par les anciens du monastère, qui le conduisirent à l'église et de là à Rougemont. Le jour suivant, il dit la messe dans la chapelle de la Vierge, et assista le soir à Ténèbres. Le jeudi-saint, après avoir encore dit la messe en la chapelle de la Vierge et assisté à la grande, il lava les pieds à douze pauvres, revêtu de ses habits pontificaux, et assista le soir à Ténèbres. Le vendredi-saint, il assista encore au service et fut adorer la sainte croix les pieds déchaux. Le samedi, à la prière de Monseigneur l'archevêque de Tours, il célébra les ordres sacrés, dans la chapelle de la Vierge, après avoir donné la confirmation. Le jour de Pâques, il assista et officia à matines, à tierce, à la messe et à vêpres, et mangea ce jour-là au réfectoire avec les religieux. Le lundi de Pâques, il donna la tonsure et les ordres mineurs en sa chapelle de Rougemont, et vint l'après-dîner à vêpres accompagné de Monseigneur l'archevêque de Tours, qui se mit à son côté, et après qu'elles furent finies il entonna le *Te Deum*, qui fut chanté en action de grâces de la reddition de la Bretagne et de la ville de Nantes.

En ce temps-là, l'ordre de Saint-Benoît étoit dans un état pitoyable, le désordre régnoit partout, on ne voyoit plus aucune trace des observances primitives, la piété étoit bannie des cloîtres, et à peine y connoissoit-on le nom de la règle qu'on y avoit professée. Cependant il faut avouer que dans ce débordement universel Dieu s'étoit réservé un petit nombre d'âmes qui ne fléchissoient point le genou devant Baal, qui gémissoient sur les dérèglements qu'ils voyoient, et qui aspiroient à une observance plus exacte. C'est ce que nous voyons dans une lettre qu'écrivit dom Mathurin Renusson, religieux de Vendôme, à dom Isaïe Jaunay, religieux et sacristain de Marmoutier, et depuis général de la congrégation gallicane. Elle est du 29 août de l'an 1599 ; et comme elle est fort édifiante, je crois qu'on ne sera pas fâché de la voir ici tout entière :

« Monsieur,

« Après avoir depuis quelque temps importuné le secours de nostre bon Dieu au restablissement de son honneur en nostre ordre tout perverti, j'ai esté tout consolé par la vostre qui me fait promptement croire, pour l'extrême désir que j'en ai, de voir jà esclore quelque fondement de nostre congrégation toute ternie, où pour nostre indisposition à recevoir un si grand bien, ou pour avoir esté meslangé ne sçays quoy de l'homme avec l'intérest de Dieu par plusieurs qui y ont du commencement travaillé, qui par aventure ont premièrement et plus tost visé à l'exécution de leur affection que au pur et seul respect de Dieu, ce qui nous est assez manifeste par l'évènement de l'entreprise, qui est devenue comme à néant ; autre celle qui fut arrivée, si saintement et purement nous y eussions procédé sans considérer nos passions au lieu du seul honneur de Dieu, et la délivrance des misérables bénédictins garrotez par l'ennemi en l'apostasie couverte de l'habit. Mais comme tout le chemin n'est encore bouché ni empesché, et que le bon Dieu est tout prest de nous assister ès saintes entreprises qui seulement le regardent et nostre salut, faut que ceux qui recognoissent en eux son zèle, quoiqu'en petit nombre, se confédèrent, et par sa saincte inspiration préalablement implorée, au meilleur estat que l'on pourra, conférer des moyens plus expédiens pour procéder en ce négoce. Et à cette fin aiant appris en chascun monastère subjet à la dite congrégation le nombre des fidèles et zelez religieux convenir ensemble par lettres d'un lieu et   plus commode pour conférer ensemble, j'estime que c'est le commencement qui est bon de prendre, et pour y parvenir, je m'y emploierai de tout mon pouvoir en estant advisé ; et si je cognoissois quelques particuliers religieux des dites abbayes, j'y envoierois gens avec lettres pour prendre assignation des lieu et
à quoi faire suffiroit à mon jugement, sauf le vostre meilleur

et de M. Rolle, une particulière conférence d'ung seul de chascune abbaye à petit bruit, sans publier un chapitre général qui émouveroit par trop l'insolence des ennemis de la congrégation, qui par leur cautelle romproient tous nos bons desseins. Ils ressemblent le crocodile qui perd sa force étant surprins. Si donc cognoissez quelques particuliers de chaque abbaye, vous pourrez prendre la dite assignation et ferez estat de ma part pour la contribution et en ce que je pourrai pour l'avancement de ceste saincte affaire, à laquelle aiant jà une fois donné parole, j'espère n'y manquer de ma vie, ni en ce que sera de l'honneur de nostre Dieu, de son Église, et de nostre famille aucune d'icelle. Je n'ai encore reçu aulcune nouvelle du dit sieur Rolle ; vous pourrez l'assurer de mon intention et le prier tant de ma part que de la vostre, si la trouvez bonne, de s'aider de la voye de Paris pour assigner quelques particuliers tant de Redon que de Bourg-Dieu et de Sainte-Croix de Bourdeaux, au lieu le plus commode et moins éloigné de toutes nos abbayes, et nous aiant donné l'advis vous et moi nous y trouverions ; là nous prendrions advis des moiens plus convenables tant pour le général de la dicte congrégation, que chascune particulière abbaye, afin de commencer sagement et discrètement ce négoce. J'en attendrai vostre réponse et cependant tiendrai le tout, comme il est de besoing, fort secret, ce que ferez de vostre part, et le dit sieur Rolle avec les aultres assignez ; et ne vous retiendrai de plus long discours. Seulement je vous supplierai de vous disposer, et les vrais religieux que cognoistrez,

de ma part à recepvoir l'inspiration et l'assistance de Dieu au commencement, continuation et yssue de cette affaire, pour laquelle et ce qui concernera le service de Dieu et le bien commun de nostre famille et le vostre particulier, vous me trouverez fidèlement, constamment et perpétuellement, moiennant son aide, sans lequel nous ne pouvons ni agir, ni mouvoir ni dire aucunement,

« Monsieur et frère,

« Vostre bien affectionné et obéissant confrère et ami
M. DE RENUSSON. »

Le bon religieux qui écrivit cette lettre, vit fort peu de temps après l'accomplissement de ses pieux désirs par la réforme des monastères de l'ordre de Saint-Benoît et par l'érection de la Société de Bretagne, qui prit son origine dans l'abbaye de Marmoutier, d'où furent tirées toutes ses principales colonnes. Comme rien ne peut être plus glorieux à notre monastère, nous nous réservons d'en parler plus au long et d'en faire toute l'histoire, après que nous aurons achevé de rapporter ce qui s'est passé sous l'abbé François de Joyeuse.

Ce fut environ l'an 1600 que les RR. PP. capucins, désirant s'établir dans la ville de Tours, présentèrent une requête à l'abbé et aux religieux de Marmoutier pour les supplier de vouloir bien leur accorder le lieu de Saint-Nicolas situé dans la paroisse et faubourg de Saint-Symphorien, qui appartenoit à leur monastère, pour y bâtir leur couvent. Comme cet établissement regardoit la gloire de Dieu et l'édification des peuples, qui tirent de grands avantages des bons exemples que ces saints religieux donnent partout par la profession exacte qu'ils font de la pauvreté et de la pénitence de saint François, on leur accorda leur demande; et comme il y avoit quelques messes fondées dans la chapelle de Saint-Nicolas, ces bons religieux, pour lever cet obstacle, se chargèrent d'acquitter toutes les charges attachées au lieu qu'on leur accordoit.

L'établissement des capucins dans Tours ne fut pas le seul auquel contribuèrent les religieux de Marmoutier. Celui des carmélites réformées dans Paris se fit encore par la cession qu'ils leur firent de l'église, des bâtiments et de l'enclos du prieuré de Notre-Dame-des-Champs. Il est vrai qu'il fallut que le roi s'en mêlât, et qu'il en écrivit deux fois aux religieux de Marmoutier pour avoir leur consentement; que Mademoiselle de Longueville, fondatrice des Carmélites, les dédommagea; que l'on conserva le titre du prieuré, et que les places monacales en furent transférées au collége de Marmoutier l'an 1603.

L'année suivante, le cardinal de Joyeuse permuta ses abbayes de Marmoutier et de Saint-Florent de Saumur pour l'archevêché de Rouen. Il fit cette permutation avec quelque sorte de peine, et il avoit raison d'en avoir, car il avoit déjà deux archevêchés, c'est-à-dire trop d'un, mais il ne put aller contre la volonté du roi, qui le souhaitoit ainsi. C'est ce qu'il témoigna lui-même à ses religieux de Marmoutier dans une obligeante lettre qu'il leur écrivit, et que je rapporterai ici, parce qu'elle est fort honorable à ce monastère :

Lettre de Monseigneur le cardinal de Joyeuse aux religieux de Marmoutier.

« MESSIEURS,

« L'affection particulière que j'ai tousjours eue à vostre maison et compagnie, ne m'a laissé faire qu'avec beaucoup de regret la permutation de vostre abbaye avec l'archevêché de Rouen ; mais aiant esté à ce poussé et aussi forcé par de grandes considérations, et particulièrement par le commandement du roi, il me reste ceste consolation, que ce changement n'apportera jamais d'altération à l'affection que j'ai tousjours eue en vostre endroit, au contraire me donnera plus de sujet de l'augmenter et de moien de servir vostre compagnie, le pouvant faire plus facilement et sans considération de mon intérest, ce que je ferai tousjours de très-bon cœur, et tascherai de vous donner occasion de conserver en vostre maison une mémoire de moi qui soit à vostre contentement, n'aiant rien plus en singulière recommandation que ce qui touchera le bien et l'honneur d'icelle et vostre particulier. Je veux croire aussi que vous continuerez à m'aimer, et qu'il n'y arrivera point de changement en l'amitié que vous m'avez tousjours portée ; de quoi je vous prie d'aussi bon cœur que je supplie Nostre-Seigneur de vous donner sa sainte bénédiction.

« Vostre affectionné ami,
LE CARDINAL DE JOYEUSE.

Le cardinal de Joyeuse étoit à Rome lorsqu'il fut pourvu de l'archevêché de Rouen. Jean Berthier, évêque de Rieux, en prit possession en son nom le 14 mars 1604. Il gouverna son diocèse aussi bien que peut faire un évêque qui, employé en plusieurs négociations pour le bien de l'État, ne réside point. L'an 1610, il couronna à Saint-Denis la reine Marie de Médicis. Il donna la confirmation au roi Louis XIII, qu'il avoit tenu sur les fonts de baptême, au nom du pape qui avoit été prié d'en être le parrain. Il le sacra à Reims le 17 octobre. Il présida à l'assemblée du clergé l'an 1614. Enfin pour mettre sa conscience en repos, il se défit avant sa mort de tous ses bénéfices. Voici de quelle manière on dit que la chose arriva (1). Étant à Toulouse, un prédicateur célèbre prêcha avec beaucoup de chaleur contre la pluralité des bénéfices. Le cardinal, qui l'écoutoit, vit bien que c'étoit pour lui qu'il parloit, et comme ses raisons étoient fortes et pressantes, elles lui donnèrent du scrupule. Après la prédication il l'envoya quérir, et étant en la compagnie de plusieurs prélats et docteurs, il voulut être éclairci de ce qu'il avoit avancé. Comme le cardinal alléguoit pour sa justification qu'il avoit dispense du pape, le prédicateur lui répondit assez froidement : *Monseigneur, pour bien faire il ne faut point de dispense*, ce qui le toucha et le détermina à quitter ses trois archevêchés de Narbonne, Toulouse et Rouen, qu'il retenoit ensemble. On ajoute qu'après cela il eut l'esprit beaucoup plus tranquille, et qu'il employa le peu qui lui resta de vie à effacer cette tache par un grand nombre de bonnes œuvres. Il seroit à souhaiter qu'il eût autant d'imitateurs de sa pénitence dans ce siècle, qu'il en a de sa faute ; l'Église en retireroit plus d'édification et de service par la multiplication des bons sujets, qui emploieroient le bien de leurs bénéfices à soulager les pauvres, et à faire beaucoup d'actions de piété. Au reste, le cardinal de Joyeuse avoit de très-belles qualités, beaucoup d'esprit et de bonté. Il étoit bienfaisant et libéral,

---

(1) POMMERAYE, *Histoire des archevêques de Rouen*, p. 632.

et signala sa piété par plusieurs fondations de maisons religieuses, qui seront autant de monuments qui conserveront sa mémoire à la postérité.

Il mourut à Avignon l'an 1615, et fut enterré aux Jésuites de Pontoise.

HISTOIRE DE LA SOCIÉTÉ DE BRETAGNE,
ÉRIGÉE PAR LES RELIGIEUX DE MARMOUTIER (1).

Dieu qui, par des jugements secrets mais toujours adorables, permet quelquefois que les monastères tombent dans le relâchement, n'a jamais souffert que le désordre se soit glissé dans l'abbaye de Marmoutier, qu'en même temps il n'ait suscité quelques saints religieux qui, animés de son divin Esprit, se sont préservés de la corruption. Nous en avons une preuve dans ce qui arriva l'an 1603. Six religieux, dom François Stample, cinquième prieur, dom Pierre Meneust, hôtelier, dom Cyprien Brissard, dom Jean-Baptiste Chardon, dom Élie Truchon et frère Jean Dehoris, faisant réflexion sur le peu de succès de l'érection de la congrégation gallicane, et sur les fréquents violements des statuts qu'elle avoit faits, et d'ailleurs touchés du scandale que venoient de causer quelques jeunes religieux dans l'abbaye de Marmoutier, crurent que pour mettre leur salut en assurance, ils devoient faire un changement considérable à la vie qu'ils avoient menée jusqu'alors. Après avoir conféré plusieurs fois ensemble, ils résolurent tous six d'embrasser une nouvelle réforme.

Dans cette résolution, ils furent trouver le R. P. dom Isaïe Jaunay, général de leur congrégation, qui étoit pour lors à Marmoutier, et le premier jour du mois d'août ils lui présentèrent une requête par laquelle ils le supplioient de favoriser le désir qu'ils avoient d'accomplir les vœux qu'ils avoient

(1) *Rerum memorabilium liber*, p. 4. (C. Ch.)

faits à Dieu à la face des autels, d'observer exactement la règle de Saint-Benoît, qui devoit leur servir de guide, et d'expier par une sérieuse pénitence les fautes qu'ils avoient pu commettre en la violant ; et comme ils ne pouvoient exécuter cette résolution à moins qu'il ne leur fût permis de se séparer de la communauté, pour pratiquer entr'eux leurs exercices réguliers. Voici comment leur requête étoit conçue :

In nomine Domini, amen.

Au très-révérend Père Isaïe Jaunay, général de la congrégation des Bénédictins de la nation françoise.

« Vous remontrent humblement vos religieux soussignés, que sur les exhortations et saintes admonitions qu'ils avoient cy-devant reçues de votre part, après avoir imploré la grâce du Saint-Esprit et considéré de près les vœux de leur profession qu'ils ont faite sous la règle de M. saint Benoît, qui n'est aucunement observée ; dont pour la crainte qu'ils ont du très-juste et sévère jugement de Dieu sur ceux qui en abusent juxte la sentence portée par la dite règle : *Sache qu'il sera condamné de Dieu duquel il se mocque*, et encore plusieurs autres désireroient que d'une bénévolence paternelle il vous plût les embrasser et mettre au vrai chemin de la perfection à laquelle ils doivent et désirent tendre ; et pour rendre au très-haut et puissant dominateur et seigneur des lumières le parfait et entier accomplissement des vœux et servitude qu'ils lui ont promis et juré. Pour à quoi parvenir, et croyant que le vrai fondement sur lequel toutes les vertus de religion sont établies, c'est que le très-pernicieux vice de propriété soit radicalement exterminé des monastères, selon les termes exprès contenus au chapitre 33 de la dite règle ; conformément à laquelle ils auroient aussi remarqué que le même vice de propriété qui est la racine de tous maux, a jadis été jugé énorme par les Pères anciens de cette abbaye de Marmoutier, que par les ordonnances et statuts par eux dressés juxte le décret de saint Grégoire, il étoit ordonné que les moines auxquels seroit trouvé qu'ils possédassent quelque chose sans permission de leurs supérieurs, fussent privés de la sépulture, et que leurs noms ne fussent écrits au catalogue des autres moines. Vu aussi que par une infinité d'autres passages et autorités de la sainte Écriture, ils ont reconnu qu'il est impossible aux religieux propriétaires et ainsi tenant si peu compte de l'observance de la sainte règle, faire leur salut. Ce considéré, révérend Père, il vous plaise nous recevoir et permettre nous ranger en communauté, faire et jurer entre vos mains une entière abnégation de la propriété, non-seulement des biens temporels, mais aussi de nos corps et propre volonté, désirant vivre et mourir selon la dite règle de M. saint Benoît sous l'obéissance de vous et autres supérieurs qu'il appartiendra et qui pourroient être cy-après établis en votre lieu. » Signé : Fr. FRANÇOIS STAMPLE, *quint prieur*; Fr. PIERRE MENEUST, *hostelier*; Fr. CYPRIEN BRISSARD, Fr. JEAN-BAPTISTE CHARDON, Fr. ÉLIE TRUCHON, Fr. JEAN DEHORIS.

Cette requête eut tout l'effet que ces bons religieux s'étoient proposé. Ils trouvèrent dans le P. dom Isaïe Jaunay non-seulement un père, mais qui plus est un frère. Ce saint homme, qui joignoit à une profonde science une solide vertu, et qui, zélé pour l'exacte observance des règles, soutenoit partout le bien, et ne souffroit le mal que lorsqu'il ne pouvoit y apporter remède, leur accorda tout ce qu'ils demandoient, leur promit de se joindre à eux, s'y joignit en effet, renouvelant ses vœux entre les mains du R. P. dom François Stample, et dès ce jour devint le plus ferme appui de cette réforme naissante. La réponse qu'il fit à leur requête étoit conçue en ces termes :

« Vue la requête cy-dessus à nous présentée par nos chers confrères signez au bas d'icelle, et après l'action de grâces à Notre-Seigneur, nous les avons embrassés et reçus à l'effet du contenu en leur requête, avec promesse et obligation de notre part de faire les mêmes choses moyennant la grâce de notre bon Dieu, et rendre la même obéissance à ceux qui seront cy-après élus et établis en notre lieu. Et cependant nous ordonnons que les dits supplians feront promesse et jureront entre nos mains d'accomplir ce qu'ils promettent, et par après avoir été par nous éprouvée leur persévérance, en être par eux faits et réitérez vœux solennels dans l'an suivant, à la louange de Dieu et édification du prochain. Fait à Marmoutier par nous, Fr. Isaïe Jaunay, général du dit ordre de Saint-Benoît, ce vendredi premier jour d'aoust 1603. » Signé Fr. I. Jaunay, *indigne général de l'ordre.*

Après une réponse si favorable, ils ne différèrent pas à se séparer de la communauté ; ils ne craignirent pas de paroître en cela singuliers, persuadés que par ces sortes de singularités les saints sont arrivés à la perfection. Ils se retirèrent dans les bâtiments de l'infirmerie, elle leur servit de monastère, la chapelle de Saint-Benoît d'église, et la salle de Saint-Benoît de réfectoire. Là, par une sainte métamorphose, ils commencèrent à garder l'abstinence dans un lieu où la règle permet de manger de la viande, pendant que les autres religieux, par une coutume vicieuse, faisoient gras dans les lieux où ils auroient dû faire maigre. Là ces nouveaux disciples de saint Benoît commencèrent à mener une vie angélique, faisant régulièrement l'office de jour et de nuit avec une humble modestie. Là ils commencèrent à se détacher entièrement des choses de la terre.

Leur vie étoit trop sainte pour ne pas causer de la jalousie aux esprits malins. Leur exemple admirable condamnoit la vie relâchée de leurs frères, qui n'avoient pas envie de les imiter. Le seul mot de réforme leur faisoit peur, et il n'y eut rien qu'ils ne fissent pour en empêcher le progrès. Ainsi il arriva à ces religieux réformés ce qui a coutume d'arriver à ceux qui veulent bannir le désordre des maisons religieuses, et y rétablir la règle, c'est-à-dire qu'ils souffrirent toute sorte de traverses et de persécutions : elles furent si grandes, qu'ils jugèrent bien qu'ils ne pourroient pas longtemps rester ainsi à Marmoutier séparés de la communauté. Cela les obligea d'envoyer sur la fin de novembre à Paris le R.P. dom Isaïe Jaunay et le R. P. dom François Stample pour se jeter aux pieds du roi Henri IV, et supplier Sa Majesté de vouloir bien favoriser le dessein qu'ils avoient de garder leur règle, en leur accordant quelque monastère dans son royaume où ils pussent mettre en exécution cette résolution.

Le roi les reçut avec un accueil digne de la bonté d'un si grand prince, et devant son Louvre, en présence de toute sa cour, il leur dit ces propres paroles : « Mes Pères, soyez les bienvenus ; je favoriserai toujours votre sainte entreprise, gardez-vous seulement de vous en lasser, car quant à moi je ne m'y lasserai jamais. » Le R. P. dom Isaïe Jaunay lui fit ensuite un discours sur la nécessité de réformer l'ordre de Saint-Benoît, qui fut imprimé en 1605 avec une exhortation aux vrais religieux de Saint-Benoît zélés pour la réformation de l'ordre (1).

Le roi les renvoya à son conseil privé, et le conseil privé au clergé, qui fut trois mois sans faire réponse. Pendant ce temps-là, ils communiquèrent leur dessein à quelques religieux qui étudioient au collège de Marmoutier ; ceux-ci leur promirent d'embrasser la réforme, et entre autres le R. P. dom Noël Mars, qui ne se départit jamais de cette résolution, quoiqu'il restât à Paris jusqu'en l'an 1604 pour y achever ses études. Quand ils n'auroient point fait d'autre conquête durant leur séjour à Paris que celle de ce grand serviteur de Dieu, ils n'auroient point perdu leur temps, et peut-être que Dieu, dont les voies sont toujours admirables, ne les y avoit conduits que pour leur donner occasion d'attirer dans leur société celui qui en devoit être le premier supérieur. Car du reste ils n'obtinrent rien ni du roi, ni de son conseil privé, ni du clergé.

Ils revinrent donc à Marmoutier dans la résolution de

---

(1) Ces deux pièces se trouvent reliées avec d'autres dans un volume in-8° mentionné au catalogue de la bibliothèque parmi les canonistes, n° 32 ; t. I, p.... (Note du manuscrit de Tours). — Le catalogue de la bibliothèque de Marmoutier, en 2 vol. petit in-folio, est déposé aujourd'hui à la bibliothèque municipale de Tours. (C. Ch.).

demander quelque prieuré dépendant de l'abbaye, où ils pussent se retirer et garder exactement leur règle sans aucune contradiction. Ils jetèrent les yeux sur celui de Lehon près de Dinan en Bretagne. Ce prieuré est dans un fond, entouré de tous côtés de montagnes qui en bornent la vue de toute part; les bâtiments étoient fort en désordre, et c'étoit s'ensevelir tout vivant dans un horrible sépulcre. Mais rien n'est affreux à des religieux animés, comme ils étoient, de l'esprit de pénitence. D'ailleurs ils étoient bien aises de s'éloigner un peu de Marmoutier pour ne pas être en butte à leurs frères, ni aux peuples circonvoisins, qui épousent ordinairement à l'aveugle, ou pour leurs intérêts particuliers, le parti de ceux qui s'écartent de leurs devoirs.

Le 24 de février, les RR. PP. dom François Stample, dom Pierre Meneust et dom Elie Truchon présentèrent une requête au grand-prieur et au couvent de l'abbaye de Marmoutier, par laquelle ils leur remontroient en toute humilité que depuis longtemps ils désiroient se rapprocher de l'exacte observance de la règle de Saint-Benoît et des anciens statuts de Marmoutier, mais qu'étant impossible d'exécuter leur résolution dans le monastère à cause des distinctions et des dissemblances considérables qu'il seroit nécessaire de faire, ils s'étoient adressés au R. Père général, qui les avoit renvoyés à eux; qu'ils les supplioient de leur vouloir accorder obédience en quelque prieuré dépendant de l'abbaye, comme seroit Lehon en Bretagne, ou tel autre qu'il leur plairoit, où ils pussent vivre et garder leurs vœux sans empêchement, et leur donner pour supérieur le R. P. dom Noël Mars qui, comme nous avons dit, étoit encore à Paris.

Ils n'eurent pas grand'peine à obtenir ce qu'ils demandoient; car outre que les religieux de Marmoutier les souhaitoient fort loin, comme des censeurs dont la vie exemplaire condamnoit les désordres de la leur, ils avoient reçu beaucoup de plaintes sur le scandale que causoient les obédientiers de Lehon, et ils ne doutoient point que ces bons religieux ne le réparassent en très-peu de temps, comme ils firent en effet. On leur accorda donc tout ce qu'ils souhaitoient, et le quatrième jour du mois de mars, M. d'Huisseau, grand-prieur de Marmoutier, établit le R. P. dom Noël Mars prieur claustral de Lehon, et donna obédience aux RR. PP. dom François Stample, dom Pierre Meneust, dom Elie Truchon, et à frère Jean le Tellier, novice, pour vivre là sous sa direction, avec ordre aux autres obédientiers d'en sortir incessamment et de se transporter en d'autres prieurés. On ne sait pas pourquoi les Pères Brissard, Chardon et Dehoris ne furent pas compris en cette obédience, si ce n'est peut-être que le prieuré de Lehon n'avoit pas coutume de porter un si grand nombre de mansionnaires. Il paroît par une lettre du P. Mars, que le P. dom Cyprien Brissard y vint aussi, du moins ensuite, et par une autre du P. Jaunay, qu'on avoit encore envoyé quelques-uns de ceux qui demandoient la réforme, à Combour, où il est constant que le prieur étoit très-mécontent de ses obédientiers, qui n'étoient guères moins déréglés que ceux de Lehon. Quoi qu'il en soit, en attendant que le P. Mars, qui étoit retenu à Paris par ses études, pût partir, les quatre autres se rendirent incessamment à Lehon, où ils arrivèrent sur la fin du mois de mars un dimanche avant vêpres. Ils trouvèrent leurs confrères, les anciens obédientiers de ce prieuré, jouant à la courte boule devant les principales entrées de l'église et du monastère. C'est ainsi que ces religieux sanctifioient le dimanche, et c'étoit là un des plus innocents divertissements de ces pénitents de profession. Ils étoient si appliqués à leur jeu, que sans qu'ils s'en aperçussent, les Pères se glissèrent doucement dans l'église, et l'heure de vêpres étant venue, ils les chantèrent avec eux. Mais ils n'eurent pas une si facile entrée dans le reste du monastère. Les anciens, soutenus de beaucoup d'autres personnes, la leur disputèrent et leur firent toutes les insultes possibles. Ils y furent reçus néanmoins après beaucoup de traverses et de contradictions; mais ils trouvèrent les choses en tel état, que deux mois entiers ou environ ils furent contraints de demeurer tous ensemble dans une chambre.

Après Pâques, les anciens se retirèrent chacun dans les prieurés où ils étoient envoyés par le grand-prieur de Marmoutier. Il ne resta que le seul frère René Gautier, sacristain de Lehon et recteur de la paroisse du lieu, qui étant pourvu en titre de ces deux bénéfices, n'avoit pu être déplacé. Celui-ci surpassoit tous les autres en malice, et il suffisoit seul pour exercer la vertu et la patience des réformés. C'étoit un homme qui, étant prêtre, s'étoit fait religieux à Marmoutier. Peu de temps après sa profession, il fut envoyé à Lehon où il vécut près de 30 ans, mais avec un scandale public de tout le pays. Lorsque nos Pères arrivèrent à Lehon, il y avoit environ seize ans qu'il entretenoit une concubine de laquelle il avoit eu des enfants. Il lui avoit acquis des terres et des héritages des épargnes de sa pension monacale et du revenu de sa cure, et elle avoit l'effronterie de prendre le nom de Mademoiselle de l'Étang, du titre de la seigneurie de la cure. L'excès du vin, les jurements et les blasphèmes étoient les vices ordinaires du Père Gautier, et peu après l'arrivée des réformés il frappa outrageusement un prêtre dans la cour du monastère pendant complies, en présence de beaucoup de séculiers qui en furent autant émus et scandalisés que la chose le méritoit. Je laisse à penser après cela quels traitements des gens de bien et zélés pour la régularité pouvoient attendre d'un homme aussi méchant que celui-là. Ils furent un peu consolés de la venue du R. P. dom Noël Mars, qui arriva à Lehon la veille de Saint-Jean-Baptiste. Ils reçurent encore de grands secours de M. Brulart, conseiller d'État et prieur commendataire de Lehon, qui donna des lettres de recommandation aux Pères réformés, adressées à son sénéchal, et ne cessa depuis de eur faire ressentir les effets de sa bienveillance et de sa protection. Mais les consolations et les secours qu'ils recevoient du Ciel étoient infiniment plus considérables.

Et assurément, ils en avoient grand besoin pour se pouvoir soutenir dans une vie aussi dure et aussi détachée de la nature et des sens que celle qu'ils menoient. Comme ils étoient extrêmement pauvres, ils vivoient effectivement en pauvres, ne buvant point de vin, ni la plupart du temps de cidre; l'eau toute pure faisoit toute leur boisson, et ils croyoient s'accorder une grande grâce, lorsqu'à la fin du repas ils prenoient un peu de cidre. Le reste de leur nourriture étoit proportionné à leur boisson, et il est fort probable que le travail de leurs mains leur fournissoit leurs besoins. Leur revenu étoit fort modique, et le peu qu'ils avoient étoit employé aux réparations du monastère qu'il falloit mettre en l'état nécessaire pour une bonne observance, et à soutenir les procès que leur suscitèrent les religieux de Marmoutier et le frère René Gautier.

C'est l'ordinaire que les œuvres de Dieu ne s'affermissent que par les contradictions, et il fait voir par là que les hommes lui en sont redevables, et non pas à leur industrie. Les Pères réformés, qui avoient quitté leur maison de profession pour vivre plus en repos dans l'éloignement, ne furent pas plus tôt arrivés à Lehon, qu'ils se trouvèrent traversés de toutes parts, mais particulièrement du grand-prieur et des religieux de Marmoutier, surtout du frère René Gautier qui les souleva contre eux. Ils crurent y réussir parfaitement en leur envoyant de Marmoutier des religieux inquiets, turbulents, et capables de leur faire de la peine. Mais les réformés en ayant fait leurs plaintes au provincial de Touraine, il les prit sous sa protection, et à la faveur de M. Brulart de Lehon fit donner un arrêt au conseil privé l'onzième d'août 1604, contre le grand-prieur de Marmoutier, qui lui défendoit de troubler les Pères de la réforme de Lehon (1).

---

(1) Une note marginale du manuscrit de Martène, écrite par Mabillon ou par quelque autre supérieur de la congrégation de Saint-Maur, porte : « Je crois qu'il faut abréger les pages suivantes et presser le détail de cette affaire, qui semble peu considérable. » Suivant cet avis, le copiste du manuscrit de Tours a abrégé

L'an 1605, au mois de février, le R. P. Isaïe Jaunay, général de la congrégation gallicane, vint faire la visite du prieuré de Lehon, et, sur les plaintes qui lui furent faites du frère René Gautier, il l'excommunia, déclara ses bénéfices impétrables, et attribua sa pension à la communauté. Ce coup de foudre, qui auroit dû éveiller ce léthargique, ne fit que l'endormir davantage. Il crut s'en mettre à couvert en s'adressant au grand-prieur de Marmoutier, qui l'absout de ses censures *ad cautelam*, et lui fit donner de l'argent pour subsister en attendant qu'il jouit de sa pension. Il fit plus, car il cita sous peine d'excommunication les Pères Mars et Brissard de se trouver à Marmoutier au chapitre général prochain, afin d'y rendre compte de leur conduite. Ceux-ci en écrivirent au R. P. général de la congrégation gallicane, qui les dispensa d'obéir en cette occasion au grand-prieur de Marmoutier, qui en fut irrité et, par une sentence du 5 mai 1605, donna assignation aux Pères Mars et Brissard pour comparoître dans un mois à Marmoutier sous peine de désobéissance, de schisme et d'excommunication majeure, afin de s'y purger en sa présence des défauts qu'ils avoient faits auparavant, et alléguer ce qu'ils avoient à dire contre le frère René Gautier. Cette sentence fut signifiée au Père Mars par un notaire apostolique l'onzième juin, auquel il répondit que le grand-conseil étant saisi de la cause où le frère Gautier étoit demeuré intimé, c'étoit là où il prétendoit se pourvoir. Ce qui fut pareillement répondu à une semblable sentence du même grand-prieur donnée le 21 juillet de la même année, et signifiée le 16 d'août suivant. Enfin le 28 novembre, le Grand-Conseil donna arrêt contre les religieux de Marmoutier, et le 5 de décembre un autre contre le frère René Gautier, qui ne sachant plus où donner de la tête, fut obligé de demander miséricorde, et le 24 janvier 1606 vint à Marmoutier avec le Père Meneust trouver le Père général, lui promit qu'à l'avenir

le texte de Martène à partir de ce point jusqu'à la fin du chapitre, consacré à la Société de Bretagne. Nous avons adopté cet abrégé avec d'autant moins de scrupule, que ce chapitre est presque entièrement étranger à Marmoutier. (C. Ch.).

il acquitteroit fidèlement les charges de la sacristie, qu'il porteroit à l'église et ailleurs le grand froc, qu'il se conformeroit à ses autres confrères, qu'il n'introduiroit dans son appartement ni hommes ni femmes, qu'il se comporteroit en tout modestement, et feroit cesser les scandales qu'il avoit causés. Après cela, le P. général le renvoya absous dans son monastère, où il devoit bientôt après finir sa vie et aller rendre compte à un juge inexorable aux méchants.

Je reviens à dom Noël Mars, qui dès qu'il fut arrivé à Lehon, commença à faire faire des cellules et à mettre le monastère en état de soutenir une bonne régularité. Il trouva dans ses frères des cœurs très-bien disposés à recevoir les bonnes semences qu'il y jetoit sans cesse, et il les voyoit croître avec plaisir. Au mois de novembre suivant, dom Isaïe Jaunay vint faire sa visite à Lehon, où il fut reçu par ces anges du désert avec le respect dû à ses mérites et à sa dignité. Il y séjourna quelques jours, admirant la ferveur et le zèle qu'ils avoient de bien pratiquer la règle de saint Benoît. Ils le prièrent pendant ce temps-là de leur dresser des constitutions pour leur faciliter l'exécution de leur dessein. Mais comme il étoit pressé de se rendre à Rennes pour des affaires de l'ordre, il fut obligé d'interrompre sa visite qu'il reprit le plus tôt qu'il put. Il étoit à Lehon le 1ᵉʳ janvier de l'an 1605, auquel jour tous les religieux renouvelèrent leurs vœux entre ses mains en ces termes :

« *Ego frater N., presbyter, religiosus professus ordinis S. Benedicti, coram Deo et omnibus sanctis ejus et te superiore meo, declaro meam hanc esse mentem professionis monasticæ, ut tria vota, obedientiam, paupertatem et castitatem, secundum regulam ejusdem beatissimi Patris Benedicti observare, divino fretus ope, intendam, ac promittam hoc primo die anni millesimi sexcentesimi quinti.* »

Cette rénovation se fit par écrit, et elle étoit signée du général et de chaque religieux en particulier. L'on garde à Lehon celle de dom Noël Mars écrite de sa propre main. Le troisième de février, dom Isaïe Jaunay leur dressa des constitutions, qu'ils acceptèrent tous et souscrivirent de leurs noms. Selon ces constitutions ils devoient tous les jours se lever à minuit. Leurs matines duroient trois heures les jours ordinaires, et quatre les jours de fêtes. Ils disoient tous les jours l'office de la Sainte-Vierge avec le canonique. Ils chantoient tous les jours deux grandes messes, et faisoient le service divin avec beaucoup de solennité et de gravité. Après matines, ils faisoient une demi-heure d'oraison mentale et autant après complies. L'intervalle entre les deux grandes messes et celui entre le dîner et les vêpres étoit employé à des lectures de piété et au travail manuel. Ils gardoient une abstinence rigoureuse et observoient exactement les jeûnes prescrits par la règle. Leur pauvreté étoit entière. Pour donner plus de vigueur à ces règlements, ils les firent homologuer au Grand-Conseil le 19 de décembre, à l'instance de M. Brulart de Lehon, leur ami et leur protecteur, et ensuite confirmer au chapitre général de la congrégation gallicane, qui se tint l'année suivante au monastère de Sainte-Croix de Bordeaux, puis par l'illustrissime cardinal de Sourdis, archevêque de Bordeaux, auquel le pape avoit donné commission l'an 1594 de travailler à la réforme de l'ordre de Saint-Benoît.

Pour affermir encore davantage cette réforme naissante, le Père Jaunay établit le Père Mars son vicaire-général dans la province de Bretagne, et lui donna toute son autorité pour visiter et réformer les monastères de l'ordre, célébrer des chapitres provinciaux, changer les religieux de monastère, punir les vices et les fautes considérables commises contre la règle, absoudre d'excommunication et de suspension, recevoir les novices à l'habit et à la profession. Outre cela, les Pères de Lehon crurent que pour se mettre à couvert des religieux de Marmoutier, qui nonobstant les arrêts obtenus ne cessoient de troubler la réforme, il étoit à propos de se mettre sous la protection du chapitre général de la congrégation gallicane, et parce que, selon les statuts de cette congrégation, l'on ne pouvoit recevoir des novices dans les prieurés, il falloit présenter requête aux président et définiteurs du chapitre, pour obtenir la permission d'en recevoir à Lehon indépendamment de Marmoutier, ils envoyèrent pour ce sujet le Père Meneust à Bordeaux avec le mémoire suivant :

MÉMOIRE.

« Que si la requête des religieux de la réforme n'étoit entérinée ne expédiée à ses fins, ains renvoyée à l'ordinaire

« Seroit bon de supplier la révérence des Pères président et définiteurs du chapitre général que au moins ils ordonnent que les dits ordinaires ne leur pourront envoyer d'autres religieux que ceux qui voudront garder et observer la règle M. saint Benoît, selon leur institut, et pleinement obéir aux supérieurs de la dite réformation, conformément à l'arrest d'homologation, à faute de quoi ne seront reçus.

« Outre, que s'il ne se présentoit aucun religieux de l'abbaye supérieure qui voulût se ranger à la dite réformation, fût permis aux dits supplians en recevoir d'autres abbayes de la congrégation, qui s'y pourroient présenter, ou en leur défaut autres religieux ou séculiers, qui se présenteroient à cette fin, après l'avoir fait savoir aux supérieurs ordinaires par une ou deux fois, conformément aux 27 et 34 articles des statuts de la congrégation.

« Plus, tous les religieux qui entreront en leur dite réformation soient contraints, l'an d'approbation expiré, faire ou renouveler leur profession, et promettre solennellement vivre et garder la règle M. saint Benoît conformément à leur dit institut, et ce entre les mains des supérieurs de la dite congrégation, ou en leur absence en celle du supérieur de la dite réformation, ensemble de s'entendre le même de leur donner l'habit, s'ils n'étoient religieux.

« Item ordonner que s'il arrivoit que quelque religieux s'étant présenté à icelle réformation, qui dans l'an d'approbation jugeroit ne pouvoir supporter le faix le reste de ses jours, seroit reçu en l'abbaye d'où il auroit sorti, et au par sus de l'an de la dite approbation, ou après avoir promis, ne fût plus recevable.

« Plus ordonner que les dits religieux réformez ne soient revoquez ou envoiez en d'autres monastères, s'ils ne sont de la même réforme et pareille observance.

« Et d'autant que par cy-devant ont été troublez et vexez par les censures des supérieurs ordinaires, ne tendantes que pour les rompre et dissiper, vous plaise ordonner que telles censures seront de nulle puissance contre les supérieurs, étant jettées et infligées à cette mauvaise fin.

« Faut faire ressouvenir le R. Père général qu'il fasse approuver la réception d'un frère laïc qu'il a reçu au dit monastère de Lehon.

« Faire remémorer l'établissement d'un séminaire qui est tant nécessaire pour chasser l'ignorance, d'où est arrivé grand désordre.

« Supplier les Pères d'admettre notre habit avec le capuchon conjointement au coleron.

« Ces mémoires sont faits par nous souscrits, religieux de Lehon, Fr. N. Mars, Truchon, P. Méneust, Fr. Stample. »

On voit par ces mémoires les soins que prenoient les bons Pères de Lehon pour établir solidement leur réforme, et aller au-devant de tous les moyens qu'on auroit pu employer pour la perdre. Le Père dom Noël Mars l'accompagna d'une très-belle lettre, qu'il écrivit au R. P. dom Isaïe Jaunay. Ce Père ayant été continué dans sa charge de général au chapitre de 1606, il est bien croyable qu'il leur fit accorder tout ce qu'ils demandoient. A la fin du chapitre, étant à Saint-Jean-d'Angely, il établit de nouveau le Père Mars son vicaire-général dans la province de Bretagne, et lui envoya les lettres de son institution datées du 22 septembre. Par ce moyen, il mit les Pères en état de recevoir un bon nombre de novices, et l'année suivante ils se trouvèrent en état d'envoyer six religieux réformer l'abbaye du Tronchet.

L'an 1607, le R. P. dom Isaïe Jaunay étant allé faire la visite de ce monastère, trouva que le dortoir et le réfectoire étoient ruinés de fond en comble, que les cloîtres étoient presqu'en même état, l'église sans vitres et presque sans ornements. Quelques prêtres séculiers y faisoient l'office avec assez peu de décence ; deux autres religieux étoient renfermés dans les prisons de Dol pour leur mauvaise conduite. Une désolation si grande perça le cœur de cet excellent homme, qu'un saint zèle pour la maison de Dieu dévoroit. Il en fit ses plaintes à Monseigneur de Revol, évêque et comte de Dol, qui obligea M. Prévost, conseiller du roi, qui en étoit abbé, d'y mettre ordre ; ce qu'il exécuta en appelant dans son abbaye six religieux de la réforme de Lehon, auxquels on donna pour supérieur le Père Meneust, et le 19 d'août l'évêque confirma le concordat qu'il avoit fait avec eux. L'on vit bientôt cette maison changer de face : l'office divin, qui s'y faisoit négligemment, s'y célébra avec modestie et gravité ; les lieux réguliers, qui étoient ruinés, furent rétablis ; la règle de saint Benoît, qui y étoit presque inconnue, y fut exactement observée ; il est vrai que ce ne fut pas sans peine, et que nos Pères eurent des travaux presque insurmontables à soutenir. L'abbé les aidoit un peu, l'évêque de Dol y contribuoit aussi de son autorité et de ses moyens ; mais après tout il faut avouer que le rétablissement de ce monastère est entièrement dû aux Pères de la réforme ; et ceux qui le voient aujourd'hui en l'état qu'ils l'ont mis, reconnoissent aisément qu'ils ont eu bien à travailler.

De l'union des deux monastères de Lehon et du Tronchet, il commença à se former une petite société, qui prit le nom de la *Société de Bretagne*, et depuis ce temps-là ils s'assemblèrent tous les ans pour faire élection de leurs supérieurs. L'an 1608, l'assemblée se tint au Tronchet, et le Père dom Noël Mars y fut continué dans la charge de prieur de Lehon, et le Père Meneust dans celle de prieur du Tronchet. L'année suivante, le même Père Meneust fut député par les Pères de la réforme pour aller en leur nom au chapitre général à Vendôme y soutenir leurs intérêts. Dans le même temps le Père Mars, qui avoit déjà été établi deux fois vicaire-général dans la province de Bretagne, craignant que se servant de cette double institution, le provincial ne crût qu'il se rendît indépendant de son autorité, crut qu'il étoit encore à propos de tout communiquer avec lui. Il fit connoître là-dessus sa tendresse de conscience au Père Louis Josselin, qui avoit cette dignité ; lequel admirant la candeur et la simplicité du saint homme, l'établit aussi son vicaire-général, et lui expédia les lettres de son institution au monastère de Saint-Nicolas d'Angers, datées du 19 septembre 1609.

L'heureux succès de la Société de Bretagne donna occasion au rétablissement de la régularité dans l'abbaye de Lantenac. Il y avoit déjà 45 ans qu'elle étoit sans religieux ; le Père Jean Verdeau, provincial de la province de Touraine, pour suppléer à ce défaut, y avoit envoyé un prêtre séculier de Redon nommé Jean Guyen, afin d'y faire l'office. L'an 1608, il y joignit son neveu, qui s'appeloit Julien le Roy. Le Père Jaunay leur donna une règle de saint Benoît, qu'ils gardoient le mieux qu'ils pouvoient. Ils y trouvèrent du goût, et, pour la pratiquer plus parfaitement, l'an 1610 ils allèrent à Léhon prendre l'habit de la réforme, et en même temps les Pères de la société furent introduits dans cette abbaye, dont ils rétablirent les bâtiments avec l'observance, et en firent une solitude très-agréable.

L'an 1611, le 31 de janvier, mourut dom Noël Mars, alors prieur du Tronchet ; dom Pierre Meneust lui succéda, et le 9 de mars il fut constitué vicaire-général dans la province de Bretagne par dom Louis Josselin, provincial de Touraine.

En ce temps-là, les bénédictins anglois de Saint-Malo firent de grandes poursuites pour unir leur monastère à la Société de Bretagne, et firent des propositions qui se voient dans une lettre qu'ils écrivirent au prieur de Léhon le 29 de juin 1615. Ces propositions étoient :

1° Que s'il arrivoit que la plus grande partie des enfants de la maison de Saint-Malo ne pussent persévérer et fussent obligés de retourner en leur congrégation, la maison de Saint-

Malo avec tout ce qui lui appartient retourneroit à la congrégation angloise ;

2° Que l'on ne pourroit recevoir aucun novice qui fît profession pour la maison de Saint-Malo devant treize mois accomplis après l'union ;

3° Qu'à ceux qui ne voudroient ou ne pourroient persévérer, ou entrer dans l'union, on donneroit une pension de cent vingt livres françoises ;

4° Que la première année, il demeureroit un ou deux religieux anglois dans la maison de Saint-Malo ;

5° Que ceux de Saint-Malo la première année garderoient leur habit ;

6° Que les religieux qui seroient envoyés à Saint-Malo pourroient aider aux confessions et pratiquer les autres exercices de charité qui sont en usage dans ce monastère ;

7° Que les religieux de Saint-Malo garderoient leur rang de profession.

Ce qui est le plus remarquable et le plus glorieux à la Société de Bretagne dans les projets de cette union, c'est que le R. P. dom Gabriel de Sainte-Marie, qui pour sa science, ses prédications, ses vertus et ses mérites personnels, fut élevé sur le siège de l'Église de Reims, fût un de ceux qui la recherchoient. Elle ne s'exécuta pas néanmoins, parce que les Pères de la société auroient été obligés de se relâcher de leurs austérités, ce qu'ils ne voulurent jamais faire.

Pendant que les Bénédictins anglois demandoient avec empressement leur union avec les Pères de la Société de Bretagne, les prieurs de la congrégation gallicane n'appréhendoient rien tant que de voir introduire cette réforme dans leurs monastères, et parce qu'ils avoient remarqué que le Père Isaïe Jaunay, leur général, en étoit le principal promoteur, ils convinrent entre eux de ne plus donner les charges de la congrégation aux religieux particuliers, qui soutenoient les inférieurs contre eux, mais à des supérieurs, afin qu'ils pussent être les maîtres et se soutenir les uns les autres contre les religieux particuliers. Ils eurent le malheur de réussir dans cette cabale. Ils ôtèrent la charge de général au plus grand homme qu'ils eussent parmi eux pour la donner à M. Jean d'Alibert, abbé du monastère de Caunes au diocèse de Narbonne. Mais Dieu, qui veille toujours sur les siens, les confondit, permettant que le Père Jaunay fût élu vicaire-général de M. d'Alibert dans toute sa congrégation, lui conférant encore une pleine et entière autorité qui n'étoit soumise qu'à celle de général. L'on accorda encore aux Pères de la Société de Bretagne un vicaire-général d'entre eux pour les visiter, qui fut le Père Jean Guyen.

Dom Isaïe Jaunay, toujours attentif à procurer la gloire de Dieu et le bien de la réforme, persuada à M. Sébastien de Galigaï, abbé de Marmoutier, d'appeler dans son monastère les Pères de la Société de Bretagne pour y faire revivre l'esprit de saint Benoît, et ensuite le répandre dans tous les prieurés qui en dépendent. C'étoit le plus grand bien qui pût arriver à cette abbaye, dont il s'en falloit bien que la régularité répondît à la grandeur du nom. L'abbé goûta les raisons du Père Jaunay ; il passa un concordat avec lui, il appela douze religieux de la Société de Bretagne qu'il reçut dans son logis abbatial de Rougemont ; ils y firent l'office divin dans sa chapelle, en attendant qu'ils pussent le faire dans la grande église et être les maîtres de tout le monastère par la mort des anciens. Comme on ne pouvoit recevoir de novices sans le consentement de l'abbé, de vingt qu'ils avoient coutume d'être, le nombre étoit réduit à six, et pour faciliter l'entrée des Pères réformés, l'abbé ne vouloit en admettre aucun. Les anciens, qui appréhendoient la réforme comme le plus grand mal qui pût leur arriver, le sollicitèrent assez d'en recevoir quelques-uns, mais il ne fit pas semblant de les entendre. Eux jouant de leur reste, cherchèrent partout des enfants et donnèrent l'habit à neuf. L'abbé dissimula de voir ces réceptions chimériques, qu'il auroit annulées sans peine, si le projet qu'il avoit fait eût réussi. Mais Dieu avoit réservé à l'abbaye de Marmoutier le bien de la réforme à un autre temps, et cet honneur devoit bientôt tomber sur la congrégation de Saint-

Maur. Les Pères de la Société de Bretagne vivoient à Rougemont avec édification, lorsqu'un jour étant sortis pour prendre l'air, les anciens de Marmoutier s'emparèrent de leur appartement, en chassèrent un frère convers qui y étoit resté, et leur fermèrent toutes les avenues à leur retour. Les bons Pères auroient pu y rentrer s'ils avoient pu se pourvoir en justice ; mais comme c'étoient des gens élevés dans un grand esprit de simplicité, après avoir adoré les profonds jugements de Dieu sur l'aveuglement des hommes, ils prirent le parti de s'en retourner chacun dans le monastère d'où ils avoient été tirés.

Ils réussirent mieux dans leur introduction dans l'abbaye de Landevenec, qui se fit l'année suivante 1646 au mois de septembre. Trois ans auparavant, M. Briant, archidiacre de Quimper et abbé de ce monastère, étant à Paris avoit demandé au prieur de Saint-Germain-des-Prés de ses religieux, qui étoient de la congrégation de Chezal-Benoît, pour réformer son abbaye. Le prieur, qui avoit dans sa communauté des religieux qui demandoient avec instance d'être unis avec les Pères de Lorraine, fut bien aise de se défaire de ces esprits fâcheux en les envoyant dans une terre de conquête, où ils trouveroient à exercer leur zèle. Ils y demeurèrent trois ans, au bout desquels se dégoûtant eux-mêmes, ils persuadèrent à M. l'abbé de prendre des religieux de la Société de Bretagne, qui pourroient mieux réussir qu'eux, parce qu'ils étoient trop éloignés des autres monastères de leur congrégation. L'abbé entra dans leurs raisons, et envoya à Lehon son agent avec le Père Adrien Barizel, prieur de Landevenec, lesquels traitèrent avec les Pères de la société, qui leur envoyèrent huit religieux, dont le Père dom François Stample fut établi prieur. Ils y eurent beaucoup à souffrir ; mais leur persévérance fut couronnée, car en peu de temps ils mirent cette maison en état de porter un cours de philosophie de neuf religieux, qui réussirent si parfaitement, qu'on en tira dans la suite des supérieurs.

La Société de Bretagne croissoit de la sorte aussi bien en

monastères qu'en nombre de religieux, et le 4 d'avril de l'an 1618 le Père Charbonneau, prieur de l'abbaye de la Chaume près de Machecoul, du consentement de Monseigneur le cardinal de Retz qui en étoit abbé, les mit en possession de son monastère, et consacra sa propre personne à Dieu en embrassant la réforme de la société. C'étoit un homme si mûr, qu'encore bien qu'il n'eût pas encore fait son année de probation, le Père Isaïe Jaunay voulut qu'on le laissât supérieur de la Chaume.

La même année, les Pères de la Société ayant célébré un chapitre général de tous leurs monastères, le 3 de juin, y firent un règlement qui portoit qu'outre les études qui se faisoient dans leurs monastères, on enverroit des religieux aux universités et aux colléges du dehors. En vertu de ce règlement, la même année on en envoya deux à Paris, deux à Quimper et cinq à Rennes, et un peu après six à la Flèche, qui par leur bonne conduite méritèrent partout l'approbation du public. Le 15 de juin, ils députèrent encore les Pères Meneust et Charbonneau pour aller au chapitre général de la congrégation gallicane qui devoit se tenir à la Réole le 1er de septembre, avec des mémoires pour les affaires de la réforme. Aidés par le Père Isaïe Jaunay, ils obtinrent ce qu'ils souhaitoient, surtout le pouvoir de se choisir eux-mêmes leur vicaire-général et visiteur, ce qui étoit de grande conséquence pour le bien de la réforme. Le 26 de septembre, ils s'assemblèrent tous à Lehon avec le R. P. dom Isaïe Jaunay, où après avoir célébré la messe du Saint-Esprit, ils élurent le R. P. dom François Stample, qui depuis ce jour-là fut toujours visiteur tant que dura la Société. Ils firent ensuite homologuer au parlement l'acte du chapitre général de la Réole, qui leur permettoit de se choisir eux-mêmes leur visiteur, et celui de l'élection du Père Stample.

Comme les Pères Meneust et Charbonneau se disposoient d'aller au chapitre général de la Réole, ils furent appelés à Redon par Monseigneur Artus d'Espinay, évêque de Marseille et abbé de ce monastère, et par le prieur et les religieux, qui leur écrivoient des lettres fort pressantes et fort obligeantes pour les engager à ce voyage. Comme il ne tendoit qu'à la gloire de Dieu, ils ne purent s'en dispenser, et le 16 d'août ils y arrivèrent, le 17 ils traitèrent des moyens d'établir dans ce monastère les Pères de la Société de Bretagne, et M. l'abbé, le prieur et les religieux au nombre de neuf, qui composoient alors la communauté, étant assemblés en leur chapitre passèrent avec eux un concordat signé de tous pour introduire la réforme dans Redon. Ensuite ils continuèrent leur voyage, attendant après le chapitre général à en prendre possession. Après le chapitre, ils retournèrent à Lehon pour procéder à l'élection d'un visiteur de leur Société. Cependant les affaires de Redon changèrent de face. Le Père Claude du Bruc, qui avoit été un des plus ardents à demander la réforme, ayant été élu provincial de Touraine, commença à concevoir des desseins d'ambition, et croyant que sa nouvelle dignité lui frayoit le chemin à celle de prieur de Redon, il prit résolution de s'opposer de toutes ses forces à l'établissement de la réforme, se joignant pour cela à deux autres religieux qui avoient du pouvoir dans le monastère, dont l'un s'appeloit Rado, et l'autre Verdeau. M. l'abbé, le prieur, le sous-prieur et les autres religieux persistoient dans leur première volonté, et le 29 de septembre ils écrivirent encore aux Pères Meneust et Charbonneau pour les presser de venir accomplir le concordat. Ils partirent pour les satisfaire avec le Père Isaïe Jaunay et quatre religieux de leurs meilleurs sujets, que le Père dom François Stample leur donna. Le 5 d'octobre, ils s'assemblèrent chez M. l'abbé, et firent quelques additions au concordat, qui en servoient comme d'interprétation. Le Père du Bruc, qui n'avoit pas dessein d'y consentir, ne s'y trouva pas. Le sixième, tous les articles étant mis au net furent lus publiquement dans le chapitre, acceptés et signés de tous, excepté du Père du Bruc et d'un autre; ensuite le grand-prieur se démit volontairement de son office en faveur des Pères de la réforme. L'on procéda à l'élection de son successeur, et d'un consentement unanime le Père Jean Charbonneau fut nommé prieur et aussitôt installé.

L'an 1620, le nouveau grand-prieur et les principaux de la réforme, par la malice de leurs ennemis, furent enlevés par le poison; ce qu'ayant appris, dom François Stample crut comme un bon père qu'il devoit participer aux croix de ses enfants; il alla donc à Redon pour y présider à l'élection d'un nouveau prieur. Elle se fit le 5 d'octobre, et le sort tomba sur lui; ainsi il fallut se disposer à de nouveaux travaux. Pour comble de peines, il se trouvoit privé du secours qu'il auroit pu tirer des Pères Isaïe Jaunay et Pierre Meneust, dont un peu auparavant une mort glorieuse avoit couronné les mérites.

Cependant le Père Claude du Bruc, provincial de Touraine, ne cessoit de vexer les Pères de la réforme, comme soumis à la juridiction de la congrégation gallicane. Pour s'en délivrer, ils résolurent de s'adresser au pape pour obtenir l'érection d'une nouvelle congrégation semblable à celle du Mont-Cassin et de Lorraine. M. de Marseille voulut bien se charger de cette affaire, et ne refusa pas la qualité de leur procureur auprès de Sa Sainteté. Mais la mort leur ayant encore ravi ce prélat, l'unique appui qu'ils eussent alors, ils s'adressèrent au parlement de Bretagne, qui rendit cinq arrêts contre ceux qui vouloient les persécuter, et les prit sous la protection du roi et de la cour. Ce fut un coup de foudre pour leurs ennemis, qui brisa les mauvais desseins qu'ils avoient conçus contre eux, mais qui ne les mit pas encore tout à fait en assurance.

Ils crurent toujours qu'ils devoient songer à se retirer de la juridiction de la congrégation gallicane, en érigeant les monastères de leur Société en congrégation. Pour cet effet, dès le commencement de l'année 1622, ils députèrent deux de leurs religieux pour postuler des bulles de Rome auprès du pape Grégoire XV. Pour mieux réussir dans leur négociation, ces bons Pères, passant par Paris, consultèrent les Pères de la congrégation de Saint-Maur. Ils s'adressèrent au R. P. dom Ange Nalet, religieux des Blancs-Manteaux, qui leur conseilla de ne pas aller plus loin ; que la congrégation de Saint-Maur étant très-bien établie, ils n'avoient qu'à s'unir à elle, ce qu'ils pouvoient faire aisément en obtenant le consentement du syndic de la congrégation gallicane qui ne le refuseroit point. Ils approuvèrent son avis, le firent savoir à leurs supérieurs, qui le goûtèrent encore davantage, et les rappelèrent aussitôt. Le 10 de mai, ils obtinrent le consentement du syndic de la congrégation gallicane, et au mois de juin, des lettres du roi qui leur permettoient de s'unir à la congrégation de Saint-Maur. Après cela, ils ne différèrent point à presser leur union. Au mois de septembre, ils députèrent les Pères Stample et Guynard pour la venir demander au chapitre général qui se tenoit à Corbie, qui les remit au chapitre général qui devoit se tenir à Jumiéges dans deux ans, et quelque temps après les Pères de Saint-Maur députèrent dom Colomban Renier et dom André Betoulaut pour voir les monastères de la Société de Bretagne et en faire leur rapport au chapitre général.

Cependant le provincial de Touraine continuoit à faire de la peine aux Pères de la Société, en sorte qu'ils se crurent obligés de présenter requête au cardinal de la Rochefoucault, à ce qu'en vertu du pouvoir qu'il avoit par le bref du pape et par les lettres patentes du roi de réformer les religieux de France, il leur permît de s'unir à la congrégation de Saint-Maur, et qu'il lui plût faire défense aux généraux, provinciaux et autres supérieurs de la congrégation gallicane, d'exercer aucune juridiction sur les monastères réformés de Bretagne. Le cardinal, qui aimoit le bien, leur accorda tout ce qu'ils demandoient, ordonna au provincial de Touraine de venir comparoître devant lui pour rendre compte de sa conduite, et ajouta peine d'excommunication contre les supérieurs de la congrégation gallicane qui contreviendroient à sa sentence.

Cette ordonnance donna un peu de repos aux Pères de la Société, qui continuèrent à croître en nombre de religieux et en vertu, en attendant qu'ils pussent s'unir à la congrégation de Saint-Maur. L'an 1624 ils députèrent de nouveau deux de leurs religieux pour l'aller demander au chapitre général qui se tenoit à Jumiéges. On les y reçut honnêtement, on écouta leurs propositions, on discuta les raisons de part et d'autre ; mais, tout bien examiné, on trouva tant de difficultés, qu'on résolut de ne plus penser à cette union. Les Pères de la Société, se voyant ainsi frustrés de l'espérance qu'ils avoient conçue d'entrer dans la congrégation de Saint-Maur, ne perdirent pas courage pour cela ; ils s'adressèrent au roi, qui leur accorda des lettres patentes au mois de septembre de l'an 1625, qui leur permettoient de s'unir en congrégation réformée sous la protection de M. le cardinal de Richelieu, d'assembler des chapitres généraux, créer des supérieurs, agréger les religieux des autres monastères qui voudroient embrasser leur manière de vivre, d'user des mêmes priviléges qu'ont les autres congrégations, sans qu'ils pussent être troublés et inquiétés. Ces lettres furent vérifiées au Grand Conseil le 27 d'avril de l'an 1626.

Voilà comme Dieu aidoit ces bons religieux, qui n'avoient autre désir que de se rendre agréables à lui. L'odeur de leur vertu se répandoit dans toute la France, et dans les assemblées du clergé des années 1625 et 1626 les évêques demandèrent au roi qu'aucune congrégation ne fût exempte de la juridiction des évêques, sinon celles de Sainte-Geneviève, de Chezal-Benoît, de Saint-Maur, et des monastères réformés en la Bretagne Armorique. La même année 1626, M. Cornulier, évêque de Rennes et abbé de Saint-Meen, traita avec eux pour les introduire dans son abbaye, où selon le concordat ils devoient mettre dix religieux de chœur et deux frères convers, auxquels on donna pour prieur dom Bernard Pichon, qui devoit aussi enseigner la philosophie aux jeunes religieux. Néanmoins, comme ce concordat n'étoit pas des plus avantageux, ils ne se pressèrent pas de prendre possession. Environ le même temps, M. le cardinal de Richelieu leur offrit son abbaye de Pontlevoy, et M. de Francheville celle de Saint-Jacut.

Cependant la congrégation gallicane souffroit impatiemment de voir les Pères de la Société vouloir se soustraire à sa juridiction. Ce fut pour les y retenir que le Père Pierre Bedacier, grand-prieur de Marmoutier et syndic de la congrégation gallicane, et le Père Jean Dehoris, provincial des provinces de Sens et de Paris, tant en leur nom qu'en celui de leur général et de tout le corps, déclarèrent par un acte public que les Pères de la Société de Bretagne étoient membres de leur congrégation, qu'ils jouissoient de tous les priviléges qui lui avoient été accordés par les papes et par les rois; qu'ils auroient leur visiteur ou vicaire-général tiré de leur corps, et élu par eux-mêmes dans leur chapitre annuel ou triennal, qu'ils ne pourroient être visités par aucun provincial, mais seulement par le général, qui confirmeroit leur visiteur ; que le général même ne pourroit faire aucun changement dans leur institut sans leur consentement ; enfin qu'ils assisteroient aux chapitres généraux et qu'ils y auroient voix active et passive. Cette déclaration fut donnée à Paris le 15 juin 1627.

Mais dès le 10 avril, les Pères de la Société avoient député deux de leurs religieux, dom Estienne Guilotin et dom Odilon Simoneau, pour aller en cour de Rome poursuivre l'érection de leur Société en congrégation, et la canonisation du vénérable Père dom Noël Mars, premier supérieur de leur réforme. Ils portèrent avec eux des attestations de tous les évêques de Bretagne, de tous les supérieurs de communautés religieuses de Rennes, et de quatre des plus célèbres docteurs de Sorbonne, comme ils vivoient dans une grande régularité et avec l'édification de tout le monde. Ils eurent, outre cela, des lettres de recommandation du roi à M. de Béthune, son ambassadeur. Étant arrivés à Rome, ils présentèrent requête à Sa Sainteté. Le pape les renvoya à la congrégation des réguliers, qui trouva bien des difficultés en leur requête, parce que la congrégation de Saint-Maur, qui florissoit en piété et en observance, étant depuis peu érigée, l'érection d'une nouvelle sembloit ne devoir apporter que de la confusion. On leur conseilla plutôt de s'unir à celle-là, à quoi ils consentirent sans peine, et le 8 de novembre de l'an 1627 le pape expédia un bref adressé aux cardinaux de Bérulle et nonce apostolique, pour voir les conditions nécessaires à cette union.

A leur retour, ils remirent le bref du pape entre les mains de leurs supérieurs, qui aussitôt se mirent en état de l'exécuter. Pour cet effet, ils députèrent les Pères dom Bernard Pichon et dom Estienne Guilotin pour aller à Paris traiter avec les Pères de la congrégation de Saint-Maur. Ils s'assemblèrent d'abord chez les Pères carmes deschaux, où se trouvèrent les Pères Colomban Renier, prieur de Jumièges, et dom Ange Nalet, prieur des Blancs-Manteaux, fondés en procuration de leur congrégation. Là ils convinrent de tous les articles de l'union qu'ils signèrent ensuite au collége de Cluny, le 17 juillet 1628, sous le bon plaisir de nos seigneurs les cardinaux de Bérulle et le nonce du pape en France, commis par Sa Sainteté pour régler et déterminer les conditions de cette union.

Ces conditions étoient : 1° que les Pères de Saint-Maur entreroient dans les monastères de Redon, Lehon, le Tronchet, Landevenec et la Chaume à leur premier chapitre général, mais qu'ils ne prendroient pas sitôt celui de Lantenac ; 2° que les Pères de la Société, avant que de s'obliger par vœux aux observances, coutumes et cérémonies de la congrégation de Saint-Maur, passeroient un an entier dans l'habit des profès de la même congrégation pour s'éprouver eux-mêmes, et connoître s'ils y voudroient rester toute leur vie ; 3° que ceux de la Société qui ne pourroient rester dans la congrégation de Saint-Maur, auroient une ou plusieurs maisons de leur Société et des supérieurs pour les gouverner selon leurs observances ; 4° que ceux de la Société tiendroient le rang de l'an 1626 en la congrégation de Saint-Maur ; mais que le R. P. dom François Stample, supérieur général de la Société, tiendroit le premier lieu après les officiers du chapitre qui ont rang, et que les autres prendroient leur rang respectivement, tant dans la congrégation de Saint-Maur que de la Société, selon le jour de leur profession, à supputer et commencer depuis le 24 janvier 1626, et que les frères convers observeroient entre eux la même chose; 5° que les Pères de la Société se démettroient de leurs offices et bénéfices et les remettroient entre les mains des Pères de la congrégation de Saint-Maur ; 6° que les novices de la Société seroient transférés aux noviciats de la congrégation de Saint-Maur pour y faire leur année de probation.

Tous ces articles furent confirmés le 28 de septembre 1628 au chapitre général, où le Père dom Thomas Baudry fut élu visiteur de la province de Bretagne et prieur de Redon. Il en prit possession le 16 d'octobre, après avoir fait une exhortation sur l'utilité de cette union. Il alla ensuite à Lehon et au Tronchet en faire autant, y établissant des supérieurs et des religieux de la congrégation de Saint-Maur. Une partie des religieux de la Société resta à Redon, les autres furent envoyés en divers monastères de Saint-Maur pour y faire leur noviciat en habit de profès selon qu'on étoit convenu ; et parce qu'un nombre de jeunes religieux de la Société avoient commencé à Lehon un cours de philosophie l'année précédente, on les envoya à Landevenec l'y achever sous la conduite de dom Bernard Pichon, qu'on leur donna pour prieur. Quant à ceux qui ne voulurent pas entrer dans la congrégation, ou qui ne purent y persévérer dans l'année de leur probation, on leur assigna les monastères du Tronchet, Lantenac et la Chaume pour y vivre selon leur observance sous des supérieurs de leur Société, qui étoient élus par le chapitre général de la congrégation de Saint-Maur, et visités par les visiteurs de la même congrégation. Ils étoient encore dix-huit dans ces trois monastères l'an 1639, auquel le R. P. dom Placide Sarcus et dom Bède de Fiesque, députés par le chapitre général de la congrégation de Saint-Maur avec les Pères dom Aubin de Saint-Per, prieur de Lantenac, et dom Robert Goupil, prieur de la Chaume, leur firent des réglements.

L'an 1647, ils n'occupoient plus que le monastère de Lantenac, où ils vivoient encore avec édification. Cette Société a eu l'avantage de ne s'être jamais relâchée de sa première ferveur, et d'avoir servi d'asile à beaucoup d'anciens religieux, tant de Marmoutier que d'autres maisons, qui vinrent chercher le salut dans leur réforme, qu'ils ne pouvoient trouver dans le relâchement qui régnoit dans leurs monastères. Beaucoup de jeunes gens, charmés de leurs bons exemples, vinrent aussi s'y consacrer à Dieu, et dans une seule année, on en vit jusqu'à seize qui vinrent prendre l'habit au monastère de Lehon, lequel se vit enfin chargé de vingt-cinq religieux, et les autres à proportion. Enfin on ne peut assez louer ces bons religieux d'avoir fait refleurir la régularité dans six monastères, d'en avoir rétabli tous les bâtiments, et augmenté le culte de Dieu, qui en étoit presque banni. Mais il est temps que nous parlions en particulier de ceux qui ont eu le plus de part à l'établissement de cette réforme.

ABRÉGÉ DE LA VIE
DU R. P. DOM ISAIE JAUNAY, RELIGIEUX DE MARMOUTIER, ET GÉNÉRAL DE LA CONGRÉGATION GALLICANE (1).

Nous commencerons par le R. P. dom Isaïe Jaunay, que nous pouvons considérer comme le père de la Société de Bretagne. C'est à lui qu'elle est redevable de sa naissance, de son accroissement et de son entier affermissement. Il n'épargna ni soins, ni travaux, ni voyages, ni dépenses pour l'établir solidement. Il la défendit avec un courage intrépide contre tous ses adversaires ; il s'opposa à toutes les puissances du siècle qui entreprirent de la détruire, et l'on connut à sa mort combien il lui valoit.

Ce grand homme étoit de la ville de Tours. Jean Jaunay

(1) Ce chapitre est textuellement emprunté à D. Martène. (C. Ch.)

son père, et Marie Giron sa mère, étoient marchands dans la paroisse de Saint-Clément. A l'âge de 15 à 16 ans, il prit l'habit de Saint-Benoît dans l'abbaye de Marmoutier, où il avoit déjà deux oncles, dont l'un étoit procureur syndic et l'autre sous-cellerier. Le jour de sa consécration fut le 5 de mai de l'an 1577, mais il ne fit profession que le 7 janvier 1583. Comme il promettoit beaucoup, on l'envoya à Paris étudier au collège de Marmoutier, où il prit le bonnet de docteur. Il passa ensuite par différents offices du monastère. L'an 1590, il fut fait *armaire* ou secrétaire du chapitre, et un an après quatrième prieur. Ce fut en cette qualité qu'il fut député l'an 1594 pour porter à Chartres la sainte ampoule pour le sacre du roi Henri IV. Il exerça ensuite l'office de sacristain, et enfin celui d'aumônier. Ces différents emplois marquent qu'il étoit regardé comme un homme de tête. Mais son mérite personnel ne se renferma pas seulement dans l'abbaye de Marmoutier ; il se fit connoître à toute la congrégation gallicane, qui l'éleva à la charge de provincial de la province de Bourges.

Dieu, qui vouloit se servir de lui pour sa gloire, le disposoit ainsi par ces différents degrés à quelque chose de grand. Il lui avoit donné des talents naturels merveilleux, un esprit beau, une grandeur d'âme, une générosité intrépide, une éloquence admirable. Ces talents, animés de la grâce, le rendirent capable des entreprises les plus difficiles. Zélé pour l'observance des règles, ardent à les faire observer, sévère à punir les transgressions, bon et aimable envers ceux qui faisoient leur devoir ; de sorte qu'il ne faut pas s'étonner si dans le chapitre général qui se célébra au mois d'avril de l'an 1603 au collège des Bernardins à Paris, il fut élu général de sa congrégation, qui étoit composée d'un très-grand nombre de monastères du royaume, parmi lesquels étoient compris les principaux.

Cette nouvelle dignité ne lui enfla pas le cœur ; elle ne fit qu'allumer son zèle, et il ne fut pas plus tôt élevé sur le chandelier, qu'il répandit partout sa lumière. Elle découvroit aux bons religieux ce qu'ils devoient faire pour se rendre parfaits, et aux mauvais ce qu'ils devoient éviter pour se corriger. Sitôt qu'on sut son élection, la joie remplit le cœur de tous ceux qui aimoient leur devoir. Six excellents religieux de Marmoutier s'adressèrent à lui pour lui demander sa protection dans le désir qu'ils avoient de pratiquer exactement leur règle. Il les embrassa avec des entrailles de père, il les fortifia dans leur résolution, et leur promit d'employer toute son autorité pour les aider à mettre en exécution leurs saints projets. Il leur octroya tout ce qu'ils demandoient, et leur déclara qu'il étoit dans la résolution de se joindre à eux. En effet, après avoir reçu leurs vœux le 3 d'août, huit jours après il renouvela les siens entre les mains du R. P. dom François Stample en cette manière :

« A vous, révérend Père François Stample, quint prieur de l'abbaye de Marmoutier, constitué par moi frère Isaïe Jaunay, indigne général de l'ordre, pour l'effet cy-après, je, frère Isaïe Jaunay, indigne général susdit, promets devant la sainte majesté de notre Dieu et en la présence de tous les saints, que j'adhère aux vœux et promesses que vous et nos bienaimés confrères Pierre Meneust, Elie Truchon et Jean Dehoris ont fait et mis par écrit entre mes mains le 3ᵉ jour du présent mois et an. Je veux vivre et mourir en l'observance de la règle de notre bon père Monsieur saint Benoît, selon les vœux que j'en ai ci-devant faits ; lesquels n'ayant aucunement observés, je désire et me propose à l'avenir mieux m'en acquitter, moyennant la grâce de mon Dieu, et particulièrement renoncer au détestable vice de propriété, ores et pour l'avenir, remettant dès à présent toutes et chascunes les choses que j'avois par devers moi, à la communauté établie par entre nous, avec promesse et obligation de rendre obéissance requise à ceux qui seront cy-après établis en mon lieu et place et autres supérieurs qu'il appartiendra. En témoin de quoi j'ai signé la présente à Marmoutier, ce dixième jour d'aoust mil six cent trois. Frère ISAIE JAUNAY. »

Après une rénovation si édifiante et si authentique, le R. P. dom Isaïe travailla de toutes ses forces à établir la réforme et l'exacte observance de la règle dans tous les monastères soumis à son autorité. Ce fut pour ce sujet qu'au mois de novembre suivant il alla à Paris avec le R. P. dom François Stample demander la protection du roi Henri IV. Et comme il étoit naturellement éloquent, il fit à Sa Majesté une remontrance si forte touchant la nécessité de réformer l'ordre de Saint-Benoît, que le roi, en présence de toute sa cour, l'exhorta à s'employer avec vigueur à cette sainte entreprise, et lui promit de le favoriser en tout ce qui concerneroit la gloire de Dieu et le bien de l'ordre. Il le renvoya ensuite comme nous avons vu, à son conseil privé, et le conseil privé au clergé, qui le tint trois mois sans rien résoudre, de sorte qu'il fut obligé de retourner à Marmoutier, d'où par son avis ceux qui souhaitoient la réforme se retirèrent au prieuré de Lehon. Là, il fut les visiter au mois de novembre de l'an 1604, reçut la rénovation de leurs vœux le premier de janvier 1605, et au mois de février leur fit des règlements qui leur servirent de constitutions, lesquels furent homologués au Grand-Conseil. Il consola ses chers enfants dans leurs afflictions, les défendit dans leurs combats, et les favorisa en tout ce qu'il put. Il trouva là un moine scandaleux, qu'il fut contraint d'excommunier afin de l'obliger à rentrer dans son devoir. Cela attira sur ses enfants la colère du grand-prieur de Marmoutier, qui prit la défense d'un homme qu'il auroit dû punir. Mais le Père Jaunay se comporta en cette occasion avec tant de vigueur, qu'il les réduisit tous à leur devoir.

Comme le désordre régnoit alors dans tous les monastères, il trouvoit aussi partout de la résistance. Il rencontroit quelquefois de bons religieux qu'il écoutoit volontiers et les soutenoit avec force dans leurs pieuses résolutions. Mais comme le nombre des méchants étoit incomparablement plus grand, il étoit impossible de s'opposer au torrent. Il s'en plaignit au roi dans une requête qu'il lui présenta, où il lui fait connoître « qu'exécutant sa charge et faisant ses visites, il trouvoit tout en désordre, et peu d'abbayes qui voulussent obéir à ses ordonnances, et le reconnoître en sa qualité de général; que les autres, qui étoient agrégées à sa congrégation, se vouloient contenter seulement du mot et non de l'effet d'une réformation ; tellement que l'ignorance, l'impiété et la propriété, qui est la racine de tous maux ès monastères, y règnent au lieu de la piété et innocence, et par ce moyen, au lieu d'une vraie obéissance selon leurs vœux, il étoit ordinairement assailli de rebellions, voire même il se trouvoit parfois en danger de sa personne, n'ayant ni moyens ni force bastante pour duement effectuer sa dite charge, et mettre les ordonnances de Sa Majesté en exécution. »

Entre ceux qui refusèrent de reconnoître son autorité, les religieux de Marmoutier, surtout le grand-prieur, se signalèrent. Il n'y a point de moyens qu'ils n'employassent pour se soustraire à sa juridiction ; faveur, adresse, surprise. Ils ne se contentèrent pas de faire intervenir dans leur méchante cause M. de Bourbon, frère du roi, leur abbé ; ils s'aveuglèrent jusqu'à ce point de vouloir renoncer à leurs priviléges d'exemption, et se soumettre à l'archevêque de Tours, afin d'avoir en sa personne un nouveau protecteur. Enfin ils portèrent les choses si loin, qu'ils n'eurent pas de honte de dire par la bouche de leur avocat qu'ils ne connoissoient pas la règle de saint Benoît. C'est ce que nous apprenons d'une lettre du R. P. dom Isaïe Jaunay au R. P. dom Noël Mars, où il lui parle de la sorte :

« Vos consolations ont beaucoup réjoui mon âme, je vous en remercie et tous nos bons confrères. Nos adversaires n'ont oublié une seule syllabe de malice. J'ai eu pour partie le sieur de Bourbon, futur abbé de Marmoutier, puis Monsieur l'archevêque de Tours, contre tous lesquels il se faut défendre. Nous n'avons que Dieu pour nous, le roi et quelque peu de gens de bien ; mais le grand nombre des malins suffoque tout. La cause a été plaidée et a tenu l'audience du Grand-Conseil par l'espace de huit jours entiers, où un avocat nommé Bouteiller, pour M. d'Huisseau et ses confédérés, a dit qu'il ne connoissoit point la règle de saint Benoît, et ne savoit si celle qui est en lumière avoit été faite par le dit saint Benoît ou non. Un autre, nommé de Sainte-Marthe, pour le sieur de Bourbon, un autre pour le sieur archevêque de Tours, semblablement ont apporté leurs subtilités sur ce que ceux de Marmoutier ont renoncé à leurs priviléges et veulent maintenant être sujets au dit sieur archevêque pour éviter la réformation. Deux autres avocats pour nous, qui sont les sieurs Joly et Boutraye, et enfin M. le procureur général du roi au dit conseil, homme très-pieux et de grand mérite, les ont rembarrés, à leur grande confusion et scandale d'infinis gens de bien, qui curieux de voir l'issue de cette cause y accouroient de toutes parts (1). »

On voit par là combien ce bon supérieur eut de peine pour réduire ses religieux à leur devoir. Mais avec tout l'appui qu'ils avoient, et toutes les adresses et dépenses qu'ils firent, ils ne purent éviter de se voir condamnés à venir demander au Père Isaïe Jaunay l'absolution de leurs censures. Ce qui étoit le plus sensible au général dans la poursuite de ces procès, c'étoit la peine de se voir absent et éloigné de ses chers enfants de la Société de Bretagne. Car encore bien qu'en faisant profession de la réforme il eût retenu son habit d'ancien et sa qualité de général, pour la pouvoir soutenir plus efficacement, il ne laissoit pas de les venir voir le plus souvent et de rester parmi eux le plus longtemps qu'il lui étoit possible. Et lorsqu'il étoit avec eux, il ne croyoit pas ravaler sa qualité de général d'exercer les plus humbles emplois et de les servir lui-même au réfectoire. Il exprime combien cette absence lui étoit sensible dans une lettre qu'il écrivit au R. P. dom Noël Mars le 30 d'août 1604, en cette sorte : « Il faut attendre

(1) On peut voir les plaidoyers en question dans le recueil indiqué ci-dessus, à la note de la p. 418. (Note du manuscrit de Tours).

la volonté de notre bon Dieu; je suis bien atténué par un si gros fardeau d'affaires, joint les traverses qu'on me fait de tous côtés; et le plus grand de mes regrets est que je ne puis être sitôt à vous comme je l'avois délibéré; néanmoins je banderay toutes mes forces pour que je vous puisse voir dans un mois, et vous meneray quelque bon frère tel qu'il nous le faudra là avec un serviteur que j'ay retenu. Cependant, conservez-vous et achevez toujours les affaires de notre réformation; accommodez les cellules pour notre retraite le mieux que pourrez. »

Quoique le R. P. dom Isaïe Jaunay fût fort zélé pour la réformation des monastères, il ne prétendoit pas les réduire tous sur le pied des religieux de la Société de Bretagne, quoiqu'il l'eût bien souhaité. Il se seroit contenté de les ramener à l'observation de la bulle de Benoît XII qu'on nomme ordinairement *la Bénédictine*, comme nous l'apprend le projet de réforme qu'il présenta à Henri IV avec la requête dont nous avons parlé, duquel on a une copie manuscrite à Marmoutier, que nous pourrons donner dans les preuves de cette Histoire (1). Ce qu'il avoit le plus à cœur pour la réformation des monastères, c'étoit la réunion des bénéfices claustraux à la mense conventuelle; c'est pourquoi lorsqu'il persuada M. de Galigaï, abbé de Marmoutier, d'appeler dans son abbaye les Pères de la Société de Bretagne, le principal article qu'il mit dans le concordat qu'il fit avec ce prélat, fut que les offices et bénéfices claustraux seroient réunis à la mense conventuelle à mesure qu'ils viendroient à vaquer par la mort de ceux qui en étoient titulaires. Lui-même offrit son office d'aumônier, qui étoit un des plus considérables, avec tout ce qui étoit à son usage, en faveur des Pères de la réforme.

L'établissement des Pères de la Société dans l'abbaye de Marmoutier étoit un coup de parti et un chemin qu'il frayoit pour faire passer la réforme dans tous les autres

---

(1) Voir ci-dessus la note de la p. 418.

monastères de France. Il y a bien de l'apparence qu'un coup si hardi effraya tous les supérieurs des autres maisons, et que la crainte de la réforme leur fit prendre la résolution de mettre un autre général en sa place, ce qu'ils firent en élisant M. Jean d'Alibert, abbé de Caunes au diocèse de Narbonne. Mais celui-ci, qui apparemment n'étoit pas aussi actif que le Père Jaunay, ni d'humeur à se donner autant de peine qu'il étoit nécessaire d'en prendre pour établir le bien dans les monastères de sa congrégation, le créa son vicaire-général et lui donna toute son autorité. Il se contenta de l'honneur de sa dignité, et se déchargea de tout le poids sur lui. Il exerça cet office avec édification jusqu'à la mort, comme il avoit fait celui de général, l'espace de 12 ans. Nous ne savons pas tout ce qu'il fit pour l'établissement de la réforme dans les abbayes du Tronchet, de Lantenac, de la Chaume et de Redon. Dieu couronna ses travaux par une heureuse fin qui arriva à Marmoutier le 24 d'octobre 1619, à la 58º année de son âge ou environ.

ABRÉGÉ DE LA VIE DU R. P. DOM NOEL MARS, RELIGIEUX DE MARMOUTIER, PRIEUR CLAUSTRAL DE LEHON, PRÈS DE DINAN, ET PREMIER VICAIRE-GÉNÉRAL DE LA SOCIÉTÉ DE BRETAGNE (1).

C'est avec beaucoup de raison que la ville d'Orléans se glorifie d'être la patrie du vénérable Père dom Noël Mars, et d'avoir reçu du Ciel cette brillante lumière en un temps où l'hérésie de Calvin y répandoit partout avec une licence effroyable les ténèbres de l'erreur et de l'impiété. Il vint au monde le 24 d'avril de l'an 1576, un mardi après Pâques, et le même jour ayant reçu dans les eaux sacrées du baptême

(1) Ce chapitre est seulement un extrait de D. Martène. (C. Ch.).

une renaissance spirituelle, il participa à la grâce que le Sauveur nous a méritée par ses souffrances et par la gloire de sa résurrection. Sébastien Mars son père et Mathurine Seurat sa mère lui donnèrent une bonne éducation, et comme ils trouvèrent en lui un terrain bien disposé, ils n'eurent pas de peine à le cultiver et à faire croître les semences de vertu que la nature et la grâce avoient mises en lui. L'on remarquoit son inclination pour le bien dans le soin qu'il prenoit à parer de petits oratoires, obligeant son frère, quoique plus âgé, à s'occuper à cet innocent exercice.

Dieu, qui vouloit en faire un sujet digne de sa gloire, lui avoit donné un ardent amour pour l'étude ; mais ses parents, qui étoient d'honnêtes bourgeois de la ville, ayant été entièrement ruinés dans les guerres civiles des huguenots, ne se trouvèrent pas en état de favoriser son inclination pour les lettres. Dieu suppléa à ce défaut, inspirant à leurs parents et amis de fournir à la dépense de ses études. On l'envoya donc dans un fameux collége de la ville, où il ne fut pas longtemps à se distinguer par sa docilité, sa pénétration et sa facilité à apprendre, aussi bien que par sa piété, son humilité et sa modestie. Il donnoit de l'admiration à son maître, qui étoit si charmé de lui, qu'il disoit quelquefois que la douceur, l'humilité et la diligence de Mars et Ordesseau lui faisoient oublier toute la peine que lui donnoient les autres écoliers. Son ardeur pour les lettres n'avoit point de bornes, il en perdoit souvent le boire et le manger ; aussi son régent disoit-il de lui que s'il étoit petit de corps, il récompenseroit un jour avantageusement ce défaut par la grandeur de sa science. Il le retenoit souvent auprès de lui et l'avoit pris tellement en affection, qu'il avoit dessein de lui céder sa chaire ; mais Dieu l'avoit destiné à enseigner une autre science bien plus sublime et beaucoup plus avantageuse, puisqu'elle fait les saints.

En sortant du collége, il alloit chez MM. ses oncles, chez MM. Pichery, Dubois et Petau, qui le faisoient manger à leur table, parce qu'il faisoit des leçons à leurs enfants et leur apprenoit le latin, de sorte qu'il pourroit bien avoir été le précepteur du fameux Père Petau, jésuite, qui par sa profonde science s'est distingué dans sa société et rendu recommandable à toute la postérité. Lorsque le petit Noël Mars alloit voir ses bienfaiteurs, il avoit coutume de leur présenter quelque production de son esprit qu'il couchoit sur le papier, tant pour leur témoigner sa reconnoissance que pour leur faire connoître qu'il employoit utilement le temps et qu'il correspondoit à leur bonne volonté en son endroit. Son humilité, sa simplicité, sa modestie les charmoient, et le faisoient même admirer de ceux qui ne le connoissoient pas, en sorte qu'un jour une demoiselle ne put s'empêcher de lui demander à qui il appartenoit, ajoutant : « Mon enfant, bienheureux est le père qui vous a engendré et la mère qui vous a porté. »

Dieu, qui avoit pourvu à ses études par la charité de ses parents et de leurs amis, se servit des mêmes moyens pour lui faciliter l'entrée de la religion. Tout le monde voyoit en lui une dévotion qui surpassoit son âge. Il avoit de l'aversion pour le siècle, et souhaitoit consacrer sa personne à Dieu dans un cloître. Heureusement pour lui, M. d'Huisseau, grand-prieur de Marmoutier, se trouva être son parent. Un autre de ses parents, qui avoit du crédit dans le monde, remarquant avec plaisir ses belles qualités, et connoissant le désir qu'il avoit pour la vie religieuse, le lui présenta lui-même ; mais comme on ne recevoit point de novice dans ce monastère, qui ne payât ses habits, il fallut faire une quête parmi tous ses parents et amis pour faire une somme de quatre-vingts écus. Il se forma une autre difficulté sur sa réception, à cause du désir qu'il témoignoit d'achever ses études après sa profession, ce que l'on n'accordoit aux autres qu'après trois ans de religion. Il fallut assembler le chapitre là-dessus, et, sans préjudice des réglements ordinaires, on conclut en sa faveur.

Après avoir donc passé 15 jours en habit séculier dans le monastère, on lui donna celui de la religion le 5 d'octobre 1594, étant alors âgé de 18 ans. Pendant son année de probation, on lui donna la charge d'enseigner les humanités aux autres novices; mais il ne se contenta pas de leur apprendre les belles-lettres, il leur apprit en même temps la vertu et ce qu'il faut faire pour être bon religieux, ce qu'il faisoit encore plus par ses exemples que par ses paroles. Après sa profession, qu'il fit le 23 de septembre 1595, on l'envoya à Paris pour y étudier au collége de Marmoutier, ainsi qu'il l'avoit désiré. Il y fit de grands progrès dans les sciences, en sorte que dès le mois de mars suivant il se trouva en état de soutenir publiquement une thèse qu'il dédia à son prieur et à sa communauté. Mais le progrès qu'il fit dans la piété étoit beaucoup plus considérable. Voici comme il s'en explique lui-même dans l'oraison qu'il fit avant sa théologie : « Il faut, dit-il, savoir avant toutes choses, qu'on ne doit pas entreprendre d'acquérir cette céleste doctrine avec un cœur souillé, ni oser s'en approcher avec des mains sales; en sorte qu'on peut appliquer à ceux qui aspirent à sa possession ces paroles de Tibulle : Venez avec un habit net; et puisez dans cette source avec des mains pures :

Pura cum veste venite,
Et manibus puris sumite fontis aquam.

que pour se rendre habile dans les autres sciences l'application de l'entendement suffit, mais que pour obtenir cette divine sagesse, il faut une volonté qui soit toute dévouée à Dieu et parfaitement enflammée du feu de son amour. Car c'est en vain, dit-il avec saint Augustin, *que la connoissance de Dieu croît en nous si le feu de son amour divin n'y croît en même temps*, et avec le dévot saint Bernard, *de même qu'une nourriture indigeste corrompt l'estomac, l'enfle et le rend hydropique, ou le nourrit si elle est bien digérée, de même si la doctrine ne se digère dans l'estomac de notre âme par le feu de la charité, elle engendre de mauvaises humeurs.* Ses mauvaises mœurs ne sont-elles pas des humeurs malignes ? Il faut de plus, prendre soigneusement garde que l'on n'étudie avec un esprit enflé et plein de faste; car, comme dit très-bien saint Grégoire, *les arrogants ne peuvent pénétrer les mystères de Dieu, parce que le choix qu'ils font de cette divine science les en éloigne même en les élevant*; l'enflure du cœur étant un très-grand obstacle à la vérité, parce qu'enflant l'esprit il l'obscurcit en même temps. Que les hommes sont aveuglés, qui négligeant le véritable bien, s'attachent à un bien trompeur et apparent, et qui, comme dit excellemment Richard de Saint-Victor, cherchent la vérité non dans la vérité, mais dans la vanité, et qui après l'avoir cherchée avec soin la trouvent, non pour se remplir de la vérité, mais pour se repaître de la vanité; et ce qui est encore plus déplorable, gagnent la mort en acquérant les paroles de vie. Enfin il dit que c'est en vain qu'on espère de devenir théologien, si on ne renonce à tous les plaisirs du siècle; que l'on n'en a pas encore pris le chemin si l'on a de l'attachement aux vaines joies du monde; qu'il faut tout mépriser et se dépouiller de toute sorte de vices pour se revêtir de la robe de l'innocence et de l'intégrité. »

Voilà ce qu'il pensoit et ce qu'il pratiquoit, car ceux qui ont écrit sa Vie nous assurent qu'étant au collège de Marmoutier il fit une sainte alliance de la piété et des lettres, partageant son temps entre l'étude et l'oraison, et observant si exactement la règle de saint Benoît, que bien qu'il eût fait profession dans un monastère fort mitigé, il vivoit aussi austèrement que s'il eût été déjà dans la réforme. Il couchoit sur la dure, et quelquefois même sur les carreaux, et jamais ne se mettoit au lit qu'il n'eût récité ses matines et passé une partie de la nuit en prières. Il étoit si amateur de la pauvreté, qu'il n'eût pas voulu recevoir ni donner la moindre chose sans la permission du supérieur du collége. Un jour, passant par Orléans, son frère voulut lui donner quelques mouchoirs; mais il les refusa, disant que la religion leur fournissoit le nécessaire, qui étoit pris sur la masse commune.

Il portoit un cilice si long et si large, qu'il lui enveloppoit tout le corps; et comme un jour son frère avec un autre de ses parents le vinrent voir à Paris, conférant avec lui de la nécessité de la pénitence, il leur confia le secret de son cilice, espérant sans doute que son exemple les exciteroit à l'imiter. Il leur dit qu'un chrétien devoit se mortifier sans cesse pour assujettir le corps à l'esprit, et se disposer par cette voie à marcher à la suite de Jésus crucifié.

Après avoir achevé sa philosophie, il passa en la maison de Sorbonne et y prit les leçons de théologie de MM. du Val et de Gamaches, deux des plus célèbres docteurs de la faculté, sous lesquels il étudia six ans, et dans la cinquième année il dédia ses thèses au R. P. dom Isaïe Jaunay, général de la congrégation gallicane. A l'âge de 23 ans, il fut passé bachelier en Sorbonne, et quelques années après, il prit le bonnet de docteur, quoique par son humilité il n'ait jamais pris que la qualité de licencié, mais tous ceux qui l'ont connu ont coutume de lui donner celle de docteur. Comme il se distinguoit partout autant par sa piété que par sa profonde science, ses maîtres n'eurent pas de peine à lui donner des approbations très-avantageuses, et ce fut en suite de ce témoignage si favorable, qu'on lui permit de prêcher dans Paris, n'étant encore que diacre, ce qu'il fit avec beaucoup de succès dans les églises de Saint-Jean-en-Grève, de Saint-Nicolas-des-Champs et du collége de Marmoutier. Il prêcha aussi ensuite dans l'église cathédrale d'Orléans et dans la paroisse de Saint-Pierre.

L'an 1604, il reçut l'ordre de prêtrise qui lui fut conféré le 7 d'avril. Il se disposa ensuite par une retraite qu'il fit chez les Pères chartreux à dire sa première messe, qu'il voulut célébrer dans leur église. Il y avoit déjà longtemps qu'il avoit commerce avec ces anges du désert, et l'estime qu'il avoit de leur vertu l'engageoit à leur rendre souvent des visites.

Son frère lui ayant témoigné quelque envie d'embrasser la vie religieuse, il lui conseilla d'entrer chez les chartreux ; mais comme il n'avoit point étudié et qu'il ne savoit point de métier, il ne put obtenir cette grâce. Il avoit aussi une sœur qui avoit formé le dessein de consacrer à Dieu sa virginité dans un cloître, lorsqu'elle fut enlevée du monde par une heureuse mort.

Ses exemples, et les paroles toutes de feu avec lesquelles leur saint frère les exhortoit au mépris du siècle les avoient beaucoup aidés à concevoir un si noble dessein; car quant aux affaires du monde il étoit fort inutile de lui en écrire, il auroit cru perdre le temps que d'y répondre; sur quoi ayant reçu quelques reproches lorsqu'il passa par Orléans à la fin de ses études, il fit une réponse digne de sa piété en parlant à son frère : « Vous vous plaignez de mon oubli, mon cher frère; il n'y a rien de plus injuste, puisque tous les jours j'offre à Dieu vos nécessités au *Memento* de la sainte messe, et celles des personnes à qui je dois la vie : cela ne suffit pas? Croyez-moi, tout le reste n'est qu'amusement et perte de temps. »

L'an 1603, il assista comme député du collége de Marmoutier au chapitre général de la congrégation qui se célébra à Paris au collége des Bernardins, et peu de temps après il dédia une thèse au R. P. dom Isaïe Jaunay, qui venoit d'être élu général. Sur la fin de l'année, ayant su que six religieux de Marmoutier avoient conçu le généreux dessein d'établir une réforme dans laquelle la règle de saint Benoît fût exactement observée, non-seulement il loua leur entreprise, mais il voulut encore entrer dans leur société et participer à leurs travaux et à leurs couronnes. Rien ne pouvoit plus consoler cette petite troupe, qui, connoissant le mérite du vénérable Père dom Noël Mars, le demanda au grand-prieur de Marmoutier pour être leur supérieur au monastère de Lehon, où on les envoyoit exécuter la résolution que le Ciel leur avoit inspirée. Ce fut donc en cette qualité qu'il s'y rendit le 24 juin 1604 et qu'il y fut reçu par ses frères qui y étoient arrivés dès le mois de mars. Il renouvela avec eux ses vœux le 1ᵉʳ janvier 1605 entre les mains de dom Isaïe Jaunay, qui pour mieux faire réussir les affaires de la réforme, l'établit son vicaire-général dans la province de Bretagne, et lui donna toute son autorité pour réformer les monastères qui voudroient embrasser leur manière de vie.

Dom Noël Mars étoit si pénétré de cette parole de notre sainte règle, *qu'on ne doit rien préférer à l'œuvre de Dieu*, que lorsqu'il étoit malade il se faisoit porter au chœur par deux religieux, et lorsqu'il devint tellement perclus qu'il ne pouvoit pas seulement se remuer, il ne se dispensoit pas de dire son bréviaire. Il avoit la même ferveur pour le sacrifice adorable de nos autels, qu'il célébroit tous les jours; et lorsqu'il étoit malade, il se faisoit porter à l'église pour entendre la messe, ou même la dire assisté de quelques religieux qui le soutenoient et l'aidoient à faire les génuflexions et à le relever. Avec quelle dévotion il s'y préparoit ! Quel étoit son recueillement avant et après ! Mais ce n'étoit pas seulement durant le sacrifice et pendant les offices divins qu'il étoit pénétré de Dieu, il entretenoit continuellement dans son cœur un feu divin qui le brûloit sans le consumer. Il avoit les yeux ordinairement élevés vers le Ciel, mais d'un regard qui faisoit assez voir que c'étoit là qu'il avoit son cœur. Lorsqu'il étoit au réfectoire, où il mangeoit très-peu, il étoit si recueilli en Dieu, qu'on jugeoit aisément que sa conversation étoit dans les cieux ; aussi ne vouloit-il pas entendre parler de procès ni d'affaires temporelles, disant que ce n'étoit pas pour cela que nous étions venus en religion. Son détachement même s'étendoit jusque sur les personnes que la nature nous a rendues les plus chères. On lui apporta un jour un gros paquet de lettres d'Orléans, de ses parents et de ses meilleurs amis ; après l'avoir reçu et s'être un peu recueilli en lui-même, il le fit mettre au feu sans ouvrir une seule lettre, disant avec joie au religieux qui en avoit fait le sacrifice, qu'il avoit délivré son esprit de bien des badineries du monde.

Ce grand détachement étoit accompagné d'une profonde humilité qui lui faisoit rechercher les emplois les plus vils, comme aider à la cuisine, laver la vaisselle, balayer le monastère. Ce n'étoit qu'avec une peine extrême qu'il commandoit, parce qu'il s'estimoit indigne [d'être] supérieur; aussi fit-il tout ce qu'il put pour faire élire en sa place un autre prieur. Les lois établies parmi eux voulant que tous les ans, le lundi d'après le dimanche de la Passion, le supérieur se démit de son office en présence de la communauté, pour être procédé le lendemain des Rameaux à une nouvelle élection, ou bien être confirmé dans sa charge, toutes les instances qu'il put faire lui furent toujours inutiles jusqu'en l'an 1609, qu'il fallut céder à son humilité. Il aimoit fort son état, et tous les jours il renouveloit sa profession, qu'il a dit cent fois qu'il signeroit de son sang, si cela étoit nécessaire pour rendre son contrat plus affermi.

L'évêque de Dol, informé du mérite du Père Mars, le vint voir à Lehon et lui proposa de mettre la réforme en l'abbaye du Tronchet située dans son diocèse ; mais ce saint homme étoit trop humble pour entreprendre de son chef une chose de cette nature; il s'en excusa donc auprès de ce prélat, disant que cette affaire demandoit un ordre exprès de son général, et que d'ailleurs ils étoient si peu de religieux qu'ils auroient de la peine à s'en pouvoir passer. Cette réponse ne rebutant point l'évêque, il obtint au moins du Père Mars qu'il en écriroit au général, ce qu'il fit avec succès, ce Père étant ravi que la réforme prît quelque accroissement, et se rendant lui-même au Tronchet pour passer le concordat avec M. l'abbé, ce qui fut fait le 7 d'août 1607. Le Père Mars y alla ensuite avec six religieux pour en prendre possession, qu'il commença par un discours si fervent, que le bon évêque de Dol qui voulut y assister ne put retenir ses larmes.

Cependant, comme le Père Mars étoit travaillé de continuelles maladies, et qu'il ne pouvoit suivre l'observance régulière aussi exactement qu'il le désiroit, il demanda d'être absous de sa charge avec tant d'empressement, que le Père général fut contraint d'y consentir dans la visite qu'il fit à Lehon le 24 d'avril 1609. Dom Élie Truchon fut élu en sa place, ce qui le consola fort; mais son repos ne dura pas longtemps, puisque dès le 14 de septembre de la même année, le P. dom Louis Jousselin, provincial de la province de Touraine, le fit prieur du Tronchet et lui confirma la charge de vicaire-général en la province de Bretagne, ce qu'il fut contraint d'accepter. Il se rendit bientôt où l'obéissance l'appeloit, et y donna d'illustres marques de sa ferveur et de sa sainteté, jusqu'à ce qu'étant tombé dangereusement malade, et craignant d'incommoder la maison en faisant venir des médecins de Dol qui est à deux lieues de l'abbaye, il revint à Lehon, où Notre-Seigneur avoit marqué son dernier logis. Il aimoit spécialement ce monastère, et l'avoit choisi pour le dépositaire de ses écrits et des livres qu'il avoit apportés de Paris.

Voyant que son mal augmentoit tous les jours, il nomma un sous-prieur au Tronchet, afin que la communauté ne souffrît point de l'absence d'un supérieur, et voyant que ses religieux n'épargnoient rien pour sa santé, et qu'ils avoient arrêté un médecin pour être toujours au pied de son lit, il écrivit à M. de Châteauneuf, son intime ami, pour lui demander quelque secours pour la décharge de la communauté de Lehon. Le mal s'aigrit de telle sorte qu'il demeura perclus, ne pouvant même porter la main à sa bouche pour manger. En ce temps-là, un gentilhomme du pays, qui avoit pour lui une singulière vénération, le vint voir, et lui ayant demandé comment il se portoit, il lui répondit qu'il se portoit comme il plaisoit à Dieu, et qu'il mangeroit bien des fruits de l'année prochaine ; et sur ce que le gentilhomme lui dit qu'il en mangeroit aussi dans le temps lorsqu'il se porteroit bien, le malade insista et lui dit d'en aller querir à l'heure même dans son jardin. Cette proposition donna envie de rire à ce gentilhomme ; toutefois comme le saint homme insistoit toujours, par complaisance il sortit, et par manière d'acquit entra dans son jardin ; mais il fut extraordinairement surpris de trouver six cerises mûres sur un petit cerisier, et ses carrés de fraises tout rouges, en un temps où la terre étoit toute gelée. Il apporta aussitôt ces fruits au saint homme, que le Ciel lui avoit envoyés par un insigne miracle. Il les reçut avec action de grâces, en mangea et en loua Dieu. Le R. P. dom Noël Mars, son neveu, qui m'a raconté ce fait, m'a assuré l'avoir appris de la bouche du gentilhomme même à qui ce que nous venons de rapporter étoit arrivé.

Ce n'est pas là l'unique merveille que le Ciel ait faite en faveur du vénérable Père dom Noël Mars, puisqu'on nous assure qu'un jour étant tombé dans la rivière, il en fut retiré sans que ses habits fussent mouillés. Il guérit encore une femme qui, ayant été piquée d'un aspic, étoit déjà tout enflée. Mais ces miracles sont peu considérables au prix du grand nombre qu'il fit après sa heureuse mort.

Il s'y disposa par la réception des derniers sacrements, qu'il reçut avec de grands sentiments de piété, après quoi il ne prononça plus que ces paroles ordinaires : *O amour, ô amour!* et se reposa en Dieu du sommeil des justes sans aucun effort, un dimanche de la Septuagésime, le 31 janvier 1644, âgé de 34 ans 10 mois, 5 jours, regretté de tout le monde. Il fut enterré dans l'église de Saint-Magloire de Lehon devant l'autel de la très-sainte Vierge, sous une tombe de pierre du côté de l'épître. Le clergé et tous les religieux mendiants de Dinan se trouvèrent à sa pompe funèbre sans y être invités, avec une infinité de peuple et de personnes de condition de l'un et de l'autre sexe, qui s'empressoient à lui rendre leurs devoirs.

Ce seroit ici le lieu de rapporter tous les miracles de ce saint homme, dont les religieux de Lehon firent un recueil fort exact; mais pour ne pas ennuyer le lecteur, nous les rapporterons dans les preuves de cette Histoire avec un grand nombre d'attestations authentiques de plusieurs merveilles qu'il a opérées en divers endroits, et les témoignages que Monseigneur André du Saussay, le Père Symphorien Guion, prêtre de l'Oratoire, et le Père Menard rendent de sa sainteté.

ABRÉGÉ DE LA VIE DU R. P. DOM FRANÇOIS STAMPLE, RELIGIEUX DE MARMOUTIER, ET VISITEUR OU SUPÉRIEUR GÉNÉRAL DE LA SOCIÉTÉ DE BRETAGNE (1).

Le R. P. dom François Stample fut une des plus fortes colonnes de la Société de Bretagne. Il étoit sorti d'une hon-

(1) Extrait de D. Martène. (C. Ch.).

nête famille de la ville d'Orléans. A l'âge de 15 ou 16 ans, il prit l'habit religieux dans l'abbaye de Marmoutier, le 15 juin 1586, et le 23 mai il y fit profession. Étant encore assez jeune, il fut élu cinquième prieur de son monastère. Touché du désir de son salut, il fut un des premiers et des plus zélés à demander la réforme, et le 3 d'août 1603, il renouvela ses vœux entre les mains du Père Isaïe Jaunay son général, lequel de son côté choisit le R. P. Stample pour renouveler les siens, et faire profession de la réforme entre ses mains. Au mois de novembre suivant, ils furent tous les deux à Paris au nom de leurs confrères pour présenter une requête au roi Henri IV, et prendre les moyens de faire réussir le projet qu'ils avoient fait de garder exactement la règle de saint Benoît. Ce fut là qu'ils attirèrent dans leur société le R. P. dom Noël Mars, comme nous avons vu. Étant retourné à Marmoutier, il fut envoyé avec ses confrères au prieuré de Lehon pour y exécuter leurs pieux desseins, où il ne manqua pas d'exercice de patience.

Les mémoires qu'on nous a laissés de lui nous le représentent comme un grand religieux, humble, simple, plein d'amour et de charité envers ses frères, et surtout grand observateur de la régularité. Et assurément, il seroit difficile de s'en former une autre idée après le choix que le R. P. Mars fit de lui pour être son confesseur, et l'honneur qu'il lui fit après son décès de lui manifester sa gloire et de lui apparoître plusieurs fois. Ses rares vertus obligèrent ses Pères à l'honorer des premières charges de la Société. L'an 1640, il fut élu prieur de Lehon et continué dans la même charge les trois années suivantes. En 1644 et 1645, il fut prieur du Tronchet. L'année suivante, il fut prendre possession de l'abbaye de Landevenec, dont il exerça l'office de prieur jusqu'en 1618, qu'il fut élu visiteur et supérieur général de la Société, charge dont il fut le seul honoré, puisqu'il la garda jusqu'à leur union à la congrégation de Saint-Maur, avec celle de prieur de Lehon, depuis 1619 jusqu'en 1624, et de Redon depuis 1624 jusqu'en 1627.

On a vu ailleurs combien il eut à souffrir de la part des supérieurs de la congrégation gallicane. Il vit bien qu'il auroit de la peine à conserver la régularité que lui et ses frères avoient établie dans les monastères qui lui étoient soumis, tandis qu'ils resteroient sous la juridiction de cette congrégation, dont les chefs aussi bien que les membres étoient amateurs du relâche. Il en gémissoit souvent devant Dieu; et comme un jour il s'entretenoit familièrement avec lui sur ce sujet, le R. P. dom Noël Mars lui apparut et lui dit d'avoir bon courage, que leur petite société auroit un bon succès par l'union qu'elle devoit avoir bientôt avec la congrégation de Saint-Maur.

Il travailla depuis infatigablement à cette union, sans se rebuter des obstacles qu'on y forma, et des difficultés qui la rendoient presque impossible. Mais rien n'est impossible à Dieu, qui a coutume d'exaucer les vœux de ses serviteurs. Lorsque le R. P. Stample vit cette union tant désirée enfin faite, il s'écria dans un saint transport avec le saint vieillard Siméon : *Nunc dimittis servum tuum, Domine, secundum verbum tuum in pace*, et fut tout le premier à l'embrasser, en se jetant dans la congrégation de Saint-Maur. L'éclat de sa dignité de général ne l'éblouit point; il la méprisa sans peine, et ne crut point se trop rabaisser, après avoir commandé pendant tant d'années, de se soumettre à tous les exercices du noviciat. C'étoit sans doute un beau spectacle de voir un saint vieillard avec des enfants, et devenu enfant avec eux. Mais ce fut cela même qui le rendit consommé en toute sorte de vertus. Le Ciel couronna ses mérites en l'abbaye de Vendôme, où il mourut l'an 1630 en réputation d'un très-excellent religieux.

ABRÉGÉ DE LA VIE DU R. P. DOM PIERRE MENEUST,
RELIGIEUX DE MARMOUTIER, ET ENSUITE DE LA SOCIÉTÉ DE
BRETAGNE (1).

Le R. P. dom Pierre Meneust étoit breton, de la paroisse de Gennes au diocèse de Rennes. Il étudia en l'Université d'Angers jusqu'à l'âge de 18 ans passés, qu'il prit l'habit religieux en l'abbaye de Marmoutier, le 25 mai 1582 ; mais il ne fit profession que le 23 novembre 1583. Les principaux emplois qu'il exerça dans le monastère furent ceux d'*armaire*, ou secrétaire du chapitre, et d'hôtelier de l'abbaye. Cet office étoit considérable et le rendoit dispensateur d'un gros revenu, qui lui fournissoit bien des moyens de vivre à son aise. Mais l'amour de son salut lui fit mépriser cet avantage pour embrasser la croix qui est inévitable à ceux qui veulent vivre en bons religieux. Il fut donc une des pierres fondamentales du grand édifice de la réforme, qu'il embrassa avec une joie qui ne pouvoit qu'être le fruit du Saint-Esprit.

Comme il avoit de l'esprit et du talent pour les affaires, le Père dom Noël Mars le fit procureur de Lehon, et le députa aux chapitres généraux de la congrégation gallicane pour y défendre les intérêts de la réforme. Sa vertu éclata dans une grande maladie où il fut attaqué du pourpre. Voyant le danger où il étoit, il désira se confesser et communier ; mais à cause du péril, il n'osoit demander personne. Le bon Père Mars ayant connu son désir, alla lui rendre visite et lui administra de ses propres mains les sacrements qu'il désiroit. Mais sitôt que le Père Meneust le vit approcher de sa chambre, il sauta hors du lit, et se mettant à genoux devant la porte, les mains jointes, pria très-instamment son saint prieur de ne point entrer, de crainte que s'approchant de lui, il ne gagnât sa maladie. Je ne sais ce que l'on doit admirer davantage en cette occasion, ou la charité du Père

(1) Extrait de D. Martène. (C. Ch.).

Mars, qui exposa sa vie pour le bien spirituel de son religieux, ou celle du Père Meneust, qui refusa les choses les plus désirables à un malade pour ne point mettre son supérieur en danger.

Il travailla beaucoup pour l'établissement de la réforme. Il fut établi premier prieur du Tronchet l'an 1607, et continué en cette charge jusqu'en 1609. Après la mort du Père Mars, il fut élu vicaire-général dans la province de Bretagne, charge qu'il exerça avec édification quatre années de suite avec celle de prieur du Tronchet, en 1611, 1612, 1613, 1616, 1617. En 1649, il fut élu prieur de la Chaume, où il mourut la même année.

DU PÈRE DOM ELIE TRUCHON.

Le R. P. dom Élie Truchon fut aussi un des premiers et des plus zélés de la réforme. Il avoit fait profession dans l'abbaye de Marmoutier l'an 1594, le 21 mai. On le loue d'avoir été un excellent religieux, extrêmement simple, qui avoit un grand mépris du monde et de ses façons de faire. Il fut prieur de Lehon en 1609, de Lantenac en 1610, 1611, 1612, 1613, et mourut à la Chaume l'an 1638, où il continuoit à suivre l'institut de la Société, n'ayant pu entrer dans la congrégation de Saint-Maur à cause de sa vieillesse et de ses infirmités.

ABRÉGÉ DE LA VIE DU R. P. JEAN GUYEN,
RELIGIEUX DE LA SOCIÉTÉ DE BRETAGNE (1).

Nous ne pouvons nous dispenser de parler ici du R. P. dom Jean Guyen, car quoiqu'il n'ait pas été religieux de

(1) Extrait de D. Martène. (C. Ch.).

Marmoutier, il a néanmoins fait profession dans un prieuré qui en dépend, ce qui suffit pour le mettre au rang des nôtres.

Ce grand serviteur de Dieu fut élevé au monastère de Redon, où il servit longtemps en qualité de chapelain. L'an 1605, il fut envoyé au monastère de Lantenac, qui depuis un temps considérable étoit sans religieux, afin d'y faire l'office divin. Le R. P. dom Isaïe Jaunay voyant les bonnes dispositions que la grâce avoit mises en lui, lui donna une règle de saint Benoît. Il la lut avec attention, la goûta et s'efforça de la garder le mieux qu'il put, avec son neveu Julien le Roy. Le plaisir qu'il trouva dans la lecture et dans la pratique de la règle de saint Benoît lui fit concevoir le dessein d'en faire une profession solennelle. Ce fut dans cette vue qu'il alla prendre l'habit de la religion au monastère de Lehon l'an 1610. Il se distingua bientôt par sa vertu et surtout par son humilité et son obéissance. Il fut un des plus fermes appuis de la régularité, et s'éleva par son mérite aux premières charges de la Société de Bretagne. L'an 1614, il fut fait prieur de Lehon, et l'année suivante vicaire-général dans la province de Bretagne. Il exerça trois ans cette charge avec celle de prieur de Lehon, savoir en 1618, 1619 et 1620.

L'an 1621, étant prieur de la Chaume il tomba malade, et après avoir reçu l'extrême-onction, il perdit entièrement le jugement et la parole. Comme l'on n'attendoit plus que le dernier moment de sa vie, il commença subitement à tressaillir, et à faire signe des deux mains, qu'il ne pouvoit remuer auparavant. Ce transport dura une demi-heure, témoignant une joie extraordinaire. Un jour après, la parole lui étant revenue, il se confessa au R. P. dom Félix Pasquier, qui ne manqua pas de s'informer du sujet de la joie qu'il avoit fait paroître, et il apprit par sa réponse que le Père Mars lui étoit apparu, et avoit demeuré proche de lui pendant une demi-heure. Depuis, on le voulut encore faire parler sur cette apparition, car il vécut encore dix-huit jours ; mais il ne voulut rien dire, au contraire il frappoit sa poitrine, protestant qu'il étoit un grand pécheur, et qu'il ne méritoit pas d'être favorisé de Dieu, ce qui marque sa modestie, et l'estime qu'il faisoit de la grâce que le bon Père Mars lui avoit faite. Ce furent là les derniers sentiments de ce grand homme, qui alla bientôt après recevoir la couronne de gloire qu'il avoit méritée par ses vertus, surtout par son humilité. Celui qui a fait le catalogue des religieux de la Société de Bretagne, dit du R. P. dom Jean Guyen, *Domnus Johannes Guyen, vir miræ simplicitatis et humilitatis, claruit miraculis et revelationibus, cujus mors fuit pretiosa ante Dominum.*

DU R. P. DOM JEAN CHARBONNEAU.

Il faut joindre à ces saints religieux le R. P. dom Jean Charbonneau. Il fut premièrement valet de chambre de Monsieur de Gondi, abbé de la Chaume, qui lui en donna le maniement. Il s'y fit instruire, prit l'habit religieux, et l'an 1608, il en fut fait prieur. Il eut toujours de l'inclination pour la réforme, ce qui le porta à recevoir des jeunes gens à la Chaume dont il peupla depuis l'abbaye de Quimperlé. Enfin voyant le peu de succès de ses projets de réforme, il appela l'an 1618 les Pères de la Société de Bretagne, qui le continuèrent dans sa charge de prieur. Peu de temps après, il fut élu prieur de l'abbaye de Redon, où il mourut et fut enterré devant la chapelle de Notre-Dame du Puis.

CHAPITRE LII.

DE CHARLES DE BOURBON,
XLVII° ABBÉ DE MARMOUTIER.
(1604 — 1610)

Charles de Bourbon étoit fils naturel d'Antoine de Bourbon roi de Navarre, et frère de Henri IV roi de France et de Navarre. Il eut pour maître François Baudouin, célèbre jurisconsulte. Le premier bénéfice dont il fut pourvu fut le prieuré de Saint-Orens de l'ordre de Cluny, au diocèse d'Auch. Il fut ensuite nommé à l'évêché de Comminges, puis à celui de Lectoure, mais il ne paroît pas qu'il y ait jamais exercé aucune fonction. L'an 1594, Henri IV le nomma à l'archevêché de Rouen, vacant par la mort du cardinal de Bourbon. Mais il n'obtint ses bulles du pape Clément VIII que le 26 mars de l'an 1597. Il n'étoit alors que diacre, quoiqu'il eût quarante ans. Il fut fait prêtre le 26 décembre, et deux jours après consacré archevêque de Rouen. Il ne fit néanmoins son entrée solennelle dans la ville que le 24 mai 1599; mais se sentant trop foible pour porter le poids de l'épiscopat, il permuta son archevêché pour les abbayes de Marmoutier et de Saint-Florent, sur la fin de l'an 1604. Quelques-uns même disent que ce fut en 1605, ce que j'ai de la peine à accorder avec le Père Pommeraye, dans son *Histoire des archevêques de Rouen*, qui dit que le cardinal de Joyeuse prit possession de l'archevêché le 14 mars 1604, car il est certain qu'il étoit encore abbé de Marmoutier, l'onzième de juin 1604, auquel jour dom Jacques d'Huisseau, grand-prieur de Marmoutier, comme grand-vicaire du cardinal de Joyeuse, abbé de Marmoutier, reçut la profession de frère François Boyer, et le 12 décembre en cette qualité donna l'habit à Gabriel Picquel.

Quoi qu'il en soit, Charles de Bourbon ayant permuté, se

retira en son abbaye de Marmoutier, où il mena une vie privée, éloignée des affaires du monde et des intrigues de la cour, et où il voulut avoir si peu de commerce, qu'il quitta quelque temps après l'office de chancelier de l'ordre, que le roi lui avoit donné. L'an 1607, il présenta à Sa Majesté une requête du consentement de ses religieux, pour obtenir une coupe de bois, et employer les deniers qui en proviendroient à réparer le logis abbatial de Rougemont et faire des chaires de chœur dans l'église, parce que les anciennes avoient été entièrement ruinées par les huguenots, l'an 1562.

L'année suivante 1608, durant le chapitre général, l'on fondit quatre grosses cloches, auxquelles on donna les noms de Benoît, Martin, Fulgent et Corentin. Il y avoit environ dix-huit ans que l'on en manquoit, parce qu'en 1594 la nuit du jeudi au vendredi du chapitre général, un incendie fortuit arrivé par la négligence d'un sonneur, qui laissa sa chandelle allumée au chevet de son lit en se couchant, avoit fondu six belles cloches, et brûlé le clocher, dont la flèche toute de pierre de taille creva une des voûtes du portique de l'église, et renversa la chapelle des Dormants.

L'hiver de l'année 1608 fut si rigoureux, que l'on vit des glaçons sur la rivière de Loire épais de treize pieds, qui renversèrent les ponts de pierre de Tours. Les murailles de l'enclos de Marmoutier, du côté du pré, furent aussi ruinées par l'impétuosité des eaux et des glaces, et les crues furent si excessives, que l'eau vint dans les cloîtres jusqu'à la hauteur d'une toise. Ceci arriva au commencement de février, mais au mois d'octobre les eaux crurent d'un pied plus haut.

Nous ne trouvons rien de plus considérable du temps de l'abbé Charles de Bourbon. Il mourut à Rougemont le 15 juin 1610; mais il paroît par un acte capitulaire de l'onzième d'octobre, qu'il n'étoit pas encore inhumé. Il fut enterré dans le chœur entre l'aigle et les lampes (1).

(1) On peut lire son épitaphe, qui d'ailleurs n'offre rien de remarquable, dans les notes (p. 217) qui suivent l'*Histoire de Marmoutier* de D. Le Michel. (C. Ch.)

CHAPITRE LIII.

DE SÉBASTIEN DORI GALIGAI,
XLVIII° ABBÉ DE MARMOUTIER.
(1610 — 1617)

Charles de Bourbon eut pour successeur dans l'abbaye de Marmoutier Sébastien Dori Galigaï, Florentin, aumônier de la reine Marie de Médicis, et beau-frère du marquis d'Ancre. Il étoit docteur en droit canon, et seulement sous-diacre, lorsqu'à la nomination du roi Louis XIII, il fut pourvu de l'abbaye de Marmoutier, le huitième juillet de l'an 1610, avec obligation de se faire prêtre avant la fin de l'année. Il en prit possession par procureur, le 22 octobre 1610, et en jouit fort paisiblement jusqu'en l'an 1617, qu'il fut pourvu de l'archevêché de Tours. Mais la mort du marquis d'Ancre, et l'exécution de sa sœur, ne lui donnèrent pas le temps de se faire sacrer. Il vit bien qu'il falloit pourvoir à sa sûreté par la fuite. Il se défit donc de son archevêché et de son abbaye, et se cacha premièrement dans le collége de Marmoutier, et ensuite à Notonville, où il mourut et où il fut enterré. Ce qui fait voir que M. Maan s'est trompé, lorsqu'il a dit qu'il s'étoit retiré en Italie.

De son temps, Pierre Supplice, curé de Sainte-Radégonde, représenta à la communauté de Marmoutier qu'ayant été fait curé, il avoit trouvé en sa paroisse une chapelle de saint Clair, auquel les peuples avoient grande dévotion; que s'étant informé de ses paroissiens quel étoit ce saint Clair, personne n'avoit pu lui répondre; mais qu'enfin après bien des recherches, on lui avoit dit qu'il y avoit un saint Clair disciple de saint Martin, qui avoit vécu aux environs de Marmoutier; qu'il ne doutoit point que ce ne fût celui-là auquel étoit consacrée sa chapelle, et comme il souhaitoit fort entretenir et augmenter la dévotion des peuples, il supplioit les religieux de lui accorder quelque petite portion de ses saintes reliques. La requête du curé ayant été jugée raisonnable, il fut résolu le 29 d'août 1644 qu'on lui donneroit des reliques, ce qui fait voir que celles qui sont à Sainte-Radégonde ne sont point supposées, comme quelques ecclésiastiques l'ont voulu croire, et que le patron de la chapelle n'est autre que le saint Clair dont il y a là des reliques, c'est-à-dire le disciple de saint Martin.

CHAPITRE LIV.

D'ALEXANDRE DE VENDOME,
GRAND-PRIEUR DE FRANCE, XLIX° ABBÉ DE MARMOUTIER.
(1617—1629)

L'abbaye de Marmoutier étant demeurée vacante par la démission pure et simple de Sébastien Dori-Galigaï, le roi y nomma Alexandre de Vendôme, fils naturel d'Henri IV, chevalier de Malte et grand-prieur de France, âgé de 19 ans, qui étoit déjà abbé de Saint-Lucien de Beauvais et de Saint-Faron de Meaux. Les bulles lui en furent expédiées par le pape Paul V, données à Rome le 21 mai 1617. Il en prit possession par procureur le 12 août de la même année, et en jouit paisiblement jusqu'à sa mort arrivée l'an 1629 (1).

De son temps, l'évêque de Quimper-Corentin, accompagné de l'évêque de Saint-Malo et de plusieurs ecclésiastiques de distinction, vint à Marmoutier supplier les religieux de vouloir bien faire la grâce à son église de lui accorder quelques reliques de saint Corentin, leur évêque et principal patron. On ne put refuser une demande si juste, et le mercredi dixième mai de l'an 1623, on lui donna un ossement du bras. L'évêque de Saint-Malo, profitant de l'occasion, voyant la châsse ouverte, en demanda aussi pour lui, et on lui accorda la noix du genou.

---

(1) Au mois d'août 1619, le cardinal de Bentivoglio étant à Tours, logeoit à Marmoutier. Voyez la lettre de ce cardinal au duc de Montéléon, en date du 20 août 1619. (Note du manuscrit de Tours).

CHAPITRE LV.

DE PIERRE DE BÉRULLE,
CARDINAL, L° ABBÉ DE MARMOUTIER (1).

(1629)

Pierre de Bérulle naquit l'an 1575. Il eut pour père Claude de Bérulle, et pour mère Louise Séguier, tante du chancelier de ce nom, qui lui donna une éducation si chrétienne, que dès sa première jeunesse on dit qu'il fit vœu de chasteté. Agé de 12 ans, il se mit sous la direction d'un Père chartreux, qui cultiva si bien ses inclinations pour la vertu et lui donna de si bons principes pour sa conduite, que dès lors on le jugeoit capable de conduire les autres. Après ses études il eut quelque dessein d'embrasser la vie religieuse, mais son cœur se trouvant partagé sur plusieurs ordres différents, le Père Mage, provincial des Jésuites, qu'il consulta là-dessus, lui conseilla de n'entrer dans aucun. Il embrassa donc l'état ecclésiastique, reçut la prêtrise l'an 1599, et depuis qu'il eut dit sa première messe, il ne manqua que trois jours de la dire durant toute sa vie, sinon lorsqu'il étoit sur mer et qu'il ne pouvoit venir à terre.

Ce fut lui qui fit venir les Carmélites d'Espagne en France, et qui les établit dans Paris l'an 1603. De l'avis de saint François de Sales, du Père César de Bus et du père Coton, jésuite, il institua la congrégation des prêtres de l'Oratoire à Paris, dans le faubourg Saint-Jacques, le jour de Saint-Martin l'an 1611, qui fut confirmée par le Saint-Siége l'an 1613. Il en fut le premier général, et la gouverna avec une

---

(1) Extrait du texte de Martène par le copiste du manuscrit de Tours. (C. Ch.).

prudence qui le fit admirer de tout le monde. Il s'acquit surtout une si grande estime à la cour, que le roi Henri IV voulut lui confier l'éducation du dauphin, emploi que son humilité lui fit refuser. Cette même humilité lui fit encore refuser l'abbaye de Saint-Étienne de Caen, les évêchés de Laon, de Luçon et de Nantes, et l'archevêché de Lyon. L'on dit même qu'il avoit fait vœu de n'accepter aucune dignité ecclésiastique, mais le pape Urbain VIII le dispensa de ce vœu et le créa cardinal le 30 août de l'an 1627. Deux ans après, il fut pourvu des abbayes de Marmoutier et de Saint-Lucien de Beauvais. Ses bulles pour celle de Marmoutier sont datées du 9 d'avril 1629, et sa prise de possession du 24 juin suivant. Il mourut le 2 d'octobre de la même année, laissant à son successeur l'exécution du projet qu'il avoit formé de ramener ses religieux de Marmoutier à leur devoir (1).

(1) *Rerum memorabilium liber*, p. 4. (C. Ch.).

CHAPITRE LVI.

DE ARMAND-JEAN DU PLESSIS,
CARDINAL DE RICHELIEU, LIe ABBÉ DE MARMOUTIER (1).
(1629—1642)

Comme l'abbaye de Marmoutier passoit pour un chef d'ordre, le cardinal de Richelieu, qui avoit déjà l'abbaye de Cluny, et qui bientôt après eut celles de Citeaux et de Prémontré, après la mort de M. de Bérulle se fit aussi pourvoir de celle de Marmoutier par la nomination du roi Louis XIII.

Il y avoit déjà fort longtemps que les religieux de Marmoutier avoient besoin de réforme. C'étoit effectivement un moyen absolument nécessaire pour rendre à leur abbaye son ancien lustre, et y faire revivre le premier esprit de saint Martin, de saint Maur, de saint Mayeul et des autres saints abbés qui y ont vécu et qui y sont morts en odeur de sainteté. Mais ces religieux, accoutumés au désordre, n'étoient point capables d'entendre parler de réforme; c'étoit pour eux un langage étranger. Leur licence étoit si grande, et ils l'avoient portée à un tel excès, qu'on ne peut lire sans rougir les règlements et les ordonnances que leurs supérieurs étoient obligés de leur faire pour en arrêter le cours. Quel sentiment peut-on avoir de religieux auxquels on étoit contraint de défendre de s'absenter de l'office divin, de sortir et de coucher hors du monastère sans la permission

---

(1) Ce chapitre est un extrait du texte de Martène; mais dans cet extrait comme dans tous les autres, on n'a guère supprimé que les réflexions souvent oiseuses ajoutées par l'auteur à son récit, toute la partie historique du texte étant soigneusement conservée. (C. Ch.).

des supérieurs, de porter des habits qui ne conviennent point à leur état, de jurer Dieu, de battre leurs frères, d'aller en mascarade et d'autres choses semblables; à des religieux qui avoient chez eux des maîtres de danse et des maîtres d'armes (1); à des religieux dont les divertissements les plus innocents étoient le jeu et la chasse; enfin à des religieux qui n'avoient ni respect pour leurs supérieurs ni pour les choses saintes, et qu'on étoit obligé de condamner tous les jours aux prisons pour punir leurs excès?

Voilà une petite peinture de la vie et des mœurs des religieux de Marmoutier, lorsque le cardinal de Richelieu fut pourvu de l'abbaye. Elle ne lui fut pas inconnue, et il résolut d'apporter un prompt remède à un si grand mal. Et dès l'année 1630 il fit une ordonnance par laquelle, après leur avoir marqué le dessein qu'il avoit de rétablir le bon ordre dans ses abbayes, il leur commande de tenir la clôture, de résider dans les lieux réguliers, de vivre en commun, de manger tous dans le réfectoire, de coucher dans le dortoir, de se rendre assidus aux offices divins, et d'obéir avec respect à leurs supérieurs (2).

Mais le cardinal de Richelieu, voyant que cette ordonnance n'avoit produit aucun effet, résolut d'employer un remède plus efficace et de travailler tout de bon au grand ouvrage de la réforme. Il ne voulut point toutefois agir sur eux avec toute l'autorité qu'il auroit pu. Il ménagea encore ces esprits foibles, et se contenta d'envoyer l'an 1632 à leur chapitre général le sieur Froissard, docteur en théologie, l'un de ses grands-vicaires, pour prendre avec eux des moyens de les remettre en leur devoir, et leur déclarer quelles étoient ses intentions, si cela ne réussissoit. C'est ce que nous apprenons de deux de ses lettres, l'une adressée au grand-prieur, et

(1) « Gardez-vous bien de retrancher ce détail ; c'est le plus curieux morceau de votre histoire, que des moines qui avoient des maîtres à danser et des maîtres d'armes; mais citez les textes qui le disent. » (Note marginale, probablement de la main de Mabillon, ajoutée au manuscrit de Martène).

(2) *Rerum memorabilium liber*, p. 4. (C. Ch.)

l'autre aux religieux de Marmoutier, qu'il ne sera peut-être pas tout à fait hors de propos de rapporter ici tout entières :

Lettre du cardinal de Richelieu à dom grand-prieur claustral de l'abbaye de Mairemontier, à Tours.

« Monsieur le grand prieur, j'envoie le sieur Froissard, docteur en théologie et l'un de mes grands-vicaires, à Marmoutier durant la tenue de vostre chapitre général, avec lettre de créance de commandement exprès de faire entendre à toute la congrégation que je suis en résolution d'establir la réforme et de commencer par vostre maison. Je voudrois qu'elle se pust exécuter sans emprunter des religieux de dehors, comme j'ay été contraint de faire ailleurs ; mais je n'oserois me le promettre, si vous ne vous y portez courageusement, et n'engagez par votre exemple ceux qui ont encore parmi vous quelques bons sentiments de religion. Vous avez proposé à monsieur de Bourdeaux quelques articles mitigez, que je ne veux pas du tout improuver ; mais je les tiens un peu défectueux. Faites en sorte qu'ils soient tellement perfectionnez par les meures délibérations et consentement du chapitre, que rien ne manque à la vraye discipline régulière, ni observance essentielle des trois vœux de vostre profession. Ce que attendant de vostre zèle, je ne vous feray cette lettre plus longue que pour vous assurer que je suis, monsieur le grand-prieur, vostre bien affectionné à vous servir, LE CARDINAL DE RICHELIEU. De Paris, ce 4 mai 1632. »

Lettre du cardinal de Richelieu à nos vénérables frères les religieux de nostre abbaye de Mairemontier, à Mairemontier.

« Messieurs, vous avez peu savoir comme j'ay souvent témoigné à plusieurs particuliers de vostre ordre le désir que j'ay toujours eu pour l'acquit de ma charge, d'establir quelque bonne forme de vivre parmi vous, et faire en sorte que les anciennes maisons de Saint-Benoît se rendissent aussi utiles à l'Église en ce temps, comme elles avoient été par le passé. C'est pourquoi, après quelques propositions faites de ma part par monsieur de Bourdeaux, et témoignages de submissions et de bonne volonté reçues de la vostre, je me suis résolu de prendre le temps de vostre chapitre général, et pendant icelui vous envoier le sieur Froissard, docteur en théologie, l'un de mes grands-vicaires, pour faire entendre à tous les suppôts et membres dépendans de vostre congrégation quelle étoit ma volonté sur le fait d'une nouvelle réformation, et ce que je pouvois attendre de tout vostre corps. L'on m'a fait voir quelques articles d'une réforme mitigée, que je n'improuverois point tout à fait, s'il y avoit quelques additions nécessaires. Je me promets que vous les augmenterez volontiers par la conférence que vous aurez avec le dit sieur Froissard, en qui vous devez prendre toute créance, et que vous ferez passer par vostre chapitre général en si bonne forme et en telle perfection, que toute la malice et contrepointe du monde n'en pourra jamais retarder ni empescher l'exécution. Ce que promettant, après m'estre recommandé à vos prières générales et particulières, je vous assureray que je suis, messieurs, vostre très-affectionné à vous servir, LE CARDINAL DE RICHELIEU. De Paris, le 4 mai 1632. »

Ces lettres ayant été lues dans le chapitre le 10 mai, l'on fit entrer le dit sieur Froissard, qui présenta à l'assemblée quelques articles de réformation concertés avec le cardinal de Richelieu, qui ne tendoient qu'à leur faire observer l'essentiel de leurs vœux, à vivre en commun et à mener du reste une vie honnête. La crainte qu'ils eurent de s'attirer un joug plus pesant, ou de voir mettre la réforme dans leur monastère, les obligea de recevoir avec respect et soumission les articles proposés, sur lesquels néanmoins ils firent quelques remontrances et quelques légers changements, lesquels ayant été approuvés par le cardinal, il fit mettre au net les nouveaux statuts, et les leur envoya signés de sa propre main le

13 juin ensuivant, pour être à l'avenir observés dans le monastère. Et parce que le but principal de ces statuts étoit de les faire vivre en commun, pour leur ôter toute sorte de prétextes, le cardinal n'épargna point la dépense. Il leur fit acheter des meubles et fournir avec abondance tous les ustensiles dont ils avoient besoin et à la cuisine et au réfectoire. Ils firent donc une tentative pour observer les statuts qui venoient de leur être donnés. Ils les observèrent effectivement, quoique malgré eux, pendant quatre ou cinq mois par les soins que le grand-prieur prenoit de les retenir dans leur devoir par sa présence et par son exemple. Mais ayant été obligé de s'absenter pour quelques affaires, ces hommes charnels ne purent souffrir plus longtemps l'état violent où ils se trouvoient ; ils abandonnèrent le réfectoire et retournèrent tous à leur vomissement.

Pour éloigner encore davantage la réforme de leur monastère, le grand-prieur reçut un nombre de jeunes gens à l'habit, fondant sur eux de grandes espérances, et se promettant que ce seroit une semence qui étoufferoit le germe de la réforme ; mais il se trompa dans sa sagesse, car ces jeunes hommes, qu'il regardoit comme très-propres à bannir la réforme de sa maison, furent ceux-là mêmes qui contribuèrent le plus à son introduction, non par leur inclination pour le bien, mais parce qu'ils causèrent tant de scandales, qu'ils la rendirent nécessaire.

Cependant le cardinal, informé de ce qui se passoit, envoya à Marmoutier l'archevêque de Bordeaux avec le R. P. dom Hubert Rollet, grand-prieur de Cluny, et six autres religieux réformés de Cluny, avec ordre d'y établir un noviciat, ou au collége de Paris, dans lequel tous ceux qui seroient reçus feroient profession de la réforme, et défense aux anciens religieux d'admettre aucun novice qui ne fût dans la résolution de l'embrasser. Ils y arrivèrent au mois de mars de l'an 1634, et jetèrent la consternation dans l'esprit des religieux, tant par la déclaration d'un commandement si précis, que par la présence des religieux réformés qui venoient l'exécuter.

Après qu'ils furent un peu revenus de leur épouvante, et qu'ils eurent repris leurs esprits, ils prièrent les religieux de Cluny de se retirer, et demandèrent terme jusqu'à leur chapitre général prochain, afin de faire approuver par tous les prieurs cette affaire qui les touchoit tous. Comme ce terme n'étoit pas long et que la demande paroissoit raisonnable, on leur accorda ce délai. Cependant le cardinal, croyant qu'il seroit plus à propos de mettre le noviciat au collège de Marmoutier que dans l'abbaye, donna les provisions de maître du collège dont l'office venoit d'être vacant par la mort du P. dom Jean Dehoris, au Père dom Mathieu Jaquesson, religieux réformé de Cluny. Il y avoit déjà longtemps que le nom de religieux de Cluny étoit odieux dans l'abbaye de Marmoutier, mais il le devint beaucoup lorsqu'on y apprit de quelle manière la réforme avoit été mise dans ce célèbre monastère, et avec quelle rigueur on y avoit traité les anciens religieux. Cette conduite avoit aliéné d'eux l'esprit des religieux de Marmoutier, et ils étoient disposés à tout, plutôt que de les admettre dans leur monastère.

La résolution du chapitre général fut que l'on députeroit le grand-prieur et le prieur du Vieux-Belesme pour aller faire d'humbles remontrances à Son Éminence, et la prier de leur permettre de choisir dans leur corps des personnes capables de les réformer, et qu'au cas qu'elle ne voulût point entendre à cette proposition, demander les réformés de la congrégation de Saint-Maur. Les députés s'acquittèrent de leur commission ; ils remontrèrent au cardinal que leur abbaye étant la première qui eût reçu de saint Maur la règle de saint Benoît, et étant recommandable par les priviléges dont les souverains pontifes et les rois l'avoient honorée, ce seroit lui faire une injure que de les soumettre à des étrangers ; qu'ils ne refusoient point la réforme, mais qu'ils supplioient Son Éminence de prendre dans leur propre corps des personnes capables de les réformer ; qu'ils s'offroient de lui en donner vingt qu'ils tireroient des prieurés, très-capables de le faire. Ils auroient été fort embarrassés d'en tirer deux ; aussi cette proposition fut rejetée bien loin par le cardinal. Pressés d'accepter la réforme, il ne leur restoit plus qu'à demander la liberté de se choisir eux-mêmes les réformés qu'on introduiroit à Marmoutier, et cela leur fut accordé. C'est ce que nous apprenons d'une lettre de dom Pierre Bedacier, grand-prieur de Marmoutier, écrite de Paris à ses confrères le 5 juin 1634, où, après avoir dit que leurs députés avoient été favorablement ouïs au conseil du cardinal il ajoute : « Je ne prévois pas que nous puissions éviter la réforme ; mais à tout le moins, on nous donnera la liberté de choisir des réformés. J'ai dressé mes remontrances sur ce sujet. Les RR. PP. de Saint-Maur commencent à agir, mais ils ne veulent pas trop s'avancer, de crainte d'offenser leurs plus puissans amis, ains sont froids en cette occasion. Néanmoins, tout ira à leur avantage, si je ne me trompe, et à notre satisfaction. Je me suis abouché avec le R. P. Cyprian, prieur de Saint-Denys en France, qui m'a donné toute assurance de favorable traitement et de toutes nos conditions. Si on nous accorde les Pères de Saint-Maur, je feray mon possible pour vostre contentement général et particulier (1). »

Ensuite de cette lettre, les religieux de Marmoutier, assemblés dans leur chapitre, résolurent de demander les Pères de la congrégation de Saint-Maur, et à leur demande, la chose fut conclue au conseil du cardinal, qui donna des lettres à dom Pierre Bedacier, datées du 19 août, par lesquelles il leur permettoit de traiter avec les Pères de Saint-Maur. Sur cette permission, ils s'assemblèrent de nouveau dans leur chapitre le 21 de septembre, et traitèrent avec les RR. Pères dom Placide de Sarcus, visiteur de Bretagne, et dom Cyprien le Clerc, sénieur du régime, fondés de procuration du T. R. P. dom Grégoire Tarisse, général de la congrégation, et firent un concordat qui contenoit 45 articles, acceptés de part et d'autre sous le bon plaisir de Son Éminence. Mais comme les œuvres de Dieu sont toujours traversées, deux anciens firent tous

(1) *Rerum memorabilium liber*, p. 7. (C. Ch.).

leurs efforts pour empêcher l'exécution du concordat : le premier, en s'y opposant au nom de tous les religieux qui étoient au collége de Marmoutier et de tous les obédientiers qui résidoient dans les prieurés, quoiqu'il ne fît paroître aucune procuration de leur part; le second, en citant le grand-prieur au Grand-Conseil pour faire casser le concordat. D'un autre côté, Monseigneur l'archevêque de Bordeaux envoya querir les Pères qui avoient traité avec les anciens religieux de Marmoutier. Aussitôt qu'ils furent de retour à Paris, et après leur avoir déclaré qu'il ne pouvoit agréer le concordat qui avoit été fait à Tours, leur proposa de nouveaux articles qui alloient à la ruine totale du monastère, unissant tous les offices claustraux à la mense abbatiale, et ne laissant aux religieux qu'une portion fort modique du revenu qui n'auroit pas suffi à payer les pensions des anciens, et leur dit que les Pères de Cluny avoient accepté les conditions qu'il leur proposoit, qu'il croyoit leur faire une grande grâce de leur donner la préférence ; que pour les anciens, ils ne devoient pas s'en mettre en peine, qu'il les en délivreroit en les reléguant dans les prieurés, comme il avoit fait à Cluny. Mais les Pères lui répondirent qu'ils avoient trop de cœur pour commettre une pareille lâcheté, qu'ils ne souffriroient pas qu'on leur reprochât un jour d'avoir réduit à rien un des plus illustres monastères de l'ordre, que la manière dont il avoit traité les anciens de Cluny n'étoit pas un exemple à imiter, et que ses suites ne lui faisoient point d'honneur (1).

Lorsque les religieux de Marmoutier eurent appris le dessein de l'archevêque de Bordeaux, ils firent plus d'instance qu'auparavant de mettre le concordat en exécution ; ceux mêmes qui avoient été les plus opposés furent ceux qui pressèrent davantage, craignant qu'on ne les envoyât dans les prieurés éloignés de leur pays, de leurs parents et de leurs amis ; mais les Pères de Saint-Maur

(1) *Rerum memorabilium liber*, p. 8. (C. Ch.).

crurent qu'il étoit de leur prudence de ne rien précipiter. Peu de temps après, l'archevêque de Bordeaux conduisant sur mer un secours au prince de Condé qui assiégeoit Fontarabie, sa navigation n'ayant pas réussi, et les ennemis ayant fait lever le siége, il fut disgracié et exilé lui-même de la cour.

Cependant la licence des religieux de Marmoutier faisoit voir de jour en jour la nécessité de la réforme (1). Les jeunes surtout portèrent l'insolence dans les derniers excès, et l'un d'eux qui n'étoit encore que novice, présenta le pistolet à la gorge de son prieur et le menaça de le tuer, s'il étoit assez hardi de continuer à leur faire des remontrances et des corrections. Le pauvre prieur reconnut trop tard combien ses prévoyances avoient été trompeuses ; ainsi songeant à mettre sa vie en sûreté, il ne pensa plus qu'à procurer l'établissement de la réforme. Il en écrivit plusieurs lettres au sieur Froissard, et lui représenta vivement les scandales que causoient tous les jours les jeunes religieux, qu'il lui étoit impossible de les retenir dans leur devoir, qu'il ne pouvoit plus répondre de sa vie, qu'il n'y avoit plus de ménagement à garder, et qu'on ne pouvoit trop tôt introduire à Marmoutier les Pères de la congrégation de Saint-Maur. Le sieur Froissard ne manqua pas de rapporter au conseil du cardinal tout ce qui se passoit à Marmoutier, et la nécessité d'y apporter un prompt remède. Il représenta les choses si vivement, qu'appuyé par M. Fouquet, conseiller du roi en ses conseils d'Etat et privé, l'introduction de la réforme y fut conclue. Le cardinal fit venir dom Grégoire Tarisse, supérieur général de la congrégation de Saint-Maur, et passa avec lui un concordat le 4 mai 1637, pour unir à sa congrégation son abbaye de Marmoutier. Les religieux traitèrent ensuite à Tours le 10 juillet avec les RR. Pères Bède de Fiesque, visiteur de la province de Bretagne, et Placide de Sarcus, commissaire du régime, et afin qu'il n'y

(1) *Rerum memorabilium liber*, p. 11. (C. Ch.).

eût point d'empêchement de la part des religieux brouillons et ennemis de la réforme, le cardinal de Richelieu obtint le 2 août des lettres patentes du roi, par lesquelles Sa Majesté commandoit au sieur Fouquet, maître des requêtes, de faire exécuter les concordats dont on étoit convenu.

Pour exécuter les ordres du roi, le sieur Fouquet se rendit à Marmoutier le mercredi dix-neuvième d'août, sur les huit heures du matin, et ayant fait assembler tous les religieux au son de la cloche, fit faire la lecture des lettres patentes de Sa Majesté et du concordat passé avec le cardinal de Richelieu, et ayant ensuite demandé si personne n'y trouvoit rien à redire et ne vouloit point y former d'opposition, tous s'y étant soumis avec respect, il fit appeler les réformés, lesquels au nombre de 24, ayant à leur tête les RR. PP. dom Anselme des Rousseaux, assistant du T. R. P. général et prieur de Saint-Germain-des-Prés, dom Bède de Fiesque, visiteur de la province de Bretagne, dom Ignace Philibert, abbé de Saint-Vincent du Mans, et dom Antonin Potier, abbé de Chezal-Benoît et désigné prieur de Marmoutier, entrèrent dans l'église, chantèrent l'hymne *Veni creator* avec les anciens, montèrent aux chaires du chœur, y chantèrent tierce et ensuite la grand'messe, qui fut célébrée par dom Anselme des Rousseaux. La messe finie, ils furent conduits dans les cloîtres, dans le chapitre, le dortoir et le réfectoire. On leur donna les clefs de la sacristie, et on fit toutes les autres formalités observées dans de semblables prises de possession (1).

Jusque-là, tout s'étoit passé dans une grande paix, mais la nuit étant venue, quelques religieux qui s'étoient cachés ou qui n'avoient été retenus que par la présence du commissaire, entrèrent sur les neuf heures dans les cloîtres et dans le dortoir, se mirent à crier, à hurler, à sonner des cors de chasse, et à faire mille insultes à leurs nouveaux hôtes, jusqu'à une heure après minuit, ce qui n'empêcha pas les

(1) *Rerum memorabilium liber*, p. 13. (C. Ch.).

Pères réformés de se lever à deux heures pour aller chanter matines, et prier Dieu pour la conversion de ceux qui étoient si animés contre eux.

Le jour suivant, ces séditieux recommencèrent et portèrent leur insolence au point que leurs propres confrères, scandalisés d'une telle conduite, prièrent le commissaire de rester quelques jours à Tours pour pacifier les mutins ; c'étoit la plupart de jeunes religieux, même encore novices, lesquels, selon l'accord devoient être envoyés aux études ou dans les prieurés. Le sieur Fouquet, informé de ce qui se passoit, leur fit donner de quoi se conduire, et le même jour les fit partir pour se rendre aux lieux qui leur étoient destinés. Ce magistrat, averti que dom Bonnabe d'Annuelz, chef des mutins, exerçoit encore son office de tiers prieur contre les conditions de l'accord, aussitôt il défendit au tiers, au quart, au quint prieur de faire dans le monastère aucune fonction, et ordonna que lorsque les anciens voudroient aller en ville ou sortir du monastère, ils demanderoient permission au grand-prieur, et en son absence aux plus anciens de la maison.

L'abbaye de Marmoutier étant réformée, l'on mit aussi la réforme au collége de Paris avant la fin de l'année ; et l'exemple des réformés fit de telles impressions sur l'esprit des anciens, qu'ils se déterminèrent d'eux-mêmes à leur abandonner la plupart des offices claustraux (1).

Peu auparavant, M. d'Allets avoit résigné l'office de sacristain à dom Placide Sarcus, le 12 janvier 1638. M. Maldant résigna la chantrerie, et M. Boilève le 19 mars l'infirmerie. Le docteur Péan, qui étoit chambrier et un des plus grands ennemis de la réforme, bien loin d'imiter ses confrères, refusoit cependant avec obstination de donner aux réformés ce qu'il étoit obligé de leur fournir par son office, en vertu de l'accord. Mais Dieu se servit de sa propre obstination pour l'y déterminer. Inflexible aux humbles prières des Pères ré-

(1) *Rerum memorabilium liber*, p. 31. (C. Ch.).

formés, sourd aux remontrances et aux sollicitations des amis communs que l'on employa, enfin, après beaucoup de mouvements, il convint de s'en rapporter au jugement d'arbitres plutôt que de plaider. L'on choisit le sieur Bodin, maître écolâtre de Saint-Martin ; mais lorsqu'on se fût assemblé chez lui, au lieu de parler d'affaires, il s'emporta contre le cardinal de Richelieu, et fit mille invectives contre lui, si bien qu'on fut obligé de s'en retourner sans rien terminer. Lors néanmoins qu'il fut revenu de ses emportements, il vit bien qu'il ne seroit pas sûr pour lui de plaider, et de son propre mouvement il vint trouver le R. P. visiteur et le pressa avec instance de prendre son office de chambrier, le priant seulement en grâce de lui remettre les arrérages de ce qu'il devoit (1).

Cependant les jeunes religieux qui avoient été envoyés aux études et dans les prieurés revenoient de temps en temps en l'abbaye ; ils entroient tout bottés dans le chœur, et par leurs voix dissonantes prenoient plaisir à troubler le chant de l'office divin ; d'un autre côté, le logis du tiers prieur étoit une académie où l'on apprenoit à faire des armes et à danser, et l'on avoit des maîtres à gages qui enseignoient l'un et l'autre. Les jours et les nuits se passoient à jouer et à boire, l'on n'entendoit que des juremens et des paroles sales, le bruit des chiens et des cors de chasse et des décharges de fusil. L'insolence des jeunes religieux alla jusqu'à maltraiter le procureur de la maison, et à lui donner des coups de poing et de pied. Comme le temps de célébrer le chapitre général approchoit, il étoit fort à craindre qu'on n'y fît de nouvelles entreprises contre la réforme. Pour aller au devant, le cardinal de Richelieu fit défense de célébrer le chapitre général (2).

Pour comble d'affliction, Dieu retira de ce monde le R. P. dom Antonin Potier, prieur de Marmoutier, qui mourut en

(1) *Rerum memorabilium liber*, p. 31. (C. Ch.)
(2) *Rerum memorabilium liber*, p. 32. (C. Ch.)

odeur de sainteté le 8 septembre 1638. C'étoit un homme d'un très-rare mérite, qui joignoit une solide piété à une grande intelligence des affaires temporelles. Il étoit natif de Château-du-Loir, et à l'âge de 12 à 13 ans il prit l'habit à Marmoutier le 3 d'août 1597 : les mauvais exemples qu'il avoit devant les yeux ne corrompirent point les inclinations que Dieu lui avoit données pour la vertu. Zélé pour l'observance régulière, il y exhortoit souvent ses confrères et par ses paroles et par ses actions. Sa vie étoit la condamnation de la leur, et je ne sais si ce ne fut point parce que ses exemples étoient contraires à leurs œuvres, qu'ils l'envoyèrent demeurer au prieuré de Saint-Guingalois de Château-du-Loir. Il s'y acquit l'estime et l'affection de tout le monde par sa singulière piété et par sa prudence.

Le peu d'observance qui se gardoit dans Marmoutier et dans ses dépendances, le fit résoudre d'entrer dans la congrégation de Saint-Maur, afin de procurer par ce moyen la réforme dans son monastère. Il eut la consolation de voir les choses réussir selon ses desseins, car dix ans après avoir fait profession de l'étroite observance dans l'abbaye de Jumiéges le 20 février de l'an 1627, l'on mit la réforme dans celle de Marmoutier, et Dieu, pour lui donner un commencement de récompense, permit qu'il en fût établi le premier prieur. Il y maintint la régularité qu'il y avoit introduite avec la réforme. Il ne lui manqua qu'une plus longue vie pour mettre les choses dans leur perfection. Il mourut à l'âge de 55 ans, muni des sacrements de l'Église, qu'il reçut avec une singulière piété et une grande présence d'esprit. Dans cette occasion, apercevant quelques-uns des anciens, il leur fit une exhortation sur le mépris du monde, sur l'instabilité de la vie et sur leurs obligations. Il leur parla avec tant de ferveur, d'amour et de tendresse, qu'il leur tira les larmes des yeux et ne put retenir les siennes. Le jour qu'il mourut, son sous-prieur lui demanda en trois occasions différentes s'il n'avoit rien sur sa conscience qui lui fît de la peine ; il lui répondit toujours que jamais il n'avoit eu l'esprit plus tranquille. Enfin, après une agonie de quatre heures, il expira doucement et sans convulsions le jour de la Nativité de la Vierge. Il s'étoit acquis une si grande réputation au Château-du-Loir, que lorsqu'on y apprit la nouvelle de sa maladie, on y fit des prières publiques et des neuvaines de messes pour le recouvrement de sa santé, et lorsqu'on sut qu'il étoit mort, on lui fit un service solennel auquel le corps de ville assista. Il fut enterré en la chapelle de la Vierge assez près de l'autel.

Il eut pour successeur dom Jacques Brossaud, natif de Machecou au diocèse de Nantes, qui ayant premièrement fait profession de l'étroite observance dans la Société de Bretagne, la renouvela dans la congrégation de Saint-Maur avec 25 autres, et après la mort de dom Antonin Potier fut tiré du monastère de Saint-Benoît-sur-Loire où il étoit prieur, pour l'être à Marmoutier. Il y mourut en paix le 13 décembre de l'an 1640, âgé de 39 ans. Il eut le bonheur de consommer son sacrifice à la fleur de son âge, et d'aller jouir de la récompense que Dieu a promise à ceux qui le servent fidèlement.

Le R. P. dom Anselme Dohin, qui lui succéda, étoit natif de la ville d'Evron au diocèse du Mans. Il avoit fait profession de la vie religieuse dans l'abbaye du même lieu, où il exerçoit l'office de prieur, lorsque désespérant d'y pouvoir garder la règle de Saint-Benoît et de l'y faire garder à ses religieux, âgé de 34 ans, il en fit profession dans la réforme au monastère de Saint-Melaine le 14 mars 1633. Un an après, il fut fait prieur de Saint-Maixent, puis de Saint-Julien de Tours, et enfin de Marmoutier. Il n'avoit pas encore huit ans de profession, mais il avoit tout le mérite pour cela. Il gouverna avec beaucoup de sagesse le monastère jusqu'en 1635, qu'il fut élu prieur de Saint-Remi de Reims. Il le fut aussi de Moustier-Saint-Jean en 1648, puis visiteur de Bourgogne en 1651, ensuite prieur de Saint-Médard de Soissons en 1654, des Blancs-Manteaux en 1657, et enfin de Saint-Martin d'Autun en 1660, où il mourut le 16 mai 1662.

Le R. P. dom Bède de Fiesque, qui avoit beaucoup travaillé à l'établissement de la réforme dans Marmoutier, désirant animer ses religieux à faire revivre dans cet auguste monastère le premier esprit de saint Martin, crut que rien ne pourroit tant contribuer à ce noble dessein que de leur procurer quelques reliques de leur saint fondateur. Et comme assistant au chapitre général tenu à Cluny l'an 1636, il avoit remarqué dans le trésor de cette illustre abbaye des reliques considérables du saint, il fut inspiré de tenter d'en avoir. C'étoit dans le temps de l'union de notre congrégation à celle de Cluny, que ces deux grands corps avoient les mêmes supérieurs majeurs, et que Marmoutier et Cluny avoient pour abbé le cardinal de Richelieu. Ces circonstances lui parurent favorables pour venir à bout de son dessein. Il persuada donc aux religieux de Marmoutier de présenter une requête au chapitre général qui se tenoit l'an 1639 à Vendôme, pour supplier les supérieurs de leur procurer quelque portion des reliques de saint Martin qui étoient conservées dans le trésor de Cluny. Les Pères du chapitre les renvoyèrent au cardinal de Richelieu, abbé des deux monastères, qui donna son consentement aussi bien que la communauté de Cluny (1).

La résolution prise, le 27 de février de l'an 1640, l'on tira du trésor de Cluny le rayon du bras de notre glorieux patron saint Martin, que le R. P. dom Cyprien le Clerc, grand-prieur de Cluny, apporta lui-même à Paris, et le mit en dépôt le 21 mars entre les mains du T.-R. P. dom Grégoire Tarisse, supérieur général de notre congrégation, qui le garda jusqu'au 7 mars de l'année suivante, en attendant qu'on eût fait faire par quelque habile orfèvre de Paris un très-beau reliquaire pour le mettre. Ce reliquaire achevé, le R. P. dom Anselme Dohin, prieur de Marmoutier, alla à Paris le recevoir des mains du T.-R. P. général. Il vit M. Bouthillier, archevêque de Tours, qui lui témoigna qu'il seroit bien aise de faire la cérémonie de l'exception de la relique, et afin qu'on n'eût point de peine là-dessus à cause de l'exemption du monastère, il s'offrit de déclarer pardevant notaire qu'il ne pré-

(1) *Rerum memorabilium liber*, pp. 34, 45 et suiv. (C. Ch.)

tendoit pas s'acquérir par là aucun droit sur l'abbaye, ni donner atteinte à ses privilèges. Il lui promit de se rendre à Tours pour le 4 juillet, jour de la Translation de saint Martin, qu'on avoit choisi pour faire la cérémonie. Mais ses affaires ne lui ayant pas permis d'être si exact, elle fut différée jusqu'au 22.

Le 19 juillet, le R. P. prieur porta la sainte relique à Saint-Julien pour la mettre dans le reliquaire que l'on avoit fait faire, et en y allant, la donna à baiser aux religieuses du Calvaire et aux Capucines, qui avoient fait demander cette grâce par Monseigneur l'archevêque qui avoit sa sœur religieuse chez elles. Le 20, elle fut exposée à la vénération des peuples sur le grand autel de l'église de Saint-Julien, qui étoit toute tendue de tapisseries, et ce jour-là, nos confrères chantèrent solennellement les vêpres de saint Martin. Ce même jour-là, il arriva un miracle considérable que je ne dois point oublier ici (1). Un bourgeois de la ville, nommé René Bodin, marchand de draps de soie, incommodé d'un bras dont il ne pouvoit s'aider depuis six mois en conséquence d'une chute de dessus son cheval, s'étant mis à genoux pour faire sa prière devant la sainte relique, et ayant présenté de son bras sain son chapelet pour le faire toucher, comme il le recevoit il sentit une douleur extraordinaire dans son bras malade, qui à l'instant se trouva guéri. Voilà comme la chose est rapportée dans les procès-verbaux et dans les relations qui furent faites de la cérémonie. Mais il y a environ quinze ans que Mademoiselle sa fille m'expliqua le fait un peu plus en détail, comme elle l'avoit entendu raconter plusieurs fois à son père. Elle me dit donc que son père étant tombé de cheval s'étoit cassé le bras, que son bras ayant été mal remis lui causoit de grandes douleurs, mais qu'étant venu à Saint-Julien pour

---

(1) « J'abrégerois tous les détails de cette translation de reliques qui ne conviennent qu'à une gazette, et je passerois légèrement sur ces prétendus miracles. » Cette note critique, inscrite en marge du texte de Martène, est de la même main que les notes précédentes : on doit l'attribuer à Mabillon ou à quelque autre supérieur de la congrégation. (C. Ch.)

faire ses prières à saint Martin et baiser la sainte relique, à l'instant il entendit son bras craquer, que l'os se remit de lui-même, ce qui lui causa une grande douleur, et que depuis ce temps-là il n'y avoit plus senti aucun mal. Ce récit n'est point contraire à l'autre, il l'explique seulement un peu davantage. Comme ce bourgeois étoit fort connu dans la ville, le miracle fut aussitôt divulgué partout.

Le 24, qui étoit un dimanche, la sainte relique fut exposée dans la nef à cause du concours du peuple, et sur les onze heures les religieux de Marmoutier sortirent en procession pour la venir lever. Ils furent reçus à l'entrée de l'église au son des cloches par la communauté de Saint-Julien, tant des réformés que des anciens. Après avoir fait leurs prières et baisé avec respect la sainte relique, ils se retirèrent en attendant la prédication qui fut faite sur le sujet de la cérémonie. Après le sermon l'on chanta solennellement les vêpres de saint Martin, auxquelles le R. P. prieur de Marmoutier officia ; ses religieux tinrent le côté droit du chœur, et ceux de Saint-Julien le côté gauche. Le présidial et le corps de ville y assistèrent. Les vêpres finies, l'on commença la procession, et d'abord l'on fit marcher une belle bannière où saint Martin étoit représenté d'un côté à cheval et de l'autre en évêque. Suivoient quarante jeunes enfants habillés superbement en anges, tenant des cierges blancs à la main. L'un des plus grands portoit au milieu de ses compagnons un guidon où étoient peintes les armes de Marmoutier (1). Après eux suivoient les deux croix de Marmoutier et de Saint-Julien, puis cent religieux tant réformés qu'anciens, tenant aussi des cierges blancs à la main, marchant avec beaucoup d'ordre, chantant des répons, des hymnes et d'autres prières de saint Martin, et dirigés par cinq chantres revêtus en chapes. Venoit après la sainte relique, portée par deux religieux

---

(1) Les armoiries de Marmoutier, identiques à celles de Saint-Martin et de Beaumont-lès-Tours, portent *fascé d'argent et de gueules de huit pièces*. Ce sont les mêmes armoiries que portoient les rois de Hongrie, desquels on prétendoit que saint Martin descendoit. (C. Ch.)

revêtus en tunique, et enfin le R. P. prieur de Marmoutier en chape, accompagné de deux religieux revêtus en tunique, et après eux le présidial et le corps de ville. L'on fit passer la procession par la grande rue, et l'on déposa la sainte relique dans l'église de Sainte-Radégonde, où huit religieux restèrent pour la garder pendant que les autres allèrent souper. Sur les huit heures, les religieux de Saint-Julien vinrent à Sainte-Radégonde où ils chantèrent matines devant la relique; ceux de Marmoutier leur succédèrent et se divisèrent par bandes afin de chanter toute la nuit.

Dès le matin, on commença de dire les messes dans l'église de Sainte-Radégonde devant la relique. On avoit dessein de tenir les portes fermées pour éviter la confusion ; mais la dévotion du peuple fit qu'on n'exécuta pas cette résolution, et Dieu l'approuva par quelques miracles arrivés ce matin-là même (1). Une femme qui tenoit son enfant malade de la fièvre entre ses bras, pria les Pères qui gardoient la sainte relique de la lui faire baiser, et aussitôt l'enfant se trouva si parfaitement guéri, que depuis il n'eut plus la fièvre. Sur les six heures du matin le R. P. Nicolas Royer, augustin, vint dire la sainte messe devant la relique pour un de ses neveux qui se mouroit, et obtint de Dieu par les mérites de saint Martin une si parfaite guérison, qu'étant retourné après la messe dans la maison de son frère, il trouva l'enfant sur pied en pleine santé, qui lui dit : « Mon oncle, vous m'avez guéri ; » à qui le R. P. répliqua : « Ne dites pas cela, mon enfant, mais dites : le bon saint Martin m'a guéri. »

Sur les sept heures, Monseigneur l'archevêque arriva à Sainte-Radégonde pour achever la cérémonie. Tous les religieux y vinrent revêtus en chape, et levèrent la sainte relique qui fut portée par le grand tour de la levée afin de satisfaire à la dévotion des peuples. A l'entrée de l'église, qui étoit magnifiquement parée de deux cents pièces des plus belles tapisseries qui fussent dans la ville, on entonna le *Te Deum*, qui

(1) *Rerum memorabilium liber*, p. 51. (C. Ch.)

fut chanté par le chœur et par l'orgue, après quoi Monseigneur l'archevêque chanta pontificalement la messe. Monsieur le prieur des Dormants, supérieur des anciens, en l'absence du grand-prieur y fit chantre avec les RR. PP. prieurs de Marmoutier et de Bourgueil, et deux autres religieux. Les chaires du chœur étoient occupées par les religieux de Marmoutier qui tenoient la droite, et par ceux de Saint-Julien qui étoient à gauche. Le présidial et le corps de ville fut aussi placé dans les hautes chaires du côté du jubé, les petits anges dans les basses chaires. Après la messe, l'archevêque fut faire ses prières devant la sainte relique, et ensuite dîna au réfectoire avec le présidial et le corps de ville. Après le dîner, les petits anges vinrent saluer Sa Grandeur, qui les voyant venir s'écria : *Sinite parvulos venire ad me, talium est enim regnum cœlorum*. L'un d'eux lui fit une petite harangue, à laquelle le prélat répliqua, puis les interrogea sur leur catéchisme et les exhorta à imiter la pureté et l'innocence des anges. Ils lui répondirent qu'assistés de la grâce de Dieu, ils tâcheroient de le faire. On a cru que saint Martin avoit obtenu du Ciel une bénédiction particulière sur cette petite troupe, car ces quarante enfants se firent dans la suite tous religieux. Monseigneur l'archevêque assista ensuite à la prédication, officia à vêpres, et après avoir encore fait ses prières devant la relique, s'en retourna, remerciant le R. P. prieur de l'honneur qu'il lui avoit fait, et témoignant une grande satisfaction de la dévotion qu'il avoit ressentie en cette cérémonie et de celle qu'il avoit remarquée dans son peuple, louant le bon ordre qui s'y étoit observé. Comme il montoit en carrosse, jetant les yeux sur la cour et sur le monastère, il dit que la seule vue d'un lieu qui avoit été sanctifié par un si grand saint lui donnoit de la dévotion (1).

Pour satisfaire à celle des peuples, l'on exposa la sainte relique toutes les fêtes et dimanches durant six mois, et l'on

(1) M. Cartier a publié dans les *Mémoires de la Société archéologique de Touraine*, t. VIII, p. 15, une lettre de dom Colombain Lefay, moine de Marmoutier, contenant un récit très-détaillé de la réception solennelle de la relique de saint Martin. (C. Ch.)

établit une fête solennelle, sous le nom d'*Exception des reliques de saint Martin*, qui se célèbre tous les ans avec grand concours de monde, qui accourt de toute part pour voir la procession où l'on porte la relique de saint Martin avec les chefs de saint Corentin, de saint Clair et de saint Léobard, la sainte Ampoule et quelques autres reliques, et assister ensuite à la messe, qui se célèbre avec beaucoup de solennité.

L'on demandera peut-être comment cette relique de saint Martin s'étoit trouvée à Cluny. Je réponds qu'elle y avoit été transférée du temps de saint Odon, qui, étant de grande naissance et ayant été chanoine de Saint-Martin, y avoit assez de crédit pour obtenir des reliques du saint, et que même on célébroit autrefois dans Cluny la fête de cette translation le 23 d'avril, comme l'on peut voir dans les anciens bréviaires de cette illustre abbaye.

Je sais bien qu'un auteur récent, dans une Vie de saint Martin qu'il a composée en françois (1), prétend que le corps du saint étoit encore tout entier dans son église, l'an 1323 qu'on tira son corps de son sépulcre en présence du roi Charles le Bel, de toute la cour et de plusieurs évêques, pour en séparer le chef et le mettre dans un buste d'or très-riche que l'on avoit fait faire exprès. Et il cite pour preuve les Actes manuscrits de la Translation du chef de saint Martin. Ces Actes ne sont autres qu'un légendaire qui contient les leçons qui se lisent aux matines de la fête de cette Translation. Nous les trouvons dans un manuscrit de la bibliothèque de Saint-Gatien, qui a été autrefois de celle de Saint-Martin (2), et qui paroît écrit dans ce temps-là même, où nous lisons ces paroles, sur lesquelles cet auteur peut fonder son opinion :

In quo quidem sepulcro invenerunt capsam unam argenteam, et in eâdem cistellam saliceam mirabiliter albam et recentem, in quâ corpus ejusdem beatissimi confessoris honorificè re-

---

(1) GERVAISE, *Vie de saint Martin*, p. 326. Tours, 1699. (C. Ch.)

(2) Nous n'avons pu trouver ni ce manuscrit, ni celui dont parle Ruinart, parmi les lectionnaires ou légendaires de la bibliothèque municipale de Tours. (C. Ch.)

posuerat. B. Perpetuus, qui anno sexagesimo quarto post transitum gloriossissimi Martini, sedis Turonicæ cathedralem sortitus fuerat dignitatem. Aperiens autem cum devotione et tremore ille venerabilis episcopus Carnotensis (1) *cistellam in quâ corpus beatissimum latitabat, caput cum reliquo corpore ad instar infantuli involutum et ligatum, cedulam alligatam invenerunt in quâ scriptum erat* : HIC EST CORPUS B. MARTINI ARCHIEPISCOPI TURONENSIS. *Quo viso, congaudentes in Domino de tam pretiosissimo thesauro hìc reperto, idem episcopus Carnotensis incæpit solvere sanctum corpus, quod ex quâdam zonâ candidâ à B. Perpetuo tempore translationis ejusdem corporis fuerat sic ligatum ejusque proprio sigillo sigillatum* (2).

De ce témoignage, notre auteur infère que lorsque saint Perpétue fit la translation du corps de saint Martin, il l'enveloppa dans un drap de soie, le mit dans un vase d'albâtre, le scella de son sceau, et y laissa une cédule écrite de sa propre main, qui marquoit que c'étoit là le corps de saint Martin; que tout cela s'étant rencontré lorsqu'on fit la translation du chef, c'est une preuve convaincante que jusqu'alors on n'avoit fait aucune distraction des reliques du saint. Mais l'autorité de ces Actes ou de ce légendaire est trop foible pour servir de *preuve convaincante* d'un fait arrivé environ 850 ans auparavant, et il n'est pas difficile de donner des *preuves convaincantes* de la fausseté de ces prétentions.

1. Saint Grégoire de Tours, à qui seul nous sommes redevables de l'histoire de la translation de saint Martin, nous apprend bien que son sépulcre fut transféré; mais il ne dit point qu'il fut ouvert, et cela n'étoit point nécessaire puisqu'on devoit le remettre en terre.

2. Il ne dit point que saint Perpétue ait mis son corps dans un vase d'albâtre; c'est ainsi qu'il plaît à l'auteur d'expliquer ces paroles de ses Actes, *cistella salicea*, qui signifient plu-

---

(1) Robert de Joigny, évêque de Chartres. (C. Ch.)

(2) Ce texte a déjà été publié par dom Ruinart, d'après un manuscrit de Saint-Martin, dans son édition de Grégoire de Tours, col. 68, noto. (C. Ch.)

tôt une caisse ou un coffre de bois ; cela n'étoit pas non plus nécessaire, car après avoir enveloppé le corps du saint dans un drap précieux, il suffisoit de le remettre dans son sépulcre.

3. Il ne dit pas non plus que saint Perpétue ait apposé son sceau à la caisse qui renfermoit les ossements du saint ; cette précaution n'étoit point encore en usage, et je crois qu'on auroit bien de la peine d'en donner des exemples avant cinq ou six cents ans. Elle n'a commencé qu'après que les reliques des saints s'étant beaucoup multipliées, il s'y glissa des abus ; pour lors l'Église défendit dans ses conciles d'ouvrir les châsses des saints sans l'autorité des évêques, lesquels pour aller au devant des abus apposèrent leurs sceaux aux reliquaires. Mais du temps de saint Perpétue, que toutes les reliques des saints étoient enfermées en terre, à quoi auroient servi ces sceaux ?

4. Le terme d'*archiepiscopi* qui se trouve dans la cédule ou billet qu'on prétend qui se trouva dans la caisse, est une *preuve convaincante* qu'il n'y fut point mis par saint Perpétue, puisqu'il est certain que du temps de saint Martin, l'Église de Tours n'étoit point métropolitaine, et que saint Martin ne fût que simple évêque, et que quand il auroit été métropolitain, le nom d'archevêque n'étoit pas encore en usage du temps de saint Perpétue.

5. Il n'est pas probable que cette cédule se fût conservée environ 850 ans dans un sépulcre de pierre, humide, et qui fut longtemps en terre ; aussi on trouvera fort peu d'exemples qui prouvent que les anciens missent des cédules ou des billets dans les sépulcres. S'ils y mettoient quelque inscription, elle s'y gravoit sur le marbre ou sur du plomb.

6. Il n'est pas difficile de prouver qu'il s'est fait plusieurs distractions des reliques de saint Martin avant la translation de son chef. 1° Saint Ouen nous apprend dans la Vie de saint Éloy que ce grand saint fit des châsses d'argent à plusieurs saints, mais qu'il se surpassa dans celle qu'il fit pour saint Martin de Tours. Ce fut alors que le sépulcre du saint fut

ouvert pour la première fois; car avant ce temps-là l'on ne trouve pas qu'il l'ait été. Or, tous les auteurs qui ont écrit de la fondation de Saint-Martin de Tournay, nous apprennent que le saint eut pour récompense de son travail deux dents de saint Martin, dont il mit l'une en l'abbaye de Saint-Martin de Tournay, dont il fut le fondateur, et l'autre dans son église de Noyon. — 2° L'abbaye de Marmoutier avoit aussi autrefois une des dents du saint. — 3° Celle de Corbie possède aussi des reliques de saint Martin, qui furent données à l'abbé saint Adalard par l'empereur Charlemagne, dont il avoit l'honneur d'être parent. On prétendra que ces reliques sont d'un autre saint Martin; c'est ce qu'on ne prouvera point, car on sait que lorsqu'on nomme le nom de saint Martin tout court, on entend celui de Tours. On sait d'ailleurs que nos rois très-chrétiens se faisoient quelquefois apporter les corps des plus grands saints de leur royaume pour attirer leur protection sur leur personne royale; et Adon rapporte en sa *Chronique* que Tassilon, duc de Bavière, fit serment de fidélité à Pépin, père de Charlemagne, sur les corps de saint Denis, de saint Germain et de saint Martin de Tours, au concile de Compiègne tenu l'an 758. Or, on ne voit aucune implicance qu'un empereur aussi pieux qu'étoit Charlemagne, ait voulu avoir des reliques de saint Martin, et qu'il les ait données à saint Adalard son cousin. — 4° L'abbaye de Saint-Martin de Limoges possède aussi une relique de saint Martin dont elle est redevable au pieux Hervé, trésorier de Saint-Martin, et les anciens monuments de ce monastère nous apprennent que l'abbé qui la reçut, par un sentiment de vénération, l'apporta pieds nus de Tours à Limoges. — 5° Les Actes de saint Bernard, évêque de Hildesheim, écrits par Tangmare, doyen de l'église de Hildesheim, autre contemporain, nous apprennent que ce saint évêque eut dévotion de visiter les lieux saints de France; qu'il fut d'abord à Saint-Denis de Paris, que de là il vint à Tours avec le roi Robert, qu'il y séjourna une semaine entière, que le roi et les évêques lui firent beaucoup d'honneur, et que pour satisfaire à sa piété, au lieu qu'on se contentoit de faire toucher aux autres la chasuble de saint Martin, par une distinction bien singulière on lui donna des reliques du corps de saint Martin et de plusieurs autres saints : *pretiosissimi B. Martini de sacro corpore reliquiis remuneratus*. — 6° Enfin si l'auteur qui nous donne la peine de le réfuter, avoit bien lu les anciens monuments de son église, il auroit trouvé dans un cartulaire de Saint-Martin de Tours une lettre du chapitre de Saint-Martin de Liége écrite au chapitre de Saint-Martin de Tours, pour les remercier de la grâce qu'ils leur avoient faite de leur donner des reliques de saint Martin et de saint Brice, son successeur, et les prier de leur envoyer l'office propre de saint Brice, pour le célébrer à l'avenir dans leur église. Cette lettre doit être hors de toute suspicion, puisqu'elle se trouve dans un cartulaire de Saint-Martin. On pourra la voir dans les *Preuves* de cette *Histoire*. — En voilà plus qu'il n'en faut pour prouver qu'il s'étoit fait des distractions des reliques de saint Martin avant la translation de son chef. Lors donc que les Actes de la translation disent que l'évêque de Chartres tira la tête du saint de la caisse où elle étoit avec le reste du corps, *cum reliquo corpore*, cela ne se doit point entendre du corps entier de saint Martin, mais de la plus grande partie qui y étoit renfermée.

7. La relique que nous avons est d'un homme fort petit, ce qui s'accorde merveilleusement avec ce que Sulpice Sévère écrit de saint Martin.

Outre les miracles que nous avons déjà rapportés, je trouve un enfant aveugle qui reçut la vue, une femme sourde qui recouvra l'ouïe, un enfant qui avoit presque tout le cou pourri d'écrouelles, et plusieurs fébricitants guéris au moment qu'ils eurent fait ou fait faire leurs prières devant la sainte relique. On la resserra dans une armoire derrière le grand autel du côté de l'évangile, où l'on avoit coutume de garder la sainte Ampoule, que l'on transféra dans une autre armoire du côté de l'épître, et l'on mit au-dessous ces quatre vers :

Flevimus extinctum patriæ jubar; hæresis illum
    Sacrilego incendit cum sacra membra rogo.
Nunc sua devotæ redduntur gaudia plebi,
    Cum redit amissi luminis hic RADIUS (1).

Pendant que nos Pères célébroient à Tours des fêtes pour l'Exception de la relique de leur saint patron, ils eurent la douleur d'apprendre qu'à Paris ils alloient perdre le collége de Marmoutier. Les Pères Jésuites du collége de Clermont, se trouvant un peu à l'étroit, et voyant qu'à l'occasion de l'union de la congrégation de Saint-Maur avec celle de Cluny, les religieux écoliers du collége de Marmoutier alloient prendre leurs leçons en celui de Cluny, ils crurent que c'étoit là une raison suffisante pour le demander et l'unir au leur. Ils en firent porter la parole au cardinal de Richelieu par le sieur Sublet des Noyers, conseiller d'État, qui pouvoit beaucoup sur l'esprit du cardinal. Ils ne manquèrent pas d'étaler les grands services qu'ils rendoient au public, le grand nombre de pensionnaires qu'ils élevoient dans leur collége de Clermont, parmi lesquels étoient les princes de Conti et de Nemours; qu'ils n'avoient pas assez de bâtiments pour loger tant de monde; que les bâtiments du collége de Marmoutier étoient fort à leur bienséance, et qu'on pouvoit les leur accorder d'autant plus aisément qu'il ne s'y faisoit plus aucun exercice de classes, et que les écoliers qu'on pourroit y mettre étudieroient aussi commodément au collége de Cluny.

Comme demander et obtenir est presque la même chose pour ces révérends Pères, ils n'eurent pas plus tôt ouvert la

---

(1) Les Jésuites de Tours attaquèrent vivement l'authenticité de cette relique de saint Martin et voulurent persuader à l'archevêque de ne pas l'exposer à la vénération des fidèles. Le *Rerum memorabilium liber*, p. 55, combat cette opinion avec de bons arguments, et démontre l'authenticité des reliques de saint Martin conservées à Cluny. (C. Ch.)

bouche que le cardinal de Richelieu leur accorda tout ce qu'ils désiroient. Le sieur des Noyers ayant le consentement du cardinal, en vint aussitôt donner avis au RR. PP. général et lui demander le sien. Il n'avoit garde de s'opposer à la volonté d'un homme à qui on ne résistoit pas impunément, et qui d'ailleurs avoit rendu de très-grands services à notre congrégation et étoit en état de lui en rendre encore. Les choses étant ainsi disposées, le sieur des Noyers fit venir des architectes au collége de Marmoutier, qui, sans appeler les parties intéressées, fixèrent le prix des bâtiments et de la place à trente mille écus (1).

Le bruit de cette union s'étant répandu dans Paris, le recteur de l'Université crut qu'il devoit s'opposer à l'entreprise des Jésuites, et dans l'assemblée du mois d'avril il présenta requête aux docteurs de la Faculté pour les exhorter à faire leur possible pour en empêcher l'exécution. Tous furent d'avis qu'il falloit supplier le cardinal de changer de résolution, et chargèrent le syndic de lui en porter la parole. L'on attendoit ce jour-là Son Eminence à Paris, et l'Université se disposoit de l'aller saluer en corps ; mais n'étant point venu ni ce jour-là, ni le suivant, elle lui députa 26 docteurs, qui allèrent à Ruel où il étoit. Il les écouta fort paisiblement, et après qu'ils lui eurent dit tout ce qu'ils voulurent, il leur fit un grand détail de toutes les grâces qu'il avoit faites à l'Université, il leur déclara qu'il étoit dans le dessein de lui en faire encore davantage, mais que pour le collége de Marmoutier, il falloit que les Jésuites l'eussent. Cette réponse ferma la bouche au syndic, qui dit ce vers de Virgile :

Mantua væ miseræ nimium vicina Cremonæ.

Les Jésuites présentèrent requête au conseil privé, qui ordonna que le collége de Marmoutier seroit uni à celui de Clermont, et que de la somme de trente mille écus que les

(1) *Rerum memorabilium liber*, pp. 58 et suiv. (C. Ch.)

jésuites donneroient, on en achèteroit une autre maison qui seroit appelée le collége de Marmoutier, et donna commission aux sieurs d'Aligre et de Verthamont, conseillers d'État, de faire exécuter cet arrêt. Les anciens qui résidoient dans le collége y formèrent opposition, mais les jésuites obtinrent un second arrêt du conseil privé le 24 juillet 1641, qui ordonnoit que nonobstant les oppositions des anciens, le premier arrêt seroit exécuté.

L'on chercha ensuite des maisons dans Paris. L'on en trouva quelques-unes à vendre, mais dont on demandoit beaucoup plus que ce que les jésuites donnoient du collége de Marmoutier, quoiqu'elles ne fussent ni si belles ni si commodes. Sur cela les jésuites s'engagèrent à payer tous les ans quatre mille cinq cents livres, en attendant qu'ils pussent payer la somme totale de trente mille écus, et de payer les lots et ventes, l'indemnité et amortissement de la maison qu'on achèteroit. Ensuite les religieux réformés sortirent du collége de Marmoutier, le 6 septembre 1644 ; mais les anciens y restèrent encore jusqu'à Pâques de l'année suivante, et l'un d'eux, nommé dom André d'Imonville, n'en voulut point sortir qu'on n'eût fait jeter dehors tous ses meubles par un sergent, afin que tout le monde fût témoin de la violence qu'on lui faisoit.

Les choses restèrent en cet état jusqu'en l'an 1653, que l'on unit le revenu du collége de Marmoutier avec tous ses droits et priviléges au prieuré de Bonne-Nouvelle d'Orléans, où l'on établit une communauté par lettres patentes du roi.

Le cardinal de Richelieu ne survécut pas longtemps. Il mourut à Paris le 4 décembre 1642, et choisit l'église de la Sorbonne pour le lieu de sa sépulture. L'abbaye de Marmoutier lui aura des obligations immortelles, pour en avoir banni le relâchement, et y avoir rétabli l'étroite observance par l'introduction de la réforme de la congrégation de Saint-Maur.

CHAPITRE LVII.

D'AMADOR-JEAN-BAPTISTE DE VIGNEROD,
LIIe ABBÉ DE MARMOUTIER (1).

(1644 — 1652)

Amador-Jean-Baptiste de Vignerod, neveu du cardinal de Richelieu, n'étoit qu'un enfant lorsque le roi le nomma à l'abbaye de Marmoutier après la mort de son oncle. Mais quoiqu'il fût si jeune, il possédoit déjà les abbayes de Saint-Benoît-sur-Loire, d'Hermières, de Saint-Ouen de Rouen, et le prieuré de Saint-Martin-des-Champs. Et ce fut peut-être la raison pourquoi il n'obtint ses bulles que le 15 septembre de l'an 1644, âgé seulement d'onze ans, et qu'il différa encore de prendre possession jusqu'au 24 janvier de l'an 1646 (2). Pendant cette longue absence, la communauté nomma aux bénéfices dépendant de l'abbaye, et tous ceux qu'elle nomma furent confirmés par les parlements lorsqu'ils eurent des compétiteurs.

Cependant la mort du cardinal de Richelieu n'apporta pas seulement du changement dans le royaume, elle en causa encore beaucoup dans les cloîtres, et surtout dans l'abbaye de Marmoutier. Les anciens religieux, qui n'avoient osé se plaindre de son vivant, commencèrent à se remuer lorsqu'ils crurent n'avoir plus personne capable d'empêcher leurs desseins. La première chose qu'ils firent et dont on ne voyoit pas assez la conséquence, fut l'élection d'un nouveau grand-

---

(1) Extrait du texte de Martène. (C. Ch.)

(2) Le brevet du roi est donné à Saint-Germain-en-Laye le 8 décembre 1642, et son nom y est : Jean-Baptiste-Amador de Vignerot. (Note du manuscrit de Tours.)

prieur. Dom Pierre Bédacier avoit été pourvu de cet office par le cardinal de Richelieu dès l'an 1635 ; mais il y avoit cinq ans qu'arrêté à Paris pour les affaires de Son Éminence, il ne l'exerçoit pas, et dom Bertrand Viette faisoit pour lui l'office de sous-prieur par ordre du cardinal. D'ailleurs, il avoit été pourvu des prieurés conventuels de Gigny et de Gassicourt de l'ordre de Cluny. Les anciens crurent que cela suffisoit pour les mettre en droit de procéder à une nouvelle élection, supposant qu'il s'étoit volontairement démis de son office de grand-prieur, et qu'il étoit passé de l'ordre de Marmoutier en celui de Cluny. Et sur cela ils élurent dom Florent Mareschaux, docteur de la Faculté de Paris, l'un des plus grands ennemis de la réforme, dont l'élection fut confirmée le 23 mai 1644 par arrêt du Grand-Conseil, contre six anciens les plus sages qui s'y étoient opposés, lequel arrêt lui donnoit droit de faire la visite des prieurés et de tenir des chapitres généraux (1).

Lorsqu'ils virent leur élection confirmée, ils déclarèrent guerre ouverte aux réformés. Ils s'emparèrent du chapitre, leur enlevèrent quantité de bois de charpente, leur fermèrent l'entrée de la bibliothèque, se saisirent d'un autre bâtiment qui étoit à leur usage, rompirent une porte qui répondoit sur le pré du jardin, et les menacèrent de leur faire bien autre chose. On ne doute point, en effet, qu'ils n'eussent fait beaucoup plus de mal, s'ils n'en eussent été empêchés par M. l'intendant, qui sur les plaintes que lui firent les réformés, leur défendit de rien attenter contre les accords et transactions passées.

L'an 1645, leur haine contre la réforme éclata bien autrement ; elle ne tendoit à rien moins qu'à expulser de Marmoutier les religieux de la congrégation de Saint-Maur. Les sieurs Mareschaux, Péan, Dannuelz et ceux qu'ils avoient attirés dans leur parti, crurent que la mort du cardinal de Richelieu et la séparation de notre congrégation d'avec celle

---

(1) *Rerum memorabilium liber*, p. 71. (C. Ch.)

de Cluny favorisoient entièrement leur entreprise, parce que l'introduction de la réforme dans Marmoutier s'étant faite dans le temps de l'union des deux congrégations, ils se persuadoient que cette désunion seroit pour eux un prétexte suffisant pour annuler et casser le concordat de l'introduction. Animés de cette espérance, ils convoquèrent un chapitre général, et firent jouer toute sorte de machines pour y attirer des prieurés, tous les religieux brouillons et capables de causer du trouble et de favoriser leur parti (1). Mais quoi qu'ils pussent faire, ce nombre n'étoit pas aussi grand qu'ils eussent bien souhaité. Ils commencèrent leur assemblée séditieuse le 12 mai, y admirent plusieurs religieux de dehors qui n'y devoient point assister et en exclurent plusieurs du monastère, qui, en vertu de leurs offices, de tout temps avoient eu voix dans les chapitres généraux. Après que le grand-prieur eût fait son exhortation, il obligea tous les capitulants de jurer sur les saints Évangiles qu'ils garderoient le secret de tout ce qui se passeroit dans leur assemblée, et que ce qui seroit résolu à la pluralité des voix seroit signé de tous. Ils mirent ensuite en délibération qui auroient voix au chapitre, et ils conclurent que tous les prieurs, les sous-prieurs, leurs procureurs et généralement tous ceux qu'ils voudroient y appeler, jouiroient de ce privilége. Le prieuré de Renty s'étant alors trouvé vacant par la mort du prieur, ils en pourvurent dom Bonnabe Dannuelz, et ordonnèrent au secrétaire du chapitre de lui en expédier les provisions. Ils confirmèrent aussi l'introduction des bénédictins anglois faite au prieuré de la Celle-en-Brie, l'an 1633, et firent plusieurs règlements qui avoient quelque apparence de bien pour donner plus d'autorité à l'assemblée, et rendre plus plausible leur dessein d'expulser les religieux de la congrégation de Saint-Maur.

Comme c'étoit là leur principale vue, aussi fut-ce la chose principale sur laquelle ils s'arrêtèrent davantage. Dom

---

(1) *Rerum memorabilium liber*, p. 73. (C. Ch.)

Martin Claire, religieux de Chemillé, et dom Bonnabe Dannuelz furent ceux qui se déchaînèrent le plus contre la réforme. Après avoir étalé avec beaucoup d'emphase les priviléges et immunités de l'abbaye de Marmoutier, et exposé tout ce qui contribuoit à sa gloire, ils remontrèrent que c'étoit pour elle une chose honteuse d'être soumise à des étrangers ; que son union à la congrégation de Saint-Maur s'étant faite sans leur participation, et ceux qui y avoient donné leur consentement l'ayant donné plutôt par contrainte et par crainte que librement, les concordats qui avoient été faits ne pouvoient subsister. Ils alléguèrent ensuite beaucoup de faussetés contre le cardinal de Richelieu et contre la congrégation, et demandèrent que les concordats fussent déclarés nuls. Néanmoins, comme ils ne pouvoient pas démentir leurs propres yeux, et ne point reconnoître le bien que la réforme faisoit dans leur monastère, l'édification qu'en retiroit le public, et la gloire qui en revenoit à Dieu, ils déclarèrent qu'ils vouloient bien l'admettre et même y retenir les religieux qui y étoient déjà, pourvu qu'ils fissent stabilité dans le monastère, et ne reconnussent point les supérieurs de la congrégation de Saint-Maur. Ce n'étoit pas qu'ils eussent grande envie de les retenir, mais ils espéroient par cet artifice causer de la division dans la communauté, et qu'ils trouveroient quelques esprits foibles qui se jetteroient dans leur parti. Mais ils se trompèrent dans leur fausse sagesse. Les voix ayant été ensuite recueillies, on conclut à la cassation des concordats et on les déclara nuls. Néanmoins, comme il falloit pourvoir au rétablissement de l'observance, on ordonna que les religieux réformés qui résidoient alors dans l'abbaye seroient cités de déclarer s'ils vouloient y faire leur stabilité et se désunir de leur congrégation ; qu'en cas de refus on feroit une semblable citation à ceux de Cluny, et que si les uns et les autres refusoient, l'on prendroit dans le corps des sujets pour rétablir dans le monastère l'observance régulière ; et enfin on établit procureur dom

Gaspard Renault, obédientier de Saint-Martin du Vieux-Belesme, pour faire mettre ce décret en exécution.

Cependant, en exécution de la résolution de leur chapitre, le 29 mai ils firent signifier leur décret par un notaire au R. P. dom Joseph Séguin, sous-prieur du monastère en l'absence du R. P. prieur qui étoit au chapitre général à Vendôme. Ils lui firent demander de quelle congrégation il étoit, et s'il vouloit renouveler sa stabilité dans Marmoutier. Il répondit qu'il étoit religieux de la congrégation de Saint-Maur, qu'il vouloit y vivre et mourir, et qu'il ne reconnoissoit point d'autres supérieurs que ceux que le chapitre général assemblé à Vendôme voudroit lui donner. Il donna ensuite avis aux supérieurs de ce qui se passoit. Comme il devoit venir un nouveau prieur à Marmoutier, leur dessein étoit de lui fermer l'entrée du monastère, et toutes les avenues par lesquelles il pourroit venir. Mais les supérieurs rompirent toutes leurs mesures en nommant pour prieur de Marmoutier le R. P. dom Joseph Séguin, qui étoit dans le monastère, et qui exerçoit déjà l'office de sous-prieur. Il ne restoit plus que d'aller au-devant de leurs entreprises.

Dès l'année précédente, le roi, pour favoriser l'établissement de la réforme dans son royaume, avoit nommé six commissaires pour terminer et juger toutes les affaires qui surviendroient touchant la réforme. Ces commissaires étoient les sieurs de Léon, d'Ormesson, Laisné, Séguier, évêque de Meaux, de Bignon et de Verthamont, conseillers d'État; auxquels il ajouta l'an 1645 six autres commissaires, savoir : les sieurs de Villarceau, Pinon, de Lamoignon, Marcillac, Thomel et la Marquerie, maîtres des requêtes, et défendit en même temps à toutes les cours souveraines de prendre connoissance des causes de la réforme. Comme tous ces commissaires étoient gens de probité, les supérieurs crurent qu'il ne falloit point s'adresser à d'autre tribunal pour faire cesser les troubles de Marmoutier. Ils présentèrent donc requête au conseil privé pour être renvoyés devant Nos

Seigneurs les commissaires nommés par Sa Majesté, et faire examiner et casser devant eux le prétendu décret du chapitre général des anciens. Ceux-ci, de leur côté, pour fortifier leur cabale, attirèrent dans leur parti les religieux de Cluny ; mais tous leurs efforts furent bientôt dissipés ; car dès le 30 du mois de juin, le conseil privé du roi donna un arrêt qui renvoyoit les parties devant les commissaires, suspendoit l'exécution du décret du chapitre général, et défendoit aux anciens de rien faire au préjudice des concordats faits sous le cardinal de Richelieu.

Cet arrêt déconcerta ces pauvres moines, qui ouvrant enfin les yeux sur les excès dans lesquels ils se précipitoient, rétractèrent la plupart tout ce qu'ils avoient fait, désavouèrent par devant notaires le décret de leur chapitre général et ratifièrent les concordats précédents. Il n'y eut que les chefs de la révolte qui persistèrent dans leur obstination, s'appuyant beaucoup sur l'autorité du prince de Condé, qui ayant son fils le prince de Conti abbé de Cluny, ne manqueroit pas de les favoriser. Ils firent donc présenter au conseil privé une requête au nom de cet abbé pour être renvoyés au Grand-Conseil, dont ils se promettoient un bon succès. Cependant les sieurs Mareschaux, Péan et Bouvot s'en allèrent dans les prieurés pour tâcher d'inspirer la révolte à tous les obédientiers et les engager à entrer dans leur parti ; ils tâchèrent même de débaucher un de leurs confrères qui avoit embrassé la réforme, mais ils n'y réussirent pas. Le temps du chapitre général de l'an 1646 étant arrivé, on vit aborder à Marmoutier tous ceux des prieurés qu'ils avoient pu engager dans leur parti. Ils commencèrent leur assemblée le 27 d'avril, et la première chose qu'ils firent fut de confirmer le décret de leur dernier chapitre contre la réforme. Ce second décret fabriqué contre les concordats et contre les défenses qui leur avoient été faites par l'arrêt du conseil privé, ne faisoit que rendre leur cause plus mauvaise. Cependant, comme s'ils eussent déjà remporté la victoire, ils en devinrent plus hardis. Ils s'emparèrent du chapitre et du grand réfectoire, brisèrent les portes, prirent plusieurs meubles et ustensiles des réformés, les menaçant de leur faire encore pis. Mais ils furent fort étourdis lorsqu'ils virent paroître dans la cour du monastère M. l'intendant et M. le lieutenant-général de Tours, accompagnés d'une troupe de gens armés, qui par le son des trompettes leur fit connoître qu'ils venoient arrêter leurs entreprises.

L'autorité néanmoins de ces magistrats ne fut pas suffisante pour retenir dans le devoir les chefs de la rébellion. Le quatrième dimanche après Pâques, qui se célébroit alors avec beaucoup de solennité et qu'on appeloit *le beau Dimanche*, le R. P. prieur dom Joseph Séguin étant à la sacristie, revêtu en aube et en étole, faisant ses prières à genoux pour se préparer à dire la messe, le sieur Péan se jeta sur lui par derrière, se saisit de son étole qu'il avoit au cou, le fit heurter de la tête contre la table sur laquelle étoient les ornements, le traîna par la sacristie, lui tendit plusieurs fois le poing pour le frapper, lui donna même un coup dans l'estomac, vomit contre lui mille injures, l'appelant coquin, maraud, bélître, séditieux, fripon, et lui dit qu'il faudroit le chasser lui et ses confrères de la maison. Pendant tous ces emportements, le sieur Mareschaux, sousprieur, étoit à la porte de la sacristie, pour empêcher que personne ne vînt au secours et qu'il n'y eût point de témoins. Mais il n'eut point la patience d'attendre si longtemps, il vint se joindre à son religieux, fit mille reproches pleins de calomnies au R. P. et s'efforça de le faire auteur du scandale qu'ils causoient eux-mêmes, quoiqu'il lui eût offert sa place pour officier, et eût voulu lui remettre son aube et son étole pour apaiser le tumulte (1).

La fête de la Subvention de saint Martin n'étoit pas éloignée, et comme ce jour-là la communauté va à Saint-Martin faire l'office avec MM. les chanoines, ils formèrent le dessein

(1) *Rerum memorabilium liber*, p. 86. (C. Ch.)

d'exécuter ce jour-là leur décret, en fermant la porte à nos religieux lorsqu'ils retourneroient de la procession. Mais ils ne furent pas assez secrets, et nos Pères, avertis par quelqu'un de leurs amis, laissèrent une partie de la communauté avec un bon nombre de domestiques, tous capables de bien garder la maison et de la défendre en cas d'insulte de leur parti (1).

Après cela, les chefs de la révolte, dom Florent Mareschaux et dom André Péan, s'en allèrent à Paris pour solliciter le procès. Lorsqu'il fut sur le point d'être jugé, le premier, tout enflé de l'espérance d'un succès favorable, revint à Tours pour faire exécuter l'arrêt qu'il se promettoit d'obtenir, faisant courir le bruit par la ville qu'on alloit chasser les réformés de Marmoutier ; il eut même l'imprudence de dire à l'évêque d'Auxerre, qui étoit venu traiter avec le Père prieur de quelques affaires qui regardoient le prieuré de Sablé, à quoi il s'amusoit de traiter avec des gens qu'on alloit au premier jour chasser honteusement de la maison. Il fondoit cette grande confiance sur le grand crédit du prince de Condé, qui donnoit quelque sujet de craindre aux réformés. Mais la très-pieuse reine régente Anne d'Autriche étant informée par les religieuses du Val-de-Grâce de ce qui se passoit, dit au prince de Condé que les affaires de Marmoutier ne le regardoient point, et qu'il n'eût pas à s'en mêler.

Cet ordre fut suivi d'un arrêt du 13 juillet 1646, par lequel le roi en son conseil, sans avoir égard à l'intervention du prince de Conti, abbé de Cluny, déclare nuls les décrets prétendus des chapitres généraux des anciens, leur défend d'en célébrer aucun à l'avenir, confirme tous les concordats faits entre le cardinal de Richelieu, les anciens et les religieux de la congrégation de Saint-Maur, ordonne au sieur de Heere, intendant dans la généralité de Touraine, de tenir la main à les faire exécuter, prend sous sa protection les réformés, et condamne les anciens aux dépens (2).

(1) *Rerum memorabilium liber*, p. 87. (C. Ch.).
(2) *Rerum memorabilium liber*, p. 88. (C. Ch.).

Cet arrêt fut pour eux un coup de massue; ils ne l'eurent pas plus tôt appris, qu'ils vinrent tous confirmer devant notaires les concordats; on leur rendit le bien pour le mal en leur remettant les dépens auxquels ils étoient condamnés. Il n'y eut qu'André Péan et Bonnabe Dannuelz qui persistèrent dans leur obstination, et inventèrent toutes les chicanes imaginables pour persécuter la réforme et ceux de leurs confrères qui la favorisoient, en sorte que les amis du sieur Péan lui reprochèrent qu'il avoit fait une infinité de choses indignes d'un prêtre, d'un moine, d'un docteur et d'un honnête homme. Ces reproches, joints à la crainte qu'il avoit de perdre le procès qu'il avoit embrassé mal à propos, et à l'embarras où il se trouvoit pour payer les dépens auxquels il prévoyoit qu'il alloit être condamné, et le chagrin qui le rongeoit d'avoir si mal réussi, lui causèrent une maladie mortelle qui l'enleva en peu de jours (1). Il ne fut pleuré que de ses créanciers; car quoique ce moine chicaneur, qui avoit fait vœu de pauvreté, eût quatre mille livres de revenu, cette somme immense ne suffisoit pas à ses procès. Pour les Pères réformés, lorsqu'ils apprirent sa mort, ils demandèrent son corps au curé de Saint-André-des-Arcs dans la paroisse duquel il étoit décédé, lui firent faire des obsèques magnifiques à Saint-Germain-des-Prés, et firent ce jour-là une aumône générale, rendant ainsi le bien pour le mal à un homme qui les avoit persécutés toute sa vie. La mort de ce brouillon donna enfin la paix au monastère, car son compagnon Bonnabe Dannuelz, frappé d'un accident si imprévu, aima mieux se réconcilier que de s'exposer à perdre honteusement les procès qu'il avoit entrepris.

L'obstination de ces séditieux ne fut pas tout à fait inutile au monastère, car elle servit au moins à nous attacher ceux de leurs confrères qui leur étoient opposés. Les autres même rentrèrent tellement dans leur bon sens, qu'ils reconnurent

---

(1) Mort de frère André Péan au mois d'avril 1650. *Rerum memorabilium in Majori Monasterio a reformatione gestarum liber*, p. 100. (Note du manuscrit de Tours.)

qu'on ne pouvoit rien faire de plus utile à leur monastère, de plus glorieux à Dieu, de plus agréable au roi et de plus édifiant pour le public, que d'avoir uni leur maison à la congrégation de Saint-Maur, et que c'étoient ces vues qui les portoient à ratifier les concordats. Enfin, pour une plus grande preuve de leur parfaite et sincère réconciliation, l'an 1648 ils députèrent deux de leur corps au chapitre général qui se tenoit à Vendôme, pour supplier nos RR. PP. de tenir à l'avenir le chapitre général à Marmoutier, ce qui leur fut accordé. Le sieur Mareschaux, qui avoit été si échauffé contre nous, changea de telle sorte, qu'il n'en pouvoit assez dire de bien. Il demanda plusieurs fois pardon du mal qu'il avoit fait; et lorsqu'il voyoit nos confrères, il leur disoit : « Ah, mes Pères, je ne vous ai pas honorés comme je devois, » et enfin, pour nous donner une preuve sincère de son amitié, il nous résigna un fort bénéfice qu'il avoit, sans s'en retenir de pension.

Je ne dois pas omettre ici qu'entre tous les anciens nous avons de très-grandes obligations à MM. de Loynes et Pageau. Le premier, qui étoit procureur-général de l'ordre de Marmoutier, sacristain du monastère et prieur de Saint-Palais, fit paroître sa piété et sa droiture de cœur en favorisant la réforme avant et après son introduction dans le monastère. Il nous résigna son office de sacristain et son prieuré de Saint-Palais, et des épargnes de sa pension, il fit faire et orner la chapelle de la Vierge (1). Le second, quart prieur du monastère et prieur de Pontchâteau, nous résigna aussi son bénéfice, et l'an 1648 fit orner le Repos de saint Martin, construire l'autel, et faire les deux escaliers qui conduisent au Repos, comme on les voit aujourd'hui. Nous devons aussi témoigner nos reconnoissances à M. Viette, prieur des Dormants, qui des épargnes de sa pension et de son bénéfice fit faire les chefs d'argent de saint Corentin l'an 1646, de saint Léobard l'an 1649, et de saint Clair l'an 1654 (2).

(1). *Rerum memorabilium liber*, p. 95 (C. Ch.).
(2) *Rerum memorabilium liber*, pp. 90, 96, 101 et 110. (C. Ch.).

Comme ce qui nous reste d'abbés ne nous fournit rien pour l'histoire, il nous faut à présent parler des prieurs qui ont gouverné le monastère depuis l'introduction de la réforme, et qui sont les seuls qui en doivent être considérés comme les Pères. J'ai déjà raconté ce que j'avois à dire des RR. PP. dom Antonin Potier, dom Jacques Brossaud et dom Anselme Dohin ; et comme il ne me reste plus rien à dire d'eux, je passe au R. P. dom Joseph Seguin, qui a été le quatrième prieur de la réforme (1).

(1) « Je ferai peu de remarques sur les vies de ces prieurs, que je crois qu'on doit abréger quand elles ne contiennent rien de singulier pour les faits, et dont on peut faire connoître le mérite et les vertus, sans exprimer ni la nature de leurs tentations, ni celle de leurs mortifications, et se contenter, à l'égard des miracles qu'on prétend qu'ils ont faits, de ne les assurer que sur la foi de ceux qui les ont racontés, laissant la liberté d'en croire ce qu'on voudra. Je voudrois aussi supprimer toutes les mortifications qu'ils imaginèrent ou qu'ils se procurèrent, parce que les vraies mortifications sont celles qu'on ne se choisit point, qui arrivent contre nos inclinations et notre volonté, et que les mortifications de commande ne sont ordinairement qu'un aveuglement et qu'un jeu. » Note critique, de la même main que les notes précédentes, ajoutée ici au manuscrit de D. Martène. (C. Ch.).

CHAPITRE LVIII.

DE DOM JOSEPH SEGUIN,

IV.ᵉ PRIEUR DE MARMOUTIER DEPUIS L'ÉTABLISSEMENT DE LA RÉFORME (1).

(1645—1651)

Dom Joseph Seguin étoit natif de la ville de Tours, mais il fit ses études à la Flèche. Dieu lui inspira le dessein d'embrasser la vie religieuse par une parole que lui dit un jour un de ses frères sans aucun dessein. Ce frère, qui étoit religieux de Fontevrault, ne s'accommodant point de l'observance qu'il avoit professée, aspiroit à quelque chose de plus parfait ; mais comme il étoit observé, il étoit assez en peine comment il exécuteroit son dessein. Dans cet embarras, il lui ouvrit son cœur, lui dit qu'il vouloit entrer dans la congrégation de Saint-Maur, et lui demanda s'il pourroit lui faire tenir une lettre aux supérieurs qui tenoient le chapitre général à Vendôme. « Oui, lui répondit Joseph, et je pourrai peut-être bien la porter moi-même. » Ce frère entendant cette réponse, crut qu'il avoit envie d'être religieux, et qu'il devoit aller à Vendôme prendre l'habit, et l'embrassant lui dit en le félicitant : « Oh, mon cher frère, seriez-vous assez heureux pour posséder un si grand bonheur ? » Il disoit cela sans dessein, mais il exécutoit ceux de Dieu ; car cette parole, ce ton de voix, ce geste, firent une telle impression sur l'esprit de son frère, que dégoûté du monde il méprisa les grands biens qu'il espéroit de ses parents, il postula, fut admis et reçut l'habit en l'abbaye de Saint-Melaine de Rennes, où il fit pro-

---

(1) Extrait du texte de Martène. (C. Ch.).

fession le 30 juillet 1633, âgé de 20 ans. Il eut même l'avantage de précéder son frère, qui n'entra dans la congrégation que deux ans après. Il fit de si grands progrès dans ses études, qu'il se rendit bientôt capable d'être maître. Il enseigna la philosophie et la théologie dans Marmoutier, et afin de lui donner plus d'autorité sur ses écoliers, on le fit sous-prieur, et à l'âge de 32 ans prieur du même monastère. Il répondit parfaitement aux espérances que l'on avoit conçues de lui. Il ménagea l'esprit des anciens, et eut la consolation de les voir tous rentrer dans leur devoir.

Je ne dois pas oublier ici que dom Pierre Bédacier, ancien prieur de Marmoutier, qui depuis l'établissement de la réforme étoit resté à Paris pour avoir soin des affaires du cardinal de Richelieu, et après sa mort de celles du cardinal Bichi, fut sacré évêque le 18 juillet 1649 dans l'abbaye de Saint-Germain-des-Prés par l'archevêque de Tours, et créé suffragant de l'évêché de Metz par Henri de Bourbon, duc de Verneuil (1).

Dieu ayant affligé cette année son peuple par une grande famine, et les provisions du monastère se trouvant bientôt consumées, dom Joseph Seguin envoya son procureur à Rennes en Bretagne pour acheter du blé et en soulager la misère des pauvres. Il employa à cela une somme de 16,000 livres, et comme il eut de la peine à le faire passer si tôt à cause des défenses que le parlement de Bretagne avoit faites de transporter les grains hors de la province, pour que les pauvres ne souffrissent point par ce retardement, le R. P. fit encore acheter en Touraine pour 5,000 livres de blé. Dieu ne fut pas longtemps à récompenser la charité qu'il avoit exercée ; car l'année suivante 1650, il protégea le monastère d'un incendie qui menaçoit de le consumer, le feu ayant pris la nuit de la Pentecôte dans l'apothicairerie. En peu d'heures tout le feu fut éteint, ce qui ne se pouvoit faire que par une protection toute particulière du Ciel.

(1) *Rerum memorabilium liber*, p. 102. (C. Ch.)

Cette même année, dom Joseph Seguin eut l'honneur de recevoir à Marmoutier la reine-mère qui alloit à Bordeaux avec le roi pour y arrêter quelques séditieux par leur présence. L'on espéroit que le roi, qui resta quelques jours à Tours, feroit le même honneur au monastère, et on se disposoit à lui offrir une bourse d'écarlate avec une pièce de monnoie d'or, et qu'il confirmeroit ensuite les priviléges de l'abbaye, selon l'ancienne coutume lorsque les rois viennent la première fois à Marmoutier. Mais ses affaires ne lui permirent point. Pour la reine-mère, aucune affaire ne put l'empêcher de venir donner à nos religieux des témoignages de sa bonté royale et de cette affection tendre et sincère qu'elle avoit pour notre congrégation. Elle fit paroître beaucoup de piété lorsqu'on lui montra les reliques. Elle baisa la sainte ampoule, elle se prosterna à terre au *Repos de saint Martin*, et y fit ses prières avec une dévotion singulière (1).

L'année suivante 1651, l'on tint à Marmoutier pour la première fois le chapitre général de la congrégation de Saint-Maur; et dom Joseph Seguin y fut élu abbé de Saint-Sulpice de Bourges. Il exerça cet emploi l'espace de six ans ; et l'an 1657, au chapitre général tenu à Marmoutier, il fut fait prieur de Saint-Bénigne de Dijon, où il s'acquit la réputation d'un homme qui joignoit à une solide piété, une science profonde et beaucoup d'expérience. Comme il passoit dans la ville pour un homme de tête, le parlement voulut en faire l'expérience à l'occasion des prétendues possédées de la ville d'Auxonne. Ces filles faisoient des actions si surprenantes, que tout le monde prenoit leur malice pour une véritable possession du malin esprit. C'étoit le sentiment du grand-vicaire; c'étoit aussi le sentiment de quelques docteurs de Sorbonne que la reine y avoit envoyés exprès. Comme cette affaire faisoit un grand éclat, le parlement crut en devoir prendre connoissance, et députer quelques personnes capables pour examiner le fait. Il jeta les yeux sur le Père Seguin,

---

(1) *Rerum memorabilium liber*, p. 183. (C. Ch.).

le pria d'aller à Auxonne, et lui laissa la liberté de prendre pour adjoint qui lui plairoit. Il prit le prieur des Jacobins, et mena avec lui un jeune religieux qui étoit de Basse-Bretagne. Lorsqu'il arriva à Auxonne, les possédées ne manquèrent pas de lui faire insulte et de se railler de lui, et comme elles le provoquoient à faire ses exorcismes, le Père leur dit : « Non, ce ne sera pas moi, mais ce sera ce jeune frère. » En même temps, il commanda à ce religieux de parler son langage bas-breton, et par ce petit artifice il reconnut aussitôt la fourberie, car ces misérables continuèrent leurs railleries, et l'entendant parler s'écrièrent : « On nous avoit bien dit que tu savois le grec. » Enfin, après avoir tout bien examiné, il découvrit que tout ce qu'on avoit cru être une véritable possession, n'étoit qu'une pure malice. Il fit son rapport au parlement, qui augmenta l'estime qu'il avoit de son mérite. Il eut en cette occasion quelque petit différend avec le grand-vicaire, qui étoit d'un sentiment contraire. Mais le Père lui fit voir les choses si clairement, qu'il le désabusa. Il conçut des sentiments d'estime pour le prieur de Saint-Bénigne, et la grâce agissant sur son cœur, le détacha tellement du monde, qu'il quitta ses bénéfices, et âgé de 45 ans se fit religieux dans notre congrégation, où il vécut encore plus de 30 ans avec beaucoup d'édification.

Dom Joseph Seguin ayant achevé ses six ans de supériorité au monastère de Saint-Bénigne de Dijon, l'an 1663 fut fait abbé de Saint-Augustin de Limoges, où après avoir exercé six ans cet office, il fut fait visiteur de la province de Chezal-Benoît, et ensuite de celle de Bourgogne (1), puis assistant, et entra aux chapitres généraux dans le définitoire. Enfin l'an 1678, il fut renvoyé à Dijon, où il exerça encore quatre ans l'office de prieur, et mourut le 4 d'octobre 1682 (2).

(1) En 1672. (Note du manuscrit de Tours).

(2) Jean-Baptiste-Amador de Vignerod, abbé de Marmoutier, ayant donné sa démission en 1652 pour se marier, tous ses bénéfices passèrent à son frère Emmanuel-Joseph de Vignerod du Pont-de-Courlay, qui reçut ses bulles pour Marmoutier du pape Alexandre le 14 des calendes de mai 1655. Il prit possession de l'abbaye le 25 novembre 1658, et abdiqua en 1663, au moment où il partoit pour la guerre de Hongrie. Il mourut à Venise le 9 janvier 1665. Voir Moreri, et *Gazette de France*, 1665, p. 129. (C. Ch.).

CHAPITRE LIX.

DE DOM GERMAIN MOREL,
Vᵉ PRIEUR DE MARMOUTIER DEPUIS LA RÉFORME (1).
(1651 — 1654)

Dom Germain Morel, né en Bretagne, fit ses études à Rennes au collége des Pères Jésuites. Lorsqu'il se trouva en âge de faire choix d'un état, il eut dessein d'entrer chez les Pères Carmes, qui en Bretagne ont une petite réforme qui a assez de réputation. Dieu ne le permettant pas, il prit le parti des armes, et il se comporta avec tant de courage dans l'armée, qu'il y eut du commandement. Mais un jour se trouvant à Rennes, il fut se promener au Thabor de Saint-Melaine, c'est ainsi qu'on appelle un petit bois fort agréable qui est au bout du jardin. Y étant, il vit passer un jeune novice dont la sagesse et la modestie le touchèrent si fort, que quittant sa compagnie il fut trouver le prieur du monastère à qui il demanda l'entrée de la religion. Celui-ci, après l'avoir éprouvé suffisamment, l'envoya faire son noviciat au monastère de Redon, où il fit profession l'onzième d'avril de l'an 1631. A peine eut-il fait ses études, qu'il fut établi maître des novices et prieur de Saint-Faron de Meaux où il lui arriva un fait assez singulier. Parmi ses novices, il en trouva un qu'il ne jugea pas propre pour la religion, et donna ordre au zélateur de lui rendre ses habits du siècle. Celui-ci outré de l'affront qu'il prétendoit avoir reçu, sortant du monastère, rencontra le Père prieur qui balayoit le cloître; dès qu'il l'aperçut, il tire son épée, et court dessus pour le percer.

(1) Extrait du texte de D. Martène. (C. Ch.).

Mais dom Germain, sans s'effrayer, prit le manche de son balai et le laissa venir. Et comme il n'avoit pas encore oublié de quelle manière on doit manier les armes, dès le premier coup il désarma son homme. Tout le monde accourut sur un fait si extraordinaire et chacun disoit qu'il falloit punir cet insolent ; mais le Père prieur se contenta de casser son épée afin qu'il ne fît aucune folie, et de lui faire quelques remontrances charitables.

De Saint-Faron il fut envoyé prieur à Saint-Melaine de Rennes, où il s'acquit une si haute réputation par sa régularité, qu'on peut dire qu'il étoit maître de tout le parlement. On admiroit surtout en lui une grandeur d'âme et une intrépidité inflexible dans les difficultés. Il en donna des preuves bien sensibles dans ce qui se passa à notre introduction et notre expulsion de l'abbaye de Saint-Méen au diocèse de Saint-Malo. Voici le fait :

L'an 1626, M. de Cornulier, évêque de Rennes et abbé de Saint-Méen, traita avec les Pères de la Société de Bretagne pour les introduire dans son abbaye ; mais comme le concordat qu'il avoit fait avec eux n'étoit pas des plus avantageux, quoiqu'il leur abandonnât la valeur de 4,320 livres, et tous les offices claustraux, qui en valoient bien autant, ils ne se pressèrent pas d'en prendre possession. L'an 1628, la Société de Bretagne s'étant unie à la congrégation de Saint-Maur, celle-ci entra dans tous les droits de celle-là. En effet, M. de Cornulier traita de nouveau avec elle, arrêta les articles du concordat, et pour marque de sa bienveillance donna les provisions de deux offices claustraux à deux religieux de notre congrégation, qui en prirent possession. Les choses étoient en cet état, lorsque M. de Cornulier mourut et eut pour successeur en l'abbaye de Saint-Méen le sieur Achille de Harlay, évêque de Saint-Malo. Aussitôt que nos Pères eurent appris sa nomination, ils députèrent quelques religieux vers lui au nom de la congrégation pour lui témoigner, comme ses humbles religieux, leur joie de l'avoir pour leur abbé de Saint-Méen. Celui-ci les accueillit avec beaucoup de bonté ; mais faisant réflexion sur la qualité qu'ils lui donnoient de leur abbé, et sur celle qu'ils prenoient de ses humbles religieux, il leur demanda s'ils avoient fait quelque contrat avec son prédécesseur. Ils lui répondirent qu'à la vérité ils n'avoient point fait de concordat passé par-devant notaire, mais un simple projet signé des parties, contenant les conditions mutuellement accordées entre elles; que pour suppléer à ce défaut et donner à ce projet la force d'un contrat, il leur avoit conféré et fait prendre possession des offices d'infirmier et de sacristain. Ce prélat les pria de lui faire voir cette pièce, qu'ils lui remirent entre les mains; mais sitôt qu'il s'en vit maître, il dit sans hésiter que s'ils vouloient entrer dans son abbaye, il falloit qu'au lieu de 8,000 livres ils se contentâssent de huit cents écus ; ce qu'ayant refusé, il prit résolution de séculariser l'abbaye. Pour cet effet, ayant appelé les Pères de l'Oratoire, il leur en fit prendre possession ; mais ces pieux ecclésiastiques, informés de ce qui se passoit, prirent le parti de se retirer modestement.

Les prêtres de la Mission ne furent pas si scrupuleux ; car sitôt qu'ils furent appelés, ils s'emparèrent de tous les lieux réguliers, et en très-peu de temps, d'une maison religieuse en firent une maison purement séculière, et cela sans bulles du pape, sans lettres patentes du roi ni d'aucune cour souveraine, sans le consentement des États de Bretagne. Une entreprise si hardie fit murmurer toute la province, et le bruit en fut si grand que M. de Saint-Malo, pour colorer son injustice, se résolut de présenter une requête au roi pour obtenir la suppression de la mense conventuelle et des offices claustraux de Saint-Méen, et de l'ériger en un séminaire. Il n'eut pas de peine d'obtenir du conseil du roi sur sa simple requête des lettres royaux adressées au parlement de Bretagne pour y être enregistrées. Mais le parlement ayant reconnu par l'opposition de nos Pères, que l'on avoit surpris la religion du conseil, refusa de les enregistrer, et par arrêt ordonna que les religieux de la congrégation de Saint-Maur seroient établis dans l'abbaye de Saint-Méen.

Avant qu'on pût exécuter cet arrêt, l'évêque de Saint-Malo obtint par surprise de nouvelles lettres du roi adressées au Grand-Conseil pour y être enregistrées, auquel il fit entendre que l'ordre consentoit à la suppression de la régularité. Mais le parlement ayant déclaré ces lettres et leur enregistrement nulles, donna un nouvel arrêt pour expulser les missionnaires et introduire nos religieux dans Saint-Méen. Cet arrêt fut exécuté, mais avec des peines incroyables.

Celui qui eut le plus de part dans toute cette tragédie fut dom Germain Morel, qui par sa probité et son mérite personnel s'étoit rendu respectable à tout le parlement. Comme donc il étoit obligé d'aller et de venir souvent de Rennes à Saint-Méen pour veiller aux affaires, il fut averti qu'on en vouloit à sa vie ; et que s'il n'y prenoit garde ou il seroit enlevé du pays, ou moulu de coups, ou même canardé. Ceux qui lui donnèrent cet avis étoient gens de bien et d'honneur, auxquels il pouvoit croire. Mais la réponse qu'il fit à un avis si propre à jeter la terreur dans une âme, fit voir qu'il possédoit parfaitement la sienne. « Comme je ne crois pas, dit-il, avoir affaire à des gens de si mauvaise volonté, je ne présume pas non plus que je sois assez homme de bien pour mériter de mourir en la défense d'une si juste cause. Mais au cas que cela dût arriver, j'espère que Dieu ne le permettra que pour exempter l'ordre de quelque plus grand mal, pour lequel, s'il est nécessaire *ut unus homo moriatur et non tota gens pereat*, je m'offrirai plutôt comme une pauvre victime, que d'en abandonner si lâchement les intérêts. » Ainsi il continua ses soins et ses voyages, mais avec prudence ; pour ne pas s'exposer témérairement aux fâcheuses rencontres, il partoit à des heures extraordinaires et changeoit de route, se reposant du reste sur la divine providence et sur la protection de son ange gardien.

Après l'éclat qu'avoit fait l'évêque de Saint-Malo, il n'étoit guères d'humeur à souffrir que nos Pères eussent sur lui le dessus. Voyant donc que ses lettres et son arrêt du Grand-Conseil avoient si mal réussi, il résolut d'en venir aux voies de fait. Il s'adressa au maréchal de la Meilleraye, qu'il pria, comme lieutenant du roi dans la province, de lui donner main forte pour expulser les moines de Saint-Méen, et y rétablir les missionnaires. Ce seigneur trop crédule donna cette commission au sieur de Berneau, capitaine de ses gardes, qui s'excusant d'être l'exécuteur d'une commission si injuste, le sieur de Grandmaison en fut chargé. Celui-ci partit incontinent du château de Nantes escorté de quinze cavaliers, qui s'en vinrent insolemment fondre sur Saint-Méen dans le temps que les religieux chantoient l'office de prime, entrèrent à cheval et armés dans l'église, et quelques-uns l'épée à la main, jurant et blasphémant le saint nom de Dieu, criant : « Tue, tue, dehors moines, » et commettant tant d'irrévérences et de profanations, que tous ceux qui étoient dans l'église prirent la fuite.

Se voyant maîtres de l'église, ils entrèrent tumultuairement dans le chœur, les yeux étincelants, les armes au poing, interrompirent l'office divin, se saisirent des religieux, les arrachèrent des chaires, et les traînèrent avec emportement hors de l'église. Un seul s'échappa de leurs mains pour courir au dortoir avertir dom Germain Morel, occupé à faire quelques dépêches pour son monastère; encore fut-il poursuivi par un soldat, le pistolet à la main, qui ne le manqua que parce que sa casaque s'étant embarrassée dans ses éperons, il tomba de l'escalier à terre. Tout ce que purent faire ces deux pauvres religieux, fut de fermer promptement les portes et les fenêtres, et de se saisir du peu d'argent qui étoit dans le monastère. Mais cette précaution ne servit guères, car ils virent bientôt les portes rompues, et cette troupe de soldats entra dans le dortoir avec des cris et des hurlements effroyables, criant : « Qui vive ! main basse, point de quartier, demeurez-là, moines, rendez-vous. » Alors les deux religieux, d'un visage serein allèrent au-devant d'eux; mais en même temps ils se virent investis, les uns les prenant au collet, les autres par le bras ou par la robe, les tiroient criant : « Dehors, moines. » Sur quoi dom Germain s'adressant au plus apparent de la troupe lui dit qu'étant introduits dans Saint-Méen par les voies de la justice, ils n'en pouvoient sortir que par la même voie ou par celle de la force; qu'il les prioit, s'ils avoient quelque commission, de la lui faire apparoître. C'étoit les mettre dans l'impuissance de répondre, mais non pas de les expulser. Voyant donc qu'il falloit sortir, ils passèrent par l'église, tant pour adorer leur divin maître et lui témoigner leur soumission à ses adorables jugements, que pour prier pour ces impitoyables persécuteurs. En les quittant, dom Germain Morel leur dit : « Adieu, jusqu'à revoir. » Cette parole ne tomba pas à terre; craignant tout d'un homme qui ne craignoit rien que Dieu et qui étoit tout puissant dans le parlement, ils mirent garnison dans l'abbaye, y firent des retranchements et des fortifications, afin de se défendre en cas qu'il fallût soutenir quelque assaut.

Le parlement, informé des excès commis à Saint-Méen, ayant donné un nouvel arrêt le 28 août 1646, et ordonné que les principaux auteurs de cette tragédie seroient pris au corps et constitués prisonniers, et que nos Pères seroient rétablis à Saint-Méen, commandant au prévôt des maréchaux, à ses lieutenants, archers, huissiers, sergents et à tous gentilshommes et autres sujets du roi de tenir la main à l'entière exécution de l'arrêt; et en conséquence de cet arrêt, le sieur Beaumont, prêtre de la Mission, plus hardi que tous ses confrères et que la garnison qui avoient pris la fuite, ayant été fait prisonnier avec la honte de se voir mettre les fers aux pieds, sitôt que dom Germain en fut averti, il ne donna point de relâche à M. le président de Marbeuf, qu'il ne lui eût fait ôter ses liens. Il consentit même à son élargissement, quoiqu'en son interrogatoire il eût avoué d'assez grands excès pour mériter punition, se contentant de voir rétablir nos confrères dans Saint-Méen.

Mais il ne jouit pas longtemps de cette satisfaction ; car presque aussitôt, l'évêque de Saint-Malo, sur une simple requête obtint par surprise un arrêt nouveau du conseil privé, qui portoit que nos confrères seroient expulsés de Saint-Méen, et défendoit au parlement de Bretagne de prendre connoissance de cette affaire. Le parlement ne laissa pas d'en donner un autre, qui défendoit l'exécution de celui du conseil privé. Mais enfin, dom Germain n'eut pas plus tôt connu là-dessus l'intention de nos supérieurs, qu'il abandonna l'affaire, se contentant de faire un excellent ouvrage contre l'intrusion des missionnaires dans Saint-Méen. Il est divisé en deux parties : la première contient un récit fidèle de tout ce qui s'est passé dans l'intrusion ; la seconde fait voir qu'elle est contraire aux décrets des souverains pontifes, aux sacrés canons des conciles, aux sentiments des docteurs en droit canon, aux édits et ordonnances des princes, aux coutumes et priviléges de la province de Bretagne, et aux arrêts des cours souveraines. Cet ouvrage est très-fort et plein d'érudition, mais il n'est pas moins plein de modestie, car dom Germain Morel y ayant fait une peinture assez naturelle et assez vive des outrages qui furent faits à nos confrères, il la fait sans aigreur et sans passion. Il remarque sur la fin que la main de Dieu se fit ressentir à ceux qui avoient été les principaux auteurs de cette injustice, et que l'évêque de Saint-Malo étant au lit de la mort, fit dire à son neveu, futur successeur en son abbaye de Saint-Méen, qu'il ne l'obligeoit pas de continuer ce qu'il avoit commencé. Il eût encore mieux fait s'il lui eût absolument défendu, et ce neveu auroit été bien sage, si sous prétexte de conserver l'honneur de son oncle et le sien, il n'eût pas continué ; car en cela il auroit conservé son honneur devant Dieu et devant les hommes.

Dom Germain Morel continuant à donner des preuves de sa probité et de son zèle pour la régularité, fut fait visiteur de la province de Bretagne l'an 1648, et trois ans après, prieur de Marmoutier. Comme cette année 1651 la cherté fut extrême, il envoya le procureur du monastère à Nantes acheter du grain pour soulager la misère des pauvres. Il employa à cela 9,000 livres, sans parler d'une somme beaucoup plus considérable, qui deux ans auparavant avoit été consumée à une œuvre semblable. Dieu ne laissa pas ces œuvres de charité sans récompense. Il inspira à madame la marquise de Chassengrimont, sœur de dom Thomas le Roi, cellérier du monastère, de faire des dons considérables à Marmoutier; car nous lui sommes redevables du bâton de chantre, de vermeil, du chandelier d'argent à trois branches que l'on met les grandes fêtes devant le Saint-Sacrement, des lampes d'argent de la chapelle de la Vierge, et de celle de Saint-Martin, d'une chasuble, de deux tuniques et de deux chapes à fond d'argent semées de grands fleurons de soie relevés d'or, et de quelques autres ornements, sans parler d'une somme considérable qu'elle donna en pure aumône au monastère; tous lesquels dons étoient estimés douze mille livres. Elle se disposoit d'en faire encore de plus grands, lorsque pour récompenser ses bonnes œuvres et ses bonnes intentions, Dieu la retira de ce monde le 2 novembre 1654 (1).

L'année 1652, Amador-Jean-Baptiste de Vignerod, abbé de Marmoutier, épris de l'amour d'une jeune demoiselle, quitta la vie cléricale pour se marier; mais afin que ses bénéfices ne sortîssent point de sa famille, Madame la duchesse d'Aiguillon, sa tante et sa tutrice, obtint du roi le brevet des abbayes de Marmoutier et de Saint-Ouen pour Emmanuel-Joseph de Vignerod, en vertu duquel et d'un arrêt du conseil privé il prit possession par procureur de son abbaye de Marmoutier au mois de septembre, âgé seulement de onze ans, quoiqu'il n'eût point encore de bulles. Elles ne lui furent accordées par le pape Alexandre VII que le 18 d'avril 1655, et il n'en prit possession en vertu de ces bulles par procureur que le 25 novembre 1658.

Cependant dom Germain Morel fit travailler aux terrasses du jardin, qui sont au bas de Rougemont, ce qui obligea de démolir les masures de l'ancienne chapelle de Saint-Jean, bâtie autrefois par saint Volusien archevêque de Tours. L'ouvrage est fort beau et fort agréable, mais il ne fut point

(1) *Rerum memorabilium liber*, p. 105. (C. Ch.).

approuvé des supérieurs, qui se trouvèrent à Marmoutier au chapitre général de l'an 1654, qui, estimant qu'il ne ressentoit pas assez la simplicité monastique, furent sur le point de le faire renverser, et pour pénitence déposèrent dom Germain de la supériorité (1); après quoi dom Ignace Philibert, prieur de Saint-Denys en France, l'emmena avec lui dans son monastère où il vécut six ans dans l'obéissance, avec l'édification de la communauté. Il ne pensoit plus qu'à finir tranquillement ses jours dans le repos d'une vie privée, lorsqu'au chapitre général de l'an 1660 il fut élu visiteur de la province de Chezal-Benoît; mais il finit sa vie au commencement de sa course, dans l'abbaye de Saint-Sulpice de Bourges, le 8 novembre 1660, âgé seulement de 54 ans.

(1) *Rerum memorabilium liber*, p. 105. (O. Ch.)

CHAPITRE LX.

DE DOM JOACHIM LE COMTAT,
VI° PRIEUR DE MARMOUTIER DEPUIS LA RÉFORME (1).
(1654 — 1672).

Dom Joachim le Comtat ne fut pas seulement un des plus grands supérieurs qui aient gouverné l'abbaye de Marmoutier, l'on peut dire qu'il y en a eu peu de sa force dans toute notre congrégation. Il étoit natif d'une petite ville du diocèse de Châlons en Champagne. Sa jeunesse dans le monde fut un modèle de sagesse aux écoliers avec qui il demeuroit. Il fit ses humanités sous un Père jésuite, qui voyant en lui de grandes dispositions à la vertu, les cultiva en lui donnant du goût pour la vie religieuse, et des maximes opposées à celles du monde. Ce Père jésuite allant enseigner la philosophie à Reims, persuada à son écolier de l'y suivre et d'y étudier sous lui.

Ce fut dans ce temps-là que nos Pères réformèrent l'abbaye de Saint-Remi, que le corps incorruptible de ce grand patron de la France a rendu le principal lieu de dévotion de la ville. Notre écolier étant en physique, y alla un jour pour entendre vêpres; il y fut si charmé de la dévotion et de la modestie des religieux, qu'il forma le dessein d'entrer au noviciat, ce qu'il exécuta l'an 1627. Il eut le bonheur d'avoir pour Père maître dom Athanase de Mongin, un religieux des plus spirituels qui fussent dans notre congrégation. Cet éclairé supérieur connut d'abord les belles parties de son novice, tant pour la piété que pour l'esprit, et prit un soin particulier de

---
(1) Extrait du texte de D. Martène. (C. Ch.).

le former à la vertu. Il y réussit si parfaitement, qu'il le regardoit dès lors comme un modèle de régularité et de recueillement.

Après sa profession, qu'il fit l'an 1628, il fut envoyé au monastère des Blancs-Manteaux pour y faire ses deux années de séminaire de jeune profès. La séparation qui se fit du Père maître et du disciple fut très-sensible à l'un et à l'autre. Le Père dit au fils : « Allez, mon fils, allez à la bonne heure, vous ne reviendrez ici que pour y être prieur; » ce qui arriva dans la suite comme il l'avoit prédit. Après avoir pris sa bénédiction, il se mit en chemin à pied avec ses compagnons. L'on n'attendit point la fin de ses études pour lui donner de l'emploi ; avant qu'il eût achevé sa théologie, on l'envoya au monastère de Saint-Mélaine de Rennes pour y exercer l'office de Père maître, n'étant encore que diacre. Il s'acquitta si dignement de cet emploi, qu'on l'établit prieur presque aussitôt qu'il fut prêtre.

Ce fut environ ce temps-là que se fit l'union de l'ordre de Cluny à la congrégation de Saint-Maur, et que le monastère de Crespy en Valois ayant embrassé la réforme, l'on y établit dom Joachim prieur avec un noviciat. Il occupa depuis les premières charges de la congrégation l'espace de cinquante ans, assista presque à tous les chapitres généraux, où il fut aussi presque toujours définiteur. Car nous trouvons qu'en 1636 il fut fait prieur de Saint-Benoît-sur-Loire, trois ou six ans après, prieur de Saint-Remi de Reims ; en 1645, visiteur de la province de Bretagne ; en 1648, visiteur de celle de France; en 1651, prieur de Saint-Mélaine de Rennes ; en 1654, prieur de Marmoutier; en 1660, prieur de Redon; en 1663, visiteur de la province de Bretagne ; en 1666, prieur de Marmoutier pour la seconde fois.

En 1672, désirant rentrer sous le joug de l'obéissance, et, libre de tout embarras, se préparer à la mort, il demanda avec tant d'instance d'être déchargé de la supériorité, que ses vœux furent exaucés. Mais comme les supérieurs remarquèrent qu'il étoit encore en état de servir très-utilement la congrégation, avant la fin du triennal ils le rétablirent prieur de Saint-Aubin d'Angers, ensuite abbé de Saint-Vincent du Mans l'espace de six ans, et enfin prieur de Bourgueil aussi l'espace de six ans, jusqu'en 1687 qu'il se fit décharger pour la seconde fois.

Le désir qu'il avoit de procurer l'avancement spirituel tant des religieux que des supérieurs, lui fit composer plusieurs ouvrages également saints et édifiants. Ceux dont le public a profité sont : l'*Image d'un supérieur accompli* ; des *Méditations* pour les dix jours de retraite des supérieurs et des religieux bénédictins, et des *Exhortations monastiques* pour tous les dimanches de l'année. Tous ces ouvrages respirent une si grande piété, qu'il est aisé de juger qu'ils ont été dictés par l'esprit de Dieu. Ses méditations surtout sont si pleines d'onction, qu'on ne craint point d'exagérer de dire qu'en ce genre il ne se peut rien faire de meilleur. Elles ont été traduites en latin et imprimées en Allemagne.

Son amour pour la perfection de notre état parut avec éclat dans le zèle qu'il eut à punir les fautes qui lui étoient contraires. Lorsqu'il étoit visiteur de la province de Bretagne, il arriva qu'un officier de Saint-Vincent du Mans, du consentement de l'abbé, fit faire un cadran pour l'église, d'un fort beau travail, accompagné d'une riche dorure. Cet ouvrage parut à dom Joachim contraire à la simplicité et à la pauvreté monastiques. Il en fit publiquement la correction au P. abbé et à son officier, imposa pénitence à l'un et à l'autre, et fit donner cent écus aux pauvres, qui étoit le prix du cadran.

Quoiqu'il eût mené une vie fort innocente, il ne laissoit pas d'appréhender la mort ; mais Dieu le délivra de ses frayeurs et couronna sa sainte vie par une mort précieuse. La veille de Saint-Martin, il fut attaqué pendant prime d'une grande douleur le long du dos, et quoiqu'il la sentit dès le temps de la méditation qui avoit précédé, il la souffrit jusqu'au *Pretiosa* qu'il demanda permission de sortir de l'office, ce qui fait voir que sa douleur étoit fort aiguë, car il ne sortoit du chœur que pour des nécessités indispensables. L'on croit aussi qu'il attendit jusqu'au *Pretiosa* à sortir, pour n'être point obligé de violer le silence de la nuit. Il ne put dire la messe le lendemain qui étoit la fête de Saint-Martin, il se contenta d'aller communier à l'église, mais les jours suivants, il se porta beaucoup mieux, et le 14 de novembre, il assista à matines, célébra la sainte messe, se trouva à la lecture de la méditation du soir, descendit au chœur pour chanter vêpres, se mit en sa place à genoux, ouvrit le livre devant lui, et sans convulsion, sans soupir, son âme quitta la terre pour aller chanter les louanges de Dieu dans le Ciel. Un homme d'esprit, faisant attention à toutes les circonstances d'une mort si sainte, lui appliqua ces paroles que l'Église dans une de ses hymnes chante du Fils de Dieu :

Ad opus suum exiens,
Venit ad vitæ vesperam.

Il mourut à Bourgueil âgé de 82 ans, le 14 novembre de l'an 1690. Sa mémoire est en vénération, non-seulement dans notre congrégation, mais aussi parmi les séculiers qui l'ont connu, surtout dans le lieu de sa sépulture où il est regardé comme un saint.

CHAPITRE LXI

DE DOM ANSELME GUCHEMAND,
VII° PRIEUR DE MARMOUTIER DEPUIS LA RÉFORME.
(1660 — 1662)

Dom Anselme Guchemand étoit natif de Rotumchamp au diocèse de Besançon. Agé de 27 ans, il fit profession dans la congrégation de Saint-Vanne au monastère de Faverney en Franche-Comté, le 14 octobre 1625. Six ans après, ses supérieurs l'envoyèrent avec dom Firmin Rainsaut, dom Placide Roussel, dom Ignace Philibert, dom Albert Marchand, dom Timothée Bourgeois et dom Fulgence Alexandre, pour rétablir l'observance régulière dans la célèbre abbaye et dans tout l'ordre de Cluny, et ayant obtenu permission de leurs supérieurs de faire leur stabilité dans la congrégation de Saint-Benoît qui s'étoit formée par l'union des monastères réformés de Cluny avec la congrégation de Saint-Maur, cette union n'ayant subsisté que neuf ans, et l'option d'entrer dans la congrégation de Saint-Maur ou de rester dans l'ordre de Cluny leur ayant été accordée, tous trouvèrent leur avantage à entrer dans notre congrégation, et pour plus grande sûreté, l'an 1646, obtinrent un bref du pape Innocent X qui leur en donnoit le pouvoir.

En 1645, dom Anselme fut fait prieur de Saint-Germain d'Auxerre; en 1651, visiteur de la province de Chezal-Benoît; en 1654, prieur de Saint-Jean d'Angely; et en 1660, prieur de Marmoutier. L'année suivante, le 30 d'août, il eut l'honneur d'y recevoir le roi qui alloit à Nantes, et de lui donner à déjeûner. Ce fut aussi la même année qu'il mit la première pierre de ce superbe bâtiment qui fait aujourd'hui l'admiration de tous ceux qui le considèrent, et qui n'auroit rien que de très-bien, s'il étoit plus modeste, plus simple et plus religieux. Je n'en dirai rien davantage, car on ne peut en parler qu'à notre confusion. Je dirai seulement que ceux qui pouvoient y avoir plus de part, n'eurent pas la satisfaction d'en voir la perfection; car avant la fin de l'année le P. prieur mourut le 17 février de 1662 ; le P. procureur le 8 juillet ensuivant ; et le cellérier le 18 du même mois ; que le bâtiment s'est fait sans le consentement de la communauté, et que plusieurs religieux n'ont point voulu ni demeurer à Marmoutier, ni même y passer à cause de la magnificence des édifices (1).

Lorsque le P. Dom Anselme Guchemand mourut prieur de Marmoutier, dom Simon Bougis, qui occupe aujourd'hui si dignement la charge de prieur général de notre congrégation, étoit sous-prieur de Marmoutier. Ce seroit ici le lieu de faire son éloge ; mais outre que je blesserois sa modestie, tout ce que j'en pourrois dire, seroit infiniment au-dessous du mérite d'un si grand homme.

(1) *Rerum memorabilium liber*, p. 114. (C. Ch.).

CHAPITRE LXII.

DE DOM ROBERT DICÉ,
VIII° PRIEUR DE MARMOUTIER DEPUIS LA RÉFORME.
(1662—1663)

Dom Anselme Guchemand eut pour successeur dom Robert Dicé. Il étoit natif de Compiègne, où il avoit pris l'habit d'ancien dans l'abbaye de Saint-Corneille. Ce monastère ayant reçu la réforme, il l'embrassa, et âgé de 22 ans il fit profession au monastère de Saint-Benoît-sur-Loire le 1er mai de l'an 1629.

L'an 1651, il fut établi premier prieur de Saint-Gildas de Ruis, et eut à souffrir tout ce que l'on a coutume de souffrir dans les nouveaux établissements. Six ans après, en 1657, il fut fait prieur de Saint-Mathieu en Basse-Bretagne ; puis de Landevenec l'an 1660, d'où il fut tiré en 1662 pour être prieur de Marmoutier, où il ne fut qu'un an. En 1663 il fut élu prieur de Saint-Florent de Saumur, et trois ans après de Landevenec pour la seconde fois, et enfin en 1672 de Saint-Éloy de Noyon. Ce fut là où il termina sa supériorité. Je n'ai pu rien apprendre davantage de lui, sinon qu'il mourut à Corbie le 3 novembre 1685, âgé de près de 80 ans, et que nonobstant son grand âge, il étoit encore un modèle de régularité et un exemple accompli de ferveur pour les novices qu'on élevoit dans ce monastère.

CHAPITRE LXIII.

DE DOM MAYEUL HAZON,
IX* PRIEUR DE MARMOUTIER DEPUIS LA RÉFORME (1).
(1663—1666)

Dom Mayeul Hazon étoit natif d'Orléans, et âgé de 21 ans quand il fit profession de la vie religieuse au monastère de Saint-Faron le 16 mai 1626. En 1645, il étoit prieur de Saint-Médard de Soissons; et le fut des Blancs-Manteaux en 1648, visiteur de la province de Bourgogne en 1654, prieur de la Chaize-Dieu en 1657 ; en 1663, prieur de Marmoutier, et en 1666 et 1669 prieur du Mont-Saint-Michel ; il mourut à Redon le 5 juillet 1671. Pendant qu'il fut prieur de Marmoutier, il y arriva trois choses remarquables, et toutes trois funestes au monastère.

La première fut la mort de M. l'abbé, qui étant passé en Hongrie pour y porter les armes contre le Turc, revenant par Venise y mourut au mois de janvier de l'an 1664. Il eut pour successeur Jules-Paul de Lionne, fils de M. de Lionne, ministre d'État, qui fut pourvu de l'abbaye de Marmoutier par une bulle du pape Alexandre VII, du 6 mars 1664, et en prit possession par procureur le 7 mai 1665 (2). La seconde fut la chute du rocher sur l'église, qui en tombant renversa deux arcs-boutants et trois arcades des voûtes d'un des collatéraux de la nef, qui coûtèrent des sommes immenses à refaire. Ce ne fut que par un miracle tout visible que la grotte qu'on appelle communément le *Repos de saint Martin* fut

---

(1) Extrait du texte de D. Martène. (C. Ch.).

(2) Il est mort le 5 juin 1721, d'après la *Gazette de France*, p. 304. (Note du manuscrit de Tours).

conservée; car de la manière que le rocher étoit situé et qu'il tomba, elle devoit avoir le sort des arcs-boutants. Cependant tout ce quartier de l'église fut conservé si entier, que nonobstant la secousse qui épouvanta tout le monde, il n'y eut pas une vitre de cassée, ni une ardoise de tombée; enfin l'image de saint Martin, qui est au-dessus du degré qui monte au *Repos*, et qui n'est point arrêtée, ne branla point de sa place. Cet accident arriva le 9 juin 1664 (1). La troisième, qui affligea dix jours après le monastère, fut un grêle d'une grosseur énorme qui tomba le 20 du même mois l'espace d'une demi-heure, et qui fit partout un si grand désordre, qu'on pourroit bien la comparer à la grêle d'Égypte. Elle cassa toutes les tuiles des toits et toutes les vitres des fenêtres; elle chappela les vignes jusqu'à la racine; elle ruina toute la campagne, qui promettoit une moisson et une récolte heureuses ; elle réduisit les foins, qui étoient fauchés, en fumier ; enfin elle brisa jusqu'aux arbres, dont les branches furent rompues, et en un moment on vit un grand nombre de gens ruinés. La seule perte que firent les religieux de Marmoutier en cette occasion fut estimée à cinquante mille livres (2). Ces trois accidents, joints à la dépense que l'on avoit faite pour le bâtiment, mirent le monastère à deux doigts de sa ruine.

(1) *Rerum memorabilium liber*, p. 114. (C. Ch.).
(2) *Rerum memorabilium liber*, p. 119. (C. Ch.).

CHAPITRE LXIV.

DE DOM PHILIPPE LE ROY,
XI⁰ PRIEUR DE MARMOUTIER DEPUIS LA RÉFORME (1).
(1672—1678)

Après trois ans de gouvernement dom Mayeul Hazon eut pour successeur dom Joachim le Comtat, dont nous avons déjà parlé. Six ans après, dom Philippe le Roy fut établi prieur de Marmoutier l'an 1672. Il étoit né à Hambles dans le Bas-Maine, et à l'âge de 21 ans avoit fait profession dans notre congrégation au monastère de Saint-Mélaine, le 15 mai 1641. En 1654 il fut fait prieur de Bourgueil, et six ans après de Saint-Mélaine de Rennes.

Il trouva dans ce monastère une chose qui lui fit beaucoup de peine. Il y avoit au bout du jardin un petit bocage assez agréable, et comme il n'étoit point renfermé, il servoit de lieu de divertissement à toute la ville. Les dames aussi bien que les hommes s'y trouvoient et y passoient des temps assez considérables. Le P. prieur voyant les inconvénients qui pouvoient venir de cela, résolut de le faire enclore avec le verger qui est derrière. C'étoit une entreprise fort hardie, puisqu'il s'agissoit de troubler le plaisir d'une grande ville, et surtout des dames, qui sont extrêmement sensibles en ce point. Aussi ne put-il exécuter cette résolution sans beaucoup de résistance ; mais comme il n'avoit point de vues humaines, et qu'il ne regardoit que Dieu dans sa conduite, il se mit fort peu en peine des efforts des hommes, il s'éleva au-dessus de tout, et malgré toutes les contradictions il en vint

(1) Extrait du texte de D. Martène. (C. Ch.).

à bout, et par là s'attira l'estime de tous les gens de bien, et rendit un très-grand service à son monastère.

Après l'avoir gouverné six ans avec beaucoup de sagesse, il fut élu visiteur de la province de Bretagne, et trois ans après de celle de Gascogne. Il fut ensuite élu prieur de Marmoutier au chapitre général de 1672, et gouverna six ans le monastère avec cette sagesse qui éclatoit dans toute sa conduite. Il le trouva accablé de dettes immenses qu'on avoit été obligé de contracter tant pour les bâtiments que pour les réparations de l'église, et pour subvenir aux nécessités de la maison causées par les accidents dont nous avons parlé. Pour comble de peines, il ne trouva rien de logeable dans tout ce superbe édifice; il n'y avoit que les dehors de faits et la couverture. Il fit un effort, et par son économie et les petits subsides qu'il reçut de la congrégation, il fit faire la sacristie, le chapitre, la salle qui suit et quatorze chambres dans chaque dortoir, c'est-à-dire 42 avec une chambre commune, et un petit lieu pour servir de bibliothèque en attendant mieux, et trois côtés du cloître presque entiers (1).

Il fut toutefois déchargé de la supériorité au chapitre général de 1678, auquel il assistoit en qualité de député de la province de Bretagne. Il resta simple religieux à Marmoutier après y avoir été six ans prieur, sans s'embarrasser de l'humiliation; au contraire, il prenoit plaisir à s'humilier encore davantage, se chargeant des offices et emplois du monastère les plus vils.

Il avoit une confiance et une dévotion tendre et sincère envers saint Martin. Il en donna des marques en toute occasion. Étant prieur à Marmoutier, on lui parla un jour d'un de ses religieux malade, il répondit d'un ton assuré: « Il ne tient qu'à lui de guérir; n'avons-nous pas ici saint Martin? qu'il s'adresse à lui avec confiance, et son mal cessera. » Il avoit souhaité de mourir le jour de Saint-Martin; Dieu

(1) *Rerum memorabilium liber*, p. 131. (C. Ch.).

l'exauça, car le 22 juillet, qu'on célèbre avec toute la solennité possible à Marmoutier la fête de l'Exception des reliques du saint, comme on faisoit la procession avant la messe, au moment que la sainte relique passa devant sa chambre, son âme se sépara de son corps pour s'aller joindre à celle du saint. Sa mort arriva l'an 1680, deux ans après sa déposition.

CHAPITRE LXV.

DE DOM INNOCENT BONNEFOY,
XII° PRIEUR DE MARMOUTIER DEPUIS LA RÉFORME (1).
(1678—1705.)

La Chaize-Dieu, petite ville d'Auvergne dans le diocèse de Clermont, fut le lieu de la naissance de dom Innocent Bonnefoy, et le jour de sa naissance fut la veille de Saint-Martin de l'an 1627. Agé de 20 ans, il entra au noviciat de Saint-Augustin de Limoges, où il fit profession l'an 1648, le propre jour de Noël, entre les mains de dom Philibert Nitot, et deux ans après, il fut envoyé à Paris pour y faire ses études à Saint-Germain-des-Prés. Quelque temps après ses études, on l'envoya à Tiron pour y avoir la direction du séminaire, et de là à Saint-Martin de Séez en qualité de prieur claustral, dont on le retira pour le faire secrétaire de dom Anselme des Rousseaux, visiteur de la province de Bretagne ; ce qui ne servit pas peu à le former à la conduite des monastères.

L'an 1663, il fut élu prieur de l'abbaye d'Évron, et depuis ce temps-là il ne sortit point de charge l'espace de 42 ans. Voici celles qu'il occupa durant ce temps-là. Après avoir été prieur d'Évron 6 ans entiers, en 1669 il fut élu prieur de la Couture ; en 1675 visiteur de la province de Bretagne ; en 1678, prieur de Marmoutier; en 1684 visiteur de la province de Chezal-Benoît ; en 1687, prieur de Marmoutier pour la seconde fois ; en 1690, prieur de Fécamp ; en 1696 visiteur de la province de Bretagne la seconde fois; en 1699 prieur

(1) Extrait du texte de D. Martène. (C. Ch.).

de Redon ; en 1702 prieur de Marmoutier pour la troisième fois.

Il fit bâtir le quatrième côté du cloître et les officines des officiers, fit achever la boiserie de la sacristie et du chapitre et quelques chambres du troisième dortoir. Il continua les terrasses du jardin jusqu'à l'église, et prit des mesures pour faire la bibliothèque au bout du troisième dortoir; mais la maladie qui lui survint mit fin à tous ses projets. Revenu de cette maladie qui dura environ dix-huit mois, il demanda avec instance au chapitre général de 1705, dans lequel il étoit définiteur, d'être déchargé de la supériorité.

On lui accorda sa demande, et en la lui accordant, on nous procura de nouveaux exemples de vertus. Car c'est une chose admirable de voir ce vénérable vieillard, nonobstant son âge d'environ 80 ans, suivre la régularité avec la ferveur d'un jeune homme, assister à tous les exercices de jour et de nuit, observer exactement les jeûnes, etc. (1).

(1) Il est mort le 26 août 1708, d'après le nécrologe, p. 29. (Note du manuscrit de Tours).

CHAPITRE LXVI.

DE DOM JEAN LORIER,
XIII° PRIEUR DE MARMOUTIER DEPUIS LA RÉFORME.
(1684—1687)

Dom Jean Lorier étoit natif de Redon. A l'âge de 21 ans, il fit profession au monastère de Vendôme, le 19 novembre de l'an 1650. En 1672, il fut établi prieur de Saint-Malo ; six ans après, prieur de Saint-Serge d'Angers ; en 1684, visiteur de la province de Normandie ; en 1684, prieur de Marmoutier ; en 1687, prieur de Saint-Aubin d'Angers ; en 1693, de Saint-Mélaine de Rennes ; en 1696, du Mont-Saint-Michel ; en 1699, de Vitré ; et enfin déchargé de la supériorité au chapitre général de 1702, à cause de ses infirmités.

CHAPITRE LXVII.

DE DOM CLAUDE MARTIN,
XVe PRIEUR DE MARMOUTIER DEPUIS LA RÉFORME (1).

(1690—1696)

Je renvoie le lecteur à la Vie de dom Claude Martin imprimée par mes soins. Je dirai seulement ici en deux mots ce qui concerne la chronologie des emplois qu'il a remplis dans la religion.

Il naquit à Tours le 2 avril de l'an 1619. Il entra au noviciat de Vendôme au mois de janvier de l'an 1641, et y fit profession le 3 février 1642. Il fut fait prieur de Meulant dans la diète annuelle de 1652, et prieur des Blancs-Manteaux au chapitre général de l'an 1654, et après trois ans retourna à Meulant, d'où après un an on le fit prieur de Saint-Corneille de Compiègne. L'an 1660, il fut fait prieur de Saint-Serge d'Angers, d'où il fut député au chapitre général de 1663, et depuis assista à tous les suivants, fut définiteur près de

---

(1) Martène consacre ici 43 pages in-folio à la vie de Dom Claude Martin. Ce récit est rempli de détails peu intéressants, parfois puérils ou singuliers, et complétement étrangers à l'histoire de Marmoutier. Le critique auquel nous avons déjà emprunté plusieurs notes marginales, juge ce travail de la manière suivante : « On pourroit mettre en deux pages la vie de ce prieur de Marmoutier ; mais, de quelque manière qu'on en use, il faut absolument retrancher les épines qu'il laisse pourrir dans sa peau son alliance en manière de contrat avec la divine Sagesse, les religieux qu'il avoit gagés pour lui venir « chanter pouille, » etc. Cela ne peut servir qu'à le tourner en ridicule et le faire passer pour un fanatique. Si on croit que c'est par mortification et par amour de Dieu qu'il en usoit ainsi, il faut dire qu'il porta les vertus à des excès que Dieu a quelquefois inspirés aux saints, mais qu'on n'ose rapporter, ne pouvant servir d'exemple. » Suivant ce sage avis, nous nous contentons d'insérer ici l'abrégé de la Vie de dom Claude Martin, dû au copiste du manuscrit de Tours.

trente ans, et présida aux cinq derniers. Après avoir gouverné six ans le monastère de Saint-Serge, il fut envoyé prieur à Bonne-Nouvelle de Rouen. Il est fait assistant du T.-R. P. général par la mort de dom Marc Bastide, qui arriva à Saint-Denys le 7 mai 1668. Il fait imprimer ses méditations sur les Évangiles pour tous les jours et principales fêtes de l'année, qu'il avoit composées étant prieur de Saint-Serge, par ordre du T.-R. P. Environ le même temps, il donna au public un petit livre qui a pour titre : *Conduite pour la retraite du mois*, qui fut presque aussitôt réimprimé à Lyon et en Flandre, et dont on fit au moins six ou sept éditions dans Paris. Peu de temps après, parut sa petite *Pratique de la règle de saint Benoît*, ouvrage aussi accompli en son genre que l'on sauroit désirer, qui eut le même succès que l'autre, car sitôt qu'il parut en françois à Paris, il fut traduit en latin et imprimé dans les deux langues séparément à Bruxelles et à Douai, et dans Paris il s'en fit au moins quatre éditions, sans parler d'une cinquième que les religieuses bénédictines du Saint-Sacrement firent faire pour leur usage particulier, avec une addition de deux ou trois chapitres qui regardent les filles.

L'an 1672, sa bonne mère, religieuse Ursuline, étant décédée en odeur de sainteté à Quebec (1), à l'exemple de deux grands personnages de notre ordre, Guibert abbé de Nogent, et Pierre le Vénérable abbé de Cluny, il composa sa Vie qu'il donna aussitôt après au public.

Outre la Vie de sa mère, il donna encore au public les *Lettres* de cette grande servante de Dieu, qui sont pleines d'une onction toute particulière. Il fit aussi imprimer deux *Retraites* de sa mère, l'une de dix jours et l'autre de huit, c'est-à-dire les pieuses affections qu'elle avoit conçues pendant ses oraisons, et qu'elle avoit mises sur le papier. Il ajouta à cela un catéchisme qu'elle avoit fait pour instruire les pensionnaires et les novices, auquel il donna le nom

---

C'est la mère Marie de l'Incarnation. (C. Ch.).

d'*École sainte,* au commencement duquel il mit une préface très-savante.

Après avoir rempli sept ans de suite la charge d'assistant, il fut établi prieur de Saint-Denys au chapitre général de l'an 1675. Il y fut six ans, et ensuite assistant du T.-R. P. au chapitre général de 1684 jusqu'en 1690, qu'il présida au chapitre de cette année, et où il demanda sa décharge de toute supériorité; mais on le fit prieur de Marmoutier, dont il ne continua point le bâtiment qui n'étoit pas de son goût; mais comme il aimoit la beauté de la maison de Dieu, il tourna toutes ses inclinations vers l'église, dont il fit élargir et paver le chœur et le collatéral du côté du cloître, orner les autels et les chapelles qui étoient négligées, fondre les cloches, qui étoient la plupart cassées, faire les belles balustrades qui vont de la nef dans les collatéraux du chœur. Il rétablit aussi les anciennes cérémonies, qui avoient été abrogées, afin de rendre l'office plus majestueux. Il corrigea aussi les offices propres du monastère, et en fit de nouveaux pour les principales fêtes de saint Martin.

L'année 1693, dom Jean-François Morin, visiteur de la province de Bretagne, étant mort à la Couture, et la diète provinciale à laquelle il devoit présider, devant se tenir presque en même temps, les supérieurs et les conventuels des monastères de la province n'eurent pas de peine à se déterminer sur le choix d'un chef qui tînt sa place à la diète et au chapitre général, car du premier scrutin ils élurent dom Claude Martin, qui fut élu président de ce chapitre et continué prieur à Marmoutier.

Enfin il termina sa supériorité par la présidence au chapitre général de l'an 1696, auquel il obtint d'en être déchargé, après en avoir rempli tous les devoirs l'espace de 44 ans. Il mourut cette même année le neuvième jour d'août (1).

(1) Ici s'arrête le manuscrit de Tours.

DU R. P. DOM DUNSTAN DOHIN (1).

Dom Dunstan Dohin, appelé Pierre Dohin dans le siècle, natif d'Évron au diocèse du Mans, entra dans la congrégation, où il fit profession au monastère du Pré le 21 mai 1632, âgé de 26 ans. Il ne porta qu'onze ans le joug de Jésus-Christ ; mais dans ce peu de temps il en éprouva toute la douceur, et c'étoit le plaisir qu'il avoit à le porter qui le rendoit si exact à se trouver à tous les exercices, soit de jour, soit de nuit, dont il ne se dispensa jamais durant ses maladies, jusqu'à ce qu'il fallût enfin succomber. Car tout hydropique qu'il fût durant trois ans et environ huit mois, il ne manqua ni à l'office divin ni au travail manuel. C'étoit un homme d'une simplicité admirable, obéissant, silencieux, et dont on n'entendit jamais une parole qui pût blesser tant soi peu la pudeur. Sa vie fut si pure et si innocente, qu'on croit qu'il mourut avec son innocence baptismale. Il quitta la terre pour aller au Ciel recevoir la récompense de sa fidélité au service de Dieu, le 5 novembre 1642, âgé de 36 ans, et fut enterré dans la chapelle de Saint-Benoît.

DE FRÈRE ROBERT LE GAY (2).

Nous pouvons regarder frère Robert Le Gay comme un homme de bénédiction, l'exemple et le modèle de tous les frères convers et un des plus grands religieux, non-seulement de Marmoutier, mais de toute la congrégation. Il prit naissance à Rouen sur la fin de l'année 1618, et reçut le nom de Nicolas avec le baptême. Ses parents, qui étoient de bons marchands, eurent soin de lui donner une éducation vérita-

(1) Texte de Martène. (C. Ch.).
(2) Analyse. (C. Ch.).

blement chrétienne. Le jeune Le Gay songeoit à quitter le commerce et à entrer chez les capucins, lorsque la vue de deux religieux de Bonne-Nouvelle l'édifia vivement et détermina sa vocation religieuse.

Il postula à Saint-Germain-des-Prés, et demanda au R. P. dom Grégoire Tarisse l'entrée de la religion, non pour être religieux de chœur (il ne se croyoit pas assez de science pour cela), mais pour être simple frère convers. Il fut placé au monastère de Saint-Faron pour y faire son noviciat, et, après deux années de probation, il fit profession le 25 avril 1639, âgé de 24 ans.

Après sa profession, il fut envoyé à Saint-Benoît-sur-Loire pour y apprendre la pharmacie sous un très-habile apothicaire, qui le rendit très-expert en cet art. De là il fut appelé à Saint-Germain-des-Prés pour donner quelques soins au R. P. général; puis envoyé à Tiron pour avoir la direction temporelle du séminaire, et enfin à Jumiéges pour s'y occuper des malades, emploi dont il s'acquitta d'une manière admirable.

L'an 1685 il fut envoyé à Marmoutier pour y faire les mêmes fonctions qu'il exerçoit à Jumiéges. Il y vécut dans le même esprit de pénitence, d'oraison, de charité et d'humilité jusqu'en 1690, qu'il tomba malade d'une pleurésie qui l'enleva en peu de jours. Après avoir été saigné dix fois, comme il faisoit difficulté de souffrir encore une saignée, soit qu'il ne se sentît pas assez fort pour la supporter, soit qu'il vît bien qu'elle lui seroit inutile, on lui dit que le R. P. prieur l'avoit ordonné; à l'instant il donna son bras, disant qu'il valoit mieux mourir que de manquer à l'obéissance. Sa mort répondit parfaitement à une si sainte vie; elle arriva le 5 juin 1690.

DU R. P. DOM JEAN-BAPTISTE AUVRELLE (1).

Dom J.-B. Auvrelle étoit natif de la ville de Tours, et parent du R. P. dom Claude Martin. Après de brillantes études, étant âgé de 16 ans, il demanda à être admis dans la congrégation. Il fut reçu au monastère de Vendôme, où il fit profession à l'âge de dix-sept ans, le 15 octobre 1658. Il renouvela et compléta ses études à Saint-Benoît-sur-Loire, sous la direction du R. P. dom Gabriel Gerberon, et fut ensuite nommé zélateur à Bourgueil, procureur à Cormery, puis prieur au monastère de Saint-Maur dont il paya toutes les dettes, et dont il rebâtit entièrement les édifices. Il gouverna d'abord six ans ce monastère en qualité de prieur, après lesquels il le gouverna trois ans par commission, puis il fut de nouveau nommé prieur, de sorte qu'il eut la conduite de cette maison environ quatorze ou quinze ans de suite, jusqu'à ce que tous les bâtiments en fussent achevés. Dieu alors l'éprouva fortement, et lui envoya une grosse maladie dont il demeura paralytique.

Dans cet état d'infirmité, il se retira à Marmoutier pour y finir ses jours, et là il édifia toute la communauté par sa patience, sa régularité et sa mortification. Il y mourut le 4 février 1704.

DU R. P. DOM NOEL MARS (2).

Dom Noël Mars étoit de la ville d'Orléans, neveu du vénérable Père dom Noël Mars, la plus brillante lumière de la Société de Bretagne, dont nous avons parlé ailleurs. Il commença son noviciat dans cette Société ; mais après la réunion qui en fut faite à la congrégation de Saint-Maur en 1628, il le

(1) Analyse. (C. Ch.).
(2) Analyse. (C. Ch.).

recommença à Redon, où il fit profession le 24 décembre 1630. Après ses études et sa recollection, il fut employé dans l'administration du temporel, et exerça pendant quarante-cinq ans l'office de procureur en divers monastères. Il composa l'histoire de la plupart de ceux dont il fut officier.

Vieux et infirme, il se démit de ses emplois et se retira à Marmoutier pour y vivre plus religieusement et se préparer à la mort. Il occupa son loisir à composer quelques petits ouvrages de piété et surtout à écrire la vie des saints du monastère. Sa mort arriva le 25 novembre 1702. Il étoit alors âgé de 90 ans, et il en avoit passé au moins 74 en religion.

DU R. P. DOM CLAUDE CHAPILIAIS (1).

Dom Chapiliais entra dans la congrégation de Saint-Maur et fit profession au monastère de Saint-Melaine le 4 septembre 1697. A peine eut-il consommé son sacrifice, qu'il devint infirme. Ses infirmités ne l'empêchèrent point de faire sa recollection à Bourgueil. Ses supérieurs voulurent l'envoyer ensuite à Saumur, dans l'espoir que l'air du pays natal pourroit rétablir sa santé; mais dom Chapiliais refusa cette grâce et demanda à aller à Marmoutier. Il y arriva asthmatique, pulmonique et hydropique; toutes ses maladies ne servirent qu'à faire éclater sa vertu, sa patience, son détachement du monde. Les bons soins prolongèrent son existence, au milieu de douleurs intolérables, jusqu'au 31 août 1706 (2).

(1) Analyse. (C. Ch.)

(2) Le second volume de l'*Histoire de Marmoutier* se termine ici par cinq ou six pièces justificatives qui devroient figurer parmi les *Preuves*, et par la copie des parties propres d'une messe de saint Libert.

FIN.

APPENDICE

L'ouvrage de D. Martène s'arrêtant à la fin du xviie siècle, il nous reste à compléter l'histoire de Marmoutier jusqu'à notre époque. Dans ce but, nous avons rassemblé ici un certain nombre de notes et de documents, sur chacun desquels nous avons à dire un mot de préface.

I. — Le premier chapitre renferme le tableau chronologique des principaux événements de l'abbaye depuis le commencement du xviie siècle jusqu'à la Révolution de 1789. Quoique D. Martène ait poursuivi jusque vers l'année 1700, nous avons cru devoir remonter un peu plus haut, afin d'enregistrer quelques faits négligés par notre historien. Nous avons tiré ces notes de cinq précieux monuments. L'un, qui appartient aujourd'hui à la Bibliothèque municipale de Tours, est intitulé : *Rerum memorabilium in Majori Monasterio à reformatione gestarum liber*. Il commence à l'année 1637, avec quelques détails rétrospectifs sur les années antérieures, et se termine à 1734. D. Martène y a puisé toute l'histoire de l'introduction de la réforme à Marmoutier. Le second, inscrit sous le n° 1397 à la même bibliothèque, comprend l'histoire des chapitres généraux de Marmoutier, les décrets des chapitres et les élections des divers supérieurs, de 1639 à 1789. Les trois autres registres, déposés aux archives départementales d'Indre-et-Loire, renferment les actes capitulaires ou délibérations des séniors de Marmoutier, l'un de 1666 à 1784, l'autre de 1669 à 1717, et le troisième de 1742 à 1790.

II. — L'histoire de Marmoutier se complète par une véritable chronique de 1785 à 1789, écrite à la fin du *Rerum memorabilium liber*, par dom Abrassart, dernier secrétaire de Marmoutier et premier bibliothécaire de la ville de Tours. C'est à D. Abrassart que nous attribuons les notes ajoutées à la copie de l'*Histoire de Marmoutier* que possède la bibliothèque de Tours.

III. — Nous n'avons point l'inventaire qui dut être dressé, au moment de la Révolution, des reliquaires, vases sacrés et ornements de l'abbaye de Marmoutier. Nous y suppléons, dans le troisième chapitre, par des notes extraites textuellement du *Rerum memorabilium liber* sur les reliques et reliquaires du monastère, et nous y ajoutons quelques renseignements sur la décoration des chapelles de l'église.

IV. — La décoration des chapelles nous amène naturellement à parler du prétendu embellissement qu'on fit subir à l'église en 1789, à la veille même de la Révolution. Nous voulons faire allusion au badigeonnage exécuté à cette date par un italien nommé Borani, qui venoit de badigeonner la cathédrale de Tours. Nous publions, d'après les actes capitulaires de Marmoutier, le marché de cette opération pour faire voir à quel degré étoit tombé l'art religieux à la fin du xviii° siècle.

V. — Un budget de Marmoutier en 1789 est une pièce intéressante à plusieurs points de vue. Par l'état sommaire des recettes et des dépenses, on verra que l'abbaye, dépouillée de la majeure partie de ses prieurés, possédoit encore 200,000 livres de revenu annuel.

VI. — Mais la Révolution s'avance. Les moines, qui n'en soupçonnent point les terribles emportements, se réunissent le 8 mars 1789 pour rédiger leur cahier des doléances. Cette pièce ne se distingue pas par de hautes vues politiques ; mais il est un point que nous ne pouvons nous empêcher de signaler : c'est celui par lequel les religieux demandent pour tous les citoyens, quels qu'ils soient, l'égalité de contribution aux charges et aux besoins de l'État, et renoncent aux priviléges dont les biens ecclésiastiques étoient favorisés.

VII. — Cette abnégation ne devoit point désarmer la Révolution. Bientôt l'abbaye alloit disparoître sous ses coups, après quatorze siècles d'une existence glorieuse, et le monument matériel lui-même ne devoit pas tarder à subir le même sort. Aujourd'hui, de l'antique Marmoutier, il ne subsiste plus guère que le beau portail du xiii° siècle ; tout le reste a été balayé par la tempête. Pour reconstituer par la pensée l'ensemble des édifices d'âges divers qui constituoient l'abbaye, nous publions deux pièces authentiques. L'une est une estimation d'experts, dressée en 1794, au moment où la ville de Tours songeoit à acheter cet établissement; l'autre est une pièce semblable, en date du 17 frimaire an VI, au moment de la vente des biens nationaux. On y trouvera les plus abondants détails, au point de vue de l'expert en bâtiments, mais non malheureusement au point de vue artistique, sur ce vaste ensemble de constructions. Deux descriptions plus anciennes, l'une de Francesco Florio sous Louis XI, l'autre de Léon Godefroy en 1638, compléteront les procès-verbaux de la Révolution, en nous montrant Marmoutier tel qu'il étoit avant les grands travaux modernes qui y furent exécutés par les bénédictins de la réforme (1).

A ces documents écrits, on pourra joindre quelques monuments figurés. Le plus ancien est une vue cavalière du monastère, dessinée sous l'abbé Jules-Paul de Lionne, qui prit possession de l'abbaye le 7 mai 1665; cette vue a été publiée par M. Dorange, conservateur de la bibliothèque municipale de Tours, d'après un dessin de la collection Gaignières. Le second est une vue plus complète, datée de 1699, publiée dans *la Touraine* de M. Mame, et reproduite en tête de notre publication, d'après une gravure du *Monasticon Gallicanum*. Ces deux vues d'ensemble peuvent suppléer au plan par terre, que malheureusement nous n'avons pu retrouver. La Société archéologique de Touraine possède deux aquarelles faites en 1802, et qui nous montrent l'église abbatiale sous deux aspects, au moment où l'on commençoit à la démolir ; ces dessins ont aussi étére produits dans *la Touraine*. Enfin diverses lithographies, notamment celle de Bourgeois en 1819 et celles de Noël en 1824 (2), nous permettent de suivre les principales phases de la destruction du monastère.

VIII. — Notre huitième et dernier chapitre est destiné à faire connoître la série des derniers propriétaires de Marmoutier, depuis la Révolution jusqu'à nos jours.

C. CH.

(1) *Mémoires de la Société archéologique de Touraine*, IV, 186; VII, 100.
(2) NOËL, *Souvenirs pittoresques de la Touraine*, in-4°, Paris, 1824.

I.

CHRONOLOGIE

DES

ÉVÉNEMENTS DE MARMOUTIER

XVIIᵉ ET XVIIIᵉ SIÈCLE

1600. — Les religieux de Marmoutier donnent aux capucins l'emplacement où ils s'établissent, près de Tours.

1603. — Les Carmélites s'établissent à Paris dans le prieuré de Notre-Dame-des-Champs.

1608. — Fonte des quatre grosses cloches.

1614. — Le curé de Sainte-Radégonde obtient des reliques de saint Clair.

1619. — Le cardinal Bentivoglio est logé à Rougemont.

1623. — Un os du bras ou de la cuisse de saint Corentin est donné à l'église de Quimper. Une des rotules du même corps est donnée à l'évêque de Saint-Malo.

1637. — Introduction de la réforme à Marmoutier. D. Antonin Potier, né au Château-du-Loir, prieur de Marmoutier, mort le 8 septembre 1638, âgé de 55 ans ; enterré dans la chapelle de la Vierge du côté de l'épître, près de la balustrade.

1639. — D. Jacques Brossaud, prieur de Marmoutier, mort le 13 décembre 1640, âgé de 30 ans ; enterré dans la chapelle de la Vierge, vis-à-vis de D. Potier.

1641. — D. Anselme Dohin, prieur de Marmoutier.

1642. — Vente, pour 12,000 livres, des bois de la forêt de Saint-Laurent-en-Gâtine, pour réparer les bâtiments de Marmoutier qui menaçoient ruine.

1644. — Les fonds de l'aumônerie ayant été épuisés à cause de la disette et de la cherté des vivres, les moines empruntent 3,000 livres pour les employer en aumônes extraordinaires.

1645. — D. Joseph Séguin, né à Tours, prieur de Marmoutier.

1649. — Pierre Bedacier, élève du monastère de Marmoutier, puis grand-prieur et aumônier, est sacré évêque d'Augusta *in partibus infidelium*. — Les blés étant chers, à cause de la mauvaise récolte et des troubles civils, le monastère, après avoir épuisé toutes les ressources de l'aumônerie, fait acheter du froment en Bretagne pour nourrir les pauvres. Ces achats occasionnent une dépense de 16,000 livres.

1650. — Incendie qui menace de détruire Marmoutier, et consume seulement la maison du chambrier. — Le roi passant à Tours pour aller à Bordeaux châtier les rebelles, le monastère espéroit recevoir sa visite et lui offrir, suivant l'antique usage, une bourse de velours avec une pièce d'or. La reine-mère Anne d'Autriche vint seule à Marmoutier ; elle baisa la sainte ampoule, et vénéra le *Repos de saint Martin*.

1651. — Le chapitre général des Pères de la congrégation de Saint-Maur se tient pour la première fois à Marmoutier. Le président est invité par les chanoines de Saint-Martin à chanter la messe dans leur église le jour de la Subvention de saint Martin. — D. Germain Morel, prieur de Marmoutier.

1652. — Emmanuel-Joseph de Vignerod de Pontcourlay est nommé abbé de Marmoutier à la place de son frère Amador-Jean-Baptiste.

1654. — D. Joachim le Comtat, prieur de Marmoutier.

1657. — Refonte de deux des grosses cloches.

1658. — Refonte de la cloche nommée Benoît.

1660. — Inondation de la Loire. Tout Marmoutier est envahi par les eaux, sauf l'église. — D. Anselme Guchemand, prieur de Marmoutier, mort le 17 février 1662, à 64 ans.

1661. — La communauté souscrit à la formule de profession de foi dressée par l'assemblée du clergé en 1657. —

Louis XIV, allant à Nantes, s'arrête à Marmoutier. — Pose de la première pierre du nouveau dortoir.

1662. — D. Robert Dicé, prieur de Marmoutier.

1663. — D. Mayeul Hazon, prieur de Marmoutier.

1664. — Jules-Paul de Lionne est pourvu de l'abbaye de Marmoutier, par bulle du 6 mars 1664. — Le rocher du coteau de Rougemont s'écroule, et renverse deux arcs-boutants de l'église et trois arcades de la nef collatérale du nord. — Un ouragan de grêle produit d'immenses ravages.

1666. — Partage des biens de Marmoutier en trois portions : l'une pour l'abbé, l'autre pour les religieux, la troisième pour les réparations. — 1er août. Le R. P. dom Joachim le Comtat, prieur de Marmoutier pour la seconde fois, propose d'accorder une récompense à René Piqué, charpentier, « pour avoir conduit la charpente du bastiment nouveau. » L'assemblée des séniors, « attendu le grand service qu'il a rendu au travail et conduitte de la charpente du grand bastiment, en quoy il s'est rendu fort assidu, et bien qu'il ayt esté icy quelque espace de temps en qualité de commis novice, » vote à René Piqué une récompense de 300 livres.

1667. — 2 octobre. Don d'une chape blanche et rouge à l'église paroissiale de Négron, dépendant de l'office de l'aumônerie, et dont les moines de Marmoutier étoient curés primitifs. — On vote la refonte de la petite cloche du grand clocher.

1669. — 18 mai. Don de cent miches aux Pères capucins à cause de leur chapitre. — En juillet, don de cent cinquante miches blanches aux Pères Récollets, aussi à cause de leur chapitre. — 29 novembre. Une des aumônes, qu'on nomme *poche*, étant vacante par la mort de Nicolas Boiron, et la communauté ayant coutume d'en gratifier les anciens serviteurs du monastère, Jean Dupuy, garde des bois de l'abbaye, en est gratifié.

1670. — 13 avril. La communauté abandonne à l'hôpital général de la Charité de la ville de Tours, conformément aux lettres patentes du roi du mois de février 1658, toutes les aumônes qu'elle faisoit en pain et en vin la veille des six principales fêtes de l'année. Ces aumônes, en temps de cherté, montoient à 10 ou 12,000 livres. — 2 mai. La communauté consent à l'union, au séminaire d'Orléans, du prieuré de

Notre-Dame-des-Champs-lès-Paris, membre dépendant du monastère. — 5 août. Don d'un lit garni aux Pères de Turpenay « n'ayant moyen d'en achepter. » — 15 septembre. Bail d'un petit jardin « proche la chapelle Saint-Nicolas qui est proche le cimetière de la paroisse de Sainte-Radégonde (1). » — 18 décembre. Nouveau bail de la cave et du petit jardin de Saint-Clair, cy-devant arrentés au curé de Sainte-Radégonde. — A l'occasion du premier jour de l'an, on envoie quelques présents de fruits, « suivant la coustume, » à M. l'Intendant et à quelques personnes de considération.

1671. — 13 janvier. On repave le côté de l'église qui conduit depuis l'escalier du *Repos de saint Martin* vers la chapelle de Notre-Dame. — 9 février. Don d'une chape à l'église paroissiale de Rivière, membre dépendant de la sacristie de l'abbaye. — 22 septembre. A la requête des Pères de Turpenay, qui demandoient par charité quelque assistance, on leur donne une pipe de vin, un lit et quelques autres meubles. — 19 novembre. Don de bois aux prisonniers des deux prisons de Tours.

1671. — 5 janvier. Bail de la maison de Saint-Benoît, sise à Tours dans la rue Saint-Benoît. — 6 juin. Accord avec la demoiselle Marie de Maillé, dame de Villeromain en Vendômois, au sujet des dîmes de la paroisse de Pray, dont les moines de Marmoutier sont les curés primitifs. — 26 août. Remise faite au fermier de Négron et des prés Montan, à cause des grandes pertes qu'il a faites sur les foins par les inondations.

1672. — 20 janvier. Les administrateurs de l'hôpital général de Tours, considérant qu'il étoit fort difficile, pour ne pas dire impossible, particulièrement dans les années de cherté, de garantir les religieux de Marmoutier des assemblées, outrages et violences des pauvres, pendant huit mois que se font les aumônes du quartier trois fois la semaine, consentent que les religieux continuent à distribuer les 120 setiers de blé destinés pour les dites aumônes. — 4 avril. « Pour garder en quelque façon l'ancienne coustume, on a résolu de laver les pieds le jeudy-saint à douze pauvres, et de

---

(1) La chapelle Saint-Nicolas avoit été unie à l'office claustral de l'infirmerie de Marmoutier.

leur donner à l'accoustumé. » — 23 juin. Institution de D. Philippe Le Roy comme prieur de Marmoutier.

1673. — 9 août. Démolition des bâtiments du Petit-Couleurs.

1674. — 6 mai. La communauté refuse, en raison de ses privilèges d'exemption, d'assister à la cathédrale aux prières des quarante heures, qui devoient se faire pour la prospérité du roi et le succès de ses armes; elle détermine les prières extraordinaires qu'elle fera pour le même objet à Marmoutier. — 14 juin. Accommodement à ce sujet avec l'archevêque de Tours : la communauté promet d'obéir dorénavant aux mandements du prélat. — 10 août. Blés ruinés par la grêle aux environs de Tours.

1675. — 12 mai. La communauté est endettée de 300,000 livres, à cause de la construction des bâtiments faits pour le service de la congrégation, puisqu'ils ont été entrepris pour les chapitres généraux. — 18 juin. Le P. dom Philippe le Roy est institué prieur de Marmoutier; mort à Marmoutier le 22 juillet 1680 à 60 ans; enterré dans la nef.

1677. — 8 mars. Diminution de ferme accordée au fermier de la métairie de la Grange-Saint-Martin, qui avoit « souffert un grand dommage sur ses terres par l'inondation et glaces de la présente année. »

1678. — 13 juin. Le P. dom Innocent Bonnefoy est institué prieur. — 7 novembre. Dame Marie-Anne d'Assigné, obtient « que les deux messes basses qui avoient accoustumé de se dire et célébrer par le chapelain du prieuré de Sonzay, dépendant de l'office de la sacristie de Marmoutier, en la chapelle estant devant le château de la Motte, demeurassent transférées doresnavant en la chapelle qui est dans ledit chasteau. »

1680. — 3 décembre. Sur la proposition de dom Innocent Bonnefoy, prieur de Marmoutier, vente de quelques pièces d'argenterie pour faire faire la porte qui communiquoit de l'église à la nouvelle sacristie.

1681. — 24 décembre. On vote la démolition « de l'ancien bastiment qui est attaché à la chapelle de Saint-Benoît, qui servoit anciennement d'infirmerie, puis de dortoir. »

1682. — 3 juin. Les administrateurs de l'hôpital général de Tours exigent que les religieux de Marmoutier leur transfèrent « les *ausmones* dictes *de quartier*, qui se distribuent dans les cours de ce monastère trois fois la semaine depuis la St-Martin d'hyver jusques à la St-Martin d'esté, l'intention de Sa Majesté estant que toutes les aumosnes générales qui se faisoient dans les monastères fussent réunies aux hôpitaux généraux, ce qui a esté confirmé par plusieurs arrests du Conseil. » Le monastère consent à abandonner pour cet objet 220 setiers de blé qu'il distribuoit, savoir 100 setiers de seigle, et 120 setiers de méteil.

1683. — 12 novembre. On fait rechercher dans les bois de Marmoutier, toutes les pièces de bois nécessaires à l'achèvement du bâtiment que l'on construisoit alors au monastère.

1684. — 31 janvier. Le monastère consent à l'union du prieuré de Niépéglise au collége des Pères Jésuites d'Ypres. — 4 juillet. Le P. dom Jean Lorier est institué prieur de Marmoutier.

1686. — Les chanoines de St-Gatien cessent de venir en procession à Marmoutier le mardi de Pâques, en donnant pour prétexte la longueur du chemin et la chaleur ; « *sed reverà non amabant audire ab infima plebecula, eos venire ad Majus Monasterium ut comederent reliquias et fragmenta pastûs canonicorum S. Martini.* » Marmoutier continue à venir à la cathédrale le jour de la fête de saint Maurice.

1687. — Construction d'un nouveau bâtiment au couchant, entre l'église et le réfectoire, pour la réception des hôtes. — D. Innocent Bonnefoy, prieur de Marmoutier pour la seconde fois.

1689. — 4 septembre. Transaction avec Charles Vigarany, écuyer, sieur de Saint-Ouen, engagiste de la prévôté de Limeray, au sujet de la rente d'un porc sans tête due chacun an à ladite seigneurie de Limeray, ladite rente assise sur les prés Montan en la paroisse de Nazelles.

1690. — 27 février. Abandon à M. Roulier, comte de Meslay-le-Vidame, à quatre lieues de Chartres, d'une petite chapelle de Saint-Nicolas, dépendant de l'office claustral de la chambrerie unie à la mense conventuelle de Marmoutier, pour être convertie en église paroissiale en remplacement de l'ancienne église qui étoit dans la cour du château de Meslay. — 22 mai. Institution de dom Claude Martin comme prieur. — 7 août. Pavage du chœur de l'église en pavés blancs et bleus. — 11 décembre. Attendu que, faute de cloison en l'église, « on desroboit journellement à l'entour du tour des chapelles et au *Repos de saint Martin*, des nappes, des tapis, des cierges et des tableaux, » les sénieurs décident qu'on feroit faire deux balustrades près du jubé, afin d'ôter aux séculiers la liberté de pénétrer plus avant dans l'église.

1691. — 9 septembre. Frère Edmond Martène, prêtre, est élu secrétaire du chapitre de Marmoutier.

1692. — 9 février. Les sénieurs accordent une diminution de ferme au fermier de Négron, « à raison de la rupture de la chaussée vis-à-vis la dicte seigneurie de Négron, il y a trois ou quatre ans, qui avoit perdu les terres labourables et les prez la mesme année. » — 19 octobre. Le frère dom Claude Martin, prieur de Marmoutier, du consentement de l'archevêque de Tours et de l'avis des sénieurs, fait détruire l'autel de Saint-Florent appuyé à un pilier de la nef, et l'autel de Saint-Maur placé près de la grande porte du cloître, tous deux fort incommodes, et transporte le tableau de l'autel de Saint-Maur à la chapelle Saint-Antoine. Réparations ordonnées au chevet de l'église. — La chapelle de Saint-Antoine est réparée et ornée de figures et de sculptures. — On répare l'abside derrière le maître-autel ; découverte du tombeau de l'abbé Jean de la Rochefoucault, mort en 1583. — Fonte de quatre cloches.

1693. — Règlements liturgiques du chapitre général au sujet des fêtes de saint Patrice, des saints Nerée et Achillée, de saint Gourgon, de saint Mexme et de sainte Sabine. — 24 janvier. Union au séminaire d'Angers, du prieuré de Saint-Éloi d'Angers.

1694. — 24 mars. M. Péan, médecin de l'abbaye, étant décédé, son fils, aussi médecin, demande et obtient la même charge en promettant, dans les cas graves, de faire venir à ses frais M. de Toulieux, « le plus fameux médecin de Tours. » — 18 décembre. Le frère dom Esmond ayant fait un ouvrage qui étoit prêt à mettre sous presse, l'imprimeur de Paris demande à Marmoutier une souscription de cent exemplaires à cent sols pièce, ce qu'on lui accorde.

1695. — 2 décembre. Aumône de 120 livres aux dames Bluettes ou de l'Annonciade, du faubourg Saint-Étienne de Tours, « réduites dans la dernière extrémité de pauvreté. »

1696. — « Le neuvième avril le R. P. dom Claude Martin ayant assemblé ses sénieurs, leur a représenté que faisant réparer la chapelle de l'Assumption de Nostre-Dame, il seroit à propos d'ouvrir le tombeau du vénérable abbé Berthelemy, décédé en odeur de sainteté; a esté conclud qu'on l'ouvriroit et qu'on détermineroit si on le mettroit en lieu plus décent. » — 3 novembre. Sur la proposition de dom Louis Tasche, prieur de Marmoutier, une aumône de vin est accordée aux Pères de l'abbaye de Cormery, « accabblez a cause de leurs bastiments. »

1697. — 15 janvier. Augmentation des gages du sieur du Monceaux, chirurgien de l'abbaye, qui n'avoit que « 50 livres par an pour faire les tonsures et les saignées. » — 1er mars. Location d'une maison appartenant au monastère, sise à Tours dans la rue de la Guerche, et nommée *Saint-Pierre de Rome*. 24 octobre. Nomination de frère Jean Evain comme secrétaire du chapitre, en remplacement de dom Martène.

1698. — 14 février. Location, au sieur Chevalier, des deux chambres sises au-dessus du portail de la Crosse. — 14 mars. Bail du clos de Semblançay « à trois vies, c'est-à-dire 79 ans. » — 19 décembre. Abandon d'un champ situé à l'extrémité d'un faubourg de la ville du Mans, dans lequel il y a une chapelle dédiée à saint Martin, le tout appartenant au prieuré de Vivoin, pour faire un établissement destiné à recueillir les filles débauchées de la ville du Mans.

1699. — Démolition de la chapelle de Saint-Benoît. On y relève beaucoup d'ossements de moines qu'on enterre de nouveau dans le chapitre et dans la crypte des hautes terrasses.

1700. — 7 juillet. Union, au séminaire de Rennes, du prieuré de Saint-Sauveur des Landes. — 13 décembre. Dom Martène est réélu secrétaire du chapitre.

1701. — 23 juillet. Union du prieuré de la Celle-en-Brie au séminaire des Missions étrangères.

1702. — 3 février. « Le R. P. prieur a représenté que la rivière emportant le reste de nos gravanges, elle viendroit bientôt jusqu'aux murailles de nostre enclos, qui seroient en danger si on n'y apportoit un prompt remède, et qu'ainsy il étoit à propos de chercher quelques moyens pour prévenir ce malheur. On a jugé à propos de faire une chèvre au-dessus dudit enclos et desd. gravanges pour rejeter l'eau plus loin et lui donner un autre cours. Mais cela ne se pouvant faire sans prendre des mesures avec l'intendant des turcies, sans une grande dépense et beaucoup de bois, il a été conclu que le R. P. prieur se donneroit la peine d'aller voir Mgr l'intendant de la généralité pour luy représenter l'état des choses, et le prier de donner les ordres nécessaires pour faire des ouvrages propres, et même offrir de fournir de bois nécessaire pour la dite réparation. » — « Le 28 du mois de septembre 1702 est party de ce monastère de Mairmoutier après y avoir demeuré quelques jours, un archevesque qui se dit d'Arménie, vénérable, âgé de 80 ans et plus. Par son interprète, qui est un Portugais, on a connu qu'il estoit venu d'Holande, pour y faire imprimer des livres et prières propres pour les chrestiens de sa nation; il a aussi demeuré un temps considérable à Rome et a fait paroistre une lectre testimonialle du cardinal Cibo, pareillement une pactente de Sa Majesté. Le R. P. prieur, par charité, luy a fait donner trois escus blancs, du consentement de ses sénieurs. » — D. Innocent Bonnefoy est élu prieur de Marmoutier pour la troisième fois; mort à Marmoutier le 26 août 1708, âgé de plus de 80 ans, et enterré dans la chapelle de la Vierge. — Achèvement du second dortoir.

1703. — 8 juillet. Indication de prières publiques à Saint-Gatien, « tant pour fléchir la colère de Dieu irritée par nos péchez, laquelle par des pluyes continuelles nous menace d'une grande disette, que pour attirer la bénédiction du Ciel sur la personne du roy. » La communauté de Marmoutier est conviée à ces prières et y assiste.

1704. — 29 septembre. Dom George Terriau est élu secrétaire du chapitre en remplacement de Martène.

1705. — D. Louis Tasche, prieur de Marmoutier pour la seconde fois.

1707. — Le duc de Bourbon passant à Tours pour aller voir ses deux filles, dont l'une étoit élevée à Beaumont, et dont l'autre étoit à Fontevrault, vient visiter Marmoutier. — Le tonnerre tombe sur la grande tour de l'église, sans endommager les cloches. — Grande inondation de la Loire et du Cher. — 3 novembre. « Le R. P. prieur, dans l'assemblée des sénieurs, leur a représenté qu'il y avoit proche la grande porte de Saint-Martin un vieil apanti qui servoit autrefois au portier pour faire une aumône journalière de pain et de vin aux passans, lequel par vétusté et par l'inondation qui arriva le 9ᵉ du mois dernier, avoit quasi esté tout renversé ; et comme l'on ne fait plus d'aumônes réglées, toutes celles que l'on faisoit par cy-devant aiant esté transportées à l'hospital général par l'ordre du roy, il leur a proposé d'achever de ruiner et abattre entièrement le susdit apanti, comme ne servant plus à rien ; à quoy ils ont consenti unanimement. »

1708. — Mars. Le chartrier de Marmoutier étoit placé au bout des chambres des hôtes du côté du réfectoire. Ce lieu étant humide, les séniurs décident qu'on établira un nouveau chartrier du côté de l'église, en faisant deux petites voûtes entre les piliers boutants. — 16 décembre. Bail de la maison de Tours « où pendoit autrefois l'enseigne Saint-Pierre de Rome. » — La communauté prend, pour 17,000 livres, la ferme générale des revenus de l'abbé, messire Jules-Paul de Lionne.

1709. — 17 août. Du consentement de l'archevêque de Tours, on vote la démolition de la chapelle de Saint-Nicolas, « qui est située entre la levée et les murailles de l'enclos, estant en ruine du depuis grand nombre d'années, et n'y aiant aucune nécessité ny obligation de la réparer. » — Bail à un séculier nommé Gareau, d'un logis sis dans l'enclos du monastère, « au-dessous des Dormans et proche de la porte que l'on appelle de la ville. » — 16 décembre. Le vent et la tempête ayant abattu un gros ormeau devant le portail de la Chambrerie, l'arbre en tombant détruit une partie de ce portail avec un vieux pigeonnier. — Les habitants de Saint-Quentin demandent la permission « d'accroître leur église en leur donnant la faculté de démolir un mur qui est entre la chapelle du prieur et le grand autel de leur paroisse, à condition de faire le tout à leurs frais, de décharger ledit prieur de l'entretien de la chapelle du prieuré, et de donner telle reconnoissance qu'on souhaitera, que le grand autel est celui de la chapelle du prieuré, sur lequel ledit prieur ou ses chapelains auront droit de dire la messe toutes les foisqu'ils le souhaiteront. » — Inondation de la Loire et du Cher. — Grand hiver. — Réédification des murs de clôture du monastère.

1710. — Nouvelle inondation de la Loire, qui renverse encore une fois les murs de l'enclos.

1711. — 31 mai. D. Martin Filland est institué prieur. Il mourut à Marmoutier le 7 août 1726, dans sa 83ᵉ année. — 13 juillet. Union au collége des Pères Jésuites de Rouen du prieuré de Saint-Ouen de Gisors. — Sur la proposition du P. Dom Martin Filland, on augmente les gages de M. Le Doit, organiste et tailleur de Marmoutier, « qui n'estoient que de 40 écus, tant pour l'orgue, que pour toute la couturerie. » — Effroyable tempête au mois de décembre.

1712. — Inondation de la Loire et du Cher.

1713. — 28 mai. Remises aux métayers de Chizé, la Milletière et Saint-Barthélemy, à cause « des grandes stérilitez des années 1709, 1712, et de l'impuissance de semer pour l'année 1713. » — 15 août. Bail au sieur Battaille, « maître d'école et écrivain, homme sage et de bonnes mœurs, » d'un logis « que la communauté possède, situé près et devant le chœur de l'église collégialle et paroissialle de Saint-Pierre-Puellier, » à Tours. — Bail du logis de la Sacristie ou Segretainerie, « situé le long du coteau, au-dessous de la paroisse de Sainte-Radégonde, avec ses jardins, cour et aisances. »

1714. — 10 avril. Remise de 14 années d'arrérages d'une rente annuelle de 28 livres, faite aux dames religieuses bénédictines de l'abbaye du Boullay, « qui étoient réduites à une pauvreté extrême, et augmentée encore depuis quelques temps par un grand incendie de quelques-unes de leurs fermes. » — 10 mai. Aumône aux Capucins du couvent de Tours, « obligez de faire des dépenses extraordinaires pour la célébrité de la canonisation de saint Félix de Cantalice. » — Construction dans l'église de Marmoutier, d'un autel dédié à saint Benoît. La pierre provenant de l'ancienne chapelle de Saint-Benoît, et sur laquelle les moribonds expiroient, est placée dans le milieu de la nouvelle chapelle. — Tous les tableaux du réfectoire, dûs au pinceau de frère André Guérin, sont achevés. — 27 mai. Institution de D. François du Vivier comme prieur de Marmoutier.

1715. — La chapelle de Saint-Benoît est ornée de trois tableaux représentant les miracles du saint. — Le chœur de l'église est orné de tableaux exécutés par André Guérin et Henri Salambier. Frère Guérin meurt en 1716, sans avoir le temps de terminer six tableaux destinés à la salle du chapitre. — 30 juin. D. Louis Tasche prieur pour la troisième fois. — 20 août. Démolition d'un appentis ou galerie située le long du logis de l'infirmerie du côté du levant. — 30 septembre. Démolition de l'ancien logis principal du Grand-Mauny, près du monastère, que la communauté a retiré par arrêt des mains de la demoiselle de Castagnolle. — 17 décembre. Vente de 20 poinçons de vin de Sens à un marchand de Lille en Flandre, au prix de 65 livres la pipe rendue sur le bateau du port de Vouvray ; cette même année, les meilleurs vins de Vouvray ne se vendoient que 50 livres la pipe.

1747. — 16 juin. MM. de Saint Martin de Tours désirant faire abattre un porche sur lequel il y a un cabinet, et qui a autrefois servi de porte de la ville neuve de Saint-Martin, pour entrer de la rue de la Guerche dans celle du Crapaud, demandent le consentement de Marmoutier, parce que ce porche est près de la maison nommée *Saint-Pierre de Rome*. Ce consentement est accordé. — 25 juin. Les chanoines réguliers de l'ordre de Prémontré, de l'abbaye de l'Estoile, située près de la ville de Châteaurenault, ayant acquis une métairie dépendant du fief et châtellenie du Sentier, membre de l'office claustral de la chambrerie, offrent d'en payer l'indemnité à la communauté ; cette indemnité est fixée à 200 livres, « qu'on employera au bâtiment du second cloître. » — D. Joseph Miniac, prieur ; mort à Marmoutier le 13 juillet 1749, âgé de 68 ans.

1748. — 14 juin. Bail à ferme à M. Garreau, « l'un des solitaires qui demeurent dans la cour extérieure du monastère, » d'un logis, cour, jardin et cabinet, dépendant de l'office claustral de sacristain, situé au-dessous de l'église de Sainte-Radégonde.

1749. — 13 mars. La communauté ayant de la peine « de voir M. Nicolas Chevalier demeurer dans l'enclos de ce monastère depuis qu'il a épousé une jeune femme, et surtout depuis qu'elle est grosse, » lui offre mille écus de dédommagement pour sortir du logement qu'on lui avoit loué à vie. Ce même logement, ses jardins, et le haut de l'ermitage des Sept-Dormants est ensuite loué à M. de Soldeville, chevalier de Malte non profès, «voulant mener une vie retirée et dans la continence d'un perpétuel célibat. » — Construction de la grande porte du monastère du côté de Sainte-Radégonde. —

D. Louis Tasche, prieur pour la quatrième fois, mort à 84 ans, le 31 décembre 1719.

1720. — 12 septembre. Destruction d'une calandre située dans le logis de Saint-Pierre Puellier, « parce que l'usage de kalendrer les étoffes est absolument passé. » Bail des appartements « que cette grande et inutile machine occupoit. » — D. Magloire Loz, prieur ; mort à Marmoutier le 27 août 1722, âgé de 69 ans.

1721. — L'abbé de Lionne meurt en 1721. Il est remplacé la même année par Louis de Bourbon-Condé, prince de Clermont. Sur la proposition de dom Magloire Loz, prieur, les séniors votent une aumône de 900 livres pour les malheureux atteints « dans l'incendie presque général de la ville de Rennes. »

1722. — D. Maur Audren de Kerdrel, prieur ; mort à Marmoutier le 7 avril 1725, âgé de 73 ans.

1723. — 22 mars. Bail d'une cave sise près de la maison de *la Salamandre*. — 23 septembre. Aumône de 25 setiers de froment aux religieuses de la Visitation de la ville de Tours, « estans réduites dans une grande pauvreté, et se trouvant privées de tous moyens de pouvoir subsister. » — Union de neuf prieurés aux menses abbatiale et conventuelle conjointement.

1724. — Abandon à la communauté de Saint-Florent de Saumur, du prieuré de la Madeleine près Dinan, qui en dépend, et dont Marmoutier jouissoit depuis plusieurs années ; cet abandon est fait, « eu particulièrement égard aux dépenses en bastiments que fait actuellement lad. communauté de Saint-Florent. » — D. Jean-Baptiste Linard, élu prieur ; mort à Marmoutier en 1740, âgé de 80 ans.

1726. — La première pierre de l'infirmerie est posée ; cet édifice s'élevoit à côté de la porte appelée la Mitre.

1729. — D. Guillaume Roumain, élu prieur ; mort à Marmoutier le 30 décembre 1744, âgé de 67 ans. — Visite de la princesse de Conti et du duc de Bourbon son frère.

1730. — 15 janvier. Aumône de 250 livres à l'abbaye de Landevenec, pour rétablir son église qui avoit été brûlée depuis peu par le feu du ciel. — 20 janvier. Aumône aux religieuses du Calvaire de Tours, « pour les soulager dans leur extrême misère. » — 30 octobre. Vente du bois de Beaulain pour continuer le bâtiment de Marmoutier. — Visite du prince de Conti.

1731. — 19 février. Sur le désir du comte de Clermont, abbé de Marmoutier, la communauté prend à ferme, pour 9,000 livres, sa part et portion du revenu des prieurés unis à la mense abbatiale.

1733. — Chapitre général de la congrégation, tenu à Marmoutier, « *de cujus miserabili et irregulari celebratione melius est silere quàm loqui.* » Sur 32 moines qui y assistoient, 28 furent violemment exclus de l'assemblée. C'est ce que les Jansénistes ont appelé le *brigandage* de Marmoutier. — D. Nicolas Vignoles, élu prieur; mort le 3 décembre 1736, âgé de 69 ans.

1734. — Protestation de vingt religieux du monastère contre l'ouverture de la visite du visiteur nommé au chapitre de 1733. — La chapelle et la ferme de Saint-Barthélemy sont incendiées.

1736. — Construction de la charpente du portique de l'église; le faîte de l'église est garni de plomb; on commence à bâtir les écuries de l'abbatiale ; achat de deux cloches à Orléans, pesant 10,432 livres.

1737. — D. Bonaventure Aubert, prieur de Marmoutier.

1738. — Fonte de six grosses cloches.

1739. — L'abbé Louis de Bourbon, prince de Clermont, donne sa démission. — 6 juin. Installation de dom René Junien, prieur de Marmoutier. — 22 octobre: « Le roy, voulant prévenir et éviter les difficultés et contestations qui auroient pu naistre dans la suite entre les seigneurs archevêques de Tours et la communauté, à l'occasion de l'union de sa mense abbatiale à l'archevêché de Tours, vouloit, pour le bien du seigneur archevêque et de la communauté, révoquer le premier brevet qu'elle a accordé de ladite union, et en donner un nouveau qui uniroit et incorporeroit pour toujours à la mense conventuelle de cette communauté, tous les biens, droits et revenus, circonstances et dépendances de la dite mense abbatiale, sous la charge d'une pension fixe dont elle se chargera vers les seigneurs archevêques de Tours, laquelle pension sera prise et affectée sur les fonds seulement et revenus de ladite mense abbatiale, et se montera à la somme de 27,000 livres, dont 5,000 seront employées à payer les décimes de ladite mense abbatiale, les seigneurs archevêques se trouvant chargés de payer le surplus desdites décimes et autres impositions du clergé, seulement la communauté se trouvant chargée des autres charges et réparations dont S. A. Mgr de Clermont, ancien abbé, leur doit tenir compte. » La communauté accepte ce nouveau mode d'union. — Par une bulle donnée à Rome le XI des calendes de décembre, le pape Clément XII supprime le titre abbatial de Marmoutier, et en unit les fruits et revenus à la mense archiépiscopale de Tours, à la requête de Louis-Jacques de Chapt de Rastignac, archevêque de Tours.

1740. — 8 mars. La communauté accepte la bulle de Clément XII au sujet de l'extinction du titre abbatial, et exprime, dans une délibération motivée, les charges, clauses et conditions de l'union de la mense abbatiale à la mense archiépiscopale.

1742. — 20 mai. Installation de dom Jean-Baptiste Floyrac comme prieur. Mort à Marmoutier le 22 août 1749, âgé d'environ 84 ans.

1743. — 11 janvier. Union du prieuré de Saint-Martin-des-Champs de Bourges au séminaire de la même ville.

1745. — 9 juin. Installation de dom Jean Murault comme prieur. — L'orgue est achevé. — Reliques de saint Quentin données par l'église paroissiale de Saint-Quentin près de Loches.

1751. — 3 juillet. Installation de dom Thomas-Arnaud La Pie comme prieur. — 6 octobre. La ville de Tours demande à l'abbaye de Marmoutier de lui prêter 4,000 livres pour pourvoir en partie à l'achat des grains nécessaires à la subsistance des pauvres dans ce temps de disette.

1752. — 29 janvier. Le sieur de Bridieu, marquis de Saint-Germain, tuteur des enfants nés de son mariage avec feue dame Marie-Claude-Armande Bergeron de la Goupillière, et tuteur institué à l'interdiction de Jacques-Antoine Bergeron de la Goupillière, chevalier, seigneur du fief, terre et seigneurie de Brouard, situé paroisse de Neuilly-le-Lierre, demande à la communauté l'aveu du fief et seigneurie de Fontaine, sis à Monnaie, relevant de la seigneurie de Brouard, avec la nomination d'un homme vivant et mourant.

1753. — 8 mars. Emprut de 10 à 12,000 livres pour acheter du blé et du vin, la récolte ayant fait défaut, et pour payer les réparations occasionnées par la tempête du mois de mars 1754.

1754. — 23 juin. Installation de dom Mathurin Le Fresne comme prieur. — 5 juillet. Dom Étienne Housseau est nommé secrétaire du chapitre.

1757. — 9 juillet. Installation de dom René Rouault comme prieur.

1760. — 11 janvier. Le roi demande qu'on envoie à la monnoie toute l'argenterie des sacristies, à l'exception des vases sacrés, reliquaires et bâton de chantre. Un procès-verbal, dressé à cette occasion, constate qu'il se trouvoit bien peu d'argenterie dans le trésor de la sacristie de Marmoutier. Cette argenterie est envoyée à la monnoie de Paris. — 21 avril. Les religieuses Ursulines de Châteaubriant, établies depuis 1654 dans le prieuré de Saint-Sauveur de Beré, demandent à vendre deux des trois cloches du prieuré, pour les aider à la construction d'une nouvelle église, l'ancienne église, presque ruinée, ayant été interdite par l'évêque de Nantes en 1758.

1763. — 30 juin. Installation de D. René Even, comme prieur. — 4 novembre. Le duc de Choiseul, en annonçant l'envoi aux colonies françoises d'un certain nombre de familles allemandes, demande à Marmoutier si la communauté ne pourroit pas loger quelques-uns de ces émigrants sur ses domaines, en attendant que la marine puisse les transporter en Amérique. La communauté s'en excuse, alléguant que tous ses biens sont affermés. « Les biens de l'abbaye de Marmoutier, dit dom René Even, prieur, sont divisés en deux menses et en prieurés. Une de ces menses est unie à l'archevêché de Tours, et la communauté jouit de l'autre. De 121 prieurés situés en France, qui forment les dépendances de l'abbaye, il a plu à Sa Majesté d'en unir 14 à notre mense conventuelle, à la charge d'une redevance de 8,000 livres à l'archevêché de Tours. Des 107 qui restent, à l'exception de 4 dont les titulaires sont réguliers, tous les autres sont ou en commende ou réunis à des colléges et séminaires. Les biens de notre mense conventuelle sont tous affermés. »

1766. — 6 juillet. Arrêt du conseil d'État du roi, qui confirme les bulles et lettres patentes d'érection de la congrégation de Saint-Maur, et qui ordonne l'exécution provisoire des déclarations sur la règle et des constitutions de la dite congrégation. — 6 décembre. Installation de dom René Desmares comme prieur.

1767. — 24 janvier. Sur la proposition de dom René Desmares, grand-prieur, et en conséquence de l'article 2 de l'arrêt du Conseil du 6 juillet précédent, élection des officiers du monastère. Dom Joseph-Augustin Guillet est élu censivier et garde des chartes ; dom Raymond Castel, infirmier et bibliothécaire.

1769. — Ouverture des tombeaux des Sept-Dormants (1).

1770. — 20 avril. On vote la démolition du vieux mur qui est devant le corps de logis des infirmeries du côté de la cour d'entrée, pour en bâtir un nouveau mieux disposé ; on décide de clore la cour d'entrée du côté du portique de l'église, afin d'empêcher qu'elle ne soit remplie, comme elle l'est assez souvent, de la plus vile populace. — On place près de frère André un garçon apothicaire sachant son métier, saigner et raser. Frère André avoit une réputation médicale qui l'appeloit souvent au dehors près des malades.

1772. — D. Joseph-Anne-Geoffroy de Villeblanche, prieur.

1775. — 23 avril. « Il y a à notre église des réparations très-urgentes qu'on ne peut longtemps différer sans l'exposer à un dépérissement total ; suivant le devis estimatif qu'on en a fait faire, ces réparations montent à 109,971 livres ; nous n'avons aucune ressource pour frayer à une dépense si considérable, que dans quelques parties de bois de réserve qu'on pourroit demander au Conseil, après en avoir obtenu la permission du chapitre général. »

1776. — 4 septembre. « Un gentilhomme appelé M. de Réméon, chevalier de Saint-Louis, est propriétaire d'un domaine nommé Bergette et des métayries de la Juignétrie et Vilcort ses annexes, relevans en roture de notre seigneurie du Sentier, sous le devoir de 3 liv. 10 sols en argent, et d'un septier de seigle mesure du Sentier, le tout de cens et devoir seigneurial. M. de Réméon demande l'inféodation de ce domaine et annexes, au moyen de quoi il les tiendroit en fief au lieu de censive : en conséquence, il offre d'en porter la foy et

---

(1) Voyez le *Procès-verbal de l'ouverture du tombeau des Sept-Dormants à Marmoutier, en* 1769, dans le tome VII, p. 46, des *Mémoires de la Société archéologique de Touraine.*

hommage à notre dite seigneurie, et d'en fournir aveu et dénombrement au lieu d'une déclaration féodale qu'il est obligé d'y fournir. Ce changement, loin de nous être préjudiciable quant aux droits utiles, nous seroit avantageux, parce que dans la coutume d'Anjou où les biens sont situés, il est dû le quint au seigneur en cas de vente d'un fief, au lieu qu'en roture il ne lui est dû que le douzième, et qu'en succession collatérale en fief le seigneur a droit de rachapt, qui consiste en une année de revenu. » La communauté consent à cette inféodation.

1777. — 26 janvier. « La communauté, par sa délibération du 23 avril 1775, a résolu de demander au Conseil 74 arpents de bois de réserve pour nous aider à faire les réparations urgentes de notre église. Cette délibération mise sous les yeux du définitoire, le définitoire, par son arrêté du 8 juin audit an, nous a permis de nous pourvoir aux fins de ladite délibération. Le Conseil d'État du roy ne nous accorde la coupe que de 27 arpents qui produiroit 35,000 livres. Nous avons spécialement fixé le grand comble et le clocher comme les parties dont les réparations sont les plus urgentes. Le sieur Jacmin, architecte de MM. de Saint-Gatien, après l'examen le plus détaillé, a condamné la charpente entière du grand comble et le clocher à être démolis ; il nous a donné le devis, les plans et profils d'une nouvelle charpente et d'un nouveau clocher à reconstruire, qui coûteroit au moins 45,000 livres. » La communauté approuve ces plans et en vote l'exécution. — 28 juillet. La mense conventuelle de Lehon sera réunie à la mense conventuelle de Marmoutier, de l'agrément de l'évêque de Saint-Malo. Comme l'église paroissiale de Lehon, dont les moines du prieuré devoient, comme décimateurs, restaurer le chœur et le chanceau, périt de vétusté, on pourra la démolir, et l'église prieurale de Lehon deviendra l'église de la paroisse.

1778. — Installation de D. Antoine Quinquet comme prieur.

1779. — 29 décembre. L'archevêque de Tours est autorisé, par lettres patentes du roi, à faire démolir plusieurs dépendances de la mense abbatiale de Marmoutier pour en employer le prix à la construction d'une maison de campagne à l'usage des archevêques de Tours. Dom Antoine Quinquet, prieur de Marmoutier, et la communauté approuvent cette aliénation. — On emprunte 17,000 livres pour la reconstruction totale de la charpente et de la couverture de l'église. — Réparation de la grange de Meslay, montant à 9,000 livres.

1780. — 6 décembre. « L'église paroissiale de Saint-Georges de Bohon est construite en forme de croix ; la nef, qui est séparée du reste par un mur élevé jusqu'au lambris, sert d'église paroissiale ; le chevet, les deux bras de la croix où sont deux chapelles et le dessous de la tour, forment notre église prieurale. Les habitants demandent que la communauté leur abandonne cette église prieurale pour la réunir à la leur, et des deux n'en faire qu'une, en démolissant le mur qui les sépare. » Cette concession est approuvée par la communauté.

1782. — Un arrêt du Conseil d'État du 19 février, revêtu de lettres patentes du 5 mars, permet à la communauté de Marmoutier « la vente et adjudication de deux pièces de bois de futaye, l'une nommée Garot, située près notre terre de Meslay, et l'autre la Chevrie, paroisse de Nouzillé, contenant ensemble 47 arpents et demi, faisant partie de la réserve, à la charge par celui qui en sera adjudicataire, d'y réserver par arpent dix arbres des mieux venans, de remettre le prix de son adjudication au régisseur des domaines et bois, pour être employé au payement de la façon des fossés nécessaires autour de ces deux pièces, à la construction en pierre d'un escalier dans le corps des bâtiments de ce monastère, suivant l'adjudication qui en sera faite sur le devis qui en a été dressé par le sieur Lenot, architecte, le 18 novembre dernier, et que sur le prix principal dudit bois il en seroit fait par ledit régisseur, la retenue du dixième pour être employée au soulagement des pauvres communautés de filles religieuses..... Le produit net de la vente desdites deux pièces de bois seroit employé à la construction de l'escalier, et suffisant pour en payer la plus grande partie, suivant le rapport dudit sieur Lenot, architecte très-intelligent dont M. le marquis de Voyer se sert avec éloges dans ses entreprises considérables de bastimens à son château des Ormes. » — 9 avril. A l'église paroissiale de Saint-Cyr et Sainte-Julitte de Bouère, près de Sablé, l'aile gauche avoit été réservée comme chapelle prieurale, et étoit séparée du reste de l'église par un mur. La communauté consent à la démolition de ce mur, et autorise la réunion de la chapelle prieurale, dont les habitants « se proposent de faire un bijou, » à l'église paroissiale. — Copies des quatre évangélistes de Valentin achetées 648 livres.

1783. — D. Geoffroy de Villebranche réélu prieur.

1787. — 29 juillet. La terre et seigneurie de Breneçay étant journellement dévastée par les braconniers, M. de Jussy, seigneur de Rassay, est nommé conservateur du droit de chasse.

1788. — 2 mars. La seigneurie de Parçay étant dévastée par les braconniers, M. Louis Duchamp de la Frillière, chevalier de Saint-Louis, en est nommé conservateur. — 6 novembre. M. Dupichard, médecin de la communauté, étant fort âgé et infirme, MM. Bruneau et Duperron, docteurs en médecine, sont nommés médecins de Marmoutier, sur la proposition de dom François-Xavier Estin, prieur; on partagera entre eux les honoraires, qui sont de 300 livres. — D. Placide-François-Xavier Estin, installé prieur. — D. Jean-Joseph Abrassart nommé secrétaire du chapitre.

1789. — 8 avril. Les officiers municipaux de la ville de Tours, préoccupés de la disette dont la province étoit menacée, ont calculé que pour alimenter jusqu'à la récolte la ville de Tours et ses environs, il faudroit au moins 300 fournitures de blé, estimées 180,000 livres ; pour se procurer cette somme par forme de prêt, ils font appel à l'archevêque de Tours, aux chapitres de Saint-Gatien et de Saint-Martin, et aux communautés religieuses. La communauté de Marmoutier souscrit pour la somme de 10,000 livres, qu'elle consent à prêter sans intérêts. — Dom Estin est députe à l'assemblée du grand bailliage de Tours à l'occasion de la convocation des États généraux du royaume, et y porte le cahier des doléances de Marmoutier. — D. Estin est député par le clergé de Touraine aux États généraux.

C. Ch.

II.

CHRONIQUE DE MARMOUTIER

DE

1785 A 1789.

1785.

Le mercredi 26 janvier, fut posée la dernière pierre de l'escalier du réfectoire (1). On avoit commencé à y travailler sur la fin de 1782. Il a été fait sur les dessins de M. Pascal Lesnot, de Paris, architecte, et sous la conduite de M. Étienne Fournier, de Rhetel-Mazarin, appareilleur, choisis et appelés par D. Antoine Quinquet, grand-prieur, qui fut le promoteur de cette entreprise. Les pierres qui ont servi à la construction ont été tirées dans le commencement, des carrières de Semblançay, à deux lieues au nord-ouest de Tours; mais la plus grande partie a été prise dans celles de Sainte-Maure, petite ville à sept lieues de Tours au midi. La difficulté de les transporter, et la nécessité de changer toutes les dispositions de la cage pour suivre le nouveau plan entièrement différent de l'ancien, ont été causes de la longueur du temps qu'on a mis à l'exécution. Pour subvenir aux frais, on obtint une coupe de bois de quarante mille francs. L'arrêt du conseil est du 19 février 1782. Comme cet escalier étoit le premier de ce genre aussi considérable, il attira une foule de curieux et d'étran-

---

(1) Le devis de cet escalier a été publié dans les *Documents inédits pour servir à l'histoire des arts en Touraine*, tome XX des *Mémoires de la Société archéologique de Touraine*, p. 185. (C. Ch.).

gers de tout rang. On voit dans la bibliothèque le modèle en plâtre fait par l'architecte (1). On peut remarquer que les portes septentrionale et méridionale n'y sont pas figurées telles qu'elles existent. La raison en est qu'elles furent si généralement improuvées après leur exécution, qu'on se crut obligé de les remettre dans l'état où on les voit maintenant, c'est-à-dire à peu près dans leur premier état. On ne fut point arrêté par l'inconvénient de laisser un pilier porter dessus à faux, à quoi l'architecte avoit prétendu obvier, sans songer que pour éviter un défaut peu sensible, il tomboit dans un autre qui choqueroit infailliblement tout le monde, celui de donner à un escalier très-considérable et très-fréquenté, des issues que l'on qualifioit avec raison de guichets. Cette réparation fut exécutée avec toute l'habileté et le succès possibles par ledit sieur Fournier. Quoique l'escalier proprement dit ait été achevé, comme nous venons de le dire, au mois de janvier, néanmoins les accessoires occupèrent le reste de l'année.

Le vendredi 22 avril de la même année, le duc de Penthièvre (2), et la duchesse de Chartres sa fille (3), allant à l'abbaye de Fontevraud, descendirent ici sur les deux heures après midi, et visitèrent ce qu'il y avoit de curieux, comme le Trésor, la grotte de saint Martin, le nouvel escalier, le réfectoire, etc. ; ils remontèrent dans leurs voitures vers trois heures, témoignant leur satisfaction, de la manière la plus affable, au prieur et aux religieux qui les accompagnèrent.

Le vendredi 13 de mai, le R. P. prieur et un autre religieux, sur l'invitation de MM. les officiers municipaux de cette ville, se rendirent à Amboise, où ils assistèrent aux obsèques de M. le duc de Choiseul, gouverneur de la province, mort à Paris le huit du même mois, dont le corps fut apporté et enterré dans le cimetière de ladite ville d'Amboise dont il étoit seigneur, auprès de laquelle il faisoit sa résidence ordinaire.

Le 15 du même mois, jour de la Pentecôte, on se servit pour la première fois de l'ornement de velours rouge (4) avec

(1) Ce modèle a été déposé au musée de la ville de Tours. (C. Ch.).
(2) Louis-Jean-Marie, né le 16 novembre 1725.
(3) Louise-Marie-Adélaïde, née le 13 mars 1753.
(4) Le dais et le tapis de même couleur ont été achetés en 1786.

une broderie pour orfroi. Il est dû au goût et aux soins de D. René Milon, sous-cellerier, qui a su tirer parti de plusieurs morceaux qui se trouvoient dans la sacristie moins bien employés.

Le mardi 17, le curé et les habitants de la paroisse de Parçay vinrent processionnellement en notre église, pour demander à Dieu de la pluie. On sonna les deux dernières cloches de la tour à leur arrivée. Ils chantèrent une grand'messe au *Repos de saint Martin*, après laquelle on offrit des rafraîchissements au curé dans la sacristie.

Le mardi 24, le vicaire et les habitants de la paroisse de Vernou vinrent pareillement et furent reçus de la même manière ; mais ils ne dirent qu'une messe basse.

Le lundi 6 juin, partirent d'ici six candidats pour former un cours à l'abbaye de la Couture. On y en avoit déjà envoyé d'autres en 1780, ainsi qu'à Saint-Nicolas en 1778 et 1783, et à Saint-Serge en 1734, de sorte que Marmoutier est depuis plusieurs années une espèce de dépôt, où l'on éprouve les jeunes gens que l'on reçoit avant l'âge d'entrer au noviciat, et d'où on les envoie dans différentes maisons achever leurs études et faire profession, s'il y a lieu.

Le mercredi 8 du même mois, on fit dans l'église cathédrale un service solennel pour M. le duc de Choiseul, auquel toutes les compagnies assistèrent. Les RR. PP. prieur et cellerier s'y rendirent comme députés de la maison, sur l'invitation de MM. du corps de ville. Le vendredi suivant, le chapitre de Saint-Martin fit un service pareil auquel nous fûmes aussi invités et auquel assistèrent les RR. PP. prieur et sous-cellerier. Le samedi 18, nous en célébrâmes un dans notre église, mais sans invitations ni cérémonies particulières. On sonna toutes les cloches dès la veille au soir, mais on ne dit point les vigiles. Le R. P. prieur officia et tout se passa à la manière accoutumée dans les services de premier ordre.

Le jeudi 30, le curé de Saint-Symphorien et ses paroissiens vinrent processionnellement chanter la grand'messe au *Repos de saint Martin*, et furent reçus comme nous l'avons dit plus haut de ceux de Parçay et de Vernou. Ces différents pèlerinages peuvent faire juger de la calamité qu'occasionna cette année la sécheresse. La disette des fourrages fut extrême, et la mortalité très-grande parmi les bestiaux. Ce fléau s'étendit fort loin dans le royaume, et excita l'attention du gouvernement.

Nous croyons devoir consigner ici pour servir de leçon à la postérité, et pour donner un exemple frappant du danger de gêner l'inclination des enfants, l'accident funeste qui arriva dans cette maison la nuit du 12 au 13 de juillet. Un jeune homme bien né, âgé de 16 ans, qui avoit été reçu au candidat l'année précédente, et qui n'y étoit retenu, à ce qu'il paroît, que par les suggestions et les menaces de ses parents, se pendit dans sa chambre après avoir pris la précaution de s'y enfermer. Quelques propos recueillis après coup, firent juger que c'étoit un dessein prémédité, et qu'il avoit même déjà essayé. On remarqua que la veille, il avoit été en promenade avec ses confrères, et qu'il y avoit paru gai. Le soir même, après qu'il fût rentré dans sa chambre, on l'entendit chanter. Toutes ces circonstances, jointes à l'air égaré et au défaut de présence d'esprit qu'on avoit toujours observés dans cet enfant, firent conclure que le désespoir lui avoit aliéné l'esprit, et qu'il étoit sujet à des accès de frénésie, dont on ne s'étoit pas douté. Le procureur du roi, le lieutenant-criminel et les autres suppôts de justice, ayant été avertis, se transportèrent ici, et dressèrent un procès-verbal de visite du corps, en vertu duquel il fut enterré le soir même après complies avec les cérémonies accoutumées, les preuves d'aliénation que l'on avoit recueillies ayant fait juger que l'on se trouvoit dans le cas de l'exception prévue par les canons de l'Église au sujet des suicides. Quoique d'après les observations que nous avons faites, on ne puisse conclure de ce fait particulier à d'autres de même nature, il doit néanmoins rendre extrêmement circonspect dans la réception des sujets, même pour le candidat, et faire craindre de se prêter aux vues intéressées de parents dénaturés.

Le lundi 29 d'août, M. le comte d'Angiviller, directeur-général des bâtiments du roi, ayant adressé à la communauté une lettre par laquelle il demandoit, au nom de Sa Majesté, ceux de nos tableaux qu'on disoit de Le Sueur, pour être placés dans le Muscœum récemment établi au Louvre (1); l'affaire mise en délibération, il fut résolu qu'on prieroit ce

---

(1) Voyez Moreri, 1732, art. *Le Sueur*; — *Dictionn. port. de peinture*, par D. Pernety, Paris, 1757; — *Dictionn. des Beaux-Arts*, par Lacombe, 1759.

ministre d'envoyer sur les lieux un artiste auquel il s'en rapportât, et qui choisît les morceaux propres à remplir ses vues. En conséquence le sieur Jollain, l'un des gardes de la collection du roi, se rendit de sa part dans ce monastère, et après avoir examiné les divers tableaux qui lui parurent dignes de son attention, il se décida pour les quatre suivants :

1° Saint Sébastien expirant et du corps duquel de saintes femmes arrachent les flèches ; de six à sept pieds de haut, sur trois ou quatre de large. Il y en a un double dans l'église sur l'autel de ce saint à main droite en entrant par la sacristie.

2° Saint Louis pansant les malades et baisant leurs plaies ; de la même grandeur ; on en voit la copie dans la chapelle de ce saint à côté de celle de la Vierge.

3° Une apparition de la sainte Vierge, de saint Pierre et de saint Paul, de sainte Agnès, de sainte Thècle, à saint Martin ; même grandeur que les précédents ; il en reste un semblable au-dessus de l'entrée de la grotte de saint Martin.

Ces trois tableaux faisoient partie de la collection réunie dans la salle dite *de saint Martin* ou *des Tableaux,* située à la gauche du vestibule en entrant dans la maison.

4° L'apparition d'un globe de feu sur la tête de saint Martin offrant le saint sacrifice. Ce tableau, beaucoup plus petit que les précédents, étoit encadré dans la boiserie d'une des chambres de l'hôtellerie, appelée *de saint Martin*. La copie (selon d'autres l'original), que de l'aveu de tout le monde on a gâté depuis quelques années en voulant le rafraîchir, se voit sur le petit autel pratiqué dans le mur de l'église auprès de la grotte de saint Martin.

Le sieur Jollain jugea que ces tableaux étoient quatre originaux de Le Sueur, à l'exclusion de la descente de croix et du saint Benoît, que l'opinion commune avoit attribués jusqu'alors à ce fameux peintre, et qui étoient généralement prisés au-dessus des autres ; en conséquence ces quatre tableaux furent envoyés à Paris.

Il est remarquable que, quelques recherches qu'on fît, on ne put découvrir ni dans quel temps, ni de quelle manière l'acquisition en avoit été faite.

Le dimanche 25 septembre, jour auquel la fête de saint Maurice devoit être célébrée conformément aux nouvelles rubriques du diocèse, le temps fut si mauvais que nous ne pûmes pas nous rendre selon l'usage à la cathédrale. On avoit fait néanmoins tous les préparatifs ordinaires, et l'on se disposoit même à partir à l'heure accoutumée, lorsque la pluie commença. Comme elle paroissoit devoir être considérable et de durée, et que d'ailleurs il faisoit un vent violent, on prit le parti d'envoyer un bedeau prévenir MM. les chanoines que nous n'irions pas. Nous devions ce jour-là observer dans le chant de la messe un rit nouveau, occasionné par le changement que le diocèse fit de sa liturgie en 1784. Nous en rendrons compte à la prochaine fois.

Le lundi 3 octobre, les religieux Trinitaires, qui avoient fait la veille la procession avec 50 des 315 captifs rachetés par eux cette année, vinrent demander les aumônes de la communauté, et on leur donna vingt-quatre francs. Ils ne parurent pas, dit-on, contents de la modicité de cette somme.

Nous avons rapporté plus haut comment la communauté s'étoit défaite de quatre tableaux, sur la réquisition de M. le comte d'Angiviller au nom du roi. Voici la lettre que ce ministre écrivit de Fontainebleau le 16 octobre de la même année. « J'ai été conduit, mes RR. PP., par diverses circonstances à différer de m'expliquer avec vous sur les tableaux dont vous avez avec tant d'honnêteté consenti l'abandonnement au roi, et que vous avez en conséquence livrés à M. Jollain que j'avois députe vers vous pour les recevoir. L'estime que vous en faisiez, vous laissera toute la surprise de ce que je vais vous annoncer : c'est que ces mêmes tableaux ne sont point de cette exécution absolument supérieure qui seule peut leur mériter place dans la collection du roi. Ainsi, comme ce seroit vous priver sans utilité et sans objet, je vous ferai repasser ces tableaux remis en état comme ils en ont besoin et comme ils le méritent, leur infériorité ne les rejetant point dans la dernière classe. J'ajouterai même un mot sur ceux de ces tableaux après vous avoir instruit d'un fait plus touchant pour votre monastère.

« Sa Majesté, à laquelle j'ai rendu compte du respect et du dévouement avec lesquels vous vous êtes rendus à ma proposition, a pensé que quoiqu'elle ne croye pas devoir en profiter, il est de sa dignité de vous en marquer sa satisfaction. Elle m'a autorisé, en conséquence, à destiner pour votre maison une copie de son portrait, et je vais donner des ordres pour hâter votre jouissance autant qu'il sera possible.

« Je reviens à vos tableaux, du moins aux deux plus petits ; l'un (1), réellement de petite proportion, n'est qu'une esquisse, mais certainement de Le Sueur ; l'autre (2) n'est plus grand que par l'encadrement total, qui n'est pas de la même main que le tableau et qui contribue d'autant à le déprécier. En tout, ces deux tableaux sont ce qu'on range dans la classe de la petite curiosité. A ce titre, je m'en propose un usage, pourvu néanmoins que vous consentiez à recevoir deux tableaux en échange, et que sur ce point votre détermination soit bien franche et bien libre.

« J'ai l'honneur d'être avec vénération, etc.

Signé : D'ANGIVILLER. »

Environ un mois après la réception de cette lettre, on touva par hasard le marché fait par D. Cyrille Congnault, procureur de cette abbaye, avec M. Le Sueur pour quatre tableaux, dont deux sont mentionnés ci-dessus, savoir : saint Sébastien et saint Louis. L'acte est du 18 février 1654, et il paroît par un post-scriptum que les tableaux furent livrés dans le cours de la même année. Ils coûtèrent six cents livres. On peut voir ce marché original dans le registre des actes capitulaires du temps, auquel on l'a attaché pour le conserver. On fit passer cet instrument, qui étoit intéressant pour la circonstance, à M. le comte d'Angiviller : il répondit qu'au jugement des artistes, ces tableaux avoient probablement été faits par les élèves de Le Sueur, et tout au plus esquissés ou retouchés par lui, d'autant mieux que ce grand homme mourut l'année suivante, après avoir traîné pendant longtemps une vie foible et languissante.

Il est à remarquer qu'en 1654, ainsi qu'il est porté à la page 108 de ce présent registre (3), c'est-à-dire l'année du marché fait avec Le Sueur, les autels de Saint-Sébastien et de Saint-Louis furent décorés, entre autres ornements, de tableaux, à qui l'on donne l'épithète d'*elegantes*. Tout porte à croire que ce sont ceux qu'on y voit encore, comme nous l'avons dit plus

---

(1) Le globe de feu.
(2) L'apparition de la Vierge.
(3) Il s'agit du *Rerum memorabilium liber*.

haut, et que par conséquent ce fut dans cette vue qu'on s'adressa à M. Le Sueur. En outre, il est porté dans le marché que le lieu où doit être mis le tableau de saint Sébastien particulièrement est un peu obscur, ce qui s'accorde parfaitement avec la vérité, et confirme notre observation. Mais dans ce cas, les tableaux envoyés au roi ne seroient que des copies, à moins de supposer que les originaux auroient été mis en réserve, et les copies employées à leur destination.

1786.

Le jeudi 13 avril, mort de Guillaume le Grand, âgé de 63 ans, dont il avoit passé environ 40 ans au service de cette maison, en qualité de feudiste et de notaire. Il fut enterré dans le cimetière de la paroisse de Sainte-Radégonde, sur laquelle il étoit établi. Dix de nos confrères assistèrent à son enterrement, et nous dîmes ici une messe conventuelle des morts pour lui.

Le 17 du même mois, lundi de Pâques, le chapitre de Saint-Martin vint faire une station dans notre église, selon l'ancien usage : ce que je remarque parce qu'ils y manquent le plus souvent.

Le mercredi 10 de mai, le duc de Penthièvre, revenant de l'abbaye de Fontevrault, descendit ici sur les six heures du soir, et comme on étoit prévenu de son arrivée, la communauté se trouva en robes de chœur à la porte intérieure du monastère. On le conduisit à l'église, où il entra par la porte *dorée*, et se rendit dans le sanctuaire, passant sous le jubé et au travers du chœur. Après qu'il eût fait sa prière à côté du carreau qu'on lui avoit préparé, il baisa dévotement la vraie croix et la sainte ampoule, que l'on avoit mises sur l'autel avec les autres reliques. De là, il fut voir le nouvel escalier, et les caves pratiquées dans le roc au-dessous de Rougemont. Il avoit quelques jours auparavant fait demander à dîner ; mais quelques incidents l'ayant retardé et obligé de dîner en route, il ne voulut rien prendre de ce qu'on lui avoit préparé. Sur le bruit du passage de Son Altesse, une foule de peuple accourut de la ville, et s'empressa autour de lui lorsqu'il descendit et remonta dans sa voiture. L'archevêque, qui étoit alors à Tours, arriva ici quelques heures auparavant, et se réunit à nous pour recevoir et accompagner Son Altesse. Sur les sept heures, le prince repartit pour se rendre au château de Chanteloup, qu'il vient d'acheter, et qui appartenoit ci-devant à M. le duc de Choiseul. Nous avons parlé de la visite qu'il fit à cette maison l'an passé : celle-ci nous confirma dans l'idée que la première nous avoit fait concevoir de la bonté et de l'affabilité de ce seigneur.

On peut voir plus haut la lettre par laquelle M. le comte d'Angiviller annonça à la communauté le don que Sa Majesté lui faisoit de son portrait. Le 14 septembre, le R. P. prieur reçut du même ministre la lettre suivante :

« Me trouvant, mon Révérend Père, dans ce moment en état de réaliser le don que Sa Majesté a bien voulu faire de son portrait à votre maison, je m'empresse à vous annoncer que j'ai chargé le premier peintre de Sa Majesté de vous le faire parvenir, et que sous très-peu de jours, la caisse qui le contiendra sera en route pour Marmoutier. Je suis charmé d'avoir été à portée de procurer à votre maison cette marque des bontés du roi et de sa satisfaction des offres qu'elle lui a faites dans le temps de ce qu'elle avoit de plus propre à enrichir sa collection de tableaux.

« J'ai profité de cette occasion pour vous faire repasser trois des quatre tableaux qui avoient été envoyés à Paris pour cet effet (1). Vous les trouverez en bon état et restaurés suivant leur besoin ; à l'égard du quatrième, je me flatte que vous ne trouverez point mauvais que je le garde pour moi : mon dessein est de lui en substituer un de mêmes dimensions, par une de nos meilleures mains, que je vous prierai d'accepter en échange, lorsqu'il sera exécuté.

« J'ai l'honneur d'être avec les sentiments les plus sincères, mon très-révérend Père, votre très-humble, etc. — Signé : D'ANGIVILLER ; et plus bas :

« J'ai cru devoir profiter de l'offre obligeante que vous m'avez faite, mon révérend Père, du petit tableau de Le Sueur, qui représente la messe ; mais j'espère que vous trouverez bon que je le remplace. Si un d'une plus grande dimension vous convenoit mieux, je vous prierois de vouloir

---

(1) D'après les indications obligeantes de M. E. Lafon, nous avons retrouvé au musée de la ville de Tours, sous les numéros 100 et 101, deux des tableaux de Le Sueur, savoir, le saint Louis et le saint Sébastien. Le tableau de l'apparition de la Vierge n'est plus à Tours. (C. Ch.).

bien me le demander, et je m'empresserois à faire ce qui vous seroit agréable. Recevez, mon révérend Père, l'hommage de ma vénération. »

Ce post-scriptum est d'une autre main que le corps de la lettre, et apparemment de celle de M. d'Angiviller. Dans sa lettre précédente, il témoignoit désirer garder deux de nos tableaux, *l'Apparition de la Vierge*, etc., et *le Globe de feu*, ou *la Messe* : je ne sais ce qui lui a fait changer d'avis. Au sujet du dernier, voici ce qu'on lit dans une feuille volante, trouvée par hasard à la fin de l'année dernière, et qui contient une notice de divers tableaux de cette maison : « Il y a un autre tableau du Sueur, où saint Martin est représenté disant la messe, lorsqu'un feu paroît sur sa tête. Il est accompagné de tous les ministres de l'autel, de etc. ; le tout au nombre de quinze figures. Toutes les expressions y sont d'une dévotion extraordinaire ; sa beauté, etc... ; on m'a offert de m'en faire trouver 8,000 fr., et le peintre qui m'a fait cette offre m'a assuré qu'il ne croyoit pas qu'il y eût rien de plus beau que ce tableau dans le cabinet du roi (1) ».

Le dimanche 24 septembre, jour auquel se célébroit la fête de saint Maurice dans l'église cathédrale, nous nous y rendîmes à la manière accoutumée pour chanter la grand'messe conjointement avec les chanoines; mais on fit au rit prescrit par le cérémonial quelques changements dont nous allons rendre compte.

D'abord le grand-chantre de Saint-Gatien entonna l'introït, et les musiciens le continuèrent. Notre chantre entonna le verset, que nous poursuivîmes, et aussitôt le chantre de Saint-Gatien ayant commencé le *Gloria Patri*, et les musiciens l'ayant achevé, nous répétâmes l'introït, qui ne fut dit par conséquent que deux fois, au lieu de trois qu'il l'étoit ci-devant, lorsque nous le répétions entre le verset et le *Gloria Patri*.

Le *Kyrie*, le *Gloria in excelsis*, la prose, le *Sanctus*, et l'*Agnus Dei*, dont nous avions coutume de chanter chaque troisième verset, furent exécutés par l'orgue et les musiciens seulement, sans nous.

(1) Le tableau du globe de feu, original ou copie, se trouve au musée de Tours sous le numéro 102. (C. Ch.).

Après l'épître, nos deux sous-chantres, au milieu du chœur, et non dans le jubé, entonnèrent le graduel, que nous continuâmes; ils chantèrent le verset; ensuite les chantres de Saint-Julien chantèrent l'*alleluia* dans le même endroit, au lieu de monter dans le jubé comme auparavant (1).

Nous avons déjà dit que la prose fut exécutée par l'orgue et les musiciens seulement : la cérémonie usitée au verset *Maurici gloriose* de l'ancienne prose, que l'on répétoit douze fois, n'eut point lieu, et il ne parut rien de semblable.

L'offertoire fut touché par l'orgue, comme il se pratiquoit déjà auparavant; enfin le chœur de Saint-Gatien ayant chanté la communion, nous la répétâmes; du reste tout se passa à l'ordinaire.

En allant et en revenant, nous passâmes la rivière devant notre maison, ainsi que nous l'avions fait en 1784, et qu'on le fera sans doute désormais (2).

Le jeudi 12 et le vendredi 13 octobre de cette année, sont deux jours mémorables dans les fastes de Marmoutier; le premier, par l'arrivée du portrait du roi, donné par lui-même à cette abbaye; le second, par l'arrivée de Son Altesse Eminentissime Mgr le cardinal prince de Rohan-Guemené (3), évêque de Strasbourg et ci-devant grand-aumônier de France, qui ayant été d'abord exilé dans son abbaye de la Chaise-Dieu, avoit ensuite obtenu d'être transféré dans celle-ci. Ces deux événements méritent bien que nous entrions dans quelques détails.

On peut voir ci-dessus comment le roi, voulant récompenser le désintéressement et le zèle avec lequel nous avions consenti de lui abandonner quatre tableaux réputés de Le Sueur, que M. le comte d'Angiviller nous avoit demandés de sa part, avoit jugé qu'il étoit de sa dignité de nous décerner une copie de son portrait.

Ce portrait avec son cadre, a dix pieds de haut et sept de large; il est surmonté des armes de France dans un écusson avec la couronne royale, qui ont ensemble deux pieds de haut. Au bas du cadre, dans un cartouche, sont gravés ces

---

(1) Le jubé a été démoli en 1787.

(2) L'ancien pont de Tours, en face de la rue Saint-Maurice, ne servoit plus (C. Ch.).

(3) Louis-René-Édouard, né le 25 septembre 1734.

mots : *Donné par le roi à l'abbaye de Marmoutier en l'année 1786* (1).

Ce monument, digne de la magnificence et de la bonté du roi, n'ayant pu être placé dans le lieu qu'on lui destinoit aussitôt qu'il fût arrivé, nous y reviendrons après que nous aurons rendu compte de l'arrivée de M. le cardinal de Rohan.

S. A. E. arriva, comme nous l'avons dit, le vendredi, sur les six heures du soir, accompagnée de S. A. M. le prince Jules de Rohan-Rochefort, son cousin, âgé de 17 à 18 ans, et chanoine-comte de Strasbourg. On les introduisit dans la salle dite *des tableaux*, ou de *Saint-Martin* ; et presque aussitôt S. A. E. se rendit à l'appartement qu'on lui avoit préparé. Le lendemain samedi, elle garda l'incognito, et s'occupa à voir ce que la maison offre de plus intéressant.

Le dimanche ayant été fixé pour lui faire une réception solennelle et convenable au rang que S. A. E. tient dans l'Église et dans l'État, il fut résolu que la grand'messe seroit célébrée comme aux plus grandes fêtes. Au retour de la procession, à laquelle le célébrant et les ministres ordinaires seulement étoient habillés, quatre religieux en robes de chœur, précédés du suisse et du maître des cérémonies, se rendirent à l'appartement de S. A. E. pour l'avertir que la messe alloit commencer. Tandis que la station se faisoit dans la nef, à l'ordinaire, Son Altesse E. arriva en habits pontificaux (2), accompagné du prince son cousin, de ses officiers et des quatre religieux députés. Le prieur qui officioit, s'étant avancé vers elle, lui présenta l'eau bénite, l'encensa trois fois, et la complimenta au nom de la communauté. Après que S. A. E. eût répondu en peu de mots, on toucha l'orgue, et la procession rentra dans le chœur à la manière accoutumée. S. A. E. la suivit, et se rendit au trône qu'on lui avoit préparé au haut du chœur du côté de l'épître. On observa pendant la messe les cérémonies d'usage lorsqu'un évêque est présent, et à la fin S. A. E. donna la bénédiction ; ainsi se termina cette cérémonie à laquelle accourut une foule prodigieuse de peuple.

(1) Le portrait de Louis XVI n'est plus à Tours ; mais le cadre, qui est fort beau, a été conservé, et on peut le voir, sous le n° 220, dans l'escalier du musée. (C. Ch.).

(2) C'est-à-dire en rochet et en camail, sans crosse ni mitre.

S. A. E. voulut dîner ce jour-là au réfectoire avec la communauté, comme avoit fait en 1096 le pape Urbain II avec plusieurs cardinaux, archevêques et évêques, et, sur la fin du siècle dernier, en 1698, S. A. E. le cardinal de Furstemberg (1) accompagné de l'archevêque de Tours et de l'évêque de Saint-Brieuc. S. A. E. dit le *Benedicite*, et se plaça sans aucun appareil à la table du prieur, avec le prince son cousin, ses officiers, le prieur, et quelques personnes invitées, mais en très-petit nombre. Après les grâces, qui furent achevées dans le réfectoire, S. A. E. l'ayant permis, nous nous empressâmes autour d'elle, et nous nous promenâmes dans le réfectoire même pendant plus d'un quart d'heure. Sur ces entrefaites, les novices ou candidats, que l'on élève dans cette maison avec leur directeur et leurs professeurs, vinrent complimenter S. A. E. qui les reçut avec une bonté et un intérêt touchants.

S. A. E. ayant témoigné beaucoup de satisfaction de la manière dont les cérémonies s'étoient faites à la messe, parut désirer que les vêpres fussent aussi célébrées solennellement ; elle y assista, comme à la messe, en habits pontificaux, et donna la bénédiction à la fin.

A l'issue des vêpres, S. A. E. reçut les députés des chapitres de Saint-Gatien et de Saint-Martin, et le corps des officiers du régiment en quartier dans cette ville. Elle avoit reçu ceux de l'Hôtel-de-Ville le matin à l'issue de la messe. Le soir, l'intendant vint aussi faire sa révérence à S. A. E.; l'archevêque étoit absent, et n'arriva que la semaine suivante.

S. A. E. est logée dans l'infirmerie avec une partie de sa suite, le reste est dispersé dans le bourg. Elle occupe le premier et le second étage depuis le pavillon du midi inclusivement jusqu'à l'escalier. On avoit disposé pour S. A. E. la chambre du pavillon, dite de *saint Martin*, jointe à celle de saint Benoît, et pour le prince son cousin, celle de saint Corentin.

S. A. E. étant arrivée avant les équipages, vécut avec nous jusqu'au 23 ou 24 d'octobre. On lui servoit à manger dans la salle ordinaire des hôtes, et toute la communauté fut admise

---

(1) Guillaume Egon, prince de Furstemberg, évêque de Strasbourg, abbé de Saint-Germain-des-Prés, etc., etc., mort le 10 avril 1704. — Voir le *Rerum memorabilium liber*, p. 136.

successivement à l'honneur de manger avec elle. Cependant on lui préparoit une cuisine, une écurie, etc., de sorte qu'à l'arrivée de son train, S. A. E. se trouva en état de tenir maison, et n'eut plus de commun avec nous que le toit, si ce n'est qu'elle nous fit l'honneur de nous inviter à sa table.

Le samedi 21, nous célébrâmes un service solennel pour la princesse sœur de S. A. E., dont il avoit appris le décès quelques jours auparavant. Les dimanches 22 et 29, il y eut un concours prodigieux de peuple à la messe et surtout aux vêpres, auxquelles S. A. E. assista sans cérémonie, et n'occupa même pas son trône.

Le jour de la Toussaint, S. A. E. assista à la messe et aux vêpres en habits pontificaux, ainsi qu'au jour de son entrée.

Le mercredi 8 novembre, nous célébrâmes une messe solennelle du Saint-Esprit pour la personne sacrée du roi, à l'occasion du présent que Sa Majesté nous avoit fait de son portrait, comme on l'a vu ci-dessus. Mgr le cardinal y assista en habits pontificaux, avec le prince son cousin. La messe fut suivie de l'*Exaudiat*, après lequel S. A. E. chanta l'oraison pour le roi. On a placé le portrait de Sa Majesté dans la salle à manger, qui se trouve à droite en entrant dans le monastère, entre le vestibule et le réfectoire.

Le samedi 11, fête de saint Martin, patron de cette église, S. A. E. assista en habits pontificaux à la grand'messe et aux vêpres (1), et dîna au réfectoire avec la communauté, comme au jour de son entrée.

Le mardi 14 du même mois, partirent d'ici cinq novices ou candidats pour aller étudier en philosophie à Saint-Florent de Saumur. On peut voir ci-dessus de semblables émigrations.

Tels sont les principaux événements qu'offre l'année 1786, à quoi l'on doit ajouter la démolition des ruines de la chapelle des Sept-Dormants, dont le rocher avoit entraîné une grande partie dans sa chute en 1747. On fit en même temps murer l'espace qui contient les tombeaux des Sept-Dormants, dont on avoit fait l'ouverture en 1769 pendant le chapitre général. On ne les voit maintenant que par une petite fenêtre qu'on a laissée du côté du midi.

---

(1) Elle fit de même le jour de Saint-Benoît, 1787.

Ce qui distingue encore cette année, c'est l'espèce de réparation qu'on fit à la bibliothèque, de l'oubli dans lequel on paroissoit l'avoir plongée depuis plus de dix ans. On compléta presque toutes les collections commencées et puis négligées, telles que les *Mémoires* de l'Académie des Sciences, et de celle des Inscriptions, le *Gallia christiana*, le recueil des *Historiens de France*, l'*Encyclopédie*. Il manquoit aux mémoires seuls de l'Académie des Sciences une trentaine de volumes ; en un mot on dépensa 15 à 1800 livres, et l'on ne fit aucune acquisition nouvelle. On fut redevable de cette utile opération aux soins de D. Marquet, nouveau bibliothécaire, et ci-devant prieur de Pontlevoy, ainsi qu'à la correspondance de D. Marie, cellerier de cette abbaye.

D. René Milon, sous-cellerier, dont nous avons déjà loué le zèle pour la sacristie et les ornements de l'église, continua à faire réparer les anciens, et à en acheter de nouveaux.

1787.

Le vendredi, 6 juillet, nous fîmes un service solennel pour M. le prince de Soubise (Charles de Rohan, maréchal de France), mort le 4 de ce mois. M. le cardinal y assista en habits pontificaux, avec le prince, la princesse de Rohan-Rochefort, et mademoiselle de Rohan leur fille.

Le samedi 21 du même mois, M. le cardinal vint, sans cérémonie, et sans être attendu, demander une portion au réfectoire, pendant que nous étions à table. S. A. E. ne voulut pas permettre qu'on lui servît autre chose qu'à la communauté. Après le dîner, elle vint causer familièrement avec nous à la salle l'espace d'un quart d'heure. Nous avons cru devoir recueillir ce trait, parce qu'il peint à merveille le caractère et le ton de ce prince.

Le jeudi 26 du même mois, S. A. E. partit pour se rendre aux eaux de Barèges sur les frontières de l'Espagne, et ne fut de retour ici que le lundi 3 septembre. Pendant ce voyage elle avoit appris sa translation à l'abbaye de Saint-Benoît-sur-Loire. Mais le samedi 15 du même mois, elle reçut la révocation des ordres de Sa Majesté, et la confirmation de son séjour dans ce monastère.

Le dimanche 23 du même mois de septembre, auquel se

célébroit la fête de saint Maurice dans l'église cathédrale; nous nous y rendîmes à l'ordinaire, et tout se passa comme l'année précédente.

Le vendredi 16 novembre, partirent d'ici quatre candidats pour former un cours de philosophie à l'abbaye de la Couture du Mans.

Le vendredi 5 décembre, S. A. S. Mgr le duc de Penthièvre allant à Tours, où il fut reçu chanoine d'honneur de Saint-Martin le lendemain, descendit ici sur les cinq heures du soir ; et après avoir fait la prière à l'église, accompagné du P. prieur et de quelques religieux, il alla voir M. le cardinal et les princesses de Rohan-Rochefort.

Avant de quitter l'année 1787, nous croyons devoir faire mention des acquisitions qu'a faites la bibliothèque dans le cours de cette année. On a acheté : 1° les *Œuvres de Galien*, en grec, 5 vol. in-folio (ils appartenoient ci-devant à l'abbaye de Saint-Julien); 2° les *Hommes illustres de Perrault*, 1 vol. in-fol. ; 3° l'*Alphabetum Tyronianum* de D. Carpentier, 1 vol. fol.-maj. ; 4° les *Précis des Rapports de l'Agence*, et les *Harangues du clergé*, 2 vol. fol. ; 5° les *Registres* 5° *et* 6° de l'*Armorial général*, que l'on avoit négligé jusqu'à ce jour de compléter ; 6° le tome VII des *Antiquités de Caylus*, pour lesquelles on étoit dans le même cas que pour l'ouvrage précédent ; 7° la *Table du journal des Savants*, 10 vol. in-4° ; 8° celle des *Auteurs ecclésiastiques*, de D. Ceillier, 2 vol. in-4°, etc., etc., etc., le tout par les soins de D. Marquet, dont nous avons déjà parlé.

1788.

Le jour des rois, Mgr le cardinal vint dîner au réfectoire, sans être aucunement attendu. Nous avons vu un trait semblable de ce prince l'année dernière.

Le samedi 19 du même mois, partirent d'ici quatre candidats pour aller au noviciat à Saint-Vincent du Mans.

Dans le courant de ce mois ont été bâties dans le dortoir deux nouvelles cheminées : ce qui en porte le nombre à vingt.

Le lundi 19 mai, jour auquel étoient remises la fête et la procession de la Subvention de saint Martin, qui tomboient le lundi de la Pentecôte, la pluie nous empêcha de nous rendre à Saint-Martin, suivant l'usage. Nous envoyâmes au chapitre de cette église un bedeau avec une lettre d'excuses.

Le dimanche 22 juin, en vertu de l'arrêt du conseil du 18 avril et des lettres patentes du 21 février sur le bref de N. S. P. le Pape du 24 juillet 1787, se fit à l'abbaye de Saint-Aubin d'Angers, l'ouverture de la Diète provinciale, à laquelle avoient droit d'assister en personne ou par procureur, tous les religieux prêtres et profès de huit ans, résidant dans la province. De vingt-quatre qui demeuroient alors ici, il n'y en eut que six (1) qui s'y rendirent; seize se firent représenter, et deux autres ne voulurent pas même donner de procuration. Il se trouva à l'assemblée cent-neuf religieux présents, et quatre-vingt-sept représentés par procureurs; qui faisoit en tout cent quatre-vingt-seize vocaux; par conséquent, il falloit quatre-vingt-dix-neuf voix pour être élu conformément aux constitutions. Les députés furent D. Chevreux, supérieur général; D. Hutru, visiteur de la province; D. Massey, prieur de Saint-Florent de Saumur; D. Mancel, religieux de Saint-Aubin, élus au premier scrutin; D. Augustin Flosceau, prieur de Saint-Aubin; D. René Marie, cellerier de cette abbaye de Marmoutier, élus au second scrutin; D. Pierre Joubert, secrétaire du P. général, élu au neuvième scrutin; et D. Jehors, religieux de Saint-Vincent du Mans, élu au dix-septième. M. l'abbé Louet, chanoine de la cathédrale, vicaire-général du diocèse et chancelier de l'université d'Angers, assista à cette Diète, en qualité de commissaire du roi. Elle fut présidée par D. Hutru, visiteur, le plus ancien de profession de la province, après D. Bellegarde, qui étoit absent. La clôture s'en fit le vendredi vingt-six au matin.

Le jeudi 31 juillet, refonte de la grosse cloche, pesant environ douze mille, qui étoit cassée depuis plusieurs années. Elle avoit été fondue cinquante ans auparavant (en 1738) avec les cinq autres; le R. P. prieur en fit la bénédiction avec les cérémonies prescrites, mais sans en demander permission à

---

(1) Le procès-verbal inséré dans les Actes capitulaires en porte sept; mais il y en eut un qui changea d'avis.

l'archevêque, en vertu des priviléges de cette abbaye, qui l'exemptent de toute jurisdiction épiscopale (1).

Le dimanche 14 septembre, arrivée de D. François-Xavier Estin, nouveau prieur de cette abbaye, nommé par le chapitre général de la congrégation, tenu extraordinairement à l'abbaye royale de Saint-Denis le mois d'août précédent. Il est né à Rennes en 1734, et profès de Saint-Melaine le 4 octobre 1750 ; il fut nommé prieur de Noyers en 1768, de Vertou en 1769, et continué en 1772 ; il vaqua en 1775, conformément aux nouvelles constitutions ; il fut nommé prieur de Saint-Jacut en 1778, et transféré à Saint-Gildas-des Bois l'année suivante ; il vaqua de nouveau en 1781, et en 1783 il fut nommé prieur de Bourgueil, d'où il a été transféré ici ; il a nommé à la place de doyen, D. de Villeblanche, son prédécesseur.

Le lundi 13 octobre, les ambassadeurs de Tippo-Saïb, prince indien, passant par Tours, vinrent voir cette maison, accompagnés de M. l'intendant, de Mme l'intendante, du maire de ville et des échevins, et escortés par la maréchaussée. On leur servit une collation à laquelle ils ne touchèrent point ; ils parcoururent les objets les plus intéressants, tels que l'église, le réfectoire, le grand escalier, la bibliothèque, la salle des . . . . . (mot omis dans le manuscrit), et après avoir passé environ une heure, ils s'en retournèrent paraissant fort satisfaits de ce qu'ils avoient vu et de l'empressement qu'on leur avoit témoigné (2).

Le mercredi 12 novembre, départ de deux candidats de cette maison pour aller à Saint-Nicolas d'Angers étudier en philosophie. Le lundi 24, départ de deux autres pour l'abbaye d'Évron, diocèse du Mans.

Le vendredi 19 décembre, nous fîmes un service solennel pour Son Altesse Monseigneur le prince de Rohan, frère aîné de M. le cardinal, décédé à Bouillon quelques jours auparavant. S. A. Éminentissime, le prince et la princesse de Rochefort, et Mademoiselle de Rohan leur fille, y assistèrent.

Le dimanche 28 du même mois, M. le cardinal reçut la

---

(1) Conc. Aquens., 1585. Conc. Tolos., 1590. — Voyez *Odespun de la Meschinière, Concilia novissima Galliæ*. (C. Ch.).

(2) Voyez *Gazette de France*, 1788, pp. 229 et 283.

révocation de la lettre de cachet qui le retenoit dans cette abbaye, et la permission de retourner dans son diocèse.

Pendant le cours de cette année, on a mis à la sacristie les parements d'autel de velours noir avec orfrois de moire d'argent, et l'ornement vert pour les dimanches, consistant en une chape, une chasuble, et deux dalmatiques, de velours avec orfrois de drap d'or; on a acheté pour la bibliothèque l'*Histoire naturelle* de M. de Buffon, 36 vol. in-4°; le *Dictionn. de Moreri*, édit. de 1759, 10 vol. in-folio; la *Table des chartes imprimées* de M. de Bréquigny, t. I, II, III, in-folio; *S. Gregorii Nazianz. Opera*. t. I, in-fol. gr. pap.; le *Dictionn. hist.* de Prosper Marchand, 1 vol. in-folio; l'*Histoire de Provence*, de M. Papon, 4 vol. in-4°, sans compter le courant, c'est-à-dire les nouveaux volumes des ouvrages commencés, comme l'*Encyclopédie*, l'*Histoire universelle*, etc.

Nota. — D. Marquet a quitté la bibliothèque et la maison, pour retourner à Pontlevoy, dans le courant de septembre de cette année, et D. Abrassart, son collègue, s'en est trouvé chargé seul.

Fr. J.-J. ABRASSART, *secrétaire*.

III.

RELIQUES, VASES SACRÉS, DÉCORATION
DES
CHAPELLES.

DE SANCTA AMPULLA.

Asservatum est in hodiernum usque diem cœleste balsamum fusci coloris, vasculo vitreo seu chrystallino inclusum, ipsum vero vasculum quadratum, altum uno pollice cum septem lineis, latum vero novem lineis, thecam habet auream in modum turriculæ, quatuor columellis fultæ, quæ pendet ex catenula etiam aurea tribus ramis constante, quibus annexa sapphyrus cærulei coloris annulo aureo inserta (1). (*Rerum memor. liber*, p. 24).

DE ALIIS RELIQUIIS.

Quandoquidem hìc de reliquiis est sermo, operæ pretium duco ea commemorare quæ ad eas spertant. Est in archiviis Majoris Monasterii actus procurationis, de anno 1597, die xx octobris, quo fratri Tussano Rapicault datur potestas sacram supellectilem sacristiæ vindicandi, quæ apud hæredes domini Joannis de la Rochefoucauld defuncti nuper abbatis detine-

(1) En 1791, les députés du département d'Indre-et-Loire firent hommage à Louis XVI de la sainte Ampoule de Marmoutier. (C. Ch.).

batur, in quo instrumento inter alia plura, hæ reliquiarum thecæ recensentur.

Nimirum tabella aurea imaginem divæ Catharinæ encausto albo inustam præferens, manu palmam gestantem, saphyris, margaritis et carbunculis (in quibus est calcedonius) ornatam, pondo unius selibræ seu marchæ et septem unciarum.

Imago argentea inaurata S. Joannis Baptistæ, pondo duarum marcharum.

Crux argentea, auro minioque obducta, pede lachrymis insperso fulta, in qua particula veræ Crucis erat inclusa, pondo sex marcharum.

Imago argentea B. Virginis puerum Jesum in gremio gestantis, inaurata miniataque, pondo octo marcharum.

Alia imago episcopi inaurata et miniata, pondo septem marcharum cum duabus unciis.

Alia item imago episcopi sedentis in cathedra, inaurata miniata, pondo etiam septem macharum cum duabus unciis.

Imago argentea inaurata B. Virginis in cathedra residentis, cui adstat alia fœmina, pondo undecim marcharum cum duabus unciis.

Ex quo instrumento constat fuisse tunc aliquas thecas reliquiarum quæ nunc non videntur. Sed præterea superest in tablino hujusce monasterii charta de anno millesimo ducentesimo quinquagesimo quarto, quæ fidem facit Nannetelmum Agaunensis monasterii abbatem Gaufrido (hic erat Gaufridus de Conam) abbati Majoris Monasterii a Romana curia redeunti, particulam de reliquiis S. Exuperii martyris et majorem quantitatem de sanctis ejus sociis concessisse.

Est et alia charta, qua decanus et capitulum ecclesiæ collegiatæ B. Petri Puellarum urbis Aurelianensis abbatem et conventum Majoris Monasterii atque adeo omnes ejus benefactores in jus societatis admittunt, propter sibi datam portiunculam ex ossibus gloriosissimarum Sabinæ et Savinæ virginum, anno millesimo quadringentesimo septuagesimo nono, die Jovis, quarta mensis maii.

Sed in hoc genere non est prætermittenda singularis devotio Matthæi Gaultier, abbatis Majoris Monasterii, erga B. Annam Deiparæ matrem, qui non solum ejus sacellum mirifice auro picturisque decoravit, et festum sub ritu primæ classis, assignatis reditibus, instituit (anno 1534), verum etiam reliquias undequaque conquisivit; cumque rescivisset ejus sacrum caput apud prioratum conventualem seu decanatum de Gaya ordinis Cluniacensis in diœcesi Trecensi asservari, partem illius satis amplam precibus obtinuit a Reverendo D. Jacobo (1) abbate S. Florentii Salmuriensis et S. Salvatoris Villelupensis, necnon dicti prioratus decano, ut patet ex charta data anno millesimo quingentesimo vigesimo, die vigesima augusti; sed hæc pretiosa lipsana grassantis hæresis furor decoxit. (*Rerum memor. liber*, p. 29).

DE THECA S. MARTINI.

Ut autem sacra lipsana eâ quâ par erat pompâ et celebritate exciperentur (anno 1644), non fuit parcendum sumptibus; quocirca elegantis operis thecam argenteam a peritissimo aurifice Parisiis confici curavimus, cujus hoc est fere schema. Super stylobate ex ebeno quinque crustis argenteis ornato, et lamina in modum tapetis cooperto, stat in pedes effigies divi Martini in veste pontificali, altera manu crucem archiepiscopalem gerens, alteram quasi ad benedicendum porrigens; ex utroque latere duo angeli, hinc pluviale pontificis elevantes, inde minorem capsam qua in chrystallo brachii radius recluditur, sustentantes; in mitra splendent tredecim lapides pretiosi, in minori capsa viginti octo, et major lapis in locum fibulæ cappam superiùs nectit. Ipsa sancti effigies est alta duobus pedibus et tribus pollicibus, angelorum vero uno pede et quatuor pollicibus cum sex lineis. Totum opus pondo octo marcharum, duarum unciarum et quatuor drachmarum.

Præterea confectum est magnum vexillum ex damascina bombyce, angelis et liliis distincta, in quo divus Martinus hinc in equo, illinc in habitu pontificali depictus est. Minus etiam signum è serico multitio albo cyaneoque, in quo efficta Majoris Monasterii insignia. (*Rerum memor. liber*, p. 46).

(1) Jacques Le Roy de Chavigny.

DE RELIQUIIS S. CORENTINI.

Eodem anno (1646) inter litium strepitus et magnam rei domesticæ perturbationem, recreavit nos translatio venerandi corporis Beati Corentini, episcopi olim Cornubiensis seu Corisopitensis in Britannia Armorica, cujus sacræ exuviæ ab antiquo in hoc Majori Monasterio requiescunt, et ad nostra usque tempora in capsâ ligneâ, inter eas quæ altari matutinali supereminent, reposita asservatæ fuerunt. Anno quidem millesimo sexcentesimo vigesimo tertio, die Mercurii, decimâ maii, hæc capsa aperta fuit, instante Reverendissimo Patre D. Guillelmo Le Prestre, episcopo Corisopitensi, et postulationem jam ante annos quatuor factam iterante, cui de communi capituli sententiâ concessum, ut selecti ad hoc opus commissarii fr. Ludovicus Blanchard, prior S. Martini de Laval, et fr. Franciscus Durand, subsacrista, eductum è capsa os, quod brachii vel femoris videbatur (ità enim habet processus verbalis) illi traderent, et instrumentum authenticum desuper confectum est, cui subscripserunt dictus episcopus Corisopitensis, Guillelmus episcopus Macloviensis (1), R. Guesdier, præpositus de Blalay, de l'Espine, canonicus Redonensis, prior insulæ Tristanni, ac vicarius generalis archiepiscopi Turonensis in Britanniâ, Guillelmus Jour, canonicus Macloviensis, et Julianus Le Texier, canonicus Corisopitensis; ex parte verò monachorum fr. Jacobus d'Huysseau, major prior, Blanchard, Durand, et fr. Jacobus de Loysnes, secretarius. Eodem die datum est ejusdem S. Corentini os, quod rotula genu appellatur, illustrissimo D. Guillelmo, episcopo Macloviensi.

At hoc anno 1646 præstituta est dies vigesima mensis maii, quâ festum Pentecostes agebatur, translationi sacri pignoris è vetere capsâ ligneâ in novam argenteam eximii operis, sumptibus ac munificentiâ venerabilis fr. Bertrandi Viette, prioris septem Dormientium, elaboratam. Est verò capsa argentea pondo septemdecim circiter marcharum, medium episcopi corpus repræsentans, capite mitrâ insertis lapillis conspicuâ adornato. Stylobatus crustis argenteis et crystallis insignis, per quas sacra ossa oculis intuentium patent. Itaque horâ

(1) Guillaume Le Gouverneur.

tertiâ pomeridianâ, astantibus omnibus monachis, et innumerâ multitudine quæ ad solemnitatem confluxerat, reserata est capsa lignea, in quâ inventum caput et ossa plurima S. Corentini, serico panno involuta, quæ in thecam argenteam prius solemni benedictione expiatam, translata sunt : caput quidem intra imaginis caput, reliqua verò ossa tam intrà ipsius imaginis quàm stylobatæ capacitatem. Posterâ verò die reverendi patres prior et monachi S. Juliani Turonensis, pro suâ ergà sanctos religione, et mutui, quod illos inter et nos intercedit, fœderis observantiâ, ad ecclesiam nostram supplicationem adornarunt, quos ad vulvas basilicæ, summo cum gaudio et veneratione suscepimus, mox in chorum convenientes, illi quidem à sinistrâ, nos verò à dextrâ (quam honoris causâ oblatam, præ modestiâ acceptare recusarunt), marte unanimi missarum solemnia peregimus, laudesque Omnipotenti Deo ac sancto pontifici Corentino persolvimus. Quæ omnia in publicum instrumentum ab omnibus monachis, cùm antiquis tùm reformatis, subsignatum relata sunt. Occasione verò hujus novæ thecæ constructum est armarium retrò altare, à parte septentrionali, in quo divi Martini radius et S. Corentini corpus reposita sunt. (*Rerum memor. liber*, p. 89).

ORNAMENTUM SACELLI B. M. V.

Hoc anno 1647, pietate et munificentiâ fr. Jacobi de Loysnes, prioris quondam S. Palladii in diæcesi Bituricensi quod beneficium in favorem nostrum retentâ pensione resignavit anno 1637), extructa est opere corinthio ara sacelli B. Mariæ Virginis, auro, imaginibus tabellisque ornata, septis etiam lapideis cum base et coronide marmoreâ vallata. (*Rerum memor. liber*, p. 95).

DECORATIO SACELLI B. MARTINI.

Anno millesimo sexcentesimo quadragesimo octavo, consummatum est egregium opus quod ad ornamentum lecti S. Martini annis superioribus susceptum fuerat. Nobis certè pudor inerat, quod sancta crypta eximii præsulis habitatione quondam nobilitata, totàque Turoniâ celeberrima, ad cujus ornamentum quæ jam cernitur immensi operis basilica constructa olim fuit, quasi neglecta despiceretur. Ad majorem capellam per duas scalas rudis operis iter erat, ita vetustate detritas ut ascendentibus et descendentibus cadendi periculum imminens, utraque capella sine ullo ornamento, crypta ipsa vili septo ligneo inclusa erat, nihilque prorsus occurrebat quod spectantibus aliquem reverentiæ devotionisque sensum ingenerare posset. Sed ingenti animo magnificum opus aggressus est fr. Joannes Pageau, quartus quondam prior, necnon prior de Ponte-Castelli, cujus consilium conatusque sumptibus etiam ipsi propriis adjuvimus. Aucta est major capella una testudine, sub qua antehàc erat domuncula custodum ecclesiæ, quâ dirutâ (*la Machecoterie*), constructæ sunt duplices scalæ sibi invicem amplexæ, stationibus discretæ, arte non vulgari materiam superante. Pavimentum majoris capellæ, albo nigroque lapide tessellatum, ara major ordinis corinthii, marmore, statuis, tabulis, minor verò picturis auroque insignita, ambo suppedanea, et quæ intra cancellorum ambitum continentur marmore vario strata, utrique aræ circumducti cancelli ferrei elegantis opificii; et ne ullum suscepto operi deesset ornamentum, veteri muro destructo, quo capella claudebatur, illuc translata est clausura chori ex marmore nigro varioque. (*Rerum memor. liber*, p. 96).

DE CHORI CATHEDRIS ET CLAUSURA.

Quæ quidem chori clausura eo ferme tempore constructa fuerat, quo cathedræ; nam cùm monachi Majoris Monasterii zelantes decorem domûs Dei, summam mille et quingentarum librarum ex peculio fr. Isaiæ Jaulnay, dum viveret sacristæ et eleemosynarii, et mille sexcentas libras tàm ex reliquiis pecuniarum a Jesuitis propter prioratum S. Mauricii in urbe Remensi jàm ab anno millesimo sexcentesimo decimo octavo, eorum collegio Remensi unitum, debitarum, quàm ex spontaneo quorumdam priorum dono collectas, ad opus cathedrarum destinassent, pari zelo motus fr. Joannes Jousseaulme, prior de Torceio, chori clausuram suis impensis aggressus est, quæ quidem constabat excelsa porta octo magnis columnis marmoreis fulta, et quadruplici ordine minorum colum-

narum ex nigro varioque marmore, numero viginti octo. Quod utrumque opus anno millesimo sexcentesimo vigesimo septimo perfectum est sub abbate Alexandro equite Vindocinensi: verùm quia ejusmodi clausura non tàm ornamento quàm impedimento erat, proptereà quòd majorem aram oculis psallentium in choro monachorum subducebat, hoc anno translatæ sunt in sacellum S. Martini minores columnæ, et quintus ordo additus est item sive triginta quinque columnæ marmoreæ nigræ variæque, cum quinque pyramidibus supra coronidem positis, et pluribus tabulis marmoreis hinc inde dispositis. In locum verò clausuræ marmoreæ appositi sunt choro cancelli ferrei. Insuper solo æquatis muris quibus superior chori pars hinc inde cingebatur, circumjecti sunt altiores cancelli ferrei, per quos major ara transeuntibus per alas ecclesiæ patet, dirutum quoque armarium in quo reposita erat sancta ampulla ad columnam chori ex parte altaris aquilonarii, in cujus janua hæc erat inscriptio:

Angelus ampullâ Martini sancta membra
Unxit, et Henricus maximus omen habet.

Et in muro proximo sub insignibus cardinalis Joieusii hi versus legebantur:

Hoc Mariæ titulis adscribitur, hujus in æde
Martini ampullam tot peperisse bona.
Hocque decus referunt Carnutes quod fuit olim
Remorum, ampulla nostra quod ante tulit.

Translatum porrò sacræ ampullæ armarium retrò altare à parte meridionali, ex adverso armarii S. Martini.

Non solùm autem hoc egregio opere de Majori Monasterio, atque adeò de universâ nostrâ Congregatione bene meritus est vir eximiæ pietatis fr. Joannes Pageau, sed etiam propter resignatum in favorem nostrum prioratum de Pont-Chasteau, cujus beneficii recordationem prætermittere fuisset ingrati animi. (*Rerum memor. liber*, p. 96).

TRANSLATIO RELIQUIARUM S. LEOBARDI.

Ad annum 1649 pertinet translatio reliquiarum S. Leobardi confessoris è veteri capsâ ligneâ in novam thecam argenteam studio et expensis venerabilis fratris Bertrandi Viette, prioris Septem Dormientium, qui in pristinâ suâ ergà divos religione perseverans, eam Omnipotenti Deo et D. Leobardo devotus obtulit. Hæc quidem mediam circiter S. confessoris effigiem repræsentat, capite detecto et secundum morem monachorum detonso, et siquidem piè creditur illum fuisse presbyterum, habitum sacerdotalem præfert, variis cælaturis et lapillis ornatum. Stylobatus quoque ex ebeno confectus, laminis argenteis incrustatus, et crystallis per quas ossa introrsùm condita patent, distinctus est. Solemnitate itaque ad feriam secundam Pentecostes, vigesimam quartam maii præstitutâ, horâ octavâ matutinâ, in magno cùm monachorum antiquorum reformatorumque, tùm plebis adstantis cœtu, productæ sunt ambæ capsæ, nova argentea ritu ecclesiastico benedicta, vetus lignea reserata, in quâ visæ sunt sacræ exuviæ duplici panno, serico altero,- altero lineo, involutæ, quæ in novam translata sunt ; caput quidem intrà imaginis capacitatem, adeò ut per crystallum in pectore affixam videatur, alia verò ossa plurima intrà stylobatum. (*Rerum memor. liber*, p. 101.)

DE PALLIO ALTARIS.

Anno millesimo sexcentesimo quinquagesimo primo, perfectum est majoris altaris paramentum ex heteromallo (*velours*) coccineo floribus aureis argenteisve opere phrygio descripto in cujus centro videtur effigies B. Mariæ Virginis ab angel: salutatæ. (*Rerum memor. liber*, p. 104.)

DE CAPPA PRETIOSISSIMA.

Anno 1653, extrema manus imposita est cappæ pretiosissimæ ex telâ argenteâ floribus aureis argenteisque non vulgari arte opere phrygio descriptâ ; limbus quidem et quicquid historias personasque exhibet ex aliâ cappâ detractum veteris operis, reliquum verò cappæ corpus novâ manu consummatum. (*Rerum mem. liber*, p. 104.)

MUNIFICENTIA D. MARCHIONISSÆ DE CHASSANGREMOND.

Hic quoque commemoranda erit nullo ævo reticenda clarissimæ heroinæ Dominæ Renatæ Le Roy, conjugis nobilissimi D. D. Marchionis de Chassangremond, et sororis Domini Thomæ Le Roy cellerarii nostri, eximia ergà D. Martinum pietas, et effusa in Majus Monasterium liberalitas eò commendabilior, quòd rara est avis in hoc sæculo reperire aliquem qui S. Benedicti alumnis sit beneficus. Illius munificentiæ monimenta sunt baculus cantorius affabrè elaboratus, ex argento aurato miniato, pondo quatuordecim marcharum, lampas trifida argentea cælata, ante sanctissimum Sacramentum appensa, pondo viginti quinque marcharum, lampas altera argentea ante altare et lectum D. Martini, pondo septem marcharum, lampas tertia argentea ante altare sacelli B. Mariæ Virginis, pondo quatuor marcharum, duæ cappæ, casula cum duabus tunicis ejusdem panni (quem *brocatellum* vocant), ex auro, argento, bombyce, floribusque distincti, cum fimbriis limbisque segmentatis, ex auro argentoque, ut taceam albam pro celebrante telæ subtilissimæ magnique pretii, plura vela serica omnis coloris, et sexies mille libras ecclesiæ ornamento dicatas, sed urgente necessitate ad varios monasterii usus expensas, ita ut hæc omnia ejus dona ad duodecim millia librarum accedant. Illam plura in honorem B. Martini meditantem præmatura mors nobis eripuit, cœloque ut speramus transmisit secunda novembris 1654. (*Rerum memor. liber*, p. 105.)

EXTRUCTIO AGGERUM (*Terrasses*).

Totus fere hic annus insumptus est instruendis duobus aggeribus terreis ad radices rupis Rubei Montis in parte horti aquilonarii, quorum inferior eo in statu, in quo nunc est, trecentos nonaginta pedes habet longitudinis, et octoginta septem latitudinis, duodecim vero altitudinis, estque arcolis et triplici testudine ex carpino aliisque arbusculis consitus. Superior vero in quo sunt ulmi in quincuncem dispositi, habet longitudinis quater centum et duos pedes, latitudinis sexaginta, altitudinis tredecim. Uterque lapide cæmenticio præcinctus, columnis ex quadruvio saxo fultus, et pteromate ex eodem saxo coronatus, Opus certe pulchri aspectus et magnæ amænitatis. (*Rerum memor. liber*, p. 105.)

ORNATUS SACELLORUM S. SEBASTIANI ET S. LUDOVICI.

1654. Duo sacella S. Sebastiani et S. Ludovici regis, partim fr. Bonnabii Dannuelz tertii quondam prioris munificentia, partim nostris impensis ornata sunt ; aræ operis corinthii erectæ, columnis marmoreis octo, quæ ex clausura chori ante aliquot annos destructa supererant fultæ, iisque elegantes tabellæ applicitæ (1). Et in sacello S. Ludovici sepulchrum Odonis de Braceolis abbatis in medio situm, duobus circiter pedibus à terra elatum, antiquis picturis et historiis decoratum, cui superposita erat lapidea abbatis statua, solo æquatum est; circa quod hi versus epitaphii loco, veteri charactere gothico, inscripti erant, quos ad posterorum memoriam hic describo :

> Inferni pelago careas tu, cujus imago
> Hoc sub sarcophago jacet, ac tua tota propago.
> Tu de Braceolis Odo, pastor pie prolis,
> Cujus filioli sint veri gaudia soli,
> Anno milleno tercentis cum duodeno,
> Transit ab hoc cœno, cœtu comitatus amœno.
> Tullit et Augustus hunc. Qui super omnia justus
> Esque robustus, da transeat, ac sit inustus.
> Hic ad præbendas abiit duodeno calendas,
> Quos si mittendas scit dans sine fine carendas,
> . . . . . . re faciat Deus, hinc et obire.

Hic Odo eo nomine recordatione dignissimus est, quod sancti Ludovici sacellum ædificavit, atque ideò immenso operi augustæ, quæ nunc cernitur basilicæ, inter Galliæ celeberrimas

(1) Ce sont très-probablement les tableaux attribués à Le Sueur. (C. Ch.).

numerandæ, supremam manum imposuit. Quod quidem opus ab Hugone abbate circa annum millesimum ducentesimum vigesimum incœptum, et ab ejus obitu, per multos annos, propter varios monasterii casus et temporum iniquitates intermissum, tandem circà annum millesimum trecentesimum duodecimum consummatum est. Præfectus ædificio fuit eximius architectus magister Stephanus, cujus tumba lapidea in capituli limine, effigiem hominis perticam mensoriam manu gestantis exibens, hoc sepulchrali epigrapho notata est : *Hic jacet magister Stephanus, ..., magister fabricæ hujus ecclesiæ, qui obiit in crastino anni novi, anno Domini millesimo ducentesimo nonagesimo tertio, cujus anima requiescat in pace* (1). (*Rerum memor. liber*, p. 108.)

TRANSLATIO RELIQUIARUM S. CLARI.

In eumdem etiam annum incidit translatio reliquiarum S. Clari, præcipui olim D. Mart'ni in hoc monasterio discipuli, qui et presbyterii honore decoratus fuit. Ejus ossa sacra quiescebant prius in arcà lignea super altare quod vocant matutinale, exposita ; venerabilis verò fr. Bertrandus Viette hujus monasterii antiquus religiosus molestè ferens tanti sancti reliquias vili et corruptibili ligno contineri, pro suà solità ergà sanctos pietate, effigiem argenteam habitu sacerdotali indutam, variis lapillis distinctam, piedestallo cælaturis argenteis et christallis adornato impositam, suis sumptibus construi curavit. (*Rerum memor. liber*, p. 109.)

DE SACELLO S. GATIANI.

Anno Domini millesimo sexcentesimo sexagesimo primo, miro decore ornatum est sacellum S. Gatiani, extructà eleganti arà, collocatisque hinc et indè SS. Gatiani et Lydorii lapideis statuis affabrè elaboratis, et in medio egregià tabellà eumdem S. Gatianum populos docentem referente ; ad quod opus inchoandum venerabilis frater Dionysius Boilesve hujus

(1) A. Salmon a conjecturé que cet Étienne est le même qu'Étienne de Mortagne, architecte de la cathédrale de Tours au XIII° siècle. (C. Ch.).

monasterii infirmarius mille libras Turonenses dono contulit; ad perficiendum verò, reliquam, quæ desiderabatur, pecuniæ summam, communitas supplevit. (*Rerum memor. liber*, p. 113.)

DE CLAUSURA CHORI.

Anno Domini 1673 finiente, finem exoptatum habuit, cum æreis quibus clauduntur foribus, marmoeorum fabrica clathrorum, qui presbyterium ab aræ majoris aditu disterminant. Fuerat id operis aliquot ante annis inchoatum, promovente imprimis D. D. Chauveau, antiquo hujus cœnobii asceta, qui sumptus ad hoc necessarios suppeditavit ad maximam partem; reliquos ex suo monasterium supplevit.

Eodem tempore fusus est ex æro suoque collocatus in loco, qui prostat in medio chori ante majus analogium, stylobates sustinendo cantoris baculo inserviens. (*Rerum memor. liber*, p. 131.)

DE RESTAURATIONE CHORI.

Anno 1690, contractis ex utraque parte parumper subselliis inferioribus, chorus in ampliorem formam compositus, novoque et elegantiori pavimento constratus est. (*Ibid.*, p. 133.)

DE ORATORIO SEPTEM DORMIENTIUM.

Circà idem tempus oratorium sanctorum Septem Dormientium quod majorum nostrorum desidià maximè neglectus fuerat, novam formam novumque decorem accepit curâ ac sollicitudine Domni Alexandri Therin, qui illìc eremiticam vitam meditabatur. Idque monasterii partim impensis, partim verò viri clarissimi D. Therin, fratris ejusdem D. Alexandri et Pictavensis S. Hilarii præcentoris. (*Ibid*, p. 133.)

DE RELIQUIIS V. BARTHOLOMÆI.

Anno Domini 1696, die decima mensis aprilis, cùm capella vulgò Assumptionis dicta, novo sterneretur pavimento, reliquiæ venerabilis Bartholomæi abbatis hujus monasterii sanctissimi, signis, virtutibus ac miraculis in vitâ conspicui, ex rupe tribus circiter pedibus in profundum excavatâ elevatæ fuerunt : quò olim, cùm nova constructa fuit ecclesia, uti conjicimus, arcâ ligneâ trium circiter pedum longâ, serâ et ferreis redimiculis munitâ, inclusæ, depositæ fuerant. Quam quidem arcam, cum ipsis ferramentis in pulverem omninò redactam reperimus, exceptis serâ et ferreis circulis duobus, qui nihilominùs in rubiginem conversi erant. Eamdem sortem expertæ sunt reliquiæ V. Bartholomæi præter ossa majora octo fere integra, capitis partem insignem, dentes octodecim, ossa minima quamplurima. Quæ quidem vino summâ cum reverentiâ lota, linteo mundo ac panno serico obvoluta, et lateritio sepulcro duorum circiter pedum decenter aptato inclusa, eumdem in locum die decimâ quartâ ejusdem mensis repositæ fuerunt. At verò sepulcralis lapis antiquus, cui hæc verba sunt insculpta : *Hic jacet Bartholomæus, quondam abbas istius loci*, qui a pariete uno ad minus pede removeri debuerat, contrà ipsum parietem ab artifice compositus est. (*Ibid.*, p. 135.)

IV.

LE BADIGEONNAGE DE MARMOUTIER

Aujourd'huy 1er juin 1789, dom Urbain Boret, souspricur, ayant fait assembler la communauté capitulairement au son de la cloche à la manière accoutumée, a dit les voûtes de notre église ouvertes et lézardées dans beaucoup d'endroits, ayant besoin d'une réparation urgente et indispensable; l'église ayant également besoin d'être reblanchie en entier, il seroit à propos de profiter du séjour des Italiens employés actuellement à blanchir et réparer l'église cathédrale de Tours, comme étant seuls en état de faire ces réparations d'une manière solide et moins dispendieuse ;

Lecture ensuite faite des clauses et conditions du marché projeté entre le sieur Borrani, l'un des dits Italiens, et dom René Marie, cellerier, ainsi qu'il suit:

Art. 1er. — Avant que de procéder au blanchissage, il sera fait par l'architecte de l'abbaye (1) un examen exact de la maçonnerie intérieure de l'église, voûtes hautes et basses, piliers, corniches, ogives, murs, chapelles, etc., pour, d'après cet examen, toutes les parties reconnues défectueuses, être parfaitement et en entier réparées par le dit sieur Borrani, de la manière et aux conditions suivantes :

2° L'abbaye fournira tous les matériaux nécessaires pour lad. réparation, pierres taillées dans la proportion requise; morceaux de pierre de taille ou de brique pour remplir les vuides et crevasses; plâtre pour figurer les parties d'archi-

(1) L'architecte de l'abbaye étoit alors M. Fournier, aux honoraires de 500 livres par an.

tecture qui auront été dégradées (1); chaux et sable de rivière pour faire du mortier, etc. Et ledit Borrani ne sera tenu qu'à la main d'œuvre, au posage des pierres et à l'emploi des susdits matériaux;

3° Ledit Borrani enlèvera les pierres salpêtrées pour leur en substituer d'autres; celles qui ne seroient salpêtrées qu'en partie, et que l'architecte de l'abbaye (croira) pouvoir encore subsister, il les grattera jusqu'au vif, et remplira les vuides avec de la pierre, de la brique ou de la tuille, au choix de l'architecte, et il employera un mortier solide avec chaux et sable de rivière (2);

4° Il réparera et figurera en plâtre toutes les parties d'architecture qu'il aura fallu dégrader, et il aura l'attention de ne rien changer à l'ordre et au goût général de l'architecture de l'église;

5° Pour prévenir toutes espèces de discutions et de difficultés sur l'article, ledit sieur se soumet et s'oblige de réparer généralement et sans aucunes restrictions, avec autant de goût que de solidité, conformément aux intentions de l'architecte de l'abbaye dont il promet exécuter ponctuellement les ordres, tout ce qui aura besoin de réparation totale dans l'intérieur de l'église;

6° Toutes les choses nécessaires pour le blanchissage de l'église, poulies, cordages, paniers, échafauds, couleurs, etc., seront fournies par ledit sieur Borrani et à ses frais, sans qu'il puisse rien demander à l'abbaye pour cet objet et autres y relatifs;

7° Comme aussi il devra se procurer toutes les toiles et voiles nécessaires pour couvrir les parties que la poussière ou la peinture pourroient endommager, tels que les autels, les boiseries, les grilles, l'orgue, et généralement tout ce qui a besoin d'être conservé et garanti;

8° Si dans le cours du travail, il étoit fait par les ouvriers du sieur Borrani quelques dommages dans l'église, vitraux

---

(1) La communauté acheta pour cet objet 29,500 livres de plâtre pour 341 livres.

(2) Le jubé de l'église fut démoli en cette circonstance, et il en coûta en journées 121 livres.

brisés, etc., il seroit tenu de mettre les choses en état et à ses frais;

9° Avant que de commencer à blanchir, il devra figurer sur une partie de voûte, à 30 à 40 pieds d'élévation, pour mieux juger de l'effet, plusieurs échantillons de couleur, et il exécutera fidèlement celle qui aura été adoptée par Messieurs de l'abbaye;

10° Il aura soin de préparer les murs à recevoir la peinture, en faisant enlever la poussière, la mousse ou le noir, le jaune et toutes espèces de couleurs qui auroient pu s'attacher; et il commencera par une couche générale d'eau de chaux;

11° Il soumettra la composition de ses couleurs, avant de les employer, à l'examen de l'architecte de l'abbaye qui jugera de leur solidité;

12° Il donnera autant de couleur qu'il sera nécessaire pour que la couleur soit conforme à l'échantillon adopté, et surtout pour qu'elle ne se détache et ne s'écaille point;

13° Il apportera un soin particulier aux appens et embrasures des vitraux, fenêtres et croisées, tant pour les réparations de maçonnerie que pour le blanchissage;

14° Il s'arrangera de manière à n'y employer que quatre mois au plus (1); s'il le prolongeoit au-delà de ce terme, il sera déduit sur le prix général du prix du marché une somme de 600 livres au profit de l'abbaye;

15° Ledit sieur s'oblige de résider à Marmoutier tant que durera l'entreprise, au moyen de ce qui lui sera fourni un logement ainsi qu'à ses ouvriers;

16° Ledit traité aux charges, clauses et conditions y exprimées, et en outre pour et moyennant la somme de trois mille livres, payables lorsque l'ouvrage aura été accepté par les religieux, et que ledit sieur Borrani en aura obtenu une bonne et valable décharge.

Sur quoi ayant mûrement délibéré, nous avons unanimement consenti que ledit marché fût arrêté et conclu, et avons chargé ledit dom Marie, cellerier, de traiter en notre nom

---

(1) Le travail fut terminé au mois d'août, et Borrani, qui avoit déjà reçu 150 livres en juillet, reçut pour solde 2904 livres. Outre l'église, il avoit blanchi les dortoirs et les escaliers.

avec ledit sieur Borrani aux clauses et conditions susdites.

La présente délibération arrêtée en notre chapitre, sous les seings du R. P. sous-prieur et des séniors soussignés, les dits jour et an que dessus.

F. J.-J. ABRASSART,
sénieur.

Fr. Jos. LECHAPELIER,
doyen.

Fr. URB. BORET,
souprieur.

Fr. ARCHAMBAULT,
sénieur

V.

BUDGET DE MARMOUTIER
EN
1789

État sommaire des recettes.

Recettes ordinaires	83,599 l. 13 s. 9 d.
Recette extraordinaires des reprises .	46,515 16 6
Recette extraordinaire des restats . . .	21,335 9 6
Vente des espèces	48,869 6 6
Ressources casuelles	17,771 13 »
Total . .	218,091 19 3

État sommaire des dépenses.

Nourriture de la communauté, hôtes et domestiques	30,126 l. 7 s. 1 d.
Autres dépenses que la bouche . . .	17,356 12
Pour le vestiaire	6,294 6 6
Pour l'infirmerie	13,674 6 3
Pour l'église	4,465 10
Pour les aumônes	2,453 1
Pour les charges, restes et gages . .	63,295 10

Pour les réparations	31,324	6
Pour les ports de lettres	4,104	2
Pour les voyages	6,843	7
Pour les procès	7,476	8
Pour les fonds qu'on fait valoir. . .	12,239	17
Pour les cas extraordinaires. . . .	2,248	4
Pour les dettes acquittées.	3,045	9
Total. .	200,644 l.	» s. 10 d.

VI.

DOLÉANCES

DE

MARMOUTIER.

Aujourd'hui huit mars 1789,

Nous, prieur et religieux de ce monastère capitulairement assemblés au son de la cloche à la manière accoutumée,

Le R. P. dom François-Xavier Estin, prieur et président au chapitre, nous a fait donner lecture de l'assignation qui nous a été donnée à l'effet d'envoyer un député de notre communauté à l'assemblée du grand bailliage de Touraine, qui doit se tenir le 16 du courant, pour y porter nos vœux et nos doléances et concourir avec les autres membres de lad. assemblée, à l'élection des députés du clergé dans le ressort dudit bailliage qui doivent se rendre aux Etats généraux du royaume, fixés à Versailles le 27 du mois d'avril prochain, le tout conformément au réglement donné par Sa Majesté le 24 janvier dernier.

Sur ce mûrement délibéré, nous avons unanimement prié ledit dom François-Xavier Estin, prieur, de vouloir bien nous y représenter.

Le susdit dom François-Xavier Estin, prieur et président, nous a donné lecture des observations, représentations et doléances qu'il nous conviendroit de faire à ladite assemblée, lesquelles seroient rédigées comme s'ensuit :

Les réguliers, de quelque ordre, de quelque congrégation

qu'ils soient, dotés ou sans biens, ne forment point une classe étrangère dans un empire qui a donné aux uns des domaines et qui accorde à tous sa protection et sa bienveillance. Nés citoyens, peuvent-ils avoir renoncé ou être dépouillés d'un titre qui est imprescriptible ?

Il leur importe essentiellement, dans une circonstance désirée et attendue avec le plus vif empressement, de manifester le patriotisme qui les anime, et les vœux ardents qu'ils forment pour le monarque, père de tous les individus qui ont le bonheur d'être ses enfants, ses sujets et son peuple.

La protection insigne du meilleur des rois accordée si visiblement à l'Église, aux ordres religieux, renverse et anéantit ce système aussi impie que destructeur, enfanté par l'avide voracité de s'approprier tout ce que l'on supprime. La congrégation de Saint-Maur doit et rend à Sa Majesté les preuves les plus éclatantes de son amour, de sa soumission, de son dévouement et de son zèle, pour tous les bienfaits, pour toutes les grâces accordées dans un temps où sa ruine et sa décadence sembloient méditées depuis plusieurs années.

Les Bénédictins de l'abbaye royale de Marmoutier s'empressent d'unir leurs vœux à ceux de la nation, qui sont fondés sur les solides principes de la justice et de l'équité.

Ils demandent que les biens dont ils jouissent, sans aucune exception, soient taxés dans la proportion et dans l'égalité des biens séculiers.

Cette égalité de contribution aux charges et besoins de l'État, ne formera plus qu'une seule famille dont tous les enfants parfaitement unis travailleront avec un zèle vraiment patriotique au soutien, au bonheur et à la gloire de la nation.

Cette parfaite égalité de contribution nécessitera la suppression d'une multitude d'impôts que le malheur des temps et des circonstances a fait établir.

Elle supprime les décimes et tous les inconvénients qui en résultent, comme l'entretien de 142 chambres ecclésiastiques, es offices des receveurs, les pensions des agents du clergé et les assemblées qui sont convoquées tous les cinq ans et même plus souvent.

Il est notoire que les frais de tous ces objets réunis font chaque année une charge de trois millions, très-onéreuse au clergé et inutile à l'État.

L'assemblée générale, toujours composée des membres les plus titrés du clergé, impose les diocèses après avoir divisé les bénéfices en différentes classes.

Dans chaque diocèse les députés de la chambre, présidés par le prélat, imposent tous les bénéfices. Les curés et les réguliers n'ont aucuns représentants à l'assemblée générale ; les derniers comptent à peine six diocèses dans lesquels ils soient députés de la chambre. Il résulte que le clergé, dit du second ordre, est toujours grevé par le plus fort, qui est en même temps juge et partie.

L'imposition établie sur les biens ecclésiastiques comme sur les séculiers et dans la même proportion, offre un capital considérable à faire entrer dans les coffres de l'État tous les ans, au lieu du don gratuit accordé tous les cinq ans, et qui s'élève à 15 ou 16 millions.

Il est de toute justice que la nation se charge des dettes du clergé. Elle trouvera dans l'imposition de quoi satisfaire à tout, parce qu'il est évident que les biens ecclésiastiques fournissent un capital de 12 millions.

Les Bénédictins de l'abbaye de Marmoutier sentent vivement le prix de l'estime dont leur congrégation est honorée par l'éducation de la jeunesse françoise confiée à leurs soins dans différents colléges.

Les corps réguliers ont donné partout des preuves suffisantes de talents et d'utilité. Par quelle fatalité veut-on qu'ils soient des êtres isolés et étrangers à la chose publique ? La justice réclame qu'ils soient honorés comme citoyens, qu'ils partagent les grâces et les bienfaits, qu'ils soient nommés indistinctement à toutes les places qui doivent être la récompense de la vertu, du mérite et des talents, sans aucuns égards aux titres et aux qualités que donne le hasard de la naissance.

Les réguliers ont toujours eu à cœur de consacrer leurs veilles, leurs travaux et leurs talents à la plus grande utilité de la nation, dont ils ne peuvent cesser d'être les enfants ; mais leurs efforts deviennent impuissants et se brisent contre une loi qui fixe l'émission des vœux à 21 ans ; quelle ressource à espérer de celui qui se retire à cet âge dans le cloître et qui, sans disposition pour les sciences, n'apporte avec lui que les vices du siècle ?

L'éducation importante de la jeunesse exige des instituteurs sans reproches, élevés de bonne heure à l'amour de la vertu, à celui des sciences ; de là la nécessité indispensable de remettre l'émission des vœux à 16 ans ou au moins à 18 ans. Voilà l'unique moyen de ranimer l'activité et le zèle des corps réguliers, en les mettant à lieu d'inculquer dès l'âge le plus tendre des principes solides de piété dans le cœur des jeunes religieux, et dans leur esprit des connoissances et des talents dont la nation recueillera le profit.

Les contestations interminables et scandaleuses qui s'élèvent habituellement à cause des commendes, et dont retentissent tous les tribunaux du royaume, en nécessitent l'abrogation. Ces titres incanoniques et abusifs ont été dès leur origine désavoués par la nation. Il est donc bien essentiel de réprimer ces abus. L'on y parviendra aisément en réunissant les biens aux menses conventuelles qui, parfaitement solidaires, acquitteront avec la plus grande exactitude les charges qu'il sera juste de leur imposer.

Toutes les propriétés ecclésiastiques étant soumises aux mêmes impôts que les biens séculiers, le clergé doit avoir la libre disposition de ses domaines plantés en bois, en se conformant aux lois qui sont prescrites aux séculiers. Qu'on lève les entraves, et l'on sentira bientôt les grands effets de l'abrogation d'une ordonnance rigoureuse, par les succès des travaux sur un objet aussi important, aussi essentiel au gouvernement qu'utile et nécessaire à tout le monde.

Sa Majesté a fait connoître ses intentions paternelles sur d'autres objets bien essentiels. La volonté qu'elle a de soulager son peuple, décide la suppression de la gabelle, impôt le plus désastreux, le plus vexatoire qui ait jamais existé.

Elle fixera aussi le reculement des barrières, pour restituer toute espèce de liberté aux citoyens et au commerce.

RESULTAT.

1° Les religieux de Marmoutier demandent la contribution la plus exacte sur les biens et propriétés annexés à leur mense, dans la forme et manière que payent les séculiers.

2° La suppression des décimes, des chambres et bureaux ecclésiastiques.

3° La liquidation des dettes du clergé par la nation.

4° Que tous les ecclésiastiques en général, soit séculiers, soit réguliers, soient également élevés aux dignités, aux places, au gouvernement des paroisses, d'après les vertus, les talents, la capacité, le mérite, sans aucuns égards à la noblesse, à la naissance, seul effet du hasard.

5° L'émission des vœux à seize ans ou à dix-huit.

6° La suppression des commendes.

7° La suppression des ordonnances des bois et forêts des ecclésiastiques.

8° La suppression des gabelles.

9° Le reculement des barrières.

Nous, susdits délibérants, ayant entendu la lecture des observations, représentations et doléances cy-dessus, les avons approuvées et ratifiées, et avons prié dom Estin, prieur, de vouloir bien se charger de les porter à l'assemblée générale du bailliage de Tours. La présente délibération arrêtée en notre chapitre, sous les seings du dit dom prieur et des séniêurs soussignés, les dits jour et an que dessus.

Fr. Fr. X. Estin,
prieur.

Fr. Urb. Boret,
souprieur.

Fr. Archambault,
sénieur.

Fr. Jos. Lechapelier,
doyen.

F. J.-J. Abrassart,
sénieur.

VII

DESCRIPTIONS
DE
MARMOUTIER

21 février 1791 (1).

Aujourd'hui vingt-un février mil sept cent quatre-vingt-onze.

Nous, Silvain Mery, demeurant ville de Tours, expert nommé par Messieurs les officiers municipaux de la dite ville de Tours suivant notre commission du vingt-un décembre, etc.

Et Antoine-Élie Gillet, notaire à Montbazon, aussi expert nommé par Messieurs les administrateurs du Directoire du district de Tours suivant notre commission générale du dix janvier dernier, à l'effet d'estimer tous les biens nationaux qui nous seront désignés, nous nous sommes transportés paroisse de Sainte-Radégonde pour faire les estimations des biens compris dans les états qui nous ont été remis les cinq et onze de ce mois, de la manière qui suit :

Domaines dépendants du ci-devant abbaye de Marmoutier près Tours, paroisse de Sainte-Radégonde :

Ils consistent dans le couvent et abbaye de Marmoutier situé proche le coteau, donnant au midi de la levée faisant la grande route de Paris à Nantes, et la rivière de Loire au bas d'icelle, composé d'une principale porte d'entrée donnant sur la dite levée, au-dessus de laquelle est une espèce de donjon

---

(1) Archives départementales d'Indre-et-Loire. — Liasse 1ʳᵉ. Biens nationaux. Procès-verbaux d'estimation, 1790-1793. — Liasse de 1791. — Description de Marmoutier.

où sont différents greniers, en assez mauvais état, et sans habitation.

Au couchant de la dite porte d'entrée et y attenant d'un bout, est un grand corps de bâtiment servant d'écuries, ayant trente-neuf toises trois pieds de longueur sur quatre toises cinq pieds de largeur ; au-dessus de ces écuries sont deux greniers l'un sur l'autre.

Au bout de la dite écurie et au nord de la dite première porte d'entrée en est une autre en forme de mitre, en pierre, pour entrer dans la principale cour ; derrière et aux deux côtés d'icelle sont deux petites chambres en forme de pavillons sans cheminées.

Au midi de la dite route et couchant de l'écurie ci-dessus est un grand corps de bâtiment appelé la maison abbatiale de la dite abbaye, composée au rez-de-chaussée de deux grandes chambres ; au milieu d'icelle trois remises voûtées ; et au premier étage sont différentes chambres en mauvais état, et grenier dessus non planchéié ; le dit bâtiment ayant vingt-quatre toises trois pieds et demi de longueur sur trois toises deux pieds trois pouces de largeur.

Au bout du dit bâtiment deux petites tourelles dans lesquelles sont deux chambres, et une autre petite en appentis au milieu d'icelles tourelles, le tout sans cheminées, et non habité ; jardin et verger devant les dits bâtiments et derrière l'écurie ci-dessus.

Au nord des dits bâtiments et du dit jardin, est un grand corps de bâtiment servant de grange, dans laquelle sont différents piliers pour soutenir la charpente, dont partie est en pierre et l'autre en bois, ayant son entrée à l'orient et à côté de la seconde porte d'entrée et écurie ci-dessus, la dite grange ayant vingt-cinq toises de longueur sur onze toises cinq pieds de largeur.

Au bout, côté du couchant et le long du nord de la dite grange, sont trois jardins potagers dont un est en forme de terrasse et dans lequel sont plantés différents arbres fruitiers, les dits jardins ayant leur principale entrée par une porte de fer placée au bout couchant du bâtiment ci-après.

Au nord et bout des granges, écurie et porte d'entrée ci-dessus est la principale cour, jardin à côté d'icelle planté en arbustes de différentes espèces et renfermé par des barrières en bois peint.

Au bout desquels cour et jardin est un bâtiment ayant son entrée au midi, derrière est le chemin ou entrée de l'église ci-après ; composé au rez-de-chaussée de plusieurs écuries, remises et serre ou orangerie ; au premier, de différentes chambres à cheminée, et grenier sur le tout, ayant vingt-cinq toises quatre pieds de longueur sur cinq toises cinq pieds de large.

Derrière et au nord du bâtiment ci-dessus est un portail faisant la porte d'entrée, donnant sur le chemin qui va au bourg de Sainte-Radégonde, à côté duquel est un petit corps de bâtiment servant anciennement de logement pour le portier ou suisse de la dite maison ; cour pour aller à l'église ; à côté d'icelle est la flèche ou clocher bâti sur le rocher, et la dite église ayant sa principale entrée par un portique ou portail donnant au couchant et sur la cour ci-dessus, formant dans l'intérieur une voûte soutenue par deux rangs de colonnes ou piliers jusqu'au sanctuaire, et au milieu et dessus d'icelle une petite flèche ou clocher. La dite église ayant cinquante-quatre toises de long sur dix-sept de largeur de dedans en dedans.

Derrière et au nord de la dite église, plusieurs petites caves en roche et cavernes, adossées au rocher, couvertes de tuiles, servant autrefois de logement aux ouvriers du dit abbaye.

Au midi de la dite église sont deux corps de bâtiments nouvellement bâtis, servant de dortoirs pour les religieux de la dite abbaye. Le premier, qui est du côté d'orient, ayant soixante-trois toises un pied six pouces de longueur sur neuf toises quatre pieds de largeur, composé au rez-de-chaussée de différentes grandes chambres dans lesquelles sont plusieurs piliers. Les premier, second, et troisième étage de chacun, trente-deux chambres ou cellules, à l'exception néanmoins d'une partie du troisième qui ne se trouve pas totalement parachevé ; dans l'intérieur deux escaliers pour monter aux dites chambres, et notamment par celui nouvellement fait qui est à côté du réfectoire, garni d'une rampe en fer ayant le tient-main en bois ; caves voûtées dans tous les dits bâtiments.

D'un bout du côté nord et attenant à l'église, et du côté d'orient, est un petit corps de bâtiment appelé le portail de la sacristie, qui a son ouverture au midi par une arche voûtée qui sert de passage pour aller derrière la dite église et sur les terrasses ci-après ; composé de différentes chambres.

Le deuxième, qui est du côté couchant et séparé au milieu par le réfectoire ci-après, est composé de différentes chambres au rez-de-chaussée servant d'apothiquairie, infirmerie, salle de bains, et de tableaux, etc., sçavoir : entre le réfectoire et l'église, de six chambres au premier, et de l'autre côté du midi, de treize chambres au premier et autant au second, grenier sur le tout, et deux escaliers pour monter en icelle, deux caves voûtées sous une partie des dits bâtiments, ayant cinquante-sept toises un pied de longueur sur neuf toises quatre pieds de largeur.

Côté du couchant du bâtiment ci-dessus et attenant au portique de la dite église est un autre corps de bâtiment y adossé servant de logement pour le cellerier, sous-cellerier, et ayant trois étages et deux chambres à cheminée à chacun, un petit jardin devant qui se trouve renfermé par le dortoir d'un côté, le mur de l'autre.

Entre le bâtiment ci-dessus et le clocher ci-après sont quatre chambres à cheminée adossées à l'église, servant de logement pour les moines, et au devant est un autre corps de bâtiment servant de décharges à la dite maison, composé par devant de deux chambres ainsi qu'un premier et second, sans cheminée.

Entre les deux corps de bâtiment ci-dessus, composant le dortoir, le clocher, l'église, est un premier cloître appelé le cloître processionnel, au milieu duquel est un petit jardin où sont plantés des buis, et à la suite duquel est le réfectoire attenant d'un bout au dortoir, du levant, et coupant celui du couchant, ayant vingt-cinq toises deux pieds trois pouces de longueur sur six toises cinq pouces de largeur; au long du midi du dit réfectoire et outre les dites deux ailes de bâtiment, est un autre cloître dans lequel est une cour, deux puits, divisés par des petits corps de bâtiment couverts de tuiles et ardoises, servant de cuisines et de logement pour les domestiques, le même cloître se trouvant renfermé de toutes parts et du midi par une galerie au-dessus d'icelles, qui communiquoit aux deux corps de bâtiment servant de dortoir, ayant trente-deux toises de longueur sur treize pieds de largeur.

Tous les dits bâtiments ci-dessus couverts d'ardoises et leurs gouttières en plomb et fer-blanc.

Au bout du midi et au long d'orient des bâtiments ci-dessus, sont les grands jardins potagers dans lesquels il y a différents petits bosquets servant pour les jardiniers, et une petite tourelle donnant sur la levée, dans lesquels jardins sont plusieurs allées plantées en charmille et arbres fruitiers de différentes espèces. Les dits jardins du côté de l'église et en montant du côté de Rougemont, formant quatre petites terrasses au-dessus, et deux grandes au-dessous d'icelles, plantées en charmilles servant de promenades. Le tout dans un seul tenant renfermé de murs, dont environ trente-deux toises du côté du levant sont écroulées rapport à la force des grandes eaux de cet hiver, formant un enclos d'environ quatorze arpents.

Qui sont tous les bâtiments et dépendances composant le couvent et ci-devant abbaye de Marmoutier, que nous avons estimé après l'examen le plus exact tant de l'église, dortoir, réfectoire, galeries, écuries, grange, maison abbatiale, cours, jardins et généralement tout ce qui compose et fait partie du dit enclos du dit abbaye, la somme de cent vingt-cinq mille livres, ci 125,000 fr.

Fait, clos et arrêté le présent procès-verbal d'estimation par nous, commissaire expert susdit et soussigné, après avoir vacqué une journée et demie tant au transport, à la description des dits domaines qu'à la rédaction d'icelui, ce jour d'hui vingt-deux février au dit an mil sept cent quatre-vingt-onze, une heure après midi.

GILLET.   MERY.

17 FRIMAIRE AN VI (1)

(7 décembre 1797.)

L'an sixième de la République françoise, une et indivisible, le dix-septième jour de frimaire, moi Pierre-Philippe Baignoux, expert nommé par délibération de l'Administration

(1) Archives départementales d'Indre-et-Loire. — Liasse 78 (1793-1806). — Actes de vente de Marmoutier.

du Département d'Indre-et-Loire, en date du sept de ce mois, accompagné du citoyen Fournier, aussi expert à Tours, que nous sommes adjoint en vertu de la dite délibération, à l'effet de procéder à l'estimation en revenu et en capital, sur le pied de 1790, du domaine national ci-après désigné,

Me suis en conséquence de la commission à moi donnée par l'Administration du Département, en date du dit jour sept frimaire, transporté en la commune de St-Symphorien, à onze heures du matin, chez le citoyen Froger, commissaire du Directoire exécutif près l'Administration municipale, du canton de Tours-extra, qui m'a accompagné sur les lieux et héritages ci-après désignés :

Le ci-devant couvent de Marmoutier, situé commune de Ste-Radégonde, canton de Tours *extra muros*.

Nous avons commencé notre opération par examiner l'ensemble de cet édifice et les dépendances actuelles, et, d'après cet examen, nous avons reconnu que la masse du bâtiment formant le ci-devant couvent, ainsi que les jardins, terrasses, tours et verger, en un seul tenant, sont indivisibles, et que le partage ou division de ces objets seroit préjudiciable au prix de la vente.

Nous avons reconnu aussi qu'il étoit possible de distraire du couvent deux objets particuliers qui se trouvent étrangers et absolument indépendants de l'édifice dont il s'agit, savoir : 1° La maison dite abbatiale et la cour renfermée de murs ; 2° Une maison qui se trouve située à l'angle nord-ouest de la cour de l'église ainsi que plusieurs petites terrasses pratiquées sur le penchant du coteau au nord de la cour de l'église; desquels deux objets nous proposons une adjudication particulière pour chacun, à l'administration centrale, reconnoissant que cette distraction ne peut faire aucun tort à la vente de l'objet principal, qui ne seroit pas porté à une valeur plus considérable, tandis qu'il peut être avantageux pour la République, en ce que ces deux objets peuvent convenir aux citoyens qui ont des propriétés adjacentes.

En conséquence, nous formerons trois chapitres de division au présent procès-verbal.

CHAPITRE Iᵉʳ.

ÉDIFICE DE MARMOUTIER, JARDINS ET COURS.

Il consiste: 1° Dans une entrée principale au nord de la levée de la Loire, portail construit en pierre dure, porte à deux vantaux;

2° Une avenue plantée en arbres tilleuls, contenant seize chaînées et conduisant à la cour ci-après;

3° Un grand portail construit en pierre dure sans vantaux, donnant accès à une grande cour, contenant, y compris un emplacement en retour d'équerre et circonscrit au verger ci-après, quatre-vingt-une chaînées;

4° Au couchant de cette cour, est un verger planté d'arbres à fruit de différentes espèces, séparé de la dite cour par une barrière en bois et un petit mur formé en pierre sèche, contenant quarante-deux chaînées;

5° Au levant de la grande cour, est un corps de bâtiment régnant dans la longueur de la même cour; ce bâtiment forme deux parties distinctes quant à la façade, en ce que la partie vers le midi est plus élevée que celle du côté du nord qui est adretraite; le bâtiment pris dans toute sa longueur a 304 pieds sur une largeur réduite de 28 pieds et une hauteur réduite de 50 pieds;

6° Sous le rez-de-chaussée de ce grand bâtiment, sont deux caves voûtées. Le rez-de-chaussée consiste dans un grand vestibule voûté en voûte d'arête, ayant deux issues, l'une sur la grande cour ci-dessus au couchant, l'autre sur le ci-devant cloître au levant. Au nord de ce vestibule est un petit corps de bâtiment, ayant en longueur, du levant au couchant, vingt-quatre pieds sur dix-sept de profondeur; il est composé de deux vaisseaux voûtés, dont un à cheminée, lambrissé de hauteur avec placards; petite cour au nord des dits vaisseaux, contenant environ une chaînée, dans laquelle est un petit appentis formant cabinet, le tout couvert en ardoise;

7° Au levant des deux vaisseaux voûtés ci-dessus, est un corridor aussi voûté, communiquant à un grand escalier rampant en pierres avec balustres d'ordre dorique ; au nord de cet escalier est un grand vaisseau voûté ayant cheminée ; escalier dérobé au fond du corridor, trois petits caveaux à côté ;

8° Au midi du grand vestibule, un autre corridor voûté, communiquant à droite en entrant, à deux grands vaisseaux voûtés, à cheminée, éclairés au couchant ; le corridor est terminé par le mur du réfectoire, au nord duquel est une petite cour contenant en superficie une chaînée ; au nord de cette cour un petit corps de bâtiment de 30 pieds sur 14, composé de deux vaisseaux voûtés en plein cintre avec cheminée, lambrissés en partie. Au midi de cette cour, un autre corps de 30 pieds sur 14 pieds, consistant en une chambre sans cheminée, un cabinet d'aisance ; escalier pour monter à un petit cabinet en entre-sol, voûté ; au-dessus de l'entre-sol, un grand cabinet d'aisance. Ces deux corps de bâtiments ont leur charpente en appentis couverte en ardoise ;

9° Au midi du réfectoire dont description sera faite cy-après, sont deux grands vaisseaux voûtés servant de cuisine, éclairés au levant et couchant ; cabinet servant d'office à côté ;

10° Au midi de ces deux vaisseaux, un grand vestibule pavé et voûté d'arête ; escalier en pierre avec rampe de fer ;

11° Au midi de ce vestibule, un grand corridor voûté éclairé au levant, et communiquant, côté du couchant, à six vaisseaux voûtés formant autrefois la pharmacie, éclairés au couchant et dont trois sont à cheminée ; au levant du dit corridor, portes de communication avec diverses pièces dépendant du bâtiment, dont sera fait mention dans l'article suivant ;

12° Un petit corps de bâtiment ayant en longueur 26 pieds sur 13 pieds, composé de deux pièces dont une à cheminée boisée, lambris d'appui au pourtour, placard dans la dite chambre, terrasse au levant ayant l'aspect du jardin et contenant quatre chaînées ;

13° Le premier étage consiste dans un corridor éclairé au levant et se prolongeant jusqu'au réfectoire ; au nord du grand escalier en pierre, deux chambres à cheminée éclairées au couchant ; au midi de cet escalier, quatre chambres à cheminée, dont une lambrissée d'appui avec alcove sculptée et dressoirs en bois de chêne. A l'extrémité de ce corridor, vers le midi, est un escalier en bois à vis St-Gilles pour monter à un grand grenier dont la charpente à deux égouts est couverte en ardoise;

14° Au midi du réfectoire, un autre corridor régnant dans toute la longueur de la seconde partie du bâtiment donnant sur la cour, à l'extrémité septentrionale du dit corridor, une petite chapelle, quatre chambres boisées en partie, alcove dans l'une des dites chambres, deux cabinets à côté d'icelles, le tout au nord du grand escalier de pierre. Au midi du dit escalier sont huit chambres à cheminée, boisées en lambris d'appui avec placard; dans deux des dites chambres sont deux alcoves et deux cabinets à côté;

15° Au levant du dit corridor, une grande salle en forme de galerie communiquant au grand bâtiment qui a sa façade sur le jardin, la dite grande salle couverte en forme d'appentis en ardoise; à côté est un cabinet d'aisance;

16° Le second étage de la partie du bâtiment qui a sa façade sur la cour et appelée *les trois frontons*, consiste dans un grand corridor éclairé au levant, communiquant au nord de l'escalier à quatre chambres et deux cabinets, au midi du dit escalier à huit chambres et quatre cabinets sans aucun lambris ni boisure;

17° Au levant du dit corridor sont deux ouvertures murées qui devoient communiquer à un bâtiment projeté dont l'exécution n'a pas eu lieu; le dit corridor est éclairé au midi par une grande croisée sur le jardin avec balcon de fer;

18° Grand grenier, régnant sur le tout, charpenté à deux égouts couverte en ardoise;

19° Au levant du grand bâtiment ayant sa façade sur la cour d'entrée est le réfectoire ayant en longueur cent cinquante-six pieds, sur trente-six pieds de largeur, dans lequel sont des divisions; un petit parpin, ainsi que diverses parties de lambris qui ont été déplacées lors de l'établissement de l'hôpital militaire qui a eu lieu dans le ci-devant couvent;

20° A l'extrémité orientale du réfectoire est une grande salle voûtée, servant autrefois de chauffoir, ayant trente-six pieds en quarré; au-dessus de cette salle en est une autre aussi à cheminée, de mêmes dimensions que la précédente;

21° Au levant de la grande salle ci-dessus décrite est le

principal escalier avec rampe de fer, paliers pavés en forme de mosaïque ; la partie supérieure de l'escalier voûtée en compartiments ; les croisées de la cage d'escalier décorées de balustrades et garnies de verres de Bohême ;

22° Un grand corps de bâtiment ayant sa principale façade au levant, sur le jardin, portant en longueur 380 pieds sur 34 de largeur hors œuvre, et 64 pieds de hauteur ;

23° Les soubassements de ce bâtiment consistent dans une grande cave voûtée en voûte d'arête et régnant dans toute la longueur du corps ;

24° Le rez-de-chaussée consiste, côté du nord, dans un vestibule dans lequel est un grand escalier rampant construit en pierre avec balustrade d'ordre dorique. Au midi de l'escalier est une grande salle voûtée formant autrefois la bibliothèque ; au midi de cette salle sont trois autres grands vaisseaux aussi voûtés, à la suite les uns des autres, et dont un est à cheminée ;

25° Le premier étage consiste dans un grand corridor régnant dans toute la longueur du bâtiment, éclairé au couchant, carrelé en carreaux blancs d'un pied, et communiquant à trente-deux chambres éclairées au levant ;

26° Au second étage, un grand corridor semblable, communiquant à trente-deux chambres, et formant même distribution qu'au premier étage ;

27° Le troisième étage est composé d'une grande salle en mansarde régnant dans toute la longueur du bâtiment, en partie lambrissée en lattis, l'autre partie en blanc en bourre ; cette salle est éclairée au levant et couchant ;

28° Charpente à deux égouts couverte en ardoise ;

En retour d'équerre de ce grand bâtiment, en est un autre se prolongeant du levant et couchant, et ayant son aspect sur le jardin et sur la levée de la Loire ; sa longueur est de 58 pieds, sa profondeur de 30 pieds et sa hauteur de soixante-quatre pieds ;

29° Dans les soubassements de ce corps de bâtiment est une grande cave voûtée ;

30° Au rez-de-chaussée un vestibule dans lequel un escalier en pierre, rampant, avec grille de fer ;

31° Au couchant de l'escalier est un corridor donnant accès à deux chambres dont une à cheminée en marbre, deux cabinets dans la dite chambre, pratiqués dans les deux côtés d'une alcove, lambris de hauteur d'appui ;

32° Le premier étage consiste également dans un corridor conduisant à deux chambres dont une à cheminée ;

33° Au-dessus des dites deux chambres, au second et troisième étage, deux grands cabinets d'aisances ;

34° Le quatrième étage consiste dans une grande chambre à cheminée, grenier perdu, charpente à deux égouts en ardoises ;

35° Dans l'intérieur des corps de bâtiment sont deux grandes cours entourées de galeries couvertes ; la première, située entre l'église et le réfectoire, contient seize chaînées ; sa forme est un carré long et elle est circonscrite par une vaste galerie en belle voûte d'arête éclairée par des arcades à plein cintre d'architecture dorique. La seconde cour située au midi du réfectoire contient en superficie trente-six chaînées ; elle est circonscrite au levant et midi par deux galeries voûtées, éclairées par arcades à plein cintre ; la charpente des dites galeries est en appentis et couverte en ardoises ;

36° Dans cette dernière cour est un vieux bâtiment formant la boulangerie. Ce bâtiment est un grand vaisseau voûté, grenier en dessus, dans lequel on communique par un escalier en bois en forme de poulin établi à l'extérieur du bâtiment ; charpente à deux égouts couverte en ardoises ;

37° Au nord de la même cour, sont deux petits corps adossés au réfectoire. Le premier, composé au rez-de-chaussée de deux chambres ; au premier étage, une chambre en mansarde ; comble en appentis couvert en ardoise ;

38° L'autre corps est composé au rez-de-chaussée d'une chambre ; autre chambre en mansarde au-dessus, comble en appentis couvert en ardoise ;

39° Une église d'ancienne architecture, mais d'un beau gothique, ayant en longueur du levant au couchant cinquante-six toises, sur vingt-deux toises de largeur réduite ; elle est en forme de croix latine et voûtée dans toute sa partie : dans cette église est une chapelle connue sous le nom de Saint-Martin dans laquelle on monte par un double escalier construit en pierre. Elle est décorée d'une colonnade en marbre avec incrustations de tables de même matière, de deux pouces d'épaisseur. L'architecture de l'autel est corinthienne et consiste en quatre grandes colonnes de marbre surmontées d'un entablement en pierre avec sculpture analogue ;

40° Dans cette église sont plusieurs autres chapelles dont

deux seulement sont décorées chacune de quatre grandes colonnes de marbre, ordre corinthien. La charpente de l'église est à deux égouts et couverte en ardoise; clocher au point central de la réunion des deux branches de la croix;

41° Au couchant de l'église, portique voûté couvert en ardoise, ayant en longueur quatre toises quatre pieds sur cinq toises trois pieds;

42° Au couchant du portique de l'église est une grande cour se prolongeant du levant et couchant entre le coteau et le grand bâtiment dont sera fait description ci-après; cette cour a une issue sur le chemin qui conduit à la levée, par une grande porte cochère. Elle contient en superficie trente-trois chaînées;

43° Cette cour fera partie de la vente de Marmoutier, à l'exception de sept chaînées de la dite cour, réservées à la troisième division par l'article 45 ci-après; mais l'adjudicataire souffrira le droit de passage appartenant au citoyen Guizol, propriétaire de Rougemont, et auquel ce droit a été vendu comme inhérent audit lieu de Rougemont. Le droit de passage aura lieu également entre l'église et le rocher, sur le terrain qui s'y trouve, jusqu'à la porte cochère qui communique à la propriété du citoyen Guizol;

44° Le droit de passage dans la dite cour aura également lieu en faveur de l'adjudicataire de la maison qui fera l'objet de la troisième division du présent procès-verbal, pour lui faciliter la communication aux terrasses des Septs-Dormants qui feront partie de son adjudication ainsi qu'il sera mentionné au chapitre troisième;

45° Au midi de l'église, et dans l'intervalle des deux premiers piliers de la partie intérieure sud-ouest, est un petit corps de bâtiment adossé à l'église, ayant 15 pieds de long sur 15 de large; au midi de ce corps est une petite cour de forme irrégulière ayant en longueur 44 pieds sur 22 de largeur réduite, cabinet d'aisance dans la dite cour. Le corps de bâtiment est composé au rez-de-chaussée d'un vestibule et deux petits caveaux, au premier étage une chambre à cheminée boisée avec placards, au second étage autre chambre sans cheminée, au troisième étage autre chambre à cheminée boisée et lambrissée en partie, grenier perdu au-dessus, charpente en appentis couverte en ardoise;

46° Au levant de ce bâtiment est un autre corps ayant 28

pieds de longueur sur 15 pieds de profondeur, aussi adossé à l'église ; il est composé au rez-de-chaussée de deux chambres dont une à cheminée boisée, lambris de hauteur ; au premier étage ainsi qu'au second même distribution ; grenier perdu sur la chambre du second étage ; charpente en appentis, couverte en ardoise ;

47° Au levant de ce bâtiment est un autre corps, ayant en longueur 32 pieds sur 16 de profondeur, composé au rez-de-chaussée d'un grand vaisseau voûté divisé en deux portions ; au premier et second étage sont deux autres vaisseaux voûtés, les uns sur les autres, servant autrefois d'archives au couvent ; grenier perdu, comble en appentis, couvert en ardoise ;

48° Au nord de l'église un corps de bâtiment adossé au rocher et servant autrefois de lavoir ; il y a en longueur 6 toises sur 2 toises un pied de largeur ; il est composé d'un vaisseau voûté à cheminée et puis la charpente est en appentis et couverte en tuiles ;

49° A l'angle sud-est de l'église est un autre corps de bâtiment formant équerre avec le grand bâtiment qui a sa façade au levant sur le jardin ; ce corps de bâtiment a 9 toises de longueur sur 14 pieds de profondeur ; le rez-de-chaussée est composé d'un porche avec arcades à plein cintre, communiquant du jardin par un perron aux emplacements contigus à l'église ; au levant de cette arcade est un passage qui conduit à l'église et aux galeries voûtées ; au levant, un dépôt voûté pour les latrines. Le premier étage consiste dans un grand cabinet d'aisance, grenier perdu au-dessus, charpente à deux égouts couverte en ardoises ;

50° Au levant et midi des bâtiments ci-dessus décrits, est un grand jardin distribué en deux parties principales. La première est un quarré long planté en arbres tilleuls et charmilles formant promenades couvertes, quinconces, salles vertes et bosquets. L'autre partie, divisée en quarrés et allées transversales, forme un grand potager, arbres à fruits plantés en grande quantité sur la surface de ce jardin, tant en espalier que haute et basse tige. Le jardin contient en totalité 6 arpents 8 chaînées ;

51° Vers la partie septentrionale du jardin est une grande terrasse soutenue par un mur régnant dans toute la longueur, et sur laquelle on monte par un grand perron, sous lequel est un petit caveau; cette terrasse est plantée en tilleuls et contient 56 chaînées;

52° Au nord de cette terrasse, est une seconde terrasse plantée en charmille, à l'extrémité de laquelle est une porte cochère communiquant au terrain qui se trouve entre l'église et le rocher;

53° Au nord de cette terrasse sont trois grandes caves pratiquées dans le rocher et assez vastes pour contenir ensemble huit cents tonneaux;

54° Au midi des dites caves est un hangar soutenu, partie sur poteaux, partie sur le mur en appentis dont il ne reste plus que la charpente;

55° Au nord de la dite seconde terrasse, vers l'extrémité orientale, est une autre grande cave sans fermeture, dont la capacité peut contenir soixante tonneaux;

56° Au-dessus de la seconde terrasse, sont cinq autres terrasses les unes au-dessus des autres, pratiquées sur le rampant du rocher, contenant ensemble trente-deux chaînées de superficie, arbres à fruits et vignes en espalier plantées sur les dites terrasses;

57° Au midi de la cour de l'église est un bâtiment d'ancienne construction, ayant sa façade au midi sur la grande cour et le verger; sa largeur est de 29 toises sur 36 pieds de profondeur; il est composé au rez-de-chaussée, vers le levant, d'un grand vaisseau voûté, trois écuries et une remise ensuite, le tout voûté. Les deux chambres formant l'extrémité orientale du bâtiment appartiennent au citoyen Hurteaux, acquéreur du jardin adjacent; en conséquence elles ne font pas partie de la présente estimation; au midi du bâtiment et sur la façade est un escalier construit en pierre et à vis Saint-Gilles; on communique au premier palier par un autre escalier de bois rampant et couvert. Le premier étage de ce bâtiment consiste en sept chambres, une autre grande chambre en galetas à l'extrémité occidentale du bâtiment et régnant sur les deux chambres du citoyen Hurteaux; au-dessus des pièces cy-dessus est un grand grenier régnant dans la longueur de ce bâtiment et divisé en deux parties; charpente à deux égouts couverte en ardoise;

58° A l'angle sud-ouest de la grande cour est un corps de bâtiment neuf, servant de logement au portier. Sa longueur est de 36 pieds, sa largeur de 16; il est composé au rez-de-chaussée de deux chambres dont une à feu, escalier en bois entre les dites deux chambres. Le premier étage consiste en deux chambres sans cheminée, grenier perdu au-dessus, charpente à deux égouts couverte en ardoise;

59° Au couchant de ce bâtiment est une cour donnant accès à la grange et à l'écurie ci-après, contenant cinq chaînées de superficie;

60° Au couchant de cette cour est un grand corps de bâtiment formant une grange de 150 pieds de longueur sur 70 pieds de largeur. La charpente est soutenue dans sa partie du milieu par deux rangs de poteaux d'un pied d'équarrissage, posés sur des dés de pierre dure. Cette charpente, dans le meilleur état possible, est à deux égouts et couverte d'ardoises. L'entrée de cette grange est fermée par une grande porte cochère avec arcades à plein cintre; deux petites portes bâtardes collatérales;

61° Au midi de la cour ci-dessus est un autre grand corps de bâtiment formant la grande écurie, ayant en longueur du nord au midi 340 pieds, sur une largeur de 38 hors œuvre. L'écurie est garnie de mangeoires et de râteliers de chaque côté dans toute la longueur; sur la dite écurie sont deux greniers les uns sur les autres régnant dans toute la longueur du dit bâtiment, charpente à deux égouts couverte en ardoise;

62° Au-dessus du grand portail d'entrée sur la levée, sont deux chambres dont une à cheminée, un petit cabinet à côté; escalier en pierre à vis Saint-Gilles, pour monter aux chambres ci-dessus, construit dans l'épaisseur du gros mur du portail; grenier perdu sur les dites chambres; charpente à deux égouts couverte en ardoises;

63° Le tout en un tenant renfermé de murs, côté du midi, levant et couchant, joignant du levant à la propriété de la citoyenne Brossillon, du midi au même et à la propriété de la citoyenne Le Grand, chemin entre deux, du couchant à la cour dite abbatiale et au jardin du citoyen Hurteaux, du nord au citoyen Guizol et au rocher sur lequel sont les terrasses des Sept-Dormants qui appartiendra à l'adjudicataire de la troisième division du présent procès-verbal.

Les bâtiments de Marmoutier n'étant pas susceptibles d'être évalués en revenu sur le pied des valeurs de 1790, ne pouvant au contraire être appréciées que sur une base combinée sur la valeur des matières premières qui composent la masse de ces bâtiments, et sur le prix intrinsèque de l'édifice tout construit, qui présente un établissement formé, en état de recevoir dans l'instant même une manufacture, maison de commerce, etc., nous avons établi notre évaluation sous ces deux rapports. En conséquence, tout bien examiné, et calculé chaque corps de bâtiment en particulier, nous sommes d'avis que la valeur de l'édifice, tours et emplacements adjacents, est de la somme de deux cent soixante mille francs, ci. . . . . 260,000 fr.

A l'égard du jardin et des terres adjacentes qui peuvent être considérées comme objet d'un produit annuel, nous estimons que le revenu annuel en 1790 doit être porté à la somme de huit cents francs. Lequel revenu multiplié par vingt fois, donne un produit de seize mille francs, ci. 16,000 fr.

Total de l'évaluation du chapitre premier, 276,000 fr.

CHAPITRE II.

1° Le second objet de division de Marmoutier, consiste dans la maison dite abbatiale et une grande cour renfermée au nord de la dite maison ;

2° Ce bâtiment ayant sa façade au nord est construit à neuf en pierre de taille avec avant-corps dans la partie du milieu ; sa longueur est de 124 pieds, sa profondeur de 25. Le rez-de-chaussée consiste dans quatre grands vaisseaux voûtés ; ces quatre grands vaisseaux sont deux cages d'escalier dans l'une desquelles il a été établi un poulin provisoire pour monter au premier étage;

3° Le premier étage ne consiste que dans les quatre murs et ouvertures, sans croisées ni portes ; la charpente est neuve, elle est à deux égouts et couverte en ardoise;

4° Au nord de ce bâtiment est une grande cour contenant soixante chaînées en superficie, puits commun avec le citoyen Hurleaux, dans la dite cour. Le tout en un tenant joignant du nord à la grange de Marmoutier, du levant à l'écurie, du midi au chemin, du couchant au jardin du citoyen Hurteaux.

Le bâtiment de la maison dite abbatiale n'étant pas fini et la construction actuelle ne consistant que dans les quatre murs et la couverture, le revenu en 1790 ne peut être apprécié, ce bâtiment dans l'état où il est n'étant pas susceptible de location.

En conséquence nous sommes d'avis que ce bâtiment dans l'état où il se trouve, ainsi que la cour, sont de valeur de la somme de six mille cinq cents francs, ci . . . . . 6,500 fr.

CHAPITRE III.

1° Le troisième objet de division consiste dans un petit corps de bâtiment situé à l'angle nord-est de la cour de l'église et ayant sa façade à l'extérieur de l'enceinte de Marmoutier;

2° Ce corps de bâtiment a une longueur de quarante-quatre pieds sur vingt pieds de largeur; il est composé au rez-de-chaussée de deux chambres à cheminée, escalier en bois à deux noyaux, entre les dites chambres;

3° Le premier étage consiste en deux chambres à cheminée, un cabinet à côté, grenier sur le tout, charpente à deux égouts couverte en ardoise;

4° Au couchant de ce bâtiment est une cour ayant une issue sur la cour de l'église, ayant vingt-cinq toises de superficie, et dans lequel est un hangar soutenu sur poteaux et sur le mur de la dite cour, charpente en appentis, couverte en tuiles, four à cuire le pain dans le dit hangar;

5° Au nord de la cour sont deux celliers planchéiés, deux caveaux au-dessous, creusés dans le rocher; deux autres grandes caves dans lesquelles on communique par deux escaliers rampants construits en pierre;

6° Au levant de la maison, terrain ou espace commun entre deux, un petit corps en appentis couvert en ardoise, composé d'une chambre à cheminée, sans porte grenière au-dessus;

7° Au nord de la cour d'entrée de l'église, trois caveaux et une cave creusés dans le rocher ;

8° Au levant du troisième caveau est un escalier à vis Saint-Gilles construit en pierres de taille, dont les marches sont revêtues de bois, et qui conduit aux terrasses des Sept-Dormants ;

9° Au nord de cet escalier est l'emplacement de l'ancien clocher de Marmoutier dont les matériaux ont été vendus ; cet emplacement fera partie de la présente estimation ;

10° Une petite terrasse ayant en longueur quarante pieds sur douze, au nord de laquelle sont deux caveaux séparés de la cour par un mur de revêtissement ;

11° Une autre terrasse à laquelle on communique par une galerie sur le rocher, éclairée par arcades construites en maçonneries ;

12° A l'extrémité de cette galerie est un escalier en pierre, rampant, conduisant à une autre terrasse supérieure, ayant soixante pieds de longueur sur quinze pieds de largeur, puits dans la dite terrasse ;

13° Au nord de cette terrasse sont deux petites chambres dans le roc, dont une à cheminée ;

14° Vers le couchant de cette dernière terrasse en est une autre plus élevée ayant trente-cinq pieds de longueur sur vingt-cinq ;

15° Plus sept chaînées de terrain à prendre dans la cour qui précède l'église et qui se trouve au midi et dans la longueur des caves et du rocher, à prendre depuis l'arrêtier, côté nord, de la petite porte d'entrée, jusqu'à l'angle nord du premier pilier qui soutient la voûte du porche, distant du clocher de seize pieds, et ce par une ligne droite ;

16° Le tout en un tenant, joignant du nord au citoyen Guizol, du midi au surplus de la cour de l'église, du couchant au chemin qui conduit à la levée, du levant au rocher.

Après avoir examiné, mesuré les bâtiments et le terrain dont il s'agit, ainsi que les caves et caveaux dépendants de ce troisième chapitre de division, nous sommes d'avis que la maison et terrasses ci-dessus valoient en 1790, en revenu annuel, la somme de cent vingt fr., ci . . . . . 120 fr.

Lequel revenu multiplié par vingt fois donne un capital de deux mille quatre cents fr., ci . . . . 2,400 fr.

VIII.

LES DERNIERS PROPRIÉTAIRES
DE
MARMOUTIER.

Pour compléter l'histoire de Marmoutier, il nous reste à poursuivre jusqu'à nos jours l'indication des propriétaires de l'abbaye.

Après avoir chassé les moines, la Révolution s'empara du monastère et en fit d'abord un hôpital militaire où on logea jusqu'à quatre mille malades. L'administration, qui pensoit à rendre cette destination définitive, fit étudier par deux architectes, André Thomas et Joseph Fournier, le 24 brumaire an VII, les réparations urgentes qu'il convenoit de faire à l'immeuble. Les deux experts estimèrent à 31,475 francs les travaux indispensables. « La majeure partie des réparations, disent-ils dans leur rapport, est d'autant plus urgente à rétablir, que les charpentes, les planchers et les gros murs restés à découvert, ne tarderoient pas de tomber en ruines et de nécessiter des réparations dont le prix excèderoit bientôt la valeur du domaine lui-même. » De plus, des vols considérables se commettoient journellement dans l'ancien monastère, et les plombs des toitures, notamment, étoient enlevés presque partout, au grand détriment des charpentes, des planchers et des voûtes.

Devant la somme qu'on lui demandoit pour restaurer Marmoutier, l'administration recula et fit mettre le domaine en vente. L'abbaye fut adjugée, suivant procès-verbal dressé par les administrateurs du district de Tours, en date du 25 pluviôse an VII, pour 801,000 francs en assignats, chiffre énorme en apparence, mais qui ne représentoit en réalité, comme nous le verrons plus loin, qu'une somme insignifiante en numéraire. Cette acquisition étoit faite au profit de Norbert Lhéritier-Vauquer, négociant, pour un tiers ; Ambroise-Sébastien Gidoin, président de l'administration départementale d'Indre-et-Loire, pour un autre tiers ; et René Bellanger-Bisson, maître couvreur à Tours, et Étienne Guépain, maître menuisier en la même ville, ensemble pour le dernier tiers.

La vente s'étoit faite à des conditions si douces et avec une concurrence si peu sérieuse, que le Gouvernement refusa tout d'abord de ratifier l'adjudication. Par un arrêté du 11 floréal an VII, le Directoire exécutif annula la vente de Marmoutier, comme entachée de fraude, et ordonna qu'une nouvelle adjudication en seroit faite ; le 13 du même mois, le ministre des finances, écrivant au commissaire du Directoire exécutif d'Indre-et-Loire, exceptoit de la nouvelle adjudication l'horloge du monastère, qu'on vendroit à part comme mobilier national, et réservoit aussi « comme objet de curiosité le grand et magnifique escalier que l'on assure avoir coûté 80,000 francs, et qui pourroit peut-être, sans inconvénients et sans de trop grands frais, être déconstruit et transporté à Paris. » On voit quelle étoit la réputation de l'escalier monumental construit par Lenot, puisque le ministre en estimoit la valeur au double du chiffre, déjà considérable, du devis dressé par l'architecte (35,809 livres).

L'arrêté du Directoire exécutif ne fut que suspensif, et les parties intéressées réussirent à faire ratifier par le Gouvernement, sans aucune réserve, l'adjudication consentie à leur profit. Le 15 fructidor de la même année (an VII), les quatre co-acquéreurs de Marmoutier licitèrent cette propriété, et l'un d'eux, M. Gidoin, s'en rendit acquéreur moyennant 15,000 francs. C'étoit tout ce que valoient en numéraire le chiffre de 801,000 francs auquel ils l'avoient enchérie quelques mois auparavant.

Alors commença l'œuvre de destruction, déjà largement préparée par la négligence, les intempéries, les dilapidations. La charpente de l'église fut enlevée, avec les plombs, les fers, les marbres, les boiseries de l'édifice sacré. Les aquarelles faites d'après nature par A. Morillon aîné pendant la démolition, en 1802, nous montrent déjà, sous l'aspect d'une ruine, ce vénérable sanctuaire. Les lieux réguliers ne furent pas épargnés et disparurent à leur tour, sauf les bâtiments les plus modernes, qui, encore en bon état, furent conservés provisoirement. En 1813, ces bâtiments furent transformés en écuries et affectés au logement des chevaux des gardes d'honneur ; à cette date, les voûtes de l'église étoient tombées, et du vieil édifice il ne restoit plus que les murailles, se dressant tristement dans les airs, au milieu de décombres que surmontoient çà et là quelques pignons isolés.

Un nouvel acquéreur devoit porter le dernier coup à la vieille abbaye. Par contrat passé devant M. Bidault, notaire à Tours, le 22 mai 1818, M. Gidoin vendit le domaine de Marmoutier à Pierre Mornand-Girard, ancien maître charpentier, pour 20,000 francs. Peu à peu les dernières ruines disparurent du sol, sauf l'enclos du monastère et le portail du midi. Le magnifique escalier lui-même ne trouva pas grâce devant la spéculation des démolisseurs. On a prétendu que ce monument avoit été acheté par un Anglais, démoli pièce à pièce et transporté au-delà du détroit pour orner un château. C'est une erreur. « Nous avons fait tout le possible, dit M. Meffre père (1), auprès de M. Mornand, alors propriétaire de Marmoutier, pour qu'il fût conservé ; nous lui avons dit que les marches de cet escalier, minces à leurs extrémités, plus épaisses le long des murs, avec de fortes culasses dans ces mêmes murs pour équilibrer le poids de leur saillie, très-proprement délardées et avec des joints coulés en plomb, se casseroient lors de la démolition. Nos instances ont été vaines ; cet escalier a été démoli ; les marches ont été brisées ; quelques pierres des paliers seulement ont été conservées. Le tout a été vendu et employé dans diverses constructions de la ville de Tours en 1821 et 1822. »

Par acte du 20 avril 1830, les époux Mornand-Girard firent donation entre vifs à titre de partage anticipé du domaine de Marmoutier à leurs cinq enfants. Ceux-ci licitèrent, et, suivant deux jugements d'adjudication du 27 mai et du 5 août 1840, Marmoutier devint la propriété de M. Saturnin Thomas, docteur-médecin à Tours, moyennant 51,400 francs. M. Tho-

(1) *Tablettes chronologiques de l'histoire de l'abbaye de Marmoutier*, dans le tome XVII, p. 595, des *Mémoires de la Société archéologique de Touraine*.

mas l'a vendu, le 29 juin 1847, aux dames religieuses de la communauté du Sacré-Cœur, qui y ont établi un pensionnat.

L'étude, la piété, le culte de saint Martin ont repris possession de ce sol béni, consacré par la présence de l'illustre thaumaturge des Gaules et par les vertus de tant de saints personnages. Depuis la fondation du monastère en 372, la prière n'y avoit été interrompue qu'en deux circonstances douloureuses, à la suite de l'invasion normande et à la suite de la Révolution pendant un demi-siècle. La chaîne un moment brisée vient de se renouer, et Marmoutier poursuit, mais sous une forme nouvelle et dans des proportions plus modestes, la haute mission qu'il inauguroit il y a quinze siècles, avant l'établissement de la monarchie françoise, et qu'il a continuée sous trois dynasties. Tant il est vrai que l'Église seule peut imprimer à ses œuvres, au milieu de la mobilité des institutions humaines, le caractère de la force et de la stabilité !

C. CH.

FIN.

OBSERVATIONS CRITIQUES

Quelques-uns de nos correspondants, après avoir lu le premier tome de l'*Histoire de Marmoutier*, ont bien voulu nous communiquer quelques observations critiques sur le texte de Martène. Nous ne saurions mieux faire que de reproduire ici textuellement ces observations.

M. de Sourdeval nous écrit de Fontordine (Vendée) :

« J'ai reçu avec un vif intérêt votre belle publication de l'*Histoire de Marmoutier* par dom Martène. Ce volume est un véritable dossier d'archives, non-seulement pour la Touraine, mais pour la moitié de la France, où s'étendait le patronage du *Majus Monasterium*. J'y retrouve diverses choses sur la Vendée, mais pas autant que j'en ai indiqué en mon article publié au *Bulletin de la Société archéologique*, 1869, page 218. Je vous engage à le relire.

« Je puis aussi vous donner quelques interprétations que ni D. Martène ni vous, ne pouviez deviner.

« Ainsi, page 330, le prieuré de la Roche-sur-Yon contient les reliques de saint *Leonius*; ce nom latin est en françois liturgique, saint Lienne; j'ai parlé de ce prieuré, dans mon article précité, du reste de sa chapelle, et de ses riches archives.

« Page 334, Herbert de *Bran*, Bram ou Brem, ancienne viguerie, a laissé Saint-Nicolas et Saint-Martin de Brem, deux paroisses, à églises très-anciennes, près d'un énorme tumulus, le Brandois, qui fut le siège d'une châtellenie considérable. Il y a aujourd'hui un marquis de Brandois, qui représente les anciens seigneurs.

« Même page, l'île d'*Oye*; c'est l'île d'Yeu, *insula de Oys*, *de Oyo*, etc., que quelques-uns écrivent mal à propos île Dieu. — Il y avoit une *insula Dei*, mais qui étoit l'îlot-rocher du *Pilier*, près de Noirmoutier; un monastère y fut bâti, mais il a été transporté à Noirmoutier en 1205 par Pierre de la Garnache, et est devenu l'Abbaye blanche, par opposition à l'Abbaye noire, ou prétendue telle, qui fut fondée par saint Filbert sous la règle de saint Colomban, dont l'habit étoit blanc, et qui fut converti en prieuré, avant l'établissement des Bénédictins à habit noir, qui continuèrent le monastère à Tournus sur la Saône, après que, pour fuir les Normands, on eût fait faire aux reliques de saint Filbert une odyssée de 80 ans avec stations à Dean (aujourd'hui Saint-Philbert de Grandlieu), à Cunault en Anjou, à Messemé en Poitou, à Saint-Pourçain en Auvergne, enfin à Tournus.

« Page 493 ; vous trouverez dans mon article indiqué ce qui concerne Sallertaine, et non *Salaterne*; Borellus, et Pierre de la *Garnache*, *Gasnapia*, que dom Martène a traduit par Gasnap. — Il y a eu successivement quatre Pierre de la Garnache, qui ont été fondateurs des abbayes de l'Ile Chauvet, de la *Blanche*, du prieuré de la Lande en Beauchesne, inauguré par Robert d'Arbrissel en personne et mis sous la dépendance de Fontevrault.

« L'acte de consécration de l'église de Sallertaine, par l'évêque de Poitiers, nomme cette église *sanctus Martinus de Salhartena*, en 1173 ; et la construction de l'église paroît être de cette date. Sa porte ébrasée, située sur le flanc ainsi que celle de Beauvoir, est à plein cintre, avec une légère indication d'ogive. »

M. Dupré, bibliothécaire de la ville de Blois, nous transmet de son côté quelques bonnes notes :

« Je lis, en ce moment, avec le plus vif intérêt, l'*His'oire de Marmoutier* de dom Martène, que vous avez eu l'heureuse pensée de mettre au jour ; j'y remarque surtout les passages concernant le pays Blésois, objet spécial de mes études. Cet examen attentif m'a déjà donné lieu de relever quelques erreurs de détail, échappées à l'attention des Bénédictins, vos devanciers ; en voici d'abord deux que je prends la liberté de vous signaler, dans l'intérêt de la vérité historique :

« Page 540 de votre 1er volume : La portion de forêt qu'Étienne de Champagne, comte de Blois, et sa femme Adèle d'Angleterre, donnèrent aux religieux de Marmoutier pour fonder le prieuré de *Francheville*, autrement dit de *Morée*, n'étoit pas située en Sologne, comme le suppose dom Martène, mais en Beauce. C'étoit la forêt longue, *sylva longa* ; les copistes ont mal lu ce nom, bien simple pourtant. Mabillon lui-même s'y est trompé avant dom Martène ; car, après avoir rapporté la donation en ces termes : *partem quandam silvæ Louniæ seu Longiæ*, il ajoute en marge la fausse indication *de Sologne*, (*Annal. ord. S. Bened.*, lib. 70, n° 15). Cette *Forêt longue*, mentionnée fréquemment dans les chartes du moyen âge, couvroit une portion considérable de la Beauce ; il n'en reste plus que la forêt actuelle de Marchenoir.

« Le défrichement successif des plaines environnantes est dû aux moines de Marmoutier, de Saint-Laumer de Blois et de la Trinité de Vendôme, qui possédoient, en grande partie, ce vaste territoire.

« Page 559. Ce ne fut pas la comtesse Adèle, mais son fils Thibaud IV, surnommé *le Grand*, qui reçut à Blois le pape Innocent II. Ce souverain pontife a daté de notre ville une bulle du 6 octobre 1131, en faveur de l'église métropolitaine de Rouen (*Table des diplômes, chartes*, etc. par de Bréquigny, t. II, p. 586, et Trigan, *Histoire ecclésiastique de la Normandie*, t. IV, p. 175) ; or, à cette époque, la pieuse mère de Thibaud IV vivoit recluse dans l'abbaye de Marcigny en Bourgogne, où elle s'étoit retirée à la majorité de ses enfants. Elle y mourut saintement en 1137. »

M. Denais, de Beaufort-en-Vallée (Maine-et-Loire), nous adresse la rectification suivante:

« J'ai parcouru la belle publication de dom Martène; le docte Bénédictin a fait une erreur que je signale au savant éditeur de cet ouvrage. Ce n'est pas de *Bocé* qu'il s'agit (p. 222), mais de *Bessé* ; la charte de 989, reproduite dans le *Gallia* et réimprimée dans ma monographie (actuellement sous presse) de N.-D. de Beaufort, dit « *ex piscaria Baissei* », qui est *Bessé*, plus tard *Saint-Pierre-du-Lac*, origine de Beaufort. (Voir encore sur ce sujet Marchegay, *Archives d'Anjou*). Bocé n'appartint à Marmoutier qu'après 1080, selon le renseignement de M. Port, qui semble très-vraisemblable. Du reste le nom latin de Bocé n'a jamais pu être *Baissei*, mais comme cette paroisse étoit à peu près inconnue en Anjou déjà au temps de D. Martène, cela explique l'erreur. C'est donc *Bessé* (Saint-Pierre-du-Lac) qu'il faut lire. »

L'examen du texte de Martène, fait dans chaque province, amènera sans doute d'autres rectifications du même genre. Nous accueillerons avec reconnoissance toutes celles qu'on voudra bien nous transmettre, afin d'en faire profiter nos lecteurs.

C. CH.

NOMS DE PERSONNES.

Les chiffres romains indiquent le tome, et les chiffres arabes la page.

A

Aanor, femme de Bouchard de l'Isle, I, 253.
Abbon, évêque, archi-chancelier, I, 191.
Abbon, abbé de St-Benoît-de-Fleury, I, 220, 224, 230, 231, 232, 233, 551.
Abesin, père d'Anségise, I, 449.
Abrassart, secrétaire de Marmoutier, II, 545, 567, 586, 603, 610.
Absalon, moine de Glonne, I, 125.
Acfrid, oncle de Bouchard de l'Isle, I, 252.
Acfridus, gentilhomme de Tours, I, 240.
Achard de Bran, I, 330.
Acharia, mère de Raduinus, I, 187.
Achillée (saint), II, 263, 554.
Acourt Roger, religieux d'York, II, 331.
Actard, évêque de Nantes, I, 171.
Ada, femme du comte de Ponthieu, I, 376.
Ada, sœur de Jacquelin de Maillé, II, 107.
Adalard, évêque, I, 175, 185.
Adalard, 63º abbé de Marmoutier, I, 167, 168.
Adalard (saint), abbé de Corbie, II, 494.
Adalberon, abbé de Saint-Vincent de Laon, I, 498.
Adalmarus reçoit la parole, I, 171.
Adam, évêque de Boulogne, II, 190, 191, 192.
Adam, frère de Normand, I, 566, 567.
Adam, fils de Pierre Berkin, I, 395.
Adam, abbé de Perseigne, II, 167, 168.
Adam, abbé d'Everbach, II, 56, 57, 58.
Adebrode, évêque, I, 393.
Adeberge, femme d'Étienne, vicomte du Mans, I, 352.
Adelaïde, femme de Briant, I, 318.
Adelaïde, femme d'Hilduin de Roussi, I, 433, 437.
Adelaïde, Adelaïs, femme de Mainon de Fougères, I, 323, 324, 413, 414.
Adelaïde, femme de Thibaud, comte de Champagne, I, 305, 436.
Adelaïde, fille de Hubert de la Ferté, I, 278.
Adelaïde, fille de Hugues de St-Christophe, I, 422.
Adelaïde, fille de Landri de Baugé, I, 293.
Adelaïde, parente d'Archambaud, prévôt de Vendôme, I, 289.
Adelaïde, sœur d'Yves de Martigny, I, 313.

— 637 —

Adelaïde Papebœuf, II, 82.
Adelaïde, sœur de Ratherius, I, 309, 310.
Adelaïde, femme de Gautier des Loges, I, 315.
Adelaïs, femme de l'empereur Othon Ier, I, 214.
Adeland, archevêque de Tours, I, 180, 181.
Adelard, prieur de Châtillon, II, 136.
Adelard, bouteiller de Philippe, roi de France, I, 437.
Adelard, fondateur du prieuré d'Anneuil, I, 425.
Adelard, prévôt d'Ebrard du Puiset, I, 508.
Adelard de Bratel, I, 427.
Adelaud, frère d'Hugues de Châteaudun, I, 229.
Adèle, abbesse, I, 323.
Adèle, femme de Hugues, I, 290.
Adèle, femme de Nielle de Coutances, I, 328.
Adèle, femme de Salomon de Lavardin, I, 305.
Adèle, mère de Foulques-Nerra, I, 222.
Adèle, femme d'Étienne, comte de Champagne et de Blois, I, 479, 510, 511, 550, 559, 565; — II, 38, 68, 69.
Adèle, femme de Guillaume, duc de Normandie, I, 261.
Adelelme, connétable du roi Philippe, I, 500.
Adelelme, seig. de Semblançay, I, 366, 367, 422.
Adelelme de Ponthieu, surnommé Costard, I, 375, 376, 474, 488, 559, 566.
Adelende, femme d'Engelbaud Goël, I, 334.
Adelésis, sœur de Guillaume de Combour, II, 1, 2.
Adelesme, doyen de Marmoutier, I, 189.
Adelice de Blois, II, 173.
Adelide, femme de Gui de Rochefort, II, 23.
Adelide, comtesse d'Oux, I, 441.
Adeline, femme de Guillaume, I, 333.

Adeline, femme de Sigebrand de la Chassennerie, I, 295.
Adeline, mère de Juhel de Mayenne, II, 33, 35.
Adelise, femme de Hugues du Puiset, I, 508.
Adelise, femme de Jacquelin de Maillé, II, 106.
Adelise, femme d'Ingogeri de Bohon, II, 137.
Adelise, comtesse de Brenne, II, 98.
Adelise, femme d'André de Rameru, I, 437.
Adelmann, évêque de Bresse, I, 458, 462.
Ademar, abbé de St-Martial, I, 542.
Ademare, moine de Marmoutier, I, 345.
Ademare Donzel, I, 358.
Adenorde de Baugency, II, 102, 103.
Adenorde de Prulli, I, 314.
Adenors, femme de Geoffroi de Thouars, I, 330.
Adhelbert, abbé de St-Florent de Saumur, I, 254.
Adhericus, évêque d'Orléans, I, 383.
Adhuise de Montigny, I, 308.
Adralde, abbé de St-Nicolas d'Angers, I, 354.
Adralde, I, 240.
Adrien II, pape, I, 190.
Adrien IV, pape, II, 100, 110, 115, 116.
Advaldus, religieux de Marmoutier, I, 284.
Advoise, femme de Nivelon de Pierrefont, I, 481.
Advoise, femme de Rotrou du Perche, II, 64.
Ænée, notaire, I, 169.
Agabus (saint), évêque, I, 172.
Agathe de Montaigu, II, 176.
Agebert ou Agobert, évêque de Chartres, I, 335, 336.
Agie, abbesse, I, 170.
Agilus, 56e abbé de Marmoutier, I, 160.
Agnès (sainte), I, 44, 109.
Agnès, femme d'André de Vitré, I, 567.

Agnès, femme de Daniel de Pont-Château, I, 529.
Agnès, mère de Geoffroi, duc de Guyenne, I, 451.
Agnès, comtesse, femme de Geoffroi Martel, I, 269, 270, 288, 312, 323.
Agnès, femme de Gilduin de Maillé, I, 314.
Agnès, femme de Eudes de Montigné, II, 147, 148.
Agnès, femme de Guanilon de Montigni, I, 363.
Agnès, femme de Hugues de Genetet, I, 343.
Agnès, mère de Guillaume, duc d'Aquitaine, I, 330.
Agnès, fille d'Oudète, I, 532.
Agnès, femme de Brient de Montaigu, II, 194, 198.
Agnès, femme de Hugues, vicomte du Puiset, II, 70.
Agnès, sœur de Jacquelin de Maillé, II, 107.
Agnès de Maintenon, II, 140.
Agobert, abbé d'Evron, I, 575.
Agricole, disciple de saint Martin, I, 135.
Aicardus, 2ᵉ abbé de Marmoutier, I, 146.
Aiguillon (duchesse d'), II, 521.
Aigulfus, 36ᵉ abbé de Marmoutier, I, 160.
Aimard, abbé de Cluny, I, 371.
Aimeri, archidiacre de Clermont, II, 81.
Aimeri, moine de Fontaines, I, 330.
Aimeri, relig. de Marmoutier, I, 300.
Aimeri, prévôt de Baugé, I, 319.
Aimeri, prieur de St-Pierre de Chemillé, II, 136.
Aimeri, sacristain de Marmoutier, II, 81.
Aimeri, fils de Bouchard de l'Isle, I, 253.
Aimeri, petit-fils d'Hervée de Blois, I, 277.
Aimeri de Condatelle, I, 284.
Aimeri Gaunard, seigneur de Lavardin, I, 307.
Aimeri de Lodun, seigneur de la Faye (Faye-la-Vineuse), I, 358.
Aimeri, vicomte de Tallemon, I, 277.
Aimeri Savari, fils de Geoffroi de Thouars, I, 330, 331.
Aimeri, comte de Thouars, I, 331, 332, 354, 355, 428, 429.
Aimoin, évêque d'Angers, I, 292.
Ainard, religieux de Marmoutier, I, 393.
Airard, cardinal, I, 317, 318, 319, 320, 321, 322, 325, 402.
Airard, évêque de Chartres, I, 549.
Airard, gouverneur de Tours, I, 378.
Airard, prévôt de Tours, I, 311.
Airemare, père d'Arnoul, I, 332.
Alain, abbé, I, 58.
Alain, abbé de Saint-Vandrille, I, 552, 553.
Alain, cardinal d'Avignon, II, 327.
Alain, duc de Bretagne, I, 275, 291.
Alain III, duc de Bretagne, I, 248, 258, 259, 260, 262.
Alain, vicomte, II, 27.
Alain, évêque de St-Malo, II, 271, 275.
Alain, évêque de Rennes, II, 99, 101.
Alain, donateur de l'église du Tronchet, I, 408.
Alain, comte de Nantes, II, 18, 19.
Alain le Roux, I, 473.
Alain le Noir, I, 473.
Alalulfe, I, 192.
Alaordis, dame noble, I, 358.
Alard, archidiacre de Londres, II, 176.
Alaric, reclus de Marmoutier, I, 155.
Albens (saint), abbé de Marganuid, I, 147.
Alberic, abbé de St-Basle, II, 48.
Alberic, archevêque de Reims, II, 190, 191.
Alberic, religieux du Mont-Cassin, I, 465, 466.

— 639 —

Alberic, cardinal et évêque d'Ostie, II, 114.
Alberic, chambrier, II, 67.
Alberon, archevêque de Reims, I, 223.
Albert, abbé de Marmoutier, I, 276.
Albert, abbé de St-Julien de Tours, I, 257.
Albert, abbé de St-Mesmin, I, 403.
Albert, évêque de St-Malo, II, 133, 153, 162.
Albert, moine de Marmoutier, I, 260.
Albert, seigneur de Montjean, I, 338.
Albert, prévôt de Tours, I, 344.
Albert le Grand, relig. de l'ordre de St-Dominique, I, 199; II, 285.
Albigeois (les), II, 190, 196.
Albret (M. d'), seigneur de Château-Meillant, II, 361.
Alcherius, baron, I, 427.
Alcuin, I, 27.
Aldearde, femme de Foucher, I, 291, 350.
Aldesinde, femme de Corbon, I, 243.
Aldric (saint), I, 78.
Aldroinus, abbé, II, 77.
Alençon (duc d'), II, 393.
Alexander, 44e abbé de Marmoutier, I, 160.
Alexandre II, pape, I, 369, 381, 384, 394, 464, 515.
Alexandre III, pape, I, 404; — II, 100, 101, 110, 121, 124, 125, 128, 131, 132, 135, 136, 138, 139, 141, 146, 151, 154, 157, 161, 178, 203, 214, 321.
Alexandre IV, pape, II, 228, 229, 231, 232, 233, 235, 236, 237, 238.
Alexandre V, pape, II, 310, 312.
Alexandre VI, pape, II 335.
Alexandre VII, pape, II, 513, 521, 530.
Alexandre, abbé de Talemon, I, 528.
Alexandre des Roches, I, 530.
Alexandre, seigneur de Rochecorbon, II, 46.

Alexandre Fulgence, religieux, II, 527.
Alfrid, prieur de Sablé, I, 531.
Alfride, père de Mainon de Fougères, I, 323.
Alibert (Jean d'), abbé de Caunes, II, 431, 448.
Alienord d'Aquitaine, II, 93.
Aligre (d'), conseiller d'État, II, 498.
Alix, comtesse de Blois, II, 244.
Allemands, émigrants, I, 17, 317; II, 373, 563.
Alletz (d'), sacristain de Marmoutier, II, 482.
Almarus, frère de Robert Michel, I, 512.
Almode, femme de Geoffroi de Prulli, I, 313, 314, 319, 379.
Almode, femme de Robert de Mortain, I, 441.
Almodus, abbé de Redon, I, 319, 320, 401, 402, 403, 404, 445, 446.
Alon, I, 240.
Alphonse, roi de Tolède et de Castille, II, 159.
Alphonse, comte de Poitiers, II, 227, 228.
Aluia (Jean d'), I, 425, 558.
Alvaredus, I, 261.
Amalbert, abbé de Saint-Florent, I, 254.
Amalric, diacre, I, 168.
Amalric, oncle de Bouchard de l'Isle, I, 252.
Amat, évêque d'Oleron, I, 485.
Amat, archevêque de Bordeaux, I, 465, 471, 515, 521, 523.
Amateur (saint), I, 90.
Amateur, disciple de saint Martin, I, 135.
Amauri, chanoine de Reims, I, 404.
Amauri de Maintenon, II, 140, 183, 184.
Ambaud, cardinal, II, 284.
Amblinviller (Isembard d'), I, 533, 534.
Amboise (Robin et Breton d'), II, 111.
Amboise (Georges d'), archevêque de Rouen, II, 350, 351, 355.

Amboise (Maison d'), I, 202, 312, 525; — II, 49, 72, 73, 134, 291, 293, 350, 351, 355.
Ambroise (saint), I, 56, 57, 60, 73.
Amé, légat du St-Siège, I, 452.
Amelin, I, 380, 381.
Ameline, mère de Guillaume de Talmond, I, 329.
Amiens, chanoines, II, 128.
Amilius, prêtre, I, 305.
Ammenesis, seigneur, II, 160.
Anastase (saint), I, 23.
Anastase, pape, I, 472.
Anastase IV, pape, II, 100, 106.
Anatole ou Anatolius, I, 118, 119, 120.
Ancre (marquis d'), II, 467.
Andemand, 5e abbé de Marmoutier, I, 146.
Andencus, abbé, I, 474.
Andrade le Modique, I, 174.
André, abbé de Noyers, I, 258.
André, évêque d'Arras, II, 135.
André, relig. de Marmoutier, I, 480, 501, 519, 536, 554, 556.
André, religieux de Marmoutier, II, 564.
André, frère de Simon de Néaulfe, I, 532, 538.
André, prieur de Joscelin, II, 77.
Anfrisius, 58e abbé de Marmoutier, I, 160.
Angilbert (saint), I, 574.
Angiviller (comte d'), II, 574, 573, 574, 576, 577, 578.
Anglais (les), I, 390; — II, 213, 288, 289, 303, 331.
Angot, chancelier de Laon, II, 103, 117.
Angoulême (Elie d'), abbé de Marmoutier, II, 303, 304, 305.
Angoulême (Gérard d'), légat, II, 15, 16, 18, 19, 64, 65, 71, 72, 99.
Anianus, 38e abbé de Marmoutier, I, 160.
Anjou (maison d'), I, 74, 125, 165, 178, 179, 180, 181, 184, 185, 189, 203, 222, 248, 253, 254, 257, 258, 264, 265, 266, 267, 268, 269, 270, 286, 287, 287, 288, 289, 293, 304, 310, 311, 312, 313, 314, 315, 321, 325, 326, 338, 343, 344, 351, 352, 353, 354, 356, 360, 361, 362, 364, 372, 373, 374, 375, 376, 377, 378, 379, 380, 383, 420, 421, 422, 445, 482, 483, 502, 506, 507, 509, 515, 516, 518, 519, 520, 524, 525; — II, 25, 35, 39, 48, 49, 60, 64, 66, 72, 73, 74, 82, 111, 112, 118, 119, 219, 393.
Anne (sainte), II, 362, 363, 588.
Anne d'Autriche, régente, II, 506, 549.
Anne de Bretagne, I, 476; — II, 337.
Anneric, vicomte de Châtellerault, I, 544.
Annuelz (Bonnabe d'), relig. de Marmoutier, II, 482.
Anonyme de Marmoutier, I, 9, 146, 160, 200, 201, 205, 233, 299, 348, 448, 536, 569; — II, 87, 90, 107, 115, 124, 133, 140, 188, 202, 205, 225, 249, 287, 298.
Ansald, abbé de Glonne, I, 124.
Assbert, abbé de Pontlevoy, I, 327, 328.
Anscher, abbé de St-Riquier, I, 488, 489, 570, 573.
Anscher de Rosni, II, 92, 93.
Ansculfe, évêque de Soissons, II, 86.
Anségise, religieux de Marmoutier, I, 108, 111, 277, 432, 449, 450, 451, 452.
Anségise, abbé de St-Maixent, II, 108, 111.
Ansel de Pas, II, 177.
Anselme (saint), I, 364, 365, 442, 552, 573.
Anselme, chancelier de Laon, II, 20.
Anselme, évêque d'Orléans, I, 189.
Ansfroi, abbé de Préaux, I, 461.

Ansgarde, sœur de Marcoard, I, 294.
Ansgerius, fils de Raoul, I, 492.
Ansgerus, seigneur de Basse-Normandie, I, 538.
Anstère, de Mortagne, I, 428, 429, 430.
Antenoise (Maison d'), II, 198, 199.
Antimus, 24° abbé de Marmoutier, I, 159.
Antoine, abbé de l'Isle-Barbe, I, 80, 207.
Antoine, évêque de Marseille, II, 357.
Aper, disciple de saint Martin, I, 135, 136.
Aquitaine (Maison d'), I, 235, 236, 237, 330, 348, 497; — II, 94.
Arborius, ancien préfet, I, 36, 37, 49.
Arcadius, empereur, I, 60.
Archambaud, archevêque de Tours, I, 224, 225, 229, 230.
Archambaud, prévôt de Vendôme, I, 289.
Archambaud, sénieur de Marmoutier, II, 603, 610.
Archambaud de Lyré, I, 418, 419.
Archambeau, père de Girard, I, 192.
Archambeau, vassal de Robert, I, 187.
Archevêque (Jean l'), sous-sacristain de Marmoutier, II, 377.
Arderad, religieux de Marmoutier, I, 252.
Ardouin, II, 106.
Ardouin, archevêque de Tours, I, 346.
Ardouin, évêque de Chartres, II, 67.
Ardres (Vaudemare d'), I, 474.
Aremburge, femme de Foulques d'Anjou, II, 39, 49, 61.
Aremburge, femme de Gervais, I, 381.
Aremburge, femme de Girard de Conom, I, 565.
Aremburge, femme de Haimon le Chat, I, 407.

Aremburge, femme de Rivallenius, I, 404, 405.
Aremburge fille de Sesgualon, I, 302.
Aremburge, mère de Guillaume de Combour, II, 1.
Arengrin, père de Guillaume de Combour, II, 1.
Arguenai (Guillaume d'), II, 196.
Armance, évêque de Tours, I, 66.
Arnaud, archevêque de Bordeaux, II, 48.
Arnaud, père de Gautier, I, 418.
Arnaud, abbé de Bonneval, II, 94, 109, 110, 111.
Arnaud, religieux de Marmoutier, II, 109.
Arnaud, abbé de Morimond, II, 57, 58.
Arnoud, fils de Geoffroi de Vierzon, I, 282, 283.
Arnoul (saint), évêque de Soissons, I, 554.
Arnoul, archevêque de Rhegio, I, 540.
Arnoul, archevêque de Tours, I, 262, 263, 269, 513.
Arnoul, évêque de Lisieux, II, 109, 110.
Arnoul, évêque d'Orléans, I, 551.
Arnoul, évêque de Saintes, II, 6.
Arnoul Betfroid, I, 501.
Arnoul, surnommé Mauvaise-Fin, I, 347.
Arnoul, fils d'Airemare, I, 332.
Arnutus de Rogo, I, 486.
Arondelle (Henri d'), II, 130.
Arpuin, vicomte de Bourges, II, 66.
Artusius, oncle d'Hervée de Marcillac, I, 417.
Ascelin, moine du Bec, I, 462.
Ascelin officier de Thibaud de Champagne, I, 304, 305.
Ascelin, prévôt de Marmoutier, I, 194.
Ascelin, prévôt de Nivelon de Fréteval, I, 511.
Assigné (Marie-Anne d'), II, 552.
Aszo, prévôt de Marmoutier, I, 194.
Atticus, consul, I, 60.

Atton, vicomte, I, 187.
Aubert Bonaventure, prieur de Marmoutier, II, 561.
Aubert Eustache, religieux de Marmoutier, II, 372.
Aubri, abbé de St-Basle, II, 71.
Audebert, 7e abbé de Marmoutier, I, 205.
Audebert, archevêque de Bourges, I, 507, 520.
Augusta, I, 170.
Augustin (saint), I, 83, 84, 85, 472 ; — II, 451.
Aunay (vicomtes d'), I, 358.
Aurelius, disciple de St-Martin, I, 57, 111, 113, 135.
Auschitille, I, 400.
Autriche (archiduc d'), II, 349.
Autun (l'évêque d'), I, 179.
Auvrelle, religieux de Marmoutier, II, 543.
Auxence évêque de Milan, I, 24, 73.
Auxerre (l'évêque d'), I, 178, 179.

Auxile, évêque, I, 92.
Ava, nièce de l'abbesse Agie, I, 170.
Aveline, fille de Salomon de Lavardin, I, 305.
Avesgot, père de Gérimont, II, 140.
Avesgot, frère de Mainier de Semblançay, II, 140.
Avesgot de Maintenon, II, 140.
Avesnes (Gautier d'), comte de Blois, II, 195, 220, 222.
Avilde, femme de Gervais de la Basoche, II, 127.
Avine, fille de Gautier le Roux, I, 377.
Avitien comte, I, 49, 50, 51, 134, 135.
Avoise, femme de Raoul de Montfort, II, 42.
Avoise, fille de Geoffroi de Sablé, I, 382, 383.
Avoto (Hugues de), I, 500.
Aymar (saint), abbé de Cluny, I, 208, 209, 210, 211.

B

Baignoux, expert, II, 615.
Baillet, écrivain, I, 69, 88, 113, 115, 126, 128.
Bailleul (Guérive de), II, 172, 173.
Bailleul (Guillaume et Eudes de), II, 173.
Baldonnet, esclave de Marm., I, 217.
Baluze, auteur, I, 123, 181, 233, 234, 273, 541, 542 ; — II, 292.
Baret, bailli de Marmoutier, II, 377.
Barizel, Adrien, prieur de Landevenec, II, 432.
Baronius, cardinal, I, 16, 29, 59, 87, 540.
Barthélemy (saint), 1er patron de St-Magloire de Paris, I, 499.
Barthélemy, abbé de Marmoutier, I, 160.

Barthélemy, autre abbé de Marmoutier, I, 228, 316, 330, 371 et suivants, 450, 456, 471, 480, 493, 502, 504, 506, 507, 523, 543, 544, 549 ; — II, 38, 599.
Barthélemy, archevêque de Bari, puis pape sous le nom d'Urbain VI, II, 296, 297.
Barthélemy, archevêque de Tours, I, 326, 362, 383.
Barthélemy, évêque de Laon, II, 63, 103.
Barthélemy, prieur de Vivoin, II, 249.
Barthélemy, seigneur de l'Ile-Bouchard, II, 183.
Barthélemy, fils de Geoffroi Payen, II, 42.
Baselges (Maison de), I, 302.
Basile (saint), I, 149.
Basilie, femme d'Ansgerius, I, 492.

Basilie, Basile, fem. de Gautier de Pouancé, I, 418, 507.
Basilie, mère de Gaudin de Malicorne, II, 55.
Basilie, femme de Hugues, seigneur de la Basoche, II, 43.
Basoche (Gaucher de), II, 83.
Basoche (Maison de la), I, 490, 554; — II, 43, 83, 127.
Bassule, belle-mère de Sulpice Sévère, I, 113, 115.
Bastarnay (Marie de), II, 395.
Bastide, Marc, assistant, II, 539.
Bataille, maître d'école et écrivain, II, 558.
Bathet, capitaine des Normands, I, 188.
Baudelus ou Bœdulus, 30e abbé de Marmoutier, I, 159.
Baudoin, comte de Gisnes, I, 474.
Baudoin, frère de Guillaume, maître d'hôtel, II, 116.
Baudoin, comte de Flandre, I, 261, 383.
Baudoin de Flandre, religieux de Marmoutier, I, 375, 383.
Baudoin Hugues, moine de Marmoutier, II, 106.
Baudoin, Robert, neveu de Hugues, II, 106.
Baudoin, second roi de Jérusalem, II, 72.
Baudoin, François, jurisconsulte, II, 465.
Baudri, Balderic, abbé de Bourgueil, puis archevêq. de Dol, I, 408, 459, 468, 491, 520, 547, 562.
Baudri, Balderic, abbé de St-Nicolas d'Angers, I, 253, 287.
Baudri de Glisson, I, 418.
Baudry, Thomas, prieur de Redon, II, 440.
Baugé (Maison de), I, 292, 293.
Baydulus ou Baidilus, 60e abbé de Marmoutier, I, 161.
Bayeux (Maison de), I, 341.
Bazougières (Lisois de), maréchal, I, 310.
Beatrice, sœur d'Aimeri Gaunard, seign. de Lavardin, I, 307.

Beatrice, fille de Hugues, seig. de Montjean, II, 189.
Beatrix, fille de Bernard de Machecou, II, 234.
Beatrix, comtesse de Nogent, I, 549.
Beatrix, femme d'Hardouin de Maillé, I, 502.
Beatrix, femme de Hubert de la Ferté, I, 278.
Beatrix, fille de Hubert de la Ferté, I, 278.
Beatrix, femme de Nivelon de Fréteval, I, 512.
Beaugency (Ernaud de), I, 345.
Beaugency (Lancelin de), II, 156, 158.
Beaugency (Simon de), II, 101, 102, 103, 156, 158.
Beaulieu (Geoffroi de), confesseur de saint Louis, II, 240, 241.
Beaumont, prêtre de la Mission, II, 519.
Beaumont (Hubert de), vicomte du Mans, I, 382.
Beaumont (Roger de), I, 396, 400.
Beaumont (Maison de), I, 484; — II, 198, 282, 284.
Beaurain (Maison de), I, 473, 474, 538.
Beauvais (Vincent de), I, 24.
Bechin, Geoffroi, II, 111.
Bedacier, Pierre, grand-prieur de Marmoutier, II, 438, 478, 500, 511, 549, 550.
Bède, prêtre et moine, I, 69, 104.
Belece de Sainte-Maure, I, 532.
Belesme (Guillaume de), I, 494, 495; — II, 64.
Belesme (Guillaume Talvas, seign. de), II, 64.
Belesme (Yves de), évêque de Chartres, I, 383, 386, 387, 398.
Belesme (Yves de), évêque de Séez, I, 383, 386, 387, 398.
Belesme (Mabille de), I, 495.
Belesme (Robert de), I, 494, 495, — II, 10, 64.
Belesme (Rotrou, comte du Perche, seig. de), II, 63, 64.

Beletia, femme d'Adelard, I, 425.
Belfago (Richard de), évêque d'Avranches, I, 492.
Belichilde, femme de Rorigon, I, 166.
Bellanger-Bisson, René, couvreur à Tours, II, 630.
Bellarmin, cardinal, II, 110.
Bellay, seigneur de Montreuil, I, 269.
Bellegarde, visiteur provincial, II, 584.
Belleville (Maurice de), seign. de Montaigu, II, 233, 234.
Benceline et Améline, parentes de Faucon de Rameru, II, 134.
Benigne, disciple de St-Patrice, I, 92.
Benoît (saint), II, 269, 301, 349, 369.
Benoît XII, pape, II, 280, 281, 282, 284, 335, 447.
Benoît, 11e abbé de Marmoutier, I, 146.
Benoît, cardinal et légat du Saint-Siège, I, 561.
Benoît, évêq. de Nantes, I, 494, 528, 529; — II, 14, 15, 16, 18, 19, 24, 29.
Benoît, évêque de St-Malo, I, 406; — II, 1, 7, 11, 12, 44, 99.
Benoît, moine de Marmoutier, I, 294.
Benoît d'Aniane, abbé de Cerisy, I, 164.
Benoît, cloche de Marmoutier, II, 466, 549.
Bentivoglio, cardinal, II, 548.
Beralde, religieux de Marmoutier, I, 398.
Beraldus Minterius, I, 286.
Berard, chanoine de Marmoutier, I, 194.
Berard, évêque de Soissons, I, 301.
Berardois (Eudes de), grand-prieur de Marmoutier, II, 277.
Berenger, seign. d'Amboise, I, 312.
Berenger, hérésiarque, I, 229, 323, 327, 396, 433, 458, 459, 460, 461, 462, 463, 464, 465, 466, 467, 468, 469, 470, 549, 558.
Berenger, II, 6.
Berenger, seig. de St-Loup, I, 375, 377.
Berenger le Bouvier, frère d'Herbert de Bran, I, 331, 528.
Berenger l'Epine, frère de Robert de Tanniac, I, 341.
Berey (Maison de), I, 403.
Bergi ou Vergi, Etienne, abbé de Cluny, II, 208.
Berich, capitaine des Normands, I, 188.
Berkin, Pierre, I, 395.
Bermond, grand-prieur de Marmoutier, II, 105, 109, 124.
Bernard (saint), abbé de Clairvaux, II, 55, 56, 57, 58, 78, 82, 83, 88, 109, 110, 114, 193, 240, 324.
Bernard (saint), évêque de Hildesheim, II, 494.
Bernard de St Venant, 10e abbé de Marmoutier, I, 322, 331, 332, 375, 444, 449, 471 et suiv., 538, 539, 543, 546, 547, 551, 552, 555, 556, 558, 560, 561, 562, 563; — II, 24, 45, 87, 94.
Bernard, abbé de Moutiers-la-Celle, I, 301.
Bernard, abbé de Saint-Serge, I, 520.
Bernard, évêque de Quimper, II, 130.
Bernard, prieur de Marmoutier, I, 497, 503, 519; — II, 147.
Bernard, moine de Marmoutier, II, 184.
Bernard, sous-prieur de Marmoutier, I, 497.
Bernard, prieur de Saint-Esicius de la Celle-en-Berry, II, 94.
Bernard, aveugle, I, 171.
Bernard dit le Fléau, moine de Marm., I, 375, 509, 510, 554.
Bernard, seig. de Dangeau, II, 106.
Bernard, père de Faucon de Rameru, II, 134.

Bernard, seig. de la Roche, I, 496.
Bernard Guidonis, I, 127.
Berneau (de), capitaine des gardes du sieur de la Meilleraie, II, 518.
Bernerius, abbé de Bonneval, II, 109.
Bernier, abbé de Marm., I, 205, 221, 224 et suiv., 237, 242, 363.
Bernier, abbé de Noyers, I, 258, 544.
Bernier, abbé de Tournus, I, 233.
Bernier, historien, I, 201, 227, 228, 299.
Bernier de Ste-Marie, chanoine de l'église de Tours, I, 263.
Bernion, abbé de Lonlai, en Basse-Normandie, II, 140.
Berno ou Bertio ou Betto, abbé de Marm., I, 159.
Bernoin, chanoine de St-Martin, I, 228.
Bernon, abbé de Beaune, I, 164.
Bernon, prieur de Ste-Ciline, I, 479.
Bertharius ou Bertacharius, 45e abbé de Marm., I, 160.
Berthe, femme d'Alain III, duc de Bretagne, I, 258, 260.
Berthe, femme d'Eudes de Blois et du roi Robert, I, 200, 229, 239, 305.
Berthe, mère de Conan, duc de Bretagne, I, 322.
Berthe, femme de Geoffroi le Bâtard, comte de Bretagne, I, 359.
Berthe, femme de Robert le Bourguignon, I, 531.
Berthe, femme de Robert de Vitré, I, 416.
Berthe, femme du roi Philippe, I, 520.
Berthelot Antoine, grand-prieur de Marm., II, 380, 383.
Berthelot, Pierre, abbé de Cormery, II, 326.
Berthier, Jean, évêque de Rieux, II, 413.
Bertrade de Montfort, femme de Foulques d'Anjou, I, 518, 520; — II, 25.

Bertran, serf affranchi, I, 307.
Bertrand, évêque de Bazas, II, 160.
Bertrand, donateur, II, 19.
Bertrand Robert, seig. de Coutances, I, 439, 440.
Bérulle (de), abbé de Citeaux, II, 472.
Berulle (Pierre de), abbé de Marm., II, 439, 470, 471.
Berulle (Claude de), père de l'abbé de Marm., II, 470.
Betarius, 54e abbé de Marm., I, 160.
Beteville (Thomas de), II, 175.
Bethune (de), ambassadeur du roi, II, 438.
Betoulaut, André, religieux de St-Maur, II, 436.
Betto, abbé supposé être Berno ou Bertio, 31e abbé de Marm., I, 159.
Bevin, Geoffroi, archiprêtre d'Angers, II, 122.
Bèze (Théodore de), II, 371.
Bichi, cardinal, II, 511.
Bidault, notaire à Tours, II, 631.
Bignon, conseiller d'État, II, 503.
Bigots (les), I, 344.
Bilelde, fille de Nielle de Coutances, I, 328.
Billi (Charles de), abbé de St-Faron de Meaux, II, 360.
Binet, François, grand-prieur de Marm., II, 338, 339, 340, 341, 342, 343, 344, 345, 346, 347.
Binet, Jacques, écuyer, II, 339.
Binet, Jean, abbé de St-Julien de Tours, II, 365.
Binet, Martin, prieur des Dormants, II, 324.
Blancard, Robert, moine de Marm., I, 392, 393.
Blanchard, Louis, moine, II, 590.
Blanche, Philippe, archevêque de Tours, II, 289.
Blanche, reine, mère de saint Louis, II, 221, 234.
Blanche, fille de saint Louis, II, 259.
Blazon (Eudes de), I, 319.

Blo (Joscelin de), I, 421.
Bloceus Haimon, seigneur breton, I, 324.
Bloins (Bernard), beau-frère de Gilduin et Sanzo, I, 313.
Blois (Robert de), abbé de Marmoutier, II, 133, 134, 137, 138, 139, 140.
Blois et Champagne (maison de), I, 125, 193, 200, 201, 202, 203, 227, 228, 235, 239, 248, 249, 254, 255, 256, 258, 259, 260, 261, 262, 264, 265, 266, 268, 274, 277, 278, 279, 280, 286, 289, 293, 298, 299, 300, 301, 302, 303, 304, 305, 306, 307, 309, 311, 315, 325, 344, 363, 364, 372, 419, 424, 425, 435, 436, 454, 509, 510, 511, 512, 559, 560, 565; — II, 38, 56, 84, 102, 117, 151, 155, 168, 173, 175, 195, 196, 253.
Blois et Châtillon (maison de), II, 214, 219, 220, 221, 222, 223, 224, 225, 226, 227, 228, 229, 230, 232, 236, 238, 239, 242, 243, 244, 245, 253, 254, 285, 308.
Blois, Valois et Milan (maison de) II, 326.
Blois (vicomtes de), I, 277, 280, 289, 300, 301, 306, 425, 575.
Blois (Charles de), duc de Bretagne, II, 294.
Blois (Raimond de), I, 289.
Blois (États de), II, 85, 396, 397.
Blois (Robert de), Voy. Robert de Blois.
Boamond, prince d'Antioche, II, 9, 10.
Bochel, I, 299.
Bodiac (Maison de), I, 491, 538.
Bodin, écolâtre de Saint-Martin, II, 483.
Bodin, René, bourgeois de Tours, II, 487, 488.
Bohier, François, évêque de St-Malo, II, 364.
Bohon (Ingelran de), moine, I, 375.
Bohon (Ingogeri de), moine de Marm., II, 137, 138.
Bohon (Unfroi de), I, 399, 400; — II, 136, 137.

Bohun (maison de), I, 399, 400.
Boilève, infirmier de Marm., II, 482.
Boilève, Denis, moine, II, 597, 598.
Boire (maison de), I, 277, 295.
Boire (Renaud de), II, 122.
Boiron, Nicolas, anc. serviteur de Marm., II, 550.
Boiville (La Hogue de), I, 439.
Bollandus, I, 70, 87.
Bolonois (les), II, 295.
Bondonnet, I, 76, 78, 327.
Bonghart (les sieurs de), I, 547.
Boniface V, pape, II, 309.
Boniface VIII, pape, II, 257, 258, 259, 307, 321.
Bonnefoy, Innocent, prieur de Marmoutier, II, 535, 552, 553, 556.
Bonneval (Robert de), gd prieur de Marm., II, 141.
Bonval, abbé de Saint-Mélaine, II, 8.
Bonon, chanoine de l'église de Tours, I, 263.
Bootiers Arnaud, serf volontaire de Noyers, I, 544.
Borani, badigeonneur italien, II, 546, 600.
Borel, frère de Gérard de Conom, I, 565, 566.
Borellus, seig. de Beauvais, I, 538.
Borellus, seig. de Beauvoir, Belverii, I, 493.
Boret, Urbain, sous-prieur de Marm., II, 600, 603, 610.
Bornaselle (Jean de), prieur de St-Martin-au-Val, II, 308.
Boson, abbé du Bec, I, 553.
Boson, cardinal, II, 31.
Boson, comte, I, 184.
Boson, I, 240.
Boson, vicomte de Turenne, abbé de Tulle, I, 543.
Boterel Geoffroi, II, 62.
Boterus, fils de Guitmont, I, 406.
Bouchage (maison du), II, 395.
Bouchard, abbé de St-Remi de Reims, I, 547, 548.
Bouchard, abbé de Torvée, II, 15.

— 647 —

Bouchard, bénéficier, I, 289.
Bouchard Innocent, moine de la Gde Chartreuse, I, 541.
Bouchard, comte, I, 192.
Bouchard, seigneur de l'Isle, I, 252, 253, 419, 420, 421, 422; — II, 156, 283, 287.
Bouchard, Burchard, comte de Paris, I, 222, 225, 226, 238.
Bouchard, Burchard, comte de Vendôme, II, 78, 285.
Bouchel (du), II, 112.
Bougis Simon, sous-prieur de Marm., II, 528.
Bouhours (R. P.), I, 476.
Boulay, auteur, II, 273.
Boulogne (Robert de), moine de Marm., I, 392.
Bourbaillon, Jean, gd prieur de Marm., II, 383.
Bourbon (Charles de), abbé de Marm., II, 445, 446, 465, 466, 467.
Bourbon (de) cardinal, archevêque de Rouen, II, 465.
Bourbon (Antoine de), roi de Navarre, II, 465.
Bourbon (Antoinette de), fem. de Claude de Lorraine, II, 370.
Bourbon (Henri de), duc de Verneuil, II, 511.
Bourbon (duc de), II, 556.
Bourbon (duc de), frère de la princesse de Conti, II, 560.
Bourbon (Pierre de), II, 326.
Bourbon-Condé (Louis de), prince de Clermont, abbé de Marm., II, 560, 561, 562.
Bourdeaux (de), II, 474, 475.
Bourdon Nicolas, moine de Marm., II, 86.
Bourgeois, lithographe, II, 547.
Bourgeois Timothée, relig. de Marm., II, 527.
Bourges (Hamelin de), I, 486.
Bourgogne (Jeanne de), reine, II, 290.
Bourgogne (maison de), I, 125, 178, 179, 382; — II, 34, 313, 314.
Bourguignon (Hugues le), I, 343.

Bourguignon (Gautier le), I, 501.
Bourguignons (les), I, 130.
Bourgmoyen (de), abbé de Blois, II, 211.
Bourron, Jean, abbé de St-Germain-des-Prés de Paris, II, 315.
Bouteiller, II, 67.
Bouteiller, avocat de Paris, II, 446.
Bouthillier, archevêq. de Tours, II, 486, 487, 489, 490.
Boutraye, avocat, II, 446.
Bouvot, relig. de Marm., II, 504.
Bova, femme du comte Troanne, I, 163.
Boyer, François, relig. de Marm., II, 465.
Braceoles, Braceolis (Eudes II de), abbé de Marmoutier, II, 258, 259, 264, 266, 267, 268, 596.
Braceolis (Pierre de), prieur de N.-D.-des-Champs, II, 268.
Bram, Hippolyte, I, 395.
Brand (Achard de), I, 330, 331.
Brand (Herbert de), I, 330, 331, 528.
Bratel (Hugues et Guillaume de), I, 426, 427, 428, 487.
Brendan (saint), disciple de S. Finien, I, 148.
Brenne (Maison de), I, 289; II, 98, 144, 197.
Brennes (Guillaume de), seig. des Roches, II, 197.
Brequigny, auteur, II, 586.
Bretagne (Maison de), I, 248, 258, 259, 260, 262, 275, 291, 322, 323, 324, 325, 359, 367, 405, 474, 476; — II, 28, 98, 99, 129, 130, 131, 154, 205, 210, 218, 229, 257, 280, 294, 312, 337.
Bretagne (États et parlement de), II, 516, 520.
Bretagne (saints de), I, 76; — II, 152.
Breteuil (Maison de), I, 336, 375, 424, 452, 453, 454, 455, 456, 457, 501, 536.

Breteuil (Gilduin de), I, 336.
Breton, seig. d'Amboise, II, 111.
Breton, Daniel, serf. II, 234.
Breton, Geoffroi, cousin d'Ebrard, seig. du Puiset, I, 508.
Breton (Richard de), seigneur anglais, II, 247.
Bretons (les), I, 91, 124, 174, 184, 197, 198, 199 ; — II, 303.
Breuil (Jacques du), auteur, II, 273, 275.
Breviard (Hervé de), I, 398.
Briant, archidiacre de Quimper, II, 432.
Briant, seig. de Château-Briant, I, 317, 318, 319, 338.
Briant, comte d'une terre en Angleterre, I, 473.
Brice (saint) ou Briction, évêq. de Tours, I, 61, 69, 70, 71, 495.
Brice, abbé de St-Jouin, I, 502.
Brice, évêque de Nantes, II, 24, 32, 61.
Bridieu (de), marquis de Saint-Germain, II, 562.
Brient, seigneur des Briens et de Montjean, II, 14, 77, 257.
Brient, seig. de Montaigu, II, 194, 195, 197, 198.
Brientius, père de Maurice de Montaigu, II, 176, 177.
Brient et Eustache, fils de Hugues de Montjean, II, 189.
Brigide (sainte), I, 94 ; — II, 296.
Briberi (Geoffroi de), II, 160.
Brioc, seig. de Marcillac, I, 260.
Brissard, Cyprien, relig. de Marm., II, 414, 415, 416, 417, 420, 423.
Brossand, Jacques, prieur de St-Benoît-sur-Loire, II, 485, 509, 548.
Brossillon, citoyenne, II, 625.
Brouard (Maison du), II, 562.
Brouverus, I, 166.

Bruc (Claude du), relig. II, 434, 435, 436.
Bruières (Antoine de), évêque de Luçon, II, 395, 396.
Brulart de Lehon, conseiller d'État, II, 421, 422, 425.
Bruneau, médecin, II, 567.
Brunehaud, reine, I, 34.
Brunel (Girard), donateur, I, 423.
Bruno (saint), instituteur de l'ordre des Chartreux, I, 538, 539, 540, 541.
Bruno, archevêque de Cologne, II, 57.
Bruno, Eusèbe, évêque d'Angers, I, 459, 462, 463.
Bruno, évêq. de Signi et légat du Saint-Siége, II, 10, 465, 524, 525, 563.
Bry (Gilles), auteur, I, 494.
Bucellis (Drogon de), I, 306.
Budée, II, 392.
Budic, seig. de Plogonius, I, 538.
Budic, fils d'Archambaut de Lyré, I, 418, 419.
Buffon, auteur, II, 586.
Buinon (Garcie de), II, 35.
Bulteau, auteur, I, 88, 195.
Burchard, abbé de St Basle, I, 491, 547.
Burchard, abbé de St-Remi de Reims, I, 547.
Burchard, relig. de Marm., I, 279, 349.
Burchard, fils de Foucher Crapon, I, 341.
Burchard, comte de Paris, I, 222, 225, 226, 238.
Burchard, comte de Vendôme, I, 216, 230, 240.
Burne, Jean, sous-prieur de la Trinité d'York, II, 320.
Bus (César du), II, 470.
Bus (Michel du), moine de St-Laumer, II, 349, 350.
Buzançais (Maison de), II, 11.
Bzovius, auteur, II, 294.

C

Cadelabrius, frère de Rualde, I, 322.
Cadillac, Jean, abbé de Saint-Julien de Tours, II, 336.
Cadillon, fils de Guillaume, vicomte d'Aunay, I. 358.
Cadule, relig. de Marmoutier, I, 365, 366.
Calixte (saint), II, 124.
Calixte II, pape, I, 548, 552; — II, 30, 34, 40, 45, 96, 124, 146, 157, 203.
Callipion, disciple de saint Martin, I, 135.
Calvin, hérésiarque, II, 448.
Calvinistes (les), II, 264, 358, 361.
Candes (Maison de), seigneurs de Chemillé, II, 135, 136.
Cantalice (Saint Félix de), II, 558.
Capel, Haimeri, I, 507.
Capet, Hugues, roi de France, I, 197, 367.
Capet, Hugues, fils de Hugues le Grand, abbé de Marm., I, 193.
Carpentier, auteur, II, 583.
Cassien, I, 149, 157.
Castagnolle, demoiselle, II, 559.
Castel, Jean, relig. de Marm., II, 308.
Castel, Raymond, bibliothécaire de Marmoutier, II, 564.
Catherine (Sainte), II, 362, 588.
Catherine de Maillé, dame de Maillé, II, 290.
Caton, disciple de saint Martin, I, 136.
Caton, I, 202.
Caumont (François de), comte de Lansain, II, 405.
Cavaillon, abbé de Redon, I, 317, 319.
Caylus, auteur, II, 583.
Ceillier, auteur, II, 583.
Celeste, Celestius, I, 65, 83, 84, 85, 86, 87.
Celestin, pape, I, 90.
Celestin II, pape, II, 95.
Celestin III, pape, II, 183.
Celestin IV, pape, II, 222.
Celse, homme consulaire, I, 135.
César-Auguste, comte de Thermes, II, 405.
César du Bus, II, 470.
Césarius, consul, I, 60.
Césarius, relig. de Saint-Remi, I, 570.
Chamaillard (Famille), II, 122, 123, 223.
Chambre (Louis de la), cardinal, II, 387.
Chambre (Robert de la), II, 147.
Champagne (Maison de). *Voy.* Blois et Champagne.
Champmarin (Herbert de), seig. de Rillé, I, 530, 531.
Chamrond (Engerand de), II, 138.
Chantre (Pierre le), chan. de Paris, II, 154.
Chapiliais Claude, relig. de Marm., II, 544.
Chapt de Rastignac, archevêq. de Tours, II, 562.
Charbonneau, Jean, prieur de la Chaume, II, 433, 434, 435, 464.
Chardon, relig. de Marm., II, 414, 415, 416, 417, 420.
Charlemagne, empereur, I, 124, 161, 162, 164, 165, 168, 175, 191, 575; — II, 494.
Charles II le Chauve, roi de Fr., I, 124, 168, 172, 173, 174, 177, 184, 185, 191, 460.
Charles III le Simple, roi de France, I, 186, 187, 188, 189.
Charles IV le Bel, roi de France, II, 272, 491.
Charles V, roi de France, II, 294, 308.
Charles VI, roi de France, II, 314.

Charles VII, roi de France, I, 476 ; — II, 326, 331.
Charles VIII, roi de France, I, 476 ; — II, 334, 336, 337, 338, 348, 349.
Charles IX, roi de France, II, 371, 384.
Charles, abbé de St-Magloire, II, 354.
Chartier, Guillaume, évêque de Paris, II, 326.
Chartres (Maison des comtes de), II, 67, 68, 69, 70.
Chartres (Maison des vicomtes de), I, 277, 281, 336, 375, 424, 452, 453, 454, 455, 456, 457, 473, 501, 503, 507, 508, 509, 536, 538.
Chartres (duchesse de), fille du duc de Penthièvre, II, 569.
Chartres (Girard de), *miles*, II, 198.
Chassengrimont (marquise de), II, 521, 595.
Chassennerie (Sigebrand de), I, 295.
Chastelneuf (François de), relig. de Redon, II, 388.
Chastillon, huguenot, II, 374.
Chat (Guitmont le), I, 406, 407.
Chat (Haimon le), I, 406, 407.
Château (Robert du), relig. de Marm., I, 501, 538.
Châteaubriant (Maison de), I, 317, 318, 349, 338, 402 ; — II, 92, 216.
Châteauceaux (Maison de), I, 277, 320, 321, 418, 419 ; — II, 59, 60, 61, 80, 160.
Château-du-Loir (Maison de), I, 380, 381, 533.
Châteaudun (Maison de), I, 225, 229, 239, 370 ; — II, 218.
Château-Meillant (Maison de), II, 364.
Châteauneuf (sieur de), II, 457.
Château-Regnaud (Maison de), I, 238, 249, 250, 303, 304, 307, 334, 344, 345, 456 ; — II, 38, 72.
Châteaux (Maison de), II, 38.
Châtellerault (Maison de), I, 544.
Châtillon (Gaucher de), II, 260.

Châtillon (Gaucher de), comte de Saint-Paul, II, 190, 191, 292.
Châtillon (Hugues de), comte de Blois, II, 308, 254.
Châtillon (Gui de), II, 136.
Châtillon (Jean de), comte de Blois, II, 219, 222, 223, 224, 225, 226, 227, 228, 229, 230, 308.
Châtillon-sur-Marne (Maison de), II, 84.
Chaumeri, Benoît, abbé de Liré, II, 333.
Chaumon (Hugues de), I, 396, 398.
Chaumont-sur-Loire (Maison de), I, 268, 327, 328, 525 ; — II, 249.
Chaumont (Sulpice de) I, 456.
Chauveau, ermite de Marm., II, 598.
Chauveron (Anselme de), abbé de Preuilly, II, 337.
Chavigny (Jacques Leroy de), abbé de St-Florent de Saumur et de Villeloin, II, 589.
Chemillé (Maison de), I, 284, 285, 442, 443, 502, 503, 504, 534, 560, 561 ; — II, 40, 135, 136.
Chennité (Geoffroi Legras de), frère de Geoffroi Le Grand, I, 344.
Cherbourg (Hougoulin de), I, 400.
Chevalier, Nicolas, locataire à vie de Marm., II, 559.
Chevreau, auteur, I, 466.
Chevreux, député et supérieur général de la diète provinciale, II, 584.
Chifflet, jésuite, I, 174.
Childebert III, I, 291.
Chinon (Jean de), I, 348, 421, 424.
Chiverny (Maison de), II, 366, 367, 405.
Chiverny, chancelier, II, 367.
Choiseuil (duc de), II, 563, 569, 570, 576.
Cholet, cardinal, II, 271, 272.
Cholet ou Chaulet (Rainald de), I, 495, 503.

Chotard, évêque d'Angers, I, 292.
Chotard, Raoul, II, 24.
Chrestien, prieur de St-Palais, I, 564.
Chrestienne, femme d'Hajmeri de la Prison, I, 563.
Christien, abbé de Bellefontaine, II, 136.
Chrysogon, cardinal, II, 31.
Cibo, cardinal, II, 556.
Cicéron, I, 97.
Clair (saint), disciple de saint Martin, I, 102, 112, 117, 148, 119, 120, 121, 122, 126, 139, 140, 150; — II, 491, 508, 548.
Claire, Martin, religieux de Chemillé, II, 502.
Clairel Rainaud, relig. de Marmoutier, I, 332.
Clamalioc Belter, serf de Marmoutier, I, 533, 534.
Claremonde de Saint-Médard, II, 217.
Claricie, dame noble, I, 567, 568.
Clarius, relig. de St-Pierre-le-Vif de Sens, I, 468.
Claude (saint), I, 51.
Claudia, vierge, I. 113, 116.
Clémence, femme de Thibaud, comte de Blois et de Clermont, II, 195.
Clémence, femme de Geoffroi, vicomte de Châteaudun, II, 248.
Clémence, femme de Juhelle, seigneur de Mayenne, II, 34.
Clémence, femme de Malbert Geraud, I, 528.
Clemens, abbé de Marm., I, 160.
Clément (saint), II, 135.
Clément, prêtre, I, 132.
Clément III, pape, II, 164, 169, 183, 207.
Clément IV, pape, II, 242.
Clément V, pape, II, 266, 271, 272, 321.
Clément VI, pape, II, 283, 284, 285, 286, 287, 288, 292, 293.
Clément VII, pape, II, 298, 307, 309.

Clément VIII, pape, II, 365, 388, 465.
Clément XII, pape, II, 562.
Clerc (Cyprien le), gd-prieur de Cluny, II, 478, 486.
Clermont et Blois (Maison de), II, 173, 175, 195, 196.
Clermont (comte de), abbé de Marmoutier, II, 561.
Clermont (Jean de), II, 326.
Clicy (Simon de), frère prêcheur, II, 237.
Clotaire Ier, I, 127.
Clovis, I, 60.
Clovis II, roi de France, I, 291, 351.
Cocard, Simon, moine, II, 214, 215.
Coche Guillaume, relig. de Marm., I, 392.
Coengen (saint), I, 148.
Cohart, Simon, moine de Marm., II, 214, 215.
Cointe (le), I, 78, 79, 160.
Colbert, II, 295.
Colomb, abbé, I, 94.
Colomb (deux saints), I, 148.
Colomban, Renier, relig. de Saint-Maur, II, 436, 439.
Colombier (Maison de), I, 532; — II, 117, 118, 119, 259.
Comborn (Maison de), I, 541, 542.
Combour (Guillaume de), XIIe abbé de Marmoutier, II, 1, et suiv., 50; 51, 52, 53, 59, 68.
Combour (Maison de), I, 404, 405; — II, 1, 2, et suiv., 68, 96.
Comnène, Alexis, empereur, II, 55.
Compiègne (Gautier de), prieur de St-Martin-au-Val, II, 141.
Comtat (le), Joachim, VIe prieur de Marm., depuis la réforme, II, 523, 524, 525, 526, 532, 549, 550.
Conam (Geoffroi de), X^e abbé de Marmoutier, II, 192, 209, et suiv., 239, 242, 243, 245, 588.
Conan ou Kenan (saint), I, 148.

Conan, duc de Bretagne, I, 322, 323, 324, 325, 405; — II, 28, 98, 99.
Conan, fils d'Alain, comte de Nantes, II, 18, 73.
Condatelle (Aimeri de), I, 284.
Condé (le prince de), II, 480, 504, 506.
Congal (saint), I, 148.
Congnault, Cyrille, relig. de Marm., II, 574.
Coniard, Hugues, II, 48.
Conom (Girard de), I, 565.
Conrad, roi d'Italie et d'Allemagne, I, 184, 185, 299.
Conrad, abbé de Morimond, II, 57.
Constance, comte, I, 18, 19, 20, 83.
Constance, chanoine, I, 221.
Constance, moine de Marm., I, 332.
Constance, femme de Guillaume de la Ferté, II, 177.
Constance, femme de Payen, seig. de Malestroit, II, 178.
Constance, prévôt, I, 193.
Constance ou Blanche, fem. du roi Robert, I, 261.
Constantin, prêtre, I, 429.
Conti (prince de), II, 496, 504, 506, 561.
Conti (princesse de), II, 560.
Convoyon (saint), abbé de Redon, I, 447.
Coquinus, I, 443.
Corbin, fils de Daniel de Vado, I, 488.
Corbin, neveu d'Hardouin, archev. de Tours, I, 195.
Corbon, seig. des Roches. I, 243, 249.
Corbon et Hardouin, neveux d'Hardouin, archevêq. de Tours, I, 195, 196.
Corbon, Hardouin et Thibault, enfants de Corbon et d'Aldesinde, I, 243.
Coremar (saint), I, 269.
Corentin (saint), évêq. de Quimper, I, 75, 76, 195, 196, 198, 199; — II, 8, 53, 469, 491, 508, 548, 590, 591.
Cornouailles (barons de), II, 28.

Cornulier (de), évêque de Rennes, II, 437, 515.
Costar ou de Ponthieu (Hugues) I, 559.
Cotelle de Courville, Yves, II, 70.
Cothereau, Mathurin, sacristain de Marm., II, 387.
Coton, jésuite, II, 470.
Coué (Jean de), prieur de la Ste-Trinité d'York, II, 306, 307, 309.
Courbeville (Yves de), I, 308.
Cource ou Courci (Maison de), I, 426, 501.
Cour-Léonard (Foulques de la), I, 284.
Coursol (Geoffroi de), abbé de Marmoutier, II, 147, 169, et suiv., 185, 188, 193, 202.
Courson (Gui de). II, 132.
Courtevroul (Hildéric de), I, 478, 479.
Courtiel (Ingelbaud de), I, 286.
Courtil, Vincent, relig. de Marm., II, 338.
Courville (Maison de), I, 336, 445; — II, 70.
Cousin, Jean, auteur, II, 348.
Coutances (Maison de), I, 260, 261, 328, 439, 440.
Craon, Claude, relig. de Marm., II, 392.
Craon (Maison de), I, 342, 343, 364, 536; — II, 218.
Crapon (Fulcodius de), I, 286.
Crapulatu (Bernardin de), relig. minime, II, 344, 345.
Crémone (Jean de), cardinal, II, 79.
Crespin, Amauri, seig. de Châteauceaux, II, 59, 60, 61, 80.
Crespin, Robert, oncle de Geoffroi de Châteauceaux, II, 160.
Curanton, frère d'Haymon, I, 324.
Curron (Haimeri de), I, 525.
Cybar (saint), abbé d'Angoulême, I, 3.
Cyprien (saint), II, 110.
Cyprien, prieur de Saint-Denis en France, II, 478.
Cytérius, I, 116.

D

Dadon de Saint-Aignan, I, 289.
Dagobert, roi de France, I, 128.
Damien (Pierre), auteur, I, 245, 349.
Dammartin (Maison de), I, 435, 436, 437.
Dammeray (Odon de), I, 307.
Dampierre (Maison de), II, 29, 189.
Dangeau (Herlebaud et Eudes de), relig. de Marm., I, 345.
Dangeau (Bernard de), II, 106.
Daniel, abbé de Marm., I, 160.
Daniel, prieur de Marm., II, 185, 186.
Daniel, seig. de Pont-Château, I, 529.
Daniel de Vado, I, 487, 488.
Danielle Chauve, abbé d'Evron, I, 575, 576.
Dannuelz Bonnabe, moine de Marm., II, 500, 501, 502, 507, 596.
Darneton Thomas, prieur de la Trinité d'York, II, 330.
Daspresses (Guillaume), I, 492.
Daumeré (Maison de), II, 40, 132.
David, archidiacre de St-Malo, II, 77.
David, moine de Marm., I, 280.
David, prieur de Tavent, II, 156.
David, père d'Elie, I, 529.
David, seig. de Maulevrier, I, 428.
Défenseur, évêque d'Angers, I, 28, 73.
Défenseur, moine de Ligugé, I, 25.
Dehoris Jean, maître du collége de Marm. de Paris, II, 414, 415, 416, 417, 420, 438, 442, 477.
Deltorpe Roald, moine de Marm., I, 400.
Denis (saint), I, 316, 317, 460, 475, 494.
Desiderius, abbé de Marm., I, 159.
Desmares, René, grand-prieur de Marm., II, 564.
Desrondeaux, chanoine de St-Gatien, II, 390.
Dicé, Robert, prieur de Marm., II, 529, 550.
Dierre (Pierre de), ou Pierre du Puis, abbé de Marmoutier, II, 286, 287, 288, 289, 290, 291.
Didier (saint), I, 524.
Didier (saint), évêque de Cahors, I, 159.
Didier, ami de Sulpice Sévère, I, 110.
Dido, archevêque de Tours, I, 160.
Didon, abbé de Glonne, I, 124.
Dieudonné, abbé de Marmoutier, I, 146.
Dieudonné, cardinal, II, 31.
Dinan (Maison de), II, 12, 43, 14, 43, 45, 75, 79, 99, 142, 247, 405.
Dinan (Jacques de), archidiacre de Boulogne, II, 222.
Dinant (Rolland de), seig. de Lehon, II, 153.
Dioclétien, empereur, I, 122.
Directoire exécutif d'Indre-et-Loire, II, 630.
Doade, fils du seig. Ammenesis, II, 160.
Docelin (saint), I, 266.
Dodoman, frère d'Haymon, seig. breton, I, 324.
Dodon, prévôt, I, 243, 280.
Dohin, Anselme, prieur de Marm., II, 485, 486, 487, 488, 489, 490, 509, 548.
Dohin Dunstan, dit Pierre Dohin, relig. de Marm., II, 541.
Dohin Jean, seig. de Combour, moine de Marm., II, 96.
Dol (Rivallonius de), I, 340.
Dominique, abbé de Marmoutier, I, 146.

Domneta, fille de Daniel de Vado, I, 488.
Domnine, veuve, I, 171.
Donges (Maison de), I, 443, 444; — II, 130.
Donnius, abbé de Sabail, I, 91.
Donoald, évêque de St-Malo, II, 27, 40, 41, 42, 44, 75, 77, 79, 80, 91, 92, 99, 135.
Dorange, bibliothécaire de la ville de Tours, II, 547.
Dori Galigaï, abbé de Marm., II, 467, 468.
Dorset, I, 94.
Doton, petit-fils de Raduinus, I, 187.
Doux (Guillaume le), II, 392.
Draulin Renard, II, 34.
Dreux (Maison de), I, 453; — II, 144, 188, 189, 260.
Drogo, bailli de l'abbé Bernard, I, 473.
Drogon, évêq. de Thérouanne, II, 20.
Drogon, relig. de Marm., I, 428.
Drogon, prieur de St-Ouen de Gisors, I, 398.
Drogon, fils de Geoffroi Freslavene, I, 446.
Drogon, fils de Hugues de Chaumont, I, 396.
Drogon, fils de Huges Seniorat, I, 489.

Drogon de Bucellis, I, 306.
Drogon de Montoire, I, 343.
Drogon, fils de Nivelon, seig. de Pierrefont, I, 481.
Dubois, oncle de Noël Mars, II, 449.
Duchamp de la Frillière, II, 567.
Duchesne, auteur, I, 84, 136, 182, 189, 207, 301, 382, 453; — II, 112, 114.
Dunois (Jean de), grand chambellan de France, II, 326.
Dume (Robert de), prieur de Marm., II, 249.
Duperron, docteur en médecine, II, 567.
Dupichard, médecin, II, 567.
Dupin, prieur de St-Florent de Saumur, II, 265.
Dupuy Jean, garde des bois de Marm., II, 550.
Durand, évêque de Clermont, I, 485.
Durand, chanoine de Paris, II, 222.
Durand, relig. de Marm., I, 463, 484, 486, 538; — II, 590.
Duraud, prieur de Lehon, II, 152, 153, 154.
Durestal (Maison de), I, 487.
Duval, docteur de Sorbonne, II, 453.

E

Ebalus, archidiacre de Laon, I, 497.
Ebalus, fils d'André de Rameru, et évêq. de Chalons, I, 438.
Ebalus, fils de Boson, vicomte de Turenne, et abbé de Tulle, I, 543.
Ebalus, comte de Roussi, I, 433, 435, 436, 437, 438, 498, 499.
Ebbolus, petit-fils de Gautier, I, 248, 249.
Ebbon, relig. de Marm., I, 166.

Ebbon ou Eblon, évêque de Chartres, II, 292.
Eberard, év. d'Amiens, II, 191.
Ebernus, prêtre, I, 173.
Eblon, père et fils, I, 251.
Ebolus, comte, II, 19, 103.
Ebon, fils de Guil. de Parthenay, I, 330.
Ebrard ou Evrard, abbé de Marmoutier, I, 248, et suiv., 263, 264, 328, 439; — II, 23, 24.
Ebrard, abbé de Noyers et de St-Julien, I, 258.

Ebrard, abbé de St-Julien de Tours, I, 257, 274.
Ebrard, abbé de St-Calais, I, 536.
Ebrard, abbé de St-Florent de Saumur, II, 265.
Ebrard, relig. de Morimond, II, 57.
Ebrard, comte de Bretéuil, vicomte de Chartres, seig. du Puiset, I, 336, 375, 424, 452, 453, 454, 455, 456, 457, 473, 501, 503, 507, 508, 509, 536.
Ebrard, vicomte de Chartres, fils de Hugues du Puiset et neveu d'Ebrard, relig. de Marm., I, 508, 509, 536, 538.
Ebrard et Burchard, fils de Hugues, vicomte du Puiset, II, 70.
Ebrard, seig. de Villepreux, II, 144.
Ebrenus, prêtre, supposé être Heberne, I, 175.
Ebroin, chevalier, relig. de St-Florent, I, 270.
Ecluse (Maison de l'), II, 35, 36.
Ederne, évêque, I, 259.
Édouard, roi d'Angleterre, I, 390, 392, 395; — II, 258, 280, 287, 309, 336.
Egon, Guillaume, cardinal, prince de Furstemberg, II, 580, 581, 582, 583, 585, 586.
Eirius, cuisinier du roi Philippe, I, 501.
Elie, prophète, I, 143.
Elie, abbé de St-Florent de Saumur, I, 254; — II, 286.
Elie, abbé de St-Magloire de Paris, II, 152, 153.
Elie d'Angoulême, abbé de Marm., II, 303, 304, 305, et suiv.
Elie, gd-prieur de Marm., II, 134.
Elie, seig. à Pontchâteau, I, 529.
Elie, comte du Mans, II, 39.
Elie de Sainte-Sévère, I, 486, 487.
Elinand, évêq. de Laon, I, 302, 434, 491, 497, 498, 499; — II, 19, 147.
Elisabeth, fem. de Foulques-Nerra, 222.
Elisabeth, fem. de Gaucher de Châtillon, II, 191.
Elisabeth, fem. d'Haimeri de Villaret, I, 424.
Elisabeth, fem. de Mainier, seig. de Maintenon, II, 140.
Elisabeth, fem. de Nivelon, II, 10.
Elisabeth, fem. de Regnaud de Château-Regnaud, I, 303.
Elisabeth, fem. de Thibaud, seig. de Dampierre, II, 29.
Elisabeth, fille de l'empereur Maximilien, II, 371.
Elisabeth, mère de Gervais, seig. de Château-du-Loir, I, 381.
Elisachar, chancelier de Louis-le-Débonnaire, I, 164.
Eloi (saint), évêq. de Tournay, I, 27, 69, 117; — II, 498.
Ely (Guillaume de), trésorier du roi d'Angleterre, II, 176.
Emeline, femme du vicomte Raoul, I, 296.
Emeline, mère d'Hubert, évêque d'Angers, I, 294, 295, 296.
Emiessendis, mère de Girard de Chartres, II, 198.
Emma, fille de Roger le Barbu, I, 484.
Emma, sœur de Robert de Grentemenil, I, 369.
Emme, comtesse d'Aquitaine et de Poitou, I, 235, 236, 237.
Emme, fille de Gautier de Poencé, I, 418.
Emme, fille de Nielle, vicomte de Coutances, I, 328.
Engelbaud, archevêq. de Tours, II, 95, 102, 105, 107, 146, 117, 118, 119.
Engelbaud Goel, I, 331.
Engelran, abbé de Saint-Riquier, I, 570.
Engelrand, Engerrand, évêq. de Laon, II, 19, 147.
Engelvuin, abbé de St-Martin, I, 184.

Engelvuin, diacre du palais du roi, I, 184.
Eodon, duc, I, 163.
Epain (saint), martyr, I, 68.
Epernon, bourgeois, II, 22.
Eraclius, évêq. de Liége, I, 68.
Erma, femme du baron Alcherius, I, 427.
Erme, fem. de Hugues de Bratel, I, 426, 427.
Ermenard, prêtre, I, 246.
Ermengarde, mère de Conan, duc de Bretagne, II, 99.
Ermengarde, fem. de Girard Brunel, I, 423.
Ermengarde, fem. d'Eudes de Champagne, I, 278, 279.
Ermengarde, fille de Thibaud, comte de Champagne et de Blois, I, 300.
Ermengarde, mère de Thibaud, comte de Champagne, I, 303, 309.
Ermengarde, fem. d'Yves Cotelle de Courville, II, 70.
Ermengarde, fem. de Bouchard de l'Isle, I, 253.
Ermengarde, sœur d'Yves de Martigny, I, 313.
Ermengarde, fem. d'Alain, comte de Nantes, II, 18.
Ermengarde, fem. de Rualde ou Rodalde, I, 322.
Ermengarde, mère d'Aimeri, vicomte de Thouars, I, 331.
Ermennarus, oncle de Robert, seig. de Vierzon, I, 282.
Ermentrade, fille du seigneur Nivelon, I, 302.
Erminfride, I, 171.
Ernaldus, fils d'Ernulfus, I, 247.
Ernaud, archevêq. de Bordeaux, I, 563.
Ernaud, évêq. du Mans, I, 381, 383, 384, 385, 386, 387, 388, 445.
Ernaud, seig. de Villepreux et de la Ferté, II, 144, 145, 146, 177.
Ernoul, d'Ardres, I, 474.
Ernulfus, sujet de Marmoutier, I, 247.

Ernulfus, abbé du Bec, I, 552.
Ervée, comte, I, 189, 251.
Ervodus, moine de Marm., I, 416.
Esceline, fem. du prévôt Hubert, I, 512.
Esclaves donnés à Marm., I, 187.
Esmond, religieux de Marmoutier, II, 554.
Espagne (Pierre d'), cardinal, abbé de Lerins, II, 315.
Espinay (Artus d'), évêq. de Marseille, II, 433.
Essarts (Pierre des) intendant des fin. du roi, II, 284.
Estienne, abbé de Marmoutier, II, 264.
Estin, prieur de Marm., II, 567, 585, 606, 640.
Etherius, disciple de S. Martin, I, 135.
Etienne (saint), fondateur de l'ordre de Grandmont, II, 47.
Etienne (saint), Ier roi de Hongrie, I, 23.
Etienne IX, pape, I, 464.
Etienne, abbé de Noyers, I, 258, 503, 543, 544, 545; — II, 18.
Etienne, abbé de St-Jean-en-Vallée, II, 71.
Etienne, abbé de St-Pierre de Chartres, II, 152, 154.
Etienne, archidiacre d'Angers, II, 106.
Etienne, cardinal et légat du St-Siége, I, 362, 374, 401, 402, 507, 520.
Etienne, chancelier, II, 67.
Etienne, doyen de St-Hilaire de Poitiers, I, 496.
Etienne, évêq. de Rennes, II, 119, 120, 121.
Etienne, frère d'Albert, évêq. de Saint-Malo, II, 158.
Etienne, prieur de Combour, I, 407.
Etienne, grand-prieur de Marmoutier, II, 132.
Etienne, prieur de la Trinité d'York, II, 212, 213.
Etienne, fils de Faucon de Rameru, II, 134.

Etienne, comte de Blois et de Champagne, I, 203, 219, 301, 303, 425, 436, 479, 509, 510, 511, 512, 527, 559, 565; — II, 56.
Etienne, comte, propriétaire du château de Jugon, II, 14.
Etienne, vicomte du Mans, I, 352.
Etienne, seig. de Meun en Berry, I, 428, 486, 564.
Etienne, fils d'Anscutus, I, 302.
Etienne, maître d'hôtel du roi, II, 67.
Etienne, maréchal de Gautier, I, 311.
Etienne, fils d'Arnoul, I, 332.
Etrée (Haimon de l'), II, 199.
Eubroinus ou Everrinus, abbé de Trèves, I, 72.
Eucher (saint), archevêque de Lyon, I, 130.
Eucher, ancien vicaire, I, 135.
Eudes ou Odon, abbé de St-Martin et de Marm., puis roi de France, I, 185, 186, 187, 188.
Eudes ou Odon Ier, abbé de Marm., II, 53, 54, 59 et suiv., 88, 90, 141.
Eudes, abbé de St-Denis de Reims, II, 135.
Eudes, abbé de Saint-Médard, I, 491.
Eudes, abbé de St-Pierre de Chartres, II, 82.
Eudes, abbé de St-Remi, II, 71.
Eudes, cellerier de Marm., I, 240.
Eudes, doyen de St-Martin, II, 25.
Eudes, évêque de Bayeux, I, 328, 340, 399, 426, 518.
Eudes, évêque d'Ostie, puis pape sous le nom d'Urbain II, I, 539, 547.
Eudes, évêq. de Paris, II, 177.
Eudes, relig. de Marm., I, 252.
Eudes Ier, comte de Champagne et de Blois, I, 200, 201, 202, 235, 239, 248, 249, 254, 256, 258, 259, 260, 261, 262, 264, 265, 266, 267, 268, 274, 278, 279, 280, 286, 289, 298, 299, 300, 301, 302, 303, 309, 311, 344, 363, 364, 372, 509; — II, 102, 219.
Eudes II, comte de Blois, II, 219.
Eudes, oncle de Conan, duc de Bretagne, I, 322, 323.
Eudes, comte de Bretagne, I, 473; — II, 129, 130, 131, 205, 280.
Eudes, fils du vicomte Geoffroi, II, 76, 77.
Eudes, vicomte, père du vicomte Joscelin, II, 9.
Eudes, vicomte, I, 399.
Eudes, roi de France, I, 181, 185, 186, 187, 191.
Eudes, frère du roi Henri, I, 286.
Eudes, fils de Hugues d'Orléans, II, 135.
Eudes, frère de Robert, seig. de Buzançais, II, 14.
Eudes, fils d'Harsentus, I, 492.
Eudes, frère de Gautier, donateur, I, 418.
Eudes, seigneur de Montigné, II, 147, 148.
Eufrone (saint), évêque de Tours, I, 67.
Eugène III, pape, I, 563; — II, 95, 96, 99, 100, 101, 103, 106, 146, 157, 158, 178, 203.
Eugène IV, pape, II, 315.
Euloge, archevêque de Césarée, I, 83, 84.
Eusèbe, prêtre, I, 113.
Eusèbe, évêque d'Angers, I, 285, 296, 297, 326, 340, 354, 356, 362, 378, 379, 387.
Eustache, abbé de St-Pierre de Chartres, I, 549, 550.
Eustache, abbé de St-Jean, II, 128.
Eustache, mère de l'évêque Manassès, II, 135.
Eustache, fille de Eudes, seig. de Montigné, II, 147.
Eustade ou Eustoche, abbé de Marm., I, 157, 159.
Eustoche (saint), évêque de Tours, I, 68, 70, 78.

Mémoires archéologiques, t. XXV.

Eutrope (saint), II, 319.
Eutrope, abbé de Saintes, I, 126.
Euvrard, abbé de Marmoutier, I, 205.
Evagre, prêtre, I, 52.
Evagrius, disciple de Saint-Martin, I, 135.
Evagrius, tribun, I, 135.
Evain, Jean, secrétaire du chapitre, II, 555.
Evance, oncle de Gallus, I, 137.
Even, évêque de Vannes, II, 91, 132.
Even, desservant l'église de Fresnes, II, 76.
Even, René, prieur de Marmoutier, II, 563.
Even, prieur de St-Florent de Saumur, I, 358, 359.
Even, vicomte, II, 75.
Even, fils d'Haimon le Chat, I, 407.
Everard, évêque d'Amiens, II, 497.
Everrinus, abbé de Trèves, I, 72.
Evin, fils de Rannulfe, II, 14.
Evode, consul, I, 39.
Evreux (Maison d'), II, 47.
Evrinus ou Everrinus, abbé de Trèves, I, 72.
Evroul (saint), I, 369.
Exupère (saint), II, 230, 588.

F

Faber, Guillaume, relig. de Marm., I, 391, 392, 393.
Faucher, Gui, relig. de Marm., II, 360.
Fauçon de Rameru, Voy. Rameru.
Faye-la-Vineuse (Maison de), I, 358.
Felibien, auteur, I, 475.
Félicie, sœur de Juhelle de Mayenne, II, 33, 35.
Félix (saint), I, 505.
Félix, abbé de Marmoutier, I, 159.
Félix, évêque de Trèves, I, 42.
Ferréole (saint), évêque de Limoges, I, 127.
Ferté (Maison de la), I, 277, 278, 280, 375, 383; — II, 144, 145, 146, 177, 215.
Fiesque (Bède de), II, 440, 480, 481, 485.
Filieul, Robert, I, 489.
Filland, Martin, prieur de Marmoutier, II, 558.
Finien ou Finnen (saint), I, 147.
Firmadus, petit-fils d'Ernalfus, I, 247.
Firman (saint), abbé de Saint-Savin, I, 72.
Firman, Firmanus, Firminus, Firmianus et Firmus, abbé de Trèves, I, 72.
Fise (Amauri de), I, 289.
Flandre (Robert III de), abbé de Marm., II, 251, et suiv.
Flandre (Maison de), I, 261, 375, 383, 474, 475.
Flandrine, femme de Foulques Panetier, II, 48.
Flavien (saint), martyr, II, 8.
Fléau (Bernard dit le). Voy. Bernard.
Flore ou Florio, II, 338, 547.
Florent (saint), disciple de St-Martin, I, 122, 123, 124, 125, 126, 150, 254, 267, 268, 269, 364; — II, 287.
Florent, comte de Hollande, I, 520.
Florien (saint), I, 122.
Flosceau, Augustin, prieur de Saint-Aubin, II, 584.
Floyrac, Jean-Baptiste, prieur de Marmoutier, II, 562.
Foix (Gaston de), II, 326.
Fontenai (Guillaume de), II, 215.

Forestmoutier, abbé et religieux, II, 21, 22.
Forestier (Hugues le), I, 489.
Forget, Jean, II, 377.
Forpe (Realde de), relig. de Marm., I, 375.
Fort (Robert le). *Voy*. Robert le Fort.
Fortcherne (saint), abbé de Noseur, I, 147.
Fortunat, évêque de Poitiers, I, 23, 25, 27, 58, 73.
Foucher, abbé de Clermont, II, 171.
Foucher, archidiacre du Mans, II, 24, 29, 32.
Foucher, seigneur de Fréteval, I, 511, 512; — II, 143.
Foucher de la Motte. *Voy*. Motte.
Foucher, père de Vulgrin, évêque du Mans, I, 350.
Foucher-Crapon, père de Burchard, I, 341.
Foucher de Vendôme. *Voy*. Vendôme.
Fougères (Maison de), I, 322, 323, 324, 407, 408, 413, 414, 415.
Foulques, abbé d'Épernai, II, 71.
Foulques, évêque de Beauvais, I, 491.
Foulques, évêque d'Orléans, I, 551.
Foulques, év. de Paris, II, 284.
Foulques, doyen de l'église du Mans, I. 388.
Foulques, relig. de Marm., I, 444.
Foulques Panetier. *Voy*. Panetier.
Foulques, comte d'Angoulême, I, 358.
Foulques le Bon, comte d'Anjou, I, 125, 180, 189.
Foulques-Nerra, comte d'Anjou, I, 222, 248, 253, 257, 258, 264, 265, 266, 267, 268, 287, 293, 344, 354, 361, 362.
Foulques-Richin, comte d'Anjou, I, 362, 374, 383, 421, 482, 483, 502, 506, 507, 515, 516, 518, 519 520, 524, 525.

Foulques, comte d'Anjou, etc., II, 25, 35, 39, 48, 49, 60, 61, 72, 73, 74.
Foulques, seig. de Boire, I, 277, 342.
Foulques, seig. de Daumeré, II, 121, 122.
Foulques, roi de Jérusalem, II, 82.
Foulques de la Cour-Leonard. *Voy*. Cour-Léonard.
Foulques, seig. de Limeri (Limeray), I, 277, 298.
Foulques, comte de Vendôme, I, 326.
Foulques, receveur du péage de Saint-Maixent, I, 451.
Fouquet, conseiller du roi, II, 480, 481, 482.
Fournier, Etienne, architecte, II, 264, 568, 569, 600, 601, 602.
Fournier, Joseph, architecte, II, 616, 629.
Francheuse (Maison de la), II, 215.
Francheville (Maison de), II, 437.
Francilio, abbé de Marmoutier, I, 160.
Franco, abbé d'Alne, II, 89.
François (saint), II, 441.
François, évêque de Paris, II, 354.
François Ier, roi de France, I, 476; — II, 335, 356, 397.
François II, roi de France, 371, 372.
François de Valois. *Voy*. Valois.
Fraternus, abbé de Saint-Ouen, II, 98.
Fredebert, relig. de Marmoutier, I, 261, 329.
Fredebert, frère de Raimbert, I, 346.
Frédéric, abbé de St-Florent de Saumur, I, 232, 256, 257, 263, 264, 265, 266, 267, 268, 269, 270, 271, 327, 328, 333, 352, 356, 361, 362; — II, 265.
Frédéric, abbé de St-Julien de Tours, I, 274.

Frédéric, chantre de Marm., I, 192.
Frédéric, sous-doyen de St-Martin, I, 181, 182, 271, 272, 273.
Frédéric, chanoine de Tours, I, 263.
Fredicus, I, 240.
Fremond, prieur de Marmoutier, II, 32.
Freslavene (Geoffroi), I, 446.
Fresne (Guillaume du), I, 501.
Fretbert, relig. de Marmoutier, I, 439.
Freteval (maison de), I, 511, 512; — II, 91, 143.
Fridugise, abbé de Marmoutier, I, 162.
Frillière (Duchamp de la), II, 567.
Frioul vicomte de Donges, I, 443, 444.
Frisingue (Othon de), II, 58.
Frodeline, femme de Guaznon, I, 334.
Froger, commissaire du Directoire, II, 616.
Frogère, évêque de Séez, II, 138.
Frogerius ou Froger, frère de Normand, I, 566, 567.
Froissard, grand-vicaire du cardinal de Richelieu, II, 473, 474, 475, 480.
Fromond, abbé de Saint-Faron de Meaux, II, 65.
Fromont, abbé de Vendôme, I, 553.
Fromond, bienfaiteur du prieuré de Daumeré, I, 294.
Frontignières (de), auteur, I, 466, 467.

Frotbert, abbé de Glonne, I, 124.
Froterius, abbé de Marmoutier, I, 159.
Froterius, trésorier de l'église de Tours, I, 225.
Fuel (Geoffroi), frère de Hugues, seig. de l'Isle, I, 419.
Fulbert, évêque de Chartres, I, 271, 304, 458.
Fulbert, colibert, I, 307.
Fulbert de Lavardin. *Voy.* Lavardin.
Fulcard, moine de Saint-Bertin, I, 393, 394.
Fulcardus, relig. de Marm., I, 285.
Fulchard, fils d'Alaordis, I, 358.
Fulcherius Digladiatus, I, 286.
Fulcodius, abbé de Bonneval, I, 403.
Fulcodius, relig. de Doulon, II, 17.
Fulcodius, prieur de Varède, I, 274.
Fulcodius, religieux, I, 342.
Fulcodius, frère d'Hamelin, seigneur de l'Écluse, II, 35.
Fulcodius, fils d'Eudes *de Mortria*, I, 427.
Fulcodus, moine de Marm., I, 270.
Fulcrad de Langeais. *Voy.* Langeais.
Fulcrade, chancelier, II, 48.
Fulcradus de Vendôme. *Voy.* Vendôme.
Fulcrande, vicomte, I, 216.
Fulgence (saint), I, 199; — II, 8, 53.
Fuscherius, père de saint Mayeul, I, 206.
Fuscien (saint), I, 573.

G

Gabran, évêq. de Nantes, II, 311.
Gaby, Pierre, notaire, II, 377.
Gaidulfe de Ravenne. *Voy.* Ravenne.

Gaignières, II, 547.
Gaillard, évêque de Lectoure, II, 217.
Gairard, abbé de Saint-Serge d'Angers, I, 291.
Gal (saint), I, 69.

Galard (Raimond de), abbé de Condom, II, 265, 266.
Galeran, abbé de St-André, II, 71.
Galeran, comte de Breteuil, I, 453, 454, 456.
Galeran, vicomte de Montreuil, I, 474.
Galeran, chambellan, I, 437.
Galigaï, abbé de Marm., II, 431, 447, 467, 468.
Galleran-Thierry, II, 103.
Gallienne de Montigné, II, 147.
Gallus, disciple de saint Martin, I, 30, 109, 113, 115, 134, 135, 137, 138.
Galon, évêq. de St-Pol de Léon, II, 31, 65, 71.
Galon, prieur de Glonne, I, 265.
Galon, seig. de Sarton, II, 177.
Galon-Rufin, I, 337.
Galvanus de Chemillé, I, 504.
Galzo de Thoarcé, I, 358.
Gamaches (de), II, 453.
Gamaches (Philippe de), abbé de Saint-Denys, II, 326.
Ganagius de St-Aignan. Voy. Saint-Aignan.
Gand (Joscius de), II, 280.
Gandescalcus, abbé de Marmoutier, I, 160.
Ganon, doyen de l'église de Tours, II, 99.
Gantelme, trésorier de Marm., I, 192.
Garandeau, Marie, femme de Jacques Hurault, II, 366.
Garandeau, Pierre, II, 366.
Garcie de Buinon, II, 35.
Gardegesilus, abbé de Marm., I, 160.
Garcau, Innocent, II, 372, 376.
Garcau, fermier, II, 557, 559.
Garlande (Famille de), II, 135, 164.
Garnier, abbé de Marm., I, 563; — II, 54, 88, 90 et suiv. 109, 113, 105 124, 158, 178.
Garnier, relig. de Marm., I, 169.
Garnier, fils d'Herbert, I, 486.
Garnier de Villaret, I, 424.

Garnier, prieur, II, 90.
Gascogne (Pierre de), abbé de Marm., II, 144, 247.
Gascogne (Remisius de), II, 189.
Gascons (les), II, 288.
Gaspard Renault, II, 503.
Gâtien (saint), évêque de Tours, I, 9, 54, 190; — II, 165.
Gâtinais (Maison de), I, 178, 179, 181.
Gaudence (saint), évêque de Novare, I, 24.
Gaudens, disciple de saint Martin, I, 132.
Gaudin, abbé de Noyers, I, 258.
Gaudin, frère de Hugues Baudoin, II, 106.
Gaudin de Malicorne. Voy. Malicorne.
Gaunard Aimeri, seig. de Lavardin, I, 307.
Gausbert, abbé de Marmoutier, I, 226, 235 et suiv.
Gausbert II, abbé de St-Julien de Tours, I, 234, 232, 235, 251, 257.
Gausbert de Louis, panetier, II, 10.
Gausbert, relig. de Marm., I, 221, 393.
Gausbert de Louis, religieux de Marmoutier, I, 510.
Gausbert, abbé de Glonne, I, 124.
Gausbert, abbé de Glannefeuille, I, 166.
Gausbert, abbé de Tulle, I, 541, 542.
Gausbert, moine de St-Vincent de Laon, I, 498.
Gausbert de Maillé, I, 280, 281, 314.
Gausbert, comte, I, 189.
Gausbert de Ponthieu. Voy. Ponthieu.
Gauscelin, archevêq. de Bordeaux, I, 330, 485.
Gauscelin, seig. de Blois, I, 289.
Gauslin, moine, I, 439.
Gausmare, abbé de Troyes, I, 473.
Gausselin, frère d'Odric de Châteauceaux, I, 320, 321.

Gautier (saint), abbé de Pontoise, I, 229, 432, 433.
Gautier, évêque de Châlon, I, 519.
Gautier, évêq. de Laon, II, 117.
Gautier, évêq. de Meaux, I, 479.
Gautier, évêq. de Nantes, I, 259, 269, 322.
Gautier, évêq. de Rennes, I, 259.
Gautier, Adrien, abbé de Notre-Dame d'Absie, I, 365.
Gautier, abbé de Bonneval, I, 503, 533; — II, 108, 110.
Gautier Mathieu, abbé de Marmoutier et évêque de Négrepont, II, 359 et suiv., 368, 588.
Gautier, abbé de St-Acheul, II, 128.
Gautier, abbé de Saint-Aubin d'Angers, I, 353.
Gautier, abbé de St-Martin de Laon, II, 103.
Gautier, prieur de St-Martin-au-Val, II, 82.
Gautier, abbé de St-Mesmin, près d'Orléans, II, 128.
Gautier, abbé de St-Serge, I, 562.
Gautier, abbé de Saint-Vandrille, II, 98.
Gautier, abbé de Troyes, II, 79.
Gautier, archidiacre de Chartres, II, 71.
Gautier, archiprêtre de Courson, I, 330.
Gautier, évêq. de Nantes, I, 269.
Gautier, chanoine de Laon, I, 497.
Gautier, chantre de Marmoutier, I, 194.
Gautier, moine de Marmoutier, I, 312, 487.
Gautier, prieur de Marmoutier, II, 60, 61.
Gautier, relig. de Marm., I, 418, 419.
Gautier, Guillaume, religieux de Marmoutier, II, 365.
Gautier, Marc, religieux de Marmoutier, II, 365.
Gautier, dit le Roux, moine de Marm., I, 286, 377.
Gautier, Vincent, religieux de Marmoutier, II, 365.
Gautier, René, sacristain de Lehon, II, 421, 422, 423.
Gautier, moine de St-Hilaire-sur-Hierre, I, 446.
Gautier, seigneur d'Aulnet, II, 23.
Gautier de Compiègne, II, 111.
Gautier de Courtevroul, I, 478, 479.
Gautier, seig. des Loges, I, 277, 315.
Gautier, fils de Geoffroi de Mayenne, I, 341.
Gautier du Pin. Voy. Pin.
Gautier, dit le Hai, seig. de Pouencé, I, 417, 418, 507.
Gautier, vicomte de Tours, I, 311.
Gautier le Bourguignon, I, 501.
Gautier, chambellan, I, 501.
Gautier, surnommé Méchant Ouvrier, I, 282.
Gautier, fils d'Hubert, I, 287.
Gautier, de Chartres et de Chemillé, I, 350.
Gautier, donateur, I, 248, 249.
Gautier, gouverneur de Tours, I, 230, 363, 364.
Gauvin, fils de Pierre, seig. de Chemillé, II, 40.
Gauzlin, comte, I, 189.
Gauzmarus, abbé de Moutiers-la-Celle, I, 301.
Gauzuin, doyen de St-Martin, I, 186.
Gaverne, Roger, I, 486.
Gaye (Pierre de la), écuyer, II, 393.
Gebuin, évêque de Lyon, I, 431.
Gélase II, pape, II, 30.
Genosius, abbé de Marmoutier, I, 159.
Genetet (Maison de), I, 343.
Genève (Robert de), cardinal, II, 298, 307.
Gennade, auteur, I, 31, 114.
Geoffroi II, abbé de Marmoutier, II, 202, 207, 264.

Geoffroi (saint), évêq. d'Amiens, I, 489.
Geoffroi, abbé de Vendôme, I, 518, 520 ; — II, 65, 79.
Geoffroi, archevêq. de Dol, II, 76, 77.
Geoffroi, archev. de Rouen, II, 32, 47, 66.
Geoffroi, archevêque de Tours, II, 180, 181, 183, 223.
Geoffroi, archidiacre de Nantes, II, 18.
Geoffroi, évêque d'Angers, I, 443, 503, 534, 535, 560, 564 ; — II, 136.
Geoffroi, évêque de Bazas, II, 160.
Geoffroi, évêque de Chartres, I, 445, 553, 560 ; — II, 42, 45, 69, 70, 71, 82, 91, 135, 184.
Geoffroi, évêque de Chartres, I, 549.
Geoffroi, évêque de Coutances, I, 261, 328.
Geoffroi, évêque de Paris, I, 383, 437, 475, 476, 485.
Geoffroi, évêq. de St-Brieuc, II, 158.
Geoffroi, évêque de St-Malo, II, 203.
Geoffroi, chambrier de Marmoutier, I, 536.
Geoffroi, chanoine de Bohun, I, 399.
Geoffroi, chanoine de Tours, I, 263.
Geoffroi, doyen de St-Julien du Mans, I, 536.
Geoffroi, doyen de St-Martin, I, 305.
Geoffroi, prieur de Marmoutier, II, 147, 148.
Geoffroi, prieur de Ste-Barbe-en-Auge, II, 168.
Geoffroi, prieur d'York, II, 213.
Geoffroi, moine de Marm., II, 224.
Geoffroi Grisegonelle, Martel, le Barbu, etc., comtes d'Anjou, I, 74, 222, 254, 257, 269, 286, 287, 288, 289, 293, 304, 310, 311, 312, 318, 344, 315, 321, 325, 326, 338, 343, 344, 351, 352, 353, 354, 356, 361, 362, 364, 372, 373, 374, 375, 376, 377, 378, 380, 383, 420, 431, 445, 506, 509, 520 ; — II, 49, 61, 66, 82, 111, 112, 219.
Geoffroi, duc de Normandie et comte d'Anjou, II, 112.
Geoffroi le Bâtard, comte de Bretagne, I, 359.
Geoffroi, duc de Bretagne, II, 154.
Geoffroi, vicomte de Bretagne, II, 205.
Geoffroi de Bricheri, II, 160.
Geoffroi, seigneur de Châteaubriant, II, 92, 216.
Geoffroi, fils de Briant, I, 318.
Geoffroi, seig. de Châteauceaux, I, 277, 320, 321 ; — II, 160.
Geoffroi Fuel, frère de Hugues de l'Isle, I, 419.
Geoffroi, vicomte de Châteaudun, I, 269, 370.
Geoffroi, vicomte de Châteaudun, II, 218.
Geoffroi, fils de Guischer de Château-Regnaud, II, 28.
Geoffroi, fils de Rivallonius de Combour, I, 405.
Geoffroi de Conam. *Voy.* Conam.
Geoffroi de Coursol. *Voy.* Coursol.
Geoffroi, seigneur de Dinan, II, 12, 13, 14, 79, 99, 142.
Geoffroi, vicomte de Donges, I, 443, 444.
Geoffroi de Gondoye. *Voy.* Gondoye.
Geoffroi, seig. de Joscelin, II, 75.
Geoffroi, seig. de Liré, II, 61.
Geoffroi, aïeul de Juhel, seig. de Mayenne, II, 10, 33.
Geoffroi, seig. de Montfort, II, 130.
Geoffroi, vicomte de Porrochet, II, 8.
Geoffroi, fils de Daniel de Pont-Château, I, 529.
Geoffroi de Prulli. *Voy.* Prulli ou Preuilly.

Geoffroi, frère de Ganagius de Saint-Aignan, I, 487.
Geoffroi, fils de Hugues, seig. de St-Christophe, I, 422.
Geoffroi, vicomte de Thouars, I, 330.
Geoffroi de Vendôme. *Voy.* Vendôme.
Geoffroi, seig. de Vierzon, I, 277, 281, 282, 283, 284.
Geoffroi, comte, I, 450.
Geoffroi de Villeblanche, prieur de Marmoutier, II, 564, 567.
Geoffroi, fils de Milesinde, I, 313.
Geoffroi, reclus, II, 17.
Geoffroi, père de Renaud, I, 230.
Geoffroi, donateur de l'église de Bonne-Nouvelle, II, 102.
Geoffroi, vicomte, II, 77.
Geoffroi, seigneur, II, 76.
Geoffroi, comte, I, 216.
Geoffroi Sans-Avoir, II, 202.
Geoffroi, neveu du baron Alcherius, I, 427.
Geoffroi, frère de Guillaume d'Aquitaine, I, 330.
Geoffroi, fils de Hugues de Bratel, I, 427.
Gerald, abbé, I, 474.
Gerard, abbé de Saint-Aubin, I, 536.
Gerard, évêque d'Angoulême, légat du St-Siége, I, 415, 463, 543, 563, 576; — II, 7, 15, 16, 18, 64, 65, 71, 72, 76, 99.
Gérard, évêque de Cambray, I, 302.
Gérard, évêque d'Ostie, I, 464.
Gérard, évêque de Séez, I, 495; — II, 96, 97.
Gérard, évêque de Terouenne, I, 302, 473, 474.
Gérard, chanoine de St-Martin, I, 194.
Gérard, prieur de Grandmont, II, 47.
Gérard, abbé d'Alne, II, 87, 88, 89.
Gerard, prieur de St-Maurice, II, 146.
Gérard, sénéchal, I, 305.
Gerard, fils de Hugues de Rocet, I, 398.
Geraul, abbé de Ham, I, 474.
Gerberon, Gabriel, II, 543.
Gerbert, auteur, I, 218.
Gerbert, prêtre, I, 169.
Gerbert, archevêque de Reims, I, 219, 220, 223.
Gérimond, père de Mainier, seig. de Maintenon, II, 140.
Germain (saint), évêque, I, 90, 178; — II, 494.
Germain le Grand, II, 340, 341, 343.
Germain (Michel), auteur, I, 185; — II, 291.
Geroius, seig. de Normandie, I, 367.
Gersinde, femme d'Herulfe, I, 194.
Gervais (saint), I, 53.
Gervais, évêque du Mans, I, 352, 380, 381, 383.
Gervais, seig. de Baselges, I, 302.
Gervais, seig. de Château-du-Loir, I, 380, 381.
Gervais, I, 395, 437.
Gervaise, prêtre, I, 16, 18, 138.
Gervin (saint), abbé de St-Riquier, I, 569, 570.
Gervin, évêque d'Amiens, I, 488, 489, 491, 566, 568, 569, 570, 571, 572, 573, 574; — II, 2, 21.
Gervis, femme de Galeran, vicomte de Montreuil, I, 474.
Gestin, frère de Rolland de Liré, II, 62.
Gidoin, Ambroise, II, 630, 631.
Gilbert, Gillebert, Egbert, Guillebert, Guitbert, Willebert, abbé de Marmoutier, I, 146, 216, 218, 219, 220, 221, 222, 223, 224, 233, 234; — II, 107.
Gilbert, archevêque de Tours, II, 27, 36, 37, 45, 46, 47, 67.
Gilbert, évêque d'Evreux, I, 426.
Gilbert, prieur de l'abbaye de Compiègne, II, 116.
Gilbert, père de Manassès, évêque d'Orléans, II, 135.
Gilduin, donateur, I, 332.

Gilduin, vicomte de Blois, I, 425.
Gilduin, seig. de Breteuil, I, 336.
Gilduin, fils de Thibaud, comte de Champagne, I, 300.
Gilduin, seig. de Chaumont, I, 327, 328.
Gilduin, frère de Gauscelin, archevêque de Bordeaux, I, 330.
Gilduin, seig. de Maillé, I, 227, 265, 266, 268, 278, 281, 313, 314, 450.
Gillebert, clerc, I, 437.
Gilles, abbé de Noyers, II, 134.
Gilles, préfet des armées romaines, I, 131.
Gilles, notaire, II, 614, 615.
Gilon, fils d'Herbert, I, 485, 486.
Gimon, fils de Gautier, I, 315.
Gimon, de Bourges, I, 485.
Gingomare, dit Bloccus, I, 324.
Gingomare, abbé de St-Fuscien, II, 108, 109, 111.
Ginguenoius ou Gingoneus, prêtre, II, 14.
Girard, abbé de St-Aubin, I, 520, 562.
Girard, abbé de St-Florent, I, 255, 256, 327.
Girard, chantre de l'église d'Angers, I, 319.
Girard, évêque de Boulogne, I, 491.
Girard, évêque de Séez, II, 64.
Girard, fils d'Archambeau, I, 187.
Girard, chanoine, I, 192.
Girard de Chartres, II, 198.
Girard de Conom. *Voy.* Conom.
Girard, vicomte de Coutances, I, 328.
Girard, fils de Brient de Montaigu, II, 197.
Giraud, religieux de Saumur, I, 265, 268.
Giraut, fils de Bellay, seig. de Montreuil, I, 269.
Girberge ou Claricie, fille de Thibaud, comte de Champagne et de Blois, I, 300.
Girbert, gentilhomme, I, 347.

Girbert, seig. de Brenne, I, 280, 289.
Giroard, père de Gui, II, 23.
Giroius, seig. de Courville, I, 445.
Girolet, Guillaume, II, 61.
Giron, Mathurin, II, 406.
Giron, Marie, mère d'Isaïe Jaunay, II, 442.
Girorius, chevalier, I, 270.
Giry, auteur, I, 69.
Gislebert, évêque de Lisieux, I, 441, 538.
Gislebert, prévôt de Châteaudun, I, 239.
Gislebert, serf, I, 438.
Gisleri (Famille), II, 123.
Gisloenus, évêque de Bretagne, I, 193.
Gisors (Jean de), II, 151, 152, 184.
Givry (Anne de), abbé de Molesme, II, 393, 394.
Glaber, auteur, I, 244, 245; — II, 141.
Glaimenac, moine de Redon, I, 318.
Glef, fils de Guiddenoch, I, 258, 259.
Glisson (Baudry de), I, 418.
Godeau, évêque de Vence, I, 114.
Godefroi (saint), évêque d'Amiens, I, 13, 483; — II, 21, 128.
Godefroi, abbé de Nogent-sous-Couci, I, 546, 547.
Godefroi, abbé de Vendôme, I, 552.
Godefroi, archidiacre d'Avranches, II, 127.
Godefroi, doyen de Marm., I, 193, 194.
Godefroy, Léon, expert, II, 547.
Goderan, évêque de Saintes, I, 358.
Godin, Jean, prieur de Château-du-Loir, II, 324.
Godohilde, fille du vicomte Raoul, I, 296.
Goel Engelbaud, I, 331.
Goeschins, Robert, II, 4.
Goguelet, Silvestre, II, 388.

Mémoires archéologiques, t. xxv.   44

Gomez (André de), I, 473, 503.
Gondebaut, I, 127.
Gondi (de), abbé de la Chaume, II, 464.
Gondoye (Geoffroi de), I, 428.
Gondulfe, évêque d'Avranches, I, 442.
Gonesse (Clément de), moine, II, 211.
Gonnade, tante de Maurice, seig. de Montaigu, II, 176.
Gorgon (saint), martyr, I, 169, 170, 171, 172.
Gosbert, abbé de Marmoutier, I, 205.
Gosbert, relig. de Marmoutier, II, 55, 56.
Gosbert, gendre de Barthélemy de Vendôme, II, 181.
Goscelin, I, 543.
Coscelin, frère de Geoffroi, évêque de Chartres, II, 82.
Goscelin, fils de Geoffroi de Dinan, II, 12.
Goscelin, dit le Normand, I, 282.
Goslin, abbé de St-Benoît-sur-Loire, I, 554.
Goslin, évêque de Soissons, II, 83, 84.
Goslin, chambellan, I, 501.
Gosmerus, abbé de Moutier-la-Celle, II, 29.
Gosselin ou Gozelon, duc, I, 299.
Gouffier, Adrien, cardinal, II, 366.
Goupil, Robert, prieur de la Chaume, II, 440.
Goupillière (Famille Bergeron de la), II, 562.
Gozechin, I, 460.
Gradulfe, père de Guérin, I, 532.
Gradulphe, fils d'Oudète, dame de Blois, I, 532.
Graham (Thomas de), II, 245, 247.
Grandmaison, II, 518.
Grange (de la), II, 393.
Gratien, auteur, I, 41; — II, 275.
Gravio (Girardus de), abbé d'Alné, II, 89.

Grégoire (saint), évêq. de Tours, I, 8, 9, 10, 13, 25, 28, 29, 30, 31, 53, 54, 56, 58, 59, 60, 67, 68, 69, 70, 71, 72, 78, 89, 117, 126, 127, 128, 129, 130, 132, 150, 152, 154, 156, 158, 159, 299; — II, 412, 415, 452, 492.
Grégoire le Grand (saint), I, 34, 146, 231.
Grégoire V, pape, I, 203, 234.
Grégoire VII, pape, I, 325, 358, 359, 374, 404, 464, 466, 515.
Grégoire IX, pape, II, 202, 203, 205, 206, 207, 208, 211, 212, 213, 214, 221, 222, 231, 232, 257, 321.
Grégoire X, pape, II, 246, 248, 321.
Grégoire XI, pape, 292, 293, 294, 295, 296, 297.
Grégoire XIII, pape, II, 371, 388, 394, 395.
Grégoire XIV, pape, II, 388.
Grégoire XV, pape, II, 435.
Grégoire, cardinal, II, 31, 47.
Grentemenil (Robert de), I, 368, 369.
Gray (Léonard), vice-roi d'Irlande, marquis de Dorset, I, 94.
Gricouland, Pierre, II, 371.
Grille (Jean de la), abbé de Sainte-Croix de Guimgamp, II, 99, 100.
Grimaldus, I, 167.
Griminilde, femme, I, 171.
Grise, femme de Bellay, I, 269.
Grise, femme d'Ursion de Fréteval, II, 142.
Grisegonelle (Geoffroy), comte d'Anjou, I, 74.
Gruel (Jean et Guillaume), II, 175.
Guagoneus, vicaire, II, 14.
Gualbert, I, 133.
Gualeran, frère d'Ebrard, I, 424.
Gualon, seigneur, I, 242.
Guanilon, comte de Montigni, I, 230, 263, 277, 280, 308, 311, 314, 315, 363, 364, 365, 366, 367.

— 667 —

Guarmese, Ermengarde, II, 59, 60, 61.
Guartin, parent de Gérard, I, 494.
Guaszon, seig. de Théodemer, I, 333, 334.
Guchemand, Anselme, prieur de Marmoutier, II, 527, 528, 529, 549.
Guegonus, vicaire, II, 12.
Gueldres (Maison de), II, 368.
Guenpiart, Guillaume, II, 183.
Guenquenens, évêque de Dol, I, 259.
Guérin, abbé d'Evron, I, 576.
Guérin, abbé de Marmoutier, II, 205, 207, 264.
Guérin, abbé de Moutiers-la-Celle, I, 800.
Guérin, abbé de St-Julien de Tours, I, 553.
Guérin, abbé de St-Michel en l'Herme, I, 430.
Guérin, archidiacre de l'église d'Amiens, II, 128.
Guérin, évêque d'Amiens, I, 13, 489 ; — II, 128, 177.
Guérin, évêque de Rennes, I, 259, 260, 262.
Guérin, prieur de Sacé, I, 492.
Guérin, relig. de Marm., II, 558.
Guérin, chancelier, II, 18.
Guérin, comte de Rosni, I, 305.
Guérin, fils de Hugues, prévôt de Blois, I, 307.
Guérin, fils de Jean, I, 286.
Guérin, fils d'Oudète, dame de Blois, I, 532.
Guérin de Malicorne, II, 55.
Guérin Probus, colibert, II, 34, 35.
Guérin-sans-Barbe, I, 308, 565.
Guérin, fils de Nivelon, II, 10.
Guérin, fils de Daniel de Vado, I, 488.
Guérin, prévôt, I, 251, 280, 364.
Guerric de la Porte, Voy. Porte.
Guesdier, prévôt de Blalay, II, 590.

Gui, abbé de Pontlevoi, I, 402, 403.
Gui, abbé de Château-Joscelin, II, 138.
Gui, abbé de Saint-Laumer, I, 425.
Gui, abbé de Saint-Sauveur, II, 130.
Gui, archevêque de Vienne, II, 30.
Gui, diacre-cardinal, II, 79.
Gui, évêq. de Beauvais, I, 125.
Gui, év. du Mans, II, 72, 73.
Gui, relig. de Marm., I, 425.
Gui, fils de Giroard, II, 23.
Gui, fils de Roscelin, I, 375, 431.
Gui, fils de Pétronille, abbesse de Ste-Croix, I, 270.
Gui de Châtillon. Voy. Châtillon.
Gui de Courson. Voy. Courson.
Gui de Garlande. Voy. Garlande.
Gui, fils de Thibaud de Dampierre, II, 28, 29.
Gui Geoffroi, duc de Guyenne, I, 450, 451, 452.
Gui, comte de Laval, I, 339, 340, 390, 493, 526.
Gui, comte de Ponthieu, I, 376, 474, 572.
Gui, comte de Rochefort, II, 23.
Gui le Lombard, I, 476.
Gui de la Rochefoucault. Voy. Rochefoucault.
Gui de Touraine, I, 503.
Gui, bouteiller, II, 156.
Gui, maître d'hôtel, I, 500.
Guiard, II, 223.
Guiart, prieur de Laval, I, 493.
Guibert, abbé de Gembloux, I, 112, 114, 115, 276; — II, 165, 166, 167.
Guibert, abbé de Nogent, I, 424, 452, 453, 457; — II, 20, 539.
Guibert, abbé de Saint-Germain d'Auxerre, I, 526.
Guibert, antipape, I, 520.
Guichardus, abbé de Marm., I, 159.
Guicher, fils de Gervais, seig. de la Basoche, II, 127.

Guicher, seig. de Château-Regnault, I, 334, 345, 456; — II, 38.
Guicher, seig. de Châtillon-sur-Marne, II, 84.
Guiddenoch, seig. en Bretagne, I, 258, 259.
Guidenoc d'Ancenis, relig. de Marm., I, 370, 375, 418.
Guidonis, Bernard, I, 127.
Guigues (le vénérable), I, 4.
Guihenoc, seig. d'Ancenis, II, 160, 161.
Guihomare, frère de l'évêque Heven, II, 132.
Guihumare, prêtre, II, 27.
Guilburge, femme d'Elie de Sainte-Sévère, I, 487.
Guildemand, abbé de Marm., I, 146.
Guillaume, abbé, II, 171.
Guillaume, abbé de Chartres, II, 65.
Guillaume, abbé de Compiègne, II, 116.
Guillaume de Combour, abbé de Marm. *Voy.* Combour.
Guillaume, abbé de Montbourg, II, 354.
Guillaume (saint), abbé de St-Bénigne de Dijon, I, 254.
Guillaume, abbé de St-Florent, I, 520, 536, 544, 562.
Guillaume, abbé de St-Gildas, II, 130.
Guillaume, abbé de St-Lô, II, 138.
Guillaume, abbé de St-Maixent, II, 286.
Guillaume, abbé de St-Meen, II, 8.
Guillaume, abbé de St-Pierre-en-Vallée, de Chartres, I, 548, 549, 550.
Guillaume, abbé de St-Serge d'Angers, II, 122, 305.
Guillaume, abbé de Saint-Thierry, II, 71.
Guillaume, abbé de St-Vincent du Mans, II, 54, 55.
Guillaume, abbé de Savigny, II, 171.
Guillaume, archevêq. de Bourges, II, 337.

Guillaume, archevêque de Reims, II, 279, 280.
Guillaume, archevêq. de Rouen, I, 337, 441.
Guillaume, archidiacre de Clermont, II, 2.
Guillaume, archidiacre du Mans, II, 65.
Guillaume, archidiacre de Nantes, I, 417, 536, 538; — II, 2.
Guillaume, archidiacre de Poitiers, I, 430; — II, 133.
Guillaume, archidiacre de Rennes, II, 2.
Guillaume, cardinal de Saint-Martin-du-Mont, II, 325.
Guillaume, cardinal, II, 79.
Guillaume, évêque d'Angoulême, I, 358.
Guillaume, évêque d'Avranches, II, 173.
Guillaume, évêque de Coutances, II, 175.
Guillaume, évêq. de Nantes, II, 99, 101, 104, 112, 170, 148, 149, 150, 164, 178, 181.
Guillaume, évêque de Poitiers, II, 30, 197.
Guillaume, évêque de Saint-Brieuc, II, 74.
Guillaume, évêque de Salpis, II, 55.
Guillaume, évêq. de Treguier, II, 90, 105.
Guillaume, chanoine de Parme, II, 216.
Guillaume, chapelain d'Essia, II, 176.
Guillaume, prêtre de Combour, II, 80.
Guillaume, prieur de Combour, II, 96.
Guillaume, prieur de Fontaine-Gehart, II, 181.
Guillaume, moine de Marm., II, 178.
Guillaume, prieur de Marm., II, 10, 16, 46, 147.
Guillaume, prieur de Notre-Dame de Mentenay, II, 176, 251.
Guillaume, prieur de Saint-Thibaud, I, 490.

Guillaume, prieur de Vivoin, I, 495.
Guillaume, prieur d'York, II, 213.
Guillaume, prêtre, I, 406.
Guillaume, prêtre, II, 92.
Guillaume, trésorier de St-Hilaire de Poitiers, I, 496.
Guillaume, duc d'Aquitaine, I, 330, 348, 497.
Guillaume d'Arguenai. *Voy.* Arguenay.
Guillaume, vicomte d'Aunay, I, 358.
Guillaume, fils de Robert de Belesme, II, 10.
Guillaume de Brenne, II, 197.
Guillaume, fils de Rivallonius, seig. de Combour, I, 404, 405.
Guillaume de Combour. *Voy.* Combour.
Guillaume, fils de Nielle, vicomte de Coutances, I, 328.
Guillaume et Geoffroi, fils d'Olivier, seigneur de Dinan, II, 13.
Guillaume, dit l'Abbé, fils de Geoffroi de Dinan, II, 13.
Guillaume de Ely, II, 176.
Guillaume de la Ferté. *Voy.* Ferté.
Guillaume de Fontenai. *Voy.* Fontenai.
Guillaume du Fresne. *Voy.* Fresne.
Guillaume Martin, seigneur de Gréez, I, 389.
Guillaume, père de Geoffroi, duc de Guyenne, I, 451.
Guillaume, fils de Richard de Homets, II, 137.
Guillaume de Juvigné. *Voy.* Juvigné.
Guillaume, seig. de Mantes, I, 337.
Guillaume, fils de Mahaud, I, 428.
Guillaume, oncle de Juhel, seig. de Mayenne, II, 196.
Guillaume, seig. de Montfort, II, 197.
Guillaume, comte de Mortain, I, 324, 439, 441, 442.

Guillaume, comte de Nevers, I, 399.
Guillaume, duc de Normandie, I, 260, 261, 324, 328, 329, 340, 341, 369, 390, 391, 392, 393, 396, 399, 400, 426, 439, 440, 441, 442, 450, 461, 462, 484, 504, 537.
Guillaume, comte de Poitou, II, 98.
Guillaume, seigneur des Roches, II, 169, 170, 188, 199.
Guillaume, fils de Robert de Saint-Martin, II, 182.
Guillaume de la Saugière. *Voy.* Saugière.
Guillaume, vicomte de Talmond, I, 329, 330, 331.
Guillaume de Villepreux, II, 144, 145.
Guillaume, sénéchal, II, 18.
Guillaume, comte, I, 358.
Guillaume, fils d'Alerius, I, 332, 333.
Guillaume, I, 324.
Guillaume, chambellan, I, 501.
Guillaume, neveu du baron Alcherius, I, 427.
Guillaume, frère de Gautier, I, 287.
Guillaume, fils de Hugues, I, 492.
Guillaume, fils de Pétronille, abbesse de Ste-Croix, I, 270.
Guillaume, frère de Raoul Méchante-Couronne, I, 368.
Guillaume, fils de Simon, II, 175.
Guillaume dou Quartier, II, 245.
Guillaume, maître d'hôtel, II, 116.
Guillaume, fils de Gautier le Roux, I, 377.
Guillaume, fils de la comtesse Adela, I, 479.
Guillebert, abbé de Marmoutier, I, 216, 221, 222.
Guillet, censivier de Marmoutier, I, 564.
Guillot, fils de Girard de Chartres, II, 198.
Guilotin, relig., II, 438, 439.
Guimond, moine, I, 396.

— 670 —

Guineburge, femme de Pierre de Saint-Cloud, II, 155.
Guindesmod, femme d'André de Rameru, I, 437.
Guingamp (comtes de), II, 104, 105.
Guinollé ou Wingalois (saint), abbé de Landevenec, I, 198.
Guinot de la Roche, archidiacre de Tours, II, 305.
Guion, prêtre de l'Oratoire, II, 458.
Guise (Maison de), II, 370.
Guitbert, abbé de Marmoutier, I, 205.
Guitmond, fils de Gausbert, I, 405, 406.
Guitmond, dit le Chat, I, 406, 407.
Guiton, prieur, II, 80.

Guizol, II, 625, 628.
Gulferius, abbé de Saint-Maur-des-Fossés, II, 23.
Gundulfe (saint), I, 524.
Gunnor, femme d'Olivier de Dinan, II, 13.
Gunter, père de Berald, I, 194.
Gunterius, I, 284.
Guntier, abbé de Torvée ou Thorne en Angleterre, I, 394; — II, 14, 15.
Guy, évêque d'Amiens, I, 13.
Guyen, Jean, prêtre de Redon, II, 429, 431, 462, 463, 464.
Guyenne (Maison de), I, 451, 452.
Guynard, relig. de Lehon, II, 436.
Gyé (maréchal de), II, 337.

H

Hacfridus, doyen de l'église de Tours, I, 252.
Hacfridus, *miles*, I, 240.
Hadeberge, fille de Raoul, vicomte, I, 296.
Hadoin (saint), évêq. du Mans, I, 575.
Haduise, mère d'Alain, duc de Bretagne, I, 259.
Haduise, surnommée Blanche, femme de Robert le Bourguignon, I, 343.
Haganon, évêq. d'Autun, I, 485, 519.
Haimeri, moine de Marm., II, 122.
Haimeri de Curron, I, 525.
Haimeri, frère de Hugues, seig. de l'Isle, I, 419.
Haimeri, serviteur de Geoffroi de Mayenne, II, 10.
Haimeri, fils de Joscelin de la Roche, I, 496.
Haimeri de Villaret. *Voy.* Villaret.
Haimon, maître d'Alain, duc de Bretagne, I, 259.

Haimon, père de Rivallonius de Combour, I, 405.
Haimon, fils de Mainon, seig. de Combour, I, 408.
Haimon, seig. de Laval, I, 493.
Haimon, frère de Guitmon le Chat, I, 406, 407.
Haimon, Haymon, I, 192, 193, 240.
Haimon le Chat, I, 406, 407.
Hainaut et Flandre (Maison de), I, 474.
Hait Richard, vicomte de Meulant, II, 86.
Hallouin (Charles de), comte de Dinan, II, 405.
Hamelin, évêque du Mans, II, 170, 172, 178, 179, 180, 181, 482.
Hamelin, évêque de Rennes, II, 72, 75, 76, 79, 92, 120.
Hamelin, moine de Marm., I, 393, 449.
Hamelin de Bourges, I, 486.
Hamelin, seig. de l'Ecluse, II, 35, 36.

Hamelin, fils de Foucher, seigneur de Fréteval, I, 512.
Hamelin, frère de Juhel de Mayenne, II, 33.
Hamelin, frère de Burchard, I, 341.
Hamelin, fils de Geoffroi de Mayenne, I, 342.
Hamelin, fils de Mahaud, fem. de Geoffroi de Mayenne, I, 428.
Hamelin, frère de Fulcodius, II, 35.
Hamelin, fils de Normand, I, 566.
Hamon, abbé de St-Magloire, I, 499, 500.
Hamon, évêque de St-Brieuc, II, 74.
Hamon, prieur d'Arcis, II, 188.
Hamon, fils de Gui, comte de Laval, I, 339.
Hamon, père de Gui de Laval, I, 526.
Hamticus ou Henricus, ou Hambicus, abbé de Marmoutier, I, 160.
Harbert, fils de Maurice, seig. de Montaigu, II, 176.
Harcour (Louis d'), archevêque de Narbonne, II, 326.
Hardouin, archevêque de Tours, I, 193, 194, 195.
Hardouin, neveu d'Hardouin, archevêque de Tours, I, 195.
Hardouin, prêtre, I, 295.
Hardouin, prêtre de Ballée, II, 198, 199.
Hardouin, vicomte de Chartres, I, 277, 281, 336.
Hardouin, I, 280.
Hardouin, frère de Geoffroi de Châteauceaux, I, 320.
Hardouin, seig. de Maillé, I, 281, 444, 450, 502; — II, 290.
Hardouin, chambellan, I, 501.
Hardouin de Vion. *Voy.* Vion.
Hariulfe, auteur, I, 570, 572, 574.
Harlay (Achille de), évêque de Saint-Malo, II, 515, 516, 517, 519, 520.
Harsentus, seig. de Sacé, I, 492.
Hasnon, moine, I, 527.
Hastingus, capitaine des Normands, I, 176, 188.
Haton, évêque de Troyes, II, 90, 92.
Hatto, abbé de Marmoutier, I, 160.
Havie, mère d'Haimeri de Villaret, I, 424.
Haymon, seig. breton, I, 324.
Hazon, Mayeul, prieur de Marmoutier, II, 550.
Heberne, Hebernus, abbé de Marm. puis archevêq. de Tours, I, 160, 173, 174, 175, 177, 178, 179, 181, 182, 188, 189.
Hebernus, auteur anonyme, I, 181.
Hebrea, mère de Richard de Courci, I, 426.
Hecbertus, évêque, I, 240.
Hecre, intendant de Tours, II, 505, 506.
Heldesinde, fille de Geoffroi de Vierzon, I, 282.
Heldiarde, fille de Geoffroi de Prulli, I, 314.
Helinand, évêque de Laon, I, 485; — II, 103.
Héloïse, femme de Maurice de Montaigu, II, 176.
Henri, abbé de Saint-Germain-des-Prés, II, 331.
Henri, abbé de St-Rémi, I, 491, 545.
Henri, archevêq. de Reims, II, 134.
Henri, évêque d'Albano, II, 164.
Henri, évêque de Bayeux, II, 138.
Henri, évêque de Beauvais, II, 103.
Henri, évêq. d'Orléans, II, 144.
Henri, évêque de Soissons, I, 490.
Henri, relig. de Morimond, II, 57.
Henri Ier, roi d'Angleterre, II, 23, 34, 43, 44, 66.

Henri II, roi d'Angleterre, I, 395; — II, 111, 116, 118, 119, 127, 128, 136, 137, 138.
Henri, roi d'Angleterre, II, 248.
Henri IV, roi d'Angleterre, II, 309.
Henri V, roi d'Angleterre, I, 396; — II, 277.
Henri VI, roi d'Angleterre, II, 319.
Henri VIII, roi d'Angleterre, I, 94, 442, 553.
Henri Ier, II, III, IV, rois de France, I, 37, 262, 286, 287, 293, 301, 303, 315, 316, 334, 335, 344, 382, 461; — II, 370, 385, 389, 393, 396, 401, 404, 405, 418, 442, 444, 447, 459, 461, 465, 469, 471.
Henri, seig. d'Arondelle, II, 130.
Henri, neveu de Raoul, roi de Bourgogne, I, 298, 299.
Henri, fils de Thibaud, comte de Chartres, II, 70.
Henri, comte de Guingamp, II, 105.
Henri, frère d'Adelelme de Ponthieu, I, 376.
Henri, fils d'Adelelme de St-Paul, I, 474.
Henri, comte de Troyes, II, 84.
Henriquez, auteur, II, 89.
Henschenius, I, 29, 56, 88, 89.
Herald, roi d'Angleterre, I, 390, 391, 392.
Herbert, abbé de Notre-Dame de Châteaudun, II, 148.
Herbert, évêque de Rennes, II, 174.
Herbert, prêtre, I, 306.
Herbert, prieur de Dangeau, I, 345.
Herbert de Brand. Voy. Brand.
Herbert de Champmarin. Voy. Champmarin.
Herbert de Dreux, doyen d'Arcis, II, 188, 189.
Herbert, oncle de Maurice de Montaigu, II, 176.
Herbert, fils de Brient de Montaigu, II, 198.
Herbert, de la maison de Sully, I, 485.

Herbert de Vilier. Voy. Vilier.
Herbertus, I, 221.
Héribert, notaire, I, 191.
Hériman, abbé de St-Martin de Tournay, I, 26, 27.
Hérivée, archevêque, I, 188.
Hérivée, religieux de Marmoutier, I, 230.
Hérivée, I, 252.
Herlannus, diacre, I, 205.
Herluin (saint), abbé du Bec, I, 459.
Hermengarde, veuve de Eudes II, I, 301.
Hermengarde, femme d'Hilderic de Courtevroul, I, 479.
Hermeniarde, fem. de Geoffroi d'Orléans, II, 149, 150.
Hérode, alias Hugues Keret, II, 190.
Héros, archevêque d'Arles, I, 81, 82, 83, 84, 85, 86, 87, 88.
Hersentus, neveu de Robert de Bodiac, I, 494.
Hersinde, mère de Gui de Laval, I, 526.
Hersinde, fille de Gaudin de Malicorne, II, 55.
Hersinde, fille de Mahaud, I, 428.
Hersinde, mère de Guanilon de Montigni, I, 363.
Hersinde, femme de Fromond, I, 294.
Hersinde, femme de Gautier, proviseur de Tours, I, 230.
Hersinde, femme de Guérin-sans-Barbe, I, 308.
Herulfe, I, 191.
Hervard, archidiacre de Liége, II, 167.
Hervé, abbé de Redon, II, 8, 38.
Hervé, abbé de Villeloin, II, 130.
Hervé, aumônier de Marmoutier, II, 145.
Hervé, trésorier de Saint-Martin, I, 228; — II, 494.
Hervé, prêtre, II, 91.
Hervé, moine de Ste-Croix de Vitré, I, 567.
Hervé, chan. de St-Martin de Tours, I, 566.

Hervé, chancelier de Simon de Beaugency, II, 102.
Hervé, vicomte de Blois, I, 277, 280, 289, 306, 307.
Hervé, vicomte de Léon, II, 71.
Hervé, fils de Rolland de Liré, II, 62.
Hervé, fils de Milesinde des Roches, I, 530.
Hervé de Vitré. *Voy.* Vitré.
Hervée, I, 240.
Hervée, évêque d'Angers, I, 292.
Hervée, chanoine de Tours, I, 263.
Hervée, prêtre de St-Épain, I, 411, 412.
Hervée, fils de Landri, seigneur de Baugé, I, 293.
Hervée de Marcillac. *Voy.* Marcillac.
Hervée, père de Hugues de Rochet, I, 286.
Hervée, frère d'Haymon, I, 324.
Hervée, père de Raoul, I, 406.
Hervise, fille de Hugues de Bratel, I, 427.
Hervisia Paynel, I, 395.
Hestré (Guillaume d'), I, 439.
Hibernie (saints d'), I, 147.
Hilaire (saint) évêq. de Poitiers, I, 17, 18, 19, 21, 24, 25, 27, 59, 73, 83, 497; — II, 194.
Hilbert, moine de Marm. I, 388.
Hildearde, fille de Eudes de Montigné, II, 147.
Hildebert, abbé du Mont-Saint-Michel, I, 259.
Hildebert, évêq. du Mans et archev. de Tours, I, 468, 469, 535, 536, 563, 575, 576; — II, 11, 24, 29, 30, 32, 33, 34, 35, 36, 54, 72, 73.
Hildebert, colibert, I, 308.
Hildebert, doyen de Marmoutier, I, 192.
Hildebert, relig. de Marmoutier, I, 346.
Hildebert, prieur de Montjean, I, 339.

Hildebrand ou Hildebert, relig. de Marmoutier, I, 409.
Hildebrand, légat du pape, I, 323, 325, 326, 404, 463.
Hildeburge, fille de Mahaud, femme de Geoffroi de Mayenne, I, 428.
Hildeburs, femme d'Alaluife, I, 192.
Hildegaire, fils de Salomon de Chemillé, I, 504.
Hildegarde (sainte), II, 167.
Hildegarde, comtesse, I, 268.
Hildegarde, mère de Geoffroi Martel, I, 269.
Hildelinde et Hildeburge, filles de Gui de Laval, I, 339.
Hildemare, abbé de Marmoutier, I, 146.
Hilderic de Courtevrout, I, 478, 479.
Hildesinde, fille de Robert de Vierzon, I, 282.
Hildetrude, mère de Otbert, prêtre, I, 193.
Hildin, abbé de St-Nicolas d'Angers, I, 254, 287.
Hildricus, compagnon de S. Mayeul, I, 209.
Hilduin, comte, I, 277, 304.
Hilduin, comte de Roussi, I, 433, 436, 437.
Hilgo, prêtre, I, 400.
Hilgodus, évêq. de Soissons, puis abbé de Marm., I, 480, 490, 497, 504, 549, 536, 538, 551 et suiv., 569, 574, 576; — II, 2, 3, 4, 45.
Hilgodus, prieur d'Origny, I, 496.
Hilgodus, frère d'Archambaud, I, 289.
Hilgodus, fils de Girard Brunel, I, 423.
Hincmar, notaire de Marm. I, 193, 194.
Hingant, frère d'Haymon, seig. breton, I, 324.
Hingaudus, prêtre, II, 40.
Hoël, Hohellus, évêque du Mans, I, 487; — II, 10, 11, 504, 505, 507, 520, 521.
Hoël, comte de Nantes, I, 443.
Hollande (Maison de), I, 520.

Mémoires archéologiques, t. xxv. 43

Homet (Umfroi de), *Voy.* Umfroi.
Homets, Humet (Richard de), connétable d'Henri II, roi d'Angleterre, II, 137, 138.
Honoré II, pape, II, 47, 50, 64, 69, 70, 78, 195, 196, 197, 550.
Honoré III, pape, I, 482.
Honoré IV, pape, II, 254.
Honorius, empereur, I, 60, 75.
Housseau, secrétaire de Marmoutier, II, 563.
Hubaldus, frère de Bérenger, I, 470.
Hubert, abbé de St-Pierre de Chartres, I, 549.
Hubert, abbé de Vendôme, I, 553.
Hubert, évêque d'Angers, I, 253, 264, 290, 291, 292, 293, 294, 295, 296, 297, 306, 307, 351, 352, 361, 362, 370.
Hubert, prévôt, I, 512.
Hubert, fondateur de Noyers, I, 257.
Hubert de la Ferté. *Voy.* Ferté.
Hubert, fils de Hubert de la Ferté, I, 278.
Hubert, fils de Bouchard de l'Isle, I, 253.
Hubert, fils de Robert de Lavardin, I, 307.
Hubert, vicomte du Mans, I, 399.
Hubert, vicomte de Vendôme, I, 290, 291, 295, 341, 350.
Hubert, fils de Raoul, I, 296.
Hubertine, femme d'Adelard de Bratel, I, 427.
Hucbert, frère de Titberge, I, 184.
Hugolin, fils de Hugues du Puiset, I, 508.
Hugolin, I, 494.
Hugolin de Cherbourg, I, 400.
Huguenots (les), I, 69 ; — II, 250, 373, 384, 466.
Hugues (saint), abbé de Cluny, I, 205, 357, 373, 374, 401, 431, 432, 506, 527, 542, 573 ; — II, 207, 208.
Hugues, abbé de Lonlai, I, 340.
Hugues, abbé de Marmoutier, II, 181, 207, 208, 238, 264, 597.
Hugues Capet, abbé de Marm., I, 197, 202, 222, 223, 225, 226.
Hugues le Grand, abbé de Marmoutier, I, 191, 192, 193, 194.
Hugues, abbé de Pontigny, II, 82, 83.
Hugues, abbé de St-Germain d'Auxerre, I, 527.
Hugues, abbé de St-Germain-des-Prés, II, 152, 154.
Hugues (saint) abbé de Saint-Martin d'Autun, I, 164.
Hugues, fils de Conrad, I, 184, 185.
Hugues, abbé du St-Sépulcre, II, 29.
Hugues, abbé de St-Serge, I, 291.
Hugues, abbé de St-Vincent, II, 147.
Hugues, archev. de Bourges, I, 509, 201, 202.
Hugues, archevêque de Dol, I, 408.
Hugues, arch. de Lyon, I, 374, 435, 465, 507, 519, 520, 521, 522, 524, 525.
Hugues, archev. de Rouen, I, 552, 553 ; — II, 98, 106.
Hugues, archevêque de Tours, I, 240, 249, 258 ; — II, 82, 93, 94, 95, 97, 99, 109.
Hugues, archidiacre du Mans, II, 65.
Hugues, archidiacre de Reims, II, 71, 72.
Hugues, archiprêtre de Vendôme, II, 42.
Hugues, cardinal de Sainte-Sabine, II, 237.
Hugues, év. d'Auxerre, II, 103.
Hugues, évêque de Die, I, 485.
Hugues, évêque de Langres, II, 208.

— 675 —

Hugues, évêque de Laon, II, 19, 20, 147.
Hugues, évêque de Lisieux, I, 369.
Hugues, évêque de Nevers, I, 485.
Hugues, évêque de Soissons, I, 481, 571.
Hugues, doyen de Marmoutier, I, 194.
Hugues, hôtelier de Marmoutier, II, 61.
Hugues, moine de Marmoutier, I, 433.
Hugues, prieur de Pierrefont, I, 481.
Hugues, cellerier de St-Martin, I, 229.
Hugues, député par l'Église de Tours à Innocent II, I, 258.
Hugues, chapelain d'Odric de Châteauceaux, I, 321.
Hugues, religieux de Marm., I, 346.
Hugues, seig. d'Amboise et de Chaumont, I, 525.
Hugues, seig. de Baselges, I, 302.
Hugues, seig. de la Basoche, II, 43.
Hugues, seig. de Beaurain, I, 473, 474, 538.
Hugues de Bratel. *Voy.* Bratel.
Hugues, seigneur breton, II, 96.
Hugues, vicomte de Châteaudun, I, 225, 229.
Hugues de Châtillon, comte de Blois. *Voy.* Châtillon.
Hugues de Chaumont. *Voy.* Chaumont.
Hugues, comte de Dammartin, I, 435, 436, 437.
Hugues de Dangeau, I, 345.
Hugues, beau-fils de Mainon de Fougères, I, 324.
Hugues, seigneur de Genetet, I, 343.
Hugues, seig. de l'Isle, I, 419.
Hugues, fils de Gilduin, de Maillé, I, 314.
Hugues, frère d'Hardouin de Maillé, I, 444.

Hugues, comte de Meulant, I, 399.
Hugues, seig. de Montjean, II, 189.
Hugues, fils de Eudes de Montigné, II, 147, 148.
Hugues de Pontlieu, I, 559.
Hugues, seigneur du Puiset, I, 399, 424, 453, 454, 456, 507, 508.
Hugues, vicomte du Puiset, II, 70.
Hugues, fils d'André de Rameru, I, 437.
Hugues de Rocer. *Voy.* Rocer.
Hugues, frère d'Ebalus de Roussi, I, 433, 437.
Hugues, comte de Roussi, II, 103.
Hugues, fils de Salomon de Sablé, I, 377.
Hugues, seigneur de St-Christophe, I, 379, 422.
Hugues de Sainte-Maure. *Voy.* Sainte-Maure.
Hugues, fils de Hugues de Ste-Maure, I, 543.
Hugues de Sales, II, 208.
Hugues le Seigneur ou Seniorat, I, 488, 489.
Hugues, fils de Guaznon, I, 334.
Hugues, comte de Troyes, II, 28, 29.
Hugues, fils de Daniel de Vado, I, 488.
Hugues le Grand, comte de Vermandois, I, 125.
Hugues le Bourguignon, I, 343.
Hugues Capet. *Voy.* Capet.
Hugues, chancelier, II, 107.
Hugues, chancelier, II, 156.
Hugues, connétable, II, 66.
Hugues, chevalier, I, 290.
Hugues, chevalier, I, 477.
Hugues, frère du roi Philippe, I, 437, 500.
Hugues, prévôt de Blois, I, 304, 307.
Hugues, fils d'Alaordis, I, 358.
Hugues, parent d'Archambaud, I, 289.
Hugues, fils de Rorgon, I, 492.

Huisseau (Jacques d'), prieur de Marmoutier, II, 406, 420, 422, 446, 450, 465, 590.
Huldo, doyen de Marmoutier, I, 194.
Humbert, abbé d'Igny, II, 84.
Humbert, cardinal, I, 464.
Humblière (Ursion d'), II, 150, 151.
Humet (Richard de), connétable du roi d'Angleterre, II, 137, 138.
Humfroy, moine de Marm., I, 485.
Hunebaut, doyen de Marm., I, 221.
Hurault, Jacques, évêque d'Autun, II, 364.
Hurault, Jacques, II, 366, 367.
Hurault, Philippe, abbé de Marmoutier, II, 363, 364, 365, 366.
Hurault, Philippe, II, 372.
Hurault, Henri, II, 405.
Huriel (Maison d'), II, 366, 367, 405.
Hurteaux, citoyen, II, 624, 627.
Hus, Jean, hérétique, II, 372.
Hutru, visiteur provincial, II, 584.
Hynguethon, abbé de Saint-Jacut, I, 259.
Hyrruisus, Yrruisus, Yrrvisus, évêque, I, 229, 234.

I

Ibbo, archevêque de Tours, I, 160.
Ignace de Loyola. *Voy.* Loyola.
Ilbert, gentilhomme, I, 398.
Ildebrand, moine de Marmoutier, I, 499.
Ildoard, doyen de Marmoutier, I, 187.
Ile-Bouchard (Maison de l'), I, 222, 252, 253, 370, 419, 420, 421, 422; — II, 183, 249.
Ilgodus, évêque de Soissons, I, 533.
Ilgotus de Neaulfe, I, 532.
Illiers (Milon d'), évêque de Chartres, II, 348, 349.
Imonville (André d'), relig. de Marm., II, 498.
Ingelbaud de Courtiel, I, 286.
Ingelbaud, prévôt d'Angers, I, 297.
Ingelbert, abbé des Fossés, I, 166.
Ingelbert, maire, I, 297.
Ingelgerius, comte de Gastinais et d'Anjou, I, 178, 179, 181.
Ingelrade, femme d'Archambeau, I, 192.
Ingelran, évêq. d'Amiens, I, 489.
Ingelran de Bohon, I, 375.
Ingelran, fils d'Umfroi de Bohun, I, 399.
Ingelran, seigneur de Mentenai, II, 21, 22.
Ingelrée, femme de Morin, I, 375.
Ingelsinde, femme d'Ernulfus, I, 247.
Ingogeri de Bohon, II, 137, 138.
Inguerrand, abbé de Haut-Villers, II, 71.
Ingution, prêtre, II, 20, 21.
Inisianus, Inisien, médecin, I, 297, 369.
Innocent (saint), évêque du Mans, I, 79.
Innocent, pape, I, 85, 86.
Innocent II, pape, II, 70, 78, 79, 85, 95, 258, 259, 552, 553.
Innocent III, pape, II, 180, 183, 195, 321.
Innocent IV, pape, II, 204, 208, 211, 212, 216, 217, 218, 219, 222, 223, 228, 229, 275, 321.
Innocent VIII, pape, II, 336, 349.
Innocent X, pape, II, 527.
Innocent XI, pape, I, 94.

Innocent, disciple de S. Martin, I, 132.
Innoguent, mère de Robert de Vitré, I, 416.
Innoquen, mère de Briant, I, 318, 319, 320.
Irier (saint), abbé d'Atane, I, 148, 149, 150.
Irlandais, I, 90, 93.
Irmingarde, prêtre de Marmoutier, I, 169.
Irvisus, frère de Ganagius de Saint-Aignan, I, 487.
Isabelle, fem. de Girard de Chartres, II, 198.
Isabelle, fille de Philippe le Bel, II, 260.
Isaïe, évêque de Nantes, I, 189.
Isambertus ou Issembertus, abbé de Marmoutier, I, 160.
Isaurus, doyen du chapitre de Nantes, II, 92.
Isembard, d'Amblinviller, I, 533, 534.
Isembert, abbé de Notre-Dame, II, 6.
Isembert, abbé de St-Laumer de Blois, I, 402.
Isembert, supposé évêque de Laon, I, 301.
Isembert évêque d'Orléans, I, 462, 463.
Isembert, évêque de Poitiers, I, 269, 330, 331, 332, 429, 430; — II, 5, 32.
Isembert, prieur de St-Gilles de Nantes, I, 337.
Isembert, prieur d'York, II, 213.
Isembert, fils d'Hildéric de Courtevroul, I, 478.
Isembert, seigneur de Thoarcé, I, 358.
Isembertus, convers, I, 349.
Ismarus, abbé de Marmoutier, I, 160.
Italiens, ouvriers maçons, II, 600.
Iterius, évêque de Nantes, II, 92, 95, 99.
Ithace, hérétique, I, 41, 42.
Ithaciens (les) I, 41, 42, 59.
Itherius, abbé de St-Martin, I, 162.
Ivedete, fille d'Adelesis, II, 1.
Ives, évêque de Chartres, I, 472, 514, 516, 517, 518, 532, 533, 550, 552, 554, 555, 556, 557; — II, 3, 4, 8, 22, 23, 42, 68, 69.
Ives de Bellesme, évêq. de Seez. *Voy.* Bellesme.
Ives, prieur de Cluny, I, 527.
Ives, prieur de St-Hilaire-sur-Hierre, I, 446.
Ives, de Courbeville, I, 308.
Ives, seig. de Courville, I, 336.
Ives de Martigny, I, 277, 313.

J

Jacob, I, 97.
Jacob, prêtre, II, 41.
Jacquelin, seig. de Maillé, II, 82, 107.
Jacqueline, fille de Eudes de Montigné, II, 147.
Jacquemin, architecte, II, 565.
Jacques, évêque de Rennes, II, 178.
Jacques, évêque de Vannes, II, 27, 28.
Jacques de Dinan, II, 222.
Jacques, médecin, I, 519.
Jansénistes, II, 561.
Jaquesson, Mathieu, religieux, II, 477.
Jarnegonius, frère de Rualde, I, 322.
Jarnigonius, fils de Daniel, seig. de Pont-Château, I, 529.
Jauffre, Jean, prieur de Marmoutier, II, 359.
Jaunay Isaïe, religieux de Marmoutier, II, 388, 389, 406, 408, 414, 415, 416, 417, 418, 420, 423, 424, 425, 427, 429, 430, 431, 433, 434, 435, 441, 442, 443, 444, 445, 446,

447, 448, 453, 454, 459, 463, 592.
Jaunay, Jean, père d'Isaïe, II, 441, 442.
Jean XIX, pape, I, 245.
Jean XXII, pape, I, 329, 542; — II, 100, 269, 270, 272, 273.
Jean, abbé, I, 474.
Jean, abbé de Gembloux, II, 466.
Jean, abbé de Marm., II, 308.
Jean, abbé de St-Florent, II, 287.
Jean, abbé de Saint-Julien, II, 338.
Jean, abbé de Saint-Nicaise, I, 491.
Jean, abbé de St-Melaine, I, 318.
Jean, abbé de Saint-Nicolas d'Angers, II, 39.
Jean, abbé de Saint-Ouen, II, 282.
Jean, abbé de Savigny, II, 240.
Jean, archevêque de Dol, II, 175.
Jean, archevêque de Tours, II, 180, 181.
Jean, archiprêtre de Tours, II, 161.
Jean, prêtre cardinal, II, 31.
Jean, cardinal, II, 226, 227.
Jean, évêq. d'Avranches, I, 340, 390, 396, 397, 426, 432.
Jean, évêque de Chartres, II, 143.
Jean, évêque de Jérusalem, I, 84, 104.
Jean, évêque de Luçon, II, 319.
Jean, évêque du Mans, II, 284.
Jean, évêque d'Orléans, I, 516.
Jean, évêque de Preneste, II, 222.
Jean, évêque de Rennes, II, 215, 234.
Jean, évêque de Saint-Brieuc, II, 74.
Jean, évêque de St-Malo, II, 135.
Jean, évêque de Séez, II, 64, 65, 66, 96.
Jean, évêque de Thessalonique, II, 337, 338.
Jean, moine de la Bataille, I, 393.
Jean, moine de Marmoutier, I, 179, 180, 299; — II, 112, 226, 227.
Jean, moine, médecin, I, 369.
Jean, italien, religieux à Marm., relieur très-habile, II, 299.
Jean, prêtre, I, 286.
Jean, prêtre de Bretagne, II, 27, 28.
Jean, clerc, II, 44.
Jean, enfant offert à Marmoutier, II, 113.
Jean, roi d'Angleterre, II, 180.
Jean, roi de France, II, 288.
Jean d'Aluia, gendre de Robert de Semblançay, I, 558.
Jean, amiral de France, II, 326.
Jean, fils de Landri de Baugé, I, 293.
Jean, vicomte de Beaumont, II, 282.
Jean, duc de Bretagne, II, 218, 229, 257, 312.
Jean, seig. de Châteaux, II, 38.
Jean de Châtillon, comte de Blois. *Voy.* Châtillon.
Jean, seigneur de Chaumont, II, 249.
Jean de Chinon. *Voy.* Chinon.
Jean de Clermont, II, 326.
Jean, fils de Rivallonius, seig. de Combour, I, 404, 405.
Jean de Coué. *Voy.* Coué.
Jean de Crémone, II, 79.
Jean de Dunois. *Voy.* Dunois.
Jean de Gisors. *Voy.* Gisors.
Jean de la Grille. *Voy.* Grille.
Jean, comte de Laval, I, 277.
Jean, fils de Gui, comte de Laval, I, 339, 340, 390, 403, 404.
Jean Martin, fils de Rolland de Liré, II, 62.
Jean, seig. de Maltiz, I, 400.
Jean, comte de Montigny, II, 475.
Jean, comte de Vendôme, II, 105.

Jean, fils d'Adelard, I, 425.
Jean-Baptiste (saint), II, 588.
Jean l'évangéliste (saint), I, 524.
Jeanne, comtesse d'Alençon, II, 254.
Jeanne d'Autriche, II, 349.
Jeanne, reine, II, 271, 272.
Jeanne, fille de Louis, comte de Blois, II, 175.
Jehors, relig. de St-Vincent du Mans, II, 584.
Jérémie, abbé de Marmoutier, I, 161, 162.
Jérôme (saint), I, 26, 85, 104, 138, 253, 569.
Jérosalie, fille d'Oudète, I, 532.
Joachim, abbé, II, 168.
Job, I, 190.
Johannes, abbé de Marmoutier, I, 160.
Johannes, convers, I, 349.
Joigny (Robert de), évêq. de Chartres, II, 492, 495.
Jollain, garde de la collection du roi, II, 572, 573.
Joly, avocat, II, 446.
Jonas, abbé de Marmoutier, I, 160.
Jonas, archidiacre de Tours, I, 263.
Jonas, diacre, I, 168.
Jonas ou Gingomare, moine de Marm., I, 338; — II, 108.
Jonas, sacristain de St-Maurice, I, 251.
Joran, abbé de Saint-Nicaise, II, 71.
Joscelin, Jocelin, fils de Brient de Montaigu, II, 195, 198.
Joscelin (Maison de), II, 75.
Joscelin, fils du vicomte Eudes, II, 8.
Joscelin, Josthon, ou Joscius, vicomte, II, 128, 129, 130, 131.
Joscius, Josse, archevêq. de Tours, I, 553; — II, 119, 120, 121, 135, 136.
Joscius, évêque de Saint-Brieuc, II, 115, 116.
Joscius de Gand. *Voy.* Gand.

Joslin, évêq. de Soissons, II, 71, 84, 85, 86, 103.
Josselin, Louis, provincial de Touraine, II, 429, 456.
Josselin, Louis, sacristain de St-Nicolas d'Angers, II, 387.
Josthon, évêque de St-Brieuc, II, 105.
Jothard, Guillaume, fils de Pierre de Maulevrier, I, 430.
Jotsaldus, auteur, I, 245.
Joubert, Pierre, moine, II, 584.
Jour, Guillaume, chanoine, II, 590.
Jourdain, surnom de Geoffroi de Preuilly, I, 379.
Jourdain, seigneur breton, II, 76.
Jourdain, fils de Jourdain, II, 76.
Jourdain, fils de Guillaume de Juvigné, II, 127.
Jousseaulme, prieur de Torcé, II, 592.
Joyeuse (François de), cardinal, abbé de Marm., II, 393, 394, 395 et suiv., 414, 465, 593.
Joyeuse, Guillaume, père de l'abbé de Marm., II, 395.
Judale, Judhale, Juthal, frère de Raoul de Fougères, I, 324, 413, 414.
Judas, I, 222, 231.
Judhale, archevêque, I, 322.
Judicaël, fils de Daniel, seig. de Pont-Château, I, 529.
Judicaël, frère de Budic de Lyré, I, 418.
Judith, impératrice, I, 163.
Judith, sœur de Robert de Grentemenil, I, 369.
Jubel, abbé de la Couture, I, 505.
Juhel, archevêq. de Tours, II, 207, 214.
Juhel de Mayenne, I, 341; — II, 32, 33, 34, 35, 171, 172, 179, 180, 196.
Juge (Pierre le), cardinal, II, 295.
Jules II, pape, II, 345, 356.
Julien, abbé de l'Isle-Barbe, I, 80.

Julien l'apostat, II, 5, 9.
Julien (saint), évêque du Mans, I, 382, 385.
Julien, évêque d'Ostie, II, 336.
Julienne, fille d'Ernaud, seig. de Villepreux, 144, 145.
Julitte, fem. de Geoffroi, comte d'Anjou, I, 383.
Junan, abbé de Lehon, I, 196.
Jungoneus, archevêque de Dol, I, 262.

Junien, René, prieur de Marmoutier, II, 561.
Junior, clerc à Montjean, I, 339.
Jussy (de), seig. de Rassay, II, 567.
Justinien, évêque de Tours, I, 66.
Juvenal des Ursins. *Voy.* Ursins.
Juvenus, abbé de Lehon, II, 152.
Juvigné (famille de), II, 127.

K

Kenan (saint), ou Conan, I, 148.
Kenni (saint), I, 148.
Keran (saint), I, 148.
Kerdrel (Maur-Audren de), prieur de Marm. II, 560.

Keret (Famille), II, 189, 190, 192.
Kerkby, Guillaume, prieur de Tikfort, II, 335.
Kuick, abbé de St-Amand, II, 349.

L

Laboureur (Le), auteur, I, 79, 80, 81.
Lachie (sainte), I, 269.
Laidez, Pierre, relig. de Marm. II, 15, 19.
Lainé, conseiller d'État, II, 503.
Lambert, abbé de Poutières, II, 29.
Lambert, abbé de Beaulieu, II, 148.
Lambert, abbé de St-Nicolas d'Angers, II, 16, 18.
Lambert, évêque d'Arras, I, 546, 572, 573.
Lambert, évêque d'Ostie, II, 31.
Lambert, moine de Marmoutier, I, 164, 165, 166.
Lambert (comte), I, 164.
Lambert, serf affranchi, I, 534.
Lamoignon (de), maître des requêtes, II, 503.
La Motte (Foucher de), I, 418.

Lancelin, fils de Landri de Baugé, I, 293.
Landran, archevêque de Tours, I, 171.
Landri, seigneur de Baugé, I, 292.
Landry, évêque de Mâcon, I, 519.
Lanfranc (saint), I, 340, 459, 460, 461, 462, 464.
Langeais (Fulcrad de), I, 375.
Langeais (Raoul de), archevêq. de Tours. *Voy.* Raoul.
Lanrigan (Famille de), II, 1.
Lansain (Maison de), II, 405.
La Pie, prieur de Marmoutier, II, 562.
Larçay (Pierre de), II, 290.
Latinius, archevêque de Tours, I, 159.
Laumer (saint), abbé de Corbion, II, 67.
Laurent, prieur de Doulon, II, 17.

Laval (Maison de), I, 277, 339, 340, 344, 390, 403, 404, 493, 526; — II, 104, 230.
Lavardin (Maison de), I, 277, 289, 305, 306, 307, 375, 504, 536; — II, 78.
Lavari (Hamelin de), I, 342.
Lazare (saint), I, 253.
Lazare, évêque d'Aix, I, 65, 72, 81, 82, 83, 84, 85, 86, 87, 88.
Lechapellier, doyen de Marmoutier, II, 603, 640.
Ledoit, organiste de Marmoutier, II, 558.
Ledoux, Guillaume, II, 393.
Le Fresne, prieur de Marmoutier, II, 563.
Le Gay, religieux de Marmoutier, II, 541, 542.
Léger (saint), évêque et martyr, II, 286.
Léger, archevêque de Bourges, I, 486.
Legouverneur, év. de St.-Malo, II, 550.
Legrand, notaire de Marmoutier, II, 575.
Legrand, citoyen, II, 625.
Legras Geoffroi de Chaulet, I, 503, 504.
Legras Geoffroy de Chennité, I, 344.
Lehon (Brulart de), prieur, II, 421, 422, 425.
Lemaître, boucher, II, 377.
Lenoncour (de), archevêque de Tours, II, 343.
Lenot, architecte, II, 566, 568, 630.
Léobard (saint), I, 154, 155, 156, 157, 158, 159; — II, 491, 583.
Léoderarius, abbé de Marmoutier, I, 160.
Léon, évêque de Bourges, I, 78.
Léon le Grand (saint), pape, I, 91.
Léon VIII, antipape, I, 494.
Léon IX, pape, I, 317, 460, 461, 462, 463.
Léon X, pape, I, 275; — II, 335, 360, 361, 368, 397.

Léon, conseiller d'État, II, 503.
Léon, frère de Papin, II, 19.
Léon (Pierre de), cardinal, II, 47, 65, 78.
Léon (Maison de), II, 47, 65, 71, 78.
Léonard (saint), I, 494; — II, 231.
Léonius, abbé de Marmoutier, I, 160.
Léonius (saint), évêq. de Poitiers, I, 330; — II, 194, 234.
Leprêtre, évêq. de Quimper, II, 590.
Lerins (Vincent de), I, 467.
Leroy, Renée, marquise de Chassangremond, II, 595.
Leroy de Chavigny, Jacques. Voy. Chavigny.
Leroy Philippe, prieur de Marm. II, 532, 533, 534, 552, 595.
Leroy Thomas, moine de Marm. II, 521, 595.
Lesceline, fille d'Adelard de Bratel, I, 427.
Lespine (de), chanoine, II, 590.
Le Sueur, peintre, II, 571, 572, 574, 575, 578.
Letaldus ou Letalcus, prieur de St-Florent de Saumur, I, 256, 265, 267.
Letaldus, notaire, I, 188.
Letard Rossel, II, 11.
Lète, disciple de S. Martin, I, 432.
Letellier, Jean, relig. de Lehon, II, 420.
Letexier Julien, chanoine, II, 590.
Letgarde, femme de Gautier le Roux, I, 377.
Leucade, gouverneur, I, 41, 42.
Leufroi (saint), I, 369.
Lhéritier-Vauquer, II, 632.
Liboire (saint), évêque du Mans, I, 76, 77.
Liconce, vicaire de l'empire, I, 43, 44.
Liconius, I, 3.
Lidoire (saint), archev. de Tours, I, 27, 54, 190.
Lietceline, femme d'Anscher

Mémoires archéologiques, t. XXV.   46

de Saint-Riquier, I, 488, 489, 571.
Limery, Limeray (Maison de), I, 277, 298.
Limets (Raoul de), I, 337.
Linard, prieur de Marmoutier, II, 560.
Lionne (de), abbé de Marm., II, 530, 547, 550, 557, 560.
Lionne (de), ministre d'État, II, 530.
Lisiard, évêq. de Soissons, I, 481; — II, 43.
Lisois de Bazougières, I, 310.
Loches (Thomas de), II, 111, 117.
Loches (Maison de), I, 178, 179, 181.
Lodun (Aimeri de). *Voy.* Aimeri.
Loffelme, relig. de Marmoutier, I, 393.
Loges (Maison des), I, 277, 345.
Loheran (Henri), I, 500.
Lombard (Gui le). *Voy.* Gui.
Longueville (demoiselle de), II, 411.
Loppin, Guillaume, religieux de Marmoutier, II, 360.
Lorier, Jean, prieur de Marm., II, 537, 553.
Loringan (Guérin de), I, 416.
Loth, I, 100.
Lorraine (Jean de), cardinal, abbé de Marmoutier, II, 368, 369, 370.
Lorraine (Charles de) cardinal, abbé de Marmoutier, II, 370, 371, 372, 373, 378, 383, 390.
Lorraine (Maison de), II, 368, 369, 370, 371, 372, 373, 378, 383, 390.
Lothaire, roi de France, I, 184, 193, 194, 202, 216.
Louand (saint), I, 269.
Louet, chanoine du Mans, II, 584.
Louis le Débonnaire, roi de France, I, 124, 161, 162, 163, 165, 168, 175, 194, 196.
Louis III, roi de Sicile et de Jérusalem, II, 315.
Louis IV, dit d'Outremer, I, 191, 192.

Louis V, dit le Fainéant, I, 221.
Louis VI dit le Gros, II, 20, 23, 25, 28, 43, 48, 66, 71, 72, 77, 550.
Louis VII, dit le Jeune, roi de France, II, 77, 79, 82, 83, 84, 85, 93, 94, 98, 101, 102, 103, 106, 116, 128, 121, 123, 134, 136, 138, 158, 337.
Louis IX, dit le Saint, II, 208, 221, 227, 228, 229, 240, 241, 242, 254, 259, 294, 308, 572, 574.
Louis XI, roi de F. I, 125; — II, 331, 332, 333, 341, 348, 547.
Louis XII, roi de France, II, 355, 356, 366.
Louis XIII, roi de France, II, 413, 467, 472.
Louis XIV, roi de France, II, 506, 527, 549.
Louis XVI, II, 571, 572, 573, 576, 578, 580, 582, 606, 607.
Louis, chancelier du roi, I, 168.
Louis, abbé de St-Martin, I, 184.
Louis, duc d'Anjou, II, 294.
Louis, comte de Blois et de Clermont, II, 173, 175, 219.
Louis de la Chambre, II, 387.
Louis (Gausbert de). *Voy.* Gausbert.
Louis d'Harcour. *Voy.* Harcour.
Louis, fils de Philippe V, II, 272.
Loup (saint), évêque d'Angers, I, 292.
Loynes (de), sacristain de Marmoutier, II, 508, 590, 591.
Loyola (S. Ignace de), I, 476.
Loz Magloire, prieur de Marmoutier, II, 560.
Lubin (saint), évêque de Chartres, II, 67.
Luc d'Acheri, auteur, II, 111.
Lucas, René, prieur de Marmoutier, II, 383, 386.
Luce, pape, II, 95, 96.
Luce III, pape, II, 149, 154, 155, 156, 157, 161, 246, 321.
Luce (Thibaut de), évêque de Maillezais, II, 326.

Lucie, nièce de Guillaume de Combour, II, 2.
Lupicin, consul, I, 26, 27.
Lupite, sœur de S. Patrice, I, 88.
Lure, Luré (Gui de), abbé de Marm., II, 306, 310, 311, 312, 313, 314, 315, 317.
Lure (Pierre de), prieur de Vivoin, II, 327, 338.
Luxembourg (le cardinal de) évêque du Mans, II, 364.
Lyré (Maison de), I, 375, 418, 419; — II, 61, 62, 63.

M

Maan, auteur, I, 15, 117, 195, 384, 514; — II, 4, 30, 289, 467.
Mabile, fille de Guillaume de Belesme, I, 494, 495.
Mabile, femme d'Alexandre de Rochecorbon, II, 91.
Mabile, fille de Guillaume Talvace, c^{te} du Perche, II, 220.
Mabilie, fem. de Gaudin de Malicorne, II, 55.
Mabillon (dom), I, 8, 23, 58, 72, 77, 87, 88, 147, 150, 160, 162, 163, 166, 167, 173, 175, 181, 216, 220, 245, 350, 377, 389, 460, 465, 466, 470, 554; — II, 4, 67, 167.
Machabée, I, 184.
Machaire, abbé de Montierneuf, I, 430.
Machaire, abbé de Morigny, II, 114.
Machatta de Picolomini, II, 295.
Machaut, fem. de Bertrand, seigneur de Coutances, I, 440, 441.
Machecou (Bernard de), II, 234.
Mage, provincial des jésuites, II, 470.
Magloire (saint), évêq. de Dol, I, 196, 198.
Magnericus, évêque de Trèves, I, 36.
Maguntia, fem. de Gui de la Rochefoucault, I, 358.
Mahault, femme de Hugues de Chaumon, I, 3°6.
Mahaud, comtesse du Mans, I, 533.
Mahaud, fille de Gontier d'Aloie, I, 427, 428.
Maillard Olivier, II, 338, 343.
Maillé (Maison de), I, 227, 280, 281, 312, 313, 314, 444, 450, 452, 502; — II, 82, 107, 290, 551.
Mainard, abbé de St-Nicolas, II, 20.
Mainard, abbé de Saint-Sauveur de Redon, I, 259.
Mainard, chantre d'Angoulême, II, 18.
Mainard, prieur de St-Martin du Mans, II, 182.
Mainbeuf (saint), évêque d'Angers, I, 73.
Maine (Maison du), II, 393.
Mainerius, I, 240.
Mainfroid, abbé de Marmoutier, I, 146.
Mainfroid (comte), I, 164.
Mainier, seigneur de Maintenon, II, 140.
Mainon, évêque de Rennes, I, 413, 416.
Mainon, seig. de Fougères, I, 322, 323, 324, 407, 408, 413, 414.
Maintenon (Maison de), II, 140, 183, 184.
Malbert Giraud, I, 528.
Maldant, chantre de Marmoutier, II, 482.
Malet, prévôt de Tours, II, 118, 449.
Maletroit (Maison de), II, 28, 178.
Malherbe, Eudes, I, 508, 509.
Malicorne (Gaudin de), II, 54, 55.

Mallet, Guillaume, I, 138.
Malmesbury (Guillaume de), I, 458.
Malo (saint), I, 384, 385.
Malras, Bernard, I, 563, 564.
Maltiz (Maison de), I, 400.
Manassès, archevêque de Reims, I, 546, 573.
Manassès, évêque de Meaux, I, 480.
Manassès, évêq. d'Orléans, II, 102, 103, 117, 135, 158.
Manassès, évêque de Soissons, II, 43.
Manassès, prévôt de l'Église de Reims, I, 436.
Manassès, comte, I, 262.
Manassès, seig. de la Bazoche, I, 490, 554.
Manassès, vicomte de Melun, I, 500.
Mancel, religieux, II, 584.
Manigenius, seigneur breton, I, 275.
Manrique, auteur, II, 89.
Mans (Maison des comtes du), I, 344. 533; — II, 39.
Mans (Maison des vicomtes du) I, 352, 382, 399.
Mansel Pelliparvis, II, 140.
Mantes (Maison de), I, 337.
Marbeuf (de), président, II, 519.
Marbodus, évêq. de Rennes, I, 415, 535, 536, 562, 563, 566, 567; — II, 8, 120.
Marboet (Foulques de), II, 29.
Marcault Denis, II, 376, 377.
Marchand Albert, II, 527.
Marchand Prosper, II, 586.
Marcillac (Hervée de), I, 417.
Marcillac, maître des requêtes, II, 503.
Marcoard, I, 294.
Mareschaux, Florent, prieur de Marmoutier, II, 500, 501, 504, 505, 506, 508.
Marguerite, femme de Foulques de Candé, II, 136.
Marguerite, femme de Geoffroi de Châteauceaux, II, 160.
Marguerite, comtesse de Flandres, I, 474.
Marguerite, dame de Rillé, II, 82.
Marguerite, femme du comte Pierre, espagnol, II, 159.
Marie de l'Incarnation, II, 539.
Marie, comtesse de Champagne, II, 168.
Marie, fille de Girard de Chartres, II, 198.
Marie de Médicis, reine, II, 413.
Marie, comtesse de Troyes, II, 173.
Marie, sœur de Barthélemy de Vendôme, II, 181.
Marie, fem. de Jourdain, II, 76.
Marie René, cellerier de Marm. II, 584, 600, 602.
Marius Mercator, I, 85.
Marlot, auteur, I, 547.
Marnai (Geoffroi de), moine, II, 132.
Marolles (M. de), I, 382.
Marquerie (la), maître des requêtes, II, 503.
Marques Pierre, abbé de Marm. II, 117, 318.
Marques Michel, seig. de la Bedouère, II, 317.
Marquet, prieur de Pontlevoy, II, 582, 583, 586.
Marquis Pierre, prieur, II, 387.
Mars, Noël, prieur de Lehon, II, 418, 419, 420, 421, 423, 424, 425, 427, 428, 429, 438, 445, 446, 448, 449, 450, 451, 452, 453, 454, 455, 456, 457, 458, 459, 460, 461, 462, 463, 464.
Mars, Noël, neveu du prieur, II, 457, 543, 544.
Mars Sébastien, II, 449.
Marseille (le sieur de), II, 435.
Martel ou Marceau (Geoffroi), archevêque de Tours, II, 223.
Martène Edmond (dom.), I, 125; — II, 545, 554, 555, 556.
Martial (saint), II, 286.
Martigny (Ives de), I, 277, 313.
Martin (saint), abbé de Saintes, I, 126.
Martin (saint), archev. de Lyon, I, 79, 80, 81.

Martin (saint), arch. de Tours, I, 55, 58, 59, 68, 69, 89, 110, 111, 112, 126, 127, 178, 179, 180, 262, 497, 51 ; — II, 53, 124, 326, 472, 487, 488, 489, 490, 491, 492, 493, 494, 495.
Martin IV, pape, II, 251, 252, 254, 255.
Martin V, pape, II, 313, 315, 318, 321.
Martin Claude, prieur de Marm. II, 538, 539, 540, 543, 553, 554, 555.
Martin Tirol, I, 506.
Masquillié, Geoffroi, prieur de Marm ; II, 323, 324.
Massey, prieur de St-Florent de Saumur, II, 584.
Masson, général des Chartreux, I, 2.
Mathias, comte de Nantes, I, 322.
Mathias, prêtre de Chalonne, I, 504.
Mathieu, abbé de St-Georges-au-Bois, II, 30.
Mathieu, évêque d'Albano, II, 69.
Mathieu, évêq. d'Angers, II, 121, 122, 123.
Mathieu, chambrier de Philippe-Auguste, II, 156.
Mathieu, beau-frère de Simon de Craon, I, 342.
Mathieu, fils d'Ursion de Fréteval, II, 143.
Mathieu, femme de Hugues de Montjean, II, 189.
Mathieu de Montmorency, II, 93.
Mathilde, femme de Guillaume, roi d'Anglet, et duc de Normandie, I, 261, 328, 396, 399, 400, 426, 439, 440.
Mathilde, mère de Lancelin de Beaugency, II, 156.
Mathilde, mère de Simon de Beaugency, II, 103.
Mathilde, femme du roi Henri, I, 442.
Mathilde, fem. d'Ingogeri de Bohon, II, 137.
Mathilde, femme de Thibaud, comte de Chartres, II, 70.
Mathilde, fille de Nielle, vicomte de Coutances, I, 328.
Mathilde, fille de Salomon de Lavardin, I, 305.
Mathilde, femme de Rolland, seig. de Liré, II, 62.
Mathilde, fem. de Geoffroy de Mayenne, I, 342.
Mathilde, femme de Robert, comte de Mortain, I, 439, 441.
Mathilde, fille de Jean, comte de Vendôme, II, 105.
Mathilde, femme d'Harsentus, I, 491, 492.
Mauléon (Jean de), abbé de Marm., II, 267.
Mauléon (Famille de), II, 197, 200, 234.
Maulevrier (Maison de), I, 395, 428, 429, 430.
Maur (saint), I, 3, 164, 165, 269 ; — II, 472.
Maure, femme de Victure, évêque du Mans, I, 77.
Maurice (saint), I, 53, 54 ; — II, 553, 572.
Maurice, évêq. de Nantes, II, 160.
Maurice, évêque de Paris, II, 154, 155, 173.
Maurice, seigneur de Craon, II, 218.
Maurice, seigneur de Montaigu, II, 176, 177, 189, 198.
Maurice, donateur, I, 298.
Maurice, serf, puis clerc, I, 447.
Maurille (saint), I, 71, 72, 73, 74, 524.
Maurille, archevêque de Rouen, I, 463, 464.
Mauron (saint), abbé de Glonne, I, 124.
Maxime (saint), abbé de l'Ile-Barbe, I, 80, 126, 129, 130, 131, 132.
Maxime, empereur, I, 38, 39, 40, 41, 42.
Maximilien II, empereur, II, 374.
Maye, Mage, Maire (Simon le), abbé de Marm., II, 255, 277, 278 et suiv., 288, 289, 329.

Mayenne (Maison de), I, 341, 342, 427, 428, 503; — II, 10, 32, 33, 34, 35, 171, 172, 179, 180, 196.
Mayeul (saint), abbé de Cluny et de Marm., I, 202, 204, 205, 206, 207, 208, 209, 210, 211, 212, 213, 214, 215, 216, 217, 218, 220, 224, 234, 371; — II, 472.
Mayeul, Hazon, prieur de Marm., II, 530, 531, 532.
Médicis (Maison de), II, 413, 467.
Méen, évêq. de Rennes, I, 322, 323.
Meffre, architecte, II, 631.
Megueri (Robert de), abbé de Marm., II, 115.
Meilleraye (de la), maréchal, II, 518.
Mélanie (sainte), I, 104, 106, 107, 110, 111.
Melisende, fille de Regnaud de Châteauregnaud, I, 304.
Melun (maison de) I, 500.
Ménage, I, 382, 384, 388.
Menard, évêque de Troyes, I, 301.
Menard, seig. à Segournai, I, 332.
Menard, auteur, I, 6; — II, 458.
Meneust, Pierre, moine de Lehon, II, 414, 415, 416, 417, 419, 420, 423, 426, 427, 428, 433, 434, 435, 442, 461, 462.
Mentenai (maison de) II, 21, 22, 176.
Merer (Richard de), I, 399, 400.
Méréville (Jean de), II, 144.
Meri (Richard), II, 137, 138.
Merosus, moine d'Evron, I, 575.
Mery, Silvain, expert, II, 611, 615.
Mesclant (Pierre de), alias, Pierre de la Ferté, II, 215.
Meslay-le-Vidame (Maison de), I, 553.
Meulent (Maison de) I, 399; — II, 86.
Meun (Maison de) I, 428, 486, 564.

Michael, abbé de Marmoutier, I, 160.
Michel, évêq. d'Avranches, I, 399, 441, 491.
Michel, cellerier de St-Florent de Saumur, II, 265.
Middelton (Pierre de) I, 395.
Milan (Maison de) II, 326.
Milcon, maître de S. Patrice, I, 91.
Milesinde, femme de Gui, seig. d'Aulnet, II, 23.
Milesinde, femme de Pierre de Chemillé, I, 504.
Milesinde, femme d'Albert de Montjean, I, 338, 339.
Milesinde, sœur de Gualinon de Montigny, I, 363, 367.
Milesinde, femme de Guillaume de Talmond, I, 329.
Milesinde, femme de Bernard Bloins, I, 313.
Milesinde, sœur de Ratherius, I, 309.
Milet, Jean, abbé de St-Florent, II, 265, 266.
Milon, archidiacre de Chartres, II, 144.
Milon, chan. de Metz, II, 2, 16.
Milon, évêq. de Palestrine, I, 562, 563.
Milon, René, sous-cellerier de Marmoutier, II, 570, 582.
Milon, juge, I, 170.
Milon, fils de Gervais de la Basoche, II, 127.
Milon du Plessis, II, 134.
Milon de Sorci. Voy. Sorci.
Milon de Veli. Voy. Veli.
Milon (Pierre), fils d'Herbert, I, 486.
Miniac, Joseph, prieur de Marmoutier, II, 559.
Mirebeau (Raoul de), doyen de Poitiers, II, 245.
Mirée, Aubert, auteur, I, 36.
Moïse, religieux de Marmoutier, I, 294.
Molosse (saint), I, 148.
Monceau (Guillaume de), II, 106.
Monceaux, chirurgien de Marmoutier, II, 555.

— 687 —

Mongin (Athanase de), supérieur de St-Rémi, II, 523, 524.
Monsnier, I, 67, 185.
Mont (Robert du) II, 107.
Montaigu (Maison de), II, 176, 177, 189, 194, 195, 197, 198.
Montbazon (Maison de), I, 543; — II, 73, 259.
Mont-Boon (Robert de), I, 427.
Montbrun (Robert de), évêque d'Angoulême, II, 326.
Montchoisi (Geoffroi de), II, 315, 316.
Montfort (Maison de), I, 518, 520; — II, 25, 41, 42, 47, 197.
Montgomeri (Roger de), I, 390, 399, 400, 494; — II, 220.
Montigné (maison de), II, 147, 148.
Montigny (Maison de), I, 230, 263, 277, 280, 308, 309, 311, 314, 315, 363, 364, 365, 366, 367; — II, 175.
Montjean (Maison de), I, 338, 339; — II, 15, 189, 257.
Montlouis (Maison de), II, 9.
Montmorency (Maison de), II, 93, 348.
Montoire (Famille de), I, 343, 344; — II, 49.
Montpensier (duc de), II, 376.
Montreuil (Maison de), I, 269, 474.
Montreuil-sur-Mer (Guillaume de), II, 175, 176.

Montrevel (Maison du Grand-), I, 295, 360, 361.
Montrevel (Maison du Petit-), I, 295, 360, 361, 362, 363.
Montrichard (Maison de), II, 291.
Montsorel, Guil., I, 421.
Morel, Germain, prieur de Marm., II, 513, 514, 515, 517, 518, 519, 520, 521, 522, 549, 555.
Morel, Simon, moine, II, 211.
Morenne (Germain de), I, 297.
Moréri, auteur, II, 586.
Morillon, peintre, II, 630.
Morin, visiteur de la province de Bretagne, II, 540.
Morin, marchand de Tours, I, 375.
Morissart, Jean, évêque de Tournay, II, 349.
Mornand-Girard, II, 631.
Mortagne (Maison de), I, 428, 429, 430.
Mortain (Maison de) I, 324, 439, 440, 441, 442.
Mortria (Eudes de), I, 427.
Morvan, év. de Vannes, II, 27.
Moscus (Jean), I, 26.
Motte (Foucher de la), I, 448.
Moutart, Pierre, prieur de Marmoutier, II, 356.
Moutier (Arthur du), II, 140.
Murault, Jean, prieur de Marmoutier, II, 562.

N

Nadgodus, moine de Cluny, I, 216.
Nalet Ange, prieur des Blancs-Manteaux, II, 435, 436, 439.
Nangis (Guillaume de), auteur, II, 277.
Nantelme, Nannetelmus, abbé de St-Maurice (Agaune), II, 230, 588.
Nantes (Maison des comtes de), I, 320, 322, 443; — II, 18, 19, 73.
Narbonne (Antoine de), évêq. de Sisteron, II, 368.

Nargaudus, abbé, I, 301.
Narsès, comte, I, 41, 42.
Natalis ou Noël, abbé de Rebais, II, 88.
Néaulfe (Maison de), I, 500, 532, 538, 553, 554; — II, 98.
Neelle (Simon de), régent de France, II, 254.
Nefing, Nefingus, évêq. d'Angers, I, 74, 292.
Nemours (prince de), II, 496.
Nenni (saint), I, 148.
Nérée (saint), II, 263.

Nevers (Maison de), I, 382, 399, 421.
Nevers (Gui de), I, 421.
Nicèse, évêque de Dace, I, 111.
Nicet (saint), archevêque de Trèves, I, 149.
Nicolas (saint), évêque de Myre, I, 253, 507.
Nicolas, abbé de St-Ouen de Rouen, I, 396.
Nicolas, évêque de Troyes, II, 240, 241.
Nicolas II, pape, I, 464.
Nicolas IV, pape, II, 254, 255.
Nicolas V, pape, II, 321, 322, 325.
Nicolas, prieur de Fougères, II, 121.
Nicolas, prieur de St-Martin-des-Champs, II, 254.
Nicolas, clerc, II, 2.
Nicolas, fils de Gervais, seig. de la Basoche, II, 127.
Nielle, Niellus, vicomte de Coutances, I, 260, 328.
Nitot, Philibert, moine de Limoges, II, 535.
Niva, femme de Drogon de Bucellis, I, 306.
Nivelon, évêque de Soissons, II, 159.
Nivelon, I, 280, 382; — II, 10.
Nivelon, fils de Foucher, seig. de Freteval, I, 541, 542.
Nivelon, fils d'Urson, seig. de Freteval, II, 143.
Nivelon, fils de Guérin-Sans-Barbe, I, 308, 565; — II, 10.
Nivelon, seig. de Pierrefont, I, 481, 482.

Nobila, fille d'Alexandre de Rochecorbon, II, 9.
Nocerius (Raoul de), I, 261.
Nocher, abbé de Ste-Hélène ou de Hautvillier, I, 491.
Noël, lithographe, II, 547.
Noelle, Guillaume, cardinal de Saint-Ange, II, 294, 295.
Nogent (Guibert de), I, 424.
Nominoë, duc des Bretons, I, 124.
Norgodus, chanoine de Mortain, I, 440.
Noris, cardinal, I, 82, 87.
Normand, évêq. d'Angers, II, 105, 106, 115.
Normand, archidiacre de Nantes, II, 92, 95.
Normand, seig. de Montrevel, I, 360, 361, 362, 363.
Normand, seigneur de Vitré, I, 566, 567.
Normand, chevalier, I, 564, 566.
Normand (Gauscelin le), I, 284.
Normandie (Maison des ducs de), I, 248, 260, 261, 324, 328, 329, 340, 341, 369, 390 à 394, 396, 399, 400, 426, 439 à 442, 450, 484, 491, 504, 537; — II, 112, 118.
Normands (Invasion des), I, 13, 124, 165, 169, 174, 177, 184 à 188, 196, 205, 254, 258, 291, 351, 390, 391, 575; — II, 152.
Norvégiens (princes), I, 390.
Noue (François de la), II, 347.
Noyers (Sublet des), conseiller d'État, II, 496, 497.
Nualdus, abbé de St-Nicolas d'Angers, I, 520.

O

Oda, femme du duc Eodon, I, 163.
Odard de Veschemont. Voy. Veschemont
Odilon (saint), abbé de Cluny, I, 215, 216, 231, 233, 244, 245, 316.
Odilon, abbé de la Croix-Saint-Leufroi, diocèse d'Évreux, I, 396.
Odin Rufin, fils de Guillaume, seig. de Mantes, I, 337.
Odon (saint), abbé de Cluny, I, 58, 178, 179, 180, 181, 182, 205; — II, 491.
Odon (saint), abbé de St-Be-

noît de Fleury et de St-Julien de Tours, I, 205.
Odon (saint), chanoine de St-Martin, II, 491.
Odon ou Eudes Iᵉʳ, abbé de Marm., II, 28, 59, 185, 348.
Odon, sous-prieur de Marm., II, 46.
Odon, comte, I, 204, 218, 222, 262.
Odon, comte, oncle du comte Conan, I, 324.
Odon, fils de Tetbaldus, I, 193.
Odric, frère de Geoffroi de Châteauceaux, I, 320, 324.
Oilbaldus, abbé de Saint-Benoît-sur-Loire, I, 220.
Olivier, abbé de Saint-Jacut, diocèse de Dol, II, 207.
Olivier, évêq. de Lincoln, II, 255, 256, 257.
Olivier, prieur de Neuport, II, 204.
Olivier, seig. de Dinan, II, 12, 13, 43, 75, 142, 247.
Olivier, frère de Rolland de Liré, II, 62.
Olivier, fils d'André de Rameru, I, 437.
Orderic Vital, I, 345, 371, 442, 536, 568; — II, 2, 3, 49, 64, 220.
Ordesseau, condisciple de Noël Mars, II, 449.
Orguen, femme de Raoul, I, 406.

Orhuande, femme de Rualde ou Rodalde, I, 322.
Orielde, femme de Geoffroi, comte de Dinan, II, 43.
Orielde, femme de Gauscelin de Daumeré, II, 40.
Orient (Solitaires d'), I, 113, 116, 254.
Orléans (Charles d'), duc de Milan, de Valois et de Blois, II, 326.
Orléans (Charles d'), dauphin de Vienne, fils aîné de Charles VIII, II, 337.
Orléans (Geoffroi d'), mari d'Hermenjarde, II, 149.
Orléans (Hugues d'), II, 135.
Ormesson (d'), conseiller d'État, II, 503.
Orose, prêtre, I, 85.
Orven, fem. de Rodoald, I, 529.
Osilide, femme d'Ernaud de Beaugeney, I, 345.
Osulfe, relig. de Marm., I, 223.
Otbert, prêtre, I, 193.
Otbrand, abbé de St-Aubin, I, 319.
Othon Iᵉʳ, empereur, I, 214.
Othon II, I, 214, 215.
Othon, fils de Malbert Geraud, I, 528.
Othon de Vinael, II, 189.
Oudète, dame de Blois, I, 532.
Ouen (saint), I, 69; — II, 493.
Oux (M. d'), I, 441.
Oyant (saint), I, 51.

P

Pachome (saint), I, 26.
Pageau, Jean, prieur de Pontchâteau, II, 508, 592, 593.
Pagi (le Père), I, 29.
Palavicin, Antonio, évêque de Tournay, II, 349.
Pallade (saint), évêque d'Irlande, I, 90.
Pallade, év. de Saintes, I, 126.
Panetier, Foulques, religieux, II, 48.

Papebœuf (Famille), seig. de Rillé, I, 378, 379; — II, 39, 82.
Papin, II, 18.
Papon, auteur, II, 586.
Paradin, auteur, I, 79, 80.
Paris Mathieu, auteur, I, 469; — II, 174, 193.
Parthenay (Guillaume de), I, 330.
Pas (Ansel de). Voy. Ansel.

Paschal II, pape, I, 415, 544, 550, 556, 557, 559, 564; — II, 4, 11, 13, 20, 27, 44, 68, 96, 99, 146, 157, 203.
Paschase Radbert, I, 461, 462, 463.
Pasquier Félix, II, 463.
Passavant (Sigebrand de), I, 270.
Paterne (saint), évêque de Vannes, I, 197, 199.
Patrice, parent d'Ives de Martigny, I, 343.
Patrice (saint), apôtre d'Irlande, I, 5, 88, 89, 90, 91, 92, 93, 94, 147, 554.
Patrocle, usurpateur du siège d'Arles, I, 83, 86.
Paul (saint), I, 11, 100, 212.
Paul II, pape, II, 328, 329.
Paul III, pape, II, 364, 368, 370.
Paul V, pape, II, 469, 389.
Paule (saint François de), II, 333, 341, 342, 343, 344, 345, 346, 347.
Paulin (saint), évêq. de Nole, I, 5, 36, 51, 56, 58, 61, 95, 96, 97, 98, 99, 100, 101, 102, 103, 104, 105, 106, 107, 108, 109, 110, 111, 113, 116, 117, 120, 121, 136, 138, 139, 140, 141, 142, 143, 144.
Paulin, primicier de l'Église de Metz, I, 462, 463.
Paulte ou Paute (Gérard), abbé de Marm., II, 300, 305, 311, 314, 322.
Pavace (saint), évêque du Mans, I, 77.
Pavon Robert, prêtre, II, 32.
Payen, archidiacre du Mans, II, 32.
Payen, chanoine de Chartres, II, 22.
Payen, fils de Jean de Chinon, I, 424.
Payen Geoffroy, seig. de Montbazon et de Colombier, II, 259.
Payen (Hugues de), gd maître du Temple, II, 72, 73.
Payen, seig. de Malctroit, II, 28, 178.

Payen, cousin d'Evanus Sequar, I, 494.
Payen prêtre, neveu de Geoffroi de Perei, II, 173, 174.
Payen, fils de Gui, donateur, I, 476, 477.
Payen, seig. normand, I, 566.
Payen Geoffroi de Vendôme, II, 42.
Paynel (Famille), I, 394, 395.
Péan, médecin et moine de Marm., II, 482, 483, 500, 504, 505, 506, 507, 554.
Pélage, I, 65, 83, 84, 85, 86, 87.
Pélagiens (les), I, 114.
Pelletier, Guillaume, moine de Marmoutier, II, 360.
Pelochin, neveu de Bouchard, I, 422.
Penberthon, Guillaume, II, 335, 336.
Penevesel (Maison de), I, 442.
Penthièvre (duc de), II, 569, 575, 576, 583.
Pépin, roi de France, I, 160, 164, 165; — II, 494.
Pépin, frère de Guillaume de Talmond, I, 329, 331.
Perche (Maison du), II, 63, 64, 220.
Peregrin, abbé de Marmoutier, I, 146.
Perei (Geoffroi de), II, 173.
Périgueux (Paulin de), I, 2, 16, 17, 27, 57, 152.
Perpétue (saint), évêque de Tours, I, 30, 58, 68, 69, 78, 153; — II, 492, 493.
Perrault, auteur, II, 583.
Peston (Amauri de), II, 160.
Petau, jésuite, II, 450.
Petau, oncle de Noël Mars, II, 449.
Petite, mère de Faucon de Rameru, II, 134.
Petrée, Théodore, chartreux de Cologne, I, 56.
Pétronille, femme d'Archambaud, prévôt de Vendôme, I, 289.
Pétronille, abbesse de Ste-Croix, I, 270.
Petrosille Hubert, seigneur de Montbazon, I, 543.

— 694 —

Petrucio, abbé de Marmoutier, I, 159.
Petrus, abbé de Marmoutier, I, 160.
Ph. de Sixchamps, II, 224.
Philibert, Ignace, abbé de St-Vincent du Mans, II, 484.
Philibert, Ignace, prieur de Saint-Denis, II, 521.
Philibert Ignace, religieux, II, 527.
Philippe, abbé de l'Aumône, II, 110, 135.
Philippe, abbé de Clairvaux, II, 241, 242.
Philippe, archevêq. de Bourges, II, 213.
Philippe, évêque du Mans, cardinal de Luxembourg, II, 337.
Philippe, évêque de Négrepont, II, 364.
Philippe, évêq. de Troyes, II, 28, 29, 32.
Philippe I, II, III, IV, V, VI, rois de France, I, 198, 303, 334, 335, 337, 383, 399, 437, 475, 482, 487, 495, 497, 498, 499, 500, 501, 502, 516, 518, 519, 520, 521, 526, 537, 538, 554; — II, 9, 10, 25, 79, 156, 171, 174, 190, 191, 193, 248, 258, 259, 260, 270, 271, 272, 277, 284.
Philippe, frère de Louis, comte de Blois, II, 173, 175.
Philippe, frère de Girard de Chartres, II, 198.
Philippe, femme de Girolus, seigneur de Courville, I, 445.
Philippe, fils d'Ursion de Fréteval, II, 143.
Philippe de Gueldres, II, 368.
Philippe, fils d'Harsentus, I, 492.
Philon, prêtre, I, 131.
Picard Regnault, panetier de Marm., II, 375.
Pichery, oncle de Noël Mars, II, 449.
Pichon Bernard, prieur, II, 437, 439, 440.
Picolomini (Machatta de), II, 295.

Picquel Gabriel, religieux de Marm. II, 465.
Pie II, pape, II, 327, 328.
Pie IV, pape, II, 378.
Pierre (saint), I, 44, 109, 269; — II, 78, 294, 524.
Pierre le Vénérable, abbé de Cluny, I, 3; — II, 539.
Pierre, abbé d'Essay, II, 138.
Pierre, abbé de Saint-Éloi de Noyon, II, 308.
Pierre, évêque de Saint-Malo, II, 162.
Pierre, abbé de St-Riquier, II, 128.
Pierre, abbé de St Serge, II, 79.
Pierre, abbé de N.-D.-la-Royale, II, 234.
Pierre, archevêq. de Bordeaux, II, 282.
Pierre, archevêque de Tours, II, 226.
Pierre, archidiacre de Poitiers, I, 277.
Pierre, diacre cardinal, II, 31.
Pierre, prêtre cardinal, II, 31.
Pierre, évêque de Poitiers, I, 332, 387, 401, 430, 496, 497, 528, 562, 563; — 5, 6, 32.
Pierre, évêque de Saintes, I, 563.
Pierre, prêtre, I, 389.
Pierre, prieur de Fontaines, I, 330.
Pierre, prieur de Marmoutier, I, 304.
Pierre, prieur de Rameru, II, 134.
Pierre, frère de Geoffroi de Chaulet, II, 503, 504.
Pierre, seig. de Chemillé, I, 284, 285, 442, 502.
Pierre, seig. de Chemillé, fils de Sigebrand, I, 443, 502, 503, 504, 534, 560, 564; — II, 40.
Pierre, fils de Pierre de Chemillé, I, 504.
Pierre de Dierre. Voy. Dierre.
Pierre d'Espagne, II, 315.
Pierre de Gascogne. Voy. Gascogne.

Pierre, seigneur de Gasnap, I, 493.
Pierre de la Gaye, II, 393.
Pierre, fils de Geoffroi de Gondoye, I, 428.
Pierre de Larçay. *Voy.* Larçay.
Pierre, seigneur de Maulevrier, I, 428, 429, 430.
Pierre, seigneur de Meun, I, 428.
Pierre de Middelton. *Voy.* Middelton.
Pierre de Montigny. *Voy.* Montigny.
Pierre, seigneur de Montjean, II, 15.
Pierre de Montoire. *Voy.* Montoire.
Pierre, fils d'Anstère de Mortagne, I, 428.
Pierre, fils de Nivelon de Pierrefont, I, 484.
Pierre, fils d'Haimeri de la Prison, I, 563.
Pierre, seigneur de St-Cloud, II, 155.
Pierre de St-Crespin. *Voy.* St-Crespin.
Pierre de Suro. *Voy.* Suro.
Pierre de Treignac. *Voy.* Treignac.
Pierre, possesseur des biens de St-Martin-des-Champs, I, 485.
Pierre, comte en Espagne, II, 159.
Pierrefont (Maison de), I, 480, 481, 490, 491 ; — II, 144.
Pin (Gautier du), I, 277, 287.
Pinon, maître des requêtes, II, 503.
Piperel, Jean, prêtre, I, 349.
Piqué, René, charpentier, II, 550.
Plaisance, femme de Daniel de Vado, I, 488.
Planches (Haimeri des), I, 429.
Plessis (Armand-Jean du), cardinal de Richelieu, abbé de Marm., II, 437, 472 et suiv., 502, 504, 506, 511.
Plessis (Geoffroi du), évêq. d'Evreux, II, 270, 271.
Plessis (Geoffroi du), moine de Marm., II, 270, 271, 272, 273, 274, 275.
Plessis (Hugues du), II, 134.
Pleuven (Enisan de), I, 473.
Pod (Pierre de) ou Pierre du Puis, II, 290.
Poherius, fils de Raoul, I, 406.
Poisson, archidiacre, I, 567.
Poitiers et Toulouse (Maison de), II, 227, 228.
Poitiers (Marguerite de), vicomtesse de Beaumont, II, 284.
Poitou (Maison des comtes de), II, 93.
Pommeraye, auteur, II, 465.
Ponce, Bernard, prieur, I, 539.
Ponce, Simonet, lecteur en théologie, II, 345.
Poncher, Étienne, archevêque de Tours, II, 367.
Poncher, Marie, II, 339.
Pont-Château (Rodald de), I, 528, 529, 538.
Pont-de-Courlay (Emmanuel-Joseph de Vignerod du), abbé de Marm., II, 543.
Ponthieu (Maison de), I, 376, 474, 488, 566, 572.
Porcien (Maison de), II, 260.
Porte (Guerric de la), I, 337.
Posthumien, I, 113, 115, 134, 135.
Pot, Antoine, relig. de Marm., II, 351, 354.
Pot, Gui, II, 348.
Pot, Louis, abbé de Marmoutier, II, 348, 356.
Potentienne (sainte), I, 502.
Potier, Antonin, abbé de Chezal-Benoît, II, 481, 483, 484, 485, 509, 548.
Pouencé, Poencé (Maison de), I, 417, 418, 507 ; — II, 282.
Poulet, Pierre, relig. de Marm., II, 323.
Poulin, seig. breton, I, 324.
Praxède, femme de Hugues, prévôt de Blois, I, 307.
Préaux (Gautier de), I, 377.
Précheur (Guillaume le), prêtre, I, 336.
Prevost, abbé du Tronchet, II, 428.
Prime, prêtre, I, 132.

Principe (saint), évêque du Mans, I, 79.
Principius, abbé de Marmoutier, I, 159.
Priscillianistes (les) I, 42, 128.
Priscillien, I, 41, 59.
Prison (Haimeri de la), I, 563, 564.
Probus, auteur, I, 89.
Procule, év. de Marseille, I, 82.
Prosper (saint), I, 87.
Prosper d'Aquitaine, I, 81, 83.
Prulli (Gausbert de), I, 313.
Prulli (Geoffroi, de), I, 313, 314.
Prulli Preuilly (Geoffroi de), dit Jourdain, I, 379.

Prunelé (Guillaume de), abbé de St-Laumer de Blois, II, 348.
Pudicus, évêque de Nantes, I, 317.
Puis (Gérard du), abbé de Marm., II, 292 et suiv.
Puis (Pierre du), abbé de Marm., II, 286 et suiv., 291, 292, 293.
Puiset (Maison du), I, 336, 375, 399, 424, 452, 453, 454, 455, 456, 457, 501, 503, 507, 508, 509, 536 ; — II, 70.
Puy (Olivier du), relig. de Marm. et de St-Faron, II, 360.
Puy (du), auteur, II, 299.

Q

Quentin (saint), II, 562.
Quinquet, Antoine, prieur de Marmoutier, II, 565, 566, 568, 569.

Quiriac, évêque de Nantes, I, 319, 320, 443, 494, 528.
Quirine, un des Sept-Dormants, I, 132.

R

Radbert, Paschal, I, 464.
Radégonde (sainte), reine, I, 11.
Radégonde, femme de Pierre de Sigebrand, I, 285.
Radégonde, femme de Geoffroi de Dinan, II, 42.
Rado, religieux de Redon, II, 434.
Raduin, Raduinus, I, 187.
Radulfus, abbé de Marmoutier, I, 160.
Radulfus, archevêque, I, 384.
Raenteline, mère de Rivallonius de Combour, I, 405.
Rafoville (Renoul de), I, 564, 565.
Rag., peut-être Raginaldus, neveu de l'abbé Robert, II, 138.
Raganet, seig. breton, I, 323.
Ragenfroi, évêque de Chartres, II, 67.

Ragimond, fils de Bérenger le Bouvier, I, 528.
Raherius, fils de Eudes de Montigné, II, 147, 148.
Raiboldus, abbé de St-Thierry, I, 434.
Raignier, prêtre, II, 120.
Raimbaud, moine, I, 287.
Raimbaud, seig. de Colombier, I, 532.
Raimbert, acquéreur de Malevalle, I, 346.
Raimond de Blois. Voyez Blois.
Raimond de Galard. Voy. Galard.
Rainal, chambellan de Thibaud, comte de Champagne, I, 305.
Rainal, fils d'Odon de Dammeray, I, 307.

— 694 —

Rainald, abbé de la Couture, du Mans, I, 340.
Rainald, archevêque de Reims, I, 302, 490, 491, 571, 572 ; — II, 71, 72, 83, 84, 85.
Rainald, évêque d'Angers, I, 351, 562, 563.
Rainald, moine, I, 440.
Rainald, prêtre, I, 331.
Rainald de Cholet. *Voy.* Cholet.
Rainald, seig. de Craon, I, 342, 536.
Rainald, fils de Daniel de Vado, I, 488.
Rainald, donateur, I, 501.
Rainald, beau-frère de Ratherius, I, 310.
Rainaud, abbé de St-Cyprien de Poitiers, I, 429, 452.
Rainaud, évêque d'Angers, I, 292.
Rainaud, prêtre, II, 91.
Rainaud, Renaud, seig. de Colombier, II, 117, 118, 119.
Rainaud, fondateur du prieuré de Daumeré, I, 292, 293, 294.
Rainaud, fils de Simon, I, 294.
Rainaud Clairel, I, 332.
Rainburge, femme de Gauscelin le Normand, I, 284.
Rainier, évêque d'Orléans, I, 485.
Rainier de la Tour. *Voy.* Tour.
Rainon, évêque d'Angers, I, 291, 292.
Rainsaut, Firmin, relig., II, 527.
Rainsoinde, sœur de Ratherius, I, 309.
Rameru (Famille de), I, 417, 433, 435, 436, 437, 438, 439 ; — II, 98, 134, 171, 172.
Rangerius, archevêq. de Rhegio, I, 524, 525, 538, 539, 540, 541.
Rannulfe, père d'Évin, II, 14.
Rannulfe, vendeur, I, 261.
Rannulfus, clerc, I, 442.
Ranulfe, vicomte de Bayeux, I, 341.
Raoul, abbé du Mont-St-Michel, I, 328.
Raoul, archevêque de Reims, II, 48.
Raoul Ier, archevêq. de Tours, I, 384, 386, 387, 422, 423, 431, 465, 471, 472, 485, 513, 514, 515.
Raoul II, archevêq. de Tours, I, 516, 517, 518, 519, 520, 521, 522, 523, 524, 525, 526, 551, 552, 553, 555, 556, 558; — II, 3, 4, 5, 8, 9, 26, 27, 36, 50.
Raoul, archidiacre de Rennes, I, 567.
Raoul, archidiacre de Vannes, II, 28.
Raoul, doyen d'Amiens, II, 128.
Raoul, évêque d'Amiens, II, 21.
Raoul, évêque de Rennes, I, 323.
Raoul, évêque de Tréguier, II, 71.
Raoul, neveu de Gislebert, I, 538.
Raoul, sous-diacre, II, 79.
Raoul, prieur de Chemillé, I, 504.
Raoul, prieur de Marmoutier, I, 534, 559 ; — II, 115, 116, 128, 131.
Raoul, homme de Marmoutier, I, 283.
Raoul, moine, II, 2.
Raoul, fils du vicomte Robert, I, 492.
Raoul, roi de Bourgogne, I, 298, 299.
Raoul, roi de France, I, 491.
Raoul, connétable de Philippe-Auguste, II, 156.
Raoul, vicomte, I, 296.
Raoul dit Païen, fils du vicomte Raoul, I, 296.
Raoul, père de Lancelin de Beaugency, II, 156.
Raoul, père de Simon de Beaugency, II, 102, 103.
Raoul, vicomte de Beaumont, II, 198.
Raoul, fils du vicomte Robert de Bodiac, I, 491.
Raoul, frère de Gui de Boire, I, 295.
Raoul, seig. de Fougères, I, 324, 413, 414, 415, 416.

Raoul de Limets. *Voy.* Limets.
Raoul, vicomte du Mans, I, 352.
Raoul, parent d'Ives de Martigny, I, 313.
Raoul de Mirebeau, II, 245.
Raoul, seig. de Montfort, II, 41, 42, 197.
Raoul, vicomte de Montrevel, I, 360.
Raoul de Nocerius. *Voy.* Nocerius.
Raoul, surnommé Méchante-Couronne, I, 277, 367, 368, 369.
Raoul, fils de Bouchard, comte de Vendôme, II, 78.
Raoul, comte de Vermandois, II, 103.
Raoul, neveu de Gautier le Roux, I, 377.
Raoul, fils d'Ervée, I, 406.
Rapicault Toussaint, II, 587.
Rassay (Maison de), II, 567.
Rastignac (Chapt de). *Voy.* Chapt.
Ratbod, évêque de Noyon, I, 302, 485, 491.
Ratherius, religieux, I, 309; 340.
Ravenne (Gaidulfe de), I, 164, 165.
Reda (Simon de), II, 246.
Refrigerius, prêtre, I, 134, 135.
Reginaldus, abbé de Vendôme, I, 287, 288.
Regnaud ou Renaud, abbé de Marmoutier, I, 168, 169, 170, 171, 172, 173.
Regnaud, abbé de St-Florent de Saumur, II, 265, 266.
Regnaud, évêque de Paris, I, 225, 226.
Regnaud, Renaud, seig. de Château-Regnaud, I, 238, 249, 250.
Regnaud, fils de Regnaud de Château-Regnaud, I, 304.
Regnaud, seig. de Château-Regnaud, II, 72.
Regni (Girard de), I, 307.
Régnier, abbé de Noyers, I, 543, 544.

Réméon (de), chevalier, II, 564, 565.
Remesius de Gascogne. *Voy.* Gascogne.
Remi (saint), archevêque de Reims, II, 43, 84, 404.
Remi de Dampierre, II, 189.
Remisius de Gascogne. *Voy.* Gascogne.
Remond, frère de Berenger, II, 6.
Renassé, fermier, II, 401.
Renaud, abbé de St-Nicolas d'Angers, I, 254.
Renaud, archidiacre d'Angers, I, 319.
Renaud, évêque d'Angers, I, 237.
Renaud, évêque du Mans, II, 170.
Renaud, évêque de Reims, I, 269.
Renaud, prieur de Chemillé, II, 40.
Renaud, prieur de Marmoutier, I, 277.
Renaud de Boire. *Voy.* Boire.
Renaud, fils de Robert le Bourguignon, I, 389.
Renaud, fils de Geoffroi, I, 230.
Renaud, maître des écoles d'Angers, I, 270, 271.
Renault, évêque de Paris, I, 222.
Renault, Gaspard, II, 503.
René, duc de Lorraine, II, 368.
Renosin, frère de saint Irier, I, 149.
Renoul de Rafoville, I, 564, 565.
Renulphe, prieur d'York, II, 213.
Renusson, Mathurin, II, 408, 410.
Restaldus, sujet de Hugues de Rochet, I, 285, 286.
Retz (le cardinal de), II, 483.
Retz (le seigneur de), II, 311.
Revol (de), évêque de Dol, II, 428.
Richard, abbé, I, 240.
Richard, abbé de Marmoutier, I, 247.

Richard, abbé de Mousom, II, 71.
Richard, abbé de St-Vanne de Verdun, I, 299.
Richard, cardinal, I, 563.
Richard, archevêque de Bourges, I, 202, 428, 484, 485, 486, 487.
Richard, évêque de Coutances, II, 137, 138.
Richard, Olivier, évêque de Coutances, II, 326.
Richard, évêque de Londres, II, 176.
Richard, roi d'Angleterre, II, 171, 174.
Richard, vicomte d'Avranches, I, 341.
Richard, fils de Raoul, vicomte de Beaumont, II, 198.
Richard de Belfago, évêque d'Avranches. *Voy.* Belfago.
Richard de Breton. *Voy.* Breton.
Richard, seig. de Courci, I, 426, 501.
Richard de Homet. *Voy.* Homet.
Richard de Maulevrier. *Voy.* Maulevrier.
Richard de Merer, fils de Unfroi de Bohun, I, 399, 400.
Richard II, duc de Normandie, I, 248, 260, 261.
Richard de la Rochelle, I, 495.
Richard de St-Victor, II, 452.
Richard, fils d'Haymon, I, 324.
Richard, seig. breton, II, 96.
Richard, I, 463.
Richarville (Gautier de), I, 442.
Richelieu (cardinal de), abbé de Marm. *Voy.* Plessis.
Richemont et Bretagne (Maison de), II, 257, 312, 326.
Richer, abbé de Saint-Laumer de Blois, I, 273.
Richer, archevêque de Sens, I, 485, 572.
Richer, fils d'Ursion de Fréteval, II, 143.
Richilde, femme de Sulion, des Roches, I, 316.
Richilde, fille de Geoffroi, de Vierzon, I, 282.

Richilde, fille de Mahaud d'Aloïe, I, 428.
Richilde, femme de Hugues de St-Christophe, I, 379, 422.
Rigionarius, abbé de Marmoutier, I, 159.
Rillé (Maison de), I, 378, 379; — II, 39, 82.
Riomirus, I, 160.
Rivallonius, archidiacre de Nantes, II, 18.
Rivallonius, évêque de St-Malo, II, 8.
Rivallonius, prieur de Ste-Croix de Vitré, I, 566, 567, 568.
Rivallonius, vicaire, I, 259.
Rivallonius, seigneur de Combour, I, 404, 405.
Rivallonius de Dol. *Voy.* Dol.
Rivallonius, fils d'Angerius, I, 492.
Rivière (Guillaume de), II, 26.
Roalde, évêque de Vannes, II, 99.
Roalde, vicomte de Donges, II, 130.
Roalde, fils de Frioul, vicomte de Donges, I, 444.
Roalde de Forpe, I, 375.
Robert, abbé de Bonneval, I, 473, 533.
Robert (saint), abbé de la Chaise-Dieu, I, 537.
Robert (saint), fondateur de l'ordre de Citeaux, II, 240.
Robert, abbé de la Couture du Mans, II, 183.
Robert ou Garnier, abbé de Marm., II, 96.
Robert Ier, surnommé Megueri, abbé de Marm., II, 145 à 132.
Robert de Blois, 2e du nom, abbé de Marm., II, 133 à 140.
Robert, frère de Eudes, I, 186, 187, 188, 189, 190.
Robert, Louis, fils de Robert le Fort, I, 184, 185.
Robert, abbé de St-Florent de Saumur, I, 254.
Robert ou Rupert, abbé de St-Remi de Reims, I, 545, 546, 547, 548.

Robert, abbé de Toussaint d'Angers, II, 98.
Robert, abbé de Vendôme, II, 115.
Robert, archevêque de Tours, II, 338.
Robert, archidiacre de Chartres, I, 565.
Robert, évêque d'Auxerre, I, 485.
Robert, évêque de Chartres, I, 549; — II, 128.
Robert, év. de Langres, I, 549.
Robert, évêque de Meaux, I, 437.
Robert, évêque de Nantes, II, 92, 160.
Robert, évêque de Quimper, II, 28.
Robert, évêque de Sarisberi, II, 284.
Robert, chancelier de Reims, II, 116.
Robert, parent d'Hardouin, archevêque de Tours, I, 195.
Robert, prieur de Chaise-Dieu, I, 537.
Robert, chantre de Laon, I, 497.
Robert, relig. de Marmoutier, I, 428.
Robert-Pierre, abbé de St-Julien de Tours, II, 365.
Robert, sous-prieur de Compiègne, II, 116.
Robert, Pierre, chambrier de Marmoutier, II, 315.
Robert, prieur claustral de Marmoutier, II, 24.
Robert, trésorier de Marmoutier, I, 189.
Robert, prieur de N.-D. de Mortain, I, 442.
Robert, chanoine, I, 263.
Robert, chapelain de Foulques Richin, I, 483.
Robert, chapelain du roi Guillaume, I, 440.
Robert, frère de Girard, I, 192.
Robert, chapelain de Vitré, I, 447.
Robert, roi de France, I, 202, 219, 226, 228, 229, 239, 252, 258, 259, 261, 367, 475, 494, 495; — II, 64, 102, 494.
Robert d'Avantiniac, I, 347.
Robert de Belesme, I, 494, 495; — II, 10, 64.
Robert de Blois, abbé de Marm. *Voy.* Blois.
Robert, vicomte de Blois, I, 575.
Robert, vicomte de Bodiac, I, 401, 538.
Robert de Boulogne, I, 392.
Robert, fils d'Adelard de Bratel, I, 427.
Robert, seig. de Buzançais, II, 2.
Robert de la Chambre, II, 117.
Robert du Château, I, 501, 538.
Robert, père de Gervais, seig. à Chât.-du-Loir, I, 381.
Robert, fils de Richard de Courci, I, 426.
Robert, fils d'Hilderic de Courtevroul, I, 478, 479.
Robert Bertrand, vicomte de Coutances, I, 439, 440.
Robert le Bourguignon, seign. de Craon et de Sablé, neveu d'Henri Ier, roi de France, I, 342, 343, 364, 382, 383, 384, 385, 386, 387, 388, 503, 531, 536.
Robert, comte de Dreux, II, 144.
Robert de Dume, II, 249.
Robert de Flandre, abbé de Marm., II, 254 à 257, 264.
Robert le Fort, I, 184, 185, 291.
Robert de Genève, II, 298, 307.
Robert de Grentemenil, abbé de St-Evroul, I, 368, 369.
Robert de Joigny. *Voy.* Joigny.
Robert, seig. demeurant à Lavardin, I, 307.
Robert de Megueri. *Voy.* Megri.
Robert de Mont. *Voy.* Mont.
Robert de Mont-Boon. *Voy.* Mont-Boon.
Robert de Montbrun. *Voy.* Montbrun.
Robert, fils de Roger de Montgomeri, I, 495.

Robert, seig. de Montlouis, II, 9.
Robert, comte de Mortain, I, 439, 440, 441, 442.
Robert, comte, I, 260.
Robert, duc de Normandie, I, 328, 390, 399, 439, 440, 441, 491.
Robert de Paris, I, 504, 545.
Robert, seig. des Roches, I, 525, 530; — II, 9, 46.
Robert de Saint-Martin, II, 182.
Robert de Saint-Valérien. *Voy.* Saint-Valérien.
Robert, frère d'Adelelme de Semblançay, I, 366, 558; — II, 9.
Robert de Tœnniac. *Voy.* Tœnniac.
Robert, frère d'Umbaud, I, 277, 281, 282, 307, 487.
Robert de Villa in oculo, I, 309.
Robert, seig. de Vitré, I, 338, 416, 417.
Robert, fils de Robert de Vitré, I, 416.
Robert, fils d'André de Vitré, I, 567.
Robert, seig. de Vitré, II, 132.
Robert, oncle d'Ernaud, I, 383.
Robert, frère de Geoffroi Boterelle, I, 473.
Robert, fils de Geoffroi Freslavene, I, 446.
Robert, frère de Hugues le Seigneur, I, 489.
Robert, fils de Hugues, I, 492.
Robert Filieul, I, 489.
Robert Michel, seigneur, I, 512.
Robert, prévôt d'Angers, I, 319.
Robert, prévôt de Blois, I, 280.
Robert, tenancier, I, 224, 225.
Robert, vassal de Marmoutier, I, 194.
Robert, auteur, I, 233; — II, 202, 205, 207, 368, 371.
Robert, frère de Basilie, I, 492.
Robertus, abbé de Marmoutier, I, 160, 174, 175.
Robichon, avocat, II, 375, 377.
Robiet Gilles, auteur, II, 390.
Robin d'Amboise. *Voy.* Amboise.

Rocer, Rocet (Hugues de), I, 375, 398.
Roche (Guinot de la), II, 305.
Rochecorbon (Maison de). *Voy.* Roches.
Rochecorbon (Alexandre de), seig. des Roches, I, 530; — II, 9, 46.
Rochecorbon (Hugues Ier de), abbé de Marm., II, 188, 189, 190, 191, 192, 193, 199, 200, 201, 202, 207, 209.
Rochefort (Gui de), II, 23.
Rochefort (le prince de), II, 585.
Rochefoucault (cardinal de la), II, 436.
Rochefoucault (Famille de la), I, 358, 373, 375, 378, 379, 391.
Rochefoucault (Jean de la), abbé de Marmoutier, II, 378, 379, 380, 381, 382, 383, 384, 385, 390, 391, 392, 393, 554, 587.
Rochelle (Richard de la), I, 495.
Roches ou Rochecorbon (Maison des seig. des), I, 195, 243, 249, 275, 313, 314, 316, 525, 530, 568; — II, 9, 46, 169, 170, 214, 218.
Roche-sur-Yon (Beatrix, dame de la), II, 193, 198.
Roche-sur-Yon (Joscelin de la), I, 496.
Rochet (Hugues de), I, 285, 286, 494.
Rodoald de Pontchâteau. *Voy.* Pontchâteau.
Rogelin Oger, II, 387.
Roger, évêque de Châlons-sur-Marne, I, 299, 302, 485.
Roger, évêque de Laon, II, 147.
Roger, prêtre, II, 63.
Roger, comte, I, 439, 441, 540.
Roger de Beaumont, I, 396, 400.
Roger le Barbu, I, 484.
Roger, fils de Nielle, vicomte de Coutances, I, 328.
Roger, gendre de Salomon de Lavardin, I, 306.

Roger, seig. de Montrevel, I, 295.
Roger de Montgomeri, I, 399, 400, 494, 495; — II, 220.
Rohan (Maison de), II, 27, 129, 130, 578, 579, 580, 582, 583, 585.
Rolland, évêque de Saint-Aaron, II, 95.
Rolland de Dinant, II, 153.
Rolland, fils de Geoffroi de Dinan, II, 12.
Rolland, seig. de Liré, II, 61, 62, 63.
Rolle, François, II, 387, 388, 401, 410.
Rollet, Hubert, II, 476.
Rollo, capitaine des Normands, I, 177, 178, 188.
Romain (saint), I, 128.
Romain, prêtre, II, 154.
Romanus, abbé de Marmoutier, I, 160.
Roragerie (Gérard de), I, 485.
Rorgon, fils de Robert, I, 225.
Rorgon, aïeul de Basilie, I, 492.
Roricon, évêque d'Amiens, I, 302, 571; — II, 21.
Rorigon, comte, I, 166.
Rosalde, femme d'Adelelme de Semblançay, I, 422.
Roscelin Guaspaldus, I, 243.
Roscelin, fils de Girard de Chartres, II, 198.
Roscelin, père de Gui, I, 425.
Rosceline, femme de Geoffroi Freslavene, I, 446.
Rescie, fille d'Oudète, I, 532.
Roscinde, femme de Guitmont, I, 406.

Rosni (Maison de), I, 305; — II, 92, 93.
Rothaïs ou Roès, femme de Hugues de Dammartin, I, 437.
Rotherius, seig. à Chartres, I, 277.
Rotrou, archevêq. de Rouen, II, 137, 138, 152.
Rotrou, comte de Nogent, I, 549.
Rotrou, comte du Perche, II, 63, 64.
Rotrude, femme d'Haymon, I, 324.
Rotrude, mère de Jean de Laval, I, 341.
Rouault, René, prieur, II, 563.
Roulier, comte de Meslay-le-Vidame, II, 553.
Roumain, Guillaume, prieur, II, 560.
Rousseaux (Anselme des), II, 484, 535.
Roussel, Placide, II, 527.
Roussi (Maison de), I, 433, 435, 436, 437, 438, 498, 499; — II, 98, 103, 117.
Roy (Julien le), II, 468.
Roy, Julien, II, 420.
Roye (de), I, 465, 467, 470.
Royer, Nicolas, II, 489.
Rualde ou Rodalde, I, 321, 322.
Ruffin, prêtre d'Aquilée, I, 111.
Rufin Galon, I, 337.
Rufin, Guillaume, seigneur de Mantes, I, 337.
Rufin, Odin, fils de Guillaume de Mantes, I, 337.
Ruinart (Dom), I, 72.
Rupert, abbé de Tuy, I, 3.

S

Sabatius, religieux, I, 119.
Sabin, ami de Sulpice Sévère, I, 103.
Sabine et Savine (Saintes), II, 332, 588.
Sablé et Craon (Maison de), I, 342, 343, 364, 375, 377, 382, 383, 384, 385, 386, 387, 388, 389, 503, 531, 536; — II, 199, 214.
Sablé et le Mans (Maison de), I, 382.
St-Aignan (Maison de), I, 289, 487, 520.

St-Arnoul (Annales de), I, 185.
St-Bertin (Annales de), I, 184, 185.
St-Christophe (Maison de), I, 379, 422.
St-Cloud (Maison de), II, 155.
St-Crespin (Pierre de), II, 297.
St-Faron (abbé de), I, 480.
St-Hilaire-sur-Hière (les habitants de), II, 175.
St-Loup (Maison de), I, 375.
St-Marc (le cardinal de), II, 345.
St-Martin (Robert de), II, 184.
St-Médard (Claremonde de), II, 217.
St-Paul (Hugues de Châtillon, comte de), II, 219, 221, 222, 224, 243.
St-Paul (Guillaume de), I, 332.
St-Per (Aubin de), II, 440.
St-Riquier (Anscher, seig. de), I, 488, 489, 571.
St-Saturnin (Geoffroi de), archidiacre d'Angers, II, 122.
St-Serenic (Pierre de), II, 268.
St-Valère et Rufin (chapitre de), II, 127.
St-Valerien (Robert de), II, 169.
St-Venant. *Voy.* Bernard (de), abbé de Marm.
St-Victor (Richard de), II, 152.
Ste-Marie (Bernier de), I, 263.
Ste-Marie (Gabriel de), II, 430.
Ste-Marthe (MM. de), auteurs, I, 233, 291, 292, 359, 382, 388, 434 ; — II, 128, 139, 207, 356, 365, 367, 368, 394.
Ste-Marthe, avocat, II, 446.
Ste-Maure (Maison de), I, 421, 532, 543.
Ste-Sévère (Maison de), I, 486, 487.
Saladin, roi de Babylone, II, 171.
Salambier, Henri, peintre, II, 558.
Sales (S. François de), II, 470.
Sales (Hugues de), sans doute Hugues II, abbé de Marm., II, 208.
Salic (saint), I, 269.
Salignac (Pierre de), II, 333, 351.

Salis (Ebrard de), I, 486.
Salomon, moine, I, 254.
Salomon, prêtre, I, 307, 308.
Salomon, seig. de Chemillé, I, 504.
Salomon, seig. du fief Salomon, II, 78.
Salvator, évêque d'Alet, aujourd'hui St-Malo, I, 196, 197.
Samson (saint), évêque de Dol, I, 197, 198.
Samson, archevêq. de Reims, II, 8, 98, 103, 116.
Sanateur (saint), I, 497.
Sancelin, fils de Gausbert de Maillé, I, 281.
Sanction, fils de Robert, I, 225.
Sanderus, auteur, I, 474.
Sanzo, clerc, I, 313.
Sanzo, fils de Hubert de la Ferté, I, 278.
Sarcus, Placide, II, 440, 478, 480, 482.
Sarlon, I, 485.
Sarrasins (les), I, 206, 213.
Saturnin, I, 19.
Saugière (Guillaume de la), abbé de Saint-Julien, II, 324.
Saumur (Gilduin, seigneur de), et de Chaumont, I, 266, 268, 279, 281, 313, 327, 328.
Saumuriens (les), I, 266.
Saussay (André du), I, 128; — II, 67, 458.
Savari de Mauléon, II, 200.
Savin (saint), martyr, I, 161.
Savine (sainte), II, 332.
Saxons (les), I, 194.
Scaliger, auteur, I, 95.
Scancion, Étienne, II, 192.
Scholastique (sainte) I, 237.
Scot, Jean, auteur anglais, I, 460, 461, 462, 463.
Scubilion (saint), I, 197.
Sébastien (saint), II, 572, 574, 575.
Sébastien, moine, I, 135, 136.
Seguier, évêque de Meaux, II, 503.
Seguier, Louise, II, 470.
Seguin, patriarche d'Antioche, évêque de Tours, II, 301.

— 701 —

Seguin, Joseph, prieur de Marm., II, 503, 505, 510, 511, 512, 543, 549.
Séhérius, moine, I, 306.
Seigneur, Senioratus (Hugues le), 488, 489.
Semblançay (Maison de), I, 366, 367, 422, 558; — II, 9.
Sénieur (saint), supposé évêque de Pise, I, 89.
Sequar Evanus, I, 491.
Serfs, II, 9, 17, 39, 217.
Serlon (saint), abbé de Savigny, I, 324.
Serlon, évêque de Séez, II, 64.
Serre, Pierre, relig., II, 372.
Servais (saint), I, 71.
Sesgualon, seigneur, I, 301, 302.
Seurat, Mathurine, II, 449.
Sévère Sulpice (saint), disciple de S. Martin, I, 2, 5, 7, 10, 15, 16, 17, 18, 19, 21, 25, 27, 30, 31, 32, 40, 43, 44, 45, 54, 57, 58, 59, 61, 70, 71, 89, 95 à 117, 118, 120, 121, 126, 134, 135, 137, 138, 139, 144, 150; — II, 495.
Sévérin (saint), évêque de Cologne, I, 56.
Severt (Jacques), auteur, I, 79.
Sforce, Ascagne, cardinal, II, 355.
Sforce ou Sforcia, François, abbé de Marmoutier, II, 355, 356, 557, 558, 559.
Sforce, Ludovic, duc de Milan, II, 355.
Siagrius, évêque d'Autun, I, 34.
Sibille, fem. d'Ebalus, comte de Roussi, I, 436, 437; — II, 49.
Sibille, fem. d'Hardouin Chamaillard, II, 123.
Sicbart, abbé de Marmoutier, I, 205, 242, 243, 244, 245, 246, 247.
Sicbart, doyen de Marmoutier, I, 238, 239, 240.
Sicile (comtes de), I, 369.
Sigebert, roi, I, 128, 159.
Sigebrand de Chassennerie, I, 295.

Sigebrand, seig. de Chemillé, I, 284, 285, 442, 502, 534.
Sigebrand de Passavant. Voy. Passavant.
Sigo, abbé de St-Florent de Saumur, I, 269, 271, 333, 356, 357, 358, 359, 360, 361, 402; — II, 265.
Silvain, abbé, I, 151.
Silvestre II, pape, I, 219, 236, 237.
Silvestre, abbé de Redon, II, 130.
Silvestre, évêque de Rennes, I, 387.
Simon, abbé de Chezy, II, 84.
Simon, abbé de St-Méen, I, 403.
Simon, archevêq. de Bourges, II, 254.
Simon, archidiacre d'Amiens, I, 489.
Simon, évêque d'Agen, I, 332.
Simon, évêq. de Meaux, II, 159.
Simon, prêtre, II, 91.
Simon de Beaugency, II, 101, 102, 103.
Simon, fils de Foulques de Boire, I, 342.
Simon, frère de Giroius, seigneur de Courville, I, 445.
Simon, fils de Gautier des Loges, I, 277.
Simon, frère de Mainier de Maintenon, II, 140.
Simon, seig. de Néaulfe, I, 500, 532, 553, 554.
Simon, père de Guillaume, II, 175.
Simon, parent de Rainaud, I, 294.
Simoneau, Odilon, II, 438.
Simonetta, cardinal, II, 346.
Simplicien, évêque de Milan, I, 57.
Siomirus ou Riomirus, abbé de Marmoutier, I, 160.
Sirmond (le Père), I, 61.
Sixchamps (Ph. de), II, 224.
Sixte IV, pape, II, 334, 349.
Sixte V, pape, II, 388.
Soldeville (de), II, 559.
Sorci (Milon de), II, 173.

Soubric, Guillaume, II, 234.
Sourdis (de), cardinal, II, 425.
Souvré (de), II, 402, 403, 404.
Sozomène, I, 21.
Stample, François, prieur de Marm., II, 414, 415, 416, 417, 418, 419, 420, 427, 432, 433, 434, 435, 436, 439, 442, 443, 458, 459, 460.
Suger, abbé de St-Denis, I, 376; — II, 103.
Sulio, relig., I, 342.
Sulion, fils de Tedasius des Roches, I, 316.
Sully (Maison de), I, 485, 538; — II, 259.
Sulpice (saint), I, 524.
Sulpice de Chaumont, I, 456.
Sulpice des Roches. Voy. Roches.
Sulpice Sévère, évêque de Bourges, I, 115.
Supplice Pierre, II, 467, 468.
Surius, auteur, I, 73, 74.
Suro (Pierre de), II, 324.
Syrus, moine, I, 216.

T

Tacite, I, 93.
Talasius, évêque d'Angers, I, 78.
Talmond (Maison de), I, 277, 329, 330, 331.
Talvace, Guillaume, comte du Perche, II, 220.
Talvas, Guillaume, I, 495.
Tangmare, doyen de Hildesheim, II, 494.
Tarisse, Grégoire, moine, II, 478, 480, 486, 542.
Tarlat, Jacques, II, 338.
Tasche Gautier, fils de Brient le Vieux, II, 14.
Tasche, Louis, prieur de Marmoutier, II, 555, 556, 558, 560.
Tassilon, duc de Bavière, II, 494.
Tatto, I, 167.
Tedasius, seigneur des Roches de Tours, I, 249, 316.
Tedhilde, sœur de Gilduin, I, 313.
Tehilde, femme d'Arnoul, I, 332.
Tellier (le), Jean, II, 420.
Terriau, Georges, secrétaire de Marmoutier, II, 556.
Terricus, chapelain de R., comte d'Arras, II, 192, 193.
Tescelin de Dierre, I, 275.
Tescelin, seigneur de Montrevel, I, 295.
Tetbaldus, ou Tibault, comte, I, 193.
Tetbert, religieux, médecin, I, 309, 369.
Tetbertus, abbé d'Evron, I, 575.
Tetmarus, I, 332.
Tetmerius, Pierre, II, 6, 7.
Tetrade, proconsul à Trèves, I, 35, 36.
Teudon Tête-de-Fer, II, 23.
Teubarius, père de Briant, I, 318.
Thébaine ou Thébéenne (légion), I, 53; — II, 230.
Thècle (sainte), I, 44, 109.
Theobaudus, abbé de Marmoutier, I, 160.
Theodebert, abbé de St-Serge, I, 291.
Théodebert, roi d'Austrasie, I, 148.
Théodemer (Maison de), I, 333, 334, 335.
Théodolin, Théoton, abbé de Bourgueil, I, 235, 236.
Théodore, évêque de Squillace, I, 540.
Théodore, moine, I, 132.
Théodoric, abbé de Saint-Evroul, II, 220.
Théodose, I, 57.
Théodose, évêque d'Antioche, I, 87.
Théoduin, évêque de Liége, I, 462.

Théognoste, hérétique, I, 42.
Théophanie, abbesse de Beaumont, I, 181.
Théoquise, femme de Raoul Chotard, II, 24.
Theotbert, I, 194.
Theotolo, archevêque de Tours, I, 186.
Théoton, abbé de Marmoutier, I, 162, 163, 164, 174.
Thérasie (sainte), I, 104.
Thérin, Alexandre, II, 598.
Thermes (César, comte de), II, 405.
Thibaud (saint), I, 454.
Thibaud, abbé d'Amiens, II, 108, 128.
Thibaud, archidiacre d'Amiens, II, 128.
Thibaud, évêque de Soissons, I, 302.
Thibaud, chantre, I, 194.
Thibaud, fils d'Amauri Crespin, II, 61.
Thibaud, fils de Hugues de Chaumon, I, 396.
Thibaud, frère de Giroius, I, 445.
Thibaud, seig. de Dampierre, II, 29.
Thibaud de Pierrefond, évêque de Soissons. *Voy.* Pierrefont.
Thibaud, comte de Tours, I, 372.
Thibaud (saint), de la Maison de Champagne, I, 455.
Thibault, archevêq. de Vienne, I, 203.
Thibault, Thibaut (il y en a plusieurs), comtes de Blois, I, 125, 193, 201, 203, 227, 228, 239, 254, 274, 277, 279, 280, 300 à 311, 315, 325, 344, 363, 364, 419, 424, 425, 435, 436, 509, 510, 511, 560, 565, 566 ; — II, 68, 69, 70, 140, 143, 154, 155, 156, 173, 195, 196, 219, 220.
Thibault, oncle de Bouchard de l'Ile, I, 222, 252.
Thibaut, connétable, I, 437.
Thibaut, évêque de Quimper, II, 161.
Thibaut, moine de Marm., I, 222, 261, 444.
Thibaut, seig. de Châteauceaux, I, 418, 419.
Thibaut de Luce, évêque de Maillezais, II, 326.
Thibaut, vicomte de Tours, I, 192.
Thierry, abbé de St-Aubin, I, 297, 326, 327, 383, 353, 354, 355.
Thierry, évêque d'Amiens, I, 13 ; — II, 108, 128.
Thierry, religieux, I, 549.
Thomas, abbé de Morigny, II, 114.
Thomas, prieur de Chemart, II, 143.
Thomas, moine de Marm., I, 529, 530.
Thomas de Beteville, II, 175.
Thomas de Loches, II, 114.
Thomas, fils de Biliote, II, 149.
Thomas, fils de Manassès, II, 147.
Thomas, André, architecte, II, 629.
Thomas, médecin, II, 631, 632.
Thomel, maître des requêtes, II, 503.
Thou (Nicolas de), évêque de Chartres, II, 406.
Thouars (Maison de), I, 330, 331, 332, 354, 355, 428, 429.
Thuribe (saint), évêque du Mans, I, 77.
Tibulle, II, 451.
Tillemont (de), I, 76, 78, 79, 82, 153.
Tippo-Saïb, prince indien, II, 585.
Tirel, Jean, armaire ou bibliothécaire de Marmoutier, II, 208, 346.
Tirel, Pierre, fils d'Alexandre de Rochecorbon, II, 9.
Tirol (Martin), I, 566.
Tiron, I, 216.
Titberge, femme du roi Lothaire, I, 184.
Titolman, auteur, II, 110.
Tœnniac (Robert de) I, 341.
Toulieux (de), médecin, II, 554.
Toulouse (le moine de), auteur

d'une histoire de Bérenger, I, 467.
Tour (Rainier de la), I, 319.
Touraine (Gui de), I, 503.
Tourangeaux (les), I, 31, 66; — II, 289.
Tours, Touraine (comte de), II, 372, 393.
Tours (vicomtes de), I, 192, 311, 363, 364.
Trchan, abbé de St-Aaron, II, 95, 96.
Treignac (Pierre de), évêque de Tulles, II, 326.
Trimouille (M. de la), II, 337.
Trinitaires, religieux, II, 573.
Trithème, auteur, I, 246, 545, 548.
Troanne (comte de), I, 163.

Troyes (Maison de), II, 28, 29, 84, 136, 173, 195.
Truchon, Élie, religieux, II, 414, 415, 416, 417, 419, 420, 427, 442, 456, 462.
Tudual de Lanrigan, II, 1.
Tugatia, femme de Gislebert, I, 239.
Tuhald, seig. de Berey, I, 403.
Turcs (les), II, 328.
Turenne (Maison de), I, 543.
Turgise, prieur de St-Malo, II, 77
Turgisus, évêq. d'Avranches, I, 400, 491, 492; — II, 32.
Turpin Guido, surnom de Hugues de Rochecorbon, abbé de Marm., II, 193.
Turrecremata, cardinal, II, 296.
Turstin, père de Eudes, I, 439.

U

Ughellus, auteur, I, 541; — II, 294.
Ulger, Ulgerius, évêque d'Angers, II, 72, 73, 79, 80, 81, 97, 105.
Ulgerius, prêtre, I, 307.
Ulgrin, abbé de Marmoutier, I, 146.
Ulgrin, fils de Foucher, I, 291.
Ulric, fils de Rodald, I, 529.
Umbaud, grand-père de Robert de Vierzon, I, 281, 282, 283.
Umbaud, père de Robert de Vierzon, I, 281, 282, 283.
Umbaud, seig. de la ville de Vierzon, I, 277, 281, 282.
Umbaud, fils de Geoffroi de Vierzon, I, 282.
Umbaud, 2me fils de Geoffroi de Vierzon, I, 284.
Umbaud, fils de Robert de Vierzon, I, 282.
Umbert, doyen de Poitiers, I, 429.
Umfroi, seigneur de Bohun, I, 399, 400.
Umfroi de Homet, I, 399.
Umfroi, fils d'Auschitille, I, 400.

Urbain II, pape, I, 375, 414, 510, 517, 521, 522, 523, 524, 525, 526, 530, 531, 537, 540, 541, 551, 552, 557, 558, 560, 564, 572; — II, 30, 31, 45, 96, 146, 203, 580.
Urbain III, pape, I, 94; — II, 157, 161.
Urbain IV, pape, II, 238, 239, 240, 241, 242, 321.
Urbain V, pape, II, 293, 294.
Urbain VI, pape, II, 296, 297, 298, 307.
Urbain VIII, pape, I, 94; — II, 471.
Urric, relig. de Marmoutier, I, 412, 413.
Ursins (Juvenal des), auteur, II, 314, 326.
Ursion, abbé de Saint-Denis, II, 71.
Ursion, évêque de Senlis, I, 500.
Ursion, fils de Thibaud, comte de Champagne, I, 511, 542.
Ursion, seigneur de Fréteval, II, 91, 143.
Ursion d'Humblière, II, 150, 151.

Urvodius, grand-père de Maurice de Montaigu, II, 176.

Usuard, I, 68, 74, 125, 126, 128.

V

Vado (Daniel de), seig. d'Anjou, I, 487, 488.
Val (du), docteur de la faculté de Sorbonne, II, 453.
Valentin, peintre, II, 567.
Valentinien, évêque, I, 52, 135.
Valentinien, empereur, I, 28, 29, 30, 37, 38, 39, 59, 61, 127, 133.
Vallonius de Chemillé, fils d'Hildegaire, I, 504.
Valois (de), auteur, I, 67, 72.
Valois (Charles de), frère du roi, II, 280, 372.
Valois (François de), frère d'Henri III, II, 393.
Valois, Milan et Blois (Maison des ducs de), II, 326.
Vaslin Hervé, de Parçay, I, 530.
Vates, anciens prêtres des Irlandais, I, 93.
Vaucouleur (Gui de), I, 270.
Vaudemare (Ernoul de), I, 474.
Vaudemare de Ardres, I, 474.
Vautier, fils d'Hamelin, I, 289.
Vaux (André de), religieux de Bourg-Dieu, II, 387.
Vaux-Cerre (Robert de), II, 127.
Vegetius, écrivain, II, 112.
Veli (Milon de), religieux de Marm., I, 375.
Venant (saint), I, 150, 151.
Vendôme (Maison des comtes de), I, 216, 230, 240, 287, 288, 289, 293, 325, 326; — II, 78, 105, 285, 326, 370.
Vendôme (Maison des vicomtes de), I, 290, 291, 292, 293, 294, 295, 296, 297, 307, 308, 350, 351, 352.
Vendôme (Alexandre de), abbé de Marmoutier, II, 469, 593.
Vendôme (Barthélemy de), II, 181.
Vendôme (Engelbaud, archev. de Tours, frère de Barthélemy de), II, 181.
Vendôme (Foucher de), I, 290, 291, 307.
Vendôme (François, comte de), II, 370.
Vendôme (Fulcradus de), I, 308.
Vendôme (Geoffroi de), I, 546, 548.
Vendôme (Jean, comte de), II, 78, 105, 326.
Vendôme (Mathieu de), abbé de St-Denis, II, 254.
Ver (Philippe de), II, 106.
Verdeau, Jean, II, 429, 434.
Verhu, Jacques, prieur de Beré, II, 356, 357.
Vermandois (Maison des comtes de), I, 125.
Verneuil (Henri de Bourbon, duc de), II, 511.
Vernon (Étienne de), abbé de Marmoutier, II, 239, 240, 243, 244, 245, 246, 247, 248, 249, 250, 251.
Verthamont (de), conseiller d'État, II, 498, 503.
Vertou (l'abbé de), patron du prieuré de Mont-Jean, I, 295.
Veschemont (Odard de), I, 337.
Victor II, pape, I, 463, 464.
Victor III, pape, I, 546, 547.
Victor, pape, II, 232.
Victor, évêque du Mans, I, 79.
Victor, moine, I, 102, 138, 139, 140, 141, 142, 143, 144, 145.
Victrice (saint), évêq. de Rouen, I, 54, 52, 135.
Victure (saint), évêq. du Mans, I, 76, 77, 78, 79.
Victure, fils de Victure, évêq. du Mans, I, 77, 78.
Victure, père de saint Victure, vigneron, I, 76.
Vienne, noble dame de Vihiers, I, 358.

Mémoires archéologiques, t. XXV. 49

Vierzon (Maison de), I, 277, 281, 282, 283, 284, 487 ; — II, 23, 24, 94.
Vierzon (Arnoul, seig. de), II, 94.
Vierzon (Robert de), I, 487 ; — II, 23, 24, 94.
Viette, Bertrand, prieur des Sept-Dormants, II, 500, 508, 590, 594, 597.
Vieux (G. Le), fils de Brient le Vieux, II, 14.
Vigarany, Charles, sieur de Saint-Ouen, II, 553.
Vigeant (du), huguenot, II, 375.
Vigier, Antoine, II, 332.
Vigier Gui, l'Ancien, abbé de Marmoutier, II, 323, 328, 329.
Vigier Gui, le Jeune, abbé de Marm., II, 327, 328, 330, 350, 359, 376.
Vigier Gui, aumônier de Marm., II, 325.
Vigier Gui, prieur de Pontchâteau, II, 325.
Vigier Gui, prieur de Saint-Gilles-du-Verger, II, 325, 332.
Vignerod (Amador Jean-Baptiste de), abbé de Marmoutier, II, 499, 513, 521, 530, 549.
Vignerod du Pont de Courlay (Emmanuel-Joseph de), abbé de Marmoutier, II, 513, 521, 549.
Vignois, prieur, II, 384, 385.
Vignoles, Nicolas, prieur de Marmoutier, II, 564.
Vilier (Herbert de), prieur de St-Aubin, II, 150.
Villa in oculo (Robert de), I, 309.
Villarceau (de), maître des requêtes, II, 503.
Villaret (Haimeri de), I, 423, 424.
Villeblanche (Geoffroy de), II, 564, 567.
Villeneuve (Elyon de), maître de l'hôpital de St-Jean de Jérusalem, II, 276.

Villepreux (Hervé de), abbé de Marm., II, 144, 167, 169, 172, 237.
Villepreux et la Ferté (Maison de), II, 144, 145, 146.
Vinaël (Othon de), II, 189.
Vincent (saint), martyr, II, 124.
Vincent, archevêque de Tours, II, 243.
Vincent, évêque de Léon, II, 332.
Vion (Hardouin de), I, 531.
Virgile, poëte, I, 209.
Vital, prieur de Marmoutier, I, 252.
Vital, Orderic. Voy. Orderic.
Vitré (André, seig. de), I, 566, 567 ; — II, 120, 172, 174, 175, 209, 210.
Vitré (Emme, dame de), II, 169.
Vitré (Gui, seig. de), II, 104, 230.
Vitré (Hervé de), moine de Marm., I, 375.
Vitré (Philippe, dame de), femme de Gui de Laval, II, 230.
Vitré (Robert, seig. de), I, 338, 416, 417 ; — II, 119, 120, 132.
Vitré (barons et bourgeois de), II, 175.
Viventius, prêtre, I, 443.
Viventius, donateur, I, 346.
Vivien, cardinal, I, 94.
Vivien, comte, abbé de St-Martin et de Marm., I, 168, 169, 171, 172, 173, 174.
Vivier (François du), prieur de Marmoutier, II, 558.
Volusianus, abbé de Marmoutier, I, 159, 259.
Volusien (saint), évêque de Tours, I, 8, 154 ; — II, 521.
Vossius, auteur, I, 95.
Voyer (marquis de), II, 566.
Vuigrin, Wulgrin, évêque du Mans, I, 292, 296, 297, 326, 327, 350, 351, 352, 353, 354, 370, 383, 388, 450.
Vullegrin, frère de Barthélemy de Vendôme, II, 181.

W

Walburge, femme de Girorius, I, 270.
Waleran, archevêque de Cologne, I, 56.
Walon, évêque de Beauvais, I, 562.
Wandelbert (martyrologe de), I, 68.
Wandelmode, femme de Richard de Courci, I, 426.
Waning, petit-fils de Geoffroi de Vierzon, I, 282.
Waningus, I, 221.
Warnegaud, vicomte, I, 192.
Waudri, évêque de Laon, II, 19, 147.
Waultier, évêque de Nantes, I, 259.
Wautier, évêque de Meaux, I, 434, 475.
Wautier, évêque d'Oresme, II, 306.
Wautier, chantre de St-Martin, I, 458.
Wautier, fils de Mahaud, femme de Geoffroi de Mayenne, I, 428.
Wernin, évêque, I, 92.
Wicherius, fils de Renaud, seigneur de Château-Regnaud, I, 250.
Wido, évêque de Beauvais, I, 302, 485.
Wido, évêque de Limoges, I, 485.
Wiger, Jean, seig. anglais, II, 248.
Willebert, abbé de Marmoutier, I, 221.
Wildo, archevêque de Reims, I, 301.
Wingalois ou Guinollé (saint), abbé de Landevenec, I, 198.
Wion, Arnaud, auteur, II, 292.
Wirède, prieur de Notre-Dame, II, 20.
Witboldus, chapelain de Charlemagne, I, 291.

Y

Yves, évêque de Vannes, II, 92.
Yvonet, André, sous-sacristain de Marmoutier, II, 402.

Z

Zacharie, I, 331.
Zozime, pape, I, 72, 83, 86, 87, 88.

NOMS DE LIEUX

A

Aaron (île d'), *modo* St-Malo, II, 1, 11, 12, 14, 99. *Voy.* St-Malo.
Abbeville (Somme), I, 571.
Absie (Notre-Dame d'), diocèse de Maillezais, II, 363, 365, 366.
Acanaise (dîmes à), I, 343.
Afrique (église d'), I, 85, 86, 87.
Agaune, en Valais (Suisse), aujourd'hui St-Maurice, I, 53.
Agen, église, I, 332; II, 265; — ville, 1, 95.
Aguirande ou Aigurande, diocèse de Bourges (église de N.-D. d'), I, 484, 485.
Ahil, abbaye de St-Thomas, II, 389.
Ahun (Notre-Dame d'), abbaye, province de Bourges, II, 389.
Aia (ancien monastère d'), *modo* oratoire de St-Vincent, à Chalonne (Maine-et-Loire), I, 296.
Aienci, Aienciaci, diocèse de Rennes, II, 14, 106.
Ainay, abbaye à Lyon, I, 80; II, 389.
Aix, en Provence, I, 65, 72, 81, 82, 83, 84, 85, 86, 87, 88.
Aix-la-Chapelle, I, 161.
Albano, en Italie, I, 563; II, 69, 164.
Alby, église, II, 368, 369.
Alclud, ville d'Ecosse, appelée aujourd'hui DunBritton, I, 88.

Alençon, comté, II, 254, 393.
Alet, aujourd'hui St-Malo, église, I, 196; II, 11; — St-Pierre, II, 12. *Voir* St-Malo.
Allemagne, I, 17, 93, 175, 219, 299, 455, 464; II, 525.
Alne, abbaye, diocèse de Liége, II, 87, 88, 89.
Aloie, *de Aloia*, ou Aluye, (seigneurie d'), I, 425, 427, 558.
Alvers, près de Laval, I, 339, 340.
Alverton, en Angleterre, I, 395.
Alwine, en Angleterre, I, 442.
Amanlis, (Ille-et-Vilaine), II, 76, 120, 121.
Amboise, château, II, 291, 337, 380; — Église St-Denis, I, 54; — Frères mineurs, II, 337; — ville, I, 176, 298, 321; II, 49, 131, 331, 334, 337, 569.
Amérique, II, 563.
Amiens, église, I, 13, 488, 566, 571; II, 2, 108, 128, 177, 191, 197, 282; — St-Augustin, I, 13; — St-Denis, II, 20, 21, 108; — St-Fuscien, II, 108, 109, 144; — St-Jean, II, 128; — St-Nicolas, II, 20, 21; — St-Martin, II, 108, 128; — ville, I, 13, 489, 574; — St-Laurent, II, 108.
Anagni, ville d'Italie, II, 136, 139, 149, 297.
Ancée, Anceins (Orne), I, 492.
Ancenis, ville et seigneurie, I, 370, 418; II, 160.

— 709 —

Anchia, Anché, près de Chinon (Indre-et-Loire), I, 370.
Andeli (Andelle ?), rivière (Seine-Inf.), II, 47.
Andethanne, près Trèves, I, 43.
Andres, diocèse de Boulogne (Pas-de-Calais), I, 348.
Angely, monastère de St-Jean, II, 193, 389, 527; — ville, II, 427.
Angers, église cathédrale, I, 28, 53, 73, 74, 78, 123, 173, 235, 237, 253, 264, 269, 284, 285, 291, 293, 294, 295, 296, 297, 305, 306, 307, 319, 326, 338, 340, 341, 354, 356, 358, 361, 362, 370, 378, 387, 442, 443, 459, 462, 463, 465, 469, 502, 503, 507, 519, 534, 535, 560, 561, 562, 563 ; II, 72, 73, 79, 80, 81, 97, 105, 106, 109, 115, 116, 121, 122, 123, 125, 131, 136, 228, 229, 253, 265, 266, 275, 284, 332, 363, 404; — abbayes, I, 253, 254; — prieuré, II, 325 ; — St-Aubin, abbaye, I, 165, 254, 291, 292, 297, 319, 326, 327, 333, 351, 353, 354, 355, 489, 520, 536, 562; II, 76, 293, 525, 584; — St-Éloi, II, 81, 145, 268, 332, 386, 554 ; — St-Étienne, II, 81; — St-Mainbœuf, II, 60, 80 ; — St-Maurille, II, 115; — St-Nicolas, I, 253, 254, 287, 520; II, 16, 18, 39, 221, 366, 367, 387, 429, 585 ; — St-Serge, I, 291, 292, 295, 296, 297, 326, 327, 351, 352, 353, 354, 370, 520, 562 ; II, 79, 122, 263, 303, 305, 306, 310, 311, 312, 337, 533, 539, 570; — ville, I, 28, 53, 72, 73, 74, 78, 223, 264, 267, 269, 270, 271, 296, 312, 319, 327, 351, 459, 470, 535; II, 60, 81, 95, 115 ; — concile, I, 78 ; — écoles, I, 270, 271; — séminaire, II, 554; — université, II, 461, 470, 584.
Angleterre, royaume, I, 94, 261, 324, 342, 390, 391, 392, 393, 394, 395, 396, 399, 412, 426, 439, 442, 473, 484, 504, 537, 552, 553, 564 ; — II, 14, 23, 34, 35, 36, 43, 66, 111, 116, 118, 125, 127, 136, 137, 138, 142, 154, 172, 174, 176, 180, 193, 203, 212, 243, 224, 232, 245, 246, 247, 248, 255, 256, 258, 260, 276, 280, 288, 306, 307, 309, 312, 319, 320, 334, 335, 336;— manoirs, II, 106; — biens de Marmoutier, II, 172.
Angoulême, abbaye, I, 3 ; — église cathédrale, I, 358, 401, 445, 543, 563, 576; II, 15, 38, 71, 72, 99, 326, 378, 401 ; — prieuré, I, 241 ; — ville et seigneurie, II, 15, 16, 18, 19, 64, 65, 71, 72, 99, 303, 304, 305.
Angoumois, province, II, 391.
Aniane, abbaye (Hérault), II, 389.
Anjou, province, comté et duché, I, 74, 125, 165, 178 et suiv., 184, 185, 189, 203, 222, 248, 253, 254, 257, 258, 264 à 270, 286 à 289, 293, 304, 310 à 314, 319, 321, 325, 326, 338, 343, 344, 351 à 354, 356, 360, 361, 362, 364, 372 à 380, 383, 420, 421, 422, 429, 445, 482, 483, 487, 501, 506, 507, 509, 515, 516, 548, 549, 520, 524, 525, 568; II, 15, 25, 35, 39, 48, 49, 60, 66, 72, 73, 74, 82, 111, 112, 118, 119, 136, 137, 143, 170, 188, 199, 214, 219, 294, 328, 392, 393, 565; — clergé, II, 328.
Annonciades, religieuses à Tours. Voy. Bluettes.
Anort (prieuré d'), au diocèse de Nantes, I, 494.
Ansain, ville (Azay ? Onzain ?), II, 288.
Ansiaci, prieuré de St-Hilaire, dépendance de Bourgueil, I, 241.
Anthie, rivière, diocèse d'Amiens, I, 488.

Anthioche, Antioche, ville, II, 9, 301 ; — (église d'), I, 87 ; — patriarchat, II, 327.
Antoni (terre d'), (Antogné ?) dans le Poitou, I, 174.
Anvers, ville, I, 176; II, 110.
Anville, village, territoire de Vierzon, II, 23.
Anziaci (prieuré de St-Hilaire d'), I, 241.
Aoste, ville de Piémont, I, 170.
Aquila, Aquilée, ville d'Italie, I, 111, 481.
Aquitaine, église, II, 79 ; — province, I, 95, 123, 330, 348, 357 ; II, 277, 389.
Arche, château, du comté d'Aumale (Seine-Inf.), II, 174.
Arcis, prieuré de Notre-Dame, diocèse de Troyes, II, 171, 188, 189.
Argenson (prieuré de St-Nicolas de Couture d'), au diocèse de Poitiers, I, 358.
Argenteria, (Argenton-sur-Creuse ?), diocèse de Bourges, (église de Notre-Dame de), I, 484.
Argouge (Manche), I, 491, 492.
Arles (Église d'), I, 81, 82, 83, 86, 87, 88 ; — (ville d'), I, 82, 83 ; — (l'île d'), ou Lérins, abbaye, I, 90.
Armach, église fondée par S. Patrice, I, 91, 94 ; — monastère en Irlande, I, 93.
Arondelle, seigneurie, II, 130.
Arras, Église, I, 527, 546, 572, 573 ; II, 135, 190 ; — St-Vast, II, 270 ; — comté, II, 192.
Artois (l'), I, 474.
Atane, abbaye, en Limousin, I, 148, 149, 150.
Auch, église, I, 519 ; II, 465.
Augusta, église, II, 549.
Augustins de Tours, couvent, II, 489.
Aulhai, Aulnay, II, 116, 134 ; — (vallée d'), II, 155.

Aulnet, seigneurie, II, 23.
Aumale, comté (Seine-Inf.), II, 174.
Aumone (l') *modo* Petit-Citeaux, abbaye, diocèse de Chartres, II, 110, 135, 194.
Auneuil, Auneuil (Oise), I, 325.
Aurillac, abbaye, II, 395.
Austrasie (royaume d'), I, 148.
Autieux (les), terre (Eure ou Seine-Inf.), II, 282.
Autriche (Haute), I, 122.
Autun, église épiscopale, I, 34, 179, 485, 519 ; II, 364 ; — Église bâtie par St-Martin, I, 34 ; — Monastère de St-Martin, I, 161 ; II, 485 ; — St-Symphorien, I, 35 ; — ville, I, 34 ; — Concile, I, 520, 522, 555.
Auvergne, province, I, 154 ; — II, 50, 174, 536 ; — (Prieurés en), I, 274.
Auxerre, église, I, 485, 526, 527 ; II, 83, 103, 506 ; — Monastère de St-Germain, I, 146, 214, 526, 527 ; II, 527 ; — Comté, I, 184 ; — Ville, I, 58, 68, 90, 178, 179, 181, 184 ; II, 110.
Auxonne, ville, II, 512, 513.
Avalleis, terre du prieuré de Mayenne, II, 35.
Avantiniac, I, 347.
Averdon (Église d'), diocèse de Chartres (Loir-et-Cher), I, 424.
Aversa (Église d'), au royaume de Naples, I, 396.
Avesnes, seigneurie, II, 195.
Avignon, église, II, 327 ; — (Cour d'), II, 305 ; — Ville, II, 269, 293, 296, 297, 298, 307, 371, 383, 414.
Avranches, église, I, 340, 390, 396, 399, 441, 491, 492 ; II, 125, 127, 172, 173, 204 ; — Territoire, I, 383 ; — Vicomté, I, 344 ; — ville, I, 459.
Azenai (Prieuré de St-Benoît d') diocèse de Luçon, I, 332, 555.

— 711 —

B

Babylone, royaume, II, 171.
Bailleul, prieuré, diocèse d'Avranches, II, 153, 172 ; — église, II, 172 ; — seigneurie, II, 172, 173.
Baldoval, église, I 334.
Bâle (Suisse), II, 315.
Ballée (Mayenne), II, 198, 199.
Bar en Lorraine, I, 132, 299 ; II, 368.
Barèges (H^tes-Pyrénées), II, 582.
Bari, en Italie, I, 507.
Bariacus, église, I, 498.
Baselges, château, I, 302.
Basoche (Aisne), I, 490, 554 ; II, 43, 85, 127.
Basenville, Bazainville, Bassainville (Seine-et-Oise), I, 532 ; II, 86, 268.
Bataille (St-Martin de la), ou de Bello, I, 392, 393, 394 ; II, 15.
Baugé (Maine-et-Loire), I, 293, 319 ; II, 39, 60.
Bavière (la), II, 494.
Bayeul, châtellenie, diocèse d'Ipres, I, 474.
Bayeux, église, I, 196, 328, 340, 399, 426, 548 ; II, 138, 293 ; — vicomté, I, 341.
Bazas, église, II, 146, 159, 160, 280, 298.
Beaufort-en-Vallée (Maine-et-Loire), église, II, 60, 80, 97 ; — ville, II, 123 ; — comté, II, 292. Voir Bessé.
Beaugency (Loiret), II, 101, 102, 103, 158.
Beaulain, bois, II, 560, 561.
Beaulieu (Mayenne), II, 168.
Beaulieu, dépendance de Bourgueil, I, 241.
Beaumont, diocèse de Séez, I, 484.
Beaumont-lès-Tours, abbaye, I, 181, 228, 229 ; II, 556.
Beaumont-le-Vicomte (Sarthe), I, 341 ; II, 150, 198, 282, 284.

Beaune, abbaye, I, 161.
Beaurain, près de Montreuil-sur-Mer (Pas-de-Calais), I, 473, 474, 538 ; II, 327.
Beauvais, église, I, 72, 302, 425, 485, 491, 562 ; II, 103 ; — abbaye de St-Julien, II, 469 ; — abbaye de St-Lucien, II, 471 ; — ville, I, 554 ; — concile, II, 65.
Beauvoir, seigneurie, I, 493.
Bec (Le) (Eure), I, 365, 368, 459, 461, 462, 552, 553 ; II, 50.
Becherel (Ille-et-Vilaine), II, 45.
Bedasne (l'île), lien appelé aussi Oiselle, I, 439.
Behon, I, 566.
Belesme, Bellême, Vieux-Bellesme (Orne), Notre-Dame, II, 97 ; — St-Léonard, I, 494, 495 ; II, 64, 65, 66, 97 ; — St-Martin, I, 284, 285, 286, 398, 494, 495 ; II, 64, 231, 502, 503 ; — prieuré, II, 93, 306, 338, 366, 477 ; — ville et seigneurie, I, 277, 285, 286, 287, 494, 495 ; II, 64, 93, 234.
Bellefontaine (Maine-et-Loire), II, 136.
Belle-Forêt, bois à Foncher en Touraine, II, 25.
Bellenoue (Maine-et-Loire), I, 531.
Bénédictins (congrégation gallicane des), alias des Exempts, II, 385.
Bénédictins de France, congrégation, II, 388, 547.
Bénédictines du St-Sacrement, II, 539.
Beré, Berey, près Châteaubriant (Loire-Inférieure), prieuré de St-Sauveur, I, 318, 319, 401, 403, 405 ; II, 38, 41, 174, 215, 216, 356,

563 ; — église, I, 319 ; — ville, II, 24 ; — seigneurie, I, 401, 402, 403.
Bergette, domaine, II, 564.
Berthe, ville d'Orient, II, 327.
Berry, province, I, 41, 151, 564 ; — II, 11, 174 ; — Duché, II, 393.
Besançon, église, I, 208, 218 ; II, 527.
Bessé (St-Pierre-du-Lac), origine de Beaufort (Maine-et-Loire), II, 60, 80, 635.
Betencour, diocèse de Chartres, II, 23.
Betnières, I, 501.
Beziers, I, 17, 18.
Biencourt, ou Briencourt (Somme), I, 488, 489, 490, 570, 571 ; II, 128.
Bigotière (la), diocèse de St-Malo, II, 1.
Bisconcelle, I, 532.
Blalay, prieuré, II, 590.
Blanche-Couronne, II, 388.
Blancs-Manteaux, à Paris, II, 367, 485, 524, 530, 538.
Blasimont (Gironde), II, 389.
Blaye (Gironde), I, 128, 129.
Bleville (Seine-Inférieure), II, 175.
Blitmart, forêt sur la lisière du Blésois et de la Touraine, I, 303, 304, 312.
Blois : abbayes, I, 273, 274 ; — St-Calais, I, 558, 559 ; — St-Victure, I, 508 ; — Gréneterie, II, 358 ; — ville et comté, I, 222, 277, 300, 314, 325, 344, 347, 425, 508, 509, 532, 559, 575 ; II, 42, 133, 175, 241, 350, 363, 367 ; — la Cour, I, 347 ; — moulins, II, 155 ; — territoire, I, 163, 225, 309, 347 ; — port, I, 305 ; — St-Laumer, II, 348, 349, 350, 351.
Bluettes, religieuses à Tours, II, 554.
Bocé, erreur de traduction pour Bessé. *Voir* Bessé.
Bocé, (Maine-et-Loire), II, 122, 123, 132, 325.
Bodiac, vicomté, I, 538.

Boéville, en Normandie, I, 564.
Bohon, Bohun, diocèse de Coutances, I, 399, 400 ; II, 136, 137.
Boia, à Marcillac, I, 260.
Boiacus, lieu, près de Bourges, où est situé le prieuré de St-Martin-des-Champs, II, 66.
Boire, prieuré, I, 342.
Bois-Gautier (prieuré de la Verge au), II, 189.
Boisse, en Angoumois, II, 378.
Boiville (la Hogue de), I, 439.
Boixé, I, 427.
Bologne, Boulogne, en Italie, II, 294.
Bonali Vadum, sur le Touet, lieu où fut rebâti le monastère de St-Florent de Saumur, I, 268.
Bonnefontaine, abbaye, II, 364.
Bonne-Fontaine, *alias* Soudabi, diocèse de Bazas, II, 159, 280.
Bonne-Nouvelle d'Orléans, I, 419 ; II, 70, 101, 102, 103, 158.
Bonnétable (Sarthe), I, 341.
Bonneval (Eure-et-Loir), I, 403, 473, 503, 533 ; II, 94, 108, 109, 110, 111.
Bor, dépendance du prieuré de Tavant, I, 370.
Bordeaux, Ste-Croix, II, 389, 410, 425 ; — église, I, 128, 330, 485, 515, 521, 523, 563 ; II, 48, 99, 146, 205, 257, 259, 282, 425, 476, 479, 480 ; — conciles, I, 128, 404, 465 ; — ville, II, 48, 426, 512, 549.
Bouche-d'Aigre (Blésois), I, 512.
Bouère, près de Sablé, II, 566.
Boullay (le), près de Château-renault (Indre-et-Loire), II, 558.
Boulogne (Pas-de-Calais), II, 189, 190, 191, 192, 222, 348, 368, 491.
Bourg-Dieu, abbaye, II, 214, 386, 387, 388, 389, 410.

Bourges, église, I, 78, 145, 201, 202, 428, 484, 485, 486, 507, 509, 520; II, 144, 213, 214, 228, 254, 337, 361; — séminaire, II, 562; — ville, II, 66, 67, 485; — siége de la ville, I, 239; — grosse tour, II, 355; — province, II, 389, 442; — St-Martin-des-Champs, I, 485; — prieuré, II, 66, 69, 114, 254, 499, 562; — St-Sulpice, II, 511, 512.
Bourgogne, province, I, 124, 169, 254, 273, 298, 299; II, 370, 485, 513, 530; — duché, I, 206; — monastères, I, 178, 179.
Bourgueil, abbaye (Indre-et-Loire), I, 235, 236, 237, 241, 459, 491, 520, 547, 567; — II, 131, 363, 366, 367, 490, 525, 532, 543, 544, 585; — ville, II, 364, 526.
Bouville (Eure-et-Loir), I, 532.
Bracheham, en Angleterre, I, 442.
Brai, alias Fau ou Reignac, en Touraine, I, 67.
Brand, Bran, Bram ou Brem (Vendée), St-Martin, I, 528; II, 317; — St-Nicolas, I, 528.
Branvilliers, I, 438.
Braye, en Touraine, entre Dierre et Lacroix, I, 311.
Braye, château, I, 427.
Brenecay, à Genillé, en Touraine, I, 187, II, 567.
Brennart, I, 426.
Brenne, rivière en Touraine, I, 243; — seigneurie, II, 98, 144, 171.
Bresse ou Brescia, en Italie, I, 458, 462.
Bretagne, églises, I, 193, 198; II, 20, 49, 74; — monastères, I, 270; — prieurés, I, 408, 473, 494; II, 20, 41, 92, 218, 224; — prieurés fondés sous l'abbé Barthélemy, I, 404, 405, 406, 407, 408, 409 à 413; — société

de Bretagne, II, 319, 414, 414, 428, 429, 430, 431, 432, 434, 436, 438, 441, 446, 447, 448, 458, 462, 463, 464, 485, 515, 516, 543; — duché ou province, I, 75, 197, 198, 258, 273, 275, 320, 322, 349, 359, 367, 401, 403, 404, 407, 408, 415, 473; II, 10, 27, 28, 41, 42, 76, 105, 108, 115, 129, 138, 142, 152, 154, 185, 218, 229, 285, 293, 294, 312, 408, 419, 425, 427, 429, 435, 436, 438, 440, 454, 456, 462, 463, 510, 514, 520, 524, 525, 533, 535, 540, 549; — guerre entre les seig. de Vitré et de Châteaubriant, I, 338; — armorique, II, 437; — (Basse-Bretagne), I, 75, 177, 196; II, 513, 529; — monastère de St-Mathieu, II, 529; — — (Grande-Bretagne), I, 89, 91.
Bretèche (la), à Maintenon, II, 184.
Breteuil (comté de), (Eure), I, 336, 452, 453, 454, 455, 456, 501, 536.
Bretignolles, à Anché, en Touraine, I, 370.
Bridoré, en Touraine, I, 67.
Brie (la), I, 435.
Briens (fief des), II, 131.
Brionne (Eure), I, 464, 462.
Briotreide, sans doute Brisay ou le Bridoré, en Touraine, I, 67.
Brioude (Haute-Loire), I, 519, 521, 522, 555.
Brique, sans doute Bray, alias Fau, en Touraine, I, 67.
Brisay, en Touraine, I, 67.
Brive, près Bourges, aujourd'hui St-Martin-des-Champs, I, 485.
Brive-la-Gaillarde (Corrèze), I, 127.
Brouard, à Neuilly-le-Lierre, en Touraine, II, 562.
Bruges, en Belgique, II, 349.
Brulon (Sarthe), II, 106.
Bruxelles, ville, II, 539.
Bucelle, prieuré, I, 241.

Mémoires archéologiques, t. xxv. 50

Bueil ou Montboyau, à l'embouchure de la Choisille, aujourd'hui la Motte, près de Tours, I, 266, 268.
Buinon, seigneurie, II, 85.
Buistot, en Normandie, I, 260.
Buk, en Angleterre, diocèse de Lincoln, I, 395.
Bussi, près Vendôme, I, 290.
Butin (moulin de), I, 377.
Buxède, terre, I, 347.
Buzançais (Indre), II, 14.
Byblis, modo Giblet, en Phénicie, II, 327.

C

Caen, St-Étienne, I, 484; II, 471; — Université, II, 333.
Cahors, I, 159.
Caignote, (Landes), II, 389.
Caihou, diocèse de St-Malo, II, 45.
Calvaire de Tours, II, 487, 560.
Camaldules, II, 79.
Cambray, I, 302.
Cambrige, en Angleterre, I, 393.
Campus culticius, village, I, 259.
Cande (Indre-et-Loire), I, 53, 54; — ville, I, 123.
Cantorbery, Cantorbies, en Angleterre, I, 393, 442, 552, 573; II, 138, 176, 320.
Capucines de Tours, II, 487.
Capucins de Tours, II, 441, 548, 550.
Carbé, entre Pouencé et Château-Briant, I, 338.
Carcassonne, II, 298.
Carmélites, II, 107, 411, 470.
Carmes, II, 439, 514.
Carmoith, terre, II, 14.
Carthage, I, 57, 83, 84, 85, 86.
Carvenosa ou Carnevosa, forêt entre le Cher et l'Indrois, en Touraine, I, 483.
Castellonium, bois dépendant de Dauméré, en Anjou, I, 293.
Castille, en Espagne, II, 159.
Castori, église, II, 364.
Catalonne, supposé être Chaumont ou Clion, I, 67.
Caunes (Aude), abbaye, II, 389, 431, 448.
Cave, près de Salerne, I, 540.
Ceaulx, prieuré de N.-D.-des-Champs, I, 476.
Célestins d'Amiens, I, 14.
Celle-en-Berry, Selles-sur-Cher (Loir-et-Cher), II, 94, 95.
Celle-en-Brie, abbaye et prieuré, I, 433, 434, 435, 436, 437, 477, 478; II, 164, 224, 232, 251, 268, 501, 555.
Cension, rivière, I, 285.
Cerisy, monastère, I, 161.
Cerné, Cernai (Vienne), I, 333; II, 133, 245.
Cesarée en Palestine, I, 83, 84.
Chablis (Yonne), I, 178.
Chahain, Chahaignes (Sarthe), II, 10.
Chahaigne, terre, II, 290.
Chaîne, diocèse de Chartres, I, 336.
Chainstra, près de Morée, I, 512.
Chaise-Dieu, abbaye (Haute-Loire), I, 526, 527, 537, 538; II, 286, 530, 535, 578.
Chalifer (Seine-et-Marne), II, 153.
Chalonné (Maine-et-Loire), prieuré de St-Maurice, I, 292, 296, 350, 560, 561, 562; — église St-Vincent, I, 297, 327; — oratoire de St-Vincent, *olim* monastère d'Aia, I, 296, 297; — ville, I, 73, 501, 503; — église St-Quentin, I, 560, 561, 562.
Chalons-sur-Marne, St-Pierre-du-Mont, II, 293; — église, I, 299, 438, 485, 519; II, 88, 523; — ville, II, 88.
Châlon-sur-Saône, I, 159.

— 745 —

Chamars, Chemart, près de Châteaudun, I, 226, 239, 251; II, 143, 195.
Chambon, abbaye, II, 364.
Chambon, canton d'Herbault (Loir-et-Cher), I, 163, 185; II, 2, 195, 254.
Chambor, Chambourg (terres et moulins à), près de Loches, I, 228.
Champ de Florence, en Touraine, I, 532.
Champagne, I, 433, 434, 435, 436, 437, 438, 439, 455; II, 88, 370, 523.
Champagne, abbaye, (Ardèche), II, 171.
Champigny, I, 324.
Champs (Notre-Dame-des-), à Paris, I, 500; II, 306, 325, 332.
Champtoceaux. Voir Châteauceaux.
Chamrond, seigneurie, II, 138.
Changé (Notre-Dame de), diocèse du Mans, II, 179.
Chanteloup, près d'Amboise, II, 576.
Chapelle-Bassamère (la), (Loire-Inf.), II, 24.
Chapelle-Blanche-sur-Loire, en Touraine, I, 180.
Chapelle-Guillaume (la), canton d'Authon (Eure-et-Loir), I, 427, 428.
Chapelle (St-Pierre de la), II, 137, 138.
Charmet, au diocèse de Chartres, I, 336.
Charroux, abbaye (Vienne), I, 343, 348, 452; II, 389.
Chartres, église, I, 282, 335, 336, 423, 424, 445, 458, 463, 511, 512, 549, 550, 552, 553, 554, 555, 556, 560, 565; II, 22, 23, 42, 67, 68, 69, 70, 71, 82, 83, 90, 91, 99, 109, 110, 125, 128, 135, 139, 143, 144, 146, 147, 181, 282, 283, 285, 289, 292, 329, 348, 349, 350, 406, 492, 495; — Notre-Dame, I, 282, 283; — St-André, II, 405; — St-Pierre-en-Vallée, I, 274, 548, 549, 550, 575; II, 65, 82, 152, 154, 162, 404, 405, 406; — jacobins, II, 405; — ville, I, 37, 51, 52, 135, 277, 336, 350, 424, 458, 461, 462, 501, 508, 559, 565; II, 69, 70, 145, 188, 401, 404, 406, 442, 553; — concile, II, 47; — territoire, I, 303, 309.
Chartreux, religieux, I, 2, 4; II, 70.
Chassain, près de Nouâtre, en Touraine, I, 343.
Chassaugremond, Chassengrimont, marquisat, II, 521, 595.
Châteaubriant (Loire-Inférieure), église Notre-Dame, II, 41, 92; — ursulines, II, 563; — ville, I, 338, 401, 403, 404, 405; II, 356.
Châteauceaux, Champtoceaux (Maine-et-Loire), canonicat donné à Marm., I, 321; — St-Pierre, II, 160; — église, II, 95; — St-Jean, I, 320; II, 160; — ville et seig. I, 418, 420; II, 59, 60, 80, 160.
Château-du-Loir (Sarthe), St-Guingalois, I, 380, 381, 383, 533; II, 10, 101, 324; — ville, I, 380, 533; II, 170, 484, 485, 548.
Châteaudun (Eure-et-Loir), Notre-Dame, II, 148; — Prieuré, II, 267; — ville, I, 226, 308, 423; — eaux et pêche, II, 143; — territoire, II, 163, 309. Voir Chamars.
Châteaufort, prieuré, II, 131.
Chateaugontier (Mayenne), I, 304; II, 24.
Chateau-Joscelin (Morbihan), Notre-Dame, II, 41; — St-Martin, II, 128, 129, 130, 138; — ville, II, 77, 130.
Château-Meillant (Cher), II, 361.
Châteauneuf, à Tours, I, 187, 239, 240.
Châteauneuf (Côte-d'Or), I, 436.
Châteaurenault (Indre-et-Loire), I, 249, 298, 303, 344, 456; II, 38.
Château-Thierry (Aisne), II, 393.

— 746 —

Châtenay, près de Châteaudun, I, 246.
Châtillon-sur-Marne, Notre-Dame, II, 84, 85, 136, 173, 260, 268; — ville, I, 436 ; II, 84, 136; — Forêt de Vassy, II, 136.
Chaume (la), abbaye, près de Machecoul (Loire-Inf.), II, 388, 433, 439, 440, 448, 462, 463, 464.
Chaumont, II, 249.
Chaumont, assiégé par Philippe Ier, I, 383.
Chaumont, près de Paris, II, 153.
Chaumont-sur-Loire (Loir-et-Cher), I, 67, 268, 298, 328, 456.
Chauviac, près d'Orléans, I, 171.
Chauvigny, Chavigny, prieuré, canton de Droué (Loir-et-Cher), II, 184, 267, 283.
Chemart. Voir Chamars.
Chemillé (Maine-et-Loire), St-Pierre, I, 284, 285, 442, 502, 504, 534, 535, 536 ; II, 39, 40, 80, 135, 136, 311, 327, 328, 330, 365, 385, 392, 400, 502; — N.-D. et St-Gilles, I, 443, 502, 503, 534, 535, 560, 561, 562 ; — St-Barthélemy et St-Léonard, I, 560, 561, 562, 563 ; II, 15 ; — ville, I, 349, 503 ; — château, I, 285, 442, 502, 561 ; — territoire, I, 535.
Cher (le), rivière, I, 176, 177 ; II, 556, 557, 558.
Cheverny. Voir Chiverni.
Chevrie, à Nouzilly, en Touraine, II, 566.
Chezal-Benoit (Cher), II, 335, 432, 437, 481, 513, 522, 527, 535.
Chezy, abbaye (Aisne), II, 84.
Chinon, églises, I, 67, 129, 131, 132, 266, 269 ; — ville, I, 129, 131, 229, 311 ; II, 137, 277.
Chisé, Chançay, en Touraine, I, 240.
Chizé, métairie, près de Tours, II, 558.
Chisseau-sur-Cher, en Touraine, I, 54.

Chiverni, Cheverny (Loir-et-Cher), II, 366, 405.
Choisille. Voir Coursille.
Chosi, forêt, en Poitou, I, 332.
Chouzy, près de Blois, St-Martin, I, 262 ; II, 175, 195, 243, 254, 308, 363, 366, 367, 392 ; — seigneurie, I, 194 ; II, 224, 243, 287.
Chroia, en Touraine, I, 246.
Chuine, canton de Courville (Eure-et-Loir), II, 70, 71, 128.
Cisse, Sisce, rivière, en Touraine, I, 303 ; II, 46.
Cîteaux, monastère (Côte-d'Or), II, 56, 57, 89, 168, 193, 240, 241, 242, 259, 281, 472.
Clairvaux, abbaye (Aube), II, 82, 83, 88, 110, 241, 242.
Claretter, en Angleterre, II, 176.
Clermont, abbaye, II, 171.
Clermont, en Auvergne, église, I, 199, 245, 485 ; II, 2, 50, 51, 52, 53, 54, 91 ; — collège des Jésuites, II, 496, 497 ; — ville et comté, I, 69, 117 ; II, 52, 173, 175, 195 ; — principauté, II, 560 ; — conciles, I, 415, 524, 540, 543, 545, 555, 571, 572 ; II, 31.
Clion (Indre), I, 67.
Cluainraird ou Clonard, en Irlande, I, 147, 148.
Cluny, abbaye (Saône-et-Loire), I, 3, 58, 161, 202, 204, 205, 208, 209, 212, 214, 218, 221, 222, 230, 231, 233, 234, 235, 237, 242, 244, 245, 299, 316, 357, 371, 373, 374, 401, 430, 431, 432, 435, 467, 526, 527, 539, 542, 549, 553, 573 ; II, 30, 56, 79, 111, 174, 207, 208, 259, 292, 348, 349, 362, 368, 369, 374, 388, 465, 472, 476, 477, 479, 486, 491, 496, 500, 502, 504, 506, 524, 527, 539 ; — église, II, 348, 349 ; — collège, 439, 496 ; — ville, 95, 214, 537.
Cogleys (Ille-et-Vilaine), I, 270.
Cognières-les-Neuves, II, 177.

— 717 —

Cohain (Aisne), II, 280.
Coham, en Angleterre, II, 281.
Cologne, I, 56; II, 57.
Colonge, paroisse de Chouzy, II, 245.
Colombier, près de Villandry, en Touraine, I, 510; II, 117, 118, 119, 259.
Colombier (fontaine du), près Tours, I, 240.
Colombier, château, I, 423.
Coisnon, rivière (Ille-et-Vilaine), I, 260.
Comborn, en Limousin, I, 541.
Combour (Ille-et-Vilaine), I, 404, 405, 406, 407, 408; II, 1, 2, 40, 80, 96, 138, 139, 249, 319, 420.
Comminges (St-Bertrand de), (Haute-Garonne), II, 465.
Compiègne (Oise), I, 186, 191, 480, 554; II, 116, 494, 529, 538.
Condom (Gers), II, 265, 266.
Congrégation gallicane, II, 441, 442.
Connalie (la), en Irlande, I, 91.
Conon, Conan, canton de Marchenoir (Loir-et-Cher), I, 308.
Constance, église, II, 354; — concile, II, 313, 315.
Constantinople, II, 55.
Corbie (Somme), II, 284, 436, 494, 529.
Corbion, diocèse de Chartres, II, 67.
Cordeliers, II, 250, 294, 405.
Cormery, en Touraine, I, 168, 178, 222, 240; II, 55, 246, 248, 345, 326, 378, 392, 543, 555.
Cornouaille ou Quimper-Corentin, I, 75; II, 28.
Corsot, église St-Pierre, II, 75.
Coteboc, en Angleterre, I, 442.
Cotentin (le), I, 329, 440.
Coudré, au diocèse du Mans, I, 389.
Couldres (Eure), II, 363, 367.
Coulomb, abbaye, II, 114.
Coulonge, diocèse de Reims, II, 89.

Courcé, seigneurie, I, 501.
Courci, au diocèse de Séez, I, 426.
Cour d'Aulnay, I, 296.
Court-Evroul, au diocèse du Mans, I, 437, 478, 479.
Cour-Léonard, près de Bellesme, II, 93.
Coursille ou Choisille, rivière, près de Tours, I, 187.
Coursol, en Bretagne, II, 169.
Courson, I, 380.
Courtanvaux, baronnie, II, 402.
Courtirast (Loir-et-Cher), I, 289, 290.
Courville (Eure-et-Loir), I, 336, 445; II, 70, 71.
Coutances, église, I, 261, 328, 399, 439; II, 136, 137, 138, 146, 175, 326, 366; — comté, I, 328, 439.
Couture, abbaye, au Mans, I, 339, 340, 384, 385, 386, 504, 505, 506; II, 189, 281, 535, 540, 570, 582.
Couture d'Argenson (Deux-Sèvres), I, 358.
Coutures (Lot-et-Garonne), II, 160.
Craciaco, bois, II, 11.
Craon (Mayenne), I, 343, 364, 536.
Crapon, près de Bellesme, I, 286.
Crevet (église de), I, 344.
Crespy en Valois (Oise), II, 524.
Cricey (fief de), au diocèse de Meaux, I, 478.
Croix-Feu-Maistre, près de Marmoutier, II, 374.
Croix-St-Leufroi (Eure), I, 396.
Croson, au diocèse de Bourges, I, 484, 485, 538.
Crot (Eure), I, 333, 334; II, 215.
Cruento, dépendance du prieuré de Tavent, I, 370.
Crypte, près Saumur, I, 267.
Cunaud (Maine-et-Loire), I, 169, 173.
Curciacus, Courcoué, près de Chinon, I, 229.
Cursolt (Corseul ? Côtes-du-Nord), II, 44.

[-] Meaux

— 718 —

Curtis Superior, diocèse de Laon, I, 498.

Cuscher, diocèse de Chartres, II, 42.

D

Damiette, en Égypte, II, 208.
Dampierre, prieuré (Aube), II, 29.
Danemark, I, 175.
Dangeau, prieuré (Eure-et-Loir), I, 345; II, 106.
Daumeré (Maine-et-Loire), St-Martin, I, 292, 293, 294, 560, 561; II, 109; — ville, II, 40, 121, 122, 132.
Dauphinaye, diocèse de Rennes, II, 234.
Denessé, Dénezé (Maine-et-Loire), II, 287.
Die (Drôme), I, 485.
Dierre en Touraine, I, 275.
Dijon, St-Bénigne, I, 214, 251, 345, 346; II, 512, 513; — ville, I, 251; II, 34, 512, 513.
Dinan (Côtes-du-Nord), église, II, 12, 13, 14, 41, 43, 44, 75, 99, 142; — la Madeleine, II, 160; — St-Bénigne, I, 346; — ville et seigneurie, I, 196; II, 12, 13, 14, 75, 79, 99, 142, 172, 247, 449, 458; — comté, II, 43, 405.
Diois, comté (Drôme), II, 337.
Diospolis, concile, I, 84, 85, 87.
Doito vicini Chesaliacensis, II, 98.

Dol (Ille-et-Vilaine), clergé, I, 196; — église, I, 196, 197, 198, 259, 262, 270, 322, 359, 401, 408, 459, 468; II, 76, 77, 105, 175, 214, 285, 307, 428, 456; — comté, II, 428; — seigneurie, I, 340; — ville, I, 340, 473; II, 457; — prisons, II, 428; — conciles, I, 521, 522, 555; II, 71.
Domfront (Orne), I, 340.
Donges (Loire-Infér.), prieuré, II, 38; — bourg, I, 321, 443, 494; — vicomté, II, 130; — ville, II, 24.
Dordogne (la), rivière, I, 128; II, 48.
Dorset, en Angleterre, I, 94.
Douai (Nord), II, 539.
Doucé, prieuré (Maine-et-Loire), II, 237.
Doué (Maine-et-Loire), II, 287.
Doulon, près de Nantes, St-Médard, II, 15, 16, 17, 20, 29; — ville, II, 24; — paroisse, II, 17.
Doun, en Irlande, I, 91, 94.
Dreux (Eure-et-Loir), I, 549.
Drunic, I, 321.
Dunbritton, autrefois Alclud, en Écosse, I, 88.

E

Ebrach ou Everbach en Franconie, diocèse de Virzebourg, abbaye, II, 58.
Ecluse (l'), seigneurie, II, 35.
Ecrignole (N.-D. de l'), à Tours, I, 195.
Égypte, II, 240, 534.
Enord, domaine, II, 24.
Epernay, abbaye (Marne), II, 71.
Epernon, Eparnon, Esparnon,

Epargnon (Eure-et-Loir), prieuré, II, 22, 90, 226, 232, 285, 289, 372.
Erbrée (Ille-et-Vilaine), I, 566, 567.
Espagne, abbayes, II, 193; — églises, I, 41; — royaume, II, 159, 163, 582.
Espagni, église, I, 426.
Essay, abbaye, II, 138.
Essia, en Angleterre, II, 176.

— 719 —

Estoile (l'), abbaye, près de Châteaurenault, II, 559.
Eston (l'), prieuré, II, 198.
Estone, en Angleterre, I, 395.
Etampes (Seine-et-Oise), I, 335; II, 78, 107.
Etoile (église de l'), I, 574.
Eure, rivière, I, 277.
Everbach ou Ebrach, monastère en Franconie, diocèse de Virzebourg, II, 58.
Évreux (Eure), église, II, 215, 270, 271, 274, 275, 332, 363, 392, 396, 426; — ville et comté, II, 47.
Evron (Mayenne), abbaye, I, 352, 569, 575, 576; II, 29, 50, 485, 535, 585; — ville, I, 340, 389; II, 485, 544.
Exartis (*Terra de*), II, 86.
Exempts (congrégation des), II, 389.

F

Fail (péage du), II, 160.
Falordam, forêt, II, 197.
Fau, *alias* Brai, aujourd'hui Reignac, bourg de Touraine, I, 67.
Faverilles, territoire de Vendôme, I, 308.
Faverney (Haute-Saône), II, 527.
Faverolle, diocèse de Chartres, I, 334.
Fayac, diocèse de Nantes, I, 320.
Faye-la-Vineuse (Indre-et-Loire), I, 358.
Fécamp (Seine-Inférieure), II, 270, 368, 369, 371, 395.
Ferrier, diocèse de St-Brieuc, II, 74.
Ferté (la), seigneurie, II, 80, 144, 215, 278.
Ferté-Milon (la), (Aisne), II, 159.
Ferté-Villeneil (la). (Eure-et-Loir) II, 195. *Voy. Villa in oculo.*
Feuillants, religieux, II, 95.
Firmo, en Italie, I, 72.
Flandre (la), II, 18, 165, 251, 349, 539.
Flèche (la), (Sarthe), II, 433, 510.
Fleury, aujourd'hui St-Benoît-sur-Loire (Loiret), I, 205, 224, 230, 231.
Florence, en Italie, II, 315.
Florin, abbaye, II, 166.
Foigny, diocèse de Laon, II, 56.
Foliolum, près de Fréteval, I, 512.
Fondettes, près de Tours, I, 444.
Fondi, en Italie, I, 104; II, 297.
Fontaine, seigneurie, à Monnaie, en Touraine, II, 562.
Fontaine-Gehart, prieuré, diocèse du Mans, I, 342; II, 100, 178, 179, 180, 181.
Fontaine-Melan, dans le Blésois, I, 298, 304, 305; II, 224.
Fontainebleau, II, 156, 573.
Fontaines (Prieuré de St-Jean l'Évangéliste des), diocèse de Poitiers, I, 329, 330.
Fontaines, prieuré, diocèse de Luçon, II, 197, 200, 317.
Fontarabie, ville, II, 480.
Fontcher, près de Villandry, en Touraine, I, 277, 278, 279; II, 25, 56, 117, 118, 119, 259, 363.
Fontenet, église, I, 476, 477.
Fontevrault (Maine-et-Loire), I, 375; II, 30, 510, 556, 569, 575.
Forest (la), domaine, II, 24.
Forestmoutier, monastère, II, 21.
Fosse, dans le Poitou, I, 270.
Fougères (Ille-et-Vilaine), Notre-Dame, I, 413, 414, 415,

416; II, 20; — St-Sauveur, I, 414; — St-Sulpice, I, 414; — la Trinité, I, 324, 413, 414; II, 76, 121, 385, 400; — seigneurie, I, 322, 413, 415.
Fousse (la), seigneurie, II, 287.
Franche-Comté, province, II, 527.
Francheuse, prieuré, II, 174.
Francheville, modo Morée, prieuré près de Vendôme, I, 540, 559; II, 56.
Frenchai, domaine, I, 321.
Fresnes, diocèse de Dol, II, 76; — domaine, II, 76.
Fréteval (Loir-et-Cher), I, 509, 511, 512; II, 91, 142.
Frillière (la), seigneurie, II, 567.
Fructuaire, en Piémont, I, 254.
Furcy, dépendance de Bourgueil, I, 244.
Furstemberg, II, 580.

G

Gahard, abbaye (Ille-et-Vilaine), I, 258, 259; II, 41.
Galice (Saint-Jacques en), I, 497.
Gallardon (Eure-et-Loir), II, 405.
Gallinaire (l'île), sur les côtes de Provence, I, 1, 24.
Garot, futaie, à Meslay, près de Tours, II, 566.
Gascogne (la), II, 141, 174, 533.
Gasnape, la Garnache, seigneurie (Vendée), I, 493; II, 233.
Gassicourt (Seine-et-Oise), II, 500.
Gatine, contrée en Touraine, I, 242, 249, 250, 325; II, 49, 78, 214.
Gaucherie (la), en Bretagne, II, 96.
Gaye (Notre-Dame de la), diocèse de Bourges, II, 362.
Gaye, prieuré, diocèse de Troyes, II, 589.
Gehart. Voir Fontaine-Gehart.
Geldham, en Angleterre, II, 176.
Gembloux, en Flandre, abbaye, I, 112, 114, 465; II, 165, 166, 167.
Generet, abbaye, en Aquitaine, II, 389.
Genest, chapelle dépendant de l'église de St-Georges-du-Puy-de-Gord, II, 39.
Genetet, seigneurie, I, 343.
Genillé, en Touraine, I, 487.
Gennes (Ille-et-Vilaine, II, 461.
Germini (concile), I, 167.
Gersan, diocèse de Troyes, II, 90.
Geurra ou Gorra, dîme, II, 202.
Giblet, autrefois Byblis, en Phénicie, II, 327.
Gigny, abbaye (Jura), I, 161; II, 500.
Gigon, diocèse de St-Malo, II, 142.
Gilli, territoire de Blois, I, 225.
Gilliac, domaine, I, 300.
Gisnes, en Flandre, I, 474.
Gisors (Eure), St-Ouen, I, 396, 397, 398, 399; II, 93, 151, 152, 184, 268; — St-Gervais, II, 98, 151, 152; — St-Ouen, II, 98; — seigneurie, II, 152; — ville, II, 152, 174, 185.
Gitray, en Touraine, I, 192.
Glannefeuille, ou St-Maur-sur-Loire, en Anjou, abbaye, I, 164, 165, 166, 526.
Glonne, monastère, plus tard Saint-Florent-le-Vieil, en Anjou, I, 123, 124, 125, 265, 268, 269, 360, 364; — château, I, 361.
Gondoye, en Poitou, I, 428.
Gordes, abbaye, en Aquitaine, II, 389.
Gorze (Moselle), I, 172; II, 369.

Goth, diocèse de Bazas, II, 160.
Gounort ou Gonnord (Maine-et-Loire), I, 358.
Goupillière (la), seigneurie, II, 562.
Gournay (Seine-Inf.), I, 341.
Graham, en Angleterre, II,
Grandmont, en Limousin, II, 47.
Grand-Pré (Aube), I, 437, 438.
Grange (la), seigneurie, II, 366.
Grange de l'abbé, à Vesli (Eure), II, 385.
Grange-Saint-Martin, métairie, II, 552.
Granville (Manche), II, 282.
Grasse (la), abbaye (Aude), II, 389, 395.
Gréez, seigneurie, entre le Mans et Évron, I, 389.
Grosbois, forêt, I, 451.
Guastalle, en Lombardie, I, 541.
Gué-Enguard, dioc. de Reims, II, 116.
Guenere, diocèse de Coutances, I, 328.

Guèr, dioc. de St-Malo, II, 91, 92.
Guerche (la), prieuré, à Tours, II, 388.
Guesle, dioc. de Bordeaux, II, 48.
Guez, dioc. de Troyes, II, 92.
Guguen, en Bretagne, I, 407, 408.
Guiche, près de Chouzy (Loir-et-Cher), II, 243.
Guller, en Bretagne, II, 130.
Guinemare (Cour de), diocèse d'Orléans, II, 135.
Guingamp (Côtes-du-Nord), Cordeliers, II, 294 ; — Ste-Croix, II, 99 ; — St-Sauveur, II, 104 ; — comté, II, 404 ; ville, II, 294.
Guinière, domaine près de Tours, II, 389.
Guise (Aisne), château, II, 225, 243 ; — duché, II, 370 ; — forêt, I, 482 ; — ville, II, 225.
Guistres, abbaye (Gironde), II, 389.

H

Hainaut (le), I, 473, 474.
Ham, abbaye (Somme), I, 474.
Hambles (Bas-Maine), II, 532.
Hanches (Eure-et-Loir), II, 22.
Hasnon, abbaye (Nord), I, 527.
Haudumière (la), seigneurie, II, 366.
Haut-Villier, Haut-Villers, abbaye (Marne), I, 491 ; II, 71.
Haye-Bodin, terre, II, 279.
Heauville (Manche), prieuré, I, 260, 261, 440, 564 ; II, 175 ; — terre, I, 439, 440.
Hedlaic, prieuré, en Angleterre, I, 395.
Helle, rivière, au delà de la Dordogne, II, 48.
Herbert (ferme d'), à la Chapelle-Guillaume, I, 427.
Hermières, abbaye, II, 499.

Helpefort, Herpeford, en Angleterre, II, 43, 247.
Hetredville, en Normandie, I, 260.
Hibernie, II, 138.
Hildulfi (Villa Montis) ou Hildudel, près la forêt de Gatines, en Touraine, I, 325.
Hiéricho (Palestine), II, 290.
Hildesheim, église, II, 494.
Hogue-Boiville, en Normandie, I, 329, 439.
Hollande, pays, II, 556.
Homets, seigneurie, II, 137, 151.
Hongrie (la), II, 513, 530.
Humblières, Hombières, commune de Beauvilliers (Eure-et-Loir), seigneurie, II, 150, 151 ; — terre, I, 309.
Huriel, baronnie, II, 366, 405.
Husson, Hussée, Houz, prieuré, II, 170,

Mémoires archéologiques, t. XXV. 54

I

Iffendic, Infindic, Hilfindic (Ille-et-Vilaine), St-Pierre, II, 41, 42, 158, 197.
Igny, abbaye, diocèse de Reims, II, 83, 84.
Ile-Barbe, abbaye près de Lyon, I, 79, 80, 81, 129, 130, 131, 207.
Ile-Bouchard (Indre-et-Loire), I, 222, 266, 370, 419, 420, 421, 544, 545; — II, 156, 183, 287.
Illyrie, I, 23, 24, 57, 110.
Indre-et-Loire, administration du département, II, 615, 616.
Iort, église, I, 426.
Ipres, diocèse, I, 474.
Irlande, I, 88, 89, 90, 91, 92, 93, 94, 147.
Issoudun (Indre), I, 485; II, 174.
Issy, près Paris, I, 476.
Italie, I, 2, 19, 24, 39, 51, 53, 57, 72, 89, 110, 122, 124, 213, 215, 219, 299, 357, 367, 455, 459, 464, 541; II, 55, 294, 295, 298, 299, 336, 467.
Ivrée, ville d'Italie, I, 209.
Ivry, église, II, 93, 184.

J

Jacobins, II, 228, 250, 513.
Jam ibi cornant, dépendance du prieuré de Tavent, en Touraine, I, 370.
Jambe, dépendance du prieuré de Ville-Belfort, dans le Blésois, I, 565.
Jarzay, domaine, II, 305.
Jérusalem, église, I, 84, 104; — hôpital St-Jean, II, 276; — commanderies de St-Jean, II, 295; — ville, I, 85, 253, 255, 256, 327, 484, 525, 531; II, 11, 35, 72, 82, 98, 160, 171, 290, 315, 336.
Jésuites, I, 223; II, 496, 497, 498.
Joigny (Yonne), II, 344.
Joinville (Haute-Marne), II, 370.
Joscelin (Morbihan), Notre-Dame, II, 7, 75; — St-Martin, II, 7, 8, 10, 27, 74, 75, 77, 92, 128, 129, 130, 205; — seigneurie, II, 75; — ville, II, 129, 138. *Voir* Château-Joscelin.
Jugon (Côtes-du-Nord), Notre-Dame, II, 13, 74; — château, II, 14; — ville, II, 13, 14; — rivière, 13, 257.
Juignéterie, métairie, II, 564.
Jumiéges (Seine-Inf.), abbaye, I, 368; II, 439, 484; — ville, II, 436, 437, 542.
Jupilles (Sarthe), II, 170.
Juvigné, dioc. d'Avranches, II, 127.
Juvigny, territoire de Troyes, I, 303.

K

Kemper ou Quimper-Corentin, I, 75, 76.

L

Laberlosa, diocèse de Coutances, I, 328.
Lagénie (la), en Irlande, I, 90, 147.
Lamballe (Côtes-du-Nord), St-Martin, II, 74; — prieuré, II, 95, 249; — Lamballe-le-Vieux, I, 473.
Lancé, Lancey, prieuré, près de Vendôme, I, 307; II, 236, 387.
Landennont, en Bretagne, I, 321.
Landes (St-Sauveur-des-) (Ille-et-Vilaine), prieuré, I, 222; II, 92, 234, 555.
Landevenec (Finistère), abbaye, I, 198; II, 388, 432, 459, 529, 560; — église, II, 560.
Landrant, seigneurie, I, 486.
Langeais, en Touraine, I, 54, 311; II, 288.
Langres (Haute-Marne), église, I, 434, 519; II, 57, 207, 208; — ville, II, 242.
Lansain, comté, II, 405.
Lantenac, monastère, dioc. de St-Brieuc, II, 74, 388, 429, 439, 440, 441, 448, 462, 463.
Laon (Aisne), St-Martin, II, 103, 147; — St-Vincent, II, 20, 147; — église, I, 301, 433, 434, 485, 491, 497, 498, 499, 500; II, 19, 20, 56, 63, 103, 147, 147, 167, 471; — ville, II, 147.
Latran, conciles, II, 157, 161, 183, 214, 237; — palais, 20, 70, 164, 205, 233.
Lausanne, en Suisse, I, 170.
Laval (Mayenne), St-Martin, I, 339, 340, 341, 383, 493, 504; II, 104, 168, 590; — comté, I, 339, 340, 341.
Lavardin (Loir-et-Cher), St-Martin, I, 446; II, 78, 108; — seigneurie, II, 78.
Lavaré, terre en Touraine, II, 363, 368.
Lavoir (le), domaine, à Veigné (Indre-et-Loire), I, 224.
Lectoure (Gers), II, 217, 348, 350, 465.
Leddes, prieuré relevant de la Trinité d'York, en Angleterre, I, 395.
Lehon, près de Dinan, en Bretagne, abbaye de St-Magloire, puis prieuré, I, 196; II, 152, 153, 154, 155, 158, 162, 164, 172, 175, 249, 318, 319, 388, 419, 420, 421, 422, à 429, 432, 458, 565; — église paroissiale, II, 565; — église prieurale, II, 458, 565; — ville, II, 152, 421, 422, 432, 433, 457.
Lentiniaco, dépendance du prieuré de Tavent, en Touraine, I, 370.
Léon (St-Pol de) (Finistère), II, 31, 65, 67, 71, 274, 332.
Leons, en Normandie, palais du roi d'Angleterre, I, 396.
Lerins, abbaye (Alpes-Maritimes), I, 90; II, 305.
Leston, prieuré, II, 106.
Levière, prieuré, près d'Angers, II, 386.
Levroux (Indre), I, 33.
Lex, en Bretagne, II, 175.
Liége en Belgique, église, I, 68, 69; II, 68, 69, 87, 88, 167, 462, 495; — village appelé Luis, I, 187.
Ligugé, en Poitou, I, 1, 25, 26, 27.
Lille, (Nord), II, 559.
Limeray (Indre-et-Loire), I, 192; II, 553.
Limoges, St-Augustin, II, 283, 513, 535; — St-Martial, I, 542; — St-Martin, II, 494; — église, I, 127, 485, 542; II, 283, 286; — ville, II, 494.

Limousin (le), I, 127, 149, 494, 541, 542.
Lincoln, en Angleterre, église, I, 394, 395; II, 146, 203, 246, 255, 256, 257, 320.
Liré, Lyré (Maine-et-Loire), abbaye, I, 418, 419; — Notre-Dame, II, 62; — St-Martin, II, 63; — St-Sauveur, II, 61; — paroisse, II, 62; — prieuré, II, 63, 327, 328; — seigneurie, II, 64; — ville, II, 62, 63.
Lisieux (Calvados), église, I, 369, 441, 461, 538, 552; II, 109, 110, 393, 394.
Languedoc, province, II, 395.
Loches en Touraine, château, II, 355; — ville, I, 472, 516; II, 562.
Loges (seigneurie des), I, 315.
Lobodiac, en Bretagne, II, 8.
Loir (le), rivière, I, 509.
Loire (la), fleuve, I, 5, 30, 73, 123, 162, 165, 176, 177, 249, 251, 320, 344, 360, 443, 467, 523, 525, 530; II, 46, 93, 107, 131, 141, 164, 199, 239, 314, 396, 466, 549, 555, 556, 557, 558, 578, 611, 617.
Londres, église, II, 176; — ville, II, 245.
Longaunet, Longaulnay (Ille-et-Vilaine), II, 45.
Lonlai en Basse-Normandie, Notre-Dame, I, 340, 576; II, 140, 306.
Lorich, dans la Norique, I, 122.
Lorraine (congrégation de), II, 432, 435.
Lorraine, province, II, 368.
Lorroux, abbaye, II, 194.

Louroux (Le), Loroux (Indre-et-Loire), prieuré, I, 225; II, 364; — bourg, II, 312; — terre, domaine, II, 200, 328, 357, 363, 368; — étangs, II, 313, 314.
Loudun (Vienne), conciles, I, 563; II, 15, 16.
Louviers (Eure), II, 174.
Louvigni, Louvigné (Sarthe), église, I, 323; II, 20; — prieuré, II, 29, 268.
Louvre (la), lieu, I, 171.
Luco (Église de N.-D. de), en Vendée, I, 496.
Luçon (Vendée), abbaye, I, 329, 330, 332; — église, II, 176, 197, 198, 282, 349, 368, 395, 396, 471; — seigneurie, II, 239.
Lugiacus, Luzé? près de Chinon, I, 229.
Luis, village, supposé Liège, en Touraine, I, 187.
Lunois, église, II, 79.
Luxembourg, abbaye de Notre-Dame, II, 335; — église, II, 337, 361.
Luynes, autrefois Maillé, en Touraine. Voir Maillé.
Lyon, St-Martin d'Ainay, I, 180; II, 189; — église, I, 79, 80, 81, 129, 130, 206, 374, 386, 388, 431, 464, 507, 517, 519, 520, 521, 522, 524, 525; II, 368, 471; — château de Pierre-Encise, II, 355; — conciles, II, 208, 360; — province, II, 389; — ville, II, 241, 242, 246, 247, 223, 539.
Lyré. Voir Liré.
Lys (Le), rivière en Flandre, I, 474.

M

Machecoterie (la), domaine près de Marmoutier, II, 592.
Machecou, Machecoul (Loire-Inf.), II, 24, 433, 485.
Mâcon (Saône-et-Loire), I, 206, 207, 208, 519.

Madeleine (la), prieuré, près de Dinan, II, 560.
Madira, abbaye, en Aquitaine, II, 389.
Madon, château (Loir-et-Cher), II, 348.

Magni, métairie sur la Choisille, près de Tours, I, 187.
Maillé ou Luynes, en Touraine, St-Venant, I, 228, 444; II, 107, 392; — terre au-dessous de la tour, I, 227; — ville, I, 280, 444.
Maillezais, Maillezay (Vendée), abbaye, I, 25, 235, 236, 237, 430; II, 389; — église, I, 270; II, 282, 326, 363, 366; — chronique, I, 205, 206, 248, 363, 450.
Maine (le), II, 377, 494, 526; II, 72, 150; — duché, II, 393, 532; — prieurés, I, 389.
Maine (la), rivière, I, 360.
Maintenon (Eure-et-Loir), Notre-Dame, II, 139, 140, 184, 268; — château, ville et seigneurie, II, 440, 184.
Mairole, dans le Blésois, I, 509.
Maisonfort, seigneurie à Amboise, II, 293.
Maizières, ville, II, 393.
Malepaire, forêt près de Dulestal, en Anjou, I, 487.
Malétroit (Morbihan), prieuré, II, 28; — ville et seigneurie, II, 28, 178.
Maleville, Malevalle, terre en Touraine, I, 195, 346.
Malmesbury, en Angleterre, I, 458.
Manosque (Basses-Alpes), I, 206.
Mans (le), la Couture, Voy. Couture; — St-Julien, I, 536; II, 172; — St-Pierre, I, 237, 450; — St-Vincent, I, 353, 576; II, 54, 55, 481, 525, 583, 584; — église cathédrale, I, 29 à 79, 237, 284, 285, 292, 327, 352, 353, 354, 380 à 389, 426, 445, 449, 450, 468, 487, 504, 505, 507, 514, 546, 520, 535, 536, 563, 575, 576; II, 10, 11, 24, 29 à 36, 54, 65, 72, 73, 99, 100, 101, 104, 112, 141, 146, 148, 164, 170, 172, 178 à 182, 198, 218, 284, 334, 341, 361, 584, 585; — St-Martin, II, 148, 149, 150, 164, 182, 237, 555;
— le Pré, I, 79; II, 544; — chapelle du prieuré, II, 164; — chapelle rue de la Bretonnerie, II, 148; — ville, I, 76, 78, 177, 178, 180, 237, 277, 340, 344, 383, 389, 394, 442, 449, 450, 504, 505; II, 11, 14, 25, 64, 72, 78, 148, 149, 172, 182, 281, 555.
Manteaufroid, Froidmantel, près de Vendôme, I, 509.
Mantes (Seine-et-Oise), prieuré, I, 337, 338; II, 268.
Marcigni (Saône-et-Loire), I, 559; II, 68.
Marcillac, prieuré uni à celui de Ste-Croix de Vitré, I, 260, 338, 416, 417; II, 172; — château, II, 420; — ville, II, 172.
Marganuid, en Irlande, I, 147.
Marieux (Somme), II, 177.
Marnai, seigneurie, II, 132.
Marseille, St-Victor, I, 563; — église, I, 82; II, 357, 433; — ville, I, 113, 537.
Martigni, à Fondettes, près de Tours, I, 313, 314.
Martini, dioc. de St-Malo, II, 14.
Maruer, dioc. d'Amiens, II, 177.
Marulle, église, II, 406.
Mas de Verdun, abbaye, II, 389.
Mauléon, en Poitou, collégiale, I, 429, 430; — seigneurie, II, 197.
Maulevrier, seigneurie, I, 428, 429, 430.
Mauni, restitué à St-Florent, I, 362.
Mauny, terre près Marmoutier, II, 274, 275, 559.
Maves (Loir-et-Cher), II, 173.
Mayenne (Mayenne), St-Martin, I, 342; II, 32; — Notre-Dame, II, 32; — St-Étienne-du-Château, II, 33, 35, 180, 196; — chapelle du château, II, 33, 34, 35, 171, 180; — ville, II, 33, 36, 105, 171, 180, 196, 341, 342; — prieuré au delà de la rivière, II, 38; — chapelle de Lacé, II, 35.

Meaux (Seine-et-Marne), St-Faron, II, 65. 360, 465, 469, 514, 515, 580, 542 ; — Ste-Ciline, I, 477, 478 ; — église épiscopale, I, 433, 434, 435, 437, 475, 478, 479, 480 ; II, 159, 258, 284, 503.
Medie (la), en Irlande, I, 91, 147.
Meimac, abbaye, diocèse de Limoges, II, 286, 287, 288.
Membrolle (la), près de Tours, I, 315, 316.
Mende (Lozère), I, 198.
Mentenai, diocèse d'Amiens, N.-D.-du-Château, II, 21, 22, 176, 213, 251, 257 ; — église du château, II, 21, 22 ; — château et seigneurie, II, 21.
Mercuriolus, Mercuriol, près de Villandry, en Touraine, I, 279, 532.
Mérésente, Mersante, village, commune de St-Hilaire-sur-Hierre (Eure-et-Loir), I, 309.
Méréville, seigneurie, II, 144.
Meri, seigneurie, II, 137.
Meslan (Fontaine-), (Loir-et-Cher), II, 254.
Meslay, à Parçay, près de Marmoutier, bourg, II, 197, 249, 358 ; — grange et colombier, II, 200, 566.
Meslay-le-Vidame (Eure-et-Loir), église en la cour du château, II, 553 ; — comté, II, 553.
Mesnil-la-Comtesse (Aube), St-Laurent, II, 92 ; — St-Nabor, II, 92 ; — domaine, II, 171.
Metz, église, II, 2. 368, 514 ; — ville, I, 185, 462.
Meulant, prieuré, II, 86, 538.
Meun, en Berry, I, 564.
Meun, diocèse d'Orléans, I, 181.
Mieriac, en Bretagne, II, 28.
Milan, I, 19, 23, 24, 56, 57, 60, 73 ; — monastère, I, 10 ; — duché, II, 365, 377.
Millencourt (Somme), II, 128.

Milletière (la), métairie en Touraine, II, 558.
Miniac (Ille-et-Vilaine), II, 40, 77.
Missiadolens, place forte, I, 194.
Missionnaires, II, 516, 517, 518, 519, 520.
Missions étrangères, séminaire, II, 555.
Moissac, en Auvergne, I, 274.
Molarias, domaine, I, 295.
Molesme (Côtes-d'Or), II, 393, 394.
Moloch, diocèse de Vannes, II, 27.
Monceau, près de Vendôme, I, 307.
Mondoubleau (Loir-et-Cher), II, 288.
Monnaie (Ind.-et-Loire), II, 562.
Mons Modestus, I, 259.
Montsorel ou Montsoreau, en Anjou, I, 421.
Monstorrin, dioc. de St-Malo, II, 75.
Mont-Adam, lieu, I, 286.
Montabon (Sarthe), II, 101.
Montaigu (Vendée), II, 176, 233.
Montan, à Nazelles (Indre-et-Loire), II, 551, 553.
Montasnel (Manche), I, 492.
Montbazon, en Touraine, I, 67 ; II, 2.
Mont-Boon, seigneurie, I, 427.
Montbourg, abbaye, diocèse de Constance, II, 354.
Mont-Cassin (Italie), abbaye, I, 349, 526 ; II, 10 ; — congrégation, II, 435.
Monteaux (Loir-et-Cher), I, 530 ; II, 134.
Montfort (Ille-et-Vilaine), St-Jacques, II, 162 ; — ville et seigneurie, II, 41, 42, 130, 197.
Montgomeri (Calvados), I, 390, 495.
Mont-Hidulfe, I, 326, 327, 354.
Montier-en-Der (Haute-Marne), II, 371.
Montierneuf, à Poitiers, I, 430, 452.

Montigné, Montigny-le-Gancelon (Eure-et-Loir), prieuré de St-Gilles réuni à celui de Louvigné, II, 29, 147, 148; — château et seigneurie, II, 147; — château et ville, I, 363, 364; II, 148, 475.
Montilier (Maine-et-Loire), I, 270.
Montils (les), près de Tours, II, 337.
Montjean (Maine-et-Loire), I, 295, 338, 360; II, 189, 257.
Mont Jura (le), I, 299.
Montlhéry (Seine-et-Oise), II, 276.
Montlouis, en Touraine, I, 66; II, 9.
Mont-Louvel, prieuré, II, 230.
Montmircl ou Montmirail (Sarthe), I, 427.
Mentoire (Loir-et-Cher), II, 29, 49.
Montolieu, abbaye (Aude), II, 389.
Montreau, ville, I, 198.
Montrelai, diocèse de Léon, II, 67, 71.
Montrésor (Indre-et-Loire), II, 407.
Montreuil, ville, II, 92.
Montreuil-Bellay (Maine-et-Loire), ville, II, 48; — tour, II, 142.
Montreuil-sur-Mer (Pas-de-Calais), Ste-Anne, I, 198; — ville et seigneurie, I, 198, 473, 474; II, 175.
Montrichard (Loir-et-Cher), I, 54.
Mont-St-Martin, coteau à Châtillon-sur-Marne, II, 84.
Mont-St-Michel (Manche), monastère, I, 6, 259, 328; II, 395, 530, 537.
Morée, autrefois Francheville, près de Vendôme, I, 509, 510, 512, 559; II, 56, 195.
Morigny, abbaye, diocèse de Sens, II, 114.
Morimond, abbaye, diocèse de Langres, II, 57, 58.
Mortagne, en Vendée, I, 428, 429.
Mortain (Manche), prieuré, I, 439, 440, 441, 442; II, 127, 204, 248; — St-Evroul, I, 440, 441.
Mortria, seigneurie, I, 427.
Motte (la), château, II, 552.
Mousom, abbaye, II, 71.
Moutiers, en Vendée, I, 331.
Moutiers-la-Celle, à Troyes, I, 300; II, 29.
Moutiers-Saint-Jean, I, 214; II, 485.
Mulion, rivière, I, 486.
Murus, aujourd'hui Murs, village sur le bord de la Loire, en Anjou, I, 123.

N

Nantes, église, I, 123, 171, 189, 259, 269, 317, à 325, 401, 402, 403, 417, 418, 443, 494, 528, 529, 536, 538; II, 2, 4, 15, 16, 18, 20, 24, 25, 29, 32, 49, 61, 92, 95, 99, 160, 162, 311, 371, 485, 563; — St-Pierre, I, 443; — St-Saturnin, II, 18; — Ste-Radégonde, I, 444, 528; II, 20; — Ste-Croix, II, 17, 18, 20, 293; — château, II, 548; — comté, I, 320, 322, 443; II, 18, 19, 73; — conciles, I, 415; II, 38; — ville, I, 177, 319, 322, 408, 417, 443, 528, 529; II, 16, 17, 520, 527, 550.
Naples, I, 306; II, 231.
Narbonne (Aude), église, I, 519; II, 326, 368, 369, 395, 413, 431, 448; — ville, I, 113; II, 382, 389.
Narni, en Italie, II, 295.
Navarre, royaume, II, 316, 465.
Nazelles (Indre-et-Loire), II, 551, 553.
Négrepont, église, II, 359, 364, 368.

Négron (Indre-et-Loire), II, 550; — Dîmes, II, 9, — seigneurie, II, 551, 554; — bourg, II, 129.
Neuilly-le-Lierre (Indre-et-Loire), II, 562.
Neuport, Newport-Paynel, ou Tickefort, prieuré, en Angleterre, dioc. de Lincoln, II, 125, 203, 204, 246, 255.
Neustrie (la), I, 177.
Neuville, près de Châteaurenault, en Touraine, I, 563.
Neuville, au diocèse de Chartres, I, 334.
Neuvy (Marne), II, 48.
Nevers, I, 179, 485.
Nicée (concile de), I, 547.
Niepeglise, Nierpéglise, ou Niepkerke, au diocèse d'Ipres, St-Martin, I, 473, 474; II, 553.
Nîmes (conciles), I, 44, 526.
Nivernois, province, II, 369.
Noër, domaine, II, 188.
Nogent, en Nivernois, II, 869.
Nogent, abbaye de St-Denys, dépendance de celle de St-Pierre de Chartres, I, 549.
Nogent, église de St-Martin, sur la rivière d'Andeli, II, 47.
Nogent-sous-Couci, abbaye, I, 452, 453, 488, 546; II, 20, 539.
Nole (Italie), abbaye de St-Félix, I, 103; — église, I, 36, 54, 56, 58, 95, 104; — ville, I, 36, 54, 95, 103, 104, 107.
Noncelle, en Angleterre, II, 43.

Normandie, duché et province, I, 66, 175, 258, 261, 324, 328, 329, 349, 365, 367, 383, 390, 396, 398, 399, 400, 439, 460, 461, 484, 491, 501, 538, 564, 576; II, 112, 118, 138, 224, 282, 537; — abbayes, I, 553.
Noseur, abbaye en Irlande, I, 147.
Norwége (la), I, 175.
Notre-Dame, en Touraine, I, 247.
Notre-Dame-de-Bucelle, I, 241.
Notre-Dame-des-Champs, près de Paris, I, 226, 475, 476, 477, 500; II, 107, 245, 248, 259, 268, 284, 306, 325, 332, 411, 548, 550, 554.
Notre-Dame-la-Royale, monastère, dioc. de Rennes, II, 234.
Notonville, prieuré (Eure-et-Loir), I, 424, 425, 453, 454, 508; II, 106, 268, 467.
Notuelle, en Angleterre, II, 247.
Nouâtre, en Touraine, I, 343.
Noun, village, II, 491.
Novare (église de), I, 24.
Nouzilly, Nouzillé en Touraine, I, 275; II, 566.
Noyers, près de Nouâtre, en Touraine, abbaye, I, 257, 258, 503, 543, 544, 545; II, 18, 42, 134, 585.
Noyers, comté, I, 184.
Noyon (Oise), St-Éloi, II, 300, 308, 529; — église, I, 27, 117, 302, 485, 491; II, 494; — ville, I, 27, 168.

O

Œuf (Pas-de-Calais), II, 189, 190, 191, 192.
Oiselle, lieu communément appelé l'île de Bedasne, en Normandie, I, 439.
Oléron, Oloron (Basses-Pyrénées), I, 485.

Onzain (Loir-et-Cher), II, 384.
Oratoriens (les), II, 470, 516.
Orcaire, domaine, I, 332.
Orchèze (Loir-et-Cher), église, I, 304, 335; — prieuré, II, 195, 254.
Ording, I, 193.

Orignac, moulin, I, 377.
Orléans, Ste-Croix, I, 181, 189, 383, 462, 485, 516, 518, 554; II, 102, 103, 135, 144, 158, 159, 164, 222, 374, 453; — St-Pierre-le-Puellier, II, 135, 332, 453, 588; — Bonne-Nouvelle, I, 419; II, 135, 156, 158, 164, 384, 498, 542; — séminaire, II, 550; — université, II, 338; — ville, I, 174, 176, 178, 189, 198, 277, 335, 516; II, 102, 128, 254, 393, 448, 452, 454, 455, 459, 530, 564; — St-Mesmin, I, 171; II, 128.
Ormes (les) (Vienne), II, 566.
Orte, en Italie, II, 295.
Orviète, en Italie, II, 203, 239, 241, 246, 251, 252, 255.
Ostie, en Italie, église, I, 464, 539, 547; II, 31, 114, 214.
Oux, comté, I, 442.
Oxford, en Angleterre, II, 146, 232, 245; — ville, II, 140.
Oye ou Yeu (île d') (Vendée), églises, I, 331, 528; II, 6, 7.

P

Pain-Cuit, au diocèse de Chartres, I, 334.
Pampelune, église, II, 349.
Pannonie (la), I, 11, 23, 29, 133.
Parçay, en Bretagne, II, 28.
Parçay-Meslay, en Touraine, II, 567, 570.
Parçay-sur-Vienne, en Touraine, I, 225.
Paris, église, I, 225, 226, 316, 317, 383, 437, 462, 475, 480, 485; II, 145, 146, 154, 155, 159, 173, 177, 222, 258, 284, 326, 354, 462; — Mathurins, II, 363; — St-Étienne-du-Mont, I, 225; — St-Martin-du-Mont, I, 325; — St-Jean-en-Grève, St-Nicolas-des-Champs, II, 453; — St-Victor, II, 99, 100; — abbayes : St-Denis, *Voy.* St-Denis; — Ste-Geneviève, I, 225; II, 159; — St-Germain-des-Prés, I, 345, 346; II, 152, 154, 270, 290, 315, 331, 332, 481, 507, 511, 535, 542; — St-Magloire, I, 499; II, 24, 152, 153, 155, 162, 172, 354, 388, 389, 499, 500, 545; — St-André-des-Arts, II, 507; — Sainte-Chapelle, II, 334, 354; — chapelle de la Ste-Vierge et oratoire consacré à saint Martin, II, 271, 272, 273; — carmélites, II, 548; — N.-D.-des-Champs, I, 475, 476, 477, 500; II, 107, 245, 248, 284, 306, 325, 332, 414, 548, 550, 551; — Jacobins, II, 506; — Oratoriens, II, 470; — collège de St-Martin-du-Mont, puis du Plessis, dit de Marmoutier, II, 270, 271 à 274, 279, 306, 332, 369, 386, 392, 414, 418, 442, 451, 453, 454, 467, 476, 477, 479, 482, 496, 497, 498, 482; — collège des Bernardins, II, 442, 454; — St-Barthélemy, I, 198, 499; II, 152; — université, II, 268, 270 à 273, 275, 308, 332, 497; — Val-de-Grâce, religieuses, II, 506; — Louvre, II, 571; — Sorbonne, II, 343, 363, 395, 498, 512; — concile, I, 462; — peste, II, 386; — ville, I, 36, 70, 76, 176, 197, 198, 475, 476, 477, 500; II, 24, 106, 152, 153, 172, 191, 255, 257, 259, 271, 273, 279, 313, 332, 339, 349, 394, 396, 410, 411, 418, 432, 433, 435, 438, 439, 443, 453, 457, 459, 470, 474, 475, 478, 479, 486, 497, 498, 500, 506, 514, 538, 539, 568, 569, 572, 576, 630.
Parme, en Italie, II, 216.
Pasnagerias, Pasnager, dans le Blésois, I, 206, 312.
Pasnerias, domaine, I, 280.

Mémoires archéologiques, t. xxv.

Paulmier, I, 487; II, 94.
Pavie, en Italie, I, 42, 170.
Pèlerin (N.-D.-du-) (Loir-Inf.), I, 324, 349; II, 24.
Penevesel, en Angleterre, I, 442.
Perche (le), II, 481.
Periac, domaine, I, 509.
Périgueux, II, 99.
Pérouse, en Italie, II, 203, 295.
Perrières (Calvados), I, 501; — St-Vigor, I, 425, 426, 484, 501; II, 333, 425, 426.
Petit-Couleurs, domaine, II, 552.
Petret, en Vendée, I, 496.
Petroniacus, Pernay, en Touraine, I, 532.
Pevensé, comté de Suthsex, Angleterre, I, 391.
Phénicie (la), II, 327.
Pidel, comté de Dorsète, Angleterre, I, 441, 442.
Pierre-Encise, château, à Lyon, II, 355.
Pierrefont (Oise), église, I, 481, 482; — prieuré de St-Sulpice, I, 480, 481, 482, 554; — ville et seigneurie, II, 144.
Pile (Saint-Denis de la) (Gironde), II, 48, 257.
Pin (église du), près de Bellesme, I, 287.
Piret, village, territoire de Vierzon, II, 23.
Pise, en Italie, église, I, 89; — conciles, II, 312, 360; — ville, II, 86, 295.
Plaisance, en Italie, I, 170.
Plessis (le), seigneurie, II, 134.
Plessis-aux-Moines, prieuré près de Bourgueil, II, 363, 367.
Plessis-lès-Tours, près de Tours, II, 334, 340, 341, 342, 343, 344.
Ploarsnos, en Bretagne, II, 91.
Ploasno. Voir St-Brieuc.
Plogonius, en Bretagne, I, 538.
Plouene, en Bretagne, II, 92.
Pô (le), fleuve, I, 541.

Podrohoit, diocèse de St-Malo, II, 41.
Poillé, domaine, II, 83.
Poissy (Seine-et-Oise), II, 371.
Poitiers, Ste-Croix, abbaye, I, 270; — St-Cyprien, abbaye, I, 429, 430, 452; II, 6, 7, 283; — St-Hilaire, cathédrale, I, 21, 23, 25, 27, 58, 73, 123, 269, 277, 329, 330, 331, 332, 333, 348, 358, 387, 401, 428, 429, 430, 496, 497, 528, 556, 562, 563; II, 5, 6, 32, 133, 146, 194, 197, 198, 234, 245, 282, 288, 390, 496, 497, 521, 555; — Notre-Dame, II, 6; — collége des Jésuites, I, 25; — comté, II, 227, 228; — conciles, I, 388, 464, 573; II, 10, 11; — ville, I, 1, 10, 19, 22, 25, 429, 430, 452; II, 30; — bataille, II, 288.
Poitou, province, I, 123, 161, 174, 269, 270, 343, 428, 431, 432, 450, 528; II, 161, 265, 267.
Poivrerie, église, I, 507.
Pomenaldo, domaine, I, 400.
Pommeraye (la), (Maine-et-Loire), I, 338.
Pondigeoul, Pontijou, commune de Maves (Loir-et-Cher), II, 173.
Pons, prieuré (Charente-Inf.), I, 358.
Pont-à-Mousson (Meurthe), II, 374.
Pont-de-Ruan, en Touraine, I, 67.
Pontchâteau (Loire-Inf.), prieuré, I, 322, 528, 529; II, 325, 327, 330, 508, 592, 593; — ville et seigneurie, I, 529, 538; II, 24.
Ponthieu, comté, I, 474, 571, 572, 576.
Pontigny, abbaye (Yonne), II, 82, 167, 168.
Pontlevoy, abbaye (Loir-et-Cher), I, 268, 327, 402, 403; II, 299, 437, 582, 586.
Pontoise (Seine-et-Oise), abbaye de St-Martin, I, 229, 432, 433; — Jésuites, II, 414.

Pontrond, prieuré, diocèse de Bourges, I, 485.
Ponts-de-Cé (Maine-et-Loire), II, 154.
Porcien, comté, II, 260.
Poretem Dominæ, domaine, I, 400.
Porrochet, vicomté, II, 8.
Porrohet (Mihiac de), II, 40, 74, 77, 280.
Porte (la), domaine, II, 189.
Porto, en Italie, II, 252.
Pouencé, Poencé (Maine-et-Loire), Notre-Dame, I, 507; II, 325; — prieurés des environs, I, 418; — seigneurie, I, 417, 418, 507; II, 282; — ville, I, 338.
Pouille (la), en Italie, II, 35.
Poutières, abbaye, diocèse de Troyes, II, 29.
Pray (Loir-et-Cher), II, 551.
Pré (le), monastère, au Mans, I, 79; II, 541.
Préaux, abbaye, diocèse de Lisieux, I, 461.
Prémontré, abbaye (Aisne), II, 259, 472.
Preneste, en Italie, II, 222.
Preuilly, abbaye, diocèse de Tours, II, 337; — seigneurie, I, 379; — ville, I, 271.
Prinsai, en Poitou, I, 381.
Prison Tullienne, à Rome, II, 226, 227.
Provence (la), I, 206.
Provenquer, paroisse, II, 24.
Prumiliac, monastère, I, 120.
Puis (le), seigneurie, II, 285, 287, 288, 289, 290, 291, 292.
Puis ou Puy (Notre-Dame-du-), I, 211; II, 464.
Puiset (le), (Eure-et-Loir), St-Martin, I, 508; — prieuré, II, 144; — comté, II, 70; — seigneurie, I, 424, 452, 453, 454, 456, 501, 503, 507, 536.
Puits (N.-D. du), en Normandie, I, 400.
Pusarles, forêt, II, 18.
Putenti de Pomerio, en l'île de Guenere, diocèse de Coutances, I, 328.
Puy (le), (Hte-Loire), I, 211; II, 464.
Puy (le), diocèse de Bourges, I, 484.
Puy-de-Gord, église de St-Georges, II, 39.

Q

Quebec (Canada), II, 539.
Querdin, en Bretagne, II, 27.
Quetteville (Calvados), I, 260.
Quimper, église, I, 75, 76, 498; II, 28, 130, 161, 432, 469, 548, 590; — ville, II, 433.
Quimperlé (Finistère), abbaye de Ste-Croix, I, 494; II, 388, 464.
Quinci, abbaye, en Poitou, I, 555, 556.
Quinquefort, en Angleterre, I, 395.
Quinquiers, prieuré, diocèse de Luçon, II, 189, 176, 177, 189, 197.

R

Raacon, forêt (Rasson, commune de Chouzy, Loir-et-Cher ?), II, 254.
Rais, ou Retz (St-Pierre-de-), église, en Bretagne, près Ste-Opportune, I, 321; — seigneurie, II, 311, 312.
Rameru (Aube), prieuré de Notre-Dame, I, 433, 436, 437, 438; II, 90, 92, 98, 134; —

église de N.-D., II, 134 ; — comté, seigneurie et ville, I, 435 à 438 ; II, 90, 98, 134, 171.
Raret, forêt, I, 424.
Ratisbonne, ville, I, 317.
Ravenne, en Italie, I, 219.
Réau (la), ou Notre-Dame-la-Royale, paroisse de Romaigni (Ille-et-Vilaine), II, 234.
Rebais (Seine-et-Marne), abbaye, I, 480 ; II, 88.
Récollets de Tours, II, 550.
Redeswel, en Angleterre, II, 176.
Redon (Ille-et-Vilaine), abbaye de St-Sauveur, I, 259, 317, 319, 320, 400, 401, 402, 403, 404, 445, 446, 447 ; II, 8, 38, 130, 162, 218, 229, 270, 331, 386, 388, 410, 433, 434, 435, 448, 459, 463, 464, 514, 524, 530, 536, 544 ; — ville, II, 429, 433, 537.
Regni, domaine, I, 307.
Reims (Marne), St-Denis, II, 135 ; — St-Remi, I, 494, 545, 546, 547, 548, 569 ; II, 71, 334, 371, 485, 523, 524 ; — St-Maurice, I, 223 ; II, 21, 48, 71, 98, 116, 134 ; — église collégiale, I, 219, 220, 223, 269, 301, 302, 352, 380, 404, 436, 460, 473, 490, 539, 546, 547, 571, 572, 573 ; II, 43, 48, 71, 72, 83, 84, 85, 98, 101, 103, 116, 134, 146, 190, 191, 205, 279, 280, 284, 349, 368, 370, 430 ; — assemblée des abbés, I, 220 ; — conciles, I, 317, 491, 546, 552, 553, 571 ; II, 40, 79, 101, 371 ; — université, II, 371 ; — ville I, 37, 223, 538, 539, 569, 573 ; II, 84, 88, 117, 134, 370, 371, 401, 443, 523 ; — province, II, 270.
Rennes, St-Cyr, I, 275 ; — St-Melaine, I, 318, 359 ; II, 8, 121, 162, 386, 388, 485, 510, 514, 515, 524, 532, 537, 544, 585 ; — abbayes du diocèse, I, 258 ; — collège des Jésuites, II, 544 ; — séminaire, II, 555 ; — église collégiale, I, 259,
260, 262, 270, 322, 323, 336, 387, 413, 415, 416, 535, 536, 562, 566, 567 ; II, 8, 10, 14, 16, 20, 46, 72, 75, 76, 79, 92, 99, 101, 106, 119, 120, 121, 162, 174, 178, 215, 234, 248, 437, 461, 515 ; — chapitre de St-Pierre, I, 413 ; — ville, I, 120, 121, 239, 259, 275, 414 ; II, 285, 312, 324, 356, 433, 511, 514, 517, 560, 592.
Renti, Renty, prieuré, II, 267, 501.
Réole (la), abbaye (Gironde), II, 389.
Réole (la), en Béarn, abbaye, II, 389.
Réole (la), en Bigorre, abbaye, II, 389.
Réole (la), monastère, II, 433.
Retz. Voir Rais.
Rhegio, en Calabre, I, 524, 525, 538, 539, 540.
Rhetel-Mazarin, ville, II, 568.
Richemont, comté, II, 257, 312, 326.
Rieux (Haute-Garonne), II, 413.
Riez, en Provence, I, 206.
Rillé (Indre-et-Loire), prieuré de St-Loup, I, 378, 379, 380 ; II, 39, 82, 392 ; — bourg et seigneurie, I, 531 ; II, 39, 82.
Riou, manoir, II, 266.
Rive-Profonde, moulin, II, 160.
Rivière, près de Chinon, en Touraine, prieuré, I, 419, 420, 421, 422 ; II, 26, 27, 554 ; — seigneurie, II, 26.
Roche-sur-Yon (Vendée), prieuré de St-Léonius, ou St-Lienne, I, 380, 495, 496, 497, 528 ; II, 194, 198, 233, 234, 317, 319, 327, 328 ; — chapelle du château, II, 194 ; — ville et seigneurie, II, 194, 198, 233, 234.
Rochefort, comté, II, 23.
Rochefort (Maine-et-Loire), I, 443.
Rochefoucaud (la), (Charente), prieuré, I, 358 ; II, 266.
Rochelle (la), (Char.-Inf.), I, 428.
Rochelle, seigneurie près de Bellesme, I, 495.

Rochemicourt, domaine, II, 98.
Roches, Rochecorbon, près Tours, seigneurie, I, 195, 243, 249, 275, 313, 525, 530, 568; II, 9, 46, 179, 188, 197, 214, 218; — bourg, II, 188, 277, 278.
Rochet, terre près de Belesme, I, 285, 286.
Rochettes, domaine près Marmoutier, II, 270.
Roffangose, domaine, I, 246.
Rohan (Morbihan), II, 27.
Romaigni, Romagni (Ille-et-Vilaine), II, 92, 234.
Rome, St-Pierre, I, 213; II, 297; — Ste-Cécile, I, 172; — Ste-Trinité-du-Mont, II, 345; — St-Paul, I, 347; — prison Tullienne, II, 226, 227; — conciles, I, 317, 403, 460, 464, 465; — ville, I, 18, 24, 53, 57, 66, 72, 86, 90, 91, 110, 111, 172, 173, 209, 212, 214, 219, 236, 275, 314, 384, 390, 401, 402, 414, 416, 423, 460, 494, 507, 515, 516, 547, 539, 540, 550; II, 4, 10, 30, 69, 100, 109, 168, 230, 259, 294, 296, 297, 298, 321, 325, 326, 327, 335, 336, 345, 347, 349, 364, 369, 370, 371, 378, 393, 394, 401, 406, 413, 438, 469, 556, 562. — Voir Latran.
Rosiers, bourg, II, 292.
Rosni (Seine-et-Oise), I, 305.
Rotomage, sans doute la Roue, ou St-Antoine-du-Rocher, ou Pont-de-Ruan, I, 67.
Rotumchamp, diocèse de Besançon, II, 527.
Roue (la), village, près de Neuillé-Pont-Pierre, en Touraine, I, 67.
Rouen, Bonne-Nouvelle, II, 539; — St-Ouen, I, 396; II, 98, 282, 499; — collége des Jésuites, II, 553; — clergé, I, 396; — concile, I, 463, 464; — église, I, 51, 52, 75, 135, 137, 396, 397, 426, 432, 441, 463, 464, 495, 552; II, 32, 47, 64, 66, 98, 106, 137, 138, 152, 221, 222, 284, 341, 350, 395, 412, 413, 465; — ville, I, 51, 484; II, 47, 270, 465, 544.
Rouennais, province, II, 284.
Roussi, Rouci (Aisne), St-Nicolas, II, 19, 20, 21, 56, 63, 103, 117, 433, 434, 436, 498, 499; — St-Remy, I, 499; — comté, I, 433, 435, 436, 498, 499; II, 98, 103, 117; — ville, II, 117.
Roye (Somme), I, 125.
Ruel (Seine-et-Oise), II, 497.
Rufinti Rivo (église de), II, 68.
Ruis (St-Gildas-de-), abbaye, (Morbihan) II, 388, 529.
Rusci, Roussi, village, près Vendôme, I, 291, 350.
Rustan, abbaye de Saint-Sévère, en Aquitaine, II, 389.

S

Saball, près de Doun, en Irlande, I, 91, 93, 94.
Sabarie, ville de Pannonie, aujourd'hui Stain, I, 11, 12.
Sablé (Sarthe), église collégiale, I, 343, 364, 377, 382, 383, 384, 385, 389, 504, 505, 531; II, 499, 325, 506, 566.
Sacé (Manche), I, 491, 492.
St-Aaron, abbaye au diocèse de St-Brieuc, II, 95, 96.
St-Acheul, monastère près d'Amiens, I, 571; II, 128.
St-Aignan de Montabon, près Château-du-Loir, II, 101.
St-Amand, abbaye, (Nord), I, 527; II, 349.
St-Amand de Boisse, en Angoumois, II, 378.

St-André, abbaye, (Eure), II, 71.
St-André-des-Arts, à Paris, II, 507.
St André *de Putenti pomerio*, en l'île de Guenère, diocèse de Coutances, I, 328.
St-André de Vienne, II, 389.
St-Antoine-du-Rocher, en Touraine, I, 67.
St-Aubin, prieuré, près de Beaumont, dans le Maine, II, 150.
St-Aubin. *Voir* Angers.
St-Augustin. *Voir* Limoges.
St-Avit (Eure-et-Loir), II, 23.
St-Barthélemy et St-Léonard, *Voir* Chemillé.
St-Barthélemy, près de Marmoutier, I, 32, 185, 225, 243, 248, 363; II, 558, 561.
St-Barthélemy de Paris, paroisse, I, 198, 499; II, 152.
St-Basle, abbaye à Verzy (Marne), I, 491, 547; II, 48, 71.
St-Bénigne. *Voir* Dijon.
St-Benoît-sur-Loire ou de Fleury, diocèse d'Orléans, abbaye, I, 167, 178, 205, 220, 224, 225, 254, 491, 551; II, 114, 300, 301, 386, 387, 388, 475, 499, 524, 527, 529, 542, 543, 582.
St-Benoît-du-Sault, (Indre), II, 389.
St-Brice, seigneurie, II, 290.
St-Brice de Cogleys (Ille-et-Vilaine), I, 270.
St-Brieuc (Côtes-du-Nord), II, 105.
St-Brieuc de Ploasno, au diocèse de St-Malo, I, 473; II, 43, 45, 74, 95, 115, 146, 158, 580.
St-Calais, abbaye, à Blois, I, 559.
St-Calais, abbaye (Sarthe), I, 399, 452, 457, 504, 536.
St-Célerin (Sarthe), prieuré, I, 426, 427, 428, 487.
St-Chéron (Eure-et-Loir), II, 405.
St-Chignan (Hérault), II, 389.
St-Christophe, en Touraine, I, 379.

St-Ciltronius, I, 270.
St-Clément, à Tours, I, 186; II, 442.
St-Clémentin (Deux-Sèvres), I, 270.
St-Cloud, seigneurie, II, 155.
St-Côme-lès-Tours, I, 229, 432, 466, 467, 468, 469; II, 183, 289.
St-Corentin, près de Mende, I, 198.
St-Corneille. *Voir* Compiègne.
St-Cyprien. *Voir* Poitiers.
St-Cyr, église, près de Vendôme, I, 230.
St-Cyr. *Voir* Bouère, II, 566.
St-Cyr, seigneurie, II, 293.
St-Cyr, à Rennes, I, 275.
St-Denis, abbaye, près de Paris, I, 128, 188, 193, 215, 376; II, 71, 103, 174, 258, 259, 326, 371, 388, 389, 404, 478, 494, 540, 585; — ville, II, 371, 413, 539.
St-Denys. *Voir* Amiens, Nogent, Reims, Vincennes.
St-Denis-de-la-Pile (Gironde), II, 48, 257.
St-Éloy. *Voir* Angers, Noyon.
St-Épain, en Touraine, I, 411.
St-Esicius. *Voir* la Celle-en-Berry.
St-Étienne, en Italie, I, 540.
St-Étienne. *Voir* Angers, Caen, Chemillé, Mayenne, Paris, Troyes.
St-Étienne-du-Mont, église, près de Ste-Geneviève, à Paris, I, 225.
St-Evroul (Orne), I, 368, 369, 552; II, 220.
St-Evroul de Mortain, I, 440, 441.
St-Exupère de Gahard, abbaye, (Ille-et-Vilaine), I, 258.
St-Faron. *Voyez* Meaux.
St-Félix, monastère, près de Nole, I, 103.
St-Florent-le-Vieil, I, 123, 124, 254, 265; II, 266, 367.
St-Florent de Saumur, abbaye, I, 125, 204, 254, 255, 256, 257, 263 à 268.

St-Florent, abbaye, près de Saumur, I, 260, 270, 271, 274, 327, 328, 333, 352, 356, 357, 358, 359, 360, 361, 362, 363, 401, 402, 414, 507, 520, 536, 562; II, 265, 266, 281, 282, 286, 287, 288, 290, 292, 362, 395, 412, 465, 529, 560, 581, 584, 589.
St-Flour (Cantal), II, 292, 298, 315.
St-Fuscien, près d'Amiens, II, 108, 109, 111.
St-Gal, abbaye, en Suisse, I, 167.
St-Gatien. *Voir* Tours.
St-Genou (Indre), II, 389.
St-Georges, près de Marmoutier, II, 275.
St-Georges. *Voir* Behon, Bohon, Dangeau, Guesle, Puy-de-Gord, Vendôme.
St-Georges-au-Bois, près de Montoire, II, 29, 30.
St-Germain, près de Daumeray (Anjou), I, 294.
St-Germain, prieuré, I, 549.
St-Germain, marquisat, II, 562.
St-Germain. *Voir* Auxerre, Paris, Prinsay, Villepreux.
St-Germain-en-Laye, ville, II, 369.
St-Germer (Oise), I, 398.
St-Gervais. *Voyez* Chuine, Gisors, le Plessis-aux-Moines, Ver.
St-Gildas, abbaye, II, 130.
St-Gildas-de-Ruis (Morbihan), II, 388, 529.
St-Gildas-des-Bois (Loire-Inf.), 388, 585.
St-Gildério, près de Vendôme, I, 305, 306; II, 181.
St-Gilles (Gard), I, 501.
St-Gilles de Montigné, diocèse de Chartres, II, 147, 148.
St-Gilles, près Mantes, I, 337.
St-Gilles-du-Verger (St-Éloi), prieuré, à Angers, II, 106, 325, 332.
St-Gilles. *Voir* Villepreux.
St-Guingalois. *Voir* Châteaudu-Loir, et de plus, II, 214, 361, 365.

St-Haubin, abbaye, en Aquitaine, II, 389.
St-Hilaire d'Hussée ou d'Husson, église, II, 170.
St-Hilaire de Poitiers, I, 496.
St-Hilaire d'Ansiaci, prieuré, dépendance de Bourgueil, I, 241.
St-Hilaire de Furci, dépendance de Bourgueil, I, 241.
St-Hilaire-sur-Hière (Eure-et-Loir), I, 267, 315, 364, 446; II, 10, 175.
St-Hilaire du Harcol ou Harcouet (Manche), I, 491.
St-Hilaire, près la Roche-sur-Yon, I, 496.
St-Hilaire, près Saumur, I, 267.
St-Hilaire, abbaye en la province de Toulouse, II, 389.
St-Hippolyte de Vivoin (Sarthe), I, 383.
St-Jacques en Galice, I, 497.
St-Jacques de Jaillifer, au diocèse de Meaux, I, 479.
St-Jacques de Montfort (Ille-et-Vilaine), II, 162.
St-Jacut (Morbihan), I, 259; II, 75, 79, 307, 437, 585.
St-Jean d'Angely (Charente-Inf.), II, 193, 389, 427, 527.
St-Jean, à Amiens, II, 128.
St-Jean de Châteauceaux, II, 160.
St-Jean l'Évangéliste-des-Fontaines (diocèse de Poitiers), I, 329, 330.
St-Jean-en-Grève, à Paris, II, 453.
St-Jean de Jérusalem (commanderies de), II, 276, 295.
St-Jean-en-Vallée, à Chartres, II, 71, 82, 405.
St-Jean de Florin, II, 166.
St-Josse, église, II, 175.
St-Jouin (Deux-Sèvres), I, 562.
St-Julien. *Voir* Beauvais, le Mans.
St-Julien de Tours, abbaye, I, 195, 205, 231, 235 à 239, 251, 257, 258, 263, 270, 273 à 275, 486, 553, 558; II, 3, 189, 324, 336, 338, 365, 403, 406, 485, 487 à 490, 578, 583, 591.

St-Julien, église, diocèse de Bourges, I, 486.
St-Kecoledoc, église, au diocèse de Dol, II, 175.
St-Laumer de Blois, abbaye, I, 373, 374, 375, 402, 425; II, 348, 349, 350.
St-Laurent-au-Bois, à Amiens, II, 108.
St-Laurent en Gâtine (Indre-et-Loire), II, 49, 369, 549.
St-Laurent-du-Mesnil-la-Comtesse (Aube), II, 92.
St-Leufroi (la Croix) (Eure), I, 396, 397.
St-Lô, abbaye (Manche), II, 138.
St-Louand, à Chinon, I, 269.
St-Loup. *Voir* Rillé, Sablé.
St-Lubin du Longaunet (Ille-et-Vilaine), II, 45.
St-Magloire de Lehon, II, 458.
St-Maixent, abbaye (Deux-Sèvres), I, 431, 432, 449, 450, 451, 452; II, 108, 111, 286, 485.
St-Malo, *olim* Alet, en l'île d'Aaron, église cathédrale, I, 196; II, 1, 7, 8, 11, 27, 40, 41, 44, 75, 77, 79, 91, 92, 99, 100, 135, 138, 146, 152, 153, 158, 162, 218, 241, 271, 274, 275, 332, 364, 384, 429, 430, 469, 515, 516, 517, 537, 548, 565, 590; — ville, II, 270.
St-Malo de Dinan, église, II, 12, 13, 14, 41, 43, 44, 75, 99, 142, 247, 248.
St-Malo. *Voir* Monstorrin, Sablé.
St-Martial, à Limoges, I, 542.
St-Martin. *Voir* Ainay, Amiens, Autun, Bataille, Belesme, Betencour, Brive, Châteaudun, Cour-Léonard, Coudres, Chouzy, Château-Joscelin, Daumeré, Joscelin, Laberlosa, Lamballe, Laon, Laval, Lavardin, Liége, Limoges, Liré, le Mans, Mayenne, Montrelai, Nogent, Pons, Savigny, Suèvres, Séez, Tournay, Tours, Vendôme.
St-Martin-de-la-Bazoche, à Tours, église, I, 177, II, 350.

St-Martin-le-Beau, en Touraine, I, 177.
St-Martin-des-Champs, près Bourges, I, 485, 486; II, 66, 114, 254, 494, 499, 562.
St-Martin de Châteaudun, *alias* Chemars, fief, II, 195.
St-Martin d'Epagni, I, 436.
St-Martin de Guguen, en Bretagne, I, 407, 408.
St-Martin-au-Val, prieuré, à Chartres, II, 67, 68, 69, 70, 82, 83, 90, 111, 145, 232, 247, 277, 308, 360.
St-Martin le-Viandie, église, diocèse de Chartres, I, 52.
St-Mathieu en Basse-Bretagne, monastère, II, 529.
St-Maur, congrégation, II, 431, 432, 435, 436, 437, 438, 439, 440, 459, 460, 462, 477, 478, 479, 480, 484, 485, 496, 498, 501 à 503, 506, 508, 510, 512, 515, 516, 524, 527, 543, 544, 549, 563, 607.
St-Maur-les-Fossés, abbaye, près de Paris, I, 214, 222, 526; II, 23.
St-Maur-sur-Loire, abbaye, en Anjou, I, 164, 165, 166, 526. *Voir* Glannefeuille.
St-Maurice, *Voir* Chalonne, Reims, Ivry, Tours.
St-Maurice, abbaye, I, 184.
St-Maurice en Chablais, monastère, II, 230; — (lac de), ou de Genève, I, 170.
St-Maxe de Bar-le-Duc, église, I, 132.
St-Médard. *Voir* Doulon, Soissons, Tours, Vendôme.
St-Méen (Finistère), II, 8, 92, 437, 515 à 520.
St-Melaine. *Voy.* Rennes.
St-Mesmin, près d'Orléans, I, 171, 254, 403 ; II, 128.
St-Michel, chapelle, près Mâcon, I, 207.
St-Michel-de-la-Guerche, à Tours, II, 388.
St-Michel-en-l'Herme (Vendée), I, 430.
St-Nabor du Mesnil-la-Comtesse, II, 92.

St-Nazaire de Sinnuaire, en Bretagne, I, 321.
St-Nicaise, abbaye, I, 491; II, 71.
St-Nicolas. *Voir* Amiens, Angers, Couture, Meslay-le-Vidame, Paris, Roussi, Sablé, Villepreux.
St-Nicolas, église, au diocèse de Bourges, I, 486.
St-Nicolas, chapelle, en Bretagne, II, 27.
St-Nicolas, chapelle, à Meslay-le-Vidame, II, 553.
St-Nonnus, église, diocèse de Paris, II, 155.
St-Orens (H^{te}-Garonne), II, 465.
St-Otbert, diocèse de Rennes, II, 92.
St-Ouen, aujourd'hui Ste-Radégonde, près Tours, I, 226, 238, 240. *Voir* Ste-Radégonde.
St-Ouen (Seine), II, 521.
St-Ouen-du-Pin, près d'Amboise, I, 298; II, 553.
St-Palais (Cher), prieuré, I, 428, 564; II, 111, 508, 591.
St-Papoul (Aude), II, 389.
St-Paterne, diocèse de St-Brieuc, II, 45.
St-Pastène, en Bretagne, II, 142.
St-Paul, comté, II, 190, 191, 192, 221.
St-Pavin (Sarthe), I, 352, 575.
St-Pérégrin, St-Pellerin, canton de Cloyes (Eure-et-Loir), I, 3 9.
St-Piat, diocèse de Chartres, I, 4 3.
St-Pierre-de-la-Chapelle, église, II, 137, 138.
St-Pierre-du-Port (église de), en l'île de Guenere (Normandie), I, 328.
St-Pierre, *Voir* Châlons-sur-Marne, Chartres, Châteauceaux, Chemillé, Corsot, Generet, Infindic, Lunois, le Mans, Meun, Orléans, Querdin, Rais, Sens, Tours, Varède.
St-Pol-de-Léon, église, II, 65, 71.
St-Polycarpe (Aude), II, 389.

St-Quentin, près de Loches, I, 472; II, 93, 557, 562.
St-Quentin-en-Mauge, prieuré au diocèse d'Angers, I, 294, 295, 560, 561, 562.
St-Remi, diocèse de Thérouenne, I, 474.
St-Rémi de Reims. *Voy.* Reims.
St-Rémi-au-Bois (Meurthe), II, 22, 257.
St-Riquier (Somme), abbaye, I, 376, 569, 570, 571, 572, 573, 574; II, 128; — St-Sauveur, I, 570, 571; — ville et seigneurie, I, 488, 489, 571.
St-Rufin et St-Valère, église collégiale, II, 43.
St-Samson, en l'île de Guenère, diocèse de Coutances, I, 328.
St-Sauve, I, 198. *Voir* Montreuil-sur-Mer.
St-Sauveur. *Voir* Beré, Guingamp, Liré, Redon, Vertus.
St-Sauveur-des-Landes, prieuré (Ille-et-Vilaine), I, 322; II, 92, 234, 555.
St-Savin, en Italie, I, 72.
St-Savin, en Poitou, I, 161.
St-Sépulcre, abbaye, II, 29.
St-Sergé. *Voy.* Angers.
St-Sévère-cap-de-Gascogne, abbaye, en Aquitaine, II, 389.
St-Sévère de Rustan, abbaye, en Aquitaine, II, 389.
St-Séverin, abbaye, en Aquitaine, II, 389.
St-Solenne, église, près de Maillé (Luynes), en Touraine, I, 444.
St-Sulpice de Bourges, abbaye, II, 51 , 5 2.
St-Sulpice de Pierrefont, prieuré au diocèse de Soissons, I, 554.
St-Symphorien, *Voir* Autun, Tours.
St-Thibaud de la Basoche, diocèse de Soissons, I, 490, 554; II, 4 , 83, 85, 2 2.
St-Thierry, abbaye, diocèse de Laon, I, 433, 434; II, 71.
St-Thomas, prieuré, II, 22.
St-Thomas d'Ahil, abbaye, II, 389.

St-Tutuarne de l'île Tristand, diocèse de Quimper, II, 28.
St-Urbain, abbaye. II, 371.
St-Ursin de Bourges, I, 486.
St-Valère et St-Rufin de la Basoche, II, 84.
St-Valérien, seigneurie, II, 169.
St-Vandrille (Seine-Inf.), I, 552, 553; II, 98.
St-Vanne, congrégation, II, 527.
St-Vanne de Verdun, abbaye, I, 299.
St-Vast d'Arras, II, 270.
St-Venant, à Luynes, I, 228, 244; II, 107, 392.
St-Venant, à Tours, II, 404.
St-Victor de Paris, II, 99, 100.
St-Victor-de-la-Chaussée, près Blois, I, 509.
St-Victure, à Blois, I, 508.
St-Vigor, diocèse de Séez. *Voir* Perrières.
St-Vincent. *Voir* Chalonne, Laon, le Mans, Tours.
Ste-Barbe (Chartreuse de), I, 56.
Ste-Barbe-en-Auge, prieuré, II, 168.
Ste-Cécile, à Rome, I, 172.
Ste-Ciline de Meaux, I, 477, 478, 479; II, 106.
Ste-Croix. *Voir* Bordeaux, Guingamp, Nantes, Orléans, Poitiers, Quimperlé, Toulon, Tours, Trèves, Vitré.
Ste-Euphémie, abbaye en Sicile, I, 369.
Ste-Foy, église, en Poitou, I, 528.
Ste-Gemme, prieuré dépendant de St-Benoît-s-Loire, I, 491.
Ste-Geneviève de Paris, abbaye, I, 225; II, 159.
Ste-Geneviève, congrégation, II, 437.
Ste-Hélène, ou Hautvillers, abbaye (Marne), I, 491; II, 71.
Ste-Julitte et St-Cyrice de Moloch, église au diocèse de Vannes, II, 27.
Ste-Marie-de-la-Forêt, église au diocèse de Nantes, II, 20.
Ste-Maure, en Touraine, I, 343, 532; II, 568.

Ste-Radégonde, église, près Marmoutier, II, 489, 559; — cure, II, 548, 551; — bourg et paroisse, I, 118, 226, 238, 240; II, 467, 468, 558, 559, 575, 611, 613, 616.
Ste-Radégonde, prieuré, à Nantes, I, 444, 528; II, 20.
Ste-Sévère, seigneurie (Charente), I, 486, 487.
Ste-Trinité-du-Mont, à Rome, II, 345.
Ste-Trinité de Vendôme, abbaye. *Voir* Vendôme.
Ste-Trinité d'York, *Voir* York.
Saintes (Charente-Inf.), I, 126, 358, 401, 563; II, 6, 298.
Salaterne, Sallertaine (Vendée), I, 333, 493; II, 634.
Salerne, en Italie, I, 367, 540.
Salins (Jura), I, 470.
Salomon, fief, II, 77.
Salones, église, II, 364.
Salpis, église, en Italie, II, 55.
Saône (la), rivière, I, 131, 171, 207.
Sapaillé, terre en Touraine, I, 314, 370.
Sarisbery, Sarisberi, Salisberi, en Angleterre, I, 394; II, 14, 15, 245, 281.
Sarmèses, Sermoises, hameau de la commune de Maves (Loir-et-Cher), II, 10, 245.
Sarné, terre, II, 102.
Sarthe, rivière, I, 79.
Sarton (Notre-Dame de) (Pas-de-Calais), II, 177, 197.
Saturni, peut-être Saturnin (église de), en Touraine, I, 195.
Saumur, ville, I, 125, 265, 266, 267, 268, 313, 326, 356, 358, 360, 361, 362, 401; II, 544; — château, I, 267, 361; — chanoines, I, 362; — fief Salomon, II, 77; — St-Florent, *Voir* St-Florent.
Sauve (la), abbaye (Gironde), II, 27, 389.
Savigny, abbaye, diocèse de Lyon, I, 324, 431; II, 171, 240, 389.

Savigny, église, en Basse-Normandie, I, 323.
Savre, forêt (Deux-Sèvres), I, 451.
Sazilliaco, Sazilly, en Touraine, I, 370.
Sébaste, en Arménie, I, 172.
Séez (Orne), église cathéd. et épiscopale, I, 284, 286, 287, 388, 398, 402, 426, 484, 495; II, 64, 65, 66, 96, 97, 138, 3 3; — abb. de St-Martin, II, 338, 535; — ville, II, 166.
Segni, Signi, en Italie, I, 465, 524, 525, 563; II, 10.
Segournai, prieuré, I, 331, 332; II, 11.
Séleucie (concile de), I, 17, 18.
Selles-sur-Cher, Celle-en-Berry, II, 94, 95.
Semblançay, en Touraine, prieure de St-Martin, I, 326, 422; — carrières, II, 568; — clos, II, 555.
Senblac (église de), en Bretagne, I, 321.
Senlis (Oise), I, 500.
Senone (Mayenne), I, 507.
Sens, abbaye de St-Pierre, II, 367; — église cathéd., I, 485, 572; II, 114, 205, 284; — ville, I, 135; II, 559; — province, II, 270, 388, 438.
Sentier (le), près Châteaurenault, en Touraine, I, 325, 326; — prieuré, II, 49; — fief, seigneurie et châtellenie, II, 559, 564.
Senuce, prieuré dépendant de St-Remi de Reims, I, 547, 548.
Sermoises. *Voir* Sarmèses.
Simorre (Gers), II, 389.
Sinnuaire, en Bretagne, I, 321.
Sion (Loire-Inf.), II, 24.
Sionville, Sonville, hameau, commune de Dangeau (Eure-et-Loir), I, 423.
Sise (la), Cisse, rivière (Indre-et-Loire, II, 2.

Sisteron (Basses-Alpes), II, 368.
Sitrie, abbaye, II, 297.
Soissons, église, I, 301, 302, 480 484, 490, 549, 533, 536, 538, 551, 554, 571. 574, 576; II, 2, 43, 7¹, 83, 84, 85, 86, 103, 144, 146, 159, 280; — ville, I, 491, 490; II, 490; — concile, I, 302; — abbaye de St-Médard, II, 270, 485, 491, 530.
Solesmes, prieuré (Sarthe), I, 384, 385, 386.
Solial, diocèse de Rennes, II, 237, 248.
Sologne, *Salvalonia*, forêt en partie détruite, représentée aujourd'hui par la forêt de Marchenoir, I, 540, 541; II, 634, 635.
Sonnay, près Châteaurenault, en Touraine, I, 54.
Sonzay, prieuré en Touraine, I, 422; II, 552.
Sorbonne (la), à Paris, II, 348, 363, 395, 498, 512.
Sorci, seigneurie, II, 473.
Sorrèze, abbaye (Tarn), II, 389.
Soudari, ou Bonne-Fontaine, prieuré, diocèse de Bazas, II, 159, 247, 280.
Souvigny, en Bourbonnois, I, 215, 216, 316.
Souvré, seigneurie, II, 402.
Soyal, prieuré, en Bretagne, I, 324.
Spenone, prieuré relevant de Tickfort, en Angleterre, I, 395.
Spereitus, rivière près de Belesme, I, 287.
Spicariaco (église de), II, 102.
Spinochias, terre au territoire de Vendôme, I, 307.
Squillace (diocèse de), en Calabre, I, 540.
Stain, autrefois Sabarie, en Panonie, I, 12.
Strasbourg, II. 578, 579.
Strigonie (église de), en Hongrie, I, 23.
Sucerie (la), terre, II, 366.
Suèvres, près de Blois, II, 86.

Sully, seigneurie, I, 538.
Suthsex, comté, en Angleterre, I, 391.

Syrie (la), II, 171.
Syrreton, église, en Angleterre, II, 256.

T

Tabenne, en Orient, I, 254, 287.
Tahonus, en Bretagne, I, 259.
Talemon, Talmont (Vendée), I, 528.
Talensac (Ille-et-Vilaine), II, 41, 135.
Tar, rivière d'Italie, I, 170.
Tasques, abbaye (Gers), II, 389.
Tavent, en Touraine, prieuré, I, 222, 252, 253, 370, 413, 420, 421, 544; II 27, 156, 183, 247, 373; — bourg, II, 141, 266.
Tedduhelle, église paroissiale, II, 176.
Temple (le), ordre religieux, II, 72, 73.
Terre-Sainte, II, 9, 57, 73, 86, 98, 101, 102, 135, 174, 181, 208, 258.
Thébaïde (la), II, 240.
Theodemer, I, 303, 334.
Thermes, comté, II, 405.
Thérouenne, Thérouanne, Térouenne, (Pas-de-Calais), I, 302, 373, 480; II, 20, 349.
Thoarcé, prieuré, (Maine-et-Loire), I, 358.
Thouars (Deux-Sèvres), I, 355, 428.
Tickfort, Tickefort, Tikford, ou Newport-Paynel en Angleterre, comté de Buk, diocèse de Lincoln, prieuré de N.-D., I, 395; II, 246, 255, 256, 320, 335.
Tielle, prieuré relevant d'York, I, 395.
Tilli (Tilleau ? hameau, commune de Villeau, Eure-et-Loir), I, 300.
Tiron, Thiron (Eure-et-Loir), abbaye, II, 287; — séminaire, II, 535, 542; — ville, II, 535.
Toisi, domaine, II, 260.
Tolai, domaine, I, 185, 246.
Tolède, en Espagne, II, 159.
Tongre, diocèse, I, 71.
Torcé, Torci (Sarthe), prieuré, I, 341; II, 392, 59.
Torée, domaine, II, 35.
Torré, Turris, diocèse de Squillace, en Calabre, I, 540.
Torve, Torveia, en Angleterre, I, 393; II, 14, 15.
Tortevalle (Calvados), I, 328.
Torverton, Turverton, manoir, diocèse d'Oxford, II, 232, 245, 248.
Toscane (la), II, 295.
Touet, rivière, près de Saumur, I, 125, 265, 268.
Toul (Meurthe), II, 368.
Toulon (Var), II, 315.
Toulouse (Haute-Garonne), abbaye, I, 467; — église, II, 395, 413; — comté, II, 227, 228; — province, II, 389; — ville, I, 95; II, 413.
Touraine, province, duché et comté, I, 41, 57, 130, 131, 186, 187, 188, 192, 221, 246, 247, 258, 266, 275, 311, 343, 349, 363, 370, 372, 384, 419, 420, 422, 472, 543, 558, 563, II, 55, 56, 72, 188, 219, 222, 224, 229, 270, 274, 278, 281, 282, 289, 315, 334, 372, 378, 388, 393, 402, 429, 511, 547, 567.
Tourelles (les), domaine à Fondettes, près Tours, II, 339.

— 744 —

Tournaisis, province, II, 349.
Tournay, abbaye de St-Martin, I, 26, 27, 117; II, 494; — église et ville, II, 348, 349, 350.
Tournon (St Pierre-de-), en Touraine, I, 54.
Tournus, abbaye, (Saône-et-Loire), I, 124, 125, 169, 174, 233, 254.
Tours, diocèse, I, 1, 2, 8, 27, 28, 30, 46, 52 à 54, 59, 61, 62, 66, 69, 70, 72, 74, 75, 78, 82, 115, 122, 129, 133, 150, 152, 153, 155, 159, 160, 169, 171, 176 à 182, 186, 189, 190, 193, 195, 224, 225, 229, 240, 249, 252, 258, 262, 263, 269, 326, 346, 362, 383, 384, 387, 401, 402, 422, 423, 441, 465, 468, 471, 472, 485, 512 à 524, 539, 543, 551 à 553, 556; II, 3 à 5, 8, 9, 26 à 30, 36, 37, 44, 45, 50, 72, 73, 82, 93 à 95, 97, 99, 100, 102, 103, 105, 107, 109, 112, 116 à 121, 126, 131, 135, 136, 152, 154, 161, 165, 168, 180, 181, 183, 196, 200, 205 à 207, 211, 214, 223, 226, 232, 243, 246, 250, 252, 259, 263, 281, 284, 289, 304, 305, 318, 327, 336 à 338, 343, 350, 351, 366, 367, 378, 402, 403, 406, 408, 445, 446, 467, 486, 487, 489 à 493, 511, 521, 546, 552 à 554, 557, 561 à 563, 565, 56~, 570, 573, 575, 576, 580, 583, 600; — abbayes : St-Julien. Voy. St-Julien; — église, II, 487, 578; — St-Vincent, I, 222, 224, 225; — abbayes de Tours, I, 557; — collégiales : St-Gatien, ou St-Maurice, I, 53, 195, 222, 229, 402; II, 289, 390, 403, 491, 556; — St-Martin, I, 68, 69; — St-Martin de la Basoche, I, 177; II, 350; — St-Pierre-le-Puellier, I, 239; II, 404, 558; — St-Venant, II, 404; — N.-D. la Pauvre ou la Riche, I, 273; — couvents : Augustins, II, 489; — calvaire, capucines, II, 487, 560; — capucins, II, 411, 548, 550, 558; — jacobins, II, 250; — Sacré-Cœur, II, 632; — St-Clément, prieuré, I, 186; II, 442; — St-Michel de la Guerche, II, 388; — St-Symphorien, I, 225; II, 390, 404, 406, 411, 570, 616; — faubourg, II, 404, 411, 616; — Ste-Croix, I, 547; II, 290; — Visitation, II, 560; — hôpital, II, 550 à 552; — clergé, I, 57, 262, 549; — bailliage, II, 567, — cellier de St-Pierre, I, 251; — château, II, 399, 403; — comté, I, 372; — conciles, I, 78, 323, 326, 327, 463, 525; II, 68, 124; — faubourg St-Pierre-des-Corps, II, 406; — intendance, II, 551, 585; — maisons : de St-Benoît, rue St-Benoît, II, 551; — de St-Pierre de Rome, rue de la Guerche, II, 555, 559; — de St-Pierre-le-Puellier, II, 560; — pont, II, 466; — porte de la ville neuve de St-Martin, II, 559; — prisons, II, 554; — rue du Crapaud, II, 559; — ville, I, 27, 28, 49, 50, 56, 58, 59, 61, 69, 75 à 77, 108, 112, 123, 130, 134, 147, 149, 151, 152, 155, 162, 167, 176 à 180, 187, 189, 198, 200, 203, 204, 224, 225, 231, 235, 240, 249, 279, 296, 299, 310 à 312, 314, 326, 354, 363, 364, 372, 373, 375, 378, 387, 402, 411, 416, 438, 455, 458, 459, 466, 467, 469, 493, 497, 498, 509, 518, 523, 525; II, 11, 30, 49, 51, 73, 101, 113, 116, 118, 119, 125, 162, 165, 183, 239, 247, 252, 253, 277, 290, 312, 314, 321, 331, 334, 338, 339, 372, 373, 375, 388, 390, 403, 404, 411, 441, 474, 479, 480, 482, 486, 487, 494, 495, 506, 510, 512, 543, 545 à 550, 552, 555, 556, 562, 567, 568, 575, 583, 585, 611, 631; — hôtel-de-ville, II, 567, 569; — Tours-extra, II, 616.

Toussaint d'Angers, abbaye, I, 224 ; II, 97, 98.
Treguier (Côtes-du-Nord), II, 71, 90, 105.
Treize-Vents, (Vendée), I, 428, 429.
Tremahuc, en Bretagne, diocèse de Dol, I, 270.
Tremelin, forêt, en Bretagne, II, 197.
Trenchac, I, 336.
Trente, concile, II, 371, 385.
Trèves, abbaye, églises, Ste-Croix, cathédrale, ville, I, 36, 42, 72, 149; II, 35, 36, 38, 41, 43, 59.
Trèves, forteresse, près Saumur, I, 267.
Trevili, terre, en Bretagne, II, 249.
Triangle, dans le Poitou, I, 269, 270.
Trinité (la), en l'île de Guenère, diocèse de Coutances, I, 328.
Tripoli, ville, II, 327.
Tristan (île), prieuré, II, 28, 590.
Trois-Fontaines, abbaye (Marne), II, 96.
Tronchet, diocèse de Dol (Ille-et-Vilaine), abbaye, II, 388, 427, 428, 429, 448, 456, 457, 459, 462 ; — église St-Martin, I, 408.
Troo (Loir-et-Cher), prieuré, II, 49; — ville, II, 288.
Troyes, abbaye de Moutiers-la-Celle, I, 300, 301, 473 ; II, 79; — église, I, 179; II, 32, 90, 92, 146, 171, 188, 240, 241, 242, 262, 433, 439 ; — église St-Étienne, II, 211; — comté et ville, II, 84, 173, 195, 300; — concile, I, 415, 569 ; — territoire, I, 303.
Tuchenorc, en Angleterre, I, 442.
Tulle, abbaye, dans le Limousin, érigée plus tard en évêché, I, 541, 542, 543 ; II, 326.
Turenne, vicomté (Corrèze), I, 543.
Turfriville, en Normandie, I, 400.
Turin, concile, I, 61, 65, 82.
Turpenay, abbaye (Indre-et-Loire), II, 366, 551.
Tuscule, église d'Italie, II, 103, 212, 222, 284.
Tyckford, Voir Tickfort.
Tyr, église métropolitaine, II, 327.

U

Urba (l'Orbe), rivière de Suisse, I, 170.
Ultonie (l'), en Irlande, I, 90, 94.
Uzès (Gard), II, 286.

V

Val-de-Grâce, monastère à Paris, II 506.
Valence (Drôme), II, 368.
Valenselle, Valensole, ville de Provence entre Riez et Manosque, I, 206.
Valentinois, comté, II, 337.
Valogne (Manche), I, 329.
Valois, province, II, 524.
Vannes (Morbihan), église, I, 199, 402, 403; II, 27, 28, 92, 99, 115, 162; — concile, I, 78; — vinage, I, 130.
Varède, Varade, (Loire-Inf.), prieuré, I, 270, 274, 321 ; — ville, II, 24.

Varenne, en Anjou, I, 321; II, 78.
Vaudemare, seigneurie, I, 474.
Vaux-Cerre (Vauxcéré? Aisne), seigneurie, II, 127.
Veigné ou Vergnay, en Touraine, prieuré, I, 168.
Vence, Vance, (Alpes-Maritimes), I, 103, 114.
Vendée, province, I, 430.
Vendôme (Loir-et-Cher), abbaye, I, 254, 270, 288, 289, 326, 420, 520, 537, 538, 543, 552, 553; II, 65, 79, 115, 212, 270, 283, 334, 386, 387, 388, 404, 408, 428, 460, 513; — prieurés de Lancey, I, 307; — de St-Gildéric, I, 305, 306; — de St-Médard, I, 289; II, 268; — églises: principale, II, 42, 508, 510; — de la Trinité, II, 404; — de St-Martin, I, 248, — château, I, 288; — ville, seigneurie et comté, I, 249, 288, 291, 305, 306, 325, 344, 350; II, 42, 181, 319, 387, 404, 486, 510; — territoire, I, 307, 308, 350.
Vendômois, province, II, 551.
Véniers, Veners, en Lodunois, prieuré de N.-D., I, 358.
Venise, ville, II, 513, 530.
Ventia, prieuré, I, 433.
Ventillay, Ventelay, prieuré (Marne), I, 301, 302.
Ver, église St-Gervais, II, 105; — prieuré, II, 115, 116, 157; — ville et seigneurie, II, 106.
Verceil, en Italie, concile, I, 461, 462; — ville, I, 66, 170.
Verdun (Meuse), abbayes: de Mas, II, 389; — de St-Vanne, I, 299; — église, II, 368, 369.
Verger, prieuré de St-Gilles ou St-Eloi, près Angers, II, 81, 106, 145, 268, 325, 332, 386, 354.
Vermandois, comté, II, 103.
Verneuil, duché, II, 511.
Vernou, Vernon (Indre-et-Loire), II, 239, 570.

Véron (N.-D. de), abbaye, II, 386.
Vérone, ville d'Italie, I, 214; II, 155, 156, 157, 161.
Versailles, église et prieuré de St-Julien, I, 475; II, 153; — états généraux, II, 606.
Vertou, abbaye (Loire-Inf.), II, 585.
Vertuel, Vertueil, château, diocèse de Poitiers, II, 390, 391.
Vertus, abbaye (Marne), II, 88, 89.
Verville, près de Vierzon, II, 23.
Verzy (Marne), abbaye de St-Basle, I, 491, 547; II, 48, 71.
Vesli, Veli (Manche), prieuré, I, 341; II, 93, 106; — Grange de l'abbé, II, 385.
Vexin normand (le), I, 344; II, 174.
Vibraye, seigneurie, II, 366.
Videliac, diocèse de Bazas, II, 160.
Vienne, en Dauphiné, St-André, II, 389; — église, I, 80, 203, 334; II, 30, 389; — ville, I, 17, 51, 299; II, 387.
Vienne (la), rivière, I, 252; II, 26.
Vierzon (Cher), abbaye, II, 354; — ville, I, 281; II, 23.
Vieuvi, prieuré, canton de Brou (Eure-et-Loir), I, 281, 282, 283, 284.
Vieuvic, près de Gahard (Ille-et-Vilaine), I, 259, 260.
Vihiers (Maine-et-Loire), I, 358.
Vilcort, métairie, II, 564.
Villa in Oculo, Villeneuil, hameau qui a donné son nom à la Ferté-Villencuil (Eure-et-Loir), II, 195.
Villaire, dans le Ponthieu, I, 376.
Ville, rivière, diocèse de Soissons, I, 490.
Ville-Aitard, Ville-Etard, domaine, commune de Maves (Loir-et-Cher), I, 347, 532.
Villeau, canton de Voves (Eure-et-Loir), I, 425.

Ville-au-Prêtre, Villeprovent, moulin, commune de Morée (Loir-et-Cher), II, 10.
Villebelfort, Villeberfol, commune de Conan (Loir-et-Cher), église, II, 43 ; — prieuré, I, 308, 506, 534, 565, 566 ; II, 42, 43, 195, 254, 285, 365 ; — domaine et ville, I, 308 ; II, 10.
Ville-Bergerulfe, Bergerioux, hameau, commune de la Chapelle-Vendômoise (Loir-et-Cher), I, 309.
Villeloin, abbaye, diocèse de Tours, II, 130, 378, 589.
Villène, domaine, I, 307.
Villepreux (Seine-et-Oise), St-Germain, I, 475, 508 ; II, 173, 178 ; — St Nicolas, II, 145, 146, 155, 173, 177, 202, 215, 216 ; - seigneurie, II, 144, 145.
Villeromain (L.-et-Ch.), II, 551.
Villers, abbaye, II, 167.
Villers-Charlemagne (Mayenne), II, 24, 35.
Villiers, diocèse d'Amiens, I, 437, 573.
Vimeaux, église, II, 97.
Vincelle, moulin (Marne), I, 438.
Vincennes (Seine), I, 175 ; II, 384.
Virzebourg, église, II, 58.
Viterbe, en Italie, église, II, 295 ; — ville, I, 482 ; II, 195, 196, 208, 211, 235, 236.
Vitré (Ille-et-Vilaine), N.-D., II, 120 ; — Ste-Croix, I, 416, 417, 507, 566, 567 ; II, 119, 172, 174, 210, 230, 392, 538 ; — seigneurie, II, 119, 120, 132, 169, 172 ; — ville, II, 162, 174, 175.
Vivoin, prieuré (Sarthe), I, 383, 388, 495 ; II, 150, 198, 232, 237, 249, 282, 284, 338, 383, 555.
Voel, en Bretagne, I, 408.
Vouvray (Indre-et-Loire), II, 559.
Vueil, seigneurie, II, 366.

W

Wairat, paroisse, I, 434.
Wideham, en Angleterre, I, 442.
Witiham, prieuré, en Angleterre, I, 396 ; II, 276, 277.
Wiungle, en Angleterre, I, 442.
Worms, Vormes, en Allemagne, I, 17, 19.

Y

Yes, en Espagne, II, 159.
Yeu, île, *Voir* Oye.
Yon, rivière (Vendée), I, 331.
York, en Angleterre, prieuré de la Ste-Trinité, I, 390, 391, 394 ; II, 212, 213, 246, 256, 306, 308, 309, 320, 330, 331 ; — église, II, 309, 346 ; — ville, II, 331.
Ypres, collège des Jésuites, II, 553.

NOMS OMIS

DANS L'INDEX PRÉCÉDENT.

Amiens (église d'), I, 302, 489, 491, 569, 572, 573, 574.
Angers, prieuré de St-Gilles du Verger ou de St-Éloi, I, 106, 325, 332; — abbaye de Toussaint, I, 224; II, 97, 98.
Basoche (la). *Voir* St-Thibaud.
Blois, St-Laumer, abbaye, I, 373, 374, 375, 402, 425; II, 348, 349, 350.
Chartres, St-Jean-en-Vallée, II, 71, 82, 405; — St-Martin-au-Val, prieuré, II, 67, 68, 69, 70, 82, 83, 90, 141, 145, 232, 247, 277, 308, 360.
Château-du-Loir, St-Guingalois, II, 214, 364, 365.
Châteaurenault, ville (Indre-et-Loire), I, 325, 326.

Dinan, St-Malo, église, II, 12, 13, 14, 41, 43, 44, 75, 99, 142.
Epagni, St-Martin, I, 416.
Fougères, église de N.-Dame, II, 20.
Harcoi ou Harcouet (Manche), St-Hilaire, I, 491.
Jaillifer (St-Jacques), au diocèse de Meaux, I, 479.
Jency ou Aiençi, diocèse de Rennes, II, 44, 106, 749.
Lehon, prieuré, près de Dinan, II, 444, 448, 454, 456, 457, 458, 459, 461, 462, 463.
Luynes, St-Venant, prieuré, I, 228; II, 107, 392.
Meaux. *Voir* Ste-Ciline.
Nantes, prieuré de Ste-Radégonde. *Voir* Ste-Radégonde.
Porrohet (Miniac de), II, 40, 74, 77, 280.

TOPOGRAPHIE DE MARMOUTIER.

Bibliothèque, II, 533, 536, 620.
Chapelle de l'Annonciation, I, 448.
Chapelle des Infirmes, I, 524; II, 47, 107.
Chapelle St-Benoît, II, 124, 552, 555, 558.
Chapelle St-Gatien, II, 597.
Chapelle St-Louis, II, 596.
Chapelle St-Maurice, I, 345.
Chapelle St-Pierre, I, 448.
Chapelle Ste-Anne, I, 64; II, 362, 588.
Chapelle de la Vierge, II, 508, 591.
Chartrier de l'abbaye, II, 557, 623.
Chemin entre l'abbaye et le coteau, II, 277, 278.
Cimetières de Marmoutier, I, 5 5; II, 555.
Cisse à Marmoutier (la), II, 2, 46.
Cloîtres de l'église, I, 532; II, 614, 621.
Constructions modernes, II, 527, 533, 536, 540, 550, 552, 553, 556, 559, 560, 561, 564, 613, 618, 619.
Cuisine, II, 107, 618.
Dortoir des officiers, II, 290.
Dortoirs, I, 329; II, 107, 643.
Écuries et grange, II, 625.
Église et grotte des Sept-Dormants, I, 8, 9, 133, 134, *note*, 173; II, 466, 581, 598.
Église Notre-Dame, I, 8, *note*, 9, 173; II, 257.
Église principale, I, 8, 375, 448, 523 et suiv.; II, 200, 238, 257, 264, 277, 279, 290, 308, 361, 466, 530, 540, 550, 551, 552, 554, 558, 564 à 566, 592, 598, 600, 613, 622, 632.

Église St-Gourgon, I, 172.
Église St-Jean-Baptiste, I, 8, 154; II, 524.
Église St-Nicolas, I, 525; II, 2, 82, 554, 557.
Escalier, II, 566, 568, 613, 618, 620, 632.
Fontaine de saint Martin, I, 149.
Grotte de saint Brice, I, 6, 64.
Grotte de saint Libert, I, 156, 158; II, 594.
Grottes et cellules, I, 5, 177; II, 165, 530, 550, 613, 624.
Hôtellerie, II, 163.
Ile de Marmoutier, II, 2, 46, 93, 391, 556.
Infirmerie, II, 131, 560, 619.
Logis abbatial, II, 140, 612, 627.
Maison de la Salamandre, II, 560.
Monastère de Saint-Clair, I, 118; II, 468, 551, 597.
Murailles de l'abbaye, II, 279, 396, 466, 557.
Portails, II, 199, 200, 612, 617, 626.
Porterie de Marmoutier, I, 193.
Réfectoire, I, 329; II, 107, 620.
Repos de saint Martin, I, 6, 7, 109, 112, 150, 154; II, 53, 508, 530, 591, 622.
Rougemont, II, 279, 391, 396, 466, 595.
Segrétainerie, II, 558.
Sépultures, II, 131, 140, 141, 165, 201, 238, 250, 264, 277, 285, 290, 304, 314, 317, 322, 329, 358, 364, 390, 391, 466, 485, 554, 555, 596, 599.
Terrasses des jardins, II, 521, 536, 555, 595, 612, 615, 624.

OBJETS.

Ampoule (La sainte), I, 37 ; II, 402, 495, 587.
Archivistes, bibliothécaires et secrétaires de Marmoutier, I, 2 5 ; II, 108, 168, 323, 442, 461, 554, 555, 556, 563, 564, 567, 582, 586.
Bail à trois vies, II, 555.
Bail des biens ecclésiastiques, II, 77.
Bénédiction et investiture des abbés, I, 354, 356, 372, 471, 472, 546, 551 et suiv. ; II, 3, 86.
Bréviaire de Marmoutier, II, 365, 540.
Catéchumènes dans les monastères, I, 25, 26, 104.
Chapitres généraux, I, 348.
Cloches du monastère, II, 548, 549, 550, 554, 561, 584.
Commendes, II, 124, 133, 150, 157, 189, 216, 246.
Coutumes de Marmoutier, I, 348 ; II, 87.
Dévotion pour les morts, I, 244, 245 ; II, 187.
Disettes, II, 549, 558, 562, 563, 567, 570.
Division de la Gaule Lyonnaise en cinq provinces, I, 75.
Dotation des églises, I, 336, 525 ; II, 43.
Droit des abbés de conférer la tonsure, I, 447, 534 ; II, 255.
Droit de conscription, I, 344, 354.
Droit de commendise, I, 304, 312.
Droit de maréchaussée, I, 311.
Droit féodal, nommé *bidannium*, I, 260.
Droit féodal, nommé *consulat*, I, 479.
Droit féodal, nommé *somniaticum*, II, 71.
Droit féodal, nommé *torris*, I, 313.
Écoles de Marmoutier, I, 186, 194, 252, 376.
Emplacement des cimetières, II, 74.
Épreuves judiciaires, I, 283, 312, 424, 530.
Esclaves et serfs, I, 168, 217, 230, 254, 307, 346, 447, 534, 544.
Étendard de saint Florent, I, 364.
Étendard de saint Martin, I, 311.
Fleurs de saint Patrice, I, 89.
Frères lais convers et commis, I, 349, 350.
Grêle extraordinaire, II, 531, 550, 552.
Hermites, II, 101, 178.
Historiens de saint Martin, I, 58, 110, 143.
Huile bénite par saint Martin, I, 54.
Hyde ou charrue, mesure de terre, I, 442, 491.
Inondations, I, 177 ; II, 396, 466, 549, 551, 552, 554, 556, 557, 558, 615.
Inscriptions de Marmoutier, I, 6, 7, 448.
Investiture de la propriété, II, 105.

Livres et manuscrits de la bibliothèque de Marmoutier, I. 156, 159, 167, 181, 219, 449, 548 ; II, 87, 289, 291, 299, 582, 583, 586.

Médecins de Marmoutier, I, 367, 369 ; II, 542, 554, 555, 564, 567.

Messes sous un seul canon, II, 151.

Mesure de l'acre en Normandie, I, 261.

Miracles arrivés à Marmoutier, I, 408.

Mitre abbatiale, II, 139, 200, 252, 276.

Mitre épiscopale, I, 387, 490 ; II, 35, 63, 65, 72.

Moines *ad succurrendum*, I, 227, 544.

Moribonds à Marmoutier, I, 409 ; II, 113, 124, 558.

Murus gaulois, I, 123.

Oblation des enfants dans les monastères, I, 297, 349, 375 ; II, 62, 143, 182.

Office des grands-prieurs, II, 59.

Office des prieurs claustraux, II, 59, 108.

Offrandes paroissiales, I, 308.

Orgues et organistes, II, 558, 562.

Priviléges de Marmoutier, I, 162, 168, 189, 190, 191, 517, 557 ; II, 45.

Reliques de la basilique de St-Martin, I, 68, 69.

Reliques de Marmoutier, I, 158, 169 et suiv., 198, 199, 524 ; II, 8, 53, 67, 230, 333, 351, 362, 375, 377, 468, 469, 548, 562, 587.

Reliques de saint Martin, I, 27, 68, 69 ; II, 4-6, 493, 589.

Reliques de saint Maurice, I, 53 ; II, 588.

Roi d'un jour de Carbé, I, 338.

Rôles des morts, I, 412, 536, 541.

Sceau du monastère, II, 134, 202, 210, 276.

Signature des morts, I, 221.

Stations des fêtes de Pâques à Marmoutier, I, 152, 153, 262, 263, 513, 517.

Tableaux de Marmoutier, II, 572, 573, 574, 576, 577, 578.

Tempêtes, II, 563.

Trésor de Marmoutier, I, 329, 470, 497 ; II, 486, 508, 521, 552, 563, 587, 594, 595.

Vicairies de Marmoutier, I, 249.

Visite des prieurés, I, 349.

TABLE ANALYTIQUE

CHAPITRE XVII.

DE GUILLAUME DE COMBOUR, XIIe ABBÉ DE MARMOUTIER (1104-1124) 1

Parents de l'abbé Guillaume, 1. — Monastère de St-Nicolas, près de Marmoutier, 2. — Guillaume est fait archidiacre de Nantes, 2. — Il se fait religieux, 3. — Difficultés pour la bénédiction du nouvel abbé, 3. — L'archevêque de Tours le décrie auprès du pape, et Ives de Chartres prend sa défense, 4. — Pierre, évêque de Poitiers, confirme les donations faites dans son diocèse, 5. — Les églises de l'île d'Oye ôtées injustement à Marmoutier, 6. — Punition visible de cette injustice, 6. — Fondation du prieuré de Joscelin, 7. — Alexandre, seigneur de Rochecorbon, et Robert de Semblançay religieux à Marmoutier, 9. — Le prieuré de Négron, 9. — Boamond, prince d'Antioche, vient à Marmoutier, 9. — L'abbé Guillaume assiste au concile de Poitiers, 10. — Guillaume va au-devant du pape qui était venu en France, 11. — Les religieux de Marmoutier établis dans l'église cathédrale de St-Malo, 11. — Fondation du prieuré de St-Malo de Dinan, 12. — Fondation du prieuré de N.-D. de Jugon au diocèse de St-Brieuc, 13. — Don des églises de Jency (1) et de Martigny, 14. — Geoffroy le Gros de Cholet, et Pierre, seigneur de Montjean, religieux de Marmoutier, 14. — Concile de Loudun, et fondation du prieuré de St-Médard de Doulon, au diocèse de Nantes, 15. — Chanoines réguliers soumis à Marmoutier, 17. — Fondation du prieuré de Ste-Croix de Nantes, 18. — Hugues, évêque de Laon, confirme les donations du prieuré de Roussi, 19. — Paschal II confirme quelques prieurés de Bretagne, 20. — Prieuré de St-Denis d'Amiens, 21. — Fondation du prieuré de Mentenay au diocèse d'Amiens, 21. — Ives de Chartres donne à Marmoutier l'église de Hanches, 22. — Fondation du prieuré de Betencour au diocèse de Chartres, 23. — Fondation du prieuré de Villers-Charlemagne au diocèse du Mans, 24. — Brice, évêque de Nantes, confirme quelques donations dans son diocèse, 24. — Don du bois de Fontcher par la reine Bertrade, 25. — Société entre les chanoines de St-Mar-

(1) Aienci, *Aienciaci*, ou Jency, *Jenciaci*.

tin et les religieux de Marmoutier, 25. — Don de l'église de Rivière en Touraine, 26. — Don de l'église de Querdin, et des chapelles de Rohan et de St-Nicolas en Bretagne, 27. — Don de l'église de Moloch, dans le diocèse de Vannes, 27. — Fondation du prieuré de Malestroit au diocèse de Vannes, 28. — Fondation du prieuré de l'île Tristand au diocèse de Quimper, 28. — Privilége de Philippe, évêque de Troyes, 28. — Fondation du prieuré de Dampierre au diocèse de Troyes, 29. — Fondation des prieurés de Louvigné et de Montigné au diocèse du Mans, 29. — L'abbaye de St-Georges-au-Bois, près de Montoire, donnée à Marmoutier, 29 — Le pape Calixte II vient à Marmoutier, 30. — Geoffroy, archevêque de Rouen, confirme les donations faites dans son diocèse, 32. — Confirmation de Turgisus d'Avranches, 32. — Don de N.-D. de Mayenne, 32. — Prieuré de Mayenne transféré dans la chapelle du château, 32. — Foulques, comte d'Anjou, vient à Marmoutier, 35. — Société avec l'église de Tours ; les différends avec l'archevêque terminés, 36. — Différend avec les religieux de Redon pour Béré, terminé, 38. — Le prieuré de Rillé en Anjou, 39. — Donoalde, évêque de St-Malo, confirme à Marmoutier plusieurs églises, 40 — Fondation du prieuré d'Infindic en Bretagne, 41. — Don des églises de Cuscher et de Noyers, 42. — Geoffroy de Dinan donne à Marmoutier deux manoirs en Angleterre, 43. — Don de l'église de Cursolt au diocèse de St-Malo, 44. — L'église de St-Brieuc de Ploasno au même diocèse, 45. — Privilége du pape Calixte II, 45. — Donation de l'île de Marmoutier, 46. — Concile de Chartres, 47. — Donation de St-Martin de Nogent au diocèse de Rouen, 47. — Fondation du prieuré de St-Denis de la Pile au diocèse de Bordeaux, 48. — Don de Raoul, archevêque de Reims, 48. — Fondation des prieurés de Troo, de St-Laurent-de-Gastine et du Sentier, 49. — Mort de l'abbé Guillaume, 49.

De N..., prévôt et archidiacre de l'Église de Clermont en Auvergne, religieux de Marmoutier. 50

De Guillaume, religieux de Marmoutier, et ensuite abbé de St-Vincent du Mans. 54

De Gosbert, religieux de Marmoutier. 55

D'Adam, religieux de Marmoutier et ensuite de Morimond, puis abbé d'Éverbach. 56

CHAPITRE XVIII.

D'EUDES OU ODON Ier, XIIIe ABBÉ DE MARMOUTIER (1125-1137). 59

Élection de Eudes, 59. — Donation de l'église collégiale de St-Mainbœuf d'Angers, et des églises de Beaufort et de Bessé, 60. — Donation de l'église de St-Sauveur de Liré, 61, 62. — Oblation de Jean Martin de Liré, 62. — Donation de Barthélemy, évêque de Laon, 63. — Confirmation des églises de Belesme par Rotrou, comte du Perche, 64. — Exemption de l'église de St-Léonard de Belesme attaquée et confirmée, 64. — Chartes de Louis le Gros pour St-Martin de Bourges, 66. — Fondation du prieuré de St-Martin-au-Val, à Chartres, 67. — Don de l'église de St-Martin de Chuine, 70. — Fondation du prieuré de Montrelay au diocèse de Léon, 71. — Rainald, archevêque de Reims, cède au prieuré de St-Maurice son droit synodal, 71. — Foulques, comte d'Anjou, prend la croix au Mans, 72. — Hugues, seigneur d'Amboise, renonce aux droits qu'il levait sur Marmoutier, 72. — Vision admirable du comte d'Anjou, 73. — Donation des églises de Ferrières et de Lantenac par Jean, évêque de St-Brieuc, 74. — Donoalde, évêque de St-Malo, permet de changer tous les ans le chapelain de N.-D. de Joscelin, 75. — Hamelin, évêque de Rennes, donne l'église d'Amanlis, 76. — Don de l'église de Ste-Croix et de St-Meen du Fresne, en Bretagne, 76. — Bail des biens ecclésiastiques, 77. — Agathe de Lavardin, 78. — Schisme dans l'Église, 78. — L'abbé Eudes assiste au concile de Reims, 79. — Confirmation du don des églises de Bessé et de Beaufort, 80. — Fondation du prieuré de St-Eloi d'Angers, 81. — Marguerite, dame de Rillé, religieuse de St-Nicolas de Marmoutier, 82. — Saint Bernard termine un différend en faveur de Marmoutier, 82. — Lettre de saint Bernard à l'abbé Eudes, 83. — Les religieux de Marmoutier contribuent à la fondation de l'abbaye d'Igny, 83. — Fondation du prieuré de N.-D. de Châtillon-sur-Marne, 84. — Fondation du prieuré de St-Rufin et de St-Valère de la Basoche au diocèse de Soissons, 84. — Don de Richard, vicomte de Meulent, 86. — Mort de l'abbé Eudes, 86. — Redaction des anciennes coutumes de Marmoutier, 87.

De Gérard, religieux de Marmoutier et abbé d'Alne au diocèse de Liége. 87

CHAPITRE XIX.

De Garnier, XIV° abbé de Marmoutier (1137-1155). 90

Commencements de Garnier, 90. — Tenue d'un chapitre général à Marmoutier, 91. — Fondation du prieuré de Guer, 91. — Visite des prieurés de Bretagne, 92. — Plusieurs donations faites à Marmoutier par des évêques, 92. — Mathieu de Montmorency vient à Marmoutier, 93. — Transaction de Marmoutier avec l'Église de Tours, 93. — Société entre Marmoutier et le prieuré de St-Esicius de la Celle en

Berry, 94. — Donation des églises de Châteauceaux et de St-Aaron, 95. — Conversion de Jean de Dol, seigneur de Combour, 96. — Donation de l'église de N.-D. de Belesme, au diocèse de Séez, 97. — Donation du comte de Brenne avant son voyage de la Terre-Sainte, 98. — Donation de Conan, duc de Bretagne, 98. — L'église cathédrale de St-Malo, ôtée aux religieux de Marmoutier, 99. — Fondation du prieuré de Fontaine-Gehart, 100. — Fondation du prieuré de Bonne-Nouvelle d'Orléans, 101. — Gui de Laval excommunié pour ses vexations, 104. — L'abbaye de St-Sauveur de Guingamp, au diocèse de Tréguier, unie à Marmoutier, 104. — Fondation du prieuré de Ver, en Anjou, 105. — Donation de plusieurs dîmes au prieuré de Vesli, en Normandie, 106. — Dons de Jacquelin de Maillé, 107. — Mort de l'abbé Garnier, 107.

De Gingomarus, religieux de Marmoutier, et ensuite abbé de St-Fuscien, près d'Amiens. 108

De Arnaud, religieux de Marmoutier, et ensuite abbé de Bonneval au diocèse de Chartres. 109

*De quelques écrivains, religieux de Marmoutier, dans le XII*e *siècle.* 111

De la mort précieuse d'un jeune enfant nommé Jean, qui avoit été offert à Marmoutier par ses parents. . . . 113

De Thomas, abbé de Morigny. 114

CHAPITRE XX.

DE ROBERT MEGUERI, I*er* DU NOM, XV*e* ABBÉ DE MARMOUTIER (1155-1165). 115

Robert de Megueri, élu abbé de Marmoutier, 115. — Différend avec les chanoines de St-Maurille d'Angers pour l'église de Ver, terminé, 115. — Donation de Samson, archevêque de Reims, 116. — Violences de Renaud de Colombier, en Touraine, contre les religieux de Marmoutier, 117. — Différend avec Robert de Vitré, 119. — Étienne, évêque de Rennes, restitue aux religieux de Marmoutier l'église d'Amanlis, 120. — Mathieu, évêque d'Angers, protège les religieux de Marmoutier, 122. — Prieuré de Bocé donné en commende; premier exemple de la commende, 123. — Concile de Tours; dédicace de l'église St-Benoît, 124. — Privilége du pape Alexandre III pour Marmoutier, 125. — Bulles du même pape, 125. — L'église de Juvigné, au diocèse d'Avranches, donnée au prieuré de Mortain, 127. — Donation d'Eudes, duc de Bretagne, pour augmenter les religieux à Josselin, 129. — Mort de l'abbé Robert, 131.

CHAPITRE XXI.

De Robert de Blois, II° du nom, XVI° abbé de Marmoutier (1165-1176). 133

Le prieuré de Cernai, au diocèse de Poitiers, donné en commende, 133. — Donation d'Henri, archevêque de Reims, 134. — Prébende de St-Pierre-Puellier d'Orléans donnée au prieuré de Bonne-Nouvelle, 135. — Donation d'Engogeri de Bohon au prieuré de St-Georges, au diocèse de Coutances, 137. — Privilége du pape Alexandre III, 139. — Fondation du prieuré de Maintenon, 140.

CHAPITRE XXII.

De Pierre de Gascogne, Ier du nom, XVII° abbé de Marmoutier (1176-1177) 141

Privilége du pape Alexandre III, 141. — Restitution de deux manoirs en Angleterre par Olivier de Dinan, 142. — Ursion, seigneur de Fréteval, engage ses eaux de Châteaudun aux religieux de Marmoutier, 143.

CHAPITRE XXIII.

Du vénérable Hervé de Villepreux, XVIII° abbé de Marmoutier (1177-1187). 144

Naissance de l'abbé Hervé, 144. — Il se fait religieux à Marmoutier, 144. — Il obtient un privilége du pape, 146. — Fondation du prieuré de Montigné au diocèse de Chartres, 147. — Fondation du prieuré de St-Martin du Mans, 148. — Herméniarde et Béliote, religieuses à St-Nicolas de Marmoutier, 149. — Prieuré de St-Aubin, près de Beaumont dans le Maine, donné en commende, 150. — Terre d'Humblières engagée aux religieux de Marmoutier, 150. — Permission de dire plusieurs messes sous un seul canon, 151. — Les prieurés de Lehon et de Bailleul donnés à Marmoutier, 152. — Anniversaire de Thibaud, comte de Blois, 155. — Privilège du pape Luce III, 157. — Prieurés donnés en commende, 157. — Chapelains ou vicaires des églises amovibles à la volonté de l'abbé, 158. — Le prieuré de Bonne-Nouvelle d'Orléans maintenu à Marmoutier contre les chanoines de Ste-Croix, 159. — Donation faite par un comte d'Espagne, 159. — Prieuré de Soudari ou Bonne-Fontaine, au diocèse de Bazas, 159. — Donation faite par Geoffroy de Châteauceaux, 160. — Bulles d'Urbain III pour Marmoutier, 161. — Différend avec l'évêque de St-Malo, 162. — Éloge de l'abbé Hervé, 163. — L'usage de la viande pour les hôtes est retranché, 164. — Humilité de l'abbé Hervé ; il quitte son abbaye, 165. — De Guibert, abbé de Gembloux, 166.

D'Adam, religieux de Marmoutier, et ensuite abbé de Perseigne. 167

CHAPITRE XXIV.

DE GEOFFROI DE COURSOL, Ier DU NOM, XIXe ABBÉ DE MARMOUTIER (1187-1210). 169

Fondation du prieuré d'Husson au diocèse du Mans, 170. — Restitutions faites à Marmoutier par les seigneurs de Rameru et de Mayenne, 171. — Donation faite au prieuré de Vitré pour ajouter un religieux à Marcillac, 173. — Restitution du prieuré de Bailleul au diocèse d'Avranches, 172. — L'abbé Geoffroi garant de la paix entre les rois de France et d'Angleterre, 174. — Prieuré de Quinquiers, au diocèse de Luçon, 176. — Prieuré de Sarton au diocèse d'Amiens, 177. — Le prieuré de Fontaine-Gehart au diocèse du Mans, confirmé à Marmoutier 178. — Ruine du prieuré de Mayenne ; son union à Fontaine-Gehart, 180. — Du prieuré de Chàvigny, dans le Perche, 181. — Oblation de Guillaume de St-Martin, enfant, 182. — Jean de Gisors confirme à Marmoutier toutes les donations de ses ancêtres, 184.

De Daniel, prieur de Marmoutier. 185

CHAPITRE XXV.

De Hugues de Rochecorbon, Ier du nom, XXe abbé de Marmoutier (1210-1227). 188

Naissance et élection de l'abbé Hugues, 188. — Prieuré d'Arcis, au diocèse de Troyes, en commende, 188. — Fondation du prieuré de Bois-Gaultier, 189. — Prieuré d'Œuf, au diocèse de Boulogne, donné en commende, restitué à Marmoutier, et remis de nouveau en commende, 190. — L'abbé Hugues travaille à une trêve entre la France et l'Angleterre, 193. — Punition de quelques religieux de l'ordre de Cîteaux, 193. — Thibaud, comte de Blois, renonce au droit de gîte dans les prieurés de Marmoutier, 195. — Bulles du pape Honoré III en faveur de Marmoutier, 195. — Dons et restitution de Juhelle de Mayenne, 196. — Savari de Mauléon renonce au droit de gîte sur le prieuré de Fontaines, au diocèse de Luçon, 197. — Dons de Brient de Montaigu, 197. — Prieuré de Ballée au diocèse du Mans, 198. — Édifices entrepris par l'abbé Hugues, 200.

CHAPITRE XXVI.

De Geoffroi II, XXIe abbé de Marmoutier (1227-1229) 202

Privilège accordé à Marmoutier par le pape Grégoire IX, 202. — Réglement arrêté entre l'abbé de Marmoutier et les religieux du prieuré de Neuport en Angleterre, au diocèse de Lincoln, 203.

CHAPITRE XXVII.

De Guérin, XXIIe abbé de Marmoutier (1229-1232). 205

Bulle de Grégoire IX contre les vexations faites à Marmoutier, 205. — Bulle du même pape pour subvenir aux dettes de l'Église de Tours, 206.

CHAPITRE XXVIII.

De Hugues II, XXIII° abbé de Marmoutier et ensuite de Cluny, puis évêque de Langres (1232-1236) 207

Les historiens ecclésiastiques ont ignoré l'existence de cet abbé, 207. — Éloge de l'abbé Hugues par les religieux de Cluny, 208.

CHAPITRE XXIX.

De Geoffroi de Conam, III° du nom, XXIV° abbé de Marmoutier (1236-1262) 209

Geoffroi de Conam succède à l'abbé Hugues, 209. — Rétablissement du prieuré de Ste-Croix de Vitré, 210. — Sceau du monastère renouvelé, 210. — Fuite scandaleuse de quelques religieux, 211. — Bulle de Grégoire IX contre les procurations des évêques, 212. — Visite des prieurés d'Angleterre, 213. — Réunion des prieurés simples, 214. — Visite de l'abbaye de Marmoutier, 215. — Indulgences pour les fêtes de saint Martin, 216. — Zèle du seigneur de Châteaubriant pour le prieuré de Béré, 215. — Le prieuré de Soudari donné en commende, 217. — Bulles d'Innocent IV pour Marmoutier, 217. — Le duc de Bretagne presse les religieux de comparoître en justice devant les juges séculiers, 218. — Origine des droits de gîte ou procuration, 220. — Persécution des comtes de Blois, 221. — Saint Louis prend l'abbaye de Marmoutier sous la protection des rois de France, 228. — Les religieux de Redon chassés de leur monastère, 229. — Reliques de saint Exupère, compagnon de saint Maurice, données à Marmoutier, 230. — Dispense des statuts de Grégoire IX, 231. — Bulles d'Alexandre IV, 231. — Plaintes faites au pape contre l'abbé Geoffroi, 232. — Fondation d'un prieuré de l'ordre de N.-D. la Royale, 234. — Les religieux des prieurés jouissent des mêmes privilèges que ceux de l'abbaye, 235. — Privilèges d'Alexandre IV pour Marmoutier, 235. — Prieuré de St-Martin du Mans brûlé et réuni à Vivoin, 237. — Bulle d'Urbain IV pour Marmoutier, 238. — Mort de l'abbé Geoffroi, 238.

CHAPITRE XXX.

D'ÉTIENNE DE VERNON, XXV° ABBÉ DE MARMOUTIER (1262-1283) 239

Élection de l'abbé Étienne par compromis, 239. — Il est nommé commissaire pour réformer l'ordre de Cîteaux, 240. — Nouvelles vexations du comte de Blois arrêtées par la prudence de l'abbé Étienne, 242. — Correspondances du comte et de la comtesse de Blois avec Étienne, 244. — Voyage d'Étienne en Angleterre, 245. — Défense de donner les prieurés en commende, 246. — Vente de Notuelle et d'Herpeford en Angleterre, 247. — Vente du manoir de Thorvenlon, 248. — Mort de l'abbé Étienne, 249.

CHAPITRE XXXI.

DE ROBERT DE FLANDRE, II° DU NOM, XXVI° ABBÉ DE MARMOUTIER (1283-1296). 251

Robert de Flandre est élu abbé de Marmoutier, 251. — Il remet l'abbaye entre les mains du pape qui l'oblige de la reprendre, et lui donne pouvoir de porter la mitre et l'anneau, 252. — Bulle du pape pour dispenser les infirmes des austérités, 252. — Bulle pour faire ordonner les religieux, 253. — Nouvelles vexations des comtes de Blois, 254. — Bulles de Nicolas IV en faveur de Marmoutier, 255. — Transaction avec l'évêque de Lincoln, 255. — L'abbé Robert va en Angleterre et y est fait prisonnier, 256. — Bulles de Boniface VIII, 257.

CHAPITRE XXXII.

D'EUDES DE BRACEOLES, II° DU NOM, XXVII° ABBÉ DE MARMOUTIER (1296-1312) 258

Eudes va à Rome, 259. — Anniversaire de Blanche, fille de saint Louis, au prieuré de N.-D.-des-Champs, près de Paris, 259. — Statuts pour les prieurés, 260. — Eudes achève l'église de Marmoutier, 264.

De Jean Milet, religieux de Marmoutier, docteur en droit canon et abbé de St-Florent de Saumur 265

CHAPITRE XXXIII.

DE JEAN DE MAULÉON, XXVIII° ABBÉ DE MARMOUTIER (1312-1330) 267

Jean de Mauléon fait la visite des prieurés, 267. — Geoffroi du Plessis, religieux de Marmoutier, fonde à Paris le collège du Plessis, 270. — Règlements pour le collège, 271. — Fondation du collège de Marmoutier à Paris, 273. — Geoffroi du Plessis se fait religieux à Marmoutier, 274. — Son testament, 274. — Sceaux de l'abbé Jean de Mauléon, 276. — Résignation et mort de l'abbé Jean, 277.

CHAPITRE XXXIV.

DE SIMON LE MAYE, XXIX° ABBÉ DE MARMOUTIER, ET ENSUITE ÉVÊQUE DE DOL, PUIS DE CHARTRES (1330-1352). . . . 278

Simon le Maye fait fermer le chemin entre Rougemont et l'église de Marmoutier, 278. — Bâtiments faits par l'abbé Simon, 279. — Transaction avec l'archevêque de Reims, 279. — L'abbé Simon commissaire du pape dans les provinces de Tours et de Rouen, 281. — Différend avec l'archevêque de Bordeaux, 282. — Transaction avec l'évêque de Chartres, 283. — L'abbé de Marmoutier fait intendant des finances, 284. — Il est élu évêque de Dol, puis de Chartres, 285.

CHAPITRE XXXV.

DE PIERRE DU PUIS, II° DU NOM, XXX° ABBÉ DE MARMOUTIER, (1352-1363) 286

— 759 —

Pierre du Puis, abbé de Meimac, puis de St-Florent, 286. — Pierre du Puis abbé de Marmoutier, 287. — Ravages des Anglois en Touraine, 288. — Les bourgeois de Tours veulent raser Marmoutier, 289. — L'abbé Pierre va à Jérusalem, 290. — Sa mort, 290.

CHAPITRE XXXVI.

De Gérard du Puis, Ier du nom, XXXIe abbé de Marmoutier, cardinal du titre de Saint-Clément (1363-1376). 292

Naissance illustre de Gérard du Puis, 292. — Il est fait abbé de Marmoutier, 293. — Le pape lui donne commission pour informer de la vie et des miracles de Charles de Blois, 294. — Il est fait trésorier du Saint-Siège, 294. — L'abbé Gérard gouverneur de Pérouse, etc., 294. — Il est fait cardinal, 295. — Mort du pape Grégoire XI et élection d'Urbain VI, 296. — Schisme par l'élection de Clément VII, 298. — Mort de Gérard du Puis, 298. — Jean, moine italien de Marmoutier, habile relieur, 299.

CHAPITRE XXXVII.

De Gérard Paute, IIe du nom, XXXIIe abbé de Marmoutier (1376-1389). 300

Gérard Paute abbé de Marmoutier, 300. — Dévotion de Seguin, archevêque de Tours, pour saint Martin, 301. — Gérard Paute dissipateur des biens de son abbaye, 302. — Il permute son abbaye avec celle de St-Serge d'Angers, 303.

CHAPITRE XXXVIII.

De Élie d'Angoulême, XXXIIIe abbé de Marmoutier (1389-1412). 305

Élie fait abbé de St-Serge d'Angers, et ensuite de Marmoutier, 305. — Il fait visiter le collége de Marmoutier, 306. — Société avec l'abbaye de St-Jacut, 307. — L'abbaye de Marmoutier rétablie dans ses prieurés d'Angleterre, 309. — Les prieurs taxés pour les ornements de l'église, 309. — Élie permute son abbaye pour celle de St-Serge d'Angers, 310.

CHAPITRE XXXIX.

De gui de Luro, xxxive abbé de Marmoutier (1412-1426). 311

Gui de Luro abbé de St-Serge et ensuite de Marmoutier, 311. — Il travaille utilement pour son monastère, 313. — Isabeau de Bavière à Marmoutier, 314. — Pierre Robert, chambrier de Marmoutier, député au concile de Constance, 315. — Jean Tirel, bibliothécaire de Marmoutier, 316.

CHAPITRE XL.

De Pierre Marques, iiie du nom, xxxve abbé de Marmoutier (1427-1453). 317

La famille Marques, 317. — Indulgence plénière à l'heure de la mort, 318. — Détresse de l'abbaye de Marmoutier, 318. — Lettre de Henri VI, roi d'Angleterre, pour la visite des prieurés anglois, 319. — Privilége du pape Nicolas V, 321.

CHAPITRE XLI.

De gui Vigier l'ancien, iie du nom, xxxvie abbé de Marmoutier et ensuite évêque de Byblys en Phénicie (1453-1458). 323

Élection de Gui Vigier, 323. — Il est confirmé par le pape, 325. — Translation des reliques de saint Martin, 327. — Gui Vigier, évêque de Byblis, résigne son abbaye à son neveu, 327.

CHAPITRE XLII.

De gui vigier le jeune, IIIe du nom, XXXVIIe abbé de Marmoutier (1458-1498). 330

Gui Vigier revendique ses droits sur les prieurés anglois, 330. — Les étudiants du collége du Plessis, 332. — Reliques des saintes Sabine et Savine, 333. — Châsses d'argent à Marmoutier, 333. — La sainte ampoule portée à Louis XI, 334. — Gui Vigier député du clergé de Touraine aux États généraux du royaume, 334. — Articles présentés au roi par l'abbé de Marmoutier pour réformer l'ordre de saint Benoît, 335. — Gui Vigier va à Jérusalem, 336. — Épitaphe d'un fils de Charles VIII, 337. — Religieux distingués de Marmoutier, 338.

Du vénérable Père François Binet, grand-prieur de Marmoutier, et ensuite Minime, premier général de son ordre. 339

Naissance du P. Binet, 339. — Il est fait grand-prieur de Marmoutier, 339. — Ses déréglements, 340. — Dieu mêle ses plaisirs d'amertume, 340. — Sa conversion, 340. — Il va trouver saint François de Paule qui le console, 341. — Il quitte sa charge de grand-prieur, 343. — Il se fait Minime, 344. — Il est élu général de l'ordre, 345. — Son zèle pour la vie quadragésimale, 346. — Il travaille à la canonisation de saint François de Paule, 346.

CHAPITRE XLIII.

De louis pot, XXXVIIIe abbé de Marmoutier, évêque de Tournai et de Lectoure (1498-1505). 348

Sa naissance, sa profession monastique, 348. — Il est élu abbé de St-Laumer de Blois, 348. — Il est élu évêque de Tournai, 349. — Il est élu évêque de Lectoure et abbé de Marmoutier, 350. — Sa mort, 351. — Inventaire des reliques de Marmoutier, 351.

CHAPITRE XLIV.

De François Sforce, xxxixe abbé de Marmoutier (1505-1511). 355

Naissance de François Sforce, 355. — On le fait religieux, 355. — Il est nommé par le pape abbé de Marmoutier, 356. — Jacques Verhu vicaire-général de l'abbé, 356. — Ordinations de François Sforce, 357. — Sa mort, 357.

CHAPITRE XLV.

De Mathieu Gautier, xle abbé de Marmoutier et évêque de Négrepont (1512-1537). 359

Élection de Mathieu Gautier par voie d'inspiration divine, 359. — Réformation du monastère de St-Faron de Meaux par les religieux de Marmoutier, 360. — Prieurs taxés pour les réparations de l'abbaye, 361. — Érection du chapitre de Château-Meillant en Berry, 361. — Construction du jubé, 361. — Dévotion de l'abbé Gautier envers sainte Anne, 362. — L'abbé Mathieu Gautier cède son abbaye à Philippe Hurault, 363. — Il est fait évêque de Négrepont, 364. — Sa mort, 364. — Adrien Gautier, abbé de l'Absie au diocèse de Maillezais, 365. — Jean Binet, abbé de St-Julien de Tours, 365.

CHAPITRE XLVI.

De Philippe Hurault, xlie et dernier abbé régulier de Marmoutier (1537-1539). 366

Naissance de Philippe Hurault, 366. — Ses emplois, 366. — Sa mort, 367.

CHAPITRE XLVII.

Du CARDINAL JEAN DE LORRAINE, XLII⁰ ABBÉ DE MARMOUTIER ET LE PREMIER COMMENDATAIRE (1540-1550). 368

Multitude de bénéfices possédés par Jean de Lorraine, 368. — Déréglement de l'abbaye de Marmoutier au spirituel et au temporel, 369.

CHAPITRE XLVIII.

Du CARDINAL CHARLES DE LORRAINE, XLIII⁰ ABBÉ DE MARMOUTIER (1550-1563) 370

Éloge de Charles de Lorraine, 370. — Règlement pour le collège de Marmoutier, 372. — Pillage des calvinistes, 373. — Argenterie de Marmoutier fondue et mise en lingots, 375. — On recueille les débris du pillage, 377.

CHAPITRE XLIX.

DE JEAN DE LA ROCHEFOUCAULT, XLIV⁰ ABBÉ DE MARMOUTIER (1563-1583). 378

L'abbaye de Marmoutier donnée à Jean de la Rochefoucault, 378. — Réparation de l'abbaye, 379. — Règlements faits dans un chapitre général, 380. — Plusieurs belles ordonnances faites pour la discipline régulière, 381. — Mort du cardinal de Lorraine, 383. — Règlement pour les habits, 383. — Règlement pour le prieuré de Chemillé, 385.

— Érection de la congrégation des Exempts, 385. — Mort de l'abbé de la Rochefoucault, 390. — Son éloge, 391. — Collation des bénéfices durant la vacance, 392.

CHAPITRE L.

De Jacques d'Avrily, XLV° abbé de Marmoutier (1583-1584). 393

Jacques d'Avrily est nommé abbé de Marmoutier par le duc d'Anjou, 393. — Il résigne son abbaye, 394.

CHAPITRE LI.

De François de Joyeuse, cardinal, XLVI° abbé de Marmoutier (1584-1604) 395

Naissance du cardinal de Joyeuse, 395. — Ses bénéfices, 395. — Les religieux de Marmoutier veulent secouer le joug de la congrégation gallicane, 396. — Remontrances faites au roi sur l'abus des commendes, 397. — Requête des obédientiers au chapitre général, 400. — Cérémonie du transport de la sainte ampoule à Chartres, pour le sacre du roi Henri IV, 402. — Le temporel de l'abbaye saisi, 407. — Lettre de dom Renusson à dom Jaunay pour la réformation, 409. — Établissement des Pères capucins, 411. — Établissement des Carmélites dans le prieuré de N.-D.-des-Champs, à Paris, 411. — Le cardinal de Joyeuse permute l'abbaye de Marmoutier avec l'archevêché de Rouen, 412. — Il se démet de ses bénéfices, 413.

Histoire de la Société de Bretagne, érigée par les religieux de Marmoutier. 414

Abrégé de la vie du R. P. dom Isaïe Jaunay, religieux de Marmoutier, et général de la congrégation gallicane. . . 444

Abrégé de la vie du R. P. dom Noël Mars, religieux de Marmoutier, prieur claustral de Léhon, près de Dinan, et premier vicaire-général de la Société de Bretagne 448

Abrégé de la vie du R. P. dom François Stample, religieux de Marmoutier, et visiteur ou supérieur général de la Société de Bretagne. 458

Abrégé de la vie du R. P. dom Pierre Meneust, religieux de Marmoutier, et ensuite de la Société de Bretagne. . . . 461

Du Père dom Élie Truchon. 462

Abrégé de la vie du R. P. Jean Guyen, religieux de la Société de Bretagne. 462

Du R. P. dom Jean Charbonneau 464

CHAPITRE LII.

DE CHARLES DE BOURBON, XLVII° ABBÉ DE MARMOUTIER (1604-1610). 465

Sa naissance, ses dignités, 464. — Fonte de cloches à Marmoutier, 466. — Inondations de 1608, 466.

CHAPITRE LIII.

DE SÉBASTIEN DORI-GALIGAÏ, XLVIII° ABBÉ DE MARMOUTIER (1610-1617). 467

Grandeurs et disgrâce de Dori-Galigaï, 467. — Reliques de saint Clair à Marmoutier et à Ste-Radégonde, 468.

CHAPITRE LIV.

D'ALEXANDRE DE VENDÔME, GRAND-PRIEUR DE FRANCE, XLIX° ABBÉ DE MARMOUTIER (1617-1629) 469

Sa naissance, ses dignités, 469. — Reliques de saint Corentin données à l'église de Quimper, 469.

CHAPITRE LV.

De Pierre de Bérulle, cardinal, L⁰ abbé de Marmoutier (1629). 470

Ses grandes qualités, 470. — Fondation de la congrégation des prêtres de l'Oratoire, 470.

CHAPITRE LVI.

De Armand-Jean du Plessis, cardinal de Richelieu, Ll⁰ abbé de Marmoutier (1629-1642) 472

Le cardinal de Richelieu abbé de Marmoutier, 472. — Nécessité d'une réforme à Marmoutier, 472. — Ordonnance du cardinal pour la réforme, 473. — Lettres du cardinal à ce sujet, 474. — Règlements de mitigation abandonnés par les religieux, 475. — Tentative pour la réforme, 476. — Remontrances faites par les anciens au cardinal, 477. — Concordat avec les Pères de Saint-Maur, 478. — Introduction de la réforme, 481. — Insolence des anciens religieux, 481. — Réforme du collège de Marmoutier; résignation des offices claustraux, 482. — Insolence des jeunes religieux non réformés, 483. — Mort et éloge de D. Antonin Potier, prieur de Marmoutier, 483. — D. Jacques Brossaud, second prieur de Marmoutier, 485. — D. Anselme Dohin, troisième prieur de Marmoutier, 485. — Reliques de saint Martin accordées à Marmoutier par les Pères de Cluny, 486. — Cérémonies de la translation de la relique; miracle, 487. — Autres miracles, 489. — Réfutation d'un auteur récent, touchant les reliques de saint Martin, 491. — Collège de Marmoutier donné aux Jésuites, 496. — Mort de Richelieu, 498.

CHAPITRE LVII.

D'AMADOR-JEAN-BAPTISTE DE VIGNEROD, LIIe ABBÉ DE MARMOUTIER (1644-1652) 499

Naissance et dignités de l'abbé de Vignerod, 499. — Efforts des anciens contre la réforme, 500. — Arrêt du Conseil privé en faveur de la réforme, 506. — Ornementation des chapelles de Marmoutier, 508.

CHAPITRE LVIII.

DE DOM JOSEPH SEGUIN, IVe PRIEUR DE MARMOUTIER, DEPUIS L'ÉTABLISSEMENT DE LA RÉFORME (1645-1651) . . . 510

Sa vocation à la vie religieuse, 510. — Il est fait prieur de Marmoutier, 511. — Il emploie en aumônes des sommes considérables, 511. — Arrivée de la reine à Marmoutier, 512. — D. Joseph Seguin découvre la malice des religieuses d'Auxonne qui passoient pour possédées, 512.

CHAPITRE LIX.

DE DOM GERMAIN MOREL, Ve PRIEUR DE MARMOUTIER DEPUIS LA RÉFORME (1651-1654). 514

Vocation religieuse du P. Morel, 514. — Introduction et expulsion des moines réformés de l'abbaye de St-Méen au diocèse de St-Malo, 515. — Dom Morel visiteur de Bretagne, puis prieur de Marmoutier, 520. — Dons de la marquise de Chassengrimont, 521. — Emmanuel-Joseph de Vignerod, abbé de Marmoutier, 521. — Embellissements de Marmoutier, 521.

CHAPITRE LX.

De dom Joachim le Comtat, VI° prieur de Marmoutier depuis la réforme (1654-1672) 523

Talents et vertus de dom Joachim, 523. — Il est élu prieur de Marmoutier, 524. — Ses ouvrages, 525. — Sa mort, 525.

CHAPITRE LXI.

De dom Anselme Guchemand, VII° prieur de Marmoutier depuis la réforme (1660-1662) 527

Zèle de dom Anselme pour la réforme, 527. — Ses dignités, 527. — Constructions à Marmoutier, 528.

CHAPITRE LXII.

De dom Robert Dicé, VIII° prieur de Marmoutier depuis la réforme (1662-1663) 529

CHAPITRE LXIII.

De dom Mayeul Hazon, IX° prieur de Marmoutier depuis la réforme (1663-1666) 530

Mort de l'abbé de Vignerod, et nomination de l'abbé de Lionne, 530. — Chute du rocher de Rougemont sur l'église, 530. — Grêle extraordinaire, 531.

CHAPITRE LXIV.

De dom Philippe le Roy, XI⁰ prieur de Marmoutier depuis la réforme (1672-1678) 532
Constructions à Marmoutier, 533.

CHAPITRE LXV.

De dom Innocent Bonnefoy, XII⁰ prieur de Marmoutier depuis la réforme (1678-1705) 535

CHAPITRE LXVI.

De dom Jean Lorier, XIII⁰ prieur de Marmoutier depuis la réforme (1684-1687). 537

CHAPITRE LXVII.

De dom Claude Martin, XV⁰ prieur de Marmoutier depuis la réforme (1690-1696) 538
Dignités de dom Claude Martin, 538. — Ses ouvrages, 539. — Constructions à Marmoutier, 540.

Du R. P. dom Dunstan Dohin 541
De frère Robert le Gay. 541
Du R. P. dom Jean-Baptiste Auvrelle. 543

Du R. P. dom Noël Mars. 543
Du R. P. dom Claude Chapiliais 544

APPENDICE.

Préface 545

I. — Chronologie des événements de Marmoutier, xviie et xviiie siècle 548

II. — Chronique de Marmoutier de 1785 à 1789, par D. Abrassart. 568

III. — Reliques, vases sacrés, décoration des chapelles. 587

IV. — Le badigeonnage de Marmoutier, par l'italien Borrani. 600

V. — Budget de Marmoutier en 1789. 604

VI. — Doléances de Marmoutier en 1789 606

VII. — Descriptions de Marmoutier, 1794-1797. . . 611

VIII. — Les derniers propriétaires de Marmoutier, 1793-1875 630

Observations critiques 633

TABLES.

Noms de personnes 636
Noms de lieux 708

Noms omis dans l'index précédent 745
Topographie de Marmoutier 746
Objets 747
Table analytique 749

4616. — Tours, imp. Ladevèze et Rouillé, rue Chaude, 6.

www.ingramcontent.com/pod-product-compliance
Lightning Source LLC
Chambersburg PA
CBHW052035290426
44111CB00011B/1510